U0963497

麦读

MyRead

走向上的路　追求正义与智慧

中国民法典评注

始于 2016 年

中国民法典评注

编辑委员会

总编 · 朱庆育　高圣平

中国民法典评注

条文选注

本册主编 · 朱庆育
本册副主编 · 茅少伟　翟远见　辛正郁

第 2 册

中国民主法制出版社
全国百佳图书出版单位

本册主编

朱庆育

南京大学法学院教授、博士生导师、南京大学法典评注研究中心主任。中国政法大学法学学士、法学硕士、法学博士，德国马普外国私法与国际私法研究所访问学者。曾任教于中国政法大学、浙江大学光华法学院。研究领域为民法学、法学方法论、德国近现代民法史与法律哲学。

本册副主编

茅少伟

北京大学国际法学院助理教授、副院长。北京大学法学学士、经济学学士、民商法学博士。主要研究兴趣为民法、商法、法学方法与法学教育。

翟远见

中国政法大学比较法学研究院副教授，硕士生导师。中国政法大学法学学士、法学硕士，意大利罗马第二大学法学博士。兼任北京市债法学研究会副秘书长。研究领域为民法学、比较法和罗马法。

辛正郁

北京市天同律师事务所主任、管委会主任。中国政法大学法学学士，日本九州大学法学硕士。曾供职最高人民法院逾二十年，现为京、沪、深五家国内主要仲裁机构仲裁员。主笔/主持天同诉讼圈“民商辛说”专栏，搭建民商法理论实务交流平台。

作者及分工（以姓氏拼音为序）

郝丽燕　第634条
中国社会科学院研究生院法学博士，山东建筑大学法学院副教授

贺栩栩　第497条
德国慕尼黑大学法学博士，华东政法大学副教授

金　晶　第582条、第621条
德国明斯特大学法学博士，中国政法大学副教授

刘　勇　第680条
南京大学法学博士，南京大学法学院副教授

宁红丽　第787条
中国人民大学法学博士，对外经济贸易大学法学院教授

尚连杰　第501条、第962条
清华大学法学博士，南京大学法学院副教授

孙维飞　第500条
华东政法大学法学博士，华东政法大学副教授

王洪亮　第525条
中国政法大学法学博士、德国弗莱堡大学法学博士，清华大学法学院教授

王立栋　第641条
德国科隆大学法学博士，吉林大学法学院讲师

王天凡　第496条
中国人民大学法学博士，北京航空航天大学法学院副教授

吴香香　第598条、第604条
中国政法大学法学博士，中国政法大学副教授

肖　俊　第551条
意大利罗马第二大学法学博士，上海交通大学凯原法学院副教授

姚明斌　第499条、第584条、第585条
清华大学法学博士，华东政法大学副教授

赵文杰　第563条第1款
清华大学法学博士，华东政法大学副教授

朱庆育　法律评注是什么（代序）、《中国民法典评注》写作指南
中国政法大学法学博士，南京大学法学院教授

本书受

南京大学文科中长期专项研究资金
北京市天同律师事务所

资　助

法律评注是什么？
（代序）

朱庆育

一

当一名法官被要求依据给定的制定法对个案作出裁判时，专业范畴内，他需要思考的核心问题是，如何正确将抽象的法律规范适用于具体的案件事实，并且保证裁判合乎正义。技术上，这一核心问题可分解为三个小问题：如何准确理解法律规范、如何恰当提取案件事实以及如何为案件事实适配法律规范。此亦法律适用的三步骤，几乎覆盖法律人的全部常规工作。

三项工作各有其困境。

理解与解释法律规范是法律适用者（如法官）与研究者（如法学者）的基本职业内容。不同的是，适用者之理解法律规范，着眼于个案，故难免以管窥豹；研究者致力于得出一般性结论，却又可能忽略具体情境而沦为纸上谈兵。学者之间形成共识本就不易，如果适用者与学者又各行其是，理解法律规范固然举步维艰，裁判之合乎正义亦大概率仅为随机事件，至于以知识共同体为基础的职业共同体，则更是难容乐观。

法律规范以适用为目的，但并非所有法律规范均具相同的可适用性。何种类型的诉讼应以何等性质的法律规范作为裁判依据，须作仔细考量。尤其是，如何依循请求权基础思维甄辨主要规范、辅助规范与防御规范并恰当运用于法律适用各步骤，更是检验法教义学功力的试剂。如果无法通过检验，裁判具有何种程度的科学性，即殊为可疑。

民事诉讼中,呈现案件事实的作业主要由当事人完成。通过原被告的诉辩,法官获得对案件事实的认知。作为事实,须接受证据制度的真伪检验;为了涵摄于规范之下以便得出裁判结论,法官还须对案件事实作适于规范适用的提取。这意味着,唯有对实体规范与程序性证据制度尽皆了然,法官方可游刃于抽象规范与具体案件之间而实现裁判正义。在高度割裂实体法与程序法的我国当下教育体制中,此洵非易事。

问题在于,是否存在某种文献形式可回应上述困境?更确切地说,可一并回应上述困境?

二

无论何种学科,最基本且最重要的文献形式都是教科书。法学兼具科学与技艺双重特点,教科书亦因此区分原理教科书和案例教科书两类。理想状态下,前者旨在阐述学术原理,构筑学科体系,以彰示其追寻科学的青云之志;后者则以工匠精神展示抽象规范适用于具体案件的技术细节。原理教科书提供得到准确界定的概念及以此为基础的规范解释,但不以个案适用为直接目标,即使出现案例,目的亦非在案例适用本身,而在辅助阐述基本原理。案例教科书同样服务于教学,主要功用在于,以代表性案例为示范,帮助学习者理解基本原理与法律适用过程。显然,受制于学术性与教学性定位,无论原理教科书还是案例教科书,意义均在奠立知识基础,对于理解法律规范及其适用固然有其不可替代的作用,但对于真实的个案法律适用,针对性有所不足。

教科书讲求体系,特定问题的研究难免不便深入,弥补这一缺陷的,是专论与案例研究作品。该文献形式的研究性质高于教学性质,亦不必对基本原理作体系化阐述,有专深之优长,但此亦意味着,专论与专案研究失之于窄,难以应对纷繁多样的各种法律适用状况。

除了较为常规的教科书、专题研究与案例研究,我国尚有一类特别的文献形式,即法条释义。此类文献的最大写法特征在于逐条释义,因而可全面覆盖制定法规范。这一写法决定,法条释义书不以理论框架而以制定法的法条编排为线索展开,此根本区别于原理教科书;同时,释义书注重阐释法条词句的含义,对案例的使用极为有限,故与案例研究亦相去甚远。我国释义书之特别不仅在于写法,更在于所面对的需求。释义书之繁荣与新法颁行密切相关，出版高峰集中于新法颁布之初，随即快速回落，峰谷曲线几乎是直上直下。这表示，释义书基本用来满足新法的第一时间了解之需，其写作出版亦相应以迅捷为第一要义。如今，释义书市场大致形成三类作品，分别由学者、立法机关工作人员与法官尤其是最高人民法院法官撰就。释义书结构内容无定法，唯可依作者身份之不同依稀辨识不同风格。相对而言，学者稍偏于理论，立法机关较多使用立法资料，法官则更关注司法实践中呈现的问题。但整体上，无论理论阐述、立法资料抑或司法实践，均是点到即止，此或与出版的速度要求有关。不过，逐条释义便于查阅，点到即止则风格通俗，释义书因此较之其他文献形式更具普及性，乃至无妨以非职业法律人为目标读者。

由是观之，既有各种文献形式均有其存在的合理性，但亦均对法律适用无法作出全面或针对性的回应。评注试图弥补这一缺憾。

三

在高圣平教授的提议与支持下，《法学家》自 2016 年第 3 期起开设"评注"专栏。汉语法学开始以论文的形式引入评注新文体。论文形式的意义在于，既有足够的篇幅从容探索评注的各项细节，亦可借助发表机制实现文章质控。2019 年，经辛正郁律师促成，北京市天同律师事务所捐资南京大学设立法典评注基金，并选派律师参与评注撰写，同年，受基金资助的南京大学天同法典评注工作坊投入运行。此后，每篇评注初稿均须进入闭门工作坊接受严苛的批评，文章质控实现常规化与规范化。2020 年，周亦杨副编审慨允在《南京大学学报（哲学・人文科学・社会科学）》增设"民法典评注研究"专栏，为评注探索进一步拓展平台。

所探索的评注文体，以德国大型评注为借镜，兼参意日成例，并以逐条注释的形式展开。之所以逐条注释，一是确保覆盖所有制定法的适用问题，二可回应司法裁判须以具体法条为依据的需求。同样是为了回应司法裁判的需求，评注依构成要件与法律效果的结构展开。近年来，请求权基础思维在我国法学教育与司法实践中迅速铺开，为此，评注写作在传统"构成要件—法律效果"框架之下，进而关注请求权基础视野中的规范定性，以便精准定位所涉法条在法律适用网络中所处坐标。

以适用为中心不仅体现于写作结构,更在具体写法。所有构成要件与法律效果的解析,均在法律解释方法论的指引下,形上诉诸基本原理,形下与司法案例相互参照。评注因此兼具教科书、专题研究与案例研究的特点。只不过,评注对于全面性的追求,超过任何一种文献形式。教科书虽亦全面,但重在理论体系之周延,实证规范的解释则不必靡细无遗;评注之全面,系追求法条及其适用情形的全覆盖。在逐条评注中,学者见解尚可取其通说或若干代表性学说,司法案例则力求穷尽一切类型。原则上,法条适用中遇到或可能遇到的所有问题,评注均须给出回应。更进一步,所回应的适用问题并不局限于实体规范涵摄法律事实的三段论演算,程序性的举证分配亦在其列。此意味着,评注既探究规范解释,亦追问规范如何适用于个案,更将法律事实的发现程序纳入观察,也许是唯一有能力全面回应前述法律适用三步骤的文献形式。

但这并不表示,评注可以取代教科书、专题研究或案例研究。

评注以规范的解释与适用为关注点,法律人的教义学技能亦在于此,加之评注全面覆盖规范体系,故可兼具教学功用。今日德国评注高度发达的现状,在一定程度上确实对其教科书的产出有所抑制,甚至有学者断言评注将取代教科书。唯评注较之教科书更在乎反映或促成通说,亦因此更为保守。更重要的是,实务导向下,评注缺乏甚至排斥探究基础理论、建构理论体系的意向,而基础理论系法学生命之源。源头若无活水持续供给,生命终将枯竭。就此而言,评注取代教科书之日,也许即是作为科学的法学宣告死亡之时,此非法学之幸。

专题研究的方向之一是法律适用的精细化,此亦评注尤其是大型评注的追求。不过,专题研究的真正价值在于理论的深化,为教科书建构理论体系提供支持,而评注对此力有不逮。再者,专题研究以或者说应以学术命题为轴心,所有论证皆回归指向命题之证立;评注则以法条为中心,呈发散状铺陈法律适用中的各项问题,并不集中处理某个论题。二者取径正好相反。

至于案例研究,在以个案的规范适用为关注对象方面,与评注旨趣颇为相似。但评注以抽象法条为思考起点,从大前提出发全方位搜索射程内的小前提,系“以法找案”;案例研究则是“以案找法”,从小前提切入寻找适配的大前提。各自起式有所不同。另外,评注的优势在于全面,但缺陷亦在于此。由于全面,评注难以对特定个案专作深入研究,案例研究则恰好致力于此,两种文献因而各擅胜场,互补长短。

如果存在某种可为评注取代的文献形式,也许是法条释义。法条释义与评注有着相同的逐条注释外观,功能则基本为后者所覆盖。实际上,德国早期评注即与我国原生的法条释义颇为相似。在此意义上,评注可称法条释义的升级再造版。但即便如此,我国现实条件下,无论何种类型的释义书,评注均难以取代。基本上,只要第一时间了解新法的市场需求依然旺盛,释义书就有继续存在的广阔空间,且不论全国人大常委会法工委与最高人民法院以官方名义出版新法释义如今已成标准动作,纵是学者,为之投入者亦必大有人在。不过,《民法典》虽然因其巨大影响而令释义书出版的峰谷曲线大幅变缓,但回落趋势毕竟明显。释义书消退之处,也许正是评注登场之时。

四

大型评注非一蹴可就。鉴于立法、司法与学术现状以及撰写经验与能力,本评注项目拟作长期规划。撰写分工上,将《民法典》全部1260个条文依规范意义脉络划分为90个规范群,以规范群为单元由作者认领。写作进程与发表出版则分四个阶段:第一阶段,经工作坊讨论修改后的评注作品,适于发表者,先行发表于期刊;第二阶段,发表于期刊的评注作品以《中国民法典评注·条文选注》之名结集出版,以"册"计序;第三阶段,规范群评注完成后,符合单独出版条件的,以《中国民法典评注·规范集注》之名出版,以"辑"计序;评注撰写的最终成果呈现于第四阶段,届时,所有条文评注回归法典条序,出版以"卷"计序的《中国民法典评注·体系评注》。虽称四阶段,时间上却未必严格区分,各阶段无妨视其完成程度交替展开。此外,另行出版《中国民法典评注·评注研究》系列丛书,以呼应评注撰写实践。

作此长期规划的基本考虑在于,评注之"完成"固然重要,但"高质"也许更重要——尽管注定只是囿于现实条件的勉力高质,否则无非在众多文献中增加一类名为"评注"的法条释义而已,意义有限,何况评注系汉语法学新文体,如果起势太低,恐将影响评注的功能发挥及其前景。以四阶段推进,既确保作者以最大投入撰写每一篇评注作品,亦在各阶段的发表与出版中,根据立法、司法与学术的变迁以及作者经验能力的增进再作修改,俾使评注在作者能力范围内最大限度趋向高质并与时俱进。

本次首度以“中国民法典评注”之名出版两部条文选注,内容涉及《民法典》总则、物权与合同三编条文。第一册收录评注作品11篇,集中于总则与物权编;第二册收录评注作品19篇,集中于合同编。其中,部分作品此前已结集出版《合同法评注选》(北京大学出版社2019年版)。无论首次结集还是再度制版,作者均结合《民法典》施行以来的新情况作有幅度不等的修订。

感谢北京麦读文化有限公司总编辑曾健先生对评注出版的大力支持与悉心策划,亦感谢中国民主法制出版社法律分社陈曦副社长、谢瑾勋编辑及麦读文化孙振宇编辑、李云琦编辑的精心制作。华东政法大学硕士生蔡绿茵(2020级)、刘亦婷(2021级),中国政法大学硕士生万桃源(2019级)、谭姗姗(2020级)和北京大学国际法学院硕士生袁野(2018级)、陈靓(2019级)、成耑端(2019级)、程欣怡(2019级)、吕梦晗(2019级)、苏诺(2019级)、王宸宇(2019级)等诸位同学分别参与第一册与第二册的文稿初编,在此一并致谢。

2021年10月19日

目　录

合同编

附　录

引注建议示例

朱庆育主编:《中国民法典评注·条文选注(第2册)》,第525条(同时履行抗辩权),王洪亮,中国民主法制出版社2021年版,第137页,边码18。

第496条

格式条款的定义及使用人义务*

第496条　格式条款是当事人为了重复使用而预先拟定，并在订立合同时未与对方协商的条款。

采用格式条款订立合同的，提供格式条款的一方应当遵循公平原则确定当事人之间的权利和义务，并采取合理的方式提示对方注意免除或者减轻其责任等与对方有重大利害关系的条款，按照对方的要求，对该条款予以说明。提供格式条款的一方未履行提示或者说明义务，致使对方没有注意或者理解与其有重大利害关系的条款的，对方可以主张该条款不成为合同的内容。

简　目

* 本文系基于《〈民法典〉第496条(格式条款的定义及使用人义务)评注》(载《南京大学学报(哲学·人文科学·社会科学)》2020年第6期,第49—65页)一文修订而成。

王天凡

一、规范定位

(一)条文构造与规范意旨

1. 条文构造及入典变化

1 《民法典》第 496 条在结构上分为两款,第 1 款规定了格式条款的定义暨构成要件,第 2 款规定了格式条款提供方拟定格式条款的基本原则及提请注意义务和说明义务。相较《合同法》第 39 条,《民法典》第 496 条有三处重要修改:(1)第 39 条第 2 款关于格式条款定义及构成要件的内容置于提示说明义务之前而成为第 1 款。(2)对提示说明义务的范围增加概括性规定。(3)规定了未履行提示说明义务的法律后果。《合同法解释二》第 6 条、第 9 条、第 10 条对《合同法》第 39 条第 1 款的内容作出了补充性规定,因而纳入本评注范围。

2. 规范意旨

2 格式条款的出现被认为是从近代民法向现代民法发展过程中的重要现象而体现了"契约自由"的丧失。[1] 并最终导致民法关于任意法的基本思想被掏空。[2] 在我国《合同法》的制定阶段,我国学者多认为对格式条款进行规制的正当性基础源于交涉能力的不平等和对弱者的保护[3],如:格式条款作为合同法上典型的"不公平条款",其仅具有形式上的自由,而实质上是不平等的。[4] 格式合同的订立简化甚至完全忽略了当事人之间基于意思表示基础上的真正的合意,是契约自由受到冲击的重要表现。[5] 而立法机关在相关文献中也作出了类似的表达,认为规范的目的在于"维护公平、保护弱者"[6],"使用格式条款……其弊端在于,提供商品或者服务的一方往往利用其优势地位,制定有利于自己而不利于交易对方的条款,这一点在消费者作为合同相对方时特别突出。因此,必须在立法上予以限制。"[7]

---

〔1〕 [日]内田贵:《契约的再生》,胡宝海译,中国法制出版社 2005 年版,第 31 页;谢怀栻:《外国民商法精要》,法律出版社 2002 年版,第 21 页。

〔2〕 Leenen, BGB AT: Rechtsgeschäftslehre, 2, Aufl. De Gruyter, 2015, § 20, Rn. 20.

〔3〕 王利明:《标准合同的若干问题》,载《法商研究》1994 年第 3 期,第 73 页;韩世远:《免责条款研究》,载梁慧星主编:《民商法论丛》(第 2 卷),法律出版社 1994 年版,第 455 页。

〔4〕 梁慧星:《合同法的成功与不足(上)》,载《中外法学》1999 年第 6 期,第 13—27 页。

〔5〕 苏号朋:《论格式条款订入合同的规则》,载沈四宝主编:《国际商法论丛》(第 2 卷),法律出版社 2000 年版,第 25—47 页。

〔6〕 全国人大法制工作委员会民法室编著:《〈中华人民共和国合同法〉立法资料选》,法律出版社 1999 年版,第 5、44 页。

〔7〕 胡康生主编:《中华人民共和国合同法释义》,法律出版社 1999 年版,第 76 页。

(二)体系定位

自《合同法》施行,第 39 条第 1 款与第 40 条的关系就是学者间争议不断的问题。有学者认为二者之间存在矛盾。[8] 也有学者尝试理顺其中的关系。[9] 我国主流观点认为,第 39 条第 1 款应当被视为订入规则,[10]违反该规定,格式条款即没有订入合同,其理由主要是在格式条款提供者未尽提示说明义务,导致对方当事人未注意到格式条款的存在,则对该条款实际上未能形成合意。[11] 这种观点值得赞同。且由《合同法》关于格式条款的立法史也能得到印证。[12] 遗憾的是,正式通过的《合同法》中第 39 条第 1 款没有了法律后果的规定,其原因已不得而知。 3

《合同法解释二》第 9 条将违反提示说明义务的法律后果定为赋予对方相对人一项撤销权。而第 10 条又将违反第 39 条第 1 款作为判断格式条款无效的条件之一,亦即在《合同法》第 40 条规定的基础上叠加了违反提示说明义务这一要件。这可以视作司法机关为了调和第 39 条和第 40 条的关系而作出的努力,[13]却受到 4

---

〔8〕 梁慧星:《统一合同法:成功与不足》,载《中国法学》1999 年第 3 期,第 25—29 页;徐涤宇:《非常态缔约规则:现行法检讨与民法典回应》,载《法商研究》2019 年第 3 期,第 11—21 页。

〔9〕 如认为第 39 条是对未来可能发生的责任的规定,而第 40 条是对现在应当承担的责任的规定。参见王利明:《对〈合同法〉格式条款规定的评析》,载《政法论坛》1999 年第 6 期,第 3—15 页。或认为应当对第 40 条进行目的性限缩,如果是一般过失或轻微违约的情况,并且提供者又履行了提请注意的义务,则此类免责的格式条款就应当有效。参见崔建远:《编纂民法典必须摆正几对关系》,载《清华法学》2014 年第 6 期,第 43—53 页。

〔10〕 王利明:《合同法研究(第一卷)》(第 3 版),中国人民大学出版社 2015 年版,第 416 页;韩世远:《中国法中的不公平合同条款规制》,载《财经法学》2017 年第 4 期,第 17—32 页;苏号朋:《格式合同条款研究》,中国人民大学出版社 2004 年版,第 188 页;高圣平:《试论格式条款效力的概括规制》,载《湖南师范大学社会科学学报》2005 年第 5 期,第 73—76 页;周清林:《论格式免责条款的效力层》,载《现代法学》2011 年第 4 期,第 185—193 页。

〔11〕 崔建远:《合同法总论(上卷)》(第 2 版),中国人民大学出版社 2011 年版,第 175 页;韩世远:《合同法总论》(第 4 版),法律出版社 2018 年版,第 922—923 页。

〔12〕 在 1997 年的《中华人民共和国合同法(征求意见稿)》[以下简称《合同法(征求意见稿)》]第 23 条第 1 款规定:"采用格式合同文本订立合同的,提供合同文本的一方应当采取合理的方式提请对方注意免除或者限制其责任的条款,并应对方的要求,对该条款予以说明。提供合同文本的一方未尽到提示义务或者拒绝说明的,该条款不发生效力。"在 1998 年的《中华人民共和国合同法(草案)》[以下简称《合同法(草案)》]第 37 条第 1 款几乎完全保留了《合同法(征求意见稿)》的规定。由此可见立法者对格式条款"提示说明义务"规则的定位。

〔13〕 参见最高人民法院研究室编著:《最高人民法院关于合同法司法解释(二)理解与适用》,人民法院出版社 2009 年版,第 88—89 页。

学者广泛的批评。[14] 根据该司法解释的逻辑，违反《合同法》第 39 条的“提示说明义务”被附加于《合同法》第 40 条的构成要件作为判断“无效”的理由，[15] 由此，单独违反第 39 条者为可撤销，同时落入第 40 条者无效，那么单独落入第 40 条而未违反第 39 条会有何种效果？若依然无效，则第 10 条的规定将失去意义。

5 学者间对第 39 条和第 40 条关系的争议，以及司法解释针对这两条所作出的调和的尝试及由此引发的更进一步的困境，其症结在于，一方面，第 39 条第 1 款是不完全法条，未规定不履行该义务的法律后果；另一方面，则是该款中“免除或者限制其责任”这一限定条件的存在，导致对其定位不清。所幸在《民法典》第 496 条已明确，若提供格式条款的一方未履行提示或者说明义务，致使对方没有注意或者理解与其有重大利害关系的条款的，对方可以主张该条款不成为合同的内容。因此，确立其作为格式条款订入规则的体系定位。

（三）适用范围

6 本条的适用范围是学界讨论较多的内容，主要集中在对消费者合同与商事合同[16] 的适用。我国《合同法》是民商合一的立法，在格式条款部分也不例外，立法者拟定该条之保护对象不仅包括消费者，还包括中小企业的利益。[17]

7 在我国司法实践中，对于商事合同多数情况下仍可适用本条，[18] 但也有排除商事合同适用的案例。[19] 最高人民法院在这一问题上的态度并不明朗，明确以

〔14〕 朱广新：《合同法总论》（第 2 版），中国人民大学出版社 2012 年版，第 125 页；徐涤宇：《非常态缔约规则：现行法检讨与民法典回应》，载《法商研究》2019 年第 3 期，第 11—21 页；周清林：《论格式免责条款的效力层次》，载《现代法学》2011 年第 4 期，第 185—193 页；冉克平：《论格式化免责条款的效力》，载易继明主编：《私法》（总第 18 卷），华中科技大学出版社 2011 年版，第 61—77 页。

〔15〕 根据司法解释制定者原意，第 10 条本身也是对《合同法》第 39 条的法律后果作出的规定。其本意是违反“提示说明义务”可能有两种法律后果，分别是第 9 条规定的可撤销和第 10 条规定的无效。

〔16〕 商事合同在此仅指双方均为商主体且从事典型商行为的合同。

〔17〕 《合同法草案的焦点问题以及不同意见——全国人大常委会法制工作委员会副主任胡康生访谈录》，载全国人大法制工作委员会民法室编著：《〈中华人民共和国合同法〉立法资料选》，法律出版社 1999 年版，第 68 页。

〔18〕 最高人民法院（2016）最高法民终 752 号民事判决书；山西省高级人民法院（2017）晋民申 2102 号民事裁定书；新疆维吾尔自治区高级人民法院（2017）新民申 1637 号民事裁定书；广东省高级人民法院（2017）粤民再 4 号民事判决书；四川省高级人民法院（2017）川民申 507 号民事裁定书；重庆市高级人民法院（2016）渝民申 2122 号民事裁定书。

〔19〕 最高人民法院（2016）最高法民辖终 222 号民事裁定书；上海市第一中级人民法院（2018）沪 01 民终 1535 号民事判决书；某（集团）有限公司与某拍卖有限公司委托拍卖合同纠纷案［载重庆市高级人民法院编：《重庆审判案例精选》（第 3 集），法律出版社 2008 年版，第 113—125 页］。除此之外，亦有未明确表示格式条款不适用于商主体之间，而是以其他类似理由说理而排除适用的案例，如山西省高级人民法院（2016）晋民再 56 号民事判决书。

商主体之间不适用格式条款规制的目前似乎仅有一例。〔20〕 但同时可以看出，在双方均为商主体的情况下，最高人民法院即使未直接排除适用格式条款相关规定，也极少支持一方当事人据此而提出的主张。其裁判理由不一而足，如认为不满足格式条款构成要件〔21〕、未满足提示说明义务要求的“免责、限责条款”要件〔22〕、已履行提示说明义务等。〔23〕 最高人民法院由此表达出对商主体之间适用格式条款相关规则的谨慎克制的态度。〔24〕

对此，学者之间亦观点不一。肯定说认为，我国《合同法》并未区分消费者合同和非消费者合同，且从立法体例上看，本条规定在《合同法》总则部分，因此，无论是经营者之间的合同还是消费者合同，只要涉及格式合同，第 39 条的规定应当一体适用。〔25〕 否定说认为，本条的适用范围不应包括商事合同，因商事合同双方应具有相当的经验、知识、注意能力和交涉能力，无须立法政策向任何一方倾斜。〔26〕 折中说认为，应借鉴比较法上的规范，对合同条款采取两分法：一是作为合同自由滥用的控制机制，适用于所有种类的民商合同；二是作为消费者保护机制。〔27〕 8

完全不做区分而一体适用格式条款的相关规则已非现代各国立法所取，但具体哪些规则应当不区分消费者合同或商事合同而一体适用，哪些规则应当排除商 9

〔20〕 最高人民法院(2016)最高法民辖终 222 号民事裁定书。

〔21〕 最高人民法院(2017)最高法民申 5205 号民事裁定书；最高人民法院(2017)最高法民申 2136 号民事裁定书；最高人民法院(2017)最高法民终 91 号民事裁定书。

〔22〕 最高人民法院(2017)最高法民终 152 号民事判决书。

〔23〕 最高人民法院(2016)最高法民终 752 号民事判决书。

〔24〕 在与《合同法》第 40 条相关的案例中亦然。如：最高人民法院(2017)最高法民终 714 号民事判决书；最高人民法院(2017)最高法民辖终 66 号民事裁定书；最高人民法院(2016)最高法民辖终 248 号民事裁定书等。

〔25〕 朱岩：《格式条款的基本特征》，载《法学杂志》2005 年第 6 期，第 128—131 页。学者指出之所以如此，很大程度上是由于立法者在《合同法》起草时受到德国、英国等相关立法的较大影响。参见韩世远：《合同法总论》(第 4 版)，法律出版社 2018 年版，第 921—922 页；Herbert Kronke：《德国合同法的改革》，载全国人大法制工作委员会民法室编著：《〈中华人民共和国合同法〉立法资料选》，法律出版社 1999 年版，第 198—308 页。

〔26〕 崔建远：《合同法总论(上卷)》(第 2 版)，中国人民大学出版社 2011 年版，第 182—183 页；苏号朋：《论格式条款订入合同的规则》，载沈四宝主编：《国际商法论丛》(第 2 卷)，法律出版社 2000 年版，第 25—47 页。有学者认为本条第 1 款及第 40 条都应明确仅适用于消费性格式条款。参见徐涤宇：《非常态缔约规则：现行法检讨与民法典回应》，载《法商研究》2019 年第 3 期，第 11—21 页。在《合同法》制定过程中，有学者提出应当在《反垄断法》和《消费者权益保护法》中规定格式条款。参见《地方、中央有关部门、法学教学研究等单位对〈合同法(草案)〉的意见》，载全国人大法制工作委员会民法室编著：《〈中华人民共和国合同法〉立法资料选》，法律出版社 1999 年版，第 121—122 页。

〔27〕 王剑一：《合同条款控制的正当性基础与适用范围》，载《比较法研究》2014 年第 1 期，第 171—181 页。

事合同的适用或哪些规则应该对消费者作出特别规定，这首先是一个需要由立法者作出的建立在利益平衡基础上的价值判断问题；至于在立法上如何体现能够更加清晰和妥当，则是立法技术的问题。[28] 而若均以缔约人实质地位之不平等[29]为理由，似无从说明对消费者合同作出特别规定之正当性。因为即使是在商事领域，亦有双方实质地位不平等的问题，其与消费者合同所不同者或在于：当事人是否进入商事合同仍有选择之可能，即使同样与地位近乎垄断的相对方缔结合同，消费者之需求及其所关涉的利益与商事契约所关涉之利益有着本质的不同。因而对消费者契约的“特别关照”其实是对更基本权利之关照。[30]

10　商事领域内的格式条款订入除适用民法上的一般缔约规则之外，还应适用“系列交易理论”、“共同了解理论”、“习惯做法”或“商业惯例”。[31] 在“格式之战”这一特殊问题上，我国目前仍采用“最后一枪理论”。[32]

11　另外，我国立法中对公共事业强制缔约的格式条款纳入合同未设置特别规范，相反在法律制定的过程中，立法者头脑中的模型更多是具有垄断性的供水、供电、燃气、电信、租赁、保险、铁路、雇佣等合同。[33] 而比较法上可见对强制缔约使用格式条款的提示说明义务在满足条件的情况下一定程度和范围内的豁免。如《德国民法典》(305a)中对于经主管机关批准的铁路运价表及依《旅客运送法》获得批准的运输条款，在电力、煤气、电信、邮政经过妥当公示后，在营业场所以外通过远程缔约的合同。[34] 实践中，具有垄断性的公共事业事实上存在大量在营业场所外通过事实缔约或远程缔约的方式而订立合同的情形，[35] 在立法上明确对

---

〔28〕 王轶：《民法价值判断问题的实体性论证规则——以中国民法学的学术实践为背景》，载《中国社会科学》2004 年第 6 期，第 104—116 页。

〔29〕 梁慧星：《从近代民法到现代民法》，载梁慧星主编：《民商法论丛》（第 7 卷），法律出版社 1997 年版，第 234 页。

〔30〕 例外的是，对于个体工商户等小商人，若以从事商业为其基本谋生手段者，对其与绝对强势地位之商主体订立的商事合同在价值判断上与消费者合同不应有异。如下例中出租车承包合同等，因而对消费者合同之特别规则应对其同样适用。

〔31〕 参见刘宗荣：《免责条款之订入定型化契约》，载郑玉波主编：《民法债编论文选辑（上）》，台湾地区五南出版公司 1984 年版，第 264 页。

〔32〕 学者建议应采纳“相互击倒理论”。参见朱广新：《论合同订立过程中的格式之战问题》，载《法学》2014 年第 7 期，第 72—81 页；金晶：《合同法上格式之战的学说变迁与规范适用》，载《环球法律评论》2017 年第 3 期，第 83—105 页。

〔33〕 《美国、加拿大合同法的发展》，载全国人大法制工作委员会民法室编著：《〈中华人民共和国合同法〉立法资料选》，法律出版社 1999 年版，第 327 页；胡康生主编：《中华人民共和国合同法释义》，法律出版社 1999 年版，第 70 页。

〔34〕 在德国《一般交易条件法》中还包括保险合同、住宅储蓄条款和股东与公司之间的条款，但均在纳入《德国民法典》时被排除，从而将例外情况保留在绝对必要的范围内。MüKoBGB/Basedow, 7. Aufl. 2016, BGB § 305a Rn. 1ff.

〔35〕 江苏省徐州市泉山区人民法院(2011)泉商初字第 240 号民事判决书。

其通过格式条款订约设置规则，更为重要的意义在于规范其订约行为。

二、格式条款的界定（第1款）

（一）构成要件及其识别

从我国《合同法》立法史可见其用语及立法调整视角之变迁，[36]但从《合同法（试拟稿）》至《民法典》第496条第1款的规定来看，格式条款的法律定义虽略有变化，但更多为语言之凝练，立法者的基本判断并无实质性变化。 12

根据本条第1款的规定，格式条款的构成要件包括：第一，为重复使用之目的；第二，单方提供。格式条款的构成要件直接决定了哪些合同条款应当进入法律为其设定的订入控制及内容控制的讨论范围。因此，这一判断是本条第1款及第40条、第41条判断之前提。 13

1. 为重复使用之目的

格式条款通常并不是为某个合同单独制定，而是为一类交易而拟定。然而是否以此为构成格式条款之必要要件不无疑问。学者普遍反对将“重复使用”作为要件，虽然具体陈述的理由或有区别，但基本的价值判断几无差异。多数认为，虽然设置格式条款的目的大多确是服务于企业为降低成本而在交易中重复使用，但是“重复使用”并不应是格式条款的本质特征，而仅体现了格式条款的经济功能；[37]由格式条款立法目的出发，对于有些仅使用一次的文本，也不妨碍其应被认定为格式条款而纳入司法控制。[38] 另外，“重复使用”不等同于“为重复使用之目的”，后者属于主观判断，若使格式合同的相对方负证明对方提供格式条款之目的，未免强人所难。[39] 因而有学者认为可采用推定的方式，由格式条款的使用者承担证明其并非为多次使用的举证责任。[40] 14

将“为重复使用之目的”或“重复使用”理解为必要要件，在实践中已导致大 15

---

〔36〕 在学者提交的《中华人民共和国合同法（试拟稿）》[以下简称《合同法（试拟稿）》]中使用了“定式合同”；在《合同法（征求意见稿）》中使用了“格式合同”；在《合同法（草案）》中称为“标准条款”；最终通过的《合同法》中使用了“格式条款”一语。从中可以比较明确看出，立法者规制的立足点从“合同”细化为“条款”，从规制角度而言，更为准确和有效。

〔37〕 王利明：《对〈合同法〉格式条款规定的评析》，载《政法论坛》1999年第6期，第3—15页。

〔38〕 谢鸿飞：《合同法学的新发展》，中国社会科学出版社2014年版，第144—156页；徐涤宇：《非常态缔约规则：现行法检讨与民法典回应》，载《法商研究》2019年第3期，第11—21页。

〔39〕 广州市中级人民法院（2018）粤01民终2914号民事判决书。

〔40〕 朱岩：《格式条款的基本特征》，载《法学杂志》2005年第6期，第128—131页。

量应受规制的格式条款从本条的适用中逃逸。[41] 如广东省高级人民法院(2017)粤民再 4 号民事判决书,法院认为:“结算单的表格中……的具体日期、金额等是打印的,即该表格的样式和打印的内容也是特定的。表格下面的三点文字说明也是打印的,特别是第一点说明中的货款的数额也是打印的。除了该结算单外,没有证据显示本案当事人在一年多的供货过程中还使用过类似的方式进行结算。上述情况表明,该结算单虽然是广平商行提供的,但并不具有重复使用的特征。因此,检察机关抗诉认为该结算单是广平商行提供的格式条款,依据不充分。”

16 在欧盟的私法统一化进程中,在格式条款领域存在着两种相互“竞争”的概念:标准合同条款(standard contract terms)和非单独协商条款(not individually negotiated terms)。二者之差异即在于:“非单独协商条款”不要求合同条款为不止一个合同而拟定,即不要求其为重复使用之目的。而采用了“标准合同条款”这一概念的法律体系最终也不得不引入后者的观念;但其源于不同的理论背景,因而导致的摩擦难以解决。[42]《德国民法典》在第 305 条对“一般交易条件”的定义中亦有“为大量合同而制定”之意,但并不要求事实上运用多次,且在其第 310 条的“适用范围”中专列第 2 款作为消费者合同中的例外:“仅为一次使用”的预先拟定的合同条款也应适用。

17 在我国《民法典》合同编的制定过程中,对于“为重复使用”这一构成要件是否应当保留的问题一直存在争论,在合同编的二审稿中将其删除,而最终通过的《民法典》合同编中却又恢复。这体现出立法者在这一问题上的迟疑及犹豫。笔者认为,我国《民法典》合同编中并未区分格式条款及“非单独协商条款”,而从立法调整目的即规范意旨出发,仅规范“为重复使用”的格式条款,而将完全由一方当事人预先拟定、相对方事实上并无影响合同条款之能力,却仅使用了一次的条款排除在规则调整范围之外,似乎并不存在价值判断上的合理性。因此,实践中不应将本条所规定的“为了重复使用”作为格式条款规则适用的必要要件,解释上该有关规则均应适用于符合其他构成要件而实际仅使用了一次的合同条款。

2. 预先拟定

18 格式条款通常在订约之前已经预先拟定,而未经过当事人的协商,学界通说

---

〔41〕 如最高人民法院(2017)最高法民申 2136 号民事裁定书,本案中法院认为协议系当事人自愿协商签订,意思表示真实。“即使另三案有类似约定,也不属于格式条款。”另如:最高人民法院(2017)最高法民申 5205 号民事裁定书;广东省广州市中级人民法院(2018)粤 01 民终 2914 号民事判决书;广东省新会市棠下镇新昌村民委员会诉邓国雄土地租赁搬迁赔偿纠纷抗诉案[载最高人民检察院民事行政检察厅编:《人民检察院民事行政抗诉案例选》(第 7 集),法律出版社 2005 年版,第 241 页]。

〔42〕 Phillip Hellwege, Standard Contract Terms, in The Max Planck Encyclopedia of European Private Law, Vol Ⅱ, Oxford 2012, p. 1589.

认为这一特征是与非格式条款的重要区别。[43]

唯有疑问的是,应如何理解“预先拟定”? 依据本条第 2 款的规定,“当事人为了重复使用而预先拟定”,似乎格式条款仅指由一方当事人拟定。据此,若一方当事人使用由行业协会或政府部门主导而制定的示范文本是否属于格式条款?[44] 19

实践中,由于房地产开发商事先拟定的购房合同大多以示范文本为基础,或直接采用示范文本订约,因而在商品房买卖领域的纠纷大量涉及格式条款与示范文本之界定。有些法院以示范文本并未排斥当事人对合同条款的选择自由为理由,否认其属于格式条款;[45] 但也有法院将此类文本认定为格式合同。[46] 甚至在同一法院同年的数个类似案件中都作出了不相一致的判断,如在吉林省高级人民法院(2017)吉民申 1348 号裁定中,法院认为:本案双方当事人签订的合同虽系……合同示范文本,但合同项下的主要权利义务等内容仍需双方当事人协商确定,并未排斥当事人对合同条款的选择自由,因而该条款不属于格式条款。类似认定的还有吉林省高级人民法院(2017)吉民申 944 号裁定,法院陈述的理由亦相似。且这两个案件均为被告相同而有大量原告的系列案件。[47] 与之相反,吉林省高级人民法院(2017)吉民申 943 号裁定中,却认定该《商品房买卖合同》第 15 条第 3 项为格式条款,似因其未以任何示范文本为参照。前两案都是被告为房地产开发公司或商贸公司,原告为自然人的消费者合同,且均为系列案件,重复使用条款的特征明显;相反 943 号裁定中原被告双方均为自然人,亦并非系列案件。从案件各种因素观之,迥异判决令人疑惑。 20

另外,出租车承包经营合同大多也由行业协会提供范本。在湖北省高级人民 21

---

〔43〕 而从比较法上看,这一要件却并非无可议之处。如欧洲《共同参考框架草案》(DCFR)中对“未经个别磋商的条款”的界定(DCFR Ⅱ-1:110);《欧洲共同买卖法》(CESL)中“不公平合同条款”(§79-1,82,83)。我国亦有个别学者对这一要件持反对态度,参见范雪飞:《论不公平条款制度》,载《法律科学》2014 年第 6 期,第 105—112 页。

〔44〕 在《合同法》施行之后,地方政府陆续颁布了诸多针对格式条款的监督办法,明确格式条款可以是参照示范文本而拟定。如《上海市合同格式条款监督条例》(2001)第 10 条、《福建省合同格式条款监督办法》(2004)第 10 条、《江西省合同格式条款监督办法》(2009)第 6 条、《江苏省合同监督管理办法》(2009)第 5 条等。

〔45〕 吉林省高级人民法院(2017)吉民申 3681 号民事裁定书;湖北省高级人民法院(2017)鄂民申 2962 号民事裁定书;吉林省高级人民法院(2017)吉民申 944 号民事裁定书(该案为同一被告的系列案件);吉林省高级人民法院(2017)吉民申 1348 号民事裁定书;广东省高级人民法院(2017)粤民再 104 号民事判决书。

〔46〕 四川省高级人民法院(2016)川民申 1732 号民事裁定书认为:涉案《商品房预售合同》系再审申请人提供,条款内容均是再审申请人为重复使用而预先拟定的,该合同文本虽系……示范文本……本案《商品房预售合同》属于典型的格式合同。另见吉林省高级人民法院(2017)吉民申 943 号民事裁定书。

〔47〕 两案的被告并非同一主体,但均为房地产开发公司,案件事实、争议条款亦不同,因而是类似的系列案件。

法院(2017)鄂民申 2426 号民事裁定中,法院表示:案涉……并非格式合同,而是由行业主管部门牵头制定,主要条款需由当事人双方协商确定的示范合同,并非格式合同。如此是否妥当,亦不无可论。

22 实务中典型的示范文本还存在于海事租船合同中,而通常法院均否认此类示范文本为格式条款。如(2016)最高法民再 20 号判决认为:"本案双方采用的波罗的海国际海事公会的 HEAVYCON1985 范本,而非海阳公司制作的标准合同,没有任何条款属于《合同法》第三十九条所规定的格式条款。"

23 学者普遍认为,格式条款区别于示范合同之根本在于条款内容的不可协商性,因而,若有关企业直接采用示范合同文本而订入合同,相对人无法对其内容进行变更的,也应该属于格式条款。[48] 另有学者指出,鉴于我国行业协会与行业垄断企业的一体性,示范合同本身的公平性亦受质疑,自不应豁免对其之规制。[49] 笔者认为,依规范意旨,当事人采用示范合同文本而订入合同,若相对人无法对其内容进行变更的,自应包含在"当事人预先拟定"之内。唯其拟定之方法为自己拟定或采用示范文本而已,于相对人一方视之并无不同,均不改变条款未经磋商而预先形成的事实。

3. 在订立合同时未与对方协商

24 通说认为未经协商是格式条款的核心特征,[50] 与之相对的是格式条款的排除要件,即"经个别协商条款"。[51] 因而可由条款的提供者举证证明"经过个别协商",从而排除格式条款规则的适用。

25 对"未与对方协商"的理解应包括几个方面:相对人在合同订立过程中处于附从地位,对合同的内容只能全部接受或者拒绝(take it or leave it),[52] 因而学理上也被概括为格式条款的"附从性"。[53] 这一点与"预先拟定"相关,正因为"预先拟定",合同条款之形成在双方为缔约而进行磋商之前,相对方并无影响合同内容之机会。因而,"未协商"条款并非能够协商而不协商或主动放弃协商,而是实质上不能协商的条款。这一定义属于消极定义,如果由一方提供的条款另一方"没

〔48〕 王利明:《对〈合同法〉格式条款规定的评析》,载《政法论坛》1999 年第 6 期,第 3—15 页;陈自强:《契约之成立与生效》,法律出版社 2002 年版,第 165 页;朱岩:《格式条款的基本特征》,载《法学杂志》2005 年第 6 期,第 128—131 页。

〔49〕 朱岩:《格式条款的基本特征》,载《法学杂志》2005 年第 6 期,第 128—131 页。

〔50〕 王利明:《合同法研究(第一卷)》(第 3 版),中国人民大学出版社 2015 年版,第 407 页。

〔51〕 如《德国民法典》第 305 条第 1 款第 3 句明确规定"只要合同当事人双方详细地商谈合同条款,就不存在一般交易条款"。

〔52〕 [英]施米托夫:《国际贸易法文选》,中国大百科全书出版社 1993 年版,第 201 页。

〔53〕 高圣平:《格式条款识别探析》,载《吉首大学学报(社会科学版)》2005 年第 2 期,第 104—107 页。

有能力去影响其内容"，则属于未经个别协商的条款。[54] 须视另一方当事人是否有实质性的改变条款内容的机会，才能认为有能力对该条款产生影响。核心标准在于是否有真实而有意义的协商发生。

实务中应区分消费者合同与商事合同论之。对于消费者合同而言，格式条款双方的地位相对固定，[55]因此它的"不可协商性"造成对公平的损害是实质性的，无法通过一般合同双方当事人地位互换的假定得到缓和。在经营者和消费者之间或可直接由其地位差别及"预先拟定"而推定。并由经营者承担举证责任，证明由其提供的条款经过个别协商。[56] 对于商事合同，最高人民法院在（2016）最高法民辖终222号裁定中表达了较为明确的价值判断："市场经济中每个参与主体均发挥着不同的作用，各参与主体的市场优势地位在自由竞争的背景下不断转移变换。中铝公司利用市场优势提出对己方有利的合同签约条款，凯翔公司有拒绝签订的自由，这就是平等协商。"在另案中，最高人民法院实际已将证明未经协商的举证责任分配由主张者承担，[57]这一做法是否妥当不无可议，因实践中条款的提供者多为地位强势一方，而主张者多为其相对人，如此分配证明责任能否达到格式条款立法意欲规制之效果？或应改为"由格式条款提供者承担证明其已经过个别协商的举证责任"。[58] 26

在合同条款是否经过协商的证明问题上，江苏省高级人民法院（2016）苏民申1415号裁定中认定："双方当事人签订的《商品房买卖合同》附件三第10.5条约定：……该约定系打印后粘贴在附件三下方，张某亦在该条款粘贴处签名。由此可见，该条款中关于费用自理的约定经过了双方当事人的协商。"这一事实是否足以证明合同条款经过协商，恐值疑问。仅由单独打印粘贴及相对方的签名的条款能否证明当事人有实质性的改变条款内容的机会或能力？笔者认为，这仅为格式条款的表现形式之一。对于格式条款的认定，应进行实质判断，而不应考虑这些条款是否属于合同在外观上可分的一个部分或记载于合同书中，亦不论条款之范围、字体及合同之形式。[59] 27

更为具体的问题是，何种程度的未协商才能达到"实质"的不能协商？预先拟 28

---

〔54〕［德］克里斯蒂安·冯·巴尔、［英］埃里克·克莱夫主编：《欧洲私法的原则、定义与示范规则：欧洲示范民法典草案（全译本）：第1卷、第2卷、第3卷》，高圣平等译，法律出版社2014年版，第165页。

〔55〕王利明：《对〈合同法〉格式条款规定的评析》，载《政法论坛》1999年第6期，第3—15页。

〔56〕参考DCFR Ⅱ－1:110（4），另外，对于个体工商户等，若以从事商业为其基本谋生手段者，对其与绝对强势地位之商主体订立的商事合同在价值判断上与消费者合同不应有异。

〔57〕最高人民法院（2017）最高法民终91号民事裁定书；最高人民法院（2017）最高法民申2136号民事裁定书。

〔58〕DCFR Ⅱ－1:110（3）.

〔59〕Vgl. BGB §305（1）S. 2.

定的条款留有空白可填写或选择，是否属于能够“实质性的改变条款内容”？有学者认为这种情况下仍属于格式条款。[60] 实务中有争议：有肯定其仍为格式条款者[61]亦有否定者[62]，就上述否定裁判观之，法院裁判几乎都是以文本之规定内容证明文本自身，在此固然可能存在事实查明之困难，但这种说理方式逻辑上实难接受。

29 实务中争议颇多的有拆迁补偿协议是否属于格式合同的问题，法院裁判中有肯定者[63]亦有否定者，否定者的主要理由是协议中有关主要条款是经过双方当事人协商确定的。[64] 然而，若仔细审视广西壮族自治区高级人民法院（2017）桂民申 1813 号裁定，法院认为：“双方所签协议虽由光都公司事先拟定，但有关被拆房屋面积、结构、补偿的金额、拆除的方式留白，均系双方签订协议时手写完成，郭某、林某选择了回建地加货币补偿的方式达成协议……”因而否定其为格式条款。然此案亦为系列案件之一，[65] 有多位拆迁补偿之相对人皆以相同理由（“选择了回建地加货币补偿的方式达成协议”）提起诉讼，而法院之判决除数字、地址等具体信息稍有不同外，几无差异。如此是否仍能认为双方当事人之间存在真实的和有意义的协商？

30 寻诸案例，对于“留白条款”或“可选条款”何种情况下属于“实质上改变条款内容”均未能提供有效参考。就此，首先应当明确，如果一方为另一方提供了条款的选择机会，该条款将不能仅仅因另一方从中作出了选择而被视为经过个别协商。DCFR Ⅱ -1:110(2)且不区分消费者合同还是商事合同而适用。笔者浅见，在发生争议的情况下，除非有相反证据证明，若系列合同中相同条款未见不同约定，即使该款存在“留白”，亦不能认为与相对人之间存在有效协商。

---

〔60〕 韩从容:《论格式合同的价值冲突与利益平衡机制》，载《现代法学》2000 年第 6 期，第 150—152 页。

〔61〕 吉林省高级人民法院（2017）吉民申 2537 号民事裁定书；广东省高级人民法院（2017）粤民再 104 号民事判决书（该案为多人起诉同一被告的系列案件之一）。

〔62〕 浙江省高级人民法院（2017）浙民申 2352 号民事裁定书；江西省高级人民法院（2017）赣民申 847 号民事裁定书；湖北省高级人民法院（2017）鄂民申 2965 号民事裁定书（该案为多人起诉同一被告的系列案件之一）；广西壮族自治区高级人民法院（2017）桂民申 1813 号民事裁定书；山东省菏泽市中级人民法院（2017）鲁 17 民再 11 号民事判决书（该案为多人起诉同一被告的系列案件之一）。法院多以合同中载明……“双方在平等、自愿、协商一致的基础上……达成协议”，以及“本合同文本相关条款中的空白行，应经双方协商一致”为理由认为案涉合同系双方自愿协商签订，非格式条款。

〔63〕 吉林省高级人民法院（2017）吉民申 2537 号民事裁定书（该案为多人起诉同一被告的系列案件之一）。

〔64〕 江苏省高级人民法院（2016）苏民申 6431 号民事裁定书；云南省高级人民法院（2016）云民申字第 403 号民事裁定书；广西壮族自治区高级人民法院（2017）桂民申 1813 号民事裁定书。

〔65〕 通过北大法宝可查到 14 件。

（二）举证责任

对于争议条款是否属于格式条款，各构成要件有其证明顺序及功能，兹分述之。首先，主张争议条款为格式条款者几乎均为相对方，因而应由相对方提供涉案条款是否“预先拟定”的初步证据，多数情况下根据合同条款的外观形式即可表明；其次，如前文所述无论是消费者合同还是商事合同，均应由条款的提供者承担证明其经过个别协商的举证责任。 31

三、格式条款使用人义务（第 2 款）

（一）性质——订入合意

由单方预先拟定而未经与相对方协商的条款何以成为合同条款？即使是格式条款，亦不逾越合同法关于合同订立的基本规则，即合意。格式条款作为合同条款，若要订入合同，须与相对方达成合意。〔66〕而此时要约和承诺的意思表示都具有了一定的特殊性〔67〕：在格式条款提供者方面，典型地表现为对“提示说明义务”的履行。毕竟，对于单方事先拟定又未经协商的条款，若相对方对其内容根本一无所知，无法认为在双方当事人之间在此条款上存在合意。 32

在此基础上则有两个问题须讨论：其一，为提示说明义务的范围；其二，为“遵循公平原则确定当事人之间的权利和义务”的定位。 33

1. 提示说明义务的范围

据前文所述可知，本条第 2 款性质上应属于格式条款的订入控制。根据《合同法》第 39 条第 1 款的规定，格式条款提供方提示说明义务的对象应限于“免除或者限制其责任的条款”。〔68〕《民法典》中本条第 2 款的规定对此作出了两个调整，一是将“限制”改为“减轻”，这一改动通过语词调整明确了判断标准，有利于 34

---

〔66〕 崔建远：《合同法总论（上卷）》（第 2 版），中国人民大学出版社 2011 年版，第 175 页；韩世远：《合同法总论》（第 4 版），法律出版社 2018 年版，第 922—923 页；刘璐、高圣平：《格式条款之订入合同规则研究》，载《广西社会科学》2005 年第 2 期，第 72—74 页。对格式条款的性质的不同学说及争论参见王利明：《合同法研究（第一卷）》（第 3 版），中国人民大学出版社 2015 年版，第 409—410 页。

〔67〕 此处未将格式条款的提供者径直作为要约人或受要约人，因许多情况下格式条款自身规定其为要约邀请，相对人的签署仅为要约。尤其在保险合同领域多见，保险人保留最终成立合同的权利。

〔68〕 在 1995 年的《合同法（试拟稿）》中第 56 条规定的提示范围不限于“免除或限制其责任的条款”。参见全国人大常委会法制工作委员会民法室编著：《〈中华人民共和国合同法〉及其重要草稿介绍》，法律出版社 2000 年版，第 26 页。但自《合同法（征求意见稿）》开始加入了这一限制。可能的原因是认为“免责条款对相对人利益攸关，有必要特别强调”。参见孙鹏：《合同法热点问题研究》，群众出版社 2001 年版，第 226 页。

司法客观判断；二是对提示说明义务的范围进行了扩张，增加规定了概括性的“与对方有重大利害关系的条款”。

35 由于立法未能提供责任类型、免除及减轻方式等的具体规则，实践中亦较为混乱。许多情形下，由于法院认为所涉条款并非“免除或者减轻其责任的条款”，从而被豁免提示说明义务径直进入合同。[69] 典型的如借款合同中“借款人股权变更、关键管理人变化要事先征得贷款人书面同意或者就贷款人债权的实现作出令贷款人满意的安排方可进行”的条款，如最高人民法院(2017)最高法民终 152 号民事判决；“关于授信额度使用方式的约定”的条款，如最高人民法院(2017)最高法民申 72 号裁定；在保险合同中有关保险期间的条款，[70] 如湖南省娄底市中级人民法院(2017)湘 13 民再 32 号判决；在商品房买卖合同中的“面积确认及面积差异处理”的条款，如湖北省高级人民法院(2017)鄂民申 2962 号裁定[71] 等。在此类案例中，单方拟定而未经协商的条款均顺利从相对人的眼皮下溜走而进入合同并发生效力。从中可见，法院虽然对直接规定免除或限制责任的条款(比如保险合同中免除或限制保险人保险责任的条款)有所警觉，而对诸如上述关于期间、程序性规则等间接构成免除或限制其责任的规定就较难识别。

36 也有法院在判决中据其价值判断和学理上格式条款订入须源于合意之规则而认定：(法律的)禁止性规定不同于法定免责条款，某保险公司未将禁止性规定情形作为免责事由向投保人进行提示，但投保人即便知道上路行驶的机动车未按时年检属于违反法律禁止性规定的情形，也无从得知此情形将作为免责事由而导致某保险公司免赔，因而依据《保险法解释二》第 10 条的规定不能免除其提示义务。[72]

37 关于提示说明义务的范围问题，本质上涉及什么样的条款可以不经相对人同意甚至在相对人不知悉的情况下订入合同？我国学界通说认为，既然为订入之要件，提示说明义务自然应适用于所有格式条款。[73] 若相对方对条款内容都不知，自无法认为双方存在合意，如何使其受拘束具有正当性？更何况，多数情况下此

---

〔69〕 如江苏省连云港市中级人民法院(2017)苏 07 民申 347 号民事裁定书。该案为多人起诉同一被告的系列案件之一，北大法宝可查到至少 32 份判决。法院在该系列案件的判决中均认为，“因合同内容无免除或限制其责任内容，申请人要求华东城公司额外对条款进行提醒注意，无法律依据”。

〔70〕 同样属于服务存续期限的条款，在有的法院就被认定为“免除或者限制其责任的条款”，参见江苏省徐州市泉山区人民法院(2011)泉商初字第 240 号民事判决书。

〔71〕 该案为多人起诉同一被告的系列案件之一。

〔72〕 吉林省长春市中级人民法院(2018)吉 01 民终 121 号民事判决书。

〔73〕 王利明：《合同法研究(第一卷)》(第 3 版)，中国人民大学出版社 2015 年版，第 416 页；朱广新：《合同法总论》(第 2 版)，中国人民大学出版社 2012 年版，第 121 页；韩世远：《合同法总论》(第 4 版)，法律出版社 2018 年版，第 922 页。不同意见参见谢鸿飞：《合同法学的新发展》，中国社会科学出版社 2014 年版，第 157 页。

类案件中双方之地位已偏离实质平等，对弱势一方的相对人本应适用更为顾及之规则。而对此款规定，即使以目的论的扩张使格式条款提供者的提示义务范围扩大，亦终究不是长久之计。[74]《民法典》本条已通过增加概括性规定对提示说明义务的范围进行了扩张，值得肯定。这一改动应是参考了《消费者权益保护法》中第26条第1款的规定，但应如何理解重大利害关系？我们从《消费者权益保护法》第26条的相关案件中并没有发现法官在"与消费者有重大利害关系的内容"和《合同法》第39条"免除或者限制其责任的条款"之间作出显著区分，即未能看出有明显的提示说明义务的范围扩大。

对于格式条款中的管辖及争议解决方式的条款是否属于需要特别提示及说明的条款，对此学界讨论较少。部分法院认为：管辖条款属于双方争议解决的重要条款，上诉人单方选择在其所在地解决纠纷，对被上诉人而言，无疑是加重其诉讼负担的条款，因此，上诉人应就该条款履行了注意提醒义务负有举证责任。[75] 但也有法院肯定了管辖条款的订入及效力。[76] 亦有案件中当事人提出了依据格式条款规则而对管辖权条款进行控制，但法院未做处理的情形。[77] 最高人民法院2018年公布的《最高人民法院关于互联网法院审理案件若干问题的规定》第3条第2款规定："电子商务经营者、网络服务提供商等采取格式条款形式与用户订立管辖协议的，应当符合法律及司法解释关于格式条款的规定。"这一规定针对的是实务中电商平台等在其"平台规则"中单方面拟定的管辖条款，现实中已经产生了大量的争议。 38

至于争议解决方式的条款（尤其仲裁条款），最高人民法院（2014）民四终字第43号裁定[78]认定：在合同中概括性约定当事人的权利义务适用其他合同有关约定的表述，一般不发生仲裁协议并入的效力，除非当事人能够证明其对仲裁协议的并入尽了合理的提醒义务，或者能够证明对方当事人明知或应知仲裁协议的并入。最高人民法院在（2013）民四他字第1号就《关于连云港祥顺矿产资源有限公司与尤格兰航运有限公司海上货物运输合同纠纷管辖权异议一案的请示》的复函中确立了提醒义务，并作出了更严格的解释："尽管提单背面约定了租船合同中的仲裁条款并入提单，但提单背面并入条款的约定不产生约束提单持有人的效 39

〔74〕 参见朱广新：《合同法总则研究》，中国人民大学出版社2018年版，第146—147页。

〔75〕 江苏省徐州市贾汪区人民法院（2011）贾民初字第1号民事判决书。另见：江苏省淮安市中级人民法院（2018）苏08民辖终59号民事裁定书；安徽省铜陵市中级人民法院（2017）皖07民辖终81号民事裁定书；北京市第三中级人民法院（2014）三中民终字第10006号民事裁定书。

〔76〕 江西省景德镇市中级人民法院（2018）赣02民辖终8号民事裁定书。

〔77〕 浙江省台州市中级人民法院（2018）浙10民终508号民事裁定书。

〔78〕 丁广宇：《辽宁省沈阳市公路建设开发总公司与中国黑龙江国际经济技术合作公司等建设工程合同纠纷上诉案——适用其他合同全部条款的概括约定不具有仲裁协议并入的效力》，载《人民司法·案例》2015年第8期。

力。”其主要理由正是因为,提单背面约定不足以引起提单受让人的注意。[79]

40 然而更为根本的问题在于:如此规定即要求法院在对此条的适用中进行条款内容的实质审查,须先判断诉争者是否属于“与对方有重大利害关系的条款”。这本非订入控制所能承受之重。关于内容的实质审查应属于第 497 条效力控制的功能,这样规定不但有越俎代庖之嫌,更造成了两个条文之间的冲突。同样的问题还存在于本款前半句“提供格式条款的一方应当遵循公平原则确定当事人之间的权利和义务”。

2. 遵循公平原则确定当事人之间的权利和义务

41 各国在格式条款订入问题上的规定一般都仅考虑格式条款提供方是否进行了明示的提示,使合同相对方有可能以可合理期待的方式知悉,相对方是否以明示或默示方式表示接受该条款。[80] 其共同点在于,其核心还是在判断合意之存否,而并不对格式条款进行实质审查,不关注格式条款的适用者对双方权利义务是否进行了合理的安排。

42 有学者认为,将公平原则作为格式条款订入合同的要件是违反法律逻辑的,因而本句之规定是《合同法》第 39 条和第 40 条矛盾之根源,应当删除;[81] 另有学者认为,这一规定性质上应属于格式条款的效力判断规则。[82] 这些观点值得肯定,且实务中几未见以此句为订入控制的判决理由之案件。但在《民法典》本条第 2 款中依然保留了这一语句,虽可理解立法者对去掉这一语句可能的后果的担忧,但司法实践中仍应仅将其作为倡导性内容,不宜以此为本条判断之实质要件。是否公平的问题应为第 497 条的审查范围。

(二)提示说明义务的履行

1.“合理的方式”

43 学说认为应当从几个方面考虑提醒的方式是否合理[83]:(1)文件的外形。应

---

〔79〕 司法实践中部分地方法院判例中仍可见对格式条款的约定仲裁持认可态度者。如:北京市第二中级人民法院(2017)京 02 民终 10940 号民事裁定书;广东省广州市中级人民法院(2017)粤 01 民终 23583 号民事裁定书。

〔80〕 参见《德国民法典》第 305 条第 2 款、《意大利民法典》第 1341 条第 1 款、《荷兰民法典》6:233(b)、《卢森堡民法典》第 1135 - 1 条等。

〔81〕 苏号朋:《格式合同条款研究》,中国人民大学出版社 2004 年版,第 190—191 页。

〔82〕 高圣平:《试论格式条款效力的概括规制》,载《湖南师范大学社会科学学报》2005 年第 3 期,第 73—76 页。

〔83〕 王利明:《合同法研究(第一卷)》(第 3 版),中国人民大学出版社 2015 年版,第 415 页;崔建远:《合同法总论(上卷)》(第 2 版),中国人民大学出版社 2011 年版,第 176 页;韩世远:《合同法总论》(第 4 版),法律出版社 2018 年版,第 924 页;刘宗荣:《免责条款之订入定型化契约》,载郑玉波主编:《民法债编论文选辑(上)》,台湾地区五南出版公司 1984 年版,第 252—253 页。

使相对人意识到该文件有足以影响当事人权益的条款，而非仅是“收据”，否则相对人收到该文件根本不会去阅读。(2)提请注意的方法。应结合特定交易的具体环境，以“个别提醒”为原则，在确有困难时可采取“公告”的方式。公告方式大多发生在大规模交易或自动化缔约的情形。[84] (3)提醒注意的时间。应当在合同成立之前或之时。作为例外的有“承诺无可避免”的情形，如钱款已投入自动售货机、已付款领取停车证等(合同已成立)，即使提请注意发生于合同订立之前仍非合理。[85] (4)提请注意的程度。其中包括两个方面的要求：其一，提醒义务的履行应足以达到使相对人注意。有学者认为，应该从格式条款的内容来判断，对消费者越不利，则其提醒注意义务也越重。[86] 其二，提示的语言文字本身须清楚明白。判断提请注意是否合理和充分的标准究竟应为主观说抑或客观说？学者间有争议，有采客观说者，认为应以一般正常人能否注意到格式条款的存在及其内容为标准；[87] 亦有采折中态度，认为原则上以一般人或理性人的标准，兼顾特别情形，如视力障碍、听障或文盲等。[88] 笔者认为折中说似更为合理。较为特别的是语言的问题，有主张对使用民族语言或所在国语言水平欠佳的外国人应使用其所熟悉的语言，否则便构成提请注意不充分。[89]

《合同法解释二》第 6 条第 1 款规定：提供格式条款的一方对格式条款中免除或者限制其责任的内容，在合同订立时采用足以引起对方注意的文字、符号、字体等特别标识，并按照对方的要求对该格式条款予以说明的，人民法院应当认定符合《合同法》第 39 条所称“采取合理的方式”。这一规定虽有细化推进，但仍不甚充分，诸多方面均未顾及，[90] 有待未来针对《民法典》中相关问题再行制定司法解释进一步明确。 44

中国保险监督管理委员会 2012 年 2 月 23 日颁布的《关于加强机动车辆商业保险条款费率管理的通知》第 2 款第 2 项和第 3 项规定了机动车商业保险条款的提示说明义务规范：“商业车险条款应当内容完整、格式清晰、方便阅读。”“保险公 45

〔84〕 刘璐、高圣平：《格式条款之订入合同规则研究》，载《广西社会科学》2005 年第 2 期，第 72—74 页。

〔85〕 Thornton v Shoe Lane Parking Ltd. [1971] 2 QB 163, Chapter 6(P. 260). https://www.johnwiley.com.au/higheredblawcontent110/case_summaries/thornton_vs_shoe_lane.pdf.

〔86〕 苏号朋：《论格式条款订入合同的规则》，载沈四宝主编：《国际商法论丛》(第 2 卷)，法律出版社 2000 年版，第 25—47 页。

〔87〕 王利明：《合同法研究(第一卷)》(第 3 版)，中国人民大学出版社 2015 年版，第 415 页。

〔88〕 崔建远：《合同法总论(上卷)》(第 2 版)，中国人民大学出版社 2011 年版，第 177 页；韩世远：《合同法总论》(第 4 版)，法律出版社 2018 年版，第 926 页。

〔89〕 崔建远：《合同法总论(上卷)》(第 2 版)，中国人民大学出版社 2011 年版，第 181 页。Friedrich Graf v. Westphalen, AGB - Recht ins BGB - Eine erste "Bestandsaufnahme, NJW 2002, 12(13f.).

〔90〕 且该司法解释未注意到，从文义解释，《合同法》第 39 条“采取合理方式”仅是对提请注意义务的限定，而并未包括说明义务。当然这并不意味着说明义务无须合理。

司应当在投保单首页最显著的位置,用红色四号以上字体增加‘责任免除特别提示’,对保险条款中免除保险公司责任等条款作出足以引起投保人注意的提示,并采用通俗易懂的方式,对该条款的内容以书面或者口头形式向投保人作出明确说明。保险公司应当提示投保人在投保单‘责任免除特别提示’下手书:‘经保险人明确说明,本人已了解责任免除条款的内容’并签名。”该行业规范可谓细致入微。

46 《邮政法》第 47 条规定:“邮政企业对给据邮件的损失依照下列规定赔偿:(一)保价的给据邮件……(二)未保价的给据邮件丢失、损毁或者内件短少的,按照实际损失赔偿,但最高赔偿额不超过所收取资费的三倍;挂号信件丢失、损毁的,按照所收取资费的三倍予以赔偿。邮政企业应当在营业场所的告示中和提供给用户的给据邮件单据上,以足以引起用户注意的方式载明前款规定……”这一规定的公示要求有不尽合理之处,给据邮件的单据本身是否属于合理的提示文件形式亦值疑问,且通常给据邮件的单据交付都是在相对人已签字甚至支付邮资之后(合同已成立),再作提示是否为时已晚?在《德国民法典》中,立法者已注意到此类强制缔约的特殊性,而对其公示要求为:在联邦网络局的公报中公布,并制备于(格式条款)使用者的营业场所。可资借鉴。

47 实务中在提示义务上典型的案例有指导案例第 64 号刘超捷诉中国移动通信集团江苏有限公司徐州分公司电信服务合同纠纷案,[91] 但这一判决结果或许值得肯定,说理却不够充分和妥当。首先,未履行告知义务之法律后果如何未言明,而以未告知直接连接到违约,中间缺失定性及论证环节较多。且本案发生时,《合同法解释二》应已生效,本案依据该解释第 9 条似应为可撤销,而案件中当事人并未提出撤销,此时法院如何径直判断格式条款之效力?其次,“话费有效期”此类格式条款“如果在订立合同之前未告知,即使在缴费阶段告知,亦剥夺了当事人的选择权”,这一判断未能明确究竟属于《合同法》第 39 条还是第 40 条之内容?于此必须回答若此条款于缔约之前已告知,效力如何?若认为其落入第 40 条范畴,则即使告知亦无效;若认为其属于“承诺无可避免”的情形,则即使提前告知亦非合理。最后,裁判中未对“通过单联发票、宣传册和短信的方式向原告告知了有效期”是否为提示的“合理的方式”进行认定,若此类文本根本不属于合理提示的文件外形之列,无须以“无证据证明”而否定之。

2. 说明义务:以对方要求为前提

48 与提醒注意义务所不同的是,说明义务属于“被动义务”,即以相对方要求为

---

〔91〕 江苏省徐州市泉山区人民法院(2011)泉商初字第 240 号民事判决书。

前提。有质疑者认为如此不利于保护格式条款相对方。[92] 值得讨论的是若格式条款的相对方已注意到该条款的存在,但使用人拒绝履行说明义务将发生何种法律效果?有学者认为应认为其已订入合同,而将问题留给格式条款的解释(《民法典》第 498 条)解决。[93]

对说明义务的要求可以类比欧盟法上的透明度原则,如欧盟《消费者合同不公平条款指令》(EU Directive 93/13/EEC)第 5 条前段规定:如果向消费者发出要约的所有或部分合同条款是书面的,则必须总是使用浅显易懂的用语。另如《德国民法典》第 305 条第(2)款关于订入控制的规定,要求(格式条款)使用人明示的提示及使相对方有可能以合理方式知悉。在德国法院的司法判决中,透明度原则很早便被用于格式条款的订入控制,对于一般的顾客无法理解的条款不能被作为合同的组成部分。[94] 需注意的是,在德国法上,第 305 条第(2)款关于提示说明的义务仅适用于消费者合同。而我国立法上并未做此区分,解释上应均适用。 49

3. **相对人承诺的标准**

我国立法中没有设置相对人承诺的规范,也正因此容易使人误以为相对人无须同意,或忽略相对人的意思表示。在此要求相对人原则上以明示方式作出同意的意思表示,[95] 至于其明示方式为口头或书面在所不问。有疑问的是,意思表示中的默示方式在此是否得构成有效承诺?学说认为根据交易的实际情况,或者根据交易管理或双方当事人有约定的情况下,可以以默示方式作出。[96] 但默示同意仅为推定,相对人可提供相反证据否定之。[97] 比较法上可见依条款性质[98]或告知方式[99]之不同而对同意方式进行限制的规则。笔者认为,默示方式的承诺应当受到限制,其前提须是格式条款提供者对提示说明义务之合理、充分满足,否则不能仅以相对人"接受格式条款使用人所提供的商品或者服务"而推定其同意。 50

---

〔92〕 李绍章:《格式条款的契约法理与规制分析》,载《南昌大学学报(人文社会科学版)》2012 年第 5 期,第 88—93 页。

〔93〕 韩世远:《合同法总论》(第 4 版),法律出版社 2018 年版,第 926 页。

〔94〕 Eckart Gottshalk, Das Transparenzgebot und allgemeine Geschäftsbedingungen, AcP 206 (2006), S. 555(568f.).

〔95〕 王利明:《对〈合同法〉格式条款规定的评析》,载《政法论坛》1999 年第 6 期,第 3—15 页。

〔96〕 苏号朋:《论格式条款订入合同的规则》,载沈四宝主编:《国际商法论丛》(第 2 卷),法律出版社 2000 年版,第 25—47 页。

〔97〕 高圣平:《论格式合同》,载宋海萍等:《合同法总则判解研究与适用》,人民法院出版社 2001 年版,第 239—240 页。

〔98〕 如《意大利民法典》第 1341 条规定。

〔99〕 我国台湾地区"消费者保护法"(第 13 条)则以不同告知方式而区别对同意的意思表示的要求:对于个别提示者,无须相对人同意(推定其同意);而对于通过公告方式提请注意的,须相对人表示同意后才能订入合同。但此处的同意也不以明示为限,默示的意思表示亦可。

51　另外,颇有争议的问题是,签字是否可被认为已同意?就意思表示理论而言,签字应属于明示的意思表示,而对其效力之所以仍存质疑,乃格式条款多烦冗复杂而相对人经常不加阅读的事实所决定。[100] 我国学者多持赞同意见。[101]

52　实践中在格式条款领域有保留地认可了这一原则。肯定者如广东省高级人民法院(2016)粤民再 199 号判决、江苏省高级人民法院(2017)苏民再 349 号判决等,法院均认为相对方已经在《投保单》中签名确认,因而认定保险公司对保险合同的免责条款尽到了告知义务。另如山西省高级人民法院(2016)晋民再 56 号判决、江苏省高级人民法院(2017)苏民再 454 号民事判决、辽宁省高级人民法院(2016)辽民申 3161 号民事裁定等,其理由略谓:在合同书上签署了自己的姓名,即是对合同书的内容已进行了充分了解,并已知晓签名所产生的法律后果。法院所持理由虽不同,对"签字"所对应的法律后果的定位并无实质差异。[102] 亦有法院认为,仅凭签名不能证明告知义务已充分履行。如浙江省台州市中级人民法院(2016)浙 10 民再 20 号判决认为:两申诉人虽然在《最高额抵押合同》第 23 条旁边签名摁印,但考虑被申诉人提交的《授信额度合同》文本多达 47 页,被申诉人……附加保证条款的做法亦有违其……承诺,单凭两申诉人的签名摁印就简单认定其"已知悉主合同的全部内容"是有违公平原则的,被申诉人还需就告知说明事实进一步举证。也有法院结合具体案件发展出更为细致的判断规则,如吉林省高级人民法院(2018)吉民申 148 号裁定认为:投保人签名盖章或签章处仅有某汽车公司的签章,没有具体投保经办人的签名,《免责事项说明书》最后投保人签章处亦没有投保人签章,……没有证据证明上诉人就该车商业三责险的免责条款向某汽车队履行提示义务;北京市高级人民法院(2016)京民再 27 号判决认为,当事人的签字是对其签名位置以上的"托运的时间、始发地……"等托运信息的确认,而非对其签名位置下部的"签字前请仔细阅读背书条款,签字视为接受条款一切内容"的确认。司法实践对这一规则在坚持立法表达的基本价值判断前提下的推进尝试,值得肯定。

---

[100] 英国普通法上通过 L'Estrange v F Graucob Ltd [1934] 案确立了"签字即为同意"规则,除非存在欺诈、不实陈述或否认订立契约的抗辩(non est factum),即使一方并不知晓契约的全部内容,亦视为契约已订立,法院于此表达出对契约神圣的尊重。[1934] 2 KB 394 https://wikijuris.net/cases/lestrange_v_f_graucob_1934.

[101] 崔建远:《合同责任研究》,吉林大学出版社 1992 年版,第 140 页;韩世远:《合同法总论》(第 4 版),法律出版社 2018 年版,第 926 页。

[102] 唯有争议者:江苏省高级人民法院(2016)苏民申 1415 号民事裁定书,江苏高院认为有相对人签字即说明双方经过了协商,从而否认其属于格式条款。对此妥当性之评价上文已述。

（三）法律后果

1. 未订入抑或可撤销？

我国《合同法》在第 39 条第 1 款未规定其法律后果，导致学者间对违反提示说明义务的具体法律后果存在分歧：有认为违反义务者导致对方当事人没有注意到格式条款的存在，则对该条款不能形成合意，因此不发生格式条款纳入合同的效果；[103] 有认为违反该义务而没有提请注意的情况下仍允许这些条款纳入合同，只不过如果这些条款违反公平原则时，对方当事人可以主张撤销。[104] 《合同法解释二》第 9 条规定，相对人须提起撤销之诉以否定格式条款。[105] 也就是说，未经提示说明的格式条款已自动进入合同，而仅需面对相对人可能的撤销权的行使。学理上而言，未经提示说明，也未要求相对方以任何形式表示同意，格式条款何以成为合同之内容而拘束当事人？另外，撤销权须受除斥期间限制，若除斥期间经过，当事人之权利（本权）即丧失。在司法解释出台之后已有不少因撤销权除斥期间经过而丧失权利的案例。[106] 《合同法解释二》第 9 条未规定撤销权的起算点，许多情形下法院即认定以权利确立之时起算，并未考虑相对人是否知道或应当知道撤销事由。如此恐怕事实上背离了保护相对人之目的。该司法解释实难达到其让相对人“理解起来无逻辑混乱之感”[107] 的初衷，却使司法实践反受其乱。[108] 53

---

〔103〕 崔建远《合同法总论（上卷）》（第 2 版），中国人民大学出版社 2011 年版，第 175 页；苏号朋：《格式合同条款研究》，中国人民大学出版社 2004 年版，第 189 页；刘璐、高圣平：《格式条款之订入合同规则研究》，载《广西社会科学》2005 年第 2 期，第 72—74 页。

〔104〕 王利明：《合同法研究（第一卷）》（第 3 版），中国人民大学出版社 2015 年版，第 411 页。

〔105〕 对此条的批评意见，参见韩世远：《合同法总论》（第 4 版），法律出版社 2018 年版，第 924 页；徐涤宇：《非常态缔约规则：现行法检讨与民法典回应》，载《法商研究》2019 年第 3 期，第 11—21 页；冉克平：《论格式化免责条款的效力》，载易继明主编：《私法》（总第 18 卷），华中科技大学出版社 2011 年版，第 61—77 页。

〔106〕 四川省高级人民法院（2017）川民申 2135 号民事裁定书；山东省济南市中级人民法院（2017）鲁 01 民终 8556 号民事判决书（该案为被告同一的系列案件）。

〔107〕 最高人民法院研究室编著：《最高人民法院关于合同法司法解释（二）理解与适用》，人民法院出版社 2009 年版，第 87 页。

〔108〕 新疆维吾尔自治区高级人民法院（2017）新民申 1637 号民事裁定书；湖北省高级人民法院（2017）鄂民申 2962 号民事裁定书；山东省青岛市中级人民法院（2017）鲁 02 民再 163 号民事判决书；山东省青岛市中级人民法院（2017）鲁 02 民再 114 号民事判决书；湖南省张家界市中级人民法院（2016）湘 08 民再 7 号民事判决书等。法院的说理部分先是在第 39 条与第 40 条的构成要件之间徘徊，法律后果上又在订入控制与效力控制之间徘徊。

54 我国《民法典》中本条之规定对《合同法》第 39 条进行了重要的修订，明确规定："提供格式条款的一方未履行提示或者说明义务，致使对方没有注意或者理解与其有重大利害关系的条款的，对方可以主张该条款不成为合同的内容。"可见立法者在格式条款的提供者未履行提示或者说明义务的法律后果方面采取了与《保险法》中相关规定相类似的立场，更加明确了本条"订入控制"的性质。《保险法》第 17 条规定，保险人对于免除其责任的条款未作提示或者明确说明的，该条款不产生效力。因而法院在保险纠纷案的判决中裁判的法律后果即多为"不发生法律效力"。[109] 但此次《民法典》的制定过程中，在本条加入了未履行提示或者说明义务的判断标准，即：致使对方没有注意或者理解与其有重大利害关系的条款，解释上这一标准应为客观标准，即视社会一般人在此情况下是否能够注意或者理解为标准。

2. "不成为合同的内容"之后的效果

55 我国学界较少对格式条款不生效或撤销后的效果展开论述。法院裁判中大多也止步于对格式条款本身的效力进行判断。至于格式条款不生效或被撤销之后对合同整体的效力或可适用《合同法》第 56 条，合同部分无效，不影响其他部分效力的，其他部分仍然有效。需要注意的是，此处不生效或被撤销的格式条款可以是格式条款中的个别条款，亦可以是订入合同的一系列甚至全部格式条款。因而在其效力被否定之后对于合同整体效力的影响须视具体案件而确定。

56 若格式条款不生效或被撤销后出现合同漏洞，则双方意思表示不达部分的合同内容如何确定？于此须首先经由解释而确定是否存在合同漏洞，本质上这属于价值判断的问题，取决于争议合同的意义与目的及法律对格式条款规制的保护目的。[110] 《德国民法典》第 306 条第 2 项规定此时应依法律规定确定合同的内容。我国立法中对此没有明确的规定，解释上应可由《合同法》第 61 条及第 62 条等补充性任意性规范予以填补。对此，《德国民法典》第 306 条第 3 项补充规定为：依据前项维持合同如果依然对一方当事人过于严苛，则合同（整体）不生效力。欧洲《共同参考框架草案》（DCFR）Ⅱ－9：408 条第 2 项也将合同条款对双方当事人仍具有拘束力的条件规定为"没有该不公平条款，合同的效力仍可合理的维系"。这一前提条件有其合理性，可资借鉴。

---

〔109〕 吉林省高级人民法院（2018）吉民申 148 号民事裁定书；江苏省高级人民法院（2016）苏民申 929 号民事裁定书；河南省驻马店市中级人民法院（2018）豫 17 民终 34 号民事判决书；辽宁省盘锦市中级人民法院（2017）辽 11 民再 59 号民事判决书等。由此，若格式条款使用人未妥当履行提示说明义务，在《民法典》施行之前，在保险合同中与其余受《合同法》规范的合同中将导致不同的法律后果。

〔110〕 MüKoBGB/ Basedow, 7. Aufl. 2016, BGB § 306 Rn. 10.

（四）举证责任

《合同法解释二》第 6 条第 2 款规定由提供格式条款一方对已尽合理提示及说明义务承担举证责任。实践中格式条款的使用者败诉的理由大多正是由于无法证明已尽提示及说明义务，遗憾的是判例中也未能建立基本证明规则可为指引。于具体规则之确定及细化最高人民法院的指导性案例大有可为。 57

四、主要相关领域案例及特别法规范

（一）银行与保险

依据《保险法》第 17 条的规定，保险人须提示的内容仅为“免除保险人责任的条款”。《保险法解释二》从第 9 条到第 13 条都是关于提示说明义务的规定，比《合同法》更为细致和具体，包括对“免除保险人责任的条款”通过正面列举与反面排除划定范围；对将法律、行政法规中的禁止性规定作为免责条款的，要求必须提示，但可以无须说明；明确充分履行提示义务（明显标志）及说明义务（客观标准）的具体要求；通过网络、电话等方式订立的保险合同提示说明义务履行的特别方式；规定保险人对其履行了明确说明义务负举证责任；投保人在“投保人声明”中签字盖章的推定效力等。 58

2017 年《中国保监会关于落实〈保险销售行为可回溯管理暂行办法〉有关事项的通知》对保险销售过程的关键环节要求以现场同步录音录像的方式予以记录，并从提示及录制要求等进行了规范，对于保险人举证证明提示说明义务的履行有积极意义。 59

2015 年最高人民法院发布《关于当前商事审判工作中的若干具体问题》，明确银行卡合同系格式合同，发卡行应对其是否履行了《合同法》第 39 条规定的合理的提示和说明义务承担举证责任。并列举了银行卡合同中的格式条款类型，如“凡密码相符的交易均视为本人合法交易”“信用卡持卡人选择最低还款额方式时，应当支付全部透支款项自银行记账日起，按规定利率计算的透支利息”等格式条款，应按照前述法律规定认定其效力。 60

相比之下，实践中对保险合同中的格式条款的认定比例远高于其他类型纠纷中的认定。[111] 在提示说明义务方面大量存在保险人因“无充分证据证明”尽到提 61

〔111〕 笔者所整理的有限的保险合同纠纷案例，几乎没有不被认定为格式条款者。

示说明义务而败诉的情形。[112] 在法院认定保险人已尽提示说明义务的案例中，最主要的情形是保险人已用黑体字对责任免除条款予以提示，[113] 比较特别的问题是“投保人声明”，搜索范围内的案件几乎都因投保人签署了声明而认为保险人已尽提示说明义务。[114] 另外，值得注意的是在法律后果方面，虽然《保险法》规定的是“不发生效力”，但仍有案例中援引《合同法》及《合同法解释二》认定为“无效”。[115]

62 银行涉及格式条款的纠纷从数量上看要远少于保险合同纠纷。实务中银行提供的条款有些被认定为不是格式条款，[116] 有些被认定为不是免责条款因而无须提示，[117] 有些被认为已经特别字体提示，[118] 亦有些被认为通过相对方签署“甲方的陈述与保证”或在文件上签名而认定银行已尽提示说明义务。[119] 与对保险公司的格式条款规制相比，对银行可谓“松绑”不少。

（二）电子商务

63 在电子商务领域，2014 年国家工商总局发布的《网络交易平台合同格式条款规范指引》对网络交易平台经营者使用格式条款的义务进行了明确具体的规定。(1)提示范围为对合同相对人有重大利害关系、对其权利可能造成影响的内容。(2)对“显著方式”的界定，并规定“不得以技术手段对合同格式条款设置不方便

---

[112] 吉林省高级人民法院(2018)吉民申 148 号民事裁定书；江西省高级人民法院(2017)赣民申 761 号民事裁定书；吉林省高级人民法院(2017)吉民申 783 号民事裁定书；陕西省高级人民法院(2016)陕民申 1472 号民事裁定书；江苏省高级人民法院(2016)苏民申 929 号民事裁定书。

[113] 山西省高级人民法院(2017)晋民申 2102 号民事裁定书；广东省梅州市中级人民法院(2017)粤 14 民申 10 号民事裁定书；江西省萍乡市中级人民法院(2016)赣 03 民再 6 号民事判决书；吉林省长春市中级人民法院(2018)吉 01 民终 920 号民事判决书；四川省乐山市中级人民法院(2018)川 11 民终 66 号民事判决书。例外的如广西壮族自治区柳州市中级人民法院(2004)柳市民再字第 23 号民事判决书。

[114] 山西省高级人民法院(2016)晋民再 52 号民事判决书；江苏省高级人民法院(2017)苏民再 349 号民事判决书；广东省高级人民法院(2016)粤民再 199 号民事判决书；辽宁省阜新市中级人民法院(2016)辽 09 民申 35 号民事裁定书；北京市第一中级人民法院(2018)京 01 民终 2573 号民事判决书；北京市第二中级人民法院(2018)京 02 民终 2138 号民事判决书；四川省乐山市中级人民法院(2018)川 11 民终 66 号民事判决书。

[115] 河南省固始县人民法院(2018)豫 1525 民再 4 号民事判决书；湖南省张家界市中级人民法院(2016)湘 08 民再 7 号民事判决书。

[116] 最高人民法院(2017)最高法民申 2136 号民事裁定书。

[117] 最高人民法院(2017)最高法民终 152 号民事判决书；最高人民法院(2017)最高法民申 72 号民事裁定书；江苏省高级人民法院(2016)苏民申 2659 号民事裁定书。

[118] 最高人民法院(2017)最高法民终 152 号民事判决书；辽宁省大连市中级人民法院(2017)辽 02 民申 510 号民事裁定书。

[119] 最高人民法院(2016)最高法民终 752 号民事判决书；辽宁省大连市中级人民法院(2017)辽 02 民申 510 号民事裁定书；湖南省郴州市中级人民法院(2017)湘 10 民再 14 号民事判决书。

链接或者隐藏格式条款内容，不得仅以提示进一步阅读的方式履行提示义务”。(3)对违反提示说明义务的法律后果亦规定为可撤销，与《合同法解释二》保持一致。

64 《电子商务法》仅在第49条针对电子商务经营者通过格式条款对合同的订立设置的规则进行控制，性质上属于内容控制，而对电子商务领域的格式条款订入控制没有设置特别规则。其第50条的规定要求“电子商务经营者应当清晰、全面、明确地告知用户订立合同的步骤、注意事项、下载方法等事项，并保证用户能够便利、完整地阅览和下载”。对此，或可通过解释将“与相对人有重大利害关系的内容”包括免责条款等归入“注意事项”，从而达到订入控制的规制效果。

65 虽然我国在电子商务的实践方面已经如火如荼，而立法与司法的状况从比较法而言确非领先，而其实务无论从表现形式还是缔约之过程而言又确与以往的线下交易有所不同。尤其在格式条款发展到网络电子商务之后有了更新的问题，消费者可能会经受“双重格式条款”，即网络平台的规则与平台内经营者的“告示”的挤压。且平台规则有其“隐身性”，往往消费者仅在最初注册的时候被要求勾选已知声明（往往字体很小，且有的平台甚至不要求点开该链接即可勾选），而后交易过程中在任何环节都不会再留意其规则，消费者的“屈从”显而易见。这是否可认为提示义务已得到充分履行？[120]

66 就合同订立的过程而言，有网站规则中规定网站标价页面仅为要约邀请，从而保留最后是否缔结合同的权利。对此，有法院认为该内容并不属于“免除或限制商家的责任”，[121]有法院认为网站尽到了提示义务，[122]也有法院认为商家未就格式条款以合理的方式提请消费者注意，“特别是没有在消费者提交订单之前予以明确提示”，因而该格式条款视为未订入合同，也不对消费者发生效力。[123]可能正因这一问题已较突出，[124]因而《电子商务法》仅对订立的过程问题进行了立法处理，但其规定难免挂一漏万。[125]

---

〔120〕 如江苏省淮安市中级人民法院（2018）苏08民辖终59号民事裁定书：上诉人通过网络平台向被上诉人提供入市协议，与传统的合同缔结方式相比，上诉人应对重要条款负有更重的提示义务。

〔121〕 上海市浦东新区人民法院（2015）浦民一（民）初字第22960号民事判决书。

〔122〕 天津市第一中级人民法院（2015）一中民二终字第0588号民事判决书。

〔123〕 北京市第三中级人民法院（2015）三中民（商）终字第04671号民事判决书；北京市朝阳区人民法院（2014）朝民初字第7450号民事判决书。

〔124〕 参见王天凡：《网络购物标价错误的法律规制》，载《环球法律评论》2017年第2期，第144—161页。

〔125〕 对此，《德国民法典》表达了类似的价值判断，即以缔约方式为调整对象的条款（所谓的缔约条款）也可能被制定为一般交易条件，但须接受如§308第一项之内容控制。S. Leenen, §20, Rn. 4.

附:案例索引

1. 安徽省铜陵市中级人民法院(2017)皖 07 民辖终 81 号民事裁定书:纽海信息技术(上海)有限公司与付某林买卖合同纠纷案【边码 38】

2. 北京市朝阳区人民法院(2014)朝民初字第 7450 号民事判决书:宁某峰与北京世纪卓越信息技术有限公司买卖合同纠纷案【边码 66】

3. 北京市第二中级人民法院(2017)京 02 民终 10940 号民事裁定书:李某晨与苹果电子产品商贸(北京)有限公司买卖合同纠纷案【边码 39】

4. 北京市第二中级人民法院(2018)京 02 民终 2138 号民事判决书:郑某与孙某河等机动车交通事故责任纠纷案【边码 61】

5. 北京市第三中级人民法院(2014)三中民终字第 10006 号民事判决书:陈某与武汉艾德蒙科技股份有限公司劳动争议纠纷案【边码 38】

6. 北京市第三中级人民法院(2015)三中民(商)终字第 04671 号民事判决书:艺鉴典藏(北京)网络科技有限公司与王某网络购物合同纠纷案【边码 66】

7. 北京市第一中级人民法院(2018)京 01 民终 2573 号民事判决书:中国太平洋财产保险股份有限公司北京分公司与赵某芳等机动车交通事故责任纠纷案【边码 61】

8. 北京市高级人民法院(2016)京民再 27 号民事判决书:美亚财产保险有限公司深圳分公司与北京灵鹤物流有限公司保险人代位求偿权纠纷案【边码 52】

9. 重庆市高级人民法院(2016)渝民申 2122 号民事裁定书:石狮市腾祥物流发展有限公司与中国人民财产保险股份有限公司厦门市海沧支公司等机动车交通事故责任纠纷案【边码 7】

10. 广东省高级人民法院(2016)粤民再 199 号民事判决书:中国人民财产保险股份有限公司深圳市分公司与甘某中等机动车交通事故责任纠纷案【边码 52、61】

11. 广东省高级人民法院(2017)粤民再 104 号民事判决书:王某来等与广州从化珠光投资有限公司商品房预售合同纠纷案【边码 20、28】

12. 广东省高级人民法院(2017)粤民再 4 号民事判决书:广东永盛建筑工程有限公司等与广州市白云区广平贸易商行等买卖合同纠纷案【边码 7、15】

13. 广东省广州市中级人民法院(2017)粤 01 民终 23583 号民事裁定书:罗某泉与中国人民财产保险股份有限公司广州市分公司等财产保险合同纠纷案【边码 39】

14. 广东省广州市中级人民法院(2018)粤 01 民终 2914 号民事判决书:肖某、陈某与广东国健医药咨询有限公司等合同纠纷案【边码 14】

15. 广东省梅州市中级人民法院(2017)粤 14 民申 10 号民事裁定书:房某平与安庆市天福运输有限公司等机动车交通事故责任纠纷案【边码 61】

16. 广东省新会市棠下镇新昌村民委员会诉邓国雄土地租赁搬迁赔偿纠纷抗诉案,最高人民检察院民事行政检察厅编:《人民检察院民事行政抗诉案例选》(第 7 集),法律出版社 2005 年版,第 241 页【边码 15】

17. 广西壮族自治区高级人民法院(2017)桂民申 1813 号民事裁定书:郭某英、林某彬与北海光都房地产开发有限公司合同纠纷案【边码 28、29】

18. 广西壮族自治区柳州市中级人民法院(2004)柳市民再字第 23 号民事判决书:许某

翔与中国人寿保险公司柳州分公司保险合同纠纷案【边码 61】

19. 河南省固始县人民法院(2018)豫 1525 民再 4 号民事判决书:胡某某等与李某某等机动车交通事故责任纠纷案【边码 61】

20. 河南省驻马店市中级人民法院(2018)豫 17 民终 34 号民事判决书:中国人民财产保险股份有限公司邯郸市分公司与陈某军等机动车交通事故责任纠纷案【边码 54】

21. 湖北省高级人民法院(2017)鄂民申 2426 号民事裁定书:喻某征等与武汉市江北汽车出租有限公司合同纠纷案【边码 21】

22. 湖北省高级人民法院(2017)鄂民申 2962 号民事裁定书:裴某荣等与襄阳远驰实业有限公司商品房买卖合同纠纷案【边码 20、35、53】

23. 湖北省高级人民法院(2017)鄂民申 2965 号民事裁定书:王某彬等与襄阳远驰实业有限公司商品房买卖合同纠纷案【边码 28】

24. 湖南省郴州市中级人民法院(2017)湘 10 民再 14 号民事判决书:江某卿与湖南资兴农村商业银行股份有限公司等金融借款合同纠纷案【边码 62】

25. 湖南省娄底市中级人民法院(2017)湘 13 民再 32 号民事判决书:中国人民财产保险股份有限公司双峰支公司与李某全等机动车交通事故责任纠纷案【边码 35】

26. 湖南省张家界市中级人民法院(2016)湘 08 民再 7 号民事判决书:中国人民财产保险股份有限公司慈利支公司与黎某中财产保险合同纠纷案【边码 53、61】

27. 吉林省高级人民法院(2017)吉民申 1348 号民事裁定书:万某晖与吉林亿隆房地产置业有限责任公司房屋买卖合同纠纷案【边码 20】

28. 吉林省高级人民法院(2017)吉民申 2537 号民事裁定书:镇赉县天泽房地产开发有限公司与季某玲房屋拆迁安置补偿合同纠纷案【边码 28、29】

29. 吉林省高级人民法院(2017)吉民申 3681 号民事裁定书:魏某等与长春海华房地产开发有限公司等商品房买卖合同纠纷案【边码 20】

30. 吉林省高级人民法院(2017)吉民申 783 号民事裁定书:中国人民财产保险股份有限公司榆树支公司与刘某丽等机动车交通事故责任纠纷案【边码 61】

31. 吉林省高级人民法院(2017)吉民申 943 号民事裁定书:齐某梅与王某珠等房屋买卖合同纠纷案【边码 20】

32. 吉林省高级人民法院(2017)吉民申 944 号民事裁定书:方某姬与延边鑫汇佳商贸有限公司房屋买卖合同纠纷案【边码 20】

33. 吉林省高级人民法院(2018)吉民申 148 号民事裁定书:中国平安财产保险股份有限公司吉林中心支公司与常某等机动车交通事故责任纠纷案【边码 52、54、61】

34. 吉林省长春市中级人民法院(2018)吉 01 民终 121 号民事判决书:中国人民财产保险股份有限公司长春市绿园支公司与孔某容财产保险合同纠纷案【边码 36】

35. 吉林省长春市中级人民法院(2018)吉 01 民终 920 号民事判决书:中国平安财产保险股份有限公司吉林分公司与长春大众卓越出租集团有限公司等机动车交通事故责任纠纷案【边码 61】

36. 江苏省高级人民法院(2016)苏民申 1415 号民事裁定书:张某涛等与上海绿地集团

淮安置业有限公司商品房销售合同纠纷案【边码 27、52】

37. 江苏省高级人民法院(2016)苏民申 2659 号民事裁定书:杨某梅与广发银行股份有限公司淮安分行委托服务合同纠纷案【边码 62】

38. 江苏省高级人民法院(2016)苏民申 6431 号民事裁定书:谢某学等与武进国家高新技术产业开发区管理委员会房屋拆迁安置补偿合同纠纷案【边码 29】

39. 江苏省高级人民法院(2016)苏民申 929 号民事裁定书:中国人民财产保险股份有限公司如皋支公司与薛某财产损失保险合同纠纷案【边码 54、61】

40. 江苏省高级人民法院(2017)苏民再 349 号民事判决书:翟某惠等与王某卫等机动车交通事故责任纠纷案【边码 52、61】

41. 江苏省高级人民法院(2017)苏民再 454 号民事判决书:昆山世茂新发展置业有限公司与冯某松房屋买卖合同纠纷案【边码 52】

42. 江苏省淮安市中级人民法院(2018)苏 08 民辖终 59 号民事裁定书:湖南久丰国际商品现货交易市场有限公司与马某凤等委托理财合同纠纷案【边码 38、65】

43. 江苏省连云港市中级人民法院(2017)苏 07 民申 347 号民事裁定书:游某与华东国际时尚物料城开发(连云港)有限公司房屋租赁合同纠纷案【边码 35】

44. 江苏省徐州市贾汪区人民法院(2011)贾民初字第 1 号民事判决书:江苏宏安集团有限公司瓦庄煤矿与陈某工伤待遇纠纷案【边码 38】

45. 江苏省徐州市泉山区人民法院(2011)泉商初字第 240 号民事判决书:刘某捷诉中国移动通信集团江苏有限公司徐州分公司电信服务合同纠纷案【边码 11、47】

46. 江西省高级人民法院(2017)赣民申 847 号民事裁定书:肖某良等与江西亚琦置业投资有限公司商品房销售合同纠纷案【边码 28】

47. 江西省景德镇市中级人民法院(2018)赣 02 民辖终 8 号民事裁定书:陈某与厦门中意百事贸易有限公司网络购物合同纠纷案【边码 38】

48. 江西省萍乡市中级人民法院(2016)赣 03 民再 6 号民事判决书:张某与财保萍乡公司等机动车交通事故责任纠纷案【边码 61】

49. 辽宁省大连市中级人民法院(2017)辽 02 民申 510 号民事裁定书:李某阳等与招商银行股份有限公司大连分行金融借款合同纠纷案【边码 62】

50. 辽宁省阜新市中级人民法院(2016)辽 09 民申 35 号民事裁定书:吴某兵与薛某威等机动车交通事故责任纠纷案【边码 61】

51. 辽宁省高级人民法院(2016)辽民申 3161 号民事裁定书:于某芝与沈阳万鸿星汇商业有限公司租赁合同纠纷案【边码 52】

52. 辽宁省盘锦市中级人民法院(2017)辽 11 民再 59 号民事判决书:中国平安财产保险股份有限公司盘锦中心支公司与王某峰等机动车交通事故责任纠纷案【边码 54】

53. 某(集团)有限公司与某拍卖有限公司委托拍卖合同纠纷案,重庆市高级人民法院编:《重庆审判案例精选》(第 3 集),法律出版社 2008 年版,第 113—125 页【边码 7】

54. 山东省菏泽市中级人民法院(2017)鲁 17 民再 11 号民事判决书:刘某玲与山东巨野腾龙房地产开发有限公司商品房预售合同纠纷案【边码 28】

55. 山东省济南市中级人民法院(2017)鲁 01 民终 8556 号民事判决书:绿地地产(济南)有限公司与何某易等商品房预售合同纠纷案【边码 53】

56. 山东省青岛市中级人民法院(2017)鲁 02 民再 114 号民事判决书:青岛来得克国际贸易有限公司与青岛文安投资咨询有限公司等金融借款合同纠纷案【边码 53】

57. 山东省青岛市中级人民法院(2017)鲁 02 民再 163 号民事判决书:中国农业银行股份有限公司青岛市分行营业部与青岛纺织机械股份有限公司借款合同纠纷案【边码 53】

58. 山西省高级人民法院(2016)晋民再 52 号民事判决书:中国太平洋财产保险股份有限公司朔州中心支公司与贺某如保险合同纠纷案【边码 61】

59. 山西省高级人民法院(2016)晋民再 56 号民事判决书:石家庄市矿区正源贸易有限公司与山西煤炭运销集团吕梁有限公司等买卖合同纠纷案【边码 7、52】

60. 山西省高级人民法院(2017)晋民申 2102 号民事裁定书:阳泉市交通集团有限公司与安邦财产保险股份有限公司阳泉中心支公司等机动车交通事故责任纠纷案【边码 7、61】

61. 陕西省高级人民法院(2016)陕民申 1472 号民事裁定书:中国平安财产保险股份有限公司商洛中心支公司与王某等机动车交通事故责任纠纷案【边码 61】

62. 上海市第一中级人民法院(2018)沪 01 民终 1535 号民事判决书:上海唐府餐饮管理有限公司与上海张江国信安地产有限公司不当得利纠纷案【边码 7】

63. 上海市浦东新区人民法院(2015)浦民一(民)初字第 22960 号民事判决书:徐某与北京世纪卓越信息技术有限公司买卖合同纠纷案【边码 66】

64. 四川省高级人民法院(2016)川民申 1732 号民事裁定书:金川雪域江南农业综合开发有限公司与刘某辉等商品房预售合同纠纷案【边码 20】

65. 四川省高级人民法院(2017)川民申 2135 号民事裁定书:杨某与四川恒河实业有限公司房屋买卖合同纠纷案【边码 53】

66. 四川省高级人民法院(2017)川民申 507 号民事裁定书:成都全程德邦物流有限公司与南充岽森服饰有限公司等公路货物运输合同纠纷案【边码 7】

67. 四川省乐山市中级人民法院(2018)川 11 民终 66 号民事判决书:中国平安财产保险股份有限公司乐山中心支公司与赖某全等机动车交通事故责任纠纷案【边码 61】

68. 天津市第一中级人民法院(2015)一中民二终字第 0588 号民事判决书:宋某与深圳走秀网络科技有限公司网络购物合同纠纷案【边码 66】

69. 新疆维吾尔自治区高级人民法院(2017)新民申 1637 号民事裁定书:中石化工建设有限公司与赵某周等建筑设备租赁合同纠纷案【边码 7、53】

70. 云南省高级人民法院(2016)云民申字第 403 号民事裁定书:翟某红与昆明骏安房屋拆迁有限公司等房屋拆迁安置补偿合同纠纷案【边码 29】

71. 浙江省高级人民法院(2017)浙民申 2352 号民事裁定书:陈某寿与浙江润地置业有限公司商品房预售合同纠纷案【边码 28】

72. 浙江省台州市中级人民法院(2016)浙 10 民再 20 号民事判决书:任某玉等与广发银行股份有限公司台州路桥小微企业专营支行等金融借款合同纠纷案【边码 52】

73. 浙江省台州市中级人民法院(2018)浙 10 民终 508 号民事裁定书:夏某德与天安财

产保险股份有限公司浙江省分公司财产保险合同纠纷案【边码 38】

74. 最高人民法院(2013)民四他字第 1 号民事裁定书:连云港祥顺矿产资源有限公司与尤格兰航运有限公司海上货物运输合同纠纷管辖权异议案【边码 39】

75. 最高人民法院(2014)民四终字第 43 号民事裁定书:秦皇岛市秦龙国际实业有限公司与沈阳市公路建设开发总公司等建设工程合同纠纷管辖权异议案【边码 39】

76. 最高人民法院(2016)最高法民辖终 222 号民事裁定书:深圳市凯翔实业发展有限公司与中铝昆明铜业有限公司买卖合同纠纷管辖权异议案【边码 7、26】

77. 最高人民法院(2016)最高法民辖终 248 号民事裁定书:重庆德杰地产集团有限公司与贵阳银行股份有限公司等委托贷款及担保合同纠纷管辖权异议案【边码 7】

78. 最高人民法院(2016)最高法民再 20 号民事判决书:海阳船务(香港)有限公司与中交四航局第二工程有限公司航次租船合同纠纷案【边码 22】

79. 最高人民法院(2016)最高法民终 752 号民事判决书:安徽盛运新能源投资有限公司与甘肃银行股份有限公司酒泉分行等金融借款合同纠纷案【边码 7、62】

80. 最高人民法院(2017)最高法民申 2136 号民事裁定书:天津金升冶金产品有限公司与中国建设银行股份有限公司哈尔滨开发区支行等信用证纠纷案【边码 7、15、26、62】

81. 最高人民法院(2017)最高法民申 5205 号民事裁定书:陕西宝太房地产开发股份有限公司与西安市国土资源局建设用地使用权出让合同纠纷案【边码 7、15】

82. 最高人民法院(2017)最高法民申 72 号民事裁定书:王某敏与广发银行股份有限公司茂名分行等借款担保合同纠纷案【边码 35、62】

83. 最高人民法院(2017)最高法民辖终 66 号民事裁定书:四子王旗佳辉硅业有限公司与中国民生银行股份有限公司太原分行等借款合同纠纷案【边码 7】

84. 最高人民法院(2017)最高法民终 152 号民事判决书:山东山水重工有限公司与中国工商银行股份有限公司济南长清支行等借款保证合同纠纷案【边码 7、35、62】

85. 最高人民法院(2017)最高法民终 714 号民事判决书:山西省物产集团进出口有限公司与招商银行股份有限公司太原分行票据追索权纠纷案【边码 7】

86. 最高人民法院(2017)最高法民终 91 号民事裁定书:雅安市达远房地产开发有限责任公司与雅安市国土资源局建设用地使用权纠纷案【边码 7、26】

第497条

格式条款效力审查*

第497条　有下列情形之一的，该格式条款无效：

（一）具有本法第一编第六章第三节和本法第五百零六条规定的无效情形；

（二）提供格式条款一方不合理地免除或者减轻其责任、加重对方责任、限制对方主要权利；

（三）提供格式条款一方排除对方主要权利。

简　目

---

* 本文系基于《〈合同法〉第40条后段（格式条款效力审查）评注》（载《法学家》2018年第6期，第173—196页）一文修订而成。

一、规范内容、意旨与立法历史

(一)规范内容和意旨

1 格式条款系为重复使用而预先拟定,由合同当事人一方(使用人[1])在合同订立时向相对方提出,未与对方协商的条款(《民法典》第 496 条第 1 款)。格式条款的规制角度是对基于意思自治的合同拘束力正当性的填补。私法奉“行为自由,效果自主”为圭臬,在私领域内,法效果由本人承担的合同行为,不必自证其正当性。然而,民法即使承认形式上的合同正义,也是基于给付和对待给付之间的“主观等值”和非必要之点的“主观对等”,因为私人间的平等地位而推定法律上理性人、自利人的决定,应该与“客观等值”接近,才有无须立法和司法体系化的干预之结论。[2] 至于个案中“主观对等”和“客观对等”存在重大偏差的情况,由民法中的悖俗原则(《民法典》第 153 条第 2 款)规制。

2 格式条款内容控制制度,并不旨在为法官进行个案公正的自由裁量提供多一重工具,亦非“消费者—经营者社会”特殊法政策下针对特殊交易类型的例外法,而是对私法自治的立法和司法体系化的干预,控制和防止不公平的格式条款造成相对方不合理的利益减损,抵销因使用格式合同提升的社会效率。[3] 此问题关涉格式条款进行审查和效力填补时的价值选择,也将进一步决定着内容控制实体法体系构建的方向和具体细节。

(二)条文结构及其立法历史

1. 评注范围限定

3 格式条款司法控制有其完整的结构体系,[4]本文仅探讨为了重复使用而预先拟定,并在订立合同时未与对方协商的,经由“订入控制”已成为合同内容,又经由“不明确条款解释”评价后的格式条款,如何对其进行“内容控制”的部分(《民

[1] “使用人”和“拟定人”非同一概念,双方当事人亦可合意选择由第三方(行政机关、行业协会、公证机关等)拟定的条款以使用,本文统一使用前者。

[2] 参见陈自强:《契约之成立与生效》,法律出版社 2002 年版,第 198—199 页;解亘:《论格式条款内容规制的规范体系》,载《法学研究》2013 年第 2 期,第 102 页。

[3] Auer, Materialisierung, Flexibilisierung, Richterfreiheit. Generalklauseln im Spiegel der Antinomien des Privatrechtsdenkens, Tübingen: Mohr Siebeck, 1. Aufl. 2005, S. 24.

[4] 格式条款司法控制结构如下:首先依据《民法典》第 496 条第 1 款判定系争条款是格式条款,其次依据该条第 2 款进行订入控制(条款得否成为合同之审查),对条款有两种以上解释的,以先简单解释再不利解释之顺序确定条款含义(《民法典》第 498 条),最后才成为内容控制的审查对象。

法典》第497条)。[5]

2. 立法历史

4 《民法典》的制定系以编纂为目标,以保持法律的稳定性。《民法典》第497条较《合同法》第40条之修改较小,关于该条之立法历史解释,仍然要回溯到《合同法》文本中。《合同法》立法经学者建议草案、法工委民法室试拟稿,第三次试拟稿、征求意见稿,形成草案,通过三次审议,最终公布。在此期间所有的立法文件中,均对格式条款的规定作有调整。其中对《合同法》内容控制制度的解释适用,最具意义的是试拟稿第一稿,即学者建议草案。其曾在第三章"合同的效力"第六节中规定了定式合同。第55条规定了格式条款的定义:"由当事人一方为与不特定多数人订约而预先拟定的,且不允许相对人对其内容作变更的合同条款,为定式合同条款。"第56条规定了"订入控制":"依定式合同条款订立合同时,定式合同条款使用人应以明示方法提请相对人注意定式合同条款,并使其能够以合理方法了解定式合同条款的内容。"第57条即《合同法》第40条的前身,格式条款"内容控制"的核心条款:"定式合同条款违背诚实信用原则而予相对人不合理的不利益的,无效。有下列情形之一的,核定其违背诚实信用原则而予相对人不合理的不利益:(1)定式合同条款与法律基本原则不相符合或者规避法律强行性规定的;(2)定式合同条款排除或者限制因合同而发生的重要权利或者义务,致使合同目的不能达到的。"[6]第58条系格式条款解释规则,明确了先单纯解释再不利解释的原则。

5 学者建议稿(第一稿)构建了相对完善的格式条款司法审查制度。然而遗憾的是,其后公布的《合同法》9项立法文件中,对于格式条款的条文几乎每次均略有修改,但提供的修改说明阙如。解读第一稿的规范体系,可以解决目前格式条款适用中很大部分的问题:首先,在解释《合同法》第39条第2款(《民法典》第496条第1款)格式条款定义时,学者提出的"未与对方协商"应当理解为"不能与对方协商"。[7] 在第55条中本有明确规定。其次,关于订入控制和内容控制的对象问题,第一稿第56条明确规定"定式合同条款使用人应以明示方法提请相对人注意定式合同条款",即格式条款的订入控制和内容控制制度,不仅限于免责条

---

〔5〕 本文主要以第497条第2、3项为评注对象。第1项规定了格式条款"违反法律禁令""违背善良风俗"无效(《民法典》第153条),以及"免责"的格式条款亦无效(《民法典》第506条);法技术上,第1项仅有(似多余的)引致功能和提示说明功能。为何形成此条文结构,将在下文立法史部分说明,详见正文边码4、5。

〔6〕 参见何勤华、李秀清、陈颐编:《新中国民法典草案总览》(增订本),北京大学出版社2017年版,第1857页。

〔7〕 参见王利明:《对〈合同法〉格式条款规定的评析》,载《政法论坛》1999年第6期,第4页;王利明:《合同法研究(第一卷)》,中国人民大学出版社2011年版,第408—409页。

款，而应当包括所有格式条款，对本项的争议，无论学理抑或司法解释，均未有定论，下文详述(边码 13—25)。最后，第 57 条为内容控制的核心条款，从规范内容与功能上，本应确定权利义务偏离任意法，且违背给付均衡时，格式条款无效的总原则。然而，最终文义暴露了立法借鉴时因未查明法规目的而造成的翻译舛误，致使第 1 项在文义上易曲解为"违反法律原则无效"〔8〕和"违反强行性规定无效"，从而在试拟稿第三稿中，此条文被并入判定一般合同条款无效的条文中。〔9〕而本条中的"法律"，应主要指有名合同中的任意法规范，对法律任意性规定以及它所包含的正义性内涵严重偏离时，可以推定构成"不合理的利益减损"。同样的问题也存在于第 2 项中，第 2 项"排除或者限制因合同而发生的重要权利或者义务，致使合同目的不能达到"，则被理解为免责条款，试拟稿第二稿修改时，应学者和法工委领导要求，"为求简明，对合同效力类型作了简化和归并"，将定式合同条款的无效归入免责条款的无效。在第 38 条中，免责条款存在三种无效情形：(1)免除故意和重大过失的责任的。(2)免除人身伤害的责任的。(3)排除一方基本权利或者免除一方基本义务的。〔10〕而本项原意专为无名合同所设，不同于第 1 项，当格式条款已经足以发展和形成新的合同类型时，需要特别注意格式条款是否有免除、限制使用人之义务，或限制对方权利，并导致对方当事人失去缔约目的。〔11〕公布前，立法机关又增加"法律禁止免除或者限制的责任"一项，〔12〕删除第 3 项。〔13〕至此，学者建议稿中原本独立的格式条款内容控制制度被拆解，(立法者以为)合并入一般条款的免责无效条款中。从而在条文语言中，再无线索解释出

---

〔8〕学者建议稿"定式合同"部分从体系至语言，均与《德国一般交易条件法》如出一辙。该法已于 2002 年债法改革时并入《德国民法典》，建议稿第 57 条的对应条款为该法第 9 条。第 9 条第 1 款规定：如果格式条款违反了诚实信用原则而给相对方造成"不合理的利益减损"，该条款无效。第 9 条第 2 款规定了两种存在疑义时可推定构成"不合理的利益减损"的情形：(1)与法律的基本思想意旨不相符合(mit wesentlichen Grundgedanken der gesetzlichen Regelung, von der abgewichen wird)；(2)排除或者限制因合同而发生的重要权利或者义务，致使合同目的不能达到的。第 57 条将第 1 项第一种情况译为"与法律基本原则不相符合"，有两项错译：第一，此处的法律，意为(任意)法律(规范)；第二，法律基本原则，极易误解为民法原则，此处指被格式条款偏离或补充的(任意)法律(规范)的基本思想意旨。

〔9〕建议稿草案第 34 条规定了合同(及合同条款)无效：违反法律强制性或者禁止性规定的合同，无效。合同中免除下列责任的条款无效：(一)故意或者重大过失的责任；(二)人身伤害的责任；(三)消费者权益保护法禁止免除的责任；(四)其他违反公序良俗的责任。

〔10〕参见梁慧星：《关于中国统一合同法草案第三稿》，载《法学》1997 年第 2 期，第 48 页。

〔11〕参见詹森林：《民事法理与判决研究(四)》，中国政法大学出版社 2009 年版，第 70—72 页。

〔12〕推测系与第一稿中第 34 条第 2 款第 3 项"消费者权益保护法禁止免除的责任"合并所得。

〔13〕然而，在 1998 年《合同法》正式草案中，又出现"免除提供条款一方当事人主要义务、排除对方当事人主要权利的，该条款无效"的规定。该条文虽然用语上接近现行《民法典》第 497 条后段的规定，实则为第一稿专家建议稿第 57 条第 2 款中偏离任意法规定的或用以确定合同目的的权利义务。笔者认为，现行《民法典》第 497 条后段的规定，应当按照此历史解释确定其含义。条文全文，参见何勤华、李秀清、陈颐编：《新中国民法典草案总览》(增订本)，北京大学出版社 2017 年版，第 2086 页。

对于任意法中权利义务设定的偏离，抑或无任意法规定时，对确定合同目的的权利义务的排除，作为判定格式条款效力最具决定性标准之含义。

正是由于经历了这一拆分调整过程，无论此后征求意见稿和审议稿对格式条款的条文内容和体系安排一再作出调整，立法者在条文里一直保留有了《民法典》第 497 条第 1 项的规定，即“具有本法第一编第六章第三节和本法第五百零六条规定的无效情形，该格式条款无效”。且在关于《〈中华人民共和国合同法（征求意见稿）〉几个问题的说明》（以下简称《〈征求意见稿〉说明》），立法者指出，对于格式合同作出了两大方面的规定，其中一方面即为规定了免责条款无效，[14] 而在此，立法者所指的是《合同法》第 53 条（《民法典》第 506 条）的规定。因此，尽管在今天的法律适用者看来第 497 条第 1 项仅系参引条款，事实上当初的立法者在理解格式条款内容控制制度之时，很大程度上系以免责条款为基本模型，将原本独立的免责格式条款无效的规定，并入了《合同法》第 53 条（《民法典》第 506 条）。

二、《民法典》第 497 条与相关条款的解释协调

诚如上文已经说明，本文仅以已经订入合同之格式条款的效力判定（《民法 6
典》第 497 条）为评注对象。唯学术探讨中，认为《民法典》第 497 条与第 496 条、第 506 条存在矛盾冲突的意见[15] 不在少数，似有必要稍作澄清。

（一）《民法典》第 497 条与第 496 条（《合同法》第 40 条与第 39 条）

《合同法》颁行之初，即有学者撰文《统一合同法：成功与不足》指出，“按照第 7
39 条第 1 款的规定，格式合同中的免责条款，如果履行了提示义务和说明义务有效。法律通过时在第 40 条加上‘免除其责任’五字，导致依该条免责条款应绝对无效，因而与第 39 条和第 53 条的规定矛盾”[16]。另有学者回应认为“从表面上看这两条之间似乎存在着矛盾”，事实上，第 39 条中的“免责条款”只是对“未来可能发生的责任予以免责，而《合同法》第 40 条所提到的免除责任，是指条款的制定

[14] 参见何勤华、李秀清、陈颐编：《新中国民法典草案总览》（增订本），北京大学出版社 2017 年版，第 2039 页。

[15] 参见梁慧星：《统一合同法：成功与不足》，载《中国法学》1999 年第 3 期，第 13 页；梁慧星：《合同法的成功与不足（上）》，载《中外法学》1999 年第 6 期，第 25 页；崔建远：《新合同法若干制度及规则的解释与适用》，载《法律科学》2001 年第 3 期，第 120 页；王利明：《对〈合同法〉格式条款规定的评析》，载《政法论坛》1999 年第 6 期，第 3 页；傅健：《略论格式条款提供方的法定义务》，载《法学评论》2001 年第 4 期，第 128 页；周清林：《论格式免责条款的效力层次》，载《现代法学》2011 年第 4 期，第 185 页。

[16] 参见梁慧星：《统一合同法：成功与不足》，载《中国法学》1999 年第 3 期，第 28 页。

人在格式条款中已经不合理地不正当地免除其应当承担的责任”。[17] 然而,合同条款本意即为将来设定义务,义务违反始发生责任(主要指损害赔偿责任),何谈“将来”“现在”之分。学界此类分歧和解释路径,揆诸理由,应系对于格式条款的审查对象和制度功能不明,以及订入控制前置未作考虑,[18] 导致后续问题的解释障碍。[19]

8 《合同法》第 39 条第 1 款前段规定了采用格式条款订立合同的,提供格式条款的一方应当遵循公平原则确定当事人之间的权利和义务,属于不完全法条,缺少法律效果部分。司法解释为明确适用,于《合同法解释二》第 9 条规定违反提示和说明义务的他方当事人享有撤销权,第 10 条规定违反上述义务且落入《合同法》第 40 条后段三种情形之一时,条款无效。司法解释制造混乱,虽属常有不为奇,然而此处两个条文的规定,一来未正确回答,使用人单方提供的格式条款不符合公平原则时,效力为何的问题;二来使得订入控制和内容控制界分不明,在文义上冲突的《合同法》第 39 条、第 40 条之上,追加一层效力判定的矛盾,似乎未为司法裁判提供任何助益,反而导致审判实践[20] 以及后续特别法的司法解释[21] 将裁判重点置于提示说明义务的审查上,因为这一审查系“是—否”判定,在此有所定论,可逃避内容控制中利益均衡“多—少”的说理论证。而“是否”以及“如何”履行提示说明义务,满足“足以”之标准系事实判定问题,利益权衡才是法律评价的问题。

---

〔17〕 参见王利明:《对〈合同法〉格式条款规定的评析》,载《政法论坛》1999 年第 6 期,第 9 页。

〔18〕 详见下表:

订入控制(提示说明义务)的对象	内容控制的对象	立法文件
格式合同条款	格式合同条款	第一稿
负有义务的条款	并入免责条款后,无独立规定	第二稿、第三稿
免除或限制其责任的条款	并入免责条款后,无独立规定	征求意见稿
免除或限制其责任的条款	免除使用人主要义务,排除对方主要权利的条款无效	审议稿一、二、三、四
免除或限制其责任的条款	使用人免除其责任、加重对方责任、排除对方主要权利的条款无效	《合同法》
免除或者减轻其责任等与对方有重大利害关系的条款	使用人不合理地免除或者减轻其责任、加重对方责任、限制对方主要权利;使用人排除对方主要权利	《民法典》

〔19〕 参见王剑一:《合同条款控制的正当性基础与适用范围——欧洲与德国的模式及其借鉴意义》,载《比较法研究》2014 年第 1 期,第 171 页;马一德:《免除或限制责任格式条款的效力认定》,载《法学》2014 年第 11 期,第 146 页。

〔20〕 参见王静:《我国〈保险法〉第 19 条司法适用研究——基于保险格式条款裁判的实证分析》,载《政治与法律》2014 年第 11 期,第 88 页;胡志超、陈俊丰:《〈合同法〉格式条款法律适用中的问题与对策》,载《法律适用》2001 年第 3 期,第 22 页。

〔21〕 《保险法解释二》第 9—14 条。

事实上,《民法典》第496条规定的提示说明义务,乃合同合意原则之必然要求。[22] 仅当相对方对要约内容知晓并理解后作出之承诺,才构成合意,意思表示内容的效果意思才体现其真实意思。换言之,未履行提示说明义务的,构成不合意,未订入合同,自无效力之说。《合同法》立法文件中,也曾明文出现过"未采取合理方式……未尽到提示义务或者拒绝说明的,该条款不发生效力",可为佐证。[23] 唯格式条款往往以细微之文字,印于烦琐之文件,使用专门之术语,欠缺相关知识的相对人无法也无意阅读,故而提示说明义务常被特别强调,比较法上称此过程为"订入控制"。 9

而对于订入控制(提示与说明义务)的对象,原则上应当包括全部格式条款,学者建议稿(第一稿)即采此规范模式,笔者赞同。当然,格式条款中存在纯粹复述实定法规范内容,自当无须特别说明,[24] 因为对于法律的知晓和认知,使用人所处之地位,并未优于相对人。除此之外,相对方对条款内容应当知晓、理解,才构成有效承诺(合意原则)。

(二)《民法典》第497条与第506条(《合同法》第40条与第53条)

诚如以上梁慧星教授言,"免除其责任,加重对方主要责任"系法律通过时加上,导致文义上与第497条和第506条的规定矛盾。之前的四稿审议稿中均为"免除使用人主要义务,排除对方主要权利的条款无效",保留第一稿专家意见稿第57条第2款之规定。法律通过时所作之修改,若依文义与体系解释,则《民法典》中的格式条款规制,应理解为:仅过失造成财产损害的免责条款可订入合同(第506条),然而对于此类条款,使用方需要提示说明(第496条)。在此范围内, 10

〔22〕 从格式条款的定义看,其系当事人为了重复使用而预先拟定,并在订立合同时未与对方协商的条款,背离契约自由原则要求的"当事人协商意思表示一致",构成对仅仅由契约自由即得成立的契约正义的减损和对私法自治的背离,需要提供正当性理由:现行民法理论采取"主观等值原则",对合同实质是否公平,原则上不再个别认定,双方当事人若能依据自由、平等原则个别磋商,存在表达各自意志、维护利益之机会,意思自治之结果,应受到尊重。唯若格式条款提供方仅专注追求自身利益,完全不顾他方正当权益,拟定或使用不符合经济效率、违反任意法所包含之基本原则和内核、致使合同目的不达之条款,可谓滥用合同内容自由,与合同正义相悖。契约自由原则在此无法达到保障契约内容实质公平的功能,亦即,形式上的契约自由是以实质上的合同给付均衡作为假设的基础。若无实质上的契约公平和正义,则需要特殊衡平机制的介入。此所言之"介入",分别针对"预先单方拟定"与"未协商"两项要件,前者由"提示说明义务"制度完成,以保证合意度;后者由"利益权衡"制度完成,以保证权利义务主客观等值。

〔23〕 1997年5月14日的征求意见稿第23条,参见何勤华、李秀清、陈颐编:《新中国民法典草案总览》(增订本),北京大学出版社2017年版,第2001页。

〔24〕 例如《保险法解释二》第10条规定,保险人将法律、行政法规中的禁止性规定情形作为保险合同免责条款的免责事由,保险人对该条款作出提示后,投保人、被保险人或者受益人以保险人未履行明确说明义务为由主张该条款不生效的,人民法院不予支持。

使用人“免除其责任、加重对方责任、排除对方主要权利的”条款违反公平原则[25]的,无效。

11 依学理分析,民法中的责任规范,均具任意法属性。诸如《民法典》违约责任条款:当事人一方不履行合同义务或者履行合同义务不符合约定的,应当承担继续履行、采取补救措施或者赔偿损失等违约责任。当事人是否请求对方承担违约责任,得以其自由意志决定。侵权责任亦同。比较法上,《德国民法典》第 309 条(绝对无效条款目录)第 7 项规定,下列免责格式条款无效:造成对方人身伤害的;因故意或者重大过失造成对方财产损失的。而对于一般合同条款,《德国民法典》第 276 条第 3 款仅规定故意责任事先免除无效,意在防范道德危险。相较而言,我国《民法典》将责任规范从任意法上升为强行法,一则对私法自治的限制过度,二则事实上也无法达到法条所欲达到之效果。倘若果真严格解释第 506 条,则人身损害赔偿协议、竞技体育自甘冒险等均被严格禁止,不合生活经验,难谓合理。因此,第 506 条属“时间上的半强制性规范”,[26]亦即仅得在责任时间发生后,由当事人得以其意志排除适用。

(三)《民法典》第 497 条与第 151 条

12 第 151 条与第 497 条分别规制了两类合同内容控制制度,亦即民事法律行为因显失公平而可撤销与格式条款违反公平原则而无效。凭借优势地位使给付利益严重失衡,从而导致悖俗对一般合同条款进行效力控制与格式条款使用方有违公平地“免除其责任”“加重对方责任”“排除对方主要权利”的条款无效制度的适用层次与界限为何,应对两者作怎样的体系化整理?这是本节需要特别澄清的问题。[27] 功能上,显失公平制度及其上位概念违反公序良俗无效制度系对个案公

[25] 在第一稿的起草过程中,王利明、徐涤宇等学者曾建议,对标准合同条款效力的审查可依据民法的平等、公平、诚实信用、等价有偿等原则,以及民事法律行为等规定;对违反民法的规定,损害广大消费者利益的条款应确认其无效。参见王利明:《标准合同的若干问题》,载《法商研究》1994 年第 3 期,第 79 页;徐涤宇:《关于标准合同若干问题的探讨》,载《法商研究》1994 年第 6 期,第 58 页。第一稿也最终将诚实信用原则写入第 57 条,作为判定格式条款效力的评价依据。在第三稿的起草过程中,学者们对前两稿提到的诚实信用原则展开了讨论,争议集中在法院可否直接引用诚实信用原则裁判案件。持反对意见的学者则担心诚实信用原则的滥用会损害法律的安定性。他们特别指出,当下中国法官的素养参差不齐,滥用的危险更大。第三稿最终借鉴了反对者的观点。参见梁慧星:《中国合同法起草过程中的争论点》,载《法学》1996 年第 2 期,第 13 页。

[26] 另有适例,参见《民法典》第 670 条。

[27] 王刚:《江苏曙光光电有限责任公司与王平房屋买卖合同纠纷上诉案——附服务期限购买房改房的司法调整》,载《人民司法·案例》2007 年第 22 期,第 88—91 页。该案中,法院认为,格式条款要求劳动者“购房后,需为企业服务 23 年”,“限制了劳动者的劳动自由权,违反了我国宪法和劳动法的基本精神,格式条款无效”。而限制基本权利的合同条款效力判定,应当适用“悖俗无效”制度。

正的自由裁量,所承担的是普遍性、兜底性、最低限度的合同正义性审查的功能,适用于所有合同条款;而格式条款效力控制制度是对合同自治的立法和司法体系化干预,主要着眼于解决由合同当事人间的结构性差异所引发的问题。[28] 审查范围上,目前我国学界与实务界对后者适用范围的理解基本上忠实于字面含义,不作限制。而通过比较法的观察,德国法和欧洲私法统一的立法文件中已经为两种内容控制进行了有效分工:格式条款效力审查和控制制度的适用对象仅为那些“偏离或补充任意法规定的条款”,[29] 这一限定的主要立法目的在于排除任意法规范的复述条款、给付描述条款与价格条款(合同必要之点,*essentialia negotii*)。[30] 而显失公平制度在评价客观要件方面时,并不区分条款类型,且给付的价值比例是重要考量因素。[31]

三、格式条款内容控制的排除范围

经订立控制后,进入合同的格式条款,均可(应)受到内容控制审查,仅有以下四类条款排除于审查范围之外:(1)经个别协商的条款;(2)核心给付条款;(3)任意法规定的复述条款;(4)违反强行法、因显失公平而悖俗的条款。 13

(一)“个别协商”条款

格式条款是当事人为了重复使用而预先拟定,并在订立合同时未与对方协商的条款。从法定定义分析,格式条款内容控制的对象须满足三项要件:“预先拟定”“重复使用”“未与对方协商”。对于前两项,学界争议不多,以下主要讨论第三项: 14

1. 制定法与司法实践

探讨效力审查构成要件的文献中,提及“个别协商”问题的阙如。[32] 王利明 15

〔28〕 不同观点认为,《合同法》第39、40条系显失公平制度在格式条款领域的体现,两项制度可谓“近亲”。因为两者满足主客观双重要件下的“利用结构优势”以及客观上权利义务的失衡。法效上第39条为可撤销同显失公平制度,第40条为无效同悖于善良风俗,均落入显失公平及其上位制度悖俗无效的法律效果之射程。参见贺剑:《〈合同法〉第54条第1款第2项(显失公平制度)评注》,载《法学家》2017年第1期,段码56。

〔29〕 参见《德国民法典》第307条第3款;《关于消费者合同中不公平条款的指令》(RL 93/13/EWG,以下简称《指令》)第1条第2款。

〔30〕 Fuchs in: Ulmer/Brandner/Hensen, Kommentar für das Recht der allgemeinen Geschäftsbedingungen § 307, Lörrach: Schmidt Dr. Otto KG, 12. Aufl., Rn. 18.

〔31〕 参见《合同法解释二》第19条,如果低于当地指导价或者市场交易价的70%,一般可以视为“明显不合理”的低价;如果高于前述价格的30%,则视为“明显不合理”的高价。

〔32〕 参见王利明:《对〈合同法〉格式条款规定的评析》,载《政法论坛》1999年第6期,第4页。

教授于《合同法》颁布之初,首先提出应将“未与对方协商”理解为“不能与对方协商”。[33] 晚近主流教科书多从之,对此未作更多展开:学者指出格式条款必须是对方不能协商的,相对人仅能表示同意或不同意,而无变更、修改的权利,如果仅双方协商确定,则非格式条款。[34] 当事人一方在能够协商而不协商,或放弃协商的情况,无格式条款制度保护之必要。笔者在北大法宝以“格式合同”为关键词检索,收集整理涉及“协商”这一构成要件的仅有 5 例典型案例,[35] 对“协商”这一要件的解释路径,基本上是以《民法典》第 496 条第 1 款为导向,以“是否进行事实上的协商”作为决定性标准。

2. **比较法观察**

16 比较法上,德国法院在这个问题的立场:相对方需具有施加实际影响之可能,[36] 并且通常只有在事实上确实存在条款变动时,法院才倾向于承认发生“磋商”。[37] 欧洲合同法领域学术和立法互动的最新成果《欧洲共同买卖法》(ECSL)代表了欧盟领域合同法研究的最新走向,该立法文件第 79 条第 1 款对格式条款仅有“单方拟定”之要求。当然,可以预见到反驳的意见可能会是:“未个别磋商”

〔33〕 参见王利明:《对〈合同法〉格式条款规定的评析》,载《政法论坛》1999 年第 6 期,第 4 页;王利明:《合同法研究(第一卷)》,中国人民大学出版社 2011 年版,第 408—409 页。

〔34〕 参见谢鸿飞:《合同法学的新发展》,中国社会科学出版社 2014 年版,第 144—145 页;崔建远:《合同法》,法律出版社 2010 年版,第 62 页;王洪亮:《债法总论》,北京大学出版社 2016 年版,第 58 页。

〔35〕 ①保定市南市区人民法院(2011)南民初字第 11 号民事裁定书中,法院认为,“房产中介机构为重复使用而预先拟定,并在订立合同时未与对方协商的条款,属于格式条款”。②衡阳铁路运输法院(2004)衡铁法民初字第 8 号民事调解书中,原告认为,与衡阳铁通公司签订的合同是先印制好后填写的,应是格式合同。衡阳铁通公司认为,为发展电信业务和工作方便印制了一些合同,但在签订合同时都与对方进行了协商,因此他们签订的合同不是格式条款合同,得到支持。③重庆市合川区(市)人民法院(2004)合民再初字第 25 号民事判决书中,法院认为,“本案所涉及的转让协议并非格式合同,而是当事人双方充分协商后自愿签订的协议,不存在格式条款”。④上海市第二中级人民法院(2001)沪二民终字第 2402 号民事判决书中,法院认为,“格式合同是指当事人在订立合同时未与对方协商,单方预先拟定的,不允许修改的,供反复使用的合同。本案涉及的《拍卖规则》符合上述特征,应认定为格式合同”。⑤上海市第二中级人民法院(2010)沪二中民四(商)终字第 1423 号民事判决书中,关于退换货政策的特殊说明第 1 条的内容规定:“为了享受商品的正常质保,我们建议您将发票开具为商品明细,否则您将无法享受产品厂商或京东商城的正常质保。”圆迈公司以发票载明的货物名称为办公用品予以拒绝。即系争条款是否适用于双方的买卖合同关系取决于对于发票内容的选择,如购物者选择发票的内容为办公用品,则系争条款即自动适用。在此种情况中,尽管购物者对于该条款是否适用拥有自主选择权,但该条款是由网站事先针对不特定的消费者所拟定,且对于条款的内容并不能进行协商,合同缔结行为在瞬间完成,作为消费者只能接受,故其性质仍然是格式条款。由以上案例可以看出,法院基本上是以《民法典》第 496 条第 1 款为导向,以“是否进行事实上的协商”作为决定性标准来判断是否构成“格式条款”。

〔36〕 参见 Fuchs in: Ulmer/Brandner/Hensen, Kommentar für das Recht der allgemeinen Geschäftsbedingungen § 307, Lörrach: Schmidt Dr. Otto KG, 12. Aufl. ,Rn. 45.

〔37〕 参见 Fuchs in: Ulmer/Brandner/Hensen, Kommentar für das Recht der allgemeinen Geschäftsbedingungen § 307, Lörrach: Schmidt Dr. Otto KG, 12. Aufl. ,Rn. 45.

包含在“单方拟定”中，并非完全被专家组摒弃。为求正解，需探寻《欧洲共同买卖法》前期的欧盟法研究成果——《共同参考框架草案（DCFR）》（以下简称《共同框架》）。在《共同框架》第二编对格式条款的规制中，区分了消费者合同、[38]经营者之间及消费者之间三类合同。仅在后两种合同中，《共同框架》要求“未个别协商”要件。对于消费者合同，在第 9:403 条[39]中，起草专家组在文本中用括号将该要件标明，说明专家组考虑到，在消费者合同中保留“未个别协商”要件是否有意义，可否删去，可否将内容控制制度的适用范围扩张到所有合同条款。当然，无论从成员国法，抑或欧盟层面法律状况观察，都不见如此宽泛的适用范围之先例。

3. **评价**

传统理论多认为此项制度中，规制必要性系基于谈判地位与信息不对等、合意不充分等理由。然此解释路径，及其直接决定的内容控制的适用范围，与该制度的保护目的和功能取向并不吻合。它无限扩大了经营者的博弈地位，忽略了相对方的利益选择和能动性。从格式合同相对方利益考虑，即使是处于劣势的消费者和小型企业在日常交易中，迫于快速的生活节奏和强烈的市场竞争，也不希望仔细考虑合同内容中的每个细节，反复磋商。此外，相对方也信任由行政机构、第三方提供的通用标准文本范本有类似于商业惯例、行业规则经交易者反复博弈，不会出现较大利益失衡。即使存在个别偏差，在比较信息成本和合同期待利益后，也往往愿意为相对方所承受。亦即，相对方在存在磋商可能的情况下，主动放弃该权利，此时无论从填补意思自治角度，抑或维护格式合同的效率功能角度，均无保护之必要，不适用内容控制制度。可见，相对方在获取信息的成本和合同价值不成比例的情形中，并不关注“协商”的可能性和事实上的实践性。 17

反之，大额合同中，合同价值大于信息成本和交易风险，可期待理性的经济人对权利义务进行个别协商。由此，已有学者[40]提出以保护目的为导向来重新定义格式条款内容控制适用范围，以“交易成本—合同价值”关系为决定性标准，即审查因使用格式条款造成的相对方的不利，是否需要存在公力救济的必要（这里主要指合同的司法审查）。若交易成本较高，与合同价值不成比例，则推定不存在个别协商。反之，若交易成本低于合同价值，则即使合同内容事实上完全没有修 18

---

〔38〕 特指经营者与消费者之间的合同。

〔39〕《共同框架》对消费者合同、经营者合同以及消费者之间的合同，作了区别规定，第 9 - 403 条系针对消费者合同的规定。

〔40〕 Leuschner, Gebotenheit und Grenzen der AGB - Kontrolle, Archiv für die civilistische Praxis, Bd. 207（2007）, S. 491 - 529.

改变动,也推定存在个别协商。这种情况下,使用格式条款造成的相对方的不利益由私人间自力救济是必要和可能的,从保护个人或保护市场两方面来看,公力救济(格式条款内容控制)均无介入必要。若此命题成立,甚至可以说使用方是否对相对方履行了说明告知义务都变得无关紧要。在平衡私法自治和国家干涉之后,还可以得出更大胆的结论:个别协商在第二种情况下甚至可以定性为“拟制”,而非“推定”;且若相对方可进行协商而未协商,也“拟制”成立“协商”。依之,可避免依照目前通说的解释路径会造成的相对方拒绝协商时的法律地位优于其真正进行了协商的情形。[41]

19 管见以为,比较法的新趋势,确实符合格式合同发展现实,欧洲学者的研究和论证颇具启发。但是,在我国实证法对格式条款要件规定明确的语境下,该理论的意义可能更多是,令法官在决定是否适用格式条款内容控制时,或言在解释“协商”要件时,区分消费者合同、经营者之间及消费者之间三类合同作不同处理。在格式条款使用方无法证明相对方对条款内容存在实质影响可能性的情况下,尽可能认定构成第 496 条第 1 款中所指之“格式条款”。而后进一步讨论系争条款是否属于内容控制对象。

(二)核心给付条款

20 所谓核心给付条款,即具体的给付与对待给付的描述与确定条款(亦谓“法律行为要素”或“必要之点”,*essentialia negotii*)。核心给付条款除了仅受显失公平制度中的暴利行为的规制外,一般认为均应由市场经济自身来决定。[42] 格式条款效力审查制度,从产生之时即非为“对所有合同条款进行普遍的正当性审查”这一目的和功能而设立,况且也无法承担起这一功能,其审查内容仅限为“不合理的权利义务的不均衡”,前者的功能主要由概括性条款如显失公平、诚实信用等制度承担,且适用于所有合同条款。[43] 《共同框架》和《德国民法典》都为格式条款的司法审查权限划定了严格的范围。《德国民法典》第 307 条第 3 款作了明文规定:

---

〔41〕 这一标准的不确定性主要在于如何比较交易成本和合同价值(后者系确定项,因而主要是如何确定交易成本)。日常购买中原则上均视为交易成本大于合同价值,推定不存在“磋商”,受内容控制审查。反之,经济价值在一定数额以上的,推定当事人有磋商能力及可能性。在 1993 年欧共体制定《不公平条款指令》(93/13/EEC)时,英国和苏格兰曾经建议将 55 万欧元作为指令适用范围的界限,但未被采纳。但是到 2008 年制定的《消费信贷指令》(2008/48/EG),第 2 款明文规定指令仅适用于贷款额 20 至 75 万欧元的合同。

〔42〕 参见《德国债法现代化法立法说明 · 总则部分》(BT - Drucks. 14/6040, S. 153)。

〔43〕 例如“显失公平”制度中,对价关系相差 30%。参见贺剑:《〈合同法〉第 54 条第 1 款第 2 项(显失公平制度)评注》,载《法学家》2017 年第 1 期,段码 14。

"偏离或补充任意法规定的格式条款";[44]《共同框架》则明文排除了核心给付条款。[45]

21 "给付说明条款与价格条款"不受审查,[46] 原因有三:首先,具体的给付与对待给付的描述与确定条款,为当事人合意之最低要求,通常必须经合同双方磋商确定,因而两类条款不满足"单方拟定,未与对方协商"之要件。其次,给付内容与价格在市场经济中由供求关系平衡和调整。最后,格式条款效力审查的标准与效力填补手段均为任意法规定,而对于构成合同"必要之点"条款的给付条款,通常不存在任意法规范。

22 申言之,法官不得对给付义务以及交易条件中以(隐藏)的"不合理的利益减损"为代价的对待给付义务(价金、报酬等)的降低作全盘权衡。[47] 此外,内容控制的法效果是构成"不合理的利益减损"的格式条款无效,相对方仍需为对待给付,并且按照原先合同的约定不得调整(通常来说是低价)。此规制路径对"交易信息告知不充分"的行为有惩戒与预防作用:[48] 审查"不合理的利益减损"时,若价格因素作为不公平格式条款的让步和补偿因素也被考虑在内,会使市场机制失灵的可能性增加,因为对于价格因素的审查,法官无标准亦无权限。格式条款使用方通过向相对方隐瞒对其不利的合同内容,事实上令风险转嫁,使格式合同使用方得以提供表面上低于其他竞争对手之价格。而若令格式条款所体现的风险负担和价格高低均作为审查构成"不合理的利益减损"的格式合同的考量因素,令法官介入当事人之间的经济安排,干预意思自治,将使竞争机制受破坏的状况加剧。相反,只审查交易条件,只要存在"不合理的利益减损",条款无效,而仍然保持原来的低价,对相对方有利,对使用方亦有威慑作用。再不济,格式条款审查后,尚有针对个案的概括性条款(或称"兜底条款")审查。当然,对于核心给付条

---

〔44〕 § 307 III: …durch die von Rechtsvorschriften abweichende oder diese ergänzende Regelungen vereinbart werden…

〔45〕 DCFR II. –9: 406 (2): For contract terms which are drafted in plain and intelligible language, the unfairness test extends neither to the definition of the main subject matter of the contract, nor to the adequacy of the price to be paid.

〔46〕 Wolf, in: Wolf/Lindacher/Pfeiffer, das Recht der allgemeinen Geschäftsbedingungen, München: C. H. Beck, 6. Aufl., 2013, § 307 Rn. 104; Nomos Kommentar für das bürgerliche Gesetzbuch/Kollmann, Köln: Nomos, 3. Aufl., 2016, § 307, Rn. 10 – 11; Müko – bürgerliches Gesetzbuch /Wurmnest, München: C. H. Beck, 7. Aufl., 2015, § 307, Rn. 52.

〔47〕 不同观点参见贺剑:《〈合同法〉第 54 条第 1 款第 2 项(显失公平制度)评注》,载《法学家》2017 年第 1 期,段码 56。

〔48〕 Von Bar/Clive, Hrsg., Principles, definitions and model rules of European private law: Draft Common Frame of Reference, Full Edition, Berlin 2009, Bd. 1, S. 649; Ranieri, Europäisches Obligationenrecht, Wien: Springer, 3. Aufl., 2009, S. 323 ff.; Kötz, Europäisches Vertragsrecht, Bd. 1, Tübingen: Mohr Siebeck, 1996, S. 213 ff.

款的审查,仅在"明显不相当"时,始发生无效之法效,程度上较之格式条款审查中的"权利义务不均衡"严格。此法效一旦发生,原则上不仅限于不公平条款无效,而系合同全部无效。因为只有这样的法效果,才可使等价原则严重失衡,造成重大不公平的情况得以克服。当事人仍有缔约意图的,大可重新达成合意。[49]

(三)任意法规定的复述条款[50]

23 格式条款效力审查制度仅针对"偏离或补充法律规定"的条款,除排除(无任意法规范作参照和效力填补)的核心给付条款外,还可以得出"复述任意法规范"条款不审查的结论。倘使格式条款文义内容均符合法律规定的,法官对其内容控制将违背"法官的裁判活动受法律的约束"这一宪法原则。

(四)违反强行法、违反法律禁令,以及因显失公平而悖俗的条款[51]

24 内容控制制度对象排除违反强行法规范的条款,乃强行法规范本身属性之要求:其不容当事人一起意志排除适用,个别磋商条款也罢,格式条款也罢,未进入内容控制制度调整范围前,此类条款即应为无效。后两类条款不受特别审查的理由,亦同。

(五)小结

25 综上,经订立控制后,进入合同的格式条款,均可(应)受到内容控制审查。不受《民法典》第 497 条后段效力审查的条款仅有:(1)经个别协商的条款。(2)核心给付条款。(3)任意法规定的复述条款。(4)违反强行法、因显失公平而悖俗的条款。格式条款的审查对象仅限于"偏离和补充任意法规范的条款"。这是因为,有名合同中一般会规定交易可能遭遇的典型风险,对于如何分配,这类规范通常具备一定的提示功能,例如《民法典》第 604 条买卖合同中的风险负担规则。格式条款使用方排除或偏离这些规范,就需要审查条款内容,并与其所不欲使用之

〔49〕 我国法在目前采"一部无效,剩余有效"原则,且不区分普通合同条款与格式条款,是否妥当,可以探讨。

〔50〕 例如高海鹏、刘佳洁:《苏敏罗与萧富元等拍卖合同纠纷上诉案——艺术品拍卖中的免责声明是否有效》,载《人民司法·案例》2010 年第 10 期,第 97—101 页。该案中,格式条款中对于艺术品拍卖中的免责声明,系对《拍卖法》第 61 条第 2 款的复述。上海市第一中级人民法院(2010)沪一中民六(商)终字第 36 号民事判决书中,银行自行调整利率条款系对《商业银行法》第 31 条、第 38 条的复述,仅有指示释明功能,不受审查。

〔51〕 例如北京互联网法院(2020)京 0491 民初 3106 号民事判决书。该案中,爱奇艺在"涉案 VIP 会员协议"中以格式条款约定"双方同意前述免责、限制责任条款不属于《合同法》第 40 条(《民法典》第 497 条)规定的免除其责任、加重对方责任、排除对方主要权利的条款",违反了《合同法》第 40 条,该条系法律的强制性规定,不允许合同当事人排除适用,故该条款无效。

任意法规定进行比较，掌握两者差异，并进一步明确法律规定之立法旨意，探究使用人排除该规定有无必要性和正当性。[52] 对于补充任意法规定的格式条款，常见于无名合同的情形，需要特别注意条款是否免除、限制当事人使用人之义务，或限制对方权利，并导致对方当事人失去缔约时期待达成之目的。[53]

四、格式条款效力审查制度的功能定位与评价标准

26 结合《民法典》第 496 条和第 497 条，进行体系解释后，格式条款无效应满足："已经订入合同""经合同解释明确含义""未遵循公平原则确定当事人之间的权利和义务"，其表现形式多为"提供格式条款一方免除其责任、加重对方责任、排除对方主要权利"。

（一）"免除其责任、加重对方责任、排除对方主要权利"作为效力评价标准？

27 《合同法》第 39 条第 1 款前段规定采用格式条款订立合同的，提供格式条款的一方应当遵循公平原则确定当事人之间的权利和义务。第 40 条规定了格式条款的无效情形："……提供格式条款一方免除其责任、加重对方责任、排除对方主要权利的，该条款无效。"其后制定的特别法，基本与之保持一致，《消费者权益保护法》第 26 条、《保险法》第 19 条也作了相同规定。《民法典》第 497 条第 2 项新增了"合理性"要件，除此之外，第 496、497 条对上述规定予以沿袭。对于第 496 条和第 497 条的规范内容，需要特别澄清的是：无论《合同法》第 40 条还是在此之后的特别法规定，都仅描述了无效格式条款的类型，并未提供实质性的评价标准，学界与实务界的研究则主要在条文的字义解释层面展开——纠缠于何谓"主要权利和义务"，[54] 至多从比较法的角度介绍德国法上绝对强制规范、相对强制规范及任意规范的参照指引作用。[55] 事实上，上述各款所述"免除其责任""加重对方责任""排除对方主要权利""减轻、免除其损害消费者合法权益""免除保险人义务、责任""排除投保人、被保险人权利"，至多属于格式条款所具备之特质。格式条款之使用，之所以常有争议，正因为条款使用人借由"单方拟定""无磋商余地"

---

〔52〕 Hofer in Schmoeckel/Rückert/Zimmermann: Historisch – kritischer Kommentar zum Bürgerliche Gesetzbuch, Band II, Tübingen: Mohr Siebeck, Rn 7 – 17; Wolf, in: Wolf/Lindacher/Pfeiffer, das Recht der allgemeinen Geschäftsbedingungen, München: C. H. Beck, 6. Aufl., § 307 Rn. 104.

〔53〕 参见詹森林：《民事法理与判决研究（四）》，中国政法大学出版社 2009 年版，第 70—72 页。

〔54〕 参见稂文仲：《保险合同免责条款的理解与法律适用》，载《保险研究》2010 年第 11 期，第 112 页。

〔55〕 参见刘宗荣：《新保险法：保险契约法的理论与实务》，台湾地区三民书局 2007 年版，第 238 页；郑玉波：《保险法论》，台湾地区三民书局 2012 年版，第 121 页。

之优势而订立利己而不利相对人之约款。因此目前我国实体法中的规定所描述的，为格式条款之特征，或内容控制之客体，并非针对效力审查本身提出具有决定性之标准。倘使格式条款对权利义务设定、风险负担分配、违约责任承担等内容与任意法规定无偏离（有名合同情形）或补充（无名合同情形），则使用人还将其写入合同，则仅有澄清和释明功能。使用人不作规定的，争议发生时，任意法规范仍得优先于补充解释而适用。可见，具有实效的、当事人“为己立法”功能的格式条款，事实上均应当是一定程度上调整和变更双方权利、义务以及责任的。单“免除其责任、加重对方责任、排除对方主要权利”，恐无法成为效力评价标准。

（二）“公平”原则〔56〕作为效力评价标准？

28　以《民法典》第 496 条中的“公平原则”，或《消费者权益保护法》第 26 条中“不公平、不合理的规定”为标准，较为抽象，且公平原则的内涵不明，需要判例和学说对其进行具体化。

29　然而遗憾的是，国内有关民法中公平原则内涵或细分标准的研究阙如。直接针对格式条款内容控制之对象、首要原则、具体化标准、判例积累和发展的禁止记载事项的列举规定等内容的研究，为实务和司法审判亟需。参照法律原则部分的立法文件，〔57〕《民法典》第 6 条（民事主体从事民事活动，应当遵循公平原则，合理确定各方的权利和义务），第 151 条（显失公平的民事法律行为可撤销），以及格式条款规制制度中，均有公平原则之适用，总结立法资料与通说，“公平原则”在我国事实上可归纳为类似民法的功能和任务意义上的“公平正义”〔58〕和“双务合同中的利益均衡”〔59〕两类定义。后者对于格式条款效力审查的规范意义，可能更为直接。亦即，基于交换对等的原理，必要时运用可计算之比例，确定当事人利益与不利益，从而确定某一（主要是财产上）的交易行为的合理性。以双务合同为典型，

〔56〕《德国民法典》第 307 条规定因违反诚实信用原则而有“不合理的利益减损”时，格式条款无效。我国台湾地区“民法”第 247 条之一规定：依照当事人一方预定用于同类契约之条款而订定之契约，为左列各款之约定，按其情形显失公平者，该部分约定无效。学者指出，德国法中的“不合理的利益减损”，在引入时被译为“显失公平”。参见黄立：《民法债编总论》，中国政法大学出版社 2002 年版，第 107 页。之后的消费者保护立法中，我国台湾地区“消费者保护法”第 12 条使用的是“显失公平”和违反“互惠平等”原则。我国台湾地区“消费者保护法实施细则”第 14 条对违反“互惠平等”原则进行了具体化：当事人间之给付与对待给付显不相当者；消费者应负担非其所能控制之危险者；消费者违约时，应负担显不相当之赔偿责任者；其他显有不利于消费者之情形者。

〔57〕参见胡康生主编：《中华人民共和国合同法释义》，法律出版社 1999 年版，第 9、110 页。

〔58〕参见崔建远：《合同法》，法律出版社 2010 年版，第 13—14 页；易军：《民法公平原则新诠》，载《法学家》2012 年第 4 期，第 54 页。

〔59〕参见胡康生主编：《中华人民共和国合同法释义》，法律出版社 1999 年版，第 9、110 页；梁慧星：《民法总论》，法律出版社 2007 年版，第 50 页；韩世远：《合同法总论》，法律出版社 2011 年版，第 39 页。

公平原则体现为一方当事人所以愿意负担给付义务，旨在使他方当事人因此负有对待给付义务。给付与对待给付之间所具有的不可分离的牵连关系。

（三）公平原则的具体化：利益权衡

交易关系中的公平原则是否得到遵守，落实为裁判规则应为权利义务是否均衡。格式条款使用方对相对方造成"不合理的利益减损"的，格式条款无效。评价"不合理的利益减损"首先应当综合考量典型的双方当事人组的利益而为判断。因此，使用人以某一格式条款恣意追求一己之利益，而自始未兼顾相对人之正当利益，或未于同一合同中，以其他条款对相对人为补偿规定者，即为"不合理的利益减损"。反之，某一格式条款虽妨碍相对人之利益，但却因此维护了使用人较高或相等之利益，该格式条款即非无效，得约束相对人。于综合格式条款使用人与相对人之利益时，应考虑所有可能影响典型的双方当事人组的利益之因素，诸如合同类型、性质、目的和内容，使用人经营效率、相对人的合理信赖、因不可抗力或第三人之行为所造成风险的合理分配，交易成本与交易习惯等。[60] 这一具体化方法可谓正确，但并不全令人满意。但凡依据不确定法律概念进行裁判，法官均需对当事人利益进行全面的权衡，当无疑义。可考量因素常有：具有相关性之利益（当事人、相关第三人），全部条款内容的叠加效应与补偿效应对利益增减的作用力，交易群体，交易习惯（惯例），价格因素与义务及责任的相关性。全方位的评价，考量个案具体情形，当然对结论的正确性有益，尤其在法官对个案公正的自由裁量情形，立法者期待并授权法官进行此类利益权衡。这是因为，个案裁量[61]系保证个案正义的最后一道防线，因而可在一定程度上牺牲法律确定性价值。然而与此不同，格式条款因其（至少是旨在）适用对象之众，故应以一般、典型的交易相对人交易相对作为审酌之基础，换言之，应对于某类交易型态中，一般合同相对人典型而通常的利益而为衡量。原则上并不斟酌个案当事人之特殊情况，[62]只评价结构性和典型性的利益和行为预期。是为此，其评价标准的确定性要求应当远远高于个案评价，可以胜任格式条款审查标准的，首先应当是任意法规范，在合同法领域，尤指有名合同规范。 30

---

〔60〕 参见我国台湾地区"高等法院"民事判决 96 年度上字第 972 号，类似观点，参见 Nomos Kommentar für das bürgerliche Gesetzbuch/Kollmann, Köln: Nomos, 3. Aufl., 2016, § 307, Rn. 1.

〔61〕 有如：诚实信用、暴利行为、是否尽到应有之注意（过错）等。

〔62〕 理由有二：第一，格式条款制度是对私法自治的结构性干预，适用对象也为多数人，不考虑兼个案特殊情况，且以此区别于"显失公平"无效制度。第二，审查标准系任意法规范，法律规范是概括性普遍性的。相反观点，参见《指令》第 4 条第 1 款以及为转化《指令》而增加的《德国民法典》第 310 条第 3 款第 3 项。

1. 评价标准之一:任意法规范

31 格式条款违背任意法规范中包含的体现公平和对等性法律基本思想的,构成对相对方的"不合理的利益减损",需要满足以下构成要件:

第一,任意法规范。

32 违反强行法规范,合同条款无效,无论其为充分协商条款,抑或单方拟定之格式条款。任意法规范可由当事人意志排除,但此处所称之任意性,并非全不受限。[63] 这是因为,任意法中同样体现着法律规定的实质性基本思想,而这种实质性基本思想原则上不容背离。此种不容背离的特点即构成格式条款规制上的范式作用:以存有疑义为限,若格式条款违背了法律规定的实质性基本思想,则其不生效力。[64] 立法者于制定法律前,通常均已综合比较衡量双方当事人所涉之利益,并为适当调整,始以条文表现其价值判断,[65] 故若格式条款与所涉任意法规范之基本原则相冲突,除非在格式条款的使用人能够阐明存在重大利益,并且在评价相对人利益的情况下亦构成正当化理由的例外情形,始得以格式条款背离相应的法律规范,从而否认合同法规范所具有的范式功能。[66] 遗憾的是,法院常常

---

〔63〕 参见苏永钦:《走入新世纪的私法自治》,中国政法大学出版社2002年版,第17页。

〔64〕 Nomos Kommentar für das bürgerliche Gesetzbuch/Kollmann, Köln: Nomos, 3. Aufl., 2016, § 307, Rn. 31; Müko – Bürgerliche Gesetzbuch/Wurmnest, München: C. H. Beck, 7. Aufl., 2016, § 307, Rn. 64 – 69; Bundesgerichtshof in Zivilsachen 135, 116, 120f.; Bundesgerichtshof – Neue Juristische Wochenschrift Rechtssprechungsreport Zivilrecht 2008, 818 Nr. 40; Canaris, Die allgemeinen Geschäftsbedingungen – rechtliche Leitbildfunktion des neuen Leistungsstoörungsrechts, Festschrift für Peter Ulmer zum 70. Geburtstag, Berlin: de Gruyter, 2003, S. 1095;中文文献较早系统介绍格式条款效力审查制度的,参见王全弟、陈倩:《德国法上对格式条款的规制——〈一般交易条件法〉及其变迁》,载《比较法研究》2004年第1期,第62页。

〔65〕 Die allgemeinen Geschäftsbedingungen – Kontrolle im Zivil – und Arbeitsrecht, Archiv fuür die civilistische Praxis, 212(2012), S. 229 – 233.

〔66〕 周显治等与余姚众安房地产开发有限公司商品房销售合同纠纷案,载《最高人民法院公报》2016年第11期。该案中,格式条款约定开发商承担了逾期交房的责任之后,逾期办证的违约责任就不予承担,因偏离《合同法》第107条而无效。类似案件有,陈立烽、陈春生:《罗剑挥等与连城恒益房地产开发有限公司商品房买卖合同纠纷上诉案——交钥匙不能视为开发商房屋交付义务的完成》,载《人民司法·案例》2017年第5期,第48页。另有山东省济南市槐荫区人民法院(2019)鲁0104民初1131号民事判决书。该案中,出卖人通过格式条款约定"因第三人原因导致出卖人未能提供登记材料,出卖人不承担违约责任",偏离了《合同法》第121条而无效。另有对定金罚则适用的构成要件"不可归责于当事人双方的事由"的偏离,格式条款应属无效,参见戴雪飞诉华新公司商品房订购协议定金纠纷案,载《最高人民法院公报》2006年第8期;管辖权条款约定格式条款使用方注册地法院管辖,偏离《民事诉讼法》第23条和第34条的规定,不合理地加重了消费者应诉的负担,格式条款无效,参见李颖:《北京京东世纪贸易有限公司诉王旭春格式合同纠纷案——网站用户协议中协议管辖条款的效力》,载《人民司法·案例》2009年第8期,第37—40页。类似案件有,湖南省长沙市岳麓区人民法院(2017)湘0104民初9846号民事裁定书。该案中,"将纠纷提交平台运营方所在地人民法院裁决"的格式管辖条款偏离了《民事诉讼法》第23条和《民事诉讼法解释》(2015)第20条的规定,为无效条款。值得注意的是,在山东省威海市中级人民法院(2018)鲁10民辖终117号民事裁定书中,法院持相反意见。

混淆条款违反强行法无效，与“格式条款偏离任意法规范+无正当性理由”无效两项制度，如蒋军与招商银行股份有限公司深圳梅林支行期货强行平仓纠纷上诉案[67]中，法院认为“经纪机构在贵金属延期交易强行平仓前负有通知义务，违反该强行法的格式条款无效”。而事实上，本案应属格式条款偏离《最高人民法院关于审理期货纠纷案件若干问题的规定》第57条第2款的规定+无正当性理由而无效。类似案件，尚有成路诉无锡轻工大学教学合同纠纷案，[68]法院说理部分指出：“格式合同的条款只在存在法律规定的无效情形时，才能被宣告无效，并非只要是格式合同就一定无效。”

此外，对于任意法规范的理解，可放宽至学说与司法实践承认的原则，有如《民法典》第584条规定了损害赔偿计算的可预见性规则，却未规定与有过失、损益相抵、违约赔偿履行利益、不同类型违约金与损害赔偿的折算和累加等原则，而这些合同法的基本原则，承载着义务的对等均衡的实质思想，在权衡利益时，可作为评价标准。 33

第二，与任意法规范相悖。

“相悖”判断，系价值评价问题，要求利益衡量。此时，尤其要对合同条款进行体系解释，注意针对同一事项的合同条款，对双方当事人利益的影响，发生“叠加效应”与“补偿效应”。因为遵循合同内容的总体评价原则，可能发生某一格式条款本身的权利义务分配并未对相对方造成不合理的利益减损，然而结合其他格式条款或个别协商的条款，违背公平原则而无效的情况（叠加效应）；同样地，也可能发生某一格式条款造成的对相对方的不合理的利益减损，被其他条款中赋予的利益补偿和平衡的情况（补偿效应）。 34

第三，重大性。

即便构成“相悖”要件，仍需进一步判断其重大性，仅当造成严重“利益减损”，才发生格式条款无效之法效果。举例言之，《民法典》买卖合同章和违约责任一般规定中，均有瑕疵履行责任，且主要以新物买卖为原型。二手物交易中，双方针对瑕疵的预期与责任的安排，在利益状态上应有较大差别。在新物买卖中，一方面瑕疵较难发现，另一方面当事人一般推定标的物品质与约定和通用效用相符。而二手物买卖中，“已经使用”中会产生的典型瑕疵，对此类瑕疵责任的排除，不存在相对人“利益减损”。[69] 此外，在判断“相悖”要件时，需 35

---

〔67〕 林少兵、王畅：《蒋军与招商银行股份有限公司深圳梅林支行期货强行平仓纠纷上诉案——经纪机构在贵金属延期交易强行平仓前负有通知义务》，载《人民司法·案例》2013年第14期，第94—98页。

〔68〕 成路诉无锡轻工大学教学合同纠纷案，载《最高人民法院公报》2002年第2期。

〔69〕 参见 Nomos Kommentar für das bürgerliche Gesetzbuch/Kollmann, Köln: Nomos, 3. Aufl., 2016, § 307, Rn. 31.

要对合同内容进行总体评估。尤其需要考虑使用人或相对人对责任发生原因的控制可能性问题(尤指保险),亦即以可期待之方式预防发生责任的事实的发生的可能性问题。

2. 评价标准之二:对影响当事人合同利益实现的权利、义务、责任的限制

36 在无任意法规范的领域,可以胜任格式条款审查标准,即判别对相对方构成不合理的"利益减损"的,是"免除其责任、加重对方责任、排除对方主要权利",且此类权利、义务和责任,应对合同目的和合同利益实现至关重要,尤适用于无名合同中的格式条款审查。〔70〕

(1)合同目的(或称"合同利益")

37 合同目的和合同利益的确定,首先应当依据当事人的约定,此处无须区分主、从、附随义务。当事人的约定中无法确定合同目的的,可尝试探究理性当事人于订立合同阶段,为追求何种利益而决定订立合同。〔71〕对某类合同而言,典型的利益分配状况的确定,对格式条款效力判定就至关重要。例如上文中的二手物买卖,即使交付无瑕疵之物的义务,原则上系买卖合同中决定合同性质的重要义务,但仍然会因买卖标的物属性,包括其是否结构复杂,瑕疵是否容易识别等因素,作出不同判断。二手物买卖中出卖人追求的合同利益可以是"以现状出卖标的物,对其后发生之瑕疵损害不承担责任",交易习惯中此类买卖形式亦不少见。当然,当事人也可约定依新物买卖之规则,承担瑕疵履行之违约责任。可见,出卖无瑕疵之物非为二手物买卖中"决定合同性质之重要义务"。

38 除此之外,保险合同是射幸合同,其指向的对象是未来不确定的危险。保险人在其提供的格式条款中规定,合同期内保险人对已经发生的事故有权单方面决定是否予以承保,则这一约定违背了保险的性质,排除了被保险人的主要权利,且导致合同目的无法实现,格式条款无效。〔72〕另有责任保险中的"按责赔付和无责免赔"条款,将第三者不能赔偿的风险转移给了被保险人,与财产保

---

〔70〕"合同目的"和"合同利益"标准,在有名合同中同样发挥作用,只是有名合同中任意法规范往往更为具体,因而在有名合同中可优先考虑格式条款与任意法规范的偏离程度,以及条款使用方是否可对此提供理由或给予其他方面的补偿。

〔71〕参见 Nomos Kommentar für das bürgerliche Gesetzbuch/Kollmann, Köln: Nomos, 3. Aufl., 2016, § 307, Rn. 37.

〔72〕陈晓君、胡浩亮:《渤海财产保险股份有限公司苏州中心支公司与苏州市宏辉物流有限公司保险合同纠纷上诉案——违反保险性质的合同条款应认定无效》,载《人民司法·案例》2010 年第 8 期,第 29 页。

险的目的相违背,[73]应判定格式条款约定致使合同目的不达而无效。在健康保险合同中,复效观察期条款实质上是在整个保险期间以前另设一个观察期,从而变相免除保险人在所谓观察期内的保险责任,排除被保险人之主要权利,应当被认定为无效。[74]

居间合同中,通常情况下,如若居间人居间成功,亦只能向委托人收取总房价款的 1% 作为报酬,而且这意味着居间人不但促成了买方和卖方签订买卖合同,还为委托人办理了产权过户、协助申请贷款、水电煤交接等事务。由此可见,委托人支付总房价款 1% 的费用于居间人已然表明居间人获得了利益的最大化。在委托人行使合同任意解除权时,违约条款规定"应按委托房价款的 2% 承担违约责任"明显违背了居间法律规范的本旨。[75] 39

(2)决定合同性质的重要的权利、义务和责任

合同性质标准与重要的合同义务,实质上系统一标准。后者确定前者。有待评估的主要有以下几个方面:[76]义务的等值性、风险负担的合理性、责任限制是否危及当事人合同利益之实现(或曰合同目的)。需作说明的是,格式条款效力审查制度关注给付均衡,法官可以判定双务合同中,给付与对待给付的内容严重失衡时,格式条款无效。然而,这并不意味着法官应当审查对价关系。此处的给付均衡审查,是指"必要之点"之外,当事人在签订合同时未作周详考虑和单独约定,但其规定在格式合同使用方的文本中,在合同履行时造成合同权利与给付的严重失衡。[77] 40

(3)限制

构成"不合理的利益减损",尚需满足对以上权利、义务及责任的限制的要件。 41

〔73〕 参见刘慧:《应某与中华联合财产保险股份有限公司北京分公司机动车交通事故责任纠纷上诉案——按事故责任比例赔付的隐性免责条款无效》,载《人民司法·案例》2015 年第 16 期,第 54 页。代表性保险学理分析,参见韩长印:《责任保险中的连带责任承担问题——以机动车商业三责险条款为分析样本》,载《中国法学》2015 年第 2 期,第 268 页。

〔74〕 福建省高级人民法院(2018)闽民申 866 号民事裁定书。

〔75〕 参见毛海波、陆静:《舒旭昕诉上海德佑房地产经纪有限公司居间合同纠纷案——居间独家委托条款的效力及利益保护》,载《人民司法·案例》2013 年第 22 期,第 23 页。比较法上,违约金乃损害赔偿额之预定,该预定额超过依照事务通常之发展可预期之损害,仅当"未给予相对方证明损害未发生,或远低于预定额的可能性"(《德国民法典》第 309 条第 5 项 b),该条款才无效。

〔76〕 笔者以"格式条款无效 + 主要权利""格式条款 + 免除其责任、加重对方责任"为关键词,搜索北大法宝"民事案件",依"指导性—公报—典型—参阅"的顺序,找到有效裁判文书 7 则,在"人民司法·案例"来源项下,找到有效裁判文书 20 则;在威科先行数据库以"格式条款无效"为关键词,以同时包括"合同目的",或"重要的合同权利",或"合同权利义务"择一,且不包括"不利解释"词条,选择"民事案由",进行全文检索,分别找到北上广法院有效裁判文书 76 则、1 则和 13 则;总结得出五个方面的考量因素。

〔77〕 Müko – Bürgerliche Gesetzbuch/Wurmnest, Köln: Nomos, 7. Aufl., 2016, § 307, Rn. 52.

具体可以表现为：使用方扩大其权利、免除其义务与责任；[78] 排除对方主要权利。[79] “限制”要件的构成，需要进行利益评估与权衡。

（4）等值原则/均衡原则：主给付义务之外的权利义务的等值性

42 格式条款违背双务合同的基本原则——给付等值原则/均衡原则的，格式条款应当判定为无效。给付等值原则的判定在此并非指给付标的与对待给付的价值是否对等均衡，而系评价核心给付条款之外的，构成对待性质的权利义务严重失衡：消费者在服务合同履行期间，有放弃继续接受服务的权利，服务提供者因此受到损失，可以要求消费者承担一定的责任，但对于消费者未消费的预付服务费，理应予以退还。服务提供者在合同格式条款中约定如消费者放弃接受服务，未消费的预付服务费不予退还，排除了消费者合法的权利，有违公平原则。由此，美容机构预付卡合同格式条款中约定“如消费者放弃接受服务，未消费的预付服务费不予退还”条款，[80] 以及私人教练课程协议中“私教课程一经售出概不退款”的约定；[81]“预存话费必须在一定期间内消费，否则余额自动清零，且电信公司可单方决定对用户停机”条款；[82] 教育、培训等协议中“中途退课不退学费”之条款无效。[83] 除此之外，实践中格式条款使用方也常以相对方违反从给付义务或附随义务而限制对方主要权利，在中国太平洋人寿保险股份有限公司厦门分公司与张某人寿保险合同纠纷上诉案[84]中，格式条款规定，保险事故发生后，投保人、被保

---

[78] 杨树岭诉中国平安财产保险股份有限公司天津市宝坻支公司保险合同纠纷案，载《最高人民法院公报》2007 年第 11 期。该案中，机动车辆第三者责任险保险合同条款将被保险人或被保险车辆驾驶人员的家庭成员排除在“第三者”之外，条款无效。上海市第二中级人民法院（2009）沪二中民二（民）终字第 1508 号民事判决书认为：房屋所有权人通过多家中介公司挂牌出售同一房屋，格式条款限制买方从其他中介公司得到同一房源信息并通过其他中介公司签订房屋买卖合同，条款无效。周显治等与余姚众安房地产开发有限公司商品房销售合同纠纷案，载《最高人民法院公报》2016 年第 11 期。该案中，格式条款约定开发商承担了逾期交房的责任之后，逾期办证的违约责任就不予承担，条款无效。王玉国诉中国人寿保险公司淮安市楚州支公司保险合同纠纷案，载《最高人民法院公报》2015 年第 12 期。该案中，保险公司以保险合同格式条款限定被保险人患病时的治疗方式，不符合医疗规律，违背保险合同目的。

[79] “免除其义务与责任”同“排除对方主要权利”很多情况下存在一定重合，不赘。

[80] 参见上海市第二中级人民法院（2012）沪二中民一（民）终字第 879 号民事判决书。

[81] 参见北京市第二中级人民法院（2017）京 02 民终 3702 号民事判决书。

[82] 参见刘超捷诉中国移动徐州分公司电信服务合同纠纷案，载《最高人民法院公报》2012 年第 10 期。

[83] 参见北京市第三中级人民法院（2020）京 03 民终 6156 号民事判决书；辽宁省盘锦市中级人民法院（2021）辽 11 民终 34 号民事判决书；北京市朝阳区人民法院（2021）京 0105 民初 2456 号民事判决书。

[84] 参见刘宇萍：《中国太平洋人寿保险股份有限公司厦门分公司与张某人寿保险合同纠纷上诉案——受益人未按约定履行出险通知义务的法律责任》，载《人民司法·案例》2009 年第 6 期，第 42 页。

险人或受益人未履行及时通知义务,保险人不承担保险责任。[85] 以上格式条款均背离对价平衡原则,应当判定为无效。

相反,许多免责条款,尽管对使用方的义务与责任进行了限制,但权衡双方利益,符合等值原则的,应当认定有效。最典型的例子是快递"保价条款",[86]应属有效。首先,严格责任配合责任限额符合权利义务对等原则,为许多比较法立法例以及国际公约所采。其次,快递业收益(相对低廉的运费)与风险存在不对称性。最后,承运人不可能在每单合同订立时与托运人约定具体的损失赔偿额,也不可能对托运货物的真实价值进行核定,在经济上和技术上都不具可操作性。又如在网络直播经纪合同中,基于网络直播行业之特殊性,网络主播为其经纪公司开展业务的核心资源,双方所签格式合同中针对主播"未经同意在他平台私自开播"需承担违约责任的条款,是经纪公司为规范主播行为,防范主播违约给经纪公司造成损失之必要手段,并不属于排除对方主要权利,加重对方责任的无效情形。[87] 43

(5)价格因素

价格因素是否应当,以及在何种程度上得到考量的问题,即同样的权利义务即风险分配条款的效力,是否会因为价格高低有所不同,颇具争议。如上文已述,价格条款非格式条款审查对象(边码20)。依格式条款制度原理,价格因素应不予考虑:[88]首先,法院不得因无效格式条款合同中对价较低,即认定其有效。倘使允许法院作出此类评价,即意味着其首先需确定一个"合理正当"的合同价格,此"合理正当"的合同价格对应合理有效的格式条款。等同于令法官评价,价格的降低与格式条款在设定权利义务方面的不妥之间,是否足以互相抵销。而事实上,确定一个"合理正当"的合同价格是否可能,即存疑问。法官无法承担起价格确定 44

---

〔85〕 然而,投保人、被保险人或受益人未依约定或法律规定履行及时通知义务,导致保险人无法核实保险事故的性质、原因和损失程度的,以及是否属于免责范围无法确定的,投保人、被保险人或受益人要承担不利的法律后果。参见《北京市高级人民法院审理民商事案件若干问题的解答之五(试行)》(2007年5月18日)第30个问题及其解答。

〔86〕 高翼飞:《宋润健诉北京明源圆通快递服务有限责任公司赔偿纠纷案——快递公司对丢失的未保价贵重货物的赔偿责任》,载《人民司法·案例》2013年第4期,第76页;黄喜安:《郑州科创电子有限公司与周亚亚运输合同纠纷上诉案——承运人自制限额赔偿格式条款的法律效力》,载《人民司法·案例》2007年第12期,第106页。该案中,法院判决保价条款无效。参见北京市丰台区人民法院(2020)京0106民初6020号民事判决书,该案中,法院判决保价条款有效。

〔87〕 参见河南省信阳市中级人民法院(2021)豫15民终726号民事判决书。

〔88〕 例如广东省佛山市三水区人民法院(2019)粤0607民初365号民事判决书。该案中,物业服务合同中的"100元/户·月"管理费条款系价格条款,是此类有偿服务合同的主要条款,欠缺了价款(报酬)条款,将影响服务合同的成立与生效,该格式条款显然不属于《合同法》第40条中"加重对方责任"的情形。

者之身份，其既无特定领域之专业知识，又缺乏定价或比价所需之信息。格式条款无效是否必然导致条款使用人成本提高，提高幅度，以及使用人得否将此成本提高转化为价格提高，附加到商品或服务上。

45 需作说明的是，订立合同时，格式条款使用方提供多种价格套餐供相对方选择的，而相对低价的套餐中含有责任免除或限制条款的，应当为法律所允许，此类条款并非一律无效。相对高价的套餐中经常包含商品或服务提供者的保险成本，因而在发生保险风险时，其可以承担相应的责任，继而从保险公司获得理赔。

这一因素在责任保险产品中表现得最为突出：责任保险承保的风险本身即为一种对第三人可能承担的责任，因而保险条款中的保险给付描述条款，常被法院认定为《保险法》第 17 条意义上的“免责条款”。然而，保险产品开发、设计的核心内容本就在于如何为社会公众提供风险保障的同时合理规避自身的风险。通过对各种风险的甄别，选择设计合理的承保风险范围，通过设计责任免除条款、通过特别约定及免赔额（率）的设定等要求被保险人承担一定的风险管理的义务，通过合理确定保险金额、赔偿责任限额确定保险人自身最大风险承担范围，是保险人合理规避自身风险的方式。保险责任是指保险单上载明的危险发生造成保险标的损失或约定人身保险时间出现（或约定期限届满）时，保险人所承担的赔偿或给付责任。亦即，保险责任是保险人在保险事故发生后依据保险合同约定所承担的赔偿或给付保险金责任，性质上应属于根据保险合同所承担的义务，而非保险人违约所应承担的不利后果。由此，免除保险人责任与合同法上的免责并不相同：前者免除的是（给付）义务，后者免除的是违反义务的法律后果，责任保险合同中的免责条款多为免除保险人应承担的保险义务的条款。因给付义务承担的多寡，对应相匹配的价格套餐，从而形成不同的保险产品，系保险合同中的主给付义务条款，不在格式条款效力审查制度评价范围。

（6）风险控制因素

46 在判定格式条款效力时，还需考虑由谁预防和控制风险最佳的因素，即“最低成本规则”（“cheapest cost avoider”）。例如，酒店、健身房、超市等公共场所的物品暂存处规定“贵重物品请勿带入，如有丢失，概不负责”的免责条款，以及“贵重物品请放至前台有偿保管”，此类格式条款，应当认定有效。同样地，车损险格式条款中的“火灾、爆炸、自燃”“竞赛、测试，在营业性维修场所修理、养护期间”“利用保险车辆从事违法活动”“无证驾驶”等情形下发生的事故损失，保险公司免责的条款，应为有效。因为此时，相较于保险公司，车辆驾驶人控制风险，成本更低。除此之外，晚近频发的银行卡盗刷案件：第三人利用商业银行对其自助柜员机管理、维护上的疏漏，通过在自助银行网点门口刷卡处安装读卡器、在柜员机上部安装摄像装置的方式，窃取储户借记卡的卡号、信息及密码，复制假的借记卡，将储户借记卡账户内的钱款支取、消费的,应当认定商业银行没有为在其自助柜员机办理交易的储户提供必要的安全、保密的环境,构成违约。储户仍得请求商业银行按照储蓄存款合同承担支付责任。银行利用格式条款免除责任的,该格式条款无效;[89]类似的,银行格式条款规定"凡是通过交易密码发生的一切交易,均应视为持卡人亲自所为,银行不应承担责任"的,将本应由银行承担的责任也推向储户,加重了储蓄责任,有违公平原则,该格式条款无效。[90]

(7)保险保障因素

与风险控制因素密切相关的,在评价格式条款是否对相对方造成"不合理的利益减损"时,应当特别考量,条款中规定的由相对方负担的风险,可否由使用方通过投保方式预防与救济。简言之,保险义务方为相对人的,格式条款使用人就该项保险风险对己设定免责条款,有效;反之无效。有名合同联立和无名合同中,格式条款的效力问题,常需借助保险保障因素,权衡双方利益:承揽合同中,承揽内容为清洗、保养及来料加工的,常常含有保管因素,将保险义务归于格式条款使用方,由其投保责任保险应当更为妥当。因为在此类行业中,鲜有可能承揽物由顾客经手而遗失。将此类保险义务归于顾客,不符合交易程序与风险防范原理;而相反,归于格式条款使用方,一则并不为其带来过重负担,二来更为经济可行。而相应的,其格式条款中若存在针对上述特定事项对己免责的条款,应当判定为无效。相反,在车船保管合同(实为场地租用)[91]中,考虑到车船主投保损失险为交易习惯,出租人规定不可归责于己的车损免责条款,有效。这样的保险义务分担,还大大降低了保管费用。可见,"通常情形"下应当由谁投保的问题,应当参考交易习惯,权衡由一方投保普通财产保险,或由另一方投保责任保险更优而决定。而交易惯例,可以作为该领域中大部分交易参与人认为何者更优的重要标志和佐证。尤其在涉及车船偷盗和毁损的案件,一般而言,由相对人投保更优,理由有二:首先,其更能判定保险利益的范围;其次,船东投保一项普通财产险相较于保 47

〔89〕 参见王永胜诉中国银行股份有限公司南京河西支行储蓄存款合同纠纷案,载《最高人民法院公报》2009年第2期。类似案件还有,上海市浦东新区人民法院(2015)浦民六(商)初字第9326号民事判决书;上海市第一中级人民法院(2013)沪一中民六(商)终字第152号民事判决书;上海市浦东新区人民法院(2015)浦民六(商)初字第9326号民事判决书。上述案件中,将各种形式(复制卡、POS机、网银、"智付通"等)盗刷银行卡造成损失的风险,分配给银行。

〔90〕 参见顾骏诉上海交行储蓄合同纠纷案,载《最高人民法院公报》2005年第4期。类似的案件还有江苏省苏州市中级人民法院(2012)苏中商终字第0371号民事判决书。本案中,银行格式条款规定:"支付密码的效力等同于预留印鉴,顾客对支付密码项下的交易行为承担全部责任。"该格式条款免除《票据法》中明确规定的银行对支票上加盖的印章与预留印鉴的一致性进行审核的义务,及其所应承担相应的违约责任。无效理由有二:首先,其偏离任意法规范中权利义务的分配,且未能提供实质性理由;其次,依本节"风险控制"因素考量,银行预防和控制风险,成本更低。

〔91〕 四川省成都市中级人民法院(2016)川01民终346号民事判决书。

管人分别就其可能发生的责任,投保数项责任保险更有效率。然而也存在相当一部分情况,同样,洗车场也不得以格式条款的形式针对车辆毁损分风险对己免责。[92] 车主投保的车损险理赔范围并不包括因洗车场过失造成的车辆毁损,对此项特定风险,洗车场应当投保责任险。[93] 同样的情形还有,专家提供有瑕疵的咨询意见等服务或承揽成果,相对方受有纯粹经济损失,此类风险由专家投保责任风险也更为妥当。[94]

(8)第三人利益考量

48 在判定格式条款是否造成"不合理的利益减损益"时,原则上仅考虑合同双方当事人利益平衡,第三人利益(例如格式条款相对方的债权人)与公共利益均不予考虑。

49 然而,存在一些格式条款直接影响第三人利益的特殊情况,例如合同一方当事人取得对方提供的可转让的礼品券案件,第三人兑换礼品时遭到拒绝,或权利受到限制,即为适例。[95] 不仅如此,比较法上格式条款使用方规定过短的礼品券使用期限的,法院认为直接影响和限制第三人利益实现,该条款无效。[96]

50 除此之外,格式条款也可能间接影响第三人利益,实践中主要案型有两类:第一,格式条款不合理地限制相对方的经营行为,从而间接影响相对方的商品和服务接受者的利益;[97]第二,保险合同、贷款合同以及水电煤等公共服务供给合同中的格式条款侵害的利益除合同相对方以外,往往涉及同类、众多"第三人利益"。不仅如此,格式条款一旦判定无效,往往直接导致价格上涨,从而间接影响第三人

---

〔92〕 参见江苏省高级人民法院(2012)苏商再提字第0035号民事判决书。"因第三者的违约行为给被保险人的保险标的造成损害的,可以认定为属于《保险法》第60条第1款规定的'第三者对保险标的的损害'的情形。保险人由此依法向第三者行使代位求偿权的,人民法院应予支持。"类似的案件还有,四川省成都市中级人民法院(2016)川01民终346号民事判决书;成都市成华区人民法院(2017)川0108民初2364号民事判决书;广东省东莞市中级人民法院(2014)东中法民二终字第940号民事判决书。

〔93〕 广东省珠海市中级人民法院(2007)珠中法民二终字第92号民事判决书;江苏省淮安市中级人民法院(2013)淮中商终字第0064号民事判决书。

〔94〕 关于专家责任的特别规定,参见《证券法》(2014年)第69条。发行人、上市公司公告的招股说明书、公司债券募集办法、财务会计报告、上市报告文件、年度报告、中期报告、临时报告以及其他信息披露资料,有虚假记载、误导性陈述或者重大遗漏,致使投资者在证券交易中遭受损失的,发行人、上市公司应当承担赔偿责任。

〔95〕 参见内蒙古自治区乌海市海勃湾区人民法院(2015)乌勃民一初字第00552号民事判决书。本案中,恒大绿洲楼宇认购书的格式条款中附带"老客户带新客户"购房优惠券条款,条款规定:"老客户能够享受免交三年物业费,新客户可以享受1万元的优惠。"本案中格式条款的效力直接影响新用户(第三人)利益。

〔96〕 Neue Juristische Wochenschrift Rechtssprechungsreport Zivilrecht 2008, 1233.

〔97〕 参见江西省吉安市中级人民法院(2017)赣08民终50号民事判决书;安徽省铜陵县人民法院(2015)铜民二初字第00636号民事判决书。

利益。对此类间接影响第三人利益的案件类型，笔者认为，格式条款审查应采谨慎态度为妥，原则上将利益权衡限制在“相对方”＋“具特别保护必要”之利益。加之，间接影响第三人利益及公益的情形，可由违反法律禁令无效制度审查（如：类案一中适用《反垄断法》第 17 条第 1 款第 4 项），而类案二不仅在所列举的合同类型无效时发生，事实上系所有使用格式条款无效情形中的常态（仅依相对人众寡，涨价幅度和影响范围有别），非属相对方“具特别保护必要”之利益。由此，格式条款也可能间接影响第三人利益，不影响格式条款效力判定。

五、法律效果

在厘清了何种格式条款可能被判定无效后，有必要进一步探讨的是，条款被宣告无效对整个合同产生的影响问题，包括其他条款的效力、合同履行义务的命运、解除权的发生与否和损害赔偿。 51

对于第一个问题，《民法典》第 497 条仅规定了无效条款本身效力，而此对合同其他条款有何影响，即生疑问，在此，《民法典》第 156 条规定民事行为部分无效，不影响其他部分的效力的，其他部分仍然有效，可资适用。然无效条款所安排之事项如涉争议，当事人是否毫无权利可主张？此时涉及合同漏洞有无的判断，以及如何填补的问题。 52

法律行为部分无效后，对其他部分的影响，存在不同的立法例：《民法典》第 156 条的规定有别于《德国民法典》第 139 条和台湾地区“民法”第 111 条中所确立的“法律行为部分无效者，全部无效”的原则，承认“部分无效，其余有效”。“法律行为部分无效者，全部无效”原则是基于在民事法律行为领域完全尊重意思自治作为出发点。[98] 立法者原则上令全部法律行为归于无效，促使当事人作出新的合意，部分无效法律行为造成的漏洞不应由客观法或法官依职权填补，否则即为对意思自治的破坏。同时，基于格式条款内容审查领域与一般民事行为双方当事人得以进行充分协商的情形不同，《德国民法典》第 306 条和我国台湾地区“消费者保护法”第 16 条对此采取了“部分无效，其余原则有效”的模式，并且相对“民法总则”作为特别法，优先适用。从相对人利益保护角度观察，有其合理性：首先，相对人因有缔约之需求而与格式合同使用方缔结合同，若因一部分无效导致整体合同无效，对于相对人而言，反而成为一种制裁（同类行业格式合同文本，经常十分接近）。其次，对现今的社会形态而言，在一般交易上利用格式条款之情况众

---

〔98〕 Canaris, Gesamtunwirksamkeit und Teilgültigkeit rechtsgeschäftlicher Regelungen, Festschrift Steindorff, Berlin: De Gruyter, 2013, S. 546; Köhler, Allegmeiner Teil des Bürgerlichen Gesetzbuches, München: C. H. Beck, 40. Aufl. 2016, S. 243.

多,“全部无效”将导致社会交易严重失序。除此之外,在格式条款缔约的交易实践中,期待当事人为无效条款个别协商亦不现实。出于效率考虑,这一要求无异于否定合同的整体效力。因为此时当事人双方的法律状况一如他们之前订立合同之时:倘若合意需要个别协商达成,即不会在当事人之间成立契约关系。此即学者探讨格式合同时都会提及的“take it or leave it”[99]现象之原因。相较之下,“部分无效,其余原则有效”更有利于保护相对人利益。可见,区分模式看似采两项对立原则,却同样服务于“意思自治”这一目标。在格式条款领域,立法者作出不同的原则安排,目的在于,使当事人合意结果最有效率地得到维持。因而出现部分格式条款无效的情形,并非立即令合同其他条款维持效力,在原无效条款处填补客观法规定。而应首先确定“推定的当事人意思”,[100]若仍难以确定,则应斟酌交易习惯,以一般、典型的交易相对人作为评判基础,依照诚实信用原则解释(《民法典》第 510 条)。仍无法确定条款内容,存在合同漏洞的情况下,才考虑适用漏洞填补规则。

53　对于给付与对待给付的命运问题,因其本身属“法律行为要素”,进而非内容控制制度之对象,恒属《民法典》第 156 条中的“法律行为的其他部分”,非对当事人不可期待者,原则上有效,当事人需继续履行。

54　对于合同解除权,设若当事人无保留解除权者,此处可考虑适用的仅有法定解除权与情势变更中的解除权。前者主要规定了一方于履行合同阶段的重大违约行为致使合同履行利益(或称合同目的)无法实现时,另一方享有解除权,与效力判定制度在时间维度上存在偏离。后者主要针对“客观情形”,而格式条款无效属归因于一方当事人之原因,同样不予适用。

55　最后,合同条款部分无效,导致其他条款也无效的情形,双方应当依据《民法典》第 157 条的规定,返还已经履行的给付利益;不能返还或者没有必要返还的,应当折价补偿。格式条款使用方,应当赔偿对方由此所受到的损失。

六、举证责任

56　本条遵循举证责任的一般规则,对于格式条款使用方“未遵循公平原则确定

---

〔99〕 参见苏号朋:《格式合同条款研究》,中国人民大学出版社 2004 年版,第 34 页;王泽鉴:《债法原理》,北京大学出版社 2009 年版,第 68 页;杜景林:《合同规范在格式条款规制上的范式作用》,载《法学》2010 年第 7 期,第 29 页。

〔100〕 Canaris, Die Feststellung von Lücken im Gesetz, Berlin: Drucker und humblot, 2. Aufl. 1983, S. 46; Larenz, Methodenlehre der Rechtswissenschaft, Berlin Heidelberg: Spinger – Verlag, 6. Aufl. 1991, S. 389 f.

当事人之间的权利和义务”,出现“提供格式条款一方免除其责任、加重对方责任、排除对方主要权利的”的情形,由主张格式条款无效者负责举证。法官发现此无效事由时,亦可依职权认定合同无效。

附:案例索引

1. 安徽省铜陵县人民法院(2015)铜民二初字第00636号民事判决书:铜陵县五松镇百汇房产信息部与张某仙居间合同纠纷案【边码50】

2. 保定市南市区人民法院(2011)南民初字第11号民事裁定书:清苑县陵北木器加工厂与保定市铁球厂买卖合同纠纷案【边码15】

3. 北京互联网法院(2020)京0491民初3106号民事判决书:吴某威与北京爱奇艺科技有限公司网络服务合同纠纷案【边码24】

4. 北京市朝阳区人民法院(2021)京0105民初2456号民事判决书:战某与北京洁妮澌贝比国际管理咨询有限公司等教育培训合同纠纷案【边码42】

5. 北京市第二中级人民法院(2017)京02民终3702号民事判决书:王某妍与晶城阳光(北京)国际健身俱乐部有限公司服务合同纠纷案【边码42】

6. 北京市第三中级人民法院(2020)京03民终6156号民事判决书:林某婷与北京宋瑶文化传播有限公司教育培训合同纠纷案【边码42】

7. 北京市丰台区人民法院(2020)京0106民初6020号民事判决书:闫某初与北京顺丰速运有限公司运输合同纠纷案【边码43】

8. 重庆市合川区(市)人民法院(2004)合民再初字第25号民事判决书:合川市清平镇川心完全小学校与合川市农村信用合作联社清平信用社等借款合同纠纷案【边码15】

9. 成都市成华区人民法院(2017)川0108民初2364号民事判决书:黄某与华泰财产保险有限公司四川省分公司等保险合同纠纷案【边码47】

10. 成路诉无锡轻工大学教学合同纠纷案,载《最高人民法院公报》2002年第2期【边码32】

11. 戴雪飞诉华新公司商品房订购协议定金纠纷案,载《最高人民法院公报》2006年第8期【边码32】

12. 福建省高级人民法院(2018)闽民申866号民事裁定书:泰康人寿保险有限责任公司福建分公司与曾某妮等人身保险合同纠纷案【边码38】

13. 福建省厦门市中级人民法院(2007)厦民终字第843号民事判决书:中国太平洋人寿保险股份有限公司厦门分公司与张某人寿保险合同纠纷案【边码42】

14. 顾骏诉上海交行储蓄合同纠纷案,载《最高人民法院公报》2005年第4期【边码46】

15. 广东省东莞市中级人民法院(2014)东中法民二终字第940号民事判决书:林某胜与中国太平洋财产保险股份有限公司东莞分公司保险人代位求偿权纠纷案【边码47】

16. 广东省佛山市三水区人民法院(2019)粤0607民初365号民事判决书:佛山市三水普华美居物业管理有限公司与张某民物业服务合同纠纷案【边码44】

17. 广东省高级人民法院(2013)粤高法民二终字第20号民事判决书:蒋某与招商银行

股份有限公司深圳梅林支行期货强行平仓纠纷案【边码 32】

18. 广东省珠海市中级人民法院(2007)珠中法民二终字第 92 号民事判决书:永安财产保险股份有限公司珠海中心支公司与珠海市飞驰汽车护理有限公司保险代位求偿权纠纷案【边码 47】

19. 河南省信阳市中级人民法院(2021)豫 15 民终 726 号民事判决书:郭某与河南承铭文化传媒有限公司合同纠纷案【边码 43】

20. 衡阳铁路运输法院(2004)衡铁法民初字第 8 号民事调解书:肖某与铁道通信信息有限责任公司衡阳分公司电信代理合同纠纷案【边码 15】

21. 湖南省长沙市岳麓区人民法院(2017)湘 0104 民初 9846 号民事裁定书:邱某鹏与江苏苏宁易购电子商务有限公司等网络购物合同纠纷案【边码 32】

22. 江苏省高级人民法院(2012)苏商再提字第 0035 号民事判决书:中国平安财产保险股份有限公司江苏分公司与江苏镇江安装集团有限公司保险人代位求偿权纠纷案【边码 47】

23. 江苏省淮安市中级人民法院(2013)淮中商终字第 0064 号民事判决书:天安保险股份有限公司淮安中心支公司与于某林保险合同纠纷案【边码 47】

24. 江苏省苏州市中级人民法院(2012)苏中商终字第 0371 号民事判决书:甲公司与乙银行股份有限公司储蓄存款合同纠纷案【边码 46】

25. 江西省吉安市中级人民法院(2017)赣 08 民终 50 号民事判决书:黄某生与刘某生合伙协议纠纷案【边码 50】

26. 辽宁省盘锦市中级人民法院(2021)辽 11 民终 34 号民事判决书:张某与盘锦玛雅教育培训学校有限公司合同纠纷案【边码 42】

27. 刘超捷诉中国移动徐州分公司电信服务合同纠纷案,载《最高人民法院公报》2012 年第 10 期【边码 42】

28. 内蒙古自治区乌海市海勃湾区人民法院(2015)乌勃民一初字第 00552 号民事判决书:王某生与乌海市俊景房地产开发有限公司商品房买卖合同纠纷案【边码 49】

29. 山东省济南市槐荫区人民法院(2019)鲁 0104 民初 1131 号民事判决书:张某与山东银座置业有限公司商品房预售合同纠纷案【边码 32】

30. 山东省威海市中级人民法院(2018)鲁 10 民辖终 117 号民事裁定书:李某君与南京苏宁易购电子商务有限公司等网络购物合同纠纷案【边码 32】

31. 上海市第二中级人民法院(2001)沪二民终字第 2402 号民事判决书:吴某生与上海德康拍卖公司等拍卖合同纠纷案【边码 15】

32. 上海市第二中级人民法院(2009)沪二中民二(民)终字第 1508 号民事判决书:上海中原物业顾问有限公司与陶某华居间合同纠纷案【边码 41】

33. 上海市第二中级人民法院(2010)沪二中民四(商)终字第 1423 号民事判决书:上海诺盛律师事务所与上海圆迈贸易有限公司买卖合同纠纷案【边码 15】

34. 上海市第二中级人民法院(2012)沪二中民一(民)终字第 879 号民事判决书:孙某静与上海一定得美容有限公司服务合同纠纷案【边码 42】

35. 上海市第一中级人民法院(2010)沪一中民六(商)终字第 36 号民事判决书:郑某诚

与花旗银行(中国)有限公司上海分行贷款合同纠纷案【边码 23】

36. 上海市第一中级人民法院(2013)沪一中民六(商)终字第 152 号民事判决书:甲银行与陈某储蓄存款合同纠纷案【边码 46】

37. 上海市浦东新区人民法院(2015)浦民六(商)初字第 9326 号民事判决书:甲某诉乙银行储蓄存款合同纠纷案【边码 46】

38. 上海市浦东新区人民法院(2015)浦民六(商)初字第 9326 号民事判决书:张某华与中国光大银行股份有限公司上海金桥支行储蓄存款合同纠纷案【边码 46】

39. 四川省成都市中级人民法院(2016)川 01 民终 346 号民事判决书:中国人民财产保险股份有限公司成都市分公司与四川安恒停车场管理有限公司等保险人代位求偿权纠纷案【边码 47】

40. 王永胜诉中国银行股份有限公司南京河西支行储蓄存款合同纠纷案,载《最高人民法院公报》2009 年第 2 期【边码 46】

41. 王玉国诉中国人寿保险公司淮安市楚州支公司保险合同纠纷案,载《最高人民法院公报》2015 年第 12 期【边码 41】

42. 杨树岭诉中国平安财产保险股份有限公司天津市宝坻支公司保险合同纠纷案,载《最高人民法院公报》2007 年第 11 期【边码 41】

43. 周显治等与余姚众安房地产开发有限公司商品房销售合同纠纷案,载《最高人民法院公报》2016 年第 11 期【边码 32、41】

第 499 条

悬赏广告*

第 499 条　悬赏人以公开方式声明对完成特定行为的人支付报酬的，完成该行为的人可以请求其支付。

简　　目

---

* 本文系基于《〈民法典〉第 499 条（悬赏广告）评注》（载《南京大学学报（哲学 · 人文科学 · 社会科学）》2021 年第 2 期，第 58—72 页）一文修订而成。

一、规范定位

(一)规范意旨

本条系关于悬赏广告的特设规定。[1] 1999 年《合同法》并无关于“悬赏广告”的特别规则。2007 年《物权法》第 112 条第 2 款规定“权利人悬赏寻找遗失物的,领取遗失物时应当按照承诺履行义务”,乃当时民事实证法层面仅有的关于悬赏广告的规定。及至 2009 年,《合同法解释二》第 3 条因应裁判实践之需,[2] 于第一部分“合同的订立”特设明文,规定:“悬赏人以公开方式声明对完成一定行为的人支付报酬,完成特定行为的人请求悬赏人支付报酬的,人民法院依法予以支持。但悬赏有合同法第五十二条规定情形的除外。”在《民法典》编纂过程中,《民法典各分编(草案)》(征求意见稿,2018 年 3 月)于合同编部分第 41 条规定“悬赏人以公开方式声明对完成特定行为的人支付报酬的,完成该行为的人有权请求其支付”,《民法典各分编(草案)》(2018 年 8 月)第 291 条将“有权请求”修订为“可以请求”,后续未再更动,最终定型为本条。[3] 1

本条的规范意义,在于明确悬赏法律行为可引发报酬给付的债之关系,本条与具体的悬赏法律行为结合构成报酬请求权的请求权基础,为悬赏交易中完成特定行为者(以下或简称特定行为人)向悬赏人请求给付报酬提供规范依据。此外,本条系对悬赏广告的特设规定,可以为解释适用遗失物场合的相关规则(《民法典》第 317 条第 2 款、第 3 款)提供体系上的支持(边码 38)。 2

---

〔1〕 基于本条规范演进的实际情况,本文案例检索遵行如下步骤:第一,以“北大法宝”为基本数据库,时间设定为 1999 年 10 月 1 日(《合同法》施行日)至 2020 年 12 月 31 日,案由设定为“悬赏广告纠纷”,检索得到民事裁判文书 254 则;再以《合同法解释二》第 3 条为援引对象,检索得到民事裁判文书 81 则;剔除重复文书、无关文书、误引文书以及系列案件后,余 63 则。第二,以“无讼案例”“威科先行”为辅助数据库,进行相同操作,检索后对前述 63 则补充 8 则,共计 71 则。第三,在前述三个数据库中以“悬赏”为关键词,补充检索得到 1999 年 10 月 1 日前有参考价值的民事裁判文书 3 则。第四,在“中国裁判文书网”数据库中以相同案由、关键词补充检索得到新近有参考价值的民事裁判文书 4 则。第五,确认目前尚无援引适用《民法典》第 499 条的民事裁判文书。首次检索时间:2021 年 1 月 20 日;更新确认时间:2021 年 5 月 1 日。

〔2〕 参见沈德咏主编:《最高人民法院关于合同法司法解释(二)理解与适用》(第 2 版),人民法院出版社 2015 年版,第 50 页。

〔3〕 参见石冠彬主编:《中华人民共和国民法典立法演进与新旧法对照》,法律出版社 2020 年版,第 206 页。

(二)原理构成

3 本条位于《民法典》第三编“合同”第一分编“通则”之第二章“合同的订立”,关于其原理构成,大体存在两种不同见解。一种观点认为,本条规定于合同编,系对悬赏广告采合同之结构的体现。〔4〕另一种观点则认为,虽然本条被规定在合同编,但实质内容仍为“单方法律行为之债”。〔5〕显然,两种见解是前《民法典》时代悬赏广告“合同说”与“单方行为说”之分歧的延续。

4 在2009年《合同法解释二》施行前,由于《合同法》未设明文,《物权法》第112条第2款亦非专设之规定,学理上采“合同说”以悬赏意思表示为要约者有之,〔6〕持“单方行为说”以完成特定行为为悬赏法律行为之生效条件者亦有之。〔7〕这一时期的裁判实践似以“合同说”为主流。〔8〕《合同法解释二》施行后,鉴于其第3条将悬赏行为的效力链接至《合同法》第52条,裁判和学理多见采“合同说”,〔9〕

〔4〕参见最高人民法院民法典贯彻实施工作领导小组主编:《中华人民共和国民法典合同编理解与适用(一)》,人民法院出版社2020年版,第264页;朱广新、谢鸿飞主编:《民法典评注·合同编·通则(1)》,中国法制出版社2020年版,第278页(梅伟执笔)。

〔5〕参见王利明:《体系创新:中国民法典的特色与贡献》,载《比较法研究》2020年第4期,第7—8页;王利明主编:《中国民法典释评·合同编·通则》,中国人民大学出版社2020年版,第161页(王利明执笔)。

〔6〕参见崔建远主编:《新合同法与案例评释(上)》,吉林大学出版社1999年版,第51页(王成执笔);韩世远:《合同法总论》,法律出版社2004年版,第89页。

〔7〕参见王利明:《合同法研究(第一卷)》,中国人民大学出版社2002年版,第221页;李永军:《合同法》,法律出版社2004年版,第88—89页。

〔8〕1999年《合同法》施行前采“合同说”的实践见解,参见李珉诉朱晋华、李绍华悬赏广告酬金纠纷上诉案,载《最高人民法院公报》1995年第2期;上海南市区法院(92)南法民字第1470号民事判决书。《合同法》施行后至2009年《合同法解释二》施行前,最高人民法院先后印发《民事案件案由规定(试行)》(法发〔2000〕26号)、《民事案件案由规定》(法发〔2008〕11号),其中“悬赏广告纠纷”均属于“合同纠纷”的一个下级案由。《民事案件案由规定》(法发〔2008〕11号)后经法〔2011〕41号、法〔2020〕346号两次修正,“悬赏广告纠纷”的案由类型并未更动。

〔9〕裁判意见参见四川省成都市中级人民法院(2009)成民终字第4207号民事判决书;最高人民法院(2016)最高法民申1033号民事裁定书;广东省深圳市中级人民法院(2019)粤03民终20114号民事判决书;沈德咏主编:《最高人民法院关于合同法司法解释(二)理解与适用》(第2版),人民法院出版社2015年版,第48页。学理意见参见崔建远:《合同法总论(上卷)》(第2版),中国人民大学出版社2011年版,第130—131页;刘凯湘:《债法总论》,北京大学出版社2011年版,第30页;李宇:《民法总则要义:规范释论与判解集注》,法律出版社2017年版,第369页;朱广新:《合同法总则研究(上册)》,中国人民大学出版社2018年版,第79—80页;张家骥:《我国民法中悬赏广告的法律性质研究》,载《湖南科技大学学报(社会科学版)》2019年第3期。认为《合同法解释二》第3条系采“合同说”但主张“单方行为说”更优者,另可参见刘心稳:《债权法总论》(第2版),中国政法大学出版社2015年版,第58页。

但仍不乏依“单方行为说”作解释的裁判意见〔10〕或学理立场。〔11〕

5 “合同说”与“单方行为说”的核心区别，在于除了悬赏意思表示，是否另需特定行为人的承诺，才产生报酬请求权。“合同说”之下，悬赏法律行为的成立既要求悬赏意思表示作为要约，也要求特定行为人的承诺。“单方行为说”之下，悬赏法律行为的成立以悬赏意思表示为已足，其生效则以特定行为之完成为生效条件。〔12〕 由于“承诺”以承诺者知悉悬赏广告且具备相应行为能力为前提，故相比“单方行为说”，“合同说”被认为在保护“非完全行为能力”的行为人或“完成特定行为时不知悬赏”的行为人方面有所不足。〔13〕

6 悬赏广告之报酬给付义务源于当事人的法律行为，属于意定之债，至于是通过合同还是单方行为实现悬赏交易的目的，首先应由当事人自治决定，并经意思表示解释规则确定之。在解释结论难明之时，才需要以“合同说”或“单方行为说”作为悬赏法律行为的原理构成，确立任意规范之基本模型。

7 对此，本文采“合同说”，以悬赏意思表示为要约，另需特定行为人之承诺方成立悬赏法律行为，再产生报酬请求权。理由有四：

其一，本条被置于《民法典》合同编之“合同的订立”部分，并非采“合同说”之核心理由。〔14〕 更为关键的是，合同编在未经一方同意而赋予其债权或缩减其债务的加利行为场合，如第522条第2款（真正利他合同）、第552条（债务加入）、第575条（债务免除），为尊重获利方之自治，都相应规定了拒绝权；而本条并未规定特定行为人的拒绝权，体系上即不宜认为悬赏法律行为的成立以悬赏人一方意思

〔10〕 有裁判称悬赏广告为“单独的法律行为，一经发布者的发布行为即告成立”，或认为“只要悬赏人发出悬赏广告的意思表示，悬赏广告即告成立，……相对人是否知晓悬赏广告内容不影响悬赏广告的成立”。分别参见北京市朝阳区人民法院（2010）朝民初字第20321号民事判决书；新疆维吾尔自治区阿克苏地区阿克苏市人民法院（2016）新2901民初2396号民事判决书。

〔11〕 参见葛云松：《意思自治原则的理论限度》，载《北大法律评论》（第12卷·第2辑），北京大学出版社2011年版，第647页；王洪亮：《债法总论》，北京大学出版社2016年版，第36页。未认《合同法解释二》第3条采“单方行为说”但主张“单方行为说”更优者，另可参见王利明：《合同法研究（第一卷）》（第3版），中国人民大学出版社2015年版，第246页；翟云岭、刘耀东：《比较法视野下的〈合同法司法解释（二）〉悬赏广告规定之质疑》，载《北方法学》2011年第3期。

〔12〕 主张“单方行为说”的观点普遍未区分所附生效条件是及于悬赏法律行为抑或具体的报酬请求权。早期学说亦未作明确区分。参见史尚宽：《债法总论》，中国政法大学出版社2000年版，第33—34页。

〔13〕 参见王泽鉴：《债法原理》（第2版），北京大学出版社2013年版，第251页以下；王利明：《合同法研究（第一卷）》（第3版），中国人民大学出版社2015年版，第246—247页；孙宪忠、窦海阳：《白平诉阎崇年及诉中华书局悬赏纠纷案评析》，载《中国审判》2011年第7期，第96页。

〔14〕 法典编制体例层面的地位，仅具形式意义，并非解释之唯一标准。参见王泽鉴：《债法原理》（第2版），北京大学出版社2013年版，第252页。

表示为已足,[15] 而应结合《民法典》第 118 条第 2 款规定之立场,回归合同之债的基本设定。[16]

其二,悬赏交易通常涉及特定行为人介入他人事务,作为意定之债有时可排除无因管理的适用,此排除效应理应经过特定行为人之意思决定(边码 42)。

其三,关于非完全行为能力之行为人的保护问题,行为人虽无义务完成特定行为,但先提供给付是其取得报酬请求权的必要前提,故悬赏法律行为虽未引发双方义务,却因客观上以特定行为人先提供给付为必要,对特定行为人来说并非纯获法律利益;[17] 行为人若行为能力不完全,仍应回归行为能力保护的一般规范。

其四,关于完成特定行为时不知悬赏者的保护问题,特定行为完成时不知悬赏而后又发生纠纷,无非是因为该行为人嗣后知道了悬赏且欲取得报酬,此时若依"合同说"将悬赏意思表示作为要约,并由该行为人向悬赏人为承诺,合同可顺利成立,既实现了充分保护,也维护了其自主选择将不知时所完成之特定行为纳入悬赏关系的意愿。

8 至于"合同说"的具体构成,有观点认为,行为人完成特定行为属于以行为方式为承诺(意思实现),具备相应行为能力的行为人于特定行为完成时即可取得报酬请求权。[18] 但因意思实现并不豁免承诺意思要件,故行为时不知悬赏者的保护仍须仰赖特别的补充规定。本文认为,"合同说"的出发点仅在于悬赏意思表示界定为要约("悬赏要约")(边码 12 以下),且从意思表示解释角度观察,悬赏人并无意与所有不特定相对人发生法律关系,故应认为该要约仅对完成特定行为者生效(附生效条件),后者因完成特定行为而取得承诺资格,若有意取得报酬,可再为承诺。在此框架下,非完全行为能力人的保护可通过特定行为完成后的承诺环节由法定代理人介入解决(边码 28),行为时不知悬赏者因客观完成特定行为而取得承诺资格,承诺与否由其自己决定,也无须另设明文保护之(边码 27)。[19]

---

〔15〕《民法典》施行前主张对悬赏广告采"单方行为 + 拒绝权"构造的立法论观点,参见葛云松:《意思自治原则的理论限度》,载《北大法律评论》(第 12 卷 · 第 2 辑),北京大学出版社 2011 年版,第 648 页;薛军:《合同涉他效力的逻辑基础和模式选择》,载《法商研究》2019 年第 3 期,第 28—29 页。本条最终并未采此构造,以真正利他合同等局部的有意设计观照之,也不宜认为本条存在法律漏洞进而类推拒绝权之规定。

〔16〕参见李宇:《民法总则要义:规范释论与判解集注》,法律出版社 2017 年版,第 369 页。

〔17〕参见王泽鉴:《债法原理》(第 2 版),北京大学出版社 2013 年版,第 257 页。

〔18〕参见王泽鉴:《债法原理》(第 2 版),北京大学出版社 2013 年版,第 257 页。类似见解,参见最高人民法院(2016)最高法民申 1033 号民事裁定书:"一般的悬赏广告合同纠纷,悬赏广告的发布即为悬赏人发出的要约,完成特定行为的人其行为即为承诺,双方形成合同关系,……"

〔19〕具体论证可参见姚明斌:《悬赏广告"合同说"之再构成》,载《法商研究》2021 年第 3 期。

(三)规范性质

一方面,在合同之债内部,表面上看本条并未涉及诸如区分买卖、租赁、承揽、委托的典型给付,故未作为独立的典型合同类型,而是作为合同订立的相关规则。但另一方面,本条亦有别于同一章的格式条款规则和预约规则。《民法典》第496至498条的格式条款规则本身并不涉及独立的合同目的及典型义务,须依托于具体的合同类型方能落实其规范功能(比如以格式条款缔结"买卖合同")。第495条虽然规定预约会引发独立的合同义务和违约责任,但在具体适用时,也是以某类典型或非典型"本约"为参照系(比如"买卖合同"或"借用合同"的预约)。本条在逻辑上虽然也可能适用于某类典型或非典型合同(比如符合本条要件的悬赏收购、悬赏定作),进而作为特殊的合同订立规范,但更重要的是,交易主体也可以脱离具体的合同类型,仅依本条即成立意定之债的关系(尤其是"悬赏广告合同")。[20] 9

故从体系上看,本条兼具"合同订立特殊形态"和"独立意定之债类型"的双重角色,且以后者为重。[21] 此一定位亦影响到本条的规范性质:就前一角色,本条属于说明性规范;就后一角色,本条结合相应的悬赏法律行为可作为请求权基础。本评注的重心在于本条的后一种规范性质,并以"合同说"作为原理构成(边码7)。 10

优等悬赏广告合同与本条所指交易构造不同,属于独立的非典型合同,并非本条直接的适用对象。但因其亦涉及悬赏广告的公告发布和报酬给付,考虑到实践纠纷频发以及比照分析的需要,本评注亦一并研讨(边码47以下)。 11

二、构成要件

(一)悬赏要约

本条规定完成特定行为者可要求悬赏人支付报酬,可见在完成特定行为后、取得报酬请求权前,无须悬赏人另作同意。以合同关系的构造观之,本条之悬赏指向的是"悬赏要约"。唯该要约的相对人在特定行为被完成前并不特定,构成相对人不特定之要约,其成立与否、内容为何,原则上应依所涉不特定相对人的通常 12

---

〔20〕 比如,以一台平板电脑作为悬赏报酬的悬赏广告合同,并不属于平板电脑的买卖关系。参见浙江省杭州市西湖区人民法院(2018)浙0106民初3228号民事判决书。

〔21〕 基于此双重角色,在立法设计上,将"悬赏广告"置于合同编"通则"部分抑或"分则"部分,均有一定合理性。合同编编纂过程中,有学者即基于扩展规范容量的考虑,主张将悬赏广告充实为专章并下放至"分则"部分。参见韩世远:《民法典合同编一般规定与合同订立的立法问题》,载《法学杂志》2019年第3期,第29页。

理解为准。[22]

1. **主体问题**

(1)悬赏人

13 本条规定发布悬赏要约的表意人为“悬赏人”,而未称“广告人”或“广告主”,是妥当的。根据《广告法》第 2 条第 2 款,“广告主”系“推销商品或者服务,自行或者委托他人设计、制作、发布广告的自然人、法人或者其他组织”,而本条之悬赏广告不尽然都以《广告法》意义上的商业广告为载体,其法律关系的重心仅在于向不特定人悬赏报酬。

14 公权力机关亦可为悬赏人。[23] 依最高人民法院见解,“(悬赏)条件的达成,需要以公安局行使其公权力为前提,……(举报人)是否履行了所谓合同义务,不能以合同纠纷的民事案件直接审查,而需要……公安局侦查核实,核实后是否支付奖金,则属于悬赏广告合同纠纷所调整的范围”[24]。亦即,公权力机关向社会公众发布悬赏而产生的债务关系,可以适用民法规则;但是,举报犯罪线索的行为是否满足悬赏条件,通常有待公安机关行使侦查权予以查实,此一环节则非民事诉讼处理的问题。

15 个案中,就同一特定行为,可能存在多个悬赏人。[25] 公安机关发布的追缉悬赏通告有时会声明若完成特定行为,被害人家属和公安机关给予一定奖励。此类情形须先通过意思表示解释,评估悬赏通告是否涉及两个不同的悬赏人发出的两个独立的悬赏要约;若是,一旦行为人完成特定行为,即应有权同时向被害人家属、公安机关承诺并分别主张报酬。有的法院虽肯认被害人家属也是悬赏人,却又以悬赏通告中“并未表示同一举报可以同时兼得其他奖励”为由,认定完成特定行为者无权取得两笔报酬。[26] 本文认为,作为前提性问题,还是应当先经意思表

---

〔22〕 Vgl. Bergmann, *Staudinger BGB*, Neubearbeitung, Berlin: Sellier/de Gruyter, 2006, § 657 Rn. 27. 悬赏人既然有意向不特定多数人发布悬赏要约,自应考虑该多数人所处群体(而非具体的特定行为人)对悬赏内容的通常理解,此为悬赏要约相对于典型要约之不同。

〔23〕 参见《公安机关办理刑事案件程序规定》(公安部令第 159 号,2020 年修正)第 279—281 条。裁判实践中,公权力机关发布举报违法悬赏、招商引资悬赏所涉及的纠纷,有的以“悬赏广告”之民事案由立案[参见湖南省娄底市中级人民法院(2014)娄中民三终字第 152 号民事判决书;江西省宜春市中级人民法院(2016)赣 09 民终 1396 号民事判决书],有的则以“行政允诺”“行政奖励”之行政案由立案[分别参见山东省东营市中级人民法院(2013)东行终字第 21 号行政判决书;湖北省黄石市中级人民法院(2015)鄂黄石中行初字第 00036 号行政判决书]。

〔24〕 最高人民法院(2016)最高法民申 1033 号民事裁定书。

〔25〕 裁判实践中,时有将此两个独立悬赏混为一谈的处理。参见李珉诉朱晋华、李绍华悬赏广告酬金纠纷上诉案,载《最高人民法院公报》1995 年第 2 期。对应的质疑,参见葛云松:《李珉诉朱晋华、李绍华悬赏广告酬金纠纷案评析》,载《北大法律评论》(第 1 卷·第 1 辑),法律出版社 1998 年版,第 274 页。

〔26〕 参见鲁瑞庚诉东港市公安局悬赏广告纠纷案,载《最高人民法院公报》2003 年第 1 期。

示解释确定是否存在两个独立的悬赏广告,因为若是,“可同时兼得”实属意思表示解释之进一步推论,反倒是“不允许同时兼得”才需要特别声明。在规范解释的过程中,重要的是不特定相对人的通常理解,而非被害人家属或公安机关事实上的理解。[27]

(2)不特定相对人与公开方式声明

16 相对人的不特定性是指相对人在悬赏广告发布时无法逐一、个别地确定。[28] 但该不特定性本身又可以是相对的,悬赏广告可明确限定相对人的范围,比如相对人明确限于公司下属各单位及工会员工,[29] 或“市委各部门、市直各单位”人员。[30] 该特定范围也可以经意思表示解释得出,比如就特定项目的招商引资悬赏,项目负责人即非悬赏的相对人;[31] 又如就提供被拐走的小孩之线索悬赏,其相对人即不应包括拐走小孩的犯罪嫌疑人,也不包括对侦查犯罪负有法定职责的公权人员或警方聘用的协警。[32]

17 本条明定“公开方式声明”(公告发布)要件,旨在将悬赏要约区别于发出时即锁定特定相对人的典型要约,[33] 其规范意义在于辅助理解悬赏广告相对人不特定这一核心特征。裁判实践中,若发布事宜涉及第三人的介入,须对公告发布要件作个别分析。悬赏人有时不具备“广而告之”的条件,会交由他人发布悬赏广告甚至授权发放奖金,但实际发布人并不因此成为悬赏广告合同关系的当事人。[34] 依不特定相对人之通常理解,实际发布人也不具有独立决定意思表示内容的权限,故属于表示使者而非积极代理人。与之不同的是,在采访中确认某一

---

〔27〕 参见施鸿鹏:《悬赏广告的解释规则》,载周江洪等主编:《民法判例百选》,法律出版社2020年版,第273页。

〔28〕 Seiler, *Münchener Kommentar zum BGB*, München: C. H. Beck, 2012, § 657 Rn. 12. 故即便当事人在“一对一”的《承诺书》中使用了“悬赏金”字样,也不必然构成本条之悬赏广告,但该行为的效力仍可依法律行为一般规定决之。参见新疆维吾尔自治区克拉玛依市中级人民法院(2020)新02民终100号民事判决书。

〔29〕 参见河南省高级人民法院(2011)豫法民三终字第96号民事判决书。

〔30〕 参见江西省宜春市中级人民法院(2016)赣09民终1396号民事判决书。

〔31〕 参见上海市第二中级人民法院(2003)沪二中民四(商)终字第252号民事判决书。

〔32〕 参见李富、黄文超:《协警抓获杀人嫌犯 无权获悬赏金》,载《内蒙古日报(汉)》2008年3月20日,第7版。

〔33〕 故不能将此“广而告之”的特征与商业广告的通常形式相对应,商业广告亦不尽然构成悬赏广告。比较准确的区分与界定,参见江苏省南京市中级人民法院(2014)宁商终字第1525号民事判决书(一审判决部分):“浩扬公司在媒体上登载的扬子壹购P2C平台的内容,系为了推销产品,其目的并非对行为人完成一定行为支付报酬,不能认定此广告构成悬赏广告的性质,故浩扬公司通过媒介发布的内容为商业广告。作为商业广告,属于要约邀请的性质。”另可参见黄淳、潘建兴、陈吉彦:《“比价悬赏”商业宣传的法律性质》,载《人民法院报》2015年2月12日,第7版。

〔34〕 准确的认定,参见吉林省长春市朝阳区人民法院(2014)朝民初字第2362号民事判决书。

此前发布过的悬赏规则的效力,并不构成代为发布;悬赏的条件应以此前发布的规则为准,而不能以采访确认时的表述为准。〔35〕 特别情况下,虽未授权记者代为发布,但在新闻报道刊发且足以引发合理信赖的情况下听之任之未予异议,应认定为满足公告发布要件。〔36〕

2. **内容问题**

(1)对完成特定行为者给付报酬

18 悬赏要约的核心内容,是对完成特定行为者给付报酬。《民法典》多以“报酬”指称行为型给付之对价(如第 762 条、第 928 条),本条采“报酬”亦说明悬赏法律关系包含了完成特定行为之对价,属于有偿关系。而“支付”报酬的表述则仅具例示意义。悬赏的利益不限于金钱形式,也可以是非金钱形式(边码 37),〔37〕还可以是非财产利益(比如特定的荣誉称号)。〔38〕

19 特定行为应当是系于行为人意志深度介入,依通常观念须经由一定努力完成的行为。若所设前提是未来某一行为,但客观上与行为人的努力无涉,则属于附条件赠与之要约,〔39〕典型者如商场以特定奖品为标的物的促销抽奖。〔40〕

20 依意思表示解释,完成特定行为可以是要求一定结果的,也可以是不问结果的,甚至是单纯告知某一事实;〔41〕可以是事实行为(比如寻回遗失物),也可以是法律行为(比如向希望小学捐款);可以是对悬赏人客观上有利的(比如提供同行造假售假线索),也不排除悬赏人就对其客观不利的事项设置悬赏(比如生产者声明对检出产品存在有害化学成分者予以重奖);〔42〕可以是在悬赏人看来有可能完成的,也可以是在其看来不可能完成的。〔43〕

21 有的涉及财产利益的“允诺”须经另行订立相关合同方能兑现,并不构成悬赏

---

〔35〕 参见北京市第二中级人民法院(2014)二中民终字第 08358 号民事判决书。

〔36〕 存疑的认定,参见北京市第二中级人民法院(2011)二中民终字第 12199 号民事判决书。

〔37〕 比如“价值 3299 的日本北九州四日游”或“价值万元邮轮豪华游”。参见天津市南开区人民法院(2017)津 0104 民初 10590 号民事判决书;广东省深圳市中级人民法院(2019)粤 03 民终 20114 号民事判决书。

〔38〕 MüKoBGB/Seiler, 2012, § 657 Rn. 7; Berger, *Erman Bürgerliches Gesetzbuch*, Köln: Dr. Otto Schmidt, 2011, § 657 Rn. 6.

〔39〕 Vgl. MüKoBGB/Seiler, 2012, § 661 Rn. 5.

〔40〕 参见河南省郑州市中级人民法院(2011)郑民四终字第 1337 号民事判决书:该案涉及商场促销抽奖的兑奖纠纷,一审法院虽以“悬赏广告纠纷”作为立案案由,但最终适用《民法通则》第 4 条和《合同法》第 8 条、第 60 条判决原告胜诉,并未适用《合同法解释二》第 3 条,堪称允当。

〔41〕 参见史尚宽:《债法总论》,中国政法大学出版社 2000 年版,第 36 页。

〔42〕 参见河南省郑州市中级人民法院(2012)郑民三终字第 256 号民事裁定书。

〔43〕 参见河南省洛阳市中级人民法院(2008)洛民终字第 198 号民事判决书;北京市第二中级人民法院(2014)二中民终字第 08358 号民事判决书。

要约。比如白酒瓶身上载明"不是纯粮酒，奖励9.9万"，[44]但其兑现的前提是有消费者购买了该瓶白酒；又如自由领取的可抵减消费的定额代金券，[45]须另行发生婚宴服务合同关系，方能抵减消费实现财产利益；再如手机专卖柜台放置的"三天零风险，假货奖一万元"告示，[46]若无手机买卖即无兑现的可能。此类"允诺"看似是以相应合同之缔结、履行等行为为条件，但其允诺的财产利益仅在与作为其"条件"的合同相结合时方有意义，故实为面向不特定人的缔结相关合同的要约邀请，所允诺的财产利益经意思表示解释进入接受者所发出的要约，进而成为后续合同的内容（比如构成瑕疵担保允诺的内容）。可资对比的是，若针对老客户带新客户成交悬赏"介绍费"，该介绍费的兑现无须与新客户所订立之合同内容相结合，故可成立悬赏要约。[47]

（2）表明愿受法律拘束

结合《民法典》第472条第2项，悬赏要约还应当在发布时表明"一经同意即受拘束"的法律拘束意思。此意思之有无，以不特定相对人所处群体之通常理解判断之。比如，被告在电视节目访谈中就自己制作的陶器宣称，"如果仿造出来，我这个楼三层两千平方米包括这里面的资产都给他"，之后原告成功仿制并主张兑现悬赏未果而涉诉；一审法院认定该"宣称"构成悬赏要约，二审法院则认为只是"一种单方虚构的意思"，悬赏要约及合同并未成立。[48] 从意思表示解释角度，在电视节目中发自肺腑"口出狂言"，仅为主观情节，不能据此直接否定客观上存在法律拘束意思；对于规范解释有评价意义的，或在于被告在电视节目这一发布背景下，[49]允诺了超乎一般理性人想象的给付价值，则特定行为人信赖其具备法律拘束意思的合理性即存疑义。 22

3. 撤回问题

在"合同说"的基本构成下，可以特定行为之完成作为悬赏要约生效的条件（边码8），悬赏人亦可在悬赏要约生效前（即特定行为被完成前）撤回要约，以阻止要约生效。撤回悬赏之意思表示可以公告发布，也可以个别通知。为了确保相关第三人可推知撤回之意思，公告发布撤回应采取和所撤回的悬赏广告具有类似公 23

〔44〕 将此误作悬赏广告者，参见河南省内黄县人民法院（2016）豫0527民初2737号民事判决书。

〔45〕 将此误作悬赏广告者，参见湖北省竹山县人民法院（2016）鄂0323民初974号民事判决书。

〔46〕 参见河南省郑州市中级人民法院（2011）郑民四终字第1049号民事判决书：二审法院误解为悬赏广告合同。

〔47〕 参见四川省广安市中级人民法院（2020）川16民终1745号民事判决书。

〔48〕 参见河南省洛阳市中级人民法院（2008）洛民终字第198号民事判决书。

〔49〕 参见杨代雄：《民法典第142条中意思表示解释的边界》，载《东方法学》2020年第5期，第97页。

告效果的方式,[50]但无须完全一致。[51] 公告发布撤回仅可阻止悬赏要约对未完成特定行为者生效,并不影响已完成特定行为者取得承诺资格。[52] 悬赏人亦可针对特定相对人作个别通知撤回,以撤回意思表示到达为必要。但是,由于撤回仅限于悬赏要约生效前(特定行为完成前),以个别通知撤回,通常仅于特定相对人着手但尚未完成特定行为的场合有意义。

24 如果悬赏广告的内容不排除行为人可多次完成特定行为(比如多次提供债务人不同财产的线索),悬赏人在行为人已完成一次特定行为后向其个别通知撤回悬赏,这种情况下,取得第一次报酬的特定行为人即使嗣后第二次完成了特定行为,也因不再存在有效的悬赏要约而无从再次主张报酬。但是,不能认为第二次完成特定行为构成"缔结新的悬赏广告合同关系的要约",盖在"合同说"之下,悬赏广告合同的要约只能是悬赏人的悬赏意思表示(边码 12),而非完成特定行为及其通知。即使悬赏人在撤回原悬赏要约后接受了该行为人第二次完成特定行为的成果,也属于双方成立了以原悬赏广告合同内容为准的非典型合同,而非成立一个新的悬赏广告合同。[53]

(二)特定行为人之承诺

1. 完成特定行为取得承诺资格

25 完成特定行为,则悬赏要约对该特定行为人产生"一经同意即受拘束"的实质拘束力,该行为人即取得承诺资格。

26 特定行为是否完成,同样应依意思表示解释判断之。比如,法人为保商誉,悬赏"追查……谣言的制造者,……对有效线索提供者奖励一百万元人民币……",

---

〔50〕 比如,对于张贴过的悬赏广告,仅将其撕掉不足以让人理解为撤销悬赏广告。参见辽宁省鞍山市铁西区人民法院(2020)辽 0303 民初 2950 号民事判决书。

〔51〕 参见《公安机关办理刑事案件程序规定》(公安部令第 159 号,2020 年修正)第 281 条:"经核实,犯罪嫌疑人已经自动投案、被击毙或者被抓获,以及发现有其他不需要采取通缉、边控、悬赏通告的情形的,发布机关应当在原通缉、通知、通告范围内,撤销通缉令、边控通知、悬赏通告。" Vgl. MüKoBGB/Seiler, 2012, § 658 Rn. 3.

〔52〕 针对已生效的要约,在承诺发出前要约人似另有撤销的余地(《民法典》第 476 条主文、第 477 条),但在悬赏广告场合,比较法通常认为特定行为被完成后即须保护特定行为人的合理信赖,此时应限制悬赏人取消悬赏的权利(参见《德国民法典》第 658 条第 1 款、《瑞士债务法》第 8 条第 2 款、我国台湾地区"民法"第 165 条第 1 项)。就我国法之适用,有观点认为可准用《民法典》第 476 条第 2 项"受要约人有理由认为要约是不可撤销的,并已经为履行合同做了合理准备工作"之情形,排除悬赏人在悬赏要约生效后对完成特定行为者的撤销权。参见朱广新:《合同法总则研究(上册)》,中国人民大学出版社 2018 年版,第 80 页。

〔53〕 对此似有所误会者,参见江苏省南京市中级人民法院(2014)宁商终字第 615 号民事判决书(一审判决部分)。

只是提供谣言转载者而非谣言原始制造者的信息，不构成完成特定行为。[54] 又如，村护林公约悬赏举报偷挖笋者按支计奖，村委会组织的集体挖笋活动不属于偷挖，举报该活动不构成完成特定行为。[55] 另如，悬赏人为了推广自己的 APP 推出“邀请好友立赚”活动，相对人以发红包征集非社交关系人士刷量注册 APP 新用户，不构成完成特定行为。[56] 再如，针对“造假售假线索悬赏”，消费者只是向悬赏人询问确认悬赏的真实性而未提供明确的“小厂生产证据”，也不构成完成特定行为。[57]

若是悬赏寻求可以找到债务人下落的“关键信息”，行为人最终到场与悬赏人的丈夫协作找到了该债务人，则不能因为是经悬赏人丈夫的协助才实际找到，而否定特定行为已完成，因为悬赏广告指定的行为只涉及提供关键信息，并不包括独立地实际找到该债务人；[58] 但如果就被拐儿童下落之“若知情告知即重谢”悬赏，其“知情”应认为限于能够寻回儿童的“直接线索”。[59] 同理，特定行为人根据受害人亲属发布之缉凶悬赏的要求，成功规劝凶手自首，即属完成特定行为，即使之后凶手被判处的刑罚与受害人亲属预期有差距，亦不影响该认定；但若悬赏广告指定的行为包括提供公安机关出具的“举报抓捕证明”，则仅完成举报尚不构成完成特定行为。[60]

取得承诺资格系客观判断，不以特定行为人具备承诺意思为前提，[61] 故亦不要求其完成特定行为时知悉悬赏要约的存在。如果悬赏要约公告发布前特定行为已被完成，特定行为人是否因悬赏要约的公告发布而自动取得承诺资格，取决于悬赏要约是否着意于促进特定行为在发布后完成（边码34）。[62] 比如地方政府年初发布的专门针对“新一年”的招商引资悬赏，[63] 自然不覆盖前一年的相关行为。 27

2. **承诺之意思表示**

特定行为人取得承诺资格后，向悬赏人为承诺并到达，悬赏广告合同即告成立。此承诺的内容是将完成特定行为纳入悬赏法律关系的范围，既可以明示为 28

---

〔54〕 参见北京市石景山区人民法院（2015）石民初字第12825号民事判决书。

〔55〕 参见浙江省丽水市中级人民法院（2016）浙11民终1417号民事判决书。

〔56〕 参见广州互联网法院（2019）粤0192民初790号民事判决书；可资对照的案件，参见吉林省长春市中级人民法院（2020）吉01民终503号民事判决书。

〔57〕 参见浙江省金华市中级人民法院（2018）浙07民终648号民事判决书。

〔58〕 存疑的认定，参见山东省莱阳市人民法院（2016）鲁0682民初4640号民事判决书。

〔59〕 参见四川省成都市中级人民法院（2009）成民终字第4207号民事判决书。

〔60〕 参见山东省威海市环翠区人民法院（2006）威环民一初字第1639号民事判决书。

〔61〕 存疑的认定，参见湖南省娄底市中级人民法院（2014）娄中民三终字第152号民事判决书。

〔62〕 参见王泽鉴：《债法原理》（第2版），北京大学出版社2013年版，第256页。

〔63〕 参见江西省宜春市中级人民法院（2016）赣09民终1396号民事判决书。

之,也可以通过向悬赏人主张权利默示为之。[64] 若完成特定行为包括通知悬赏人环节,则通知行为通常经意思表示解释而具有承诺的表示价值。无行为能力人原则上须由法定代理人代理为之(《民法典》第 144 条);限制行为能力人对符合其年龄、智力、精神健康状况范围内的悬赏要约可自行承诺,除此以外而自行承诺者,须经法定代理人事先同意,否则悬赏广告合同之生效须另待事后的追认(《民法典》第 145 条第 1 款)。

29 若悬赏要约附有"承诺期限",结合《民法典》第 481 条第 1 款,特定行为人的承诺意思表示须在该期限内到达悬赏人。若经意思表示解释,悬赏要约所附期限仅针对完成特定行为,而不包括承诺的发出和到达用时,那么悬赏要约所附生效条件就不仅是完成特定行为,而且是在该期限内完成特定行为,所附期限构成所附条件的一部分内容;若此期限届满时特定行为仍未获完成,悬赏要约即确定不生效力,嗣后完成特定行为亦无从使悬赏要约"复活"。

3. 多人完成问题

30 悬赏要约被承诺前,若已有多人完成特定行为,须分情况处理。首先,应依意思表示解释确定悬赏广告是否允许多人并行主张报酬,若否,则由先为有效承诺的行为人成立合同取得报酬请求权,未为承诺表示或后为承诺表示的行为人无从成立合同。其次,若依意思表示解释确定允许多人并行主张报酬,数个完成特定行为者均可承诺而成立合同,进一步再依意思表示解释确定是每个人可主张全部报酬,抑或数人平分对应的报酬。

31 《执行财产调查规定》第 24 条第 1 款规定"有关人员提供人民法院尚未掌握的财产线索,使申请发布悬赏公告的申请执行人的债权得以全部或部分实现的,人民法院应当按照悬赏公告发放悬赏金",看似是以财产线索的促成效果为确定有无报酬请求权的标准。但其第 23 条第 1 款还规定"悬赏公告发布后,有关人员向人民法院提供财产线索的,人民法院应当对有关人员的身份信息和财产线索进行登记;两人以上提供相同财产线索的,应当按照提供线索的先后顺序登记",说明就相同的促成债权实现的财产线索,报酬请求权之归属原则上还是以先来后到为准。

(三)悬赏广告合同无效力瑕疵

1. 行为能力适格

32 已成立之悬赏广告合同的效力,除了可能受制于特定行为人的行为能力(边码 28),还可能受制于悬赏人的行为能力,同样可依《民法典》第 144 条、第 145 条第 1

---

〔64〕 Vgl. Staudinger BGB/Bergmann, 2006, § 657 Rn. 30, 34.

款判断。由于悬赏广告合同会产生悬赏人的报酬给付义务，不属于“纯获法律利益”，故对限制行为能力人而言，若悬赏事项超出符合其年龄、智力、精神健康状况的范围，除非法定代理人事先同意或事后追认，否则其自行发布悬赏所订立的悬赏广告合同无效。在追认前，善意的承诺人可行使撤销权（《民法典》第145条第2款第3句），结束合同待决无效的状态（也便于转而响应其他可能的悬赏机会），但可能引发不当得利等法定权利义务（边码45）。

2. **意思表示无瑕疵**

悬赏人以非诚意心态发布悬赏广告，首先须依意思表示解释确定其是否构成悬赏要约（边码22），若成立意思表示并经有效承诺而成立悬赏广告合同，才需要进一步考虑欠缺诚意是否影响合同效力。由于现行法并未规定表意人之非诚意构成法律行为的效力障碍事由，所以相应的悬赏广告合同可正常生效。 33

悬赏人不知特定行为已被完成而发布悬赏要约，是否涉及重大误解，首先须依意思表示解释确定其是否着意于促进特定行为在发布后完成（边码27）。若是，则已完成之行为不属于该悬赏要约之“特定行为”。若否，说明悬赏人在乎的仅是特定行为是否完成以及被谁完成，而非于何时完成；易言之，不知特定行为已被完成对于该悬赏广告而言并不具有“主观重要性”，仅为纯粹动机错误，不构成重大误解。[65] 34

特定行为人在承诺发出时的意思表示瑕疵，亦可能影响悬赏广告合同的效力。比如两人分别设置不同价位的报酬就同一特定行为独立发布互斥的悬赏，完成特定行为者经比价决定向高价悬赏者给付，但在承诺时（因受低价悬赏者欺诈）发生当事人同一性的错误，即有适用重大误解（及恶意欺诈规则）撤销合同的余地。 35

3. **标的内容不违法不悖俗**

由于《民法典》第508条明定合同效力问题适用总则编的相关规范，本条未再如《合同法解释二》第3条般以但书规定悬赏广告合同的无效问题。悬赏广告合同若以违法或悖俗行为为特定行为，依《民法典》第153条（及相关强制规范）无效。基于悬赏广告的特点，在违法性判断上须权衡悬赏目的与诸如隐私权、个人信息安全等权益之间的关系。[66] 36

---

〔65〕 参见沈德咏主编：《最高人民法院关于合同法司法解释（二）理解与适用》（第2版），人民法院出版社2015年版，第50页。Vgl. MüKoBGB/Seiler, 2012, § 657 Rn. 16.

〔66〕 除了内容涉及违法或悖俗评价，发布悬赏广告的行为本身也可能构成侵权。比如，债权人未经《执行财产调查规定》第21条程序申请法院发布执行财产悬赏公告而自行发布私人悬赏，且公开了债务人的出生日期、身份证号码、住址等信息，法院即认定该行为属于违法行为，判决悬赏人停止发布悬赏广告。参见江苏省丰县人民法院（2018）苏0321民初5068号民事判决书。

三、法律效果

(一)报酬给付请求权

37 关于报酬给付请求权的具体内容,若悬赏广告仅载明“重酬”,特定行为人在悬赏广告合同成立生效后,可进一步与悬赏人确定具体金额。[67] 悬赏人未依约履行该义务(包括提供的非金钱给付存在质量瑕疵),[68] 须承担违约责任。“报酬”为非金钱形式者(边码 18),可能出现履行不能的问题。比如悬赏报酬是旅游项目,但双方发生争议期间旅游产品已下架或因天气缘故而无法成行,法院即支持了行为人主张相应金钱价值赔偿的诉讼请求。[69]

38 《民法典》第 314 条第 1 句规定“拾得遗失物,应当返还权利人”,第 317 条第 2 款又规定“权利人悬赏寻找遗失物的,领取遗失物时应当按照承诺履行义务”,故遗失物拾得人虽有法定的返还义务,但不妨碍其基于悬赏广告取得报酬请求权,遗失物权利人的返还请求权也不阻却其应负的悬赏报酬给付义务。但是,并非所有负法定返还义务的占有人都可通过返还标的物取得承诺悬赏要约的资格。《民法典》第 317 条第 3 款规定侵占遗失物的拾得人无权主张报酬,若依意思表示解释分析,其原理在于侵占遗失物的拾得人并不属于悬赏广告所指向的不特定相对人(边码 16)。反过来,个案中悬赏人若有需要,亦可在悬赏广告中声明突破第 317 条第 3 款的规范安排。

39 悬赏广告合同并不产生行为人完成特定行为的义务。若完成特定行为表现为特定行为人向悬赏人提交特定成果(比如提交符合悬赏要求的设计方案),有观点认为就完成特定行为与给付报酬可成立履行抗辩关系。[70] 实则在提交成果之前特定行为并未完成,特定行为人尚未取得承诺资格,即无从主张报酬请求权。此一情形下,不存在完成特定行为与给付报酬之间的履行抗辩问题。

---

〔67〕 参见戴谦、神维东、国敏锐:《一场“狗官司”一堂诚信课》,载《青岛日报》2011 年 9 月 6 日,第 5 版。

〔68〕 参见浙江省杭州市西湖区人民法院(2018)浙 0106 民初 3228 号民事判决书。

〔69〕 参见天津市南开区人民法院(2017)津 0104 民初 10590 号民事判决书;广东省深圳市中级人民法院(2019)粤 03 民终 20114 号民事判决书。

〔70〕 参见张家骥:《我国民法中悬赏广告的法律性质研究》,载《湖南科技大学学报(社会科学版)》2019 年第 3 期,第 109 页。

(二)体系关联

1. 无因管理

40 完成悬赏广告中的特定行为,若涉及介入他人事务,有可能同时满足无因管理的构成要件,则特定行为人与悬赏人之间还可能产生偿还必要费用、适当补偿损失等权利义务(《民法典》第979条)。悬赏广告合同关系是否会排除无因管理规则的适用,尤其是其中的必要费用偿还义务,取决于悬赏广告合同关系是否属于对管理费用问题作了特别规制,[71]更进一步看,取决于悬赏报酬是否涵盖了事务管理的必要费用。

41 对此,早期有观点认为除非悬赏广告明确声明,否则应将必要费用认定为管理人"为了取得报酬而花费的代价",[72]不能与报酬请求权并行主张,亦即推定悬赏报酬涵盖了必要费用。但观察现行法关于遗失物的特别规范可知,不仅遗失物返还义务的存在并不影响主张悬赏报酬的权利(边码38),在保管费用和悬赏报酬之间,现行法也并未明确排除并行主张的可能(《民法典》第317条第1款、第2款)。故就遗失物悬赏而言,若无特别声明,悬赏报酬应认定为不包括必要的管理费用,有效的悬赏广告合同不构成对费用问题的特别规制,也就不妨碍同时成立无因管理。

42 对于遗失物悬赏以外的情形,必要费用与悬赏报酬的关系还是应该回归悬赏要约的意思表示解释。[73] 若悬赏报酬经解释已经涵盖完成特定行为的必要费用,则不能仅因为存在悬赏广告,就赋予其绝对排除无因管理的类似于"特别规范"的地位,进而否定特定行为人选择不要求悬赏报酬而主张适用管理费用的权利。尤其考虑到有的悬赏广告仅宽泛地允诺"重酬"而保留了悬赏人嗣后的单方"定价权",应肯认特定行为人为了回避"定价"过低之风险,而选择主张适用无因管理、要求偿还必要费用的权利。[74] 由此亦可见,个案中特定行为人不见得愿意将特定行为之完成纳入悬赏广告合同关系中,强调悬赏法律关系之发生须经特定行为人明确的意思参与(边码7),实有意义。

43 上述思路也适用于适当补偿损失与给付悬赏报酬的关系。裁判实践中,不乏悬赏报酬、必要费用、管理损失并发的情形。比如,被告为寻回走失的宠物狗,公

---

〔71〕 参见金可可:《〈民法典〉无因管理规定的解释论方案》,载《法学》2020年第8期,第40页。

〔72〕 常鹏翱:《悬赏广告生效制度略论》,载《法律适用》1999年第6期,第28、45页。

〔73〕 比如,作者为了推广自己的专著,悬赏读者为自己的专著挑错,若无特别声明,应该认为特定行为人不能在悬赏报酬之外并行主张购书的费用。

〔74〕 特定行为人仅主张无因管理必要费用不主张悬赏报酬的案例,参见北京市丰台区人民法院(2019)京0106民初645号民事判决书。

告对拾得并与其联系者将重酬 1 万元,原告于悬赏广告发布当日捡得犬 1 只,饲养5 日后得知悬赏广告即联系被告领回;饲养期间,原告支出饲养费用 300 元,笔记本电脑被宠物狗损坏,支出数据修复费 700 元无果后只能以 7999 元重购新电脑一台。两审法院均并行支持悬赏报酬和饲养费用,但以饲养期间原告为宠物狗的"管理人"为由,驳回了笔记本修复、重购费用的请求。〔75〕从意思表示解释角度,依不特定相对人之通常理解,不会认为该 1 万元重酬系被告综合考虑一切致损可能后提出的悬赏价格;理性第三人处于被告(悬赏人)的位置,亦应理解原告的承诺中并没有将管理损失补偿计入悬赏报酬的意思,故悬赏报酬与该管理损失实可并行主张。

2. **不当得利**

44　特定行为人虽无完成特定行为的义务,但其实际完成后并承诺悬赏要约,目的在于成立悬赏所指向的合同关系,故在悬赏广告合同成立有效的情况下,特定行为人之给付目的已经实现,悬赏人取得特定行为完成的利益具有法律根据,不构成不当得利。此结构及利益状态与要物合同有类似之处。

45　唯当悬赏广告合同无效时,在不成立无因管理的情形下,还须结合《民法典》第 157 条第 1 句分情况考察悬赏人的不当得利返还问题:若特定行为人的给付可依原状返还(比如让与设计方案使用权后悬赏人尚未动用),可以收回使用权的方式实现原状返还;若给付无法原状返还(比如宠物狗的"寻觅交还",而非宠物狗本身),且此前悬赏人并未在报酬之外另行支付完成特定行为的费用,应以该费用折价,依价额偿还予特定行为人。悬赏广告合同无效时,特定行为人已领取的报酬也可能存在依不当得利返还的问题。

四、证明责任

46　在"合同说"的原理构成下,主张给付报酬一方对涉及悬赏要约的成立、已完成特定行为、已为有效承诺等基本事实承担举证证明责任。〔76〕悬赏人若主张特定悬赏要约已经过期,或在特定行为完成前已经被撤回,有关的基本事实则应由悬赏人承担举证证明责任。

---

〔75〕参见黑龙江省齐齐哈尔市中级人民法院(2018)黑 02 民终 60 号民事判决书。

〔76〕参见广东省广州市中级人民法院(2007)穗中法民二终字第 949 号民事判决书;山东省青岛市中级人民法院(2015)青民五终字第 2595 号民事判决书;浙江省金华市中级人民法院(2018)浙 07 民终 648 号民事判决书;河北省唐山市路北区人民法院(2020)冀 0203 民初 2009 号民事判决书。

五、优等悬赏广告合同

(一)优等悬赏广告的识别

优等悬赏广告合同的缔结,依托于优等悬赏广告(要约),即悬赏人公开声明对完成特定行为者依公告的标准作优劣比较之评价,进而决定报酬归属的悬赏广告。关于优等悬赏广告应否作为普通悬赏广告的下位类型,存在不同见解。〔77〕就现行法的规范适用而言,关键在于把握优等悬赏广告与本条普通悬赏广告的区别,以明确哪些环节不能套用本条及相关法理。 47

首先,以"优等竞赛公告"为形式的要约邀请并无必要认定为优等悬赏广告。此类公告与典型的优等悬赏广告时常被作为商业广告的工具。二者最核心的区别,在于优等竞赛公告作为要约邀请,其发布者保留了不与应征者缔约的决定自由,比如应征者报名后,另须通过发布者的资格审核,才取得参赛资格。〔78〕此类公告即使内容具体确定,亦因不具备法律拘束意思,不构成要约。但若合同最终成立,公告事项通过意思表示解释进入合同关系,决定双方的权利义务。可见,即使在术语上将其归为"优等悬赏广告",〔79〕在规范结构方面亦无特别的讨论价值。 48

其次,优等悬赏广告和普通悬赏广告的区别,不在于预设完成特定行为者人数之多寡,〔80〕也不在于引发报酬请求权之条件成就是否需经过一个确认程序。〔81〕核心的区分要点,在于优等悬赏广告的目的是根据优劣比较之评价决定报酬的归属。通过优等悬赏广告,悬赏人可以征募到最佳的"方案"。故仅有应征者完成特定行为,还不足以引发报酬请求权,须经评定程序决出优等评价后,才产生报酬请求权。普通悬赏广告虽有时也具备确认环节,但结合前述"合同说"之构造(边码8),一经嗣后确认,应认为报酬请求权产生于此前的合同成立生效时。 49

对于优等悬赏广告的悬赏人而言,优劣比较之评定,属于自治的裁量范围,在 50

---

〔77〕 Vgl. MüKoBGB/Seiler,2012, § 661 Rn. 1;Staudinger BGB/Bergmann,2006, § 661 Rn. 1.

〔78〕 参见上海市第二中级人民法院(2017)沪02民终10622号民事判决书。

〔79〕 参见黄立:《民法债编总论》,作者自版2006年版,第137页;危先平、危雅芸:《悬赏征集作品的广告应认定为单方允诺》,载《人民法院报》2017年3月23日,第7版;江西省吉水县人民法院(2015)吉民初字第2417号民事判决书。

〔80〕 比如,"失物线索追寻悬赏"作为普通悬赏广告,依内容并不排除先后多人提供有效线索并瓜分报酬。

〔81〕 普通悬赏广告中,特定行为是否已经完成有时也须经核对确认。典型如悬赏给自己的专著挑错,行为人提供勘误建议是否构成完成特定行为,必然有赖于后续的核对,甚至是诉讼中的认定。由法院借助意思表示解释作细致核对者,参见北京市朝阳区人民法院(2017)京0105民初2995号民事判决书。

公告允诺的规则范围内，无须接受司法审查。[82] 所以，有奖征文比赛的应征者不能因认为自己的作品理应获奖，就要求法院支持其报酬请求权。[83] 唯当实际评定过程在"程序上"有违优等悬赏所设置的规则，法院可依该规则认定应有的评定结论。[84] 比如悬赏人没有充分证据证明应征者存在刷票行为，法院可根据应征者获得的实际投票数，"按照……活动发起时的承诺"支持报酬支付诉请。[85] 个案中，若双方对优等悬赏广告发布的评定规则理解不一，亦可由法院经规范解释予以明确。比如，若无特别说明，应"按照一般公众的通常理解"，认为经票选评定第一名者应获得多个悬赏奖项中的最高奖；[86] 又如，应征者参加喝啤酒比赛过程中有洒酒的情况，是否影响其取得报酬，取决于悬赏广告是否有明确禁止洒酒的规则，若无，则应进一步考量其洒酒程度是否构成作弊。[87]

（二）优等悬赏广告合同的成立与效力

51 优等悬赏广告与普通悬赏广告同属向不特定人发布的要约，二者的成立及公告发布规则并无不同。[88] 但优等悬赏广告不存在要约附生效条件的问题，因为其通常具有独立的承诺阶段，即应征环节。应征是有意完成特定行为并参与评定者对悬赏人的承诺，实践中通常表现为报名程序。优等悬赏广告中可以对应征配以缴纳一定费用的要求，此为要约人对有效承诺所附之条件，仅表示应征但未缴纳相应费用者，承诺无效。[89]

52 有效应征后，悬赏人与应征者之间的合同即告成立。[90] 有观点认为此时合同尚未生效，须待评定结果出炉，悬赏人与优等者之间的合同才生效。[91] 准此，

---

〔82〕 参见王泽鉴：《债法原理》（第 2 版），北京大学出版社 2013 年版，第 262 页。

〔83〕 参见陕西省西安市中级人民法院（2013）西民四终字第 00062 号民事判决书。

〔84〕 Vgl. Staudinger BGB/Bergmann, 2006, § 661 Rn. 35.

〔85〕 参见广西壮族自治区贵港市中级人民法院（2017）桂 08 民终 180 号民事判决书。就何为"刷票行为"，有的判决认为悬赏人须将判断标准提前公告，否则应承担较高的举证证明责任。参见江苏省昆山市人民法院（2017）苏 0583 民初 12352 号民事判决书。

〔86〕 参见张弓、李军：《优等悬赏广告的效力如何认定？》，载《中国审判》2008 年第 12 期，第 71 页。

〔87〕 参见山东省青岛市中级人民法院（2017）鲁 02 民终 6660 号民事判决书。

〔88〕 比如，优等悬赏广告中明确公告了主办人和承办人，则悬赏人系主办人，而非承办人。参见北京市西城区人民法院（2017）京 0102 民初 4621 号民事裁定书。

〔89〕 参见河北省秦皇岛市北戴河区人民法院（2017）冀 0304 民再 3 号民事判决书。但若最终的报酬其实是由应征者缴纳的费用"众筹"而成，则有构成赌博的嫌疑（该费用类似于赌注）。Vgl. MüKoBGB/Seiler, 2012, § 661 Rn. 7.

〔90〕 参见张弓、李军：《优等悬赏广告的效力如何认定？》，载《中国审判》2008 年第 12 期，第 69 页。

〔91〕 参见史尚宽：《债法总论》，中国政法大学出版社 2000 年版，第 43 页；林诚二：《民法债编总论：体系化解说》，中国人民大学出版社 2003 年版，第 76 页；广西壮族自治区贵港市中级人民法院（2017）桂 08 民终 180 号民事判决书（一审部分）。

则结果出炉后,悬赏人与其他非优等应征者的合同因生效条件确定不成就而确定不生效。但是优等悬赏广告中载明评定事宜者(如开展比赛活动)不在少数,此类内容在评定结果出炉前,理应承认其已生效(边码 53、54),故应认为合同于成立时即生效,仅是报酬请求权的产生附有生效条件(延缓条件)。

合同生效后,由于优等悬赏广告合同的目的在于经比较评价确定报酬归属, 53
故原则上应征者并无完成特定行为的义务,但其若有意完成特定行为,有权基于合同要求悬赏人履行必要的准备和协助义务。[92] 此在竞赛类优等悬赏广告尤其重要,因为若悬赏人迟迟不举办比赛,应征者无从实施并完成特定行为。[93] 完成特定行为时,应征者应遵守诚信义务,比如确保提交的作品并非抄袭所成,[94] 或不能以雇人刷票取胜。[95] 完成后的应征者对悬赏人享有评定请求权。[96]

悬赏人应依约履行评定义务,但在规则范围内,悬赏人(或其事先声明指定的 54
评定人)享有裁量权(边码 50)。评定结果应及时告知全部应征者,并对全部应征者有拘束力。[97] 此亦说明,悬赏人与非优等应征者之间的合同,并非完全不生效。若事先设定的评定标准是客观性的(比如依微信投票数决定优等),当应征者对评定结果有异议时,亦有法院认为悬赏人有保留、呈示相关数据的义务。[98] 若无明确约定,优等应征者并无转让相关权利(如获奖作品的著作权)的义务;若约定了此类义务,可与悬赏人的报酬给付义务构成同时履行抗辩关系(《民法典》第 525 条)。[99] 若应征者提交创意方案后并未入选,但悬赏人嗣后部分动用参考了该创意方案,有法院结合悬赏报酬与动用参考的比例酌定悬赏人"支付相应的报酬"。[100] 此一处理结果值得赞同,但性质上并非优等悬赏广告合同报酬的给付,而是不当得利之价额偿还。

---

〔92〕 Vgl. MüKoBGB/Seiler, 2012, § 661 Rn. 11.

〔93〕《德国民法典》第 661 条之所以强制性地要求优等悬赏广告必须附有期限,否则无效,正是为了防止悬赏人为了等到更好的应征给付,而迟迟不为评定。MüKoBGB/Seiler, 2012, § 661 Rn. 2.

〔94〕 参见北京市朝阳区人民法院(2013)朝民初字第 21170 号民事判决书。

〔95〕 参见河北省保定市莲池区人民法院(2017)冀 0606 民初 2422 号民事判决书。明确应征者对此有配合核查之义务者,参见安徽省宣城市中级人民法院(2020)皖 18 民终 307 号民事判决书。

〔96〕 Vgl. Staudinger BGB/Bergmann, 2006, § 661 Rn. 22.

〔97〕 但因悬赏人迟迟未公布评定结果,而判决其赔偿非优等应征者信赖利益(参见翟敏、曹浏:《楼盘重金悬赏广告的背后》,载《江苏法制报》2012 年 9 月 18 日,第 8 版),正当性值得质疑。

〔98〕 参见浙江省杭州市中级人民法院(2017)浙 01 民终 4455 号民事判决书。

〔99〕 Vgl. Staudinger BGB/Bergmann, 2006, § 661 Rn. 47.

〔100〕 参见江苏省南通市崇川区人民法院(2013)崇商初字第 0283 号民事判决书。

附:案例索引

1. 安徽省宣城市中级人民法院(2020)皖 18 民终 307 号民事判决书:蔡某勤与宁国梁鼎企业管理咨询有限公司悬赏广告纠纷案【边码 53】

2. 北京市朝阳区人民法院(2010)朝民初字第 20321 号民事判决书:白某与阎某年悬赏广告纠纷案【边码 4】

3. 北京市朝阳区人民法院(2013)朝民初字第 21170 号民事判决书:余某喜与北京普罗之声文化传播有限公司悬赏广告纠纷案【边码 53】

4. 北京市朝阳区人民法院(2017)京 0105 民初 2995 号民事判决书:白某与张某悬赏广告纠纷案【边码 49】

5. 北京市第二中级人民法院(2011)二中民终字第 12199 号民事判决书:白某与阎某年悬赏广告纠纷案【边码 17】

6. 北京市第二中级人民法院(2014)二中民终字第 08358 号民事判决书:孙某与台湾应昌期围棋教育基金会等悬赏广告纠纷案【边码 17、20】

7. 北京市丰台区人民法院(2019)京 0106 民初 645 号民事判决书:夏某心与谷某 1 无因管理纠纷案【边码 42】

8. 北京市石景山区人民法院(2015)石民初字第 12825 号民事判决书:肖某华与人人行科技有限公司悬赏广告纠纷案【边码 26】

9. 北京市西城区人民法院(2017)京 0102 民初 4621 号民事裁定书:别某平与北京设计之都发展有限公司等悬赏广告纠纷案【边码 51】

10. 广东省广州市中级人民法院(2007)穗中法民二终字第 949 号民事判决书:沈某满与广东省农业机械研究所珠江联合收割机厂等悬赏合同纠纷案【边码 46】

11. 广东省深圳市中级人民法院(2019)粤 03 民终 20114 号民事判决书:牛某春与招商局蛇口工业区控股股份有限公司悬赏广告纠纷案【边码 4、18、37】

12. 广西壮族自治区贵港市中级人民法院(2017)桂 08 民终 180 号民事判决书:广西贵港市新联网络科技有限公司与黄某兰合同纠纷案【边码 50、52】

13. 广州互联网法院(2019)粤 0192 民初 790 号民事判决书:钱某与广州华多网络科技有限公司网络悬赏广告纠纷案【边码 26】

14. 河北省保定市莲池区人民法院(2017)冀 0606 民初 2422 号民事判决书:景某与河北冰狐信息技术服务有限公司悬赏合同纠纷案【边码 53】

15. 河北省秦皇岛市北戴河区人民法院(2017)冀 0304 民再 3 号民事判决书:回某等与秦皇岛市北戴河金岛赛鸽公棚有限公司悬赏广告纠纷案【边码 51】

16. 河北省唐山市路北区人民法院(2020)冀 0203 民初 2009 号民事判决书:王某一与李某国悬赏广告纠纷案【边码 46】

17. 河南省高级人民法院(2011)豫法民三终字第 96 号民事判决书:陈某文等与义煤集团华兴矿业有限公司悬赏广告及职务发明创造发明人、设计人奖励、报酬纠纷案【边码 16】

18. 河南省洛阳市中级人民法院(2008)洛民终字第 198 号民事判决书:邢某坤与孙某悬赏广告纠纷案【边码 20、22】

19. 河南省内黄县人民法院(2016)豫 0527 民初 2737 号民事判决书:汪某伟与内黄县新天地购物广场等买卖合同纠纷案【边码 21】

20. 河南省郑州市中级人民法院(2011)郑民四终字第1049号民事判决书:中域电讯连锁集团股份有限公司与陈某华等悬赏广告纠纷案【边码21】

21. 河南省郑州市中级人民法院(2011)郑民四终字第1337号民事判决书:郑州一站广场商业有限公司与刘某娥悬赏广告纠纷案【边码19】

22. 河南省郑州市中级人民法院(2012)郑民三终字第256号民事裁定书:任某亮与河南宝芝堂医药连锁有限公司等悬赏广告纠纷案【边码20】

23. 黑龙江省齐齐哈尔市中级人民法院(2018)黑02民终60号民事判决书:毕某涵与张某悬赏广告纠纷案【边码43】

24. 湖北省黄石市中级人民法院(2015)鄂黄石中行初字第00036号行政判决书:黄某友等与大冶市人民政府等行政奖励案【边码14】

25. 湖北省竹山县人民法院(2016)鄂0323民初974号民事判决书:竹山县城关镇盛世大酒店与殷某国餐饮服务合同纠纷案【边码21】

26. 湖南省娄底市中级人民法院(2014)娄中民三终字第152号民事判决书:刘某喜与新化县公安局悬赏广告纠纷案【边码14、27】

27. 吉林省长春市朝阳区人民法院(2014)朝民初字第2362号民事判决书:李某与长春华润万家生活超市有限公司等悬赏广告纠纷案【边码17】

28. 吉林省长春市中级人民法院(2020)吉01民终503号民事判决书:吉林天茂置业集团有限公司与陈某行悬赏广告纠纷案【边码26】

29. 江苏省丰县人民法院(2018)苏0321民初5068号民事判决书:程某新与江苏倍力工程机械有限公司等名誉权纠纷案【边码36】

30. 江苏省昆山市人民法院(2017)苏0583民初12352号民事判决书:范某强与北京蚂蜂窝网络科技有限公司悬赏广告合同纠纷案【边码50】

31. 江苏省南京市中级人民法院(2014)宁商终字第1525号民事判决书:郭某与南京浩扬科技发展有限公司等买卖合同纠纷案【边码17】

32. 江苏省南京市中级人民法院(2014)宁商终字第615号民事判决书:董某与中国长城资产管理公司南京办事处悬赏合同纠纷案【边码24】

33. 江苏省南通市崇川区人民法院(2013)崇商初字第0283号民事判决书:叶某如与南通五山旅游投资发展有限公司悬赏广告纠纷案【边码54】

34. 江西省吉水县人民法院(2015)吉民初字第2417号民事判决书:邓某洁与吉水县在线网络传媒中心悬赏广告纠纷案【边码48】

35. 江西省宜春市中级人民法院(2016)赣09民终1396号民事判决书:廉某龙与宜春市人民政府等悬赏广告合同纠纷案【边码14、16、27】

36. 李珉诉朱晋华、李绍华悬赏广告酬金纠纷上诉案,载《最高人民法院公报》1995年第2期【边码4、15】

37. 辽宁省鞍山市铁西区人民法院(2020)辽0303民初2950号民事判决书:李某彬与徐某遥悬赏广告纠纷案【边码23】

38. 鲁瑞庚诉东港市公安局悬赏广告纠纷案,载《最高人民法院公报》2003年第1期【边码15】

39. 山东省东营市中级人民法院(2013)东行终字第21号行政判决书:李某伟与东营市

公安局交通警察支队行政允诺案【边码 14】

40. 山东省莱阳市人民法院(2016)鲁 0682 民初 4640 号民事判决书:刘某勇与张某云悬赏广告纠纷案【边码 26】

41. 山东省青岛市中级人民法院(2015)青民五终字第 2595 号民事判决书:李某林与青岛公交集团有限责任公司悬赏广告纠纷案【边码 46】

42. 山东省青岛市中级人民法院(2017)鲁 02 民终 6660 号民事判决书:崂山区味在服务区私家菜馆与张某波悬赏广告纠纷案【边码 50】

43. 山东省威海市环翠区人民法院(2006)威环民一初字第 1639 号民事判决书:于某武等与威海市公证处等悬赏广告纠纷案【边码 26】

44. 陕西省西安市中级人民法院(2013)西民四终字第 00062 号民事判决书:温某与《华商报》社等悬赏广告纠纷案【边码 50】

45. 上海市南市区人民法院(92)南法民字第 1470 号民事判决书:田某其与吴某法给付悬赏金纠纷案【边码 4】

46. 上海市第二中级人民法院(2003)沪二中民四(商)终字第 252 号民事判决书:姚某海与上海大都市总公司悬赏广告纠纷案【边码 16】

47. 上海市第二中级人民法院(2017)沪 02 民终 10622 号民事判决书:上海戏谷网络科技有限公司与灵山县满天星网吧悬赏广告纠纷案【边码 48】

48. 四川省成都市中级人民法院(2009)成民终字第 4207 号民事判决书:刘某平与冯某全悬赏广告纠纷案【边码 4、26】

49. 四川省广安市中级人民法院(2020)川 16 民终 1745 号民事判决书:刘某与广安市和喜安筑房地产开发有限公司悬赏广告纠纷案【边码 21】

50. 天津市南开区人民法院(2017)津 0104 民初 10590 号民事判决书:白某与天津金昇国际旅行社有限责任公司悬赏广告纠纷案【边码 18、37】

51. 新疆维吾尔自治区阿克苏地区阿克苏市人民法院(2016)新 2901 民初 2396 号民事判决书:古丽尼萨汗・艾麦尔拉等与新疆高荣房地产开发有限公司悬赏广告纠纷案【边码 4】

52. 新疆维吾尔自治区克拉玛依市中级人民法院(2020)新 02 民终 100 号民事判决书:邬某江与新疆克拉玛依市黑豹房地产开发有限公司委托合同纠纷案【边码 16】

53. 浙江省杭州市西湖区人民法院(2018)浙 0106 民初 3228 号民事判决书:陈某与浙江金盈置业有限公司等悬赏广告纠纷案【边码 9、37】

54. 浙江省杭州市中级人民法院(2017)浙 01 民终 4455 号民事判决书:杭州西伯动漫科技有限公司与陈某悬赏广告纠纷案【边码 54】

55. 浙江省金华市中级人民法院(2018)浙 07 民终 648 号民事判决书:虞某利与浙江顶上智能家居股份有限公司悬赏广告纠纷案【边码 26、46】

56. 浙江省丽水市中级人民法院(2016)浙 11 民终 1417 号民事判决书:应某银与缙云县三溪乡三溪源村民委员会悬赏广告纠纷案【边码 26】

57. 最高人民法院(2016)最高法民申 1033 号民事裁定书:蒋某敏与上海市公安局悬赏广告合同纠纷案【边码 4、8、14】

第500条

缔约过失责任*

第500条　当事人在订立合同过程中有下列情形之一，造成对方损失的，应当承担赔偿责任：

（一）假借订立合同，恶意进行磋商；

（二）故意隐瞒与订立合同有关的重要事实或者提供虚假情况；

（三）有其他违背诚信原则的行为。

简　目

---

* 本文系基于《〈合同法〉第42条（缔约过失责任）评注》（载《法学家》2018年第1期，第179—191页）一文修订而成。

一、规范意旨、根据与特点

1　《民法典》第 500 条规定："当事人在订立合同过程中有下列情形之一，造成对方损失的，应当承担赔偿责任：（一）假借订立合同，恶意进行磋商；（二）故意隐瞒与订立合同有关的重要事实或者提供虚假情况；（三）有其他违背诚信原则的行为。"该规定为缔约过失责任之规定。〔1〕从该规定可以看出：第一，该规定不涉及合同效力问题，不解决意思自由何时可支撑起一个有效合同的问题；第二，该规定涉及的是损害赔偿问题，其规范意旨首先自然是损失的填补，其次也包含着对违背诚实信用原则的过失行为的抑制。不过，虽然《民法典》第 500 条不涉及合同效力问题，但意思自治维护仍在其考量范围，因为就其规范意旨来说，其需要在意思自治的维护和不当行为的抑制之间保持有效的平衡，防止行为抑制功能的过分发挥伤及意思自治。

2　认可缔约过程中当事人负有依诚信而为义务——先合同义务，其根据在于当事人因缔约磋商而接触时对相对方的合理信赖。诚实信用原则要求保护此种合理信赖，从而产生了缔约磋商者之间的协作、照顾和保护等义务。不过，《民法典》第 500 条并非仅依据单纯的信赖保护思想，从而，只要一方信赖是合理的，不论对方的行为是否违反诚实信用，皆须赔偿损失。赔偿损失仍须以行为人违反诚实信用原则为前提。〔2〕抑制违反诚实信用原则的过失行为和保护合理信赖，是为缔约过失责任制度之思想根据。〔3〕

3　由于援引诚实信用原则的兜底性内容（即第 3 项"有其他违背诚信原则的行为"）的存在，《民法典》第 500 条之规定具有缔约过失责任一般条款的特点。其调整的范围不局限于明确列举或个别规定的缔约过失情形，对各种违背诚实信用原

---

〔1〕从该规定的文义即可看出，当事人承担责任的情形不仅局限于"过失"的情形。"缔约过失"的用语实为中文表达的惯例，尚未见有学者误以为其仅适用于"过失"的情形。对"缔约过失"用语的质疑，参见吴合振、唐明晓：《是"缔约过失"责任还是"缔约过错"责任》，载《法律适用》2001 年第 7 期，第 14—15 页。

〔2〕自比较法角度看，就意思表示撤销等情形，缔约磋商当事人的赔偿并不一定需要其有过错或违反诚实信用原则。如根据《德国民法典》第 122 条规定，因错误等撤销意思表示的当事人须赔偿相对人或第三人"因信赖该意思表示有效所遭受的损害"。此规定仅言及"信赖"，并未言及当事人的过错或违反诚实信用原则，体现的是单纯的信赖保护的思想。而我国涉及缔约过失责任的《民法典》第 157 条和第 500 条与此不同，就缔约磋商当事人的赔偿皆设置了过错或违反诚实信用原则的前提条件。

〔3〕参见[德]卡尔·拉伦茨：《德国法上损害赔偿之归责原则》，王泽鉴译，载王泽鉴：《民法学说与判例研究（五）》，中国政法大学出版社 2005 年版，第 235 页。

则的缔约过失行为其皆有适用之余地。[4]

二、规范性质与体系定位

(一)规范性质

4 就《民法典》第500条(《合同法》第42条)的规范性质,学者间有争议,或认其为侵权责任之一种,或认其为不同于违约责任和侵权责任之独立的责任类型。主流的见解似乎支持后一种。[5] 由于在我国没有主张缔约过失责任为违约责任之一种的见解,因此,上述两种见解的差异的核心在于所谓的"独立性",即缔约过失责任是否独立于侵权责任。而是否独立于侵权责任问题的核心在于对缔约过程中先合同义务性质的理解:主张"独立性"者认为,该义务"通常要比侵权行为法所要求的注意义务为重"[6],是"特殊的信赖关系"中的义务[7];主张"非独立性"者则认为,虽然缔约协商已经使缔约者进入"一个比较紧密的关系"之中,但由此而生的先合同义务,"与侵权行为法上所确认的一般安全注意义务相比并没有本质的区别"[8]。

5 先合同义务的特点在于:缔约接触者之间形成特殊的联系,相互间的义务强于一般无缔约接触者之间的义务。"独立性"和"非独立性"的赞成者皆同意此点。此种违反先合同义务产生的责任是否应归属于侵权责任的问题,应考察归属与否是否会带来法律适用上的差别而加以分析。比较法上,以认可缔约过失责任独立性的德国法来看,缔约过失责任虽独立于侵权责任,但隶属于债务不履行责任。此时,缔约过失责任应归属于法定债务(的)不履行责任。[9] 从独立于侵权责任的角度看,《德国民法典》第823条第1款有关一般侵权行为之规定,其保护客体仅限于生命、身体、健康、自由四大法益以及绝对权,独立的缔约过失责任,其

---

〔4〕 自比较法角度看,缔约过失责任之适用情形不应仅局限于个别规定情形,似乎也是发展的方向。例如:我国台湾地区"民法"于1999年所增订的"第245条之1"的规定,2002年德国债法改革后增订的《德国民法典》第311条第2款的规定,皆因对诚实信用原则的援引,而具有一般规定之特点。

〔5〕 参见李中原:《缔约过失责任之独立性质疑》,载《法学》2008年第7期,第132页。

〔6〕 韩世远:《合同法总论》(第3版),法律出版社2011年版,第133页。

〔7〕 崔建远主编:《合同法》(第5版),法律出版社2010年版,第122页。

〔8〕 冉克平:《缔约过失责任性质新论》,载《河北法学》2010年第2期,第118页。另参见于飞:《我国〈合同法〉上缔约过失责任性质的再认识》,载《政法论坛》2014年第5期,第97页。

〔9〕 我国台湾地区1999年增订"民法""第245条之1"规定时,于立法理由部分认为:违反诚信缔约导致损害,"既非侵权行为,亦非债务不履行之范畴"。若认为这里的债务不履行就是违约责任,自无问题。但独立的缔约过失责任,虽然不属于侵权责任(并非债务不履行的责任),也非约定债务的不履行责任(违约责任),仍属于法定债务的不履行责任。因此,主张独立的缔约过失责任时,并不能不加限定地认为其"亦非债务不履行之范畴"。

保护客体则与之不同,可延伸至绝对权以外法益之保护;从隶属于债务不履行责任的角度看,先合同义务亦为一种债务,因此,得适用《德国民法典》债法总则的相关规定,尤其是其第 278 条的规定,即债务人应就其法定代理人或履行辅助人的过错行为造成债务不履行的情形对债权人承担无过错责任。[10] 其与侵权责任相比,有如下重要不同:(1)当缔约磋商者为缔约磋商使用辅助人,且辅助人为缔约磋商者的雇员时,若就缔约过失情形适用侵权责任的规定,则依据《德国民法典》第 831 条的规定,作为雇主的缔约磋商者仅负过错推定责任;而若就缔约过失情形适用债务不履行责任的规定,则依据《德国民法典》第 278 条的规定,作为雇主的缔约磋商者应负无过错责任,即雇主不能以证明自己无(选任或监督等的)过错而免责。(2)当缔约磋商者为缔约磋商使用辅助人,且辅助人并非缔约磋商者的雇员,而是与缔约磋商者并无指示服从关系的第三人(如承揽人)时,若就缔约过失情形适用侵权责任的规定,则《德国民法典》第 831 条不能适用,缔约磋商者只承担一般侵权行为的过错责任。但是,若就缔约过失情形适用债务不履行责任的规定,则依据《德国民法典》第 278 条的规定,即使辅助人并非缔约磋商者的雇员,也不论缔约磋商者是否有(选任或监督等的)过错,其都应当对缔约相对人因辅助人的过错行为而遭受的损害承担责任,是为无过错责任。

6 以比较法中上述两项法律适用上的差别为视角,可明了缔约过失责任独立性与否在我国民法体系中被评价时的关键之所在。

首先,我国《民法典》第 1165 条第 1 款规定:“行为人因过错侵害他人民事权益造成损害的,应当承担侵权责任。”该有关一般侵权行为的规定,并未如《德国民法典》第 823 条第 1 款限定其保护客体为绝对权(生命、身体、健康和自由,在我国法上皆为绝对权的客体)。这意味着,无论缔约过失责任是否独立于侵权责任,其皆可用来保护绝对权以外的法益。因此,从保护客体的角度来看,缔约过失责任独立于侵权责任的价值或理由不能成立。

其次,在我国侵权责任法中,雇主就雇员造成他人损害的情形应承担无过错责任,这一点不同于德国法上雇主的过错推定责任。当缔约磋商者使用雇员作为辅助人,且因辅助人的过错致缔约相对人损害时,依据《民法典》第 1191 条和第 1192 条的规定,缔约磋商者对缔约相对人应承担无过错责任,而非过错推定责任。由此,就缔约过失情形,当缔约磋商者使用其雇员作为辅助人,且因辅助人过错而致缔约相对人损害时,适用侵权责任,与适用债务不履行责任的结果一样,缔约磋商者皆承担无过错责任。这一点不同于德国法。以此点而论,缔约过失责任独立

---

〔10〕 参见[德]迪尔克·罗歇尔德斯:《德国债法总论》(第 7 版),沈小军、张金海译,中国人民大学出版社 2014 年版,第 9、69 页。

于侵权责任的价值或理由也不能成立。

最后，在我国侵权责任法中，通常会严格区分雇佣和承揽关系，雇主就雇员造成他人损害的情形应承担无过错责任，但定作人并不就承揽人造成他人损害的情形承担无过错责任。[11] 但是，履行辅助人的范围可以容纳承揽人，只要承揽人所为是在帮助定作人履行对他人的债务即可。当缔约磋商者使用的辅助人并非其雇员，而是承揽人时，如果我国民法中也认可债务人应就其履行辅助人造成的债务不履行承担无过错责任，则将缔约过失责任隶属于债务不履行责任，与将缔约过失责任隶属于侵权责任（非独立性）相比，会有重要的不同：即若缔约过失责任属于债务不履行责任，则缔约磋商者应就作为其履行辅助人的承揽人违反先合同义务的过错行为对缔约相对人承担无过错责任；若缔约过失责任属于侵权责任，则缔约磋商者并不就作为其履行辅助人的承揽人违反先合同义务的过错行为对缔约相对人承担无过错责任。也就是说，如果我国民法中也认可债务人应就其履行辅助人造成的债务不履行承担无过错责任，则在缔约磋商者使用的辅助人并非其雇员，而是承揽人时，就对缔约相对人的保护而言，使缔约过失责任隶属于债务不履行责任，与使缔约过失责任隶属于侵权责任相比，保护程度更高。[12] 如果我国民法并不认可债务人应就其履行辅助人造成的债务不履行承担无过错责任，则上述保护程度更高的结论并不成立，即缔约过失责任是否独立于侵权责任从而隶属于债务不履行责任，对当事人权益并无影响。

总的来说，就缔约过失责任独立性问题，应考虑其与债务不履行责任的关联，以作评判。从立法上来看，《民法典》实施前，我国民法几乎没有关于债务不履行责任的一般性规定。[13] 《民法典》中仍无债法总则，但新增第468条规定"非因合同产生的债权债务关系，适用有关该债权债务关系的法律规定；没有规定的，适用本编通则的有关规定，但是根据其性质不能适用的除外"。依据该条规定，就法定债务不履行，若非性质不能适用的，可以准用合同编的相关规定。债务人是否应

---

〔11〕 参见《人身损害赔偿解释》第10、11条。该条规定内容被吸收进《民法典》第1193条。

〔12〕 在债务不履行情形，雇员对相对人（债权人）并无债务，因此，不可能由雇员对外承担债务不履行责任。尤其在公司等法人为债务人的情形下，不通过雇员去履行债务是不可想象的。即使没有债务人就其履行辅助人行为负责的规定，雇员造成的债务不履行应由作为债务人的雇主承担责任，也是当然之理。唯此当然之理，是否仍须条文规定，才可成为法律依据，或许仍可争论。这里，权作假定。

〔13〕 《民法通则》第六章"民事责任"第一节"一般规定"中，第106条第1款规定："公民、法人违反合同或者不履行其他义务的，应当承担民事责任。"从此规定可以看出，立法者并无确立债务不履行责任一般规定的目的，理由是：此条中"其他义务"既包括债务，也包括并非债务的侵权法上的义务（此种义务违反，导致侵权责任，而非债务不履行责任），可见立法者并无意将合同义务和其他债务归为一类，就其违反，统合为债务不履行。唯一可称得上是债务不履行责任一般规定的，似乎只有一条，即《民法通则》第108条："债务应当清偿。暂时无力偿还的，经债权人同意或者人民法院裁决，可以由债务人分期偿还。有能力偿还拒不偿还的，由人民法院判决强制偿还。"

就其履行辅助人造成的债务不履行承担无过错责任,与这一问题相关的《民法典》规定为第 593 条,即:“当事人一方因第三人的原因造成违约的,应当依法向对方承担违约责任。当事人一方和第三人之间的纠纷,依照法律规定或者按照约定处理。”《民法典》实施后,可能通过第 468 条和第 593 条,建立债务人应就其履行辅助人造成的债务不履行承担无过错责任的制度,〔14〕否则,主张缔约过失责任独立于侵权责任,从法律适用的角度看,价值甚微。〔15〕

从实践来看,多数法院认为《合同法》第 42 条(《民法典》第 500 条)所规定的责任属于独立的责任类型,但也有少数法院判决明确认定其属于侵权责任的范畴。〔16〕

(二)《民法典》第 500 条与第 157 条第 2 句之关系

7　《民法典》第 157 条第 2 句(《合同法》第 58 条第 2 句)规定“民事法律行为无效、被撤销或者确定不发生效力后……有过错的一方应当赔偿对方由此所受到的损失;各方都有过错的,应当各自承担相应的责任”,此规定应为第 500 条的特别法,〔17〕因此,依据特别法优先于一般法的法理,发生规范排除的竞合,〔18〕由于《民法典》第 500 条关于损害赔偿法律后果的规定并无超出第 157 条规定范围的内

---

〔14〕 有学者认为,“缔约上过失,……法律效果上进入合同法法律效果轨道……在订立合同过程中,缔约人派遣履行辅助人的,因履行辅助人的过错违反附随义务,致使他方受损的,应由缔约当事人承担责任”。但此种观点并未详细言明为何以及如何“进入合同法法律效果轨道”。参见王洪亮:《债法总论》,北京大学出版社 2016 年版,第 81 页。《合同法》第 121 条规定:“当事人一方因第三人的原因造成违约的,应当向对方承担违约责任。当事人一方和第三人之间的纠纷,依照法律规定或者按照约定解决。”《民法典》第 593 条与之相比,在“向对方承担违约责任”前面增加了“依法”二字。若此条中“依法”仅指有关违约责任法律效果的规范,则“依法”二字是多余的;若此条中“依法”指有关违约责任构成要件的规范,则该条是多余的。另外,《合同法》第 121 条和履行辅助人制度的关联,参见解亘:《再论〈合同法〉第 121 条的存废》,载《现代法学》2014 年第 6 期。

〔15〕 不过,如果主张缔约过失责任,本就不应适用履行辅助人制度,就其适用履行辅助人制度,是对侵权法的“隐秘变革”,那么,依此主张,即使有履行辅助人制度,也不应承认缔约过失责任的独立性。此种主张,参见张金海:《耶林式缔约过失责任的再定位》,载《政治与法律》2010 年第 6 期,第 107 页。

〔16〕 例如,湖北省武汉市中级人民法院(2015)鄂武汉中民二终字 00725 号民事判决书。另外,本文所引案例,未作特别注解的,皆来源于北大法宝法律数据库(http://www. pkulaw. cn/)。

〔17〕 就损害赔偿,《民法典》第 157 条的用词为“过错”,第 500 条之用词并非“过失”或“过错”,而是在其第 3 项的兜底条款中使用“有其他违背诚信原则的行为”。因此,如果认为某些有过错的行为并非属于“违背诚信原则的行为”,则第 157 条第 2 句和第 500 条之间有交叉关系,由此发生的法条竞合则包含了特别关系之外的交叉关系。不过,即使如此,在某情形符合第 157 条第 2 句的适用条件时,不应适用第 500 条,此结论无须改变。

〔18〕 参见[德]卡尔·拉伦茨:《德国民法通论(上册)》,王晓晔等译,法律出版社 2003 年版,第 348—349 页。

容,因此,在符合第 157 条的情形,无须也不应适用第 500 条。[19] 但是,判决书的主文中称《民法典》第 157 条(《合同法》第 58 条)中的损害赔偿责任为缔约过失责任则并无不妥,在实践中,也有体现。[20]

《民法典》第 157 条第 2 句规定的损害赔偿,其构成要件有两处限定:第一,发生情形限定于"民事法律行为无效、被撤销或者确定不发生效力后";第二,损失限定于"由此所受到的损失",即因"无效、被撤销或者确定不发生效力"所受到的损失。由此,就其与《民法典》第 500 条的关系而言,可发生两项排除性后果:第一,合同不成立以及合同有效两种情形下,[21]《民法典》第 157 条不能适用,[22] 可能适用的是《民法典》第 500 条;第二,虽然发生了"合同无效、被撤销或者确定不发生效力"的情形,但是损失并非因"合同无效、被撤销或者确定不发生效力"引起,而是因为其他与"合同无效、被撤销或者确定不发生效力"无关的缔约过失事由引

---

〔19〕 不过,《民法典》第 157 条与《合同法》第 58 条相比,有两处不同,一是适用范围扩宽为"民事法律行为",且条文位置不再是合同法部分;二是增加了第 3 句,即"法律另有规定的,依照其规定"。因此,如何解释《民法典》第 157 条和第 500 条的关系,实际上存在较大的争论空间。不过,由于不论适用哪一条,构成要件和法律效果不会有实质差别,因此,争论的意义不大。就《民法典》施行前的情况,检索北大法宝法律数据库(http://www.pkulaw.cn/,2017 年 3 月 20 日访问),对"司法案例"下"案例与裁判文书"数据库中审结日期在 2017 年 3 月 17 日之前的案例进行检索发现:全文中含"《合同法》第五十四条"字样的案例共有 224 例,在该 224 例的结果中,含"《合同法》第五十八条"字样的案例共有 3 例,含"《合同法》第四十二条"字样的案例则为 0 例;检索全文中含"《合同法》第五十二条"字样的案例共有 1180 例,在该 1180 例的结果中,含"《合同法》第五十八条"字样的案例共有 27 例,含"《合同法》第四十二条"字样的案例则亦为 0 例。上述检索结果意味着:当合同因适用《合同法》第 52 条或第 54 条的结果而无效时,无效以外的法律后果(如赔偿损失等),在实践中通过适用《合同法》第 58 条来确定,无须引用到第 42 条。不过,上述检索受检索用词的限制,如"《合同法》第四十二、第五十八条"的并列用法则未在检索范围,为此,以全文中含"《合同法》第四十二条"且结果中含"五十八条"字样为检索标准,检索得 3 例。此 3 例中,2 例判决主文皆同时引用了《合同法》第 42 条和第 58 条,1 例涉及集体工业用地使用权转让合同无效后的缔约过失责任承担[浙江省衢州市中级人民法院(2012)浙衢民终字第 70 号民事判决书],另 1 例则涉及租赁合同未订立时的缔约过失责任承担[福建省泉州市中级人民法院(2004)泉民终字第 802 号民事判决书];另有 1 例中,判决主文只引用了《合同法》第 42 条[浙江省嘉兴市中级人民法院(2015)浙嘉商终字第 757 号民事判决书]。

〔20〕 如江苏省南京市中级人民法院(2002)宁民四终字第 139 号民事判决书;新疆维吾尔自治区乌鲁木齐市中级人民法院(2005)乌中民一终字第 1632 号民事判决书;浙江省绍兴市中级人民法院(2011)浙绍商终字第 58 号民事判决书。

〔21〕 从《合同法》第 58 条的规定的体系位置看,其所谓"被撤销",应仅限于"法定撤销"的情形。我国《合同法》第 186 条第 1 款就一般的赠与合同尚规定了"任意撤销"的情形。因此,在赠与人行使任意撤销权撤销赠与合同的情形下,是否以及在何种情形须赔偿受赠人的信赖利益损失,成为问题。不过,本文认为,即使认可特殊情形下受赠人信赖利益的赔偿,由于任意撤销权的行使亦与法定撤销权的形式一样,为事后否定法律行为的效力,应类推适用《合同法》第 58 条来解决。其导致撤销的原因亦非缔约中行为或事实,因此,不论法定撤销,还是任意撤销的情形,若涉及损害赔偿,皆不应适用《合同法》第 42 条。

〔22〕 例如,在福建省泉州市中级人民法院(2004)泉民终字第 802 号民事判决书中,法院认定合同不成立,却同时引用了《合同法》第 42 条和第 58 条,其对第 58 条的引用实属不当。

起时,则《民法典》第157条也不能适用,可能适用的是《民法典》第500条。[23]

另外,从体系位置看,《民法典》第157条第2句中民事法律行为"确定不发生效力"的情形应指《民法典》第一编第六章第三节"民事法律行为的效力"中涉及的情形,如第145条中限制行为能力人不能单独实施的民事法律行为,未获追认时,应确定不发生效力。其他确定不发生效力的情形,如需要批准而未获批准的法律行为,应依《民法典》第502条处理。

（三）《民法典》第500条与第501条

8 《民法典》第501条(《合同法》第43条)规定:"当事人在订立合同过程中知悉的商业秘密或者其他应当保密的信息,无论合同是否成立,不得泄露或者不正当地使用;泄露、不正当地使用该商业秘密或者信息,造成对方损失的,应当承担损害赔偿责任。"该条规定从体系位置上看似乎是第500条缔约过失责任一般规定的特别法。将《民法典》第501条作为第500条的特别法,在第500条的解释论上可能产生某种影响。由于第501条明文规定"无论合同是否成立",其构成要件显然不以合同不成立或不生效为前提,法律后果则包含了对固有利益(商业秘密的存在往往与缔约并无关联)的赔偿,因此,若不认为第501条是对第500条的偏离,则在第500条缔约过失一般规定的解释中亦可借鉴对第501条的上述解释结论。[24]

（四）《民法典》第500条与第159条、第476条和第487条

9 《民法典》第500条为损害赔偿类规范,并不涉及合同效力认定问题。当一方有缔约不当行为时,另一方因缔约而投入的成本即可能落空。法律的应对可能有

---

〔23〕 有疑惑的是,是否存在此种情形:虽然合同无效、被撤销或者确定不发生效力,但当事人一方有违反诚信原则的行为而无过错？若存在此种情形,则就此情形,《民法典》第157条第2句不能适用,但可能适用《民法典》第500条。如此,则就合同无效、被撤销或者确定不发生效力情形,亦可发生《民法典》第500条的法律适用问题。笔者认为,若限定某一种类的过错,如故意,则违反诚信原则的行为可能并非故意,从而与该类过错有分列的可能;若不限定过错的种类,则违反诚信原则的行为自然是有过错的行为。因此,就合同无效、被撤销或者确定不发生效力时的缔约过失责任承担问题,皆应诉诸《民法典》第157条解决,无须适用《民法典》第500条。

〔24〕 《民法典》施行前,在《合同法》第42条的适用上借鉴第43条解释的,参见北京市朝阳区人民法院民一庭:《论合同有效成立情况下的缔约过失责任》,载最高人民法院民事审判第一庭编:《民事审判指导与参考》(总第34集),法律出版社2008年版,第43页。不过,若合同有效,商业秘密或其他信息虽然在缔约过程中获取,但泄露或使用的义务违反行为常可发生在有效合同履行过程中,此时该义务违反并不产生缔约过失责任,可依据《民法典》第509条第2款等产生附随义务违反的违约责任。若从商业秘密的固有利益特性出发,甚至发生违约责任和侵权责任的竞合。另外,主要从侵权责任视角评价《民法典》第500条的见解,参见尚连杰:《〈民法典〉第501条(合同缔结人的保密义务)评注》,载《法学家》2021年第2期,第179—180页。

两种:一种为损害赔偿,另一种则通过使另一方因缔约而投入的成本因合同可能有效而不致落空。《民法典》第500条涉及前者(边码1),而《民法典》第159条、第476条和第487条涉及后者。《民法典》第159条、第476条和第487条分别可能涉及不正当地阻止条件成就、意图撤销不可撤销的要约以及未及时通知受要约人(因承诺超过期限而不予接受承诺)等行为。这些行为都和缔约过程有较强的关联,且不妨认为是违反诚实信用原则的行为。但法律就此提供的救济措施并非损害赔偿,就此类情形不应适用《民法典》第500条。比如:若要约人不当撤销其无权撤销的要约时,要约依然有效,受要约人不可一方面不予承诺从而接受合同不成立的后果,另一方面追究要约人的缔约过失责任。恰当的处理方式是:受要约人要么不予承诺,不得追究要约人的缔约过失责任;要么承诺,在要约人不履行合同的情形下,追究其违约责任。

三、适用范围

撇开《民法典》第157条不论,则《民法典》第500条适用范围,如前所述,首先包括合同不成立与合同有效两种情形(边码7)。另外,也包括不属于《民法典》第一编第六章第三节"民事法律行为的效力"中涉及的合同"确定不发生效力"的情形。这些情形中较为重要的,分别涉及仅有必须磋商义务的预约和待批准的合同。另外,有效合同情形下缔约过失责任承担问题亦值探讨。 10

(一)仅有"必须磋商"义务的"预约"

违反预约合同的责任性质特殊:从本约合同尚未成立的角度言,预约合同义务的违反引起的是缔约过失责任;[25]从预约合同已生效的角度,预约合同的违反产生违约责任,而非缔约过失责任;[26]或者综合地看,违反预约引起的既是违约责任,又是缔约过失责任。[27] 11

---

〔25〕 如张励与徐州市同力创展房地产有限公司商品房预售合同纠纷案,载《最高人民法院公报》2012年第11期。法院认为:被告违反预约合同,致使原告"丧失了按照预订单约定的房屋价格与他人另订购房合同的机会",应依据《合同法》第42条承担"违约责任"。这里,法官的思路显然是预约合同的违约责任即为本约合同的缔约过失责任。

〔26〕 如仲崇清诉上海市金轩大邸房地产项目开发有限公司合同纠纷案,载《最高人民法院公报》2008年第4期。二审法官认为被告未能依诚实信用原则——引用《合同法》第6条,而非第42条——履行预约合同,应依据《合同法》第113条承担违约责任。

〔27〕 如山东省济南市中级人民法院(2016)鲁01民终222号民事判决书,法官认为:"违反预约的行为既是预约违约行为,也是本约的缔约过失行为。预约的违约损失在总体上应当相当于本约的缔约过失责任范围,即相当于本约的信赖利益损失。"

修正前的《买卖合同解释》第 2 条曾规定:“当事人签订认购书、订购书、预订书、意向书、备忘录等预约合同,约定在将来一定期限内订立买卖合同,一方不履行订立买卖合同的义务,对方请求其承担预约合同违约责任或者要求解除预约合同并主张损害赔偿的,人民法院应予支持。”此条规定明确违反预约承担的责任为违约责任,且规定了解除合同的救济措施。这里的解除合同并非旨在使不利的合同效力丧失从而构成恢复原状意义上的赔偿损失,而是独立于恢复原状的针对违约行为的救济措施。《民法典》第 495 条第 2 款延续了违约责任的规定,即:“当事人一方不履行预约合同约定的订立合同义务的,对方可以请求其承担预约合同的违约责任。”另外,《民法典》第 495 条第 1 款规定:“当事人约定在将来一定期限内订立合同的认购书、订购书、预订书等,构成预约合同。”将前述司法解释中意向书和备忘录两种形式删除,不再作为预约合同的例子,从而使预约合同的界定和违约责任的法律后果更为匹配。

由此,在我国现行实证法上,一般地说,宜认为违反预约合同的责任为违约责任,〔28〕不应适用《民法典》第 500 条。在违约责任的视角下,笔者认为,因内容不确定或当事人不愿受订约义务拘束,“预约”当事人仅涉及“必须磋商”义务而非“必须订约”义务时,〔29〕该“预约”不具有合同法律效力,并非真正的“预约”,违反该“预约”产生的是缔约过失责任,而非违约责任。预约合同应仅指当事人有“订约义务”的情形。理由是:当事人之间有此类“必须磋商”约定时,由于没有“订约义务”,所谓“必须磋商”义务实质是必须“依诚实信用原则”磋商的义务,其义务违反所承担的责任无法与缔约过失责任相区分。由于《民法典》第 500 条第 3 项兜底条款的存在,违反诚实信用地磋商或不予进一步磋商,此类行为可受其调整,因此,区分亦无必要。〔30〕

---

〔28〕《民法典》施行前,检索北大法宝法律数据库(2017 年 4 月 9 日访问),对“司法案例”下“案例与裁判文书”数据库中审结日期在 2017 年 4 月 8 日之前的案例进行检索发现:全文中含“预约”字样的案例共有 27366 例,在该 27366 例中,含“违约责任”字样的案例共有 9217 例,而含“缔约过失责任”字样的案例则为 517 例。这意味着同时出现“预约”和“违约责任”用词的情况,要远高于同时出现“预约”和“缔约过失责任”用词的情况。尽管无法一一阅读所有这些案例以得到更精确的印象,例如所谓“同时出现”是否为同时出现在判决主文中,但实践中偏向于将违反预约的责任归结为违约责任,这一结论大致可以接受。

〔29〕实践中对“应履行缔结本约的义务”与“仅负诚信磋商的义务”两种情形的区分,参见杨卓:《当事人可为预约合同约定附加生效条件》,载《人民司法·案例》2014 年第 14 期;郭魏:《意向书的法律性质和效力》,载《人民司法·案例》2015 年第 22 期。

〔30〕至于在预约合同中,“订约义务”是否可以(以判决代替)强制履行,或仅引起损害赔偿责任,以及若损害赔偿,赔偿的利益应为履行利益,还是信赖利益,此类问题仍可再讨论。预约的相关问题,参见陆青:《〈买卖合同司法解释〉第 2 条评析》,载《法学家》2013 年第 3 期;汤文平:《论预约在法教义学体系中的地位》,载《中外法学》2014 年第 4 期;陈峻阳:《论预约合同的违约责任》,载《河南大学学报(社会科学版)》2021 年第 2 期。

（二）待批准的合同

12 某些合同须经行政机关的批准，如《中外合资企业法条例》第20条第1款规定："合营一方向第三者转让其全部或者部分股权的，须经合营他方同意，并报审批机构批准，向登记管理机构办理变更登记手续。"《证券法》（2014年修正）第101条第1款规定："收购上市公司中由国家授权投资的机构持有的股份，应当按照国务院的规定，经有关主管部门批准。"上述两例所涉及的皆为股权转让。[31] 就股权转让，从负担行为和处分行为区分的角度看，可意指两项不同的内容：意图转让股权的债权合同和直接引起股权变动的处分行为。假定法律、行政法规规定"须批准的"对象应为债权合同时，有缔约过失责任讨论的余地；若认为法律、行政法规规定"须批准"的对象仅为直接引起权利（股权等）变动的处分行为，则不产生缔约过失责任问题，因为此时，未批准不影响债权合同的效力，当事人自可依据债权合同追究违约责任，无涉缔约过失责任问题。[32] 这里要讨论的待批准的合同，仅指作为负担行为的债权合同。[33] 我国实践区分合同不生效与合同无效，上述合同若（最终）未获批准，其效力为不生效，而非无效。[34] 在是否可以获得批准得以确定之前，此类待批准的合同的效力属于未决状态，为效力待定合同。

13 待批准的合同处于效力未决状态时，若无相反约定，当事人依据诚实信用原则，应有促成合同获得批准的协作义务。理由是：法律或行政法规将批准作为合同生效要件时，并非意在警示当事人，使其在批准之前有反悔机会，而是实现国家

〔31〕 涉及待批准合同的，不限于股权转让。例如《矿产资源法》（2009年修正）第6条即规定了探矿权和采矿权转让的批准。

〔32〕 比如，在一起最高人民法院提审的案件[最高人民法院（2015）民提字第21号民事判决书]中，最高人民法院支持了一审法院的判决，该一审法院的承办法官即认为，"直接的股权转让、股权给付行为，……才是外商投资企业审批机关行政审查的对象——法律法规所要约束的应是股权的流转变更，而非当事人订立合同的自由"。林建益：《外商投资企业股权转让预约合同无须经审批即生效》，载《人民司法·案例》2016年第17期，第67页。不过，若认为待批准生效的是直接导致股权变动的法律行为，则无须批准即生效的并非如该文标题所示，为股权转让预约，而是股权转让的债权合同（本约）。

〔33〕 例如，《合同法解释一》第9条规定："依照合同法第四十四条第二款的规定，法律、行政法规规定的合同应当办理批准、登记等手续才生效，在一审法庭辩论终结前当事人仍未办理批准手续的，或者仍未办理批准、登记等手续的，人民法院应当认定该合同未生效；法律、行政法规规定合同应当办理登记手续，但未规定登记后生效的，当事人未办理登记手续不影响合同的效力，合同标的物所有权及其他物权不能转移。"依据该规定，合营一方向第三者转让其全部或者部分股权的，虽未经登记，因《中外合资企业法条例》第20条第1款并未规定"登记后生效"，因此，转让股份的债权合同仍可有效（假设已经批准）。但若未经批准，该转让股份的债权合同则仍处于未生效的状态。

〔34〕 参见《外商投资企业解释一》第1条第1款："当事人在外商投资企业设立、变更等过程中订立的合同，依法律、行政法规的规定应当经外商投资企业审批机关批准后才生效的，自批准之日起生效；未经批准的，人民法院应当认定该合同未生效。当事人请求确认该合同无效的，人民法院不予支持。"

对某些合同的管控以维护公共利益或国有利益；而从意思自治的角度看，当事人订立合同旨在追求合同的法律效果，而待批准合同的法律效果的发生有赖于行政机关的批准，因此，在合同已经成立且无意思自治瑕疵的情况下，若不使当事人负有促成批准的协作义务，与当事人订立合同的宗旨不符。[35] 就此而言，当事人促成合同获得批准的协作义务无须当事人的明确约定即可产生；当事人即使明确约定了该协作义务，从待批准合同尚未生效的角度，若当事人就该协作义务的违反并未约定不同于法定的缔约过失责任的后果时，宜将当事人违反协作义务的行为视为违反诚实信用原则的行为对待，从而承担的后果为法定的缔约过失责任。这也意味着在合同生效时，诚实信用原则的违反，如违反附随义务，导致当事人固有利益受损害时，既可视其为法定义务的违反，亦可视其为约定义务的违反，从而产生侵权责任和违约责任的竞合。[36] 但竞合应以合同有效为前提。合同尚未生效或已然无效时，则不发生竞合。否则，即等于认可单纯的遵守诚实信用原则的约定构成独立的合同，毫无必要，亦不应该。《民法典》施行前，《合同法解释二》第 8 条曾规定："依照法律、行政法规的规定经批准或者登记才能生效的合同成立后，有义务办理申请批准或者申请登记等手续的一方当事人未按照法律规定或者合同约定办理申请批准或者未申请登记的，属于合同法第四十二条第（三）项规定的'其他违背诚实信用原则的行为'，人民法院可以根据案件的具体情况和相对人的请求，判决相对人自己办理有关手续；对方当事人对由此产生的费用和给相对人造成的实际损失，应当承担损害赔偿责任。"从该规定可以看出，当事人未按照"合同约定"办理申请批准义务时，应承担的责任为《合同法》第 42 条所规定的缔约过失责任。《民法典》施行后，其第 502 条第 2 款规定："依照法律、行政法规的规定，合同应当办理批准等手续的，依照其规定。未办理批准等手续影响合同生效的，不影响合同中履行报批等义务条款以及相关条款的效力。应当办理申请批准等手续的当事人未履行义务的，对方可以请求其承担违反该义务的责任。"该条与前述第 495 条第 2 款有关预约合同义务违反规定相比，就法律后果并未明确为"违约责任"，而仅含糊地规定"违反该义务的责任"。依笔者看法，此处责任仍应界定为缔约过失责任。

14 待批准的合同不同于预约合同，预约合同下，当事人有订立本约的义务，而待

---

〔35〕 就此，同为效力待定合同，待批准合同与须法定代理人同意或追认的限制行为能力人所为法律行为有不同：后者属于意思自治有瑕疵的情形，其中，限制行为能力人并无获取法定代理人同意或追认的义务，法定代理人亦无同意或追认的义务。

〔36〕 参见朱晓喆：《瑕疵担保、加害给付与请求权竞合》，载《中外法学》2015 年第 5 期，第 1129 页。

批准的合同已经成立，处于效力未决状态，并无另外的本约需要订立。〔37〕但是，当事人为促成合同获得批准的协作义务规定了违约金等特别的（即不同于法定缔约过失责任的）法律后果时，其约定虽非预约，但可视为独立的合同。〔38〕该独立合同并非属于待批准合同的部分生效，因为即使待批准的合同（经批准而）生效，该生效的合同中也不包含促成合同获得批准的协作义务。

（三）有效合同

15 合同有效时，是否有《民法典》第500条（《合同法》第42条）之适用余地？此一问题，多有争议。有学者认为："区分合同责任和缔约过失责任首先要依合同关系是否成立为认定标准。如果存在合同关系则应适用合同责任，如果不存在合同关系则可以考虑缔约过失责任。"〔39〕另有学者则从比较法的角度，结合《合同法》第42条的文义，认为："《合同法》第42条第2项……其实已经为合同有效型缔约上过失责任留有了法律上存在的空间。"〔40〕

16 司法实践中，抛开预约不论，合同有效情形下原告请求被告依《合同法》第42条承担缔约过失责任且得到法院支持的判决极为稀少，有明确案号和判决书全文的，〔41〕笔者仅检索到两例：一例中，地方政府规定购买从未办理过网签的房屋得享受政府补贴，被告出售房屋时未告知原告其房屋曾经办理过网签，卖给原告属于改变网签，由此，原告不能享受政府补贴。法院认为：被告缔约时未尽到告知义务，致原告不能享受政府购房补贴，依据《合同法》第42条的规定，应承担相应的赔偿责任。〔42〕另一例中，"讼争合同的主要内容是以欧元利率指数符合某种计算公式时双方互为给付"，法院认为合同有效，但"依诚实信用原则，工行外滩支行作为专业银行，在与乍嘉苏公司签订此类履行期限长达数十年的合同时，有义务将

〔37〕就此而言，笔者赞同下述判决主文："于某波与龙山金矿约定转让探矿权、采矿权条款的《协议书》，未经地质矿产主管部门批准，根据《合同法》第四十四条第二款的规定，应确认于某波与龙山金矿签订的《协议书》未生效……本案中，双方当事人……并没有约定在一定期限内另行签订买卖合同的意思表示，因此原审法院认定双方签订的《协议书》为预约合同并确认有效，属于认定事实和适用法律错误，应予以纠正。"参见山东省高级人民法院（2013）鲁商终字第239号民事判决书。

〔38〕《外商投资企业解释一》第1条第2款规定："前款所述合同因未经批准而被认定未生效的，不影响合同中当事人履行报批义务条款及因该报批义务而设定的相关条款的效力。"就此规定，应理解为若当事人的合同中有违反报批义务承担不同于法定缔约过失责任后果的条款时，该部分条款形成了独立的合同，但并非预约。

〔39〕王利明：《合同法新问题研究》，中国社会科学出版社2003年版，第149页。

〔40〕参见韩世远：《合同法总论》（第3版），法律出版社2011年版，第129页。

〔41〕无判决书全文但在论文中有介绍的此类案例，参见北京市朝阳区人民法院民一庭：《论合同有效成立情况下的缔约过失责任》，载最高人民法院民事审判第一庭编：《民事审判指导与参考》（总第34集），法律出版社2008年版，第43页。

〔42〕参见四川省成都市郫县人民法院（2014）成郫民初字第565号民事判决书。

乍嘉苏公司退出合同的程序、方法和费用等因素告知。工行外滩支行现无证据证明自己于缔约时履行上述告知义务，本院可以认定其在缔约时存在过失”〔43〕。之所以很少发现法院支持有效合同情形下的缔约过失责任，从司法实践来看，原因也很可能是，法院并没有机会对合同有效情形下的缔约过失责任问题表达意见，因为原告在合同有效情形下主张缔约过失责任似乎极为罕见。〔44〕

17 上述支持有效买卖合同情形下缔约过失责任的案例的特点在于：（1）被告违反的是缔约时的告知义务，合同一旦签订生效，则再为告知已迟，即被告违反的并非合同（订立后）履行中的告知义务。（2）缔约告知义务的内容并非标的物的瑕疵，撤销合同使合同归于无效，则买方不能得到该无瑕疵的标的物，因此，若告知义务违反造成的损失可以被弥补，买方并无动力去撤销房屋买卖合同。在此情形下，买卖合同成立并生效，一方面，由于被告违反的并非合同履行过程中的告知义务，标的物亦无瑕疵，买方追究对方违约责任较为不易；另一方面，若不认可有效合同下的缔约过失责任，则买方追究出卖人缔约过失责任，只能以撤销合同从而使合同无效为前提。而在标的物并无瑕疵的情形下，强迫买受人撤销合同才能受缔约过失责任制度的保护并无任何正当性，也不利于对交易的鼓励和促进。因此，笔者认为，以买卖合同为例，至少在出卖人缔约告知义务违反无涉标的物瑕疵的情形下，应认可有效合同情形下的缔约过失责任。

总之，合同有效成立后，一概否定当事人不撤销合同即不能享受缔约过失责任制度（此时为《民法典》第 157 条）的保护，并无正当性。《民法典》第 500 条中未见任何排除合同有效情形的用语或暗示，其适用范围的关键并非合同有效与否，而是违反的义务属于缔约过程中的义务，而非合同履行过程中的义务。

四、构成要件

18 当事人依据《民法典》第 500 条（《合同法》第 42 条）承担缔约过失责任，须满足以下三个条件：义务违反、损害以及两者间的因果关系。义务违反是指在订立合同过程中有违背诚实信用原则的行为，即缔约中的过错行为，〔45〕分别包括：（1）假借订立合同，恶意进行磋商；（2）故意隐瞒与订立合同有关的重要事实或者

---

〔43〕 参见上海市高级人民法院（2013）沪高民五（商）终字第 5 号民事判决书。

〔44〕 比如，在一起案例中，原告认为被告订立房屋买卖合同时隐瞒了某些附属设施的存在，从而造成房屋价值的下降。但原告并未主张缔约过失责任，而是主张违约责任或瑕疵担保责任中的减价请求权。参见重庆市江北区人民法院（2015）江法民初字第 10885 号民事判决书。

〔45〕 由于违反诚实信用原则行为的认定中应当包含对行为人是否应该以及能够尽到必要注意的考量，因此，无须将过错和义务违反分开作为构成要件，缔约过失责任中的义务违反和过错是同一的。

提供虚假情况;(3)其他违背诚信原则的行为。由于《民法典》第500条第3项作出了"其他违背诚信原则"行为的兜底规定,因此,其第1项、第2项应仅为示例性的规定,并不具有限定的作用。〔46〕 除《民法典》第501条(《合同法》第43条)规定的保密义务外,《民法典》第500条所涉及的诚实信用原则引发的缔约过程中的义务大致可分为:诚信磋商义务、告知义务、协作义务与保护义务。此种划分并非也不一定需要有明确的界限,义务违反与否的认定,其核心即在于诚实信用原则的解释。该解释不可避免地会具有因须契合于个案和情境而生的弹性。

(一)违反诚信磋商义务

进入磋商阶段,合同当事人不可避免地会为开启和继续磋商进行一定程度的缔约上的成本投入,若磋商违反一方的意愿而中断或终止时,该方的缔约成本投入即可能成为损失,从而引发纠纷。诚实信用原则需要在一方缔约自由和对方合理信赖之间保持恰当的平衡。一方面,当事人不能假借订立合同,恶意磋商,引发对方完全不值得的缔约投入;另一方面,当事人若在合同成立前贸然进行过大的投入,则应承受合同不能订立带来的投入落空的风险,否则,无异于强使他人缔约,不合缔约自由之精神。双方当事人应遵守的都是诚信磋商的义务。 19

由于缔约过程中合同尚未成立,当事人并不受有效合同拘束,为避免侵害缔约自由,除非缔约当事人违反了缔约过程中的明确约定,否则,应尽量让缔约当事人自己承受磋商中断以致合同不能成立的风险。〔47〕 司法实践中除预约情形外,似乎也较少出现因中断磋商而承担缔约过失责任的案例。〔48〕 比如,在以下一些 20

---

〔46〕《民法典》实施前,有学者认为:"《合同法》第42条第1项与第2项规定的恶意磋商、欺诈是典型的以故意为归责基础的缔约不当行为。……以此而言,《合同法》第42条第3项规定的'其他违背诚实信用原则的行为',在解释上应限制为,故意实施的缔约不当行为。"朱广新:《信赖保护原则及其在民法中的构造》,中国人民大学出版社2013年版,第273页。但是,此种理解并无正当根依据,亦与实践不合,因为未见有法院判决明确将缔约过失责任限定在仅为故意行为的情形。

〔47〕下面一段话可供参考:"双方在磋商过程中,针对意向书中未作约定的内容或超出意向书约定范围的内容,一方不同意另一方的方案、意见,属于双方在签订预约合同时应该能够预见到的风险,属于正常商业磋商范围,不构成恶意磋商,不构成一方对另一方的利益损害。"参见上海市第二中级人民法院(2015)沪二中民四(商)终字第54号民事判决书。

〔48〕《民法典》施行前,检索北大法宝法律数据库(http://www.pkulaw.cn/,2017年4月30日访问),对"司法案例"下"案例与裁判文书"数据库中的案例进行检索发现:全文中含"属于恶意磋商"字样的案例共有85例,全文中含"中断磋商"字样的案例仅有1例,逐一阅读,未发现一例被告因恶意磋商或中断磋商而承担缔约过失责任的案例。另外,有2篇文献以"中断磋商"的相关内容为主题,其中一篇中并未见对中国大陆因恶意磋商而承担缔约过失责任案例的介绍,参见叶金强:《论中断磋商的赔偿责任》,载《法学》2010年第3期;另一篇中也仅涉及少量相关案例,且是否都属于"中断磋商类型"的缔约过失责任案例,也有可议之处,参见周江洪:《缔约过程中的磋商义务及其责任》,载《绍兴文理学院学报》2010年第6期。

案例中，法院皆否认了中断磋商的缔约过失责任：(1)尽管买卖双方在正式的批量供货合同签订前就样品价格作出过约定，但在市场价格发生变动后，一方决定参考新的市场价格，在正式供货合同的缔结过程中提出包含不同于样品约定价格内容的要约时，并不构成恶意磋商，从而并不就磋商中断负缔约过失责任。〔49〕(2)当事人双方在投资意向书中约定一方同意为对方的土地置换事项进行协调，但对于是否必须置换成功以及置换土地的具体位置和面积均未作出明确约定时，该投资意向书并非导致订立本约义务的预约，由于土地管理部门的决定，一方无法协调成功土地置换事项时，并不构成对诚信磋商义务的违反。〔50〕(3)当事人双方在《股权转让框架协议》中约定“若股权转让最终达成一致，该诚意金冲做股权转让价款；若未最终达成股权转让协议，则该诚意金即刻返还受让方”，由此约定可知，双方并无约定订立本约的义务。框架协议达成后，双方为缔约又进行了多次函件往来，但最终仍未能达成正式的股权转让协议。此时，当事人无须为磋商的终止负缔约过失责任。〔51〕(4)双方在框架协议中约定了股权转让的暂定价格，在缔结正式合同的过程中，出让方抬高出价的行为不构成恶意磋商。〔52〕

21 当事人虽然通常有中断磋商的自由，但若一方已经确定不再订立合同，若违反诚信地未能及时告知对方，从而及时中断磋商，则实质上会构成不当继续磋商的缔约过失行为。比如，在最高人民法院终审的一起案件中，被告确定不再订立合同但未及时告知对方，导致信赖合同可能订立的对方承担了不必要的停产等损失时，法院认为被告应承担缔约过失责任。〔53〕

(二)违反告知义务

22 诚实信用原则首先要求当事人在缔约过程中不得“故意隐瞒与订立合同有关的重要事实或者提供虚假情况”(《民法典》第 500 条第 2 项)。其次，仅过失地未提供与订立合同有关的重要事实或提供了错误的信息，也有可能构成违反诚实信用原则，从而依据《民法典》第 500 条第 3 项的规定，应承担缔约过失责任。《保险法》第 16 条即有关于“因重大过失”未履行如实告知义务的规定。

23 但是究竟何谓“与订立合同有关的重要事实或情况”？笼统地说，所谓“与订立合同内容有关”应指影响相对人订约意愿和订约条款安排的事实和情况；而所谓“重要”则只能就特定的交易情形，结合具体的合同类型和交易惯例等加以具体

〔49〕 参见最高人民法院(2008)民二终字第 8 号民事判决书。
〔50〕 最高人民法院(2014)民申字第 263 号民事裁定书。
〔51〕 新疆维吾尔自治区高级人民法院(2015)新民三终字第 00060 号民事判决书。
〔52〕 上海市第二中级人民法院(2015)沪二中民四(商)终字第 54 号民事判决书。
〔53〕 最高人民法院(2004)民一终字第 87 号民事判决书。

的判断。关于告知义务及其内容，在若干重要领域，法律或行政法规已经有明确的规定。有的是具体的列举的方式：如《消费者权益保护法》（2013年修正）第8条和第20条就经营者应向消费者提供的信息有详细的规定，《商业特许经营管理条例》（2007年实施）第三章详细规定了特许人信息披露义务的内容；有的则是统括的说明：如《保险法》第16条规定可导致保险人解除合同的情形为投保人未如实告知“足以影响保险人决定是否同意承保或者提高保险费率的”内容。影响相对人订约意愿和订约条款安排的，主要是指涉及标的物或服务瑕疵的情形。例如：出卖人未披露过所售房屋曾经发生非正常死亡事件的信息，构成故意隐瞒重要事实；[54] 提供创建网站的被告未能如实告知原告，其所创建网站并不具有终身入驻“一淘网”资格的事实，构成提供虚假情况。[55]

（三）违反协作义务

违反协作义务主要发生在待批准合同的合同成立但未生效情形。这里所谓协作是指缔约双方为共同目标而努力。待批准的合同成立，意味着缔约双方就合同条款的谈判基本宣告结束，但由于合同尚未生效，仍须一方或双方当事人为合同生效而努力，此即协作义务（边码13）。协作义务发生的前提是合同并无其他影响效力的瑕疵，若有瑕疵，只有待此类瑕疵消除后，才有积极的协作义务。[56] 协作义务既包括积极提交申请材料以获取批准的义务，也包括在申请有瑕疵需要补正时积极提交补正材料的义务。判断缔约当事人中谁来承担提交申请材料的义务，除了依当事人的约定外，法律法规等规定也是依据。[57] 当承担报批义务的一方完成报批材料的准备等事项需要另一方的协助时，另一方依诚信原则有提供协助的协作义务。[58] 24

（四）违反保护义务

广义而言，缔约阶段诚信原则引起的所有义务皆可称作保护义务，即防止对 25

---

〔54〕参见上海市浦东新区人民法院（2015）浦民一（民）初字第3599号民事判决书。法院认为，“被确定或冠以凶宅的房屋通常都难以出售，或出现价值贬损”，因此，出卖人有义务披露此类信息。参见魏婷婷：《房屋买卖合同中的信息披露义务》，载《人民司法·案例》2016年第23期。

〔55〕参见上海市第一中级人民法院（2013）沪一中民五（知）终字第91号民事判决书。

〔56〕王文胜：《论合同生效前当事人的协作义务》，载《私法研究》2012年第1期，第75页。

〔57〕例如，“根据国资企发〔1994〕81号《股份有限公司国有股权管理暂行办法》第二十九条第二款规定，转让国家股权须遵从国家有关转让国家股的规定，由国家股持股单位提出申请”，参见浙江省高级人民法院（2010）浙商初字第3号民事判决书。

〔58〕参见最高人民法院（2014）民申字第1931号民事裁定书。虽然在该案中，报批和协助等协作义务的违反是被作为违约行为对待的，但其有关协作义务内容的认定仍值得参考。

方遭受财产或精神上的损失。这里,保护义务为狭义,是指缔约当事人防止对方固有利益遭受损失的义务。在缔约阶段,所谓固有利益是指与缔约活动并无必然关联的当事人人身和财产完整性的利益。有称之为维持利益,[59] 亦有称之为完全性利益。[60] 若缔约,则必然会支出缔约费用,丧失可能的更好的缔约机会(既包括丧失与第三人缔约机会,也包括丧失与相对人订立更好合同的机会)。此类订约费用或机会丧失,构成当事人信赖对方从而投入缔约活动所遭受的损失,属于信赖利益受损,并非固有利益受损。其他因信赖合同有效成立的费用支出,若合同不成立、不生效、无效或被撤销,支出费用则落空。此类落空的费用支出亦属于信赖利益受损,并非固有利益受损。[61]

26 缔约过程中保护义务的认定,在实践中,并不鲜见。例如,下述判决书中法官认为:"原告张某与被告万达百货公司为缔结合同而进行接触、准备或磋商过程中,被告万达百货公司有义务保护原告张某的人身安全";[62] "拟订立合同的双方当事人在缔约过程中应当善尽必要的注意义务,相互促进,保护对方人身及财产权利不受侵犯,这是民法中诚实信用原则最基本的要求。"[63] 但是,因缔约过程中(狭义)保护义务违反承担缔约过失责任而不是侵权责任的情形,在实践中似乎未见。

五、法律效果

27 因一方缔约过程中义务违反而造成对方的损失,该方有损害赔偿之责任。在此缔约过失责任情形下,所需赔偿的受损利益类型及范围,应依是否和缔约过程中的义务违反有因果关系而定。通常情形为信赖利益受损,既包括因信赖受挫时合同未能有效成立而落空的费用,如订约费用、履约准备费用和与履约无关而支出的费用(如承租人对租赁物的装修装饰费用等),也包括因信赖受挫而订立一个

---

〔59〕 参见王洪亮:《债法总论》,北京大学出版社 2016 年版,第 82 页。

〔60〕 参见韩世远:《我国合同法中的缔约上过失问题研究》,载《法学家》2004 年第 3 期,第 128—129 页。

〔61〕 例如,因信赖租赁合同有效成立承租人所支出的装修费用等因合同不成立而落空,参见甘肃省天水市中级人民法院(2010)天民二终字第 94 号民事判决书。另参见《最高人民法院关于审理城镇房屋租赁合同纠纷案件具体应用法律若干问题的解释》(法释〔2009〕11 号)第 9 条。

〔62〕 内蒙古自治区呼伦贝尔市中级人民法院(2015)呼民终字第 400 号民事判决书。

〔63〕 湖南省湘西土家族苗族自治州中级人民法院(2015)州民一终字第 790 号民事判决书。

不利合同的损失,以及因信赖受挫而丧失其他订约机会的损失。[64] 一方诚信磋商义务的违反常引起对方落空的费用,或其他订约机会丧失的损失。而告知义务违反,理论上,常可引起有效合同情形下的损失,其损失类型即为"一个不利合同的订立"。例如,买卖合同中,出卖人于缔约时有未依诚信原则告知标的物瑕疵的义务违反时,不知标的物瑕疵的买受人,因出价过高而订立了一个不利的合同。若买受人未撤销合同,订立此不利合同,对其即构成因缔约过失而造成的损失。但实践中,"一个不利合同的订立"作为损失,在缔约过失责任中较为少见。

不同的义务违反可能引起不同利益类型的赔偿,理论上,不能一概排除履行利益(即可期待合同履行所带来的利益)的赔偿。例如,待批准合同中一方违反协作义务致使合同不生效时(边码24),若一方积极协作即可导致合同被批准而生效,并无其他阻碍批准得到实现的政策考量等因素时,则期待合同被批准可带来的利益虽然为履行利益(即期待合同生效并由此而期待合同得到履行而带来的利益),但仍在缔约过失责任的赔偿范围中。[65] 实践中,似乎未见明确支持协作义务违反的履行利益赔偿。 28

由此,缔约过失责任与违约责任区别的关键不在于须赔偿的受损害利益的类型,而在于义务违反的类型,即与损害有因果关系的义务违反究竟发生在缔约过程中抑或履约过程中。由此,司法判决中出现的"因先合同义务违反而承担违约责任"的说法即有不妥,是对义务违反未能仔细分析的结果。例如,在一起案例中,出租人于订约时未告知租赁物上存在抵押权和司法查封的重要事实,合同成立后因抵押权人行使抵押权致使承租人不能继续使用租赁物,承租人要求解除合同并赔偿损失得到法院的支持。案件审理结果值得赞同,但审理法官将此情况总结为"出租人违反先合同义务之违约责任承担",则有不妥。[66] 因为与订约时告知义务违反有因果关系的损害是指承租人订立了一个于自己不利的合同,即如果订约时出租人告知,则承租人不会订立合同或不会订立实际存在的那个于自己不 29

〔64〕 实践中,虽然常认为违反预约应承担违约责任,但支持的损害赔偿却是信赖利益的损害赔偿。预约常发生于商品房预售领域,当卖方违反预约,且诉讼时房价相比于订约时有上涨时,买方的信赖利益损害包括因丧失其他订约机会而可能再次购买房屋不得不承受更高房价的损失。此种"差价损失"在一些判决中得到支持,参见滕威:《商品房预约协议之认定及违约责任承担》,载《人民司法·案例》2013年第8期。但也有判决不予支持,如湖南省岳阳市中级人民法院(2014)岳中民一终字第320号民事判决书。该不支持的判决认为,"房屋差价260000元属于本约履行意义上的可得利益损失",而"未达成本约,仅是丧失一次订立合同的机会,并无履行利益可言",因此,差价损失不予赔偿。不过,在笔者看来,此判决认识有误。即使出卖人违反预约仅应承担信赖利益损失,该损失也可包括房屋价格上涨带来的差价损失。因为丧失的订约机会更多的是指丧失了与其他人订约的机会。若与其他人订约,则此房屋价格上涨带来的差价损失原本可以避免。因此,差价损失应属于信赖利益赔偿的范围。

〔65〕 参见王文胜:《论合同生效前当事人的协作义务》,载《私法研究》2012年第1期,第81—82页。

〔66〕 参见陈敏:《出租人违反先合同义务之违约责任承担》,载《人民司法·案例》2015年第10期。

利的合同。本案中的违约行为并非告知义务违反,而是出租人不能使承租人继续使用租赁物。如果出租人虽然在订立合同时未告知抵押权和司法查封的事实,但事后积极努力使该抵押权或司法查封被去除,以致承租人继续使用租赁物不受妨碍,则仍无须承担违约责任。

30 就缔约过失责任情形下固有利益的赔偿,虽有学者主张,[67]但实践中似乎未见其例(边码26)。

六、举证责任

31 主张《民法典》第500条之缔约过失责任者应负举证责任,举证事项为:(1)损害;(2)缔约相对人有违反诚实信用原则的行为,即义务违反;(3)该违反诚实信用原则的行为发生于缔约过程中;(4)义务违反与损害之间有因果关系。

附:案例索引

1. 重庆市江北区人民法院(2015)江法民初字第10885号民事判决书:赵某与重庆宏帆实业有限公司商品房销售合同纠纷案【边码16】

2. 福建省泉州市中级人民法院(2004)泉民终字第802号民事判决书:泉州花卉城有限公司与王某建土地租赁合同纠纷案【边码7】

3. 甘肃省天水市中级人民法院(2010)天民二终字第94号民事判决书:张某霞等与王某娃等房屋租赁合同纠纷案【边码25】

4. 湖北省武汉市中级人民法院(2015)鄂武汉中民二终字00725号民事判决书:武汉正大有限公司与杜某东等公司侵权责任纠纷案【边码6】

5. 湖南省湘西土家族苗族自治州中级人民法院(2015)州民一终字第790号民事判决书:付某发与湘西土家族苗族自治州中心血站违反安全保障义务责任纠纷案【边码26】

6. 湖南省岳阳市中级人民法院(2014)岳中民一终字第320号民事判决书:湖南岳阳花板桥市场开发有限公司与李某喜商品房预约合同纠纷案【边码27】

7. 江苏省南京市中级人民法院(2002)宁民四终字第139号民事判决书:胥某顺等与南京金榜佰业贸易有限公司租赁合同纠纷案【边码7】

8. 内蒙古自治区呼伦贝尔市中级人民法院(2015)呼民终字第400号民事判决书:中建二局装饰工程有限公司等与张某等违反安全保障义务责任纠纷案【边码26】

---

〔67〕 参见余向阳、袁菁:《超市对顾客搜身应承担缔约过失责任》,载《政治与法律》2000年第1期。另外,有学者对固有利益和信赖利益的界定与笔者有所不同,从笔者视角观察,其实际上主张缔约过失责任下此处所言之固有利益之赔偿,参见郗伟明:《论合同保护义务的应然范围》,载《清华法学》2015年第6期。

9. 山东省高级人民法院(2013)鲁商终字第239号民事判决书:于某波与蓬莱市龙山金矿有限公司采(探)矿权及资产转让合同纠纷案【边码14】

10. 山东省济南市中级人民法院(2016)鲁01民终222号民事判决书:济南冠华建设投资有限公司与李某宇商品房预约合同纠纷案【边码11】

11. 上海市第二中级人民法院(2015)沪二中民四(商)终字第54号民事判决书:中富众华国际贸易有限公司与上海精文置业(集团)有限公司等缔约过失责任纠纷案【边码20】

12. 上海市第一中级人民法院(2013)沪一中民五(知)终字第91号民事判决书:宁波中某网络科技有限公司等与上海某绣贸易有限公司计算机软件开发合同纠纷案【23】

13. 上海市高级人民法院(2013)沪高民五(商)终字第5号民事判决书:嘉兴市乍嘉苏高速公路有限责任公司与中国工商银行股份有限公司上海市外滩支行金融衍生品交易纠纷案【边码16】

14. 上海市浦东新区人民法院(2015)浦民一(民)初字第3599号民事判决书:肖某等与杜某荣房屋买卖合同纠纷案【边码23】

15. 四川省成都市郫县人民法院(2014)成郫民初字第565号民事判决书:林某等与成都晨光房地产开发有限公司商品房预售合同纠纷案【边码16】

16. 新疆维吾尔自治区高级人民法院(2015)新民三终字第00060号民事判决书:赤峰久盛矿业有限责任公司与深圳市安岩矿业有限公司等股权转让纠纷案【边码20】

17. 新疆维吾尔自治区乌鲁木齐市中级人民法院(2005)乌中民一终字第1632号民事判决书:荣某与新疆聚天房地产开发有限公司商品房买卖合同纠纷案【边码7】

18. 张励与徐州市同力创展房地产有限公司商品房预售合同纠纷案,载《最高人民法院公报》2012年第11期【边码11】

19. 浙江省高级人民法院(2010)浙商初字第3号民事判决书:新昌××实业发展有限公司与浙江省××县国有资产经营有限公司股权转让合同纠纷案【边码24】

20. 浙江省嘉兴市中级人民法院(2015)浙嘉商终字第757号民事判决书:浙江天程律师事务所与浙江东菱股份有限公司缔约过失责任纠纷案【边码7】

21. 浙江省衢州市中级人民法院(2012)浙衢民终字第70号民事判决书:姚某某等与开化县××储备中心建设用地使用权合同纠纷案【边码7】。

22. 浙江省绍兴市中级人民法院(2011)浙绍商终字第58号民事判决书:潘某某与章某某买卖合同纠纷案【边码7】

23. 仲崇清诉上海市金轩大邸房地产项目开发有限公司合同纠纷案,载《最高人民法院公报》2008年第4期【边码11】

24. 最高人民法院(2004)民一终字第87号民事判决书:贵州磨料厂与贵州省龙洞堡机场建设工程指挥部等相邻权纠纷案【边码21】

25. 最高人民法院(2008)民二终字第8号民事判决书:陕西咸阳星云机械有限公司与彩虹集团电子股份有限公司缔约过失责任纠纷案【边码20】

26. 最高人民法院(2014)民申字第 1931 号民事裁定书:谢某强等与愿景集团控股有限公司股权转让纠纷案【边码 24】

27. 最高人民法院(2014)民申字第 263 号民事裁定书:澳华资产管理有限公司与洋浦经济开发区管理委员会建设用地使用权纠纷案【边码 20】

28. 最高人民法院(2015)民提字第 21 号民事判决书:中国宝安集团股份有限公司等与内蒙古嘉泰投资集团有限公司股权转让纠纷案【边码 12】

第501条

合同缔结人的保密义务*

第501条　当事人在订立合同过程中知悉的商业秘密或者其他应当保密的信息,无论合同是否成立,不得泄露或者不正当地使用;泄露、不正当地使用该商业秘密或者信息,造成对方损失的,应当承担赔偿责任。

简　目

* 本文系基于《〈民法典〉第501条(合同缔结人的保密义务)评注》(载《法学家》2021年第2期,第177—190页)一文修订而成。

一、规范意旨

(一)规范史略

1 《民法典》第 501 条规定:“当事人在订立合同过程中知悉的商业秘密或者其他应当保密的信息,无论合同是否成立,不得泄露或者不正当地使用;泄露、不正当地使用该商业秘密或者信息,造成对方损失的,应当承担赔偿责任。”相较于《合同法》第 43 条,增加了“其他应当保密的信息”,意在扩大保密义务的射程。回顾立法史可以发现,这一做法并非完全是面向未来的“革新”,在某种程度上亦是向过往的“回归”。在《合同法(试拟稿)》(1995 年 1 月)中,第 30 条曾对保密义务作了规定,其保护范围并未限于商业秘密,不过以“一方当事人提供信息时要求保密”为要件。此后,《合同法(征求意见稿)》(1997 年 5 月 14 日)于第 24 条第 2 款规定:“当事人在订立合同过程中,因泄露或者不正当地使用对方秘密造成损害的,应当承担赔偿责任。”不过,在《合同法(草案)》(1998 年 8 月 20 日)中,第 41 条将保密对象限于“技术信息和经营信息”,且以“对方要求保密”为限。[1] 正式颁布的《合同法》于第 43 条最终使用了“商业秘密”这一表述,基本维持《合同法(草案)》的做法,但不再以“对方要求保密”为要件。而从《民法典合同编(草案二审稿)》开始,增加了保密义务指向的对象,不限于商业秘密,也包括“其他应当保密的信息”,这一做法一直延续至《民法典》。可见,除了《合同法(草案)》和《合同法》,保密义务的范围均未将保护对象限于“商业秘密”。

2 《民法典》第 501 条的这一变化与比较法上的通行做法相契合,也回应了学理上的要求。无论是《国际商事合同通则》(PICC 2016)第 2. 1. 16 条、《欧洲合同法原则》(PECL)第 2:302 条,还是《欧洲示范民法典草案》(DCFR)第 II - 3:302 条以及我国台湾地区“民法”第 245 - 1 条第 1 项第 2 款,均未将保密义务的对象限于“商业秘密”,而是使用了“信息”、“秘密”、“秘密信息”或“保密信息”等较概括的表述。[2] 学理上也有观点指出,对于保密义务的范围不以《反不正当竞争法》所规定的商业秘密为限,而应当首先考虑当事人的意思,任何当事人在磋商过程中明示或者默示表示不得泄露或者不正当使用的信息,均可包括在内。[3]

---

〔1〕 参见全国人大常委会法制工作委员会民法室编著:《〈中华人民共和国合同法〉及其重要草稿介绍》,法律出版社 2000 年版,第 22、116、176—177 页。

〔2〕 也有国家如芬兰,需保密的信息范围受限,仅及于关于技术事项的相关信息。See Lando/Beale (eds.), *Principle of European Contract Law, Parts I and II Combined and Revised*, The Hague & London & Boston: Kluwer law international, 2000, p. 195.

〔3〕 韩世远:《合同法总论》(第 4 版),法律出版社 2018 年版,第 181—182 页。

(二)法条功能

在一般的合同订立过程中,不涉及商业秘密的问题。因此,没有必要将当事人双方在合同谈判过程中交换的信息都作为商业秘密来处理。[4] 如果不存在专利权的保护或者协议约定,原则上获取信息的一方不负有保密义务。不过,如果披露信息或者为自己的目的利用信息违背诚实信用原则,则存在例外。[5] 申言之,《民法典》第 501 条乃诚信原则的具体化。之所以作此规定,一方面旨在加强对商业秘密的保护,从而强化对智力成果的保护,激励发明创造与提高经济效率,并维护商业道德;[6] 另一方面通过增加"其他应当保密的信息"这一表述,使得保密义务的射程扩大,将外延更大的"保密信息"纳入保护范围。此外,《民法典》第 501 条也具有抑制不当行为的功能。在司法实践中有法院明确指出,商业秘密保护的核心是对"不正当手段"的规制,以维护诚实守信、公平的商业道德和竞争秩序。[7] 3

(三)规范性质

多数说认为,《民法典》第 501 条是特殊的缔约过失责任规范,为第 500 条的特别规定,主要理由如下:第一,从体系位置上看,《民法典》第 501 条接续第 500 条,是关于缔约过失责任一般规定的具体化;[8] 第二,《民法典》第 501 条并不是为了重复《反不正当竞争法》的规定,其旨在规范缔约中泄露和不正当使用商业秘密的行为,指向的是缔约过失责任;[9] 第三,当事人违反保密义务造成的损失为信赖利益损失。[10] 对于第一点理由,存有商榷余地。《民法典》第 500 条在构成要件上要求缔约阶段存在过错,而在《民法典》第 501 条的适用情景中,当事人在合同成立、生效后对保密义务的违反,虽然可被评价为有过错,但并非"缔约中的过错",并不适用缔约过失责任。此外,即使是合同未成立,如果对保密义务的违反发生在缔约过程结束之后,也不存在"缔约中的过错"。[11] 《民法典》第 501 条 4

[4] 胡康生主编:《中华人民共和国合同法释义》,法律出版社 2012 年版,第 82 页。

[5] See Hugh Beale/Bénédicte Fauvarque-Cosson/Jacobien Rutgers/Stefan Vogenauer (eds.), *Cases, Materials and Text on Contract Law*, Oxford & Portland: Hart Publishing, 2010, pp. 425-426.

[6] 参见王利明主编:《中国民法典释评·合同编·通则》,中国人民大学出版社 2020 年版,第 169 页(王利明执笔);王利明:《合同法研究(第一卷)》,中国人民大学出版社 2015 年版,第 353 页。

[7] 参见上海市浦东新区人民法院(2013)浦民三(知)初字第 455 号民事判决书。

[8] 参见朱广新、谢鸿飞主编:《民法典评注·合同编·通则(1)》,中国法制出版社 2020 年版,第 306—307 页(梅伟执笔)。

[9] 参见王利明主编:《中国民法典释评·合同编·通则》,中国人民大学出版社 2020 年版,第 172 页。

[10] 参见王利明主编:《中国民法典释评·合同编·通则》,中国人民大学出版社 2020 年版,第 172 页。

[11] 参见苏灿:《商业秘密民事救济制度的体系化研究》,中国政法大学出版社 2018 年版,第 223 页。

使用了"无论合同是否成立"这一表述,这也就意味着:当事人的保密义务贯穿于合同订立、履行乃至于履行完毕之后。因为违反保密义务对商业秘密的侵害不会因合同成立或生效而被避免。[12] 当合同成立后,如果当事人违反了保密义务,也属于《民法典》第 501 条的规范对象。此时,违反保密义务一方承担的并非缔约过失责任。对于第二点理由,即使将《民法典》第 501 条定位为侵权法规范,也不会重复《反不正当竞争法》的规定,因为《民法典》第 501 条在保护对象上增加了"其他应当保密的信息",这足以彰显该条文独相较于《反不正当竞争法》第 17 条等条文的独立意义。对于第三点理由,违反先合同保密义务所造成的损害其实是完整利益(固有利益)损害,而非信赖利益损害。[13] 因为商业秘密或者其他应当保密的信息的存在与缔约往往并无关联。[14] 保密义务指向商业秘密或者其他应当保密的信息等固有利益,在性质上属于保护义务。当事人间的保密义务虽然因"缔约"而起,但自产生后即独立于合同而存在,为一方当事人施加了一项不侵犯固有利益的义务,与侵权法上的不作为义务无异。

5 申言之,无论当事人在缔约中、履约中或履约后违反保密义务,实质上并无差异。《民法典》第 501 条的文义射程及于这三个阶段的保密义务。从对当事人在这三个阶段违反保密义务的行为作统一评价的立场出发,不应将《民法典》第 501 条视为特殊的缔约过失责任规范,而应将其作为隐藏在合同编中的侵权法规范。[15] 将《民法典》第 501 条定性为侵权法规范,自然应关注违反保密义务的损害赔偿与《民法典》第 1165 条之因侵犯民事权"益"而承担的赔偿损失责任之间的关系。[16] 应指出的是,《民法典》第 501 条实质上为保护性规范,也是对《民法典》第 1165 条的具体化。"商业秘密"和"其他应当保密的信息"均为"民事权益"的一种具体形式。《民法典》第 501 条中"知悉"一词更是表明该条具有特别的构成要件,为《民法典》第 1165 条之特别法。

6 当然,如果当事人在缔约中泄露或者不正当使用商业秘密或其他需要保密的信息,在逻辑上仍有承担缔约过失责任的可能。此时,是否承认缔约过失责任与侵权责任的竞合,取决于缔约过失责任是否具有独立性。由于我国的雇主责任为

---

〔12〕 参见最高人民法院民法典贯彻实施工作领导小组主编:《中华人民共和国民法典合同编理解与适用(一)》,人民法院出版社 2020 年版,第 283 页。

〔13〕 参见游进发:《法条之逻辑结构》,载《中国应用法学》2017 年第 5 期,第 192 页。黄茂荣教授也指出,缔约中因泄密所导致的是固有利益上的损害。参见黄茂荣:《债法总论(第二册)》,中国政法大学出版社 2003 年版,第 183 页。

〔14〕 参见孙维飞:《〈合同法〉第 42 条(缔约过失责任)评注》,载《法学家》2018 年第 1 期,第 183 页。

〔15〕 类似观点,参见张虹:《缔约磋商中保密义务的法律适用研究》,载《法商研究》2011 年第 2 期,第 144—145 页。

〔16〕 参见纪海龙:《法教义学:力量与弱点》,载《交大法学》2015 年第 2 期,第 92 页。

无过错责任且尚未建立履行辅助人制度,因此承认缔约过失责任独立于侵权责任的意义甚微。[17] 对于缔约中违反保密义务的情形,即使承认竞合可能性的学者也认为,主张侵权责任能够给予当事人更充分的赔偿,相较于缔约过失责任对受害人更为有利。[18] 足见,承认缔约过失责任与侵权责任的竞合并无实益。

另需注意的是,一方当事人在缔约阶段对所知悉商业秘密或其他需要保密的信息的保密义务可能随着合同的履行、终止而转化为合同履行中的附随义务或后合同义务,其独立于合同而存在。如果合同成立,当事人违反了保密义务,会因违反合同履行中的附随义务构成违约。[19] 此时,将成立违约责任与侵权责任的竞合。保密义务可能存在于缔约中、履约中和履约后三个阶段。其中,第二阶段虽在形式上属于合同法的管控范围,但若作实质观察,此阶段的保密义务并非因履约所产生,而是从缔约阶段延续至履约中,亦即在时间点上正好落入第二阶段。因此,鉴于合同订立阶段与履行阶段的保密义务作为保护义务具有连续性,[20] 无论合同是否成立,无论责任形式为侵权责任抑或违约责任,由于侵犯的是当事人的固有利益,违反的均为广义的附随义务,在构成要件和法律效果上应无不同。申言之,在缔约过程中一方当事人因知悉对方商业秘密而负有先合同保密义务,如果披露或者不正当使用,应承担过错责任。在合同成立后,先合同义务转化为合同履行中的附随义务,若此时科以当事人严格责任,会导致不合理的差别对待。因此,无论将当事人履约中违反保密义务的行为置入侵权责任抑或违约责任的框架之下,均应奉行过错责任的归责原则。 7

综上,《民法典》第501条可作为独立的请求权基础,其属于请求权基础规范中的主要规范,《反不正当竞争法》第9条、第17条属于界定"商业秘密"、细化《民法典》第501条所规定法律效果的辅助规范。[21] 8

---

〔17〕 参见孙维飞:《〈合同法〉第42条(缔约过失责任)评注》,载《法学家》2018年第1期,第180—182页。

〔18〕 参见王利明主编:《中国民法典释评·合同编·通则》,中国人民大学出版社2020年版,第172页。

〔19〕 参见湖南省高级人民法院(2007)湘高法民三终字第25号民事裁定书。苏永钦教授也指出,此时也可构成不完全给付。参见苏永钦:《缔约过失责任的经济分析》,载《政大法学论丛》2004年第1期,第207页。

〔20〕 参见韩世远:《合同法总论》(第4版),法律出版社2018年版,第348页。

〔21〕 事实上,类似《民法典》第501条的规定也存在于其他规范性文件之中,例如,《商业特许经营信息披露管理办法》第7条第2款规定:"被特许人在订立合同过程中知悉的商业秘密,无论特许经营合同是否成立,不得泄露或者不正当使用。"

二、构成要件

(一)侵害的对象

1. 商业秘密

9 从立法者的相关释义书来看,对于商业秘密的界定援引了《反不正当竞争法》第9条。[22] 学理上也多采取此种做法。[23] 不过,也有观点对此进行反思,认为《合同法》与《反不正当竞争法》上的商业秘密无须作等同处理,而应对《合同法》中的商业秘密作扩张解释。[24] 此种观点的主要目的是为了扩大《合同法》第43条的适用空间。由于《民法典》第501条较《合同法》第43条已有所修正,客观上实现了上述观点的诉求,对商业秘密作较紧的把握,与《反不正当竞争法》作同一对待,应无不当。

10 《反不正当竞争法》第9条第4款规定:"本法所称的商业秘密,是指不为公众所知悉、具有商业价值并经权利人采取相应保密措施的技术信息、经营信息等商业信息。"[25] 对于何为"技术信息"与"经营信息",《商业秘密解释》第1条进行了细化。"技术信息"包括与技术有关的结构、原料、组分、配方、材料、样品、样式、植物新品种繁殖材料、工艺、方法或其步骤、算法、数据、计算机程序及其有关文档等信息,而"经营信息"则包括与经营活动有关的创意、管理、销售、财务、计划、样本、招投标材料、客户信息、数据等信息。在实践中,有法院指出,商业秘密通常应包括"设计、程序、产品配方、制作工艺或方法、管理诀窍、客户名单、货源情报、产销策略、招投标中的标底及标书内容"等信息。车展投标报价方案也属于需要保密的经营信息,一旦中标,能为权利人带来经济利益,属于商业秘密。[26] 在大数据时代,大数据也可以构成商业秘密。[27] 如果个人信息被做"脱敏"处理,可能成为企业财产权的客体,进而属于商业秘密。

11 在判断特定信息是否构成商业秘密时,通常依据其是否具有秘密性、保密性

---

〔22〕 参见黄薇主编:《中华人民共和国民法典合同编解读(上册)》,中国法制出版社2020年版,第136页。

〔23〕 参见王利明:《合同法研究(第一卷)》,中国人民大学出版社2015年版,第353页;朱广新:《合同法总则研究(上册)》,中国人民大学出版社2018年版,第217页。

〔24〕 参见韩世远:《合同法总论》(第4版),法律出版社2018年版,第181—182页。

〔25〕 《民事诉讼法解释》(2020年修正)第220条也对商业秘密作了界定:"民事诉讼法第六十八条、第一百三十四条、第一百五十六条规定的商业秘密,是指生产工艺、配方、贸易联系、购销渠道等当事人不愿公开的技术秘密、商业情报及信息。"

〔26〕 参见海南省高级人民法院(2014)琼知民终字第8号民事判决书。

〔27〕 参见袁博:《大数据是否构成商业秘密?》,载《中国知识产权报》2016年9月21日,第8版。

和价值性。[28] 商业秘密首先应具有相应的价值。在认定秘密信息是否具有价值性和实用性时不应采用过高的认定标准。例如,生产日报表记载了中石油天然气公司生产中形成的相关技术和经营信息具有商业价值,在生产经营中能够为中石油天然气公司带来竞争优势,该生产日报表即符合经济性和实用性要件。[29] 甚至消极(否定性)信息也有一定的价值,如研发过程中的实验失败记录对权利人已无价值但对竞争对手仍有价值。[30]

秘密性意味着"不为公众所知悉"。如果信息是所述领域相关人员普遍知悉或者容易获得的,就不属于商业秘密。[31] 例如,教学方法、教学体系和教学内容等如果属于公有领域,或通过公开出版的书籍、免费试听的课程、开放式的教学点及网站等途径已被公开,不能作为商业秘密保护。与之类似,已经公开的涉案专利的权利要求书和说明书的记载,或者是属于预测性质的数据,不属于商业秘密。[32] 不过,根据《商业秘密解释》第 4 条第 2 款的规定,将为公众所知悉的信息进行整理、改进、加工后形成的新信息,不为所属领域的相关人员普遍知悉和容易获得的,应当认定该新信息不为公众所知悉。 12

保密性具体体现为权利人采取了保密措施。[33] 根据《不正当竞争解释》第 11 条第 2 款的规定,人民法院应当根据所涉信息载体的特性、权利人保密的意愿、保密措施的可识别程度、他人通过正当方式获得的难易程度等因素,认定权利人是否采取了保密措施。[34] 当然,采取保密措施应当限定在合理的限度内,但何为"合理的保密措施"需要在个案中从合同措施、组织措施、信息技术措施、保障技术措施等方面进行具体判断。[35] 对权利人所采取的防范措施的要求程度不易过 13

---

〔28〕 参见最高人民法院(2012)民监字第 253 号民事裁定书;山西省临汾市中级人民法院(2020)晋 10 民终 226 号民事判决书。在德国法上,"商业秘密"通常具备以下几点要素:信息、保密性、经济价值、采取保密措施、对保密具有正当利益。Vgl. Köhler/Bornkamm/Feddersen/Alexander, 38. Aufl. 2020, GeschGehG § 2, Rn. 21.

〔29〕 参见中石油北京天然气管道有限公司诉宋文彬侵害商业秘密纠纷案,载最高人民法院中国应用法学研究所编:《人民法院案例选》(2018 年第 1 辑),人民法院出版社 2018 年版,第 147 页。

〔30〕 参见姚建军:《中国商业秘密保护司法实务》,法律出版社 2019 年版,第 27—28 页。

〔31〕 参见王瑞贺主编:《中华人民共和国反不正当竞争法释义》,法律出版社 2018 年版,第 29 页。

〔32〕 参见北京市第一中级人民法院(2010)一中民初字第 17315 号民事判决书。

〔33〕 在意大利法上,只有当对秘密信息采取合理的保密措施时,才予以保护。Cartwright/Hesselink (eds.), *Precontractual liability in European private law*, Cambridge: Cambridge University Press, 2008, p. 352.

〔34〕 各地方也有相应的判断标准,例如,根据《江苏省高级人民法院关于审理商业秘密案件有关问题的意见》第 7 条的规定,可考虑权利人是否明确了保密信息的范围、是否制定了保密制度以及是否采取了物理防范措施。

〔35〕 Vgl. Partsch/Rump, Auslegung der „angemessenen Geheimhaltungsmaßnahme" im Geschäftsgeheimnis-Schutzgesetz, *NJW* 2020, S. 119-121.

高,不能要求其做到万无一失,只要相对合理、适当即可。[36] 在实践中,保密措施多表现为严格限定知悉商业秘密的人员名单、制定企业保密规则、严格限制非有关人员出入具有商业秘密的场所等。[37] 此外,与员工签订保密协议、通过员工手册明确保密义务、对技术信息载体加强管理也是保密措施的体现。[38] 如果企业与应聘者就企业薪资签有保密协议,根据《商业秘密解释》第 6 条第 1 项的规定,通常足以认定为采取保密措施,此时企业薪资应属于商业秘密。[39] 另需注意的是,当事人在缔约过程中将商业秘密告知缔约相对人的目的是促成合同的订立,并不等于放弃了保密措施。将商业秘密告知他人,并不等于将商业秘密公开。[40]

2. **其他应当保密的信息**

14 “其他应当保密的信息”这一表述具有较大弹性,应确定相应的判断标准,从而使《民法典》第 501 条更具可操作性。如果一方当事人明确声明该信息为保密信息,则另一方当事人接受这种信息就默示同意将其作为保密信息对待。[41] 如果一方当事人没有明确要求保密,对方当事人对于哪些信息负有保密义务?理论上指出,可从以下两个角度进行判断:第一,信息拥有人主观上是否具有合理确信,使得有关信息具有必要的“保密性”;第二,双方当事人之间的关系、获得信息的方法以及获得信息的特定环境。[42] 上述标准仍有结合具体情境进行细化的必要。从逻辑上看,在商业秘密之外,“其他应当保密的信息”至少包括以下三种类型的信息:一是自然人的数据信息或隐私信息,例如,在与学校订立合同中了解的学生数据信息或者在与自然人订立合同中了解到的个人疾病情况;[43] 二是与商业秘密相对应的个人技术信息;三是缺少商业秘密某项特征或者某项特征在满足

---

〔36〕 参见江苏通业实业有限公司诉王志成等使用其客户名单构成侵犯商业秘密行为案,载最高人民法院中国应用法学研究所编:《人民法院案例选》(2005 年第 2 辑),人民法院出版社 2006 年版,第 351 页。

〔37〕 罗玉中、张晓津:《Trips 与我国商业秘密的法律保护》,载《中外法学》1999 年第 3 期,第 24—25 页。

〔38〕 参见富士宝家用电器有限公司诉家乐仕电器有限公司专利侵权及侵犯商业秘密纠纷案,载《最高人民法院公报》1999 年第 2 期;北京斯威格—泰德电子工程公司诉北京市银兰科技公司及刘永春等人不正当竞争纠纷案,载《最高人民法院公报》1998 年第 3 期。

〔39〕 实践中有法院否认企业薪酬构成商业秘密,但未做充分的论证说理。参见广东省深圳市中级人民法院(2018)粤 03 民终 25364 号民事判决书。

〔40〕 参见最高人民法院民法典贯彻实施工作领导小组主编:《中华人民共和国民法典合同编理解与适用(一)》,人民法院出版社 2020 年版,第 284 页。

〔41〕 张玉卿主编:《国际统一私法协会国际商事合同通则 2010》,中国商务出版社 2012 年版,第 174—175 页。

〔42〕 在意大利法上,只有当对秘密信息采取合理的保密措施时,才予以保护,参见张虹:《缔约磋商中保密义务的法律适用研究》,载《法商研究》2011 年第 2 期,第 143—144 页。

〔43〕 参见王利明主编:《中国民法典释评 · 合同编 · 通则》,中国人民大学出版社 2020 年版,第 170—171 页。

度上有所欠缺,但又有保护必要性的信息。

学生的数据信息和个人疾病情况等个人信息应受到保护,这一点自无疑问。 15
但问题是,其是否应作为《民法典》第501条的保护对象?从形式上看,隐私等个人信息似也在第501条的文义射程之内。[44] 例如,甲因为患有某种不经常发作的精神疾病,到医师乙那里去磋商订立医疗合同。乙为了判断治疗的难度,确定医疗服务的收费,向甲详细了解其精神疾病的情况。对于甲披露的信息,乙不得对第三人泄漏。[45] 不过,正如有学者所言,隐私和个人信息已有侵权责任编保护,无须在此特别规定。[46] 从立法目的来看,"其他应当保密的信息"应旨在对强度上与商业秘密相当(或尚未达到)的信息进行保护。《民法典》第1032条以下对隐私、个人信息的处理规则也有明确规定。[47] 从规范间协作的角度看,没有必要再通过《民法典》第501条保护消费者的隐私等个人信息。另从对《国际商事合同通则》(PICC 2016)第2.1.16条、《欧洲合同法原则》(PECL)第2:302条和《欧洲示范民法典草案》(DCFR)第II-3:302条的注释来看,所举适例均为涉及商业信息的情形,而不包括隐私等个人信息,[48]也从侧面印证了这一点。对于自然人的交易信息如支付宝账户、密码等,虽非属商业秘密,但也属于有商业价值的信息,应可纳入《民法典》第501条进行保护。

此外,对于个人的特定技术信息,如某人具有绣花技艺,但又无法纳入专利 16
权、商业秘密的范畴,[49]可纳入"其他应当保密的信息"进行保护。此外,员工的先前技能和员工在工作期间非利用雇主物质条件创造的信息,通常也不属于商业秘密,[50]但是属于其他应当保密的信息。对于个人技术信息,在缔约中也应予以保护。

再者,如果欠缺了价值性或者秘密性,则该信息没有价值或者已经为公众所 17
知悉,此时要求当事人保密已无必要。而当特定信息具有一定价值且不为公众所

[44] 参见朱广新、谢鸿飞主编:《民法典评注·合同编·通则(1)》,中国法制出版社2020年版,第306—307页。

[45] 参见张虹:《缔约磋商中保密义务的法律适用研究》,载《法商研究》2011年第2期,第143页。

[46] 参见李宇:《民法典分则草案修改建议》,载《法治研究》2019年第4期,第24页。

[47] 《消费者权益保护法》第29条也规定,经营者及其工作人员对收集的消费者个人信息必须严格保密,不得泄露、出售或者非法向他人提供。

[48] 参见张玉卿主编:《国际统一私法协会国际商事合同通则2010》,中国商务出版社2012年版,第175页;[德]克里斯蒂安·冯·巴尔、[英]埃里克·克莱夫主编:《欧洲私法的原则、定义与示范规则:欧洲示范民法典草案(全译本):第1卷、第2卷、第3卷》,高圣平等译,法律出版社2014年版,第240页。

[49] 王涌:《财产权谱系、财产权法定主义与民法典〈财产法总则〉》,载《政法论坛》2016年第1期,第105页。

[50] 参见朱尉贤:《商业秘密与员工基本技能的区分及冲突解决》,载《知识产权》2019年第7期,第27页。

知悉时，如果未经采取保密措施，是否可以作为“其他需要保密的信息”予以保护？最高人民法院曾指出，商业秘密既然是通过自己保密的方式产生的权利，如果权利人自己都没有采取保密措施，就没有必要对该信息给予保护，这也是保密措施在商业秘密构成中的价值和作用所在。[51] 如果未采取任何保密措施，通常意味着信息拥有人主观上并无合理确信。因此，至少应要求信息拥有人采取了相应保密措施，只是未达到“合理”的程度，此时，方能体现信息拥有人主观上的保密意愿，在特定情况下有予以保护的必要。例如，如果可口可乐公司仅要求员工对其配方保密，很难说采取了合理的保密措施，[52] 在此意义上该配方也就不构成商业秘密。不过，该配方对于可口可乐公司的经营活动仍具有重大意义。立法者也指出：“还有一些信息虽然不构成商业秘密，但也对当事人的经营活动具有重大意义，也属于应当保密的信息。”[53] 因此，该信息虽然不构成《反不正当竞争法》第 9 条意义上的商业秘密，但也可以构成《民法典》第 501 条的保密信息。因为基于诚信原则，在缔约过程中当事人之间的关系更为紧密，使得彼此负有更高的照顾义务，如果一方告知另一方相关的技术信息和经营信息，即使未采取合理的保密措施，也足以为对方设立一项保密义务。换言之，即使可口可乐公司未采取合理的保密措施，合同对方当事人也应对所知悉的配方进行保密。

18 另需注意的是，对于当事人在磋商构成中明示或默示不得泄露或者不正当使用的其他信息，也可被《民法典》第 501 条所涵盖。例如，法院虽然认为“微软拼音输入法的错误的发现和改正方法”并不属于商业秘密，[54] 但并不妨碍将其作为“其他需要保密的信息”。

19 当然，有些情况下当事人双方在合同谈判过程中交换的信息可能很有用、也很有价值，但也不一定都属于应当保密的信息。比如当事人要购买一种机器，可以向很多生产或者出售这种机器的商家发出要约邀请，邀请他们发出要约，介绍所生产或者出售的机器价格、性能、技术指标等基本信息。[55] 这些基本信息通常并不属于保密信息。

（二）保密义务的违反

20 保密义务可能是通过当事人的明示被赋予，或者缘于信息的特殊性质以及当

---

〔51〕 参见最高人民法院（2012）民监字第 253 号民事裁定书。

〔52〕 参见王瑞贺主编：《中华人民共和国反不正当竞争法释义》，法律出版社 2018 年版，第 30 页。

〔53〕 黄薇主编：《中华人民共和国民法典合同编解读（上册）》，中国法制出版社 2020 年版，第 137 页。

〔54〕 参见湖北省高级人民法院（2004）鄂民三终字第 8 号民事判决书。

〔55〕 参见黄薇主编：《中华人民共和国民法典合同编解读（上册）》，中国法制出版社 2020 年版，第 137 页。

事人的职业地位。在合同未订立时,信息获取人披露信息或者为了自己的目的对信息进行利用,均有违诚信原则和公平交易原则。[56] 例如,A 有意与 X 国两主要轿车生产商 B 和 C 中的一家达成合伙企业协议。在与 B 的谈判过程中,A 收到了 B 关于一款新型车设计方案的详细资料。尽管 B 没有明确要求 A 将该信息作为保密信息对待,但因为这是一款新车型的设计方案,A 可能负有不向 C 披露该信息的义务,且在未达成合同的情况下,A 也不得将该设计方案用于自己的生产程序。[57] 即使在合同成立后,信息获取人也不能超出原本预定的使用目的进行利用。

有疑问的是,《民法典》第 501 条的文义是否仅及于以正当方式获取的信息? 21
有观点指出,如果缔约人以盗窃、利诱、欺骗或其他不正当手段获取商业秘密,则不能产生保密附随义务。这种行为构成商业秘密侵权,应当按照一般商业秘密侵权承担责任。[58] 不同观点则指出,当事人一方利用缔约信赖关系,以不正当手段获悉或持有他方商业秘密,也可产生法定的保密义务。例如,一方通过恶意磋商等不正当方式而知悉对方当事人的商业秘密。[59] 由于《民法典》第 501 条的保护范围扩大,从规范目的出发,其适用不应局限于当事人以正当方式获取信息。即使当事人在缔约中以不正当手段获取商业秘密或者其他应当保密的信息,也应当负有保密义务。否则,应承担侵权责任。另需要注意的是,如果当事人基于意外或错误获得商业秘密,也可产生保密义务,不能披露或者使用该商业秘密。[60]

《民法典》第 501 条规定了两种典型的违反保密义务的方式即“泄露”和“不 22
正当使用”,均不以对方提醒需保守秘密为前提。[61] 其中,泄露包括向特定人泄露,也包括向不特定的人泄露。向特定的人泄露是否为商业秘密权利人的竞争对象,以及这些人是否将得到的商业秘密用于经营等均无须考虑。[62] 例如,在招投

---

〔56〕 See Lando/Beale(eds.), *Principle of European Contract Law, Parts I and II Combined and Revised*, The Hague & London & Boston: Kluwer law international, 2000, p. 194.

〔57〕 参见张玉卿主编:《国际统一私法协会国际商事合同通则 2010》,中国商务出版社 2012 年版,第 175 页。

〔58〕 方龙华:《论合同法上的附随保密义务》,载《法律适用》2001 年第 10 期,第 30—31 页。

〔59〕 参见辛万鹏、陶清德:《我国大陆与台湾商业秘密缔约责任微义比较》,载《西北师大学报(社会科学版)》2003 年第 6 期,第 70 页。

〔60〕 参见宋建宝:《美国商业秘密的法律保护》,法律出版社 2019 年版,第 132—133 页。

〔61〕 参见朱广新:《合同法总则研究(上册)》,中国人民大学出版社 2018 年版,第 217 页。比较法对此存在争议,多数认为不需要明示,而少数则认为有必要明示。参见 Cartwright/Hesselink (eds.), *Precontractual liability in European private law*, Cambridge: Cambridge University Press, 2008, p. 336 – 362. 我国台湾地区“民法”第 245 – 1 条第 1 项以“明示应予守秘”作为违反保密义务的要件。王泽鉴教授认为,无论是否明示均得成立侵权行为或不当得利。参见王泽鉴:《债法原理(第一册)》,中国政法大学出版社 2001 年版,第 243—244 页。

〔62〕 参见刘继峰:《竞争法学》,北京大学出版社 2018 年版,第 346 页。

标领域，招标人将所获取的投标人的商业秘密透露给其他人。[63] 再如，出版者和作者在订立出版合同过程中，作者了解到出版者给予作者稿酬的有关规定，将该信息泄露给其他作者，使出版者在和其他作者的谈判中陷入被动，给出版者造成损失。[64] 从文义上看，《民法典》第 501 条中的"泄露"仅限于"主动泄露"。根据诚实信用原则的要求，在商事交往中应强化双方的注意义务，除了"不得泄露"之外，还应当"防止泄露"。如果两个商主体在缔约过程中知悉了对方的商业秘密，也应当采取相应的保密措施，防止商业秘密的泄露。

23 学理上指出，"不正当使用"是指未经授权而使用该秘密或将该秘密转让给他人。[65] 允许他人使用当然也构成不正当使用。[66] 而从《欧洲合同法原则》第 2:302条以及《国际商事合同通则》第 2.1.16 条的文义来看，均仅将"为自身目的使用该信息"视作"不正当使用"。如果将转让给他人或允许他人使用也视作不正当使用"，则不正当使用和泄露之间存在"竞合"关系。在实践中，对于对方提供的客户名单是否构成不当利用，应根据在市场经济条件下与客户间的交易是否为正常交易进行判断。[67] 不正当使用的行为也可能表现为知晓其他人使用的商标未注册这一商业秘密而抢先申请注册。[68] 此外，对他人秘密的"间接使用"，如被告修改或改进过的产品或工艺实质来源（派生）于原告保密的信息，也可构成不正当使用。[69] 实践中，对于侵犯商业秘密的后续行为，如销售侵犯商业秘密所制造的侵权产品，通常不被认定为侵犯商业秘密行为。使用商业秘密的过程就是制造侵权产品的过程，当侵权产品制造完成时，使用商业秘密的侵权结果即同时发生。[70]

---

〔63〕 参见山东省临沂市中级人民法院（2006）临民三初字第 16 号民事判决书。

〔64〕 徐继升：《出版合同订立过程中的缔约过失责任》，载《出版发行研究》2007 年第 12 期，第 48 页。

〔65〕 参见王利明主编：《中国民法典释评 · 合同编 · 通则》，中国人民大学出版社 2020 年版，第 171 页。

〔66〕 参见房保国：《论〈合同法〉中商业秘密保护制度的新发展》，载《华东政法学院学报》1999 年第 4 期，第 60 页。

〔67〕 参见广东省深圳市中级人民法院（2013）深中法商终字第 113 号民事判决书。

〔68〕 参见贵州省遵义市中级人民法院（2018）黔 03 民终 799 号民事判决书。

〔69〕 黄武双：《美国判例法：商业秘密"使用"的判断与证明》，载《知识产权》2010 年第 6 期，第 103 页。

〔70〕 参见四维实业（深圳）有限公司、四维企业股份有限公司与艾利丹尼森公司、艾利（广州）有限公司、艾利（昆山）有限公司、艾利（中国）有限公司、南海市里水意利印刷厂、佛山市环市镇东升汾江印刷厂经营部侵犯商业秘密纠纷管辖权异议案，最高人民法院（2007）民三终字第 10 号民事裁定书，载《最高人民法院公报》2009 年第 8 期。

（三）损害

损害[71]可以分为所受损害与所失利益。通常认为，前者是指损害事故之发生赔偿权利人现有财产所减少之数额，所失之利益则指损害事故之发生赔偿权利人财产应增加而未增加之数额。[72] 侵犯商业秘密或其他需要保密的信息所造成的损害以后者居多，即权利人本能依据商业秘密或者其他需要保密的信息获得与之相当的利润，因被他人泄露或不正当使用而导致利润的削减。此外，损害也可能以非物质损害的方式呈现出来，如对市场信誉度的损害。[73] 24

需要注意的是，有观点指出，商业秘密侵害行为并不要求存在损害事实，因为侵权行为所造成的财产损害可能一时反映不出来。如果将损害作为必备要件，则是对行为可规制性的放任，进而减轻了处罚的范围和力度。认定侵犯商业秘密的行为只要求主观状态和客观行为即可。[74] 就停止侵害、排除妨碍等“不作为请求权”的行使而言，自然不要求具备损害要件。但就损害赔偿而言，所谓“侵权行为造成的损失可能一时反映不出来”并非否定损害要件的充分理由。因为虽然从表面上看权利人的实际利益尚未减损，但是其竞争优势已经被稀释，这也是一种不利益的事实状态。[75] 此外，即使没有实际损害，但仍可能存在“所失利益”，“损害”依然存在。 25

（四）因果关系

违反保密义务的行为与损害之间具有因果关系，此为归责的重要一环。通常而言，泄露或者不正当使用缔约过程中知悉的商业秘密的行为一旦发生，就必然导致权利人的商业秘密处于不可逆转的公知状态，或者必然会使商业秘密权利人失去商业竞争上的优势地位，违法行为和损害事实之间存在因果关系。[76] 不过， 26

---

〔71〕《合同法》第 43 条第 2 句规定：“泄露或者不正当地使用该商业秘密给对方造成损失的，应当承担损害赔偿责任。”足见，立法者并未区分“损失”和“损害”两个概念。而《民法典》第 501 条将“损害赔偿责任”改为“赔偿责任”，是否意味着有意识区分二者？从对《民法典》第 501 条的释义来看，实质上仍未区分“损失”和“损害”。参见黄薇主编：《中华人民共和国民法典合同编解读（上册）》，中国法制出版社 2020 年版，第 137 页。此外，《民法典》中共有一百多处使用了“损失”这一表述，其中“侵权责任编”也有数处使用，并未见与“损害”之间的差异。

〔72〕曾世雄：《损害赔偿法原理》，中国政法大学出版社 2001 年版，第 136 页。

〔73〕参见 Cartwright/Hesselink（eds.），*Precontractual liability in European private law*，Cambridge：Cambridge University Press，2008，p. 348.

〔74〕参见刘继峰：《竞争法学》，北京大学出版社 2018 年版，第 345 页。

〔75〕参见苏灿：《商业秘密民事救济制度的体系化研究》，中国政法大学出版社 2018 年版，第 203 页。

〔76〕参见田圣斌、董邦俊：《论合同法第 43 条对商业秘密的保护》，载《河北法学》2003 年第 6 期，第 133 页。

由于市场形势复杂易变,权利人的经营状况受制于各种因素,其具体利益(主要指利润)损失并非必然因商业秘密侵权行为造成。[77]

因此,应根据商业秘密侵权行为与具体损失如利润之间是否具有“相当性”,来判断是否应予以赔偿。当出现事实因果关系不明时,如无法查明商业秘密侵权行为和市场风险何者造成了利润损失,可借鉴比例因果关系理论,[78]以便于确定侵权人的责任。

(五)可归责性

27 从文义上看,《民法典》第501条并未限定于故意泄露还是过失泄露。不过,“泄露”已经表明,信息透露出去是行为人有意识的主动行为,至少是有过错的。[79] 基于《民法典》第500条与第501条的体系关联,有学者在例示违背诚实信用原则的缔约行为时,使用的是“故意泄露或者不正当使用商业秘密”的表述,[80]可见其将要件限于“故意”。在提供信息的一方已经明确提出了保密声明的情况下,对方仍然将有关信息予以披露或者进行不正当使用的,其行为构成一种故意的不法行为。[81] 相反观点则认为,虽然使用了“知悉”一词,但是根据文义,“知悉”的效果在于确立“保密义务”,并不涉及归责问题,甚至也不涉及对行为不当性的认知,故不限于“恶意”或“故意”。[82] 申言之,存在过错的缔约人即应承担责任,至于行为人主观上处于故意或过失,则不必考虑。[83] 此外,苏永钦教授基于我国台湾地区“民法”的规定,指出在秘密所有人明示的情况下,要求行为人须有故意或重大过失,大体上较为妥当。行为人只要付出有限注意,即可不负责任。不过,若从完整契约的角度观之,似乎可再扩张到虽未明示,但行为人知道对方有保密需求的情形,乃至提高责任到故意或过失均可。[84]

28 值得注意的是,无论是《合同法》第43条抑或《民法典》第501条,均未考虑权利人是否明示予以保密或者行为人是否应对此有所注意。在《合同法》第43条的框架之下,为了避免对侵权人的注意义务要求过高,仅当通常可期待行为人能够

---

〔77〕 参见杨帆:《侵犯商业秘密罪“重大损失”司法认定的困境、成因及突破》,载《政治与法律》2013年第6期,第53页。

〔78〕 关于比例因果关系,参见吴国喆:《事实因果关系不明侵权中比例因果关系的确定》,载《法学家》2020年第2期。

〔79〕 叶名怡:《再谈违约与侵权的区分与竞合》,载《交大法学》2018年第1期,第18页。

〔80〕 参见朱广新:《合同法总则研究(上册)》,中国人民大学出版社2018年版,第217页。

〔81〕 参见张虹:《缔约磋商中保密义务的法律适用研究》,载《法商研究》2011年第2期,第141—142页。

〔82〕 张家勇:《论前合同责任的归责标准》,载《法学家》2014年第1期,第104页。

〔83〕 参见王利明:《合同法研究(第一卷)》,中国人民大学出版社2015年版,第355页。

〔84〕 参见苏永钦:《缔约过失责任的经济分析》,载《政大法学论丛》2004年第1期,第208页。

意识到披露的信息为商业秘密时，方可将可归责性要件提升至过失。而在《民法典》第501条的框架之下，保密义务的范围扩大，意味着行为人对于权利人所披露的信息，通常应予以保密。因此，并不会额外增加当事人的识别成本。虽然商业秘密和其他需要保密的信息属于利益范畴，但基于诚实信用原则的要求，缔约接触的双方对彼此负有更高程度的照顾义务，因此提升注意义务的程度亦无可厚非。申言之，泄露或不正当使用，应属对行为的客观评价，不能提升责任构成的门槛，将主观上的故意作为必要条件。此外，从比较法上看，当事人无论故意或者过失（甚至无过失），均要承担损害赔偿责任。〔85〕 实践中，商业秘密或其他保密信息的侵权主体多为企业。根据"组织过错理论"，应对企业设定更高的注意义务。因此，不能主张"非故意"而免责，较为合理。应放低对可归责性强度的要求，行为人存在过失即可。〔86〕

（六）消极要件

29 如果具有合适的公共利益事由，披露或使用保密信息的人将不被追究商业秘密侵权的民事责任。〔87〕 因此，当事人的保密义务不是绝对的。当商业秘密或者应当保密的其他信息威胁到更为重要的利益时，应受到限制。例如，在特殊情况下，为公共利益需要，有关机构或主体可以依法披露或强制许可使用特定的商业秘密。〔88〕

三、损害赔偿

（一）损害数额的计算方法

30 在实践中，权利人因技术秘密被窃取而遭受的物质损失，包括已经遭受的实际损失和必然遭受的市场份额被削减、竞争力减弱等损失。〔89〕 "投入的开发成本"应该计入实际损失，除此之外还应包含为制止侵权行为所遭受的损失，如支出的交通费、调查费、适当的律师费以及其他合理费用；〔90〕"现实的以及将来必然遭

---

〔85〕 参见 Cartwright/Hesselink (eds.), *Precontractual liability in European private law*, Cambridge: Cambridge University Press, 2008, pp. 342, 348.

〔86〕 参见王利明主编：《中国民法典释评·合同编·通则》，中国人民大学出版社2020年版，第171页。

〔87〕 参见黄武双：《英美商业秘密保护中的公共利益抗辩规则及对我国的启示》，载《知识产权》2009年第2期，第89页。

〔88〕 参见苏灿：《商业秘密民事救济制度的体系化研究》，中国政法大学出版社2018年版，第206页。

〔89〕 参见西安市人民检察院诉裴国良侵犯商业秘密案，载《最高人民法院公报》2006年第12期。

〔90〕 参见王瑞贺主编：《中华人民共和国反不正当竞争法释义》，法律出版社2018年版，第61页。

受的因市场份额被削减、竞争力减弱的损失”实际上均为所失利益。需注意的是,实际损害中的所受损害与所失利益两部分之间的关系。对于因制止侵权行为所遭受的损失,可以与因市场份额减少遭受的损失进行“叠加”赔偿。而对于投入的开发成本,实质上是所获利润的成本。在计算时应从“毛利”中扣减,计算出“纯利”。

31　除了商业秘密之外,自然人对其个人技术如“绣花技艺”的形成往往也投入了相应成本。当该个人技术被他人泄露或不正当使用时,即使不存在市场份额削减的问题,至少会减少自然人的收益。此外,对于“微软拼音输入法的错误的发现和改正方法”等简单的智力成果,通常只需赔偿为此所支出的费用即可。在边码18所述案件中,冯某将其发现的注音错误的10个字以传真方式提交给微软公司,双方为此进行多次磋商,因是否应付酬或付酬多少分歧太大而未达成协议。法院未支持冯某要求赔偿10000元的诉讼请求,因其未认定微软公司使用了冯某提交给微软公司的信息。[91] 如果本案中微软公司使用了该信息,似可按照承揽合同支付给冯某相应的报酬。该简单的智力成果虽不构成商业秘密,但系当事人磋商过程中所披露,也应予以保护。

32　此外,不正当使用他人的商业秘密往往构成不正当竞争行为,有《反不正当竞争法》第17条第3款的适用空间。据此款规定,因不正当竞争行为受到损害的经营者的赔偿数额,按照其因被侵权所受到的实际损失确定;实际损失难以计算的,按照侵权人因侵权所获得的利益确定。将获利作为损害计算方法,存在比较法上的依据。从《国际商事合同通则》第2.1.16条和《欧洲合同法原则》第2:302条的规定来看,违反保密义务的后果也包括获利返还。需注意的是,“获利”这一概念不宜过于泛化,否则会使获利返还请求权在一定程度上异化为惩罚性赔偿,有违制度目的。因此,获利返还中的“获利”应当是行为人因侵权而获得的净利润。实践中,如果只能认定侵权人签订的合同总金额,无法确定侵权人在侵权期间因侵权所获得的利润的,可以按照该行业平均利润标准计算侵权人所获得的利润。[92] 此外,如果侵犯商业秘密一方也付出了成本和劳动,不宜将其全部利润作为计算赔偿数额的依据。[93] 即应考虑被侵害的权益在获利中的贡献度。之所以考虑“贡献度”,是要将侵权人和被侵权人对利润的贡献剥离开来。

33　在解释论上,虽然对商业秘密的保护未达到对专利或作品保护的强度,但侵权救济方式具有类似性,规则适用上具有可借鉴性。《不正当竞争解释》第17条

---

〔91〕 参见湖北省高级人民法院(2004)鄂民三终字第8号民事判决书。

〔92〕 参见西安市人民检察院诉裴国良侵犯商业秘密案,载《最高人民法院公报》2006年第12期。

〔93〕 参见济南灯具厂有限公司诉张晓红、李红、冯秀娟、济南智富商贸有限公司侵犯商业秘密纠纷案,载最高人民法院中国应用法学研究所编:《人民法院案例选》(2009年第4辑),人民法院出版社2010年版,第431页。

第 1 款也规定，确定侵犯商业秘密行为的损害赔偿额，可以参照确定侵犯专利权的损害赔偿额的方法。而根据《最高人民法院关于审理专利纠纷案件适用法律问题的若干规定》(2015 年修正)第 20 条第 2 款以及《最高人民法院关于审理侵犯专利权纠纷案件应用法律若干问题的解释》第 16 条的规定，计算侵权获利的公式为：侵权获利 = 侵权产品的销量 × 侵权产品的单位利润 × 侵权行为对利润的贡献比例或分摊比例。[94] 不过，即使获利可以确定，也有法院根据双方实际情况并考虑利润、效益情况平衡当地经济生活水平，酌情予以核减。[95] 对于自然人的特定技术信息或者未采取合理保密措施的企业技术信息和经营信息，也可根据侵权人所获利益计算损失数额。当然，企业因未采取合理保密措施而节约了成本，可在计算所获利益时减去节约的成本。

34 当商业秘密权利人的损失或者侵权人的获利难以确定时，如果商业秘密权利人与他人曾签有商业秘密许可使用合同时，可按照商业秘密许可使用费来确定赔偿数额。[96] 在实践中，当事人可以采用独占使用许可、排他使用许可、普通使用许可等方式签订商业秘密许可使用合同。[97] 对于许可使用费的数额，在美国法上通常是基于专家证据，这些专家证据会考虑涉诉的商业秘密类型及其所应用领域的规范。[98] 不过从我国具体国情来看，专家辅助人还非常少见，少数的几起以虚拟许可使用费确定赔偿数额的案件都是以评估鉴定的方式进行的。[99] 如果自然人将其特定技术信息许可他人使用，也可以根据许可费来确定赔偿数额。

35 如果权利人的损失、侵权人获得的利益和许可使用费均难以确定的，可由人民法院根据侵权行为的情节判决给予权利人以相应赔偿，即采用“法定赔偿”的方式。所谓“侵权行为的情节”，主要是指侵权行为人的主观过错程度、采取的侵权手段和方式、侵权行为持续的时间、给权利人造成损害的程度等。[100] 此外，根据《商业秘密解释》第 20 条第 2 款，还可以考虑商业秘密的性质、商业价值、研究开

---

〔94〕 参见刘晓：《论知识产权损害赔偿中侵权获利的分摊方法》，载《法律科学》2018 年第 4 期，第 170 页。

〔95〕 参见富强公司诉何实践在双方终止聘用关系后违反保密的合同义务使用其经营信息商业秘密侵权案，载最高人民法院中国应用法学研究所编：《人民法院案例选》(2001 年第 1 辑)，人民法院出版社 2001 年版，第 267 页。

〔96〕 参见姚建军：《中国商业秘密保护司法实务》，法律出版社 2019 年版，第 69 页。

〔97〕 参见唐青林、黄民欣编著：《商业秘密保护实务精解与百案评析》，中国法制出版社 2017 年版，第 178—179 页。

〔98〕 Rowe, Elizabeth A., Unpacking Trade Secret Damages, *Houston Law Review*, vol. 55, no. 1, Fall 2017, p. 163.

〔99〕 李伟、冯秋翔：《商业秘密保护：一种经济分析思维的引入》，载《检察日报》2020 年 3 月 18 日，第 3 版。这一做法在德国的司法实践也获得支持。BGH NJW 1977, 1062.

〔100〕 参见王瑞贺主编：《中华人民共和国反不正当竞争法释义》，法律出版社 2018 年版，第 62 页。

发成本、创新程度、能带来的竞争优势。在司法实践中,有法院还会考虑为制止侵权行为而支出的合理费用等因素,酌情确定赔偿数额。[101] 此外,在确定法定赔偿额时,还可考虑侵权人是否为故意以及受害人是否为弱势一方等因素。[102]

(二)计算方法的适用顺序

36 根据相关立法释义,对于侵犯商业秘密的损害赔偿,应根据"实际损害——所获利益——法定赔偿"的先后顺序进行赔偿。[103] 如果加入"许可使用费"这一计算方法,则呈现为"实际损害——所获利益——许可使用费——法定赔偿"的顺序。这一处理思路在《专利法》第 65 条、《著作权法》第 49 条中均有所体现。事实上,对知识产权的损害赔偿,理论上不乏突破计算方法适用先后次序的建议,因为"存在优先次序"可能会出现依据在前计算方法所得数额少于依据在后计算方法所得赔偿数额的结果。打破优先次序则意味着权利人可以选择计算方法中所得最高的方式请求赔偿,可以充分保障权利人利益。[104] 这一处理思路对于商业秘密或其他需要保密的信息的保护亦有借鉴可能。[105]

37 值得注意的是,《民法典》第 1182 条改变了《侵权责任法》第 20 条的处理思路,从"实际损害——侵权人所获利益——法定赔偿"转向"实际损害/侵权人所获利益——法定赔偿",即被侵权人可以选择按照所受损失或者侵权人所获利益进行赔偿。不过,在解释论上,《民法典》第 1182 条仅限于"侵害他人人身权益造成财产损失",难以扩及至侵犯商业秘密的情形。可见,立法者具有区分"包裹"信息的"权利外衣"类型而进行区别对待的意图。个人隐私可被纳入人身权益,从而享受较强的保护;而对于商业秘密的保护则应相对弱化,即对商业秘密的保护强度至少不应高于对专利和作品的保护。因此,商业秘密权利人不应享有选择权。如果损失可以确定,则应先据此计算赔偿数额。对于利益位阶低于商业秘密或者与之相当的其他需要保密的信息被泄露或者不正当使用时,亦是如此。

---

〔101〕 参见模德模具(苏州工业园区)有限公司诉白峰、天津格泰模具有限公司侵犯经营秘密纠纷案,载最高人民法院中国应用法学研究所编:《人民法院案例选》(2013 年第 4 辑),人民法院出版社 2014 年版,第 281 页。

〔102〕 参见 Cartwright/Hesselink (eds.), *Precontractual liability in European private law*, Cambridge: Cambridge University Press, 2008, p. 359.

〔103〕 参见王瑞贺主编:《中华人民共和国反不正当竞争法释义》,法律出版社 2018 年版,第 60—61 页。

〔104〕 王迁、谈天、朱翔:《知识产权侵权损害赔偿:问题与反思》,载《知识产权》2016 年第 5 期,第 37 页。

〔105〕 比较法上也有此类似立场。根据意大利法和葡萄牙法以及荷兰法,当事人也享有选择权。在英国法上,对于故意滥用一方当事人提供的信息,可以要求"剥夺"对方获取的利润,如果仅仅是过失,则应基于信息的市场价值进行赔偿。See Lando/Beale (eds.), *Principle of European Contract Law, Parts I and II Combined and Revised*, The Hague & London & Boston: Kluwer law international, 2000, p. 195.

四、竞合问题

如果当事人之间订有保密协议,接受信息的一方仍然违反约定泄漏或不当使用商业秘密,对方可以在追究其违约责任与侵权责任之间进行选择。[106] 从比较法上来看,与侵权责任相比,主张合同责任并不会影响责任的范围,但是合同责任的程序规则(如法院的管辖权以及诉讼时效)将会被适用。[107] 对于管辖权的约定,属于当事人意思自治的范畴,自当应允。另根据《民法典》第188条的规定,无论主张侵权责任抑或违约责任,诉讼时效期间均为三年,并无不同。此外,违约责任的特别之处主要存在于当事人约定违约金的情形,因为违约金的数额有可能大于法定的损害赔偿数额。 38

此外,虽然《反不正当竞争法》第17条将"获利返还"作为损害赔偿的计算方式,但由于"获利返还"属于对"利润"的剥夺,在请求权基础上,并非仅有《民法典》第501条、《反不正当竞争法》第17条可供选择。从逻辑上看,也可以通过无因管理制度实现剥夺利润的目的。其中,《民法典》第980条的规定可作为不法无因管理的请求权基础。[108] 此外,因为不当得利法没有制裁和预防功能,利润不属于不当得利的返还范围。不过,当侵权人因受害人遭受损害而获得利益的,对于未超过损害部分的获利,受害人可以选择根据《民法典》第987条关于不当得利的规定主张权利。 39

另需注意的是,在特定情况下,当事人创作过程中的智力性劳动成果也可能构成商业秘密。此时,如果侵害人无偿取得并使用受害人的智力成果用于招商宣传而获取商业利益,会使该作品的商业价值因被告的行为受到损毁,受害人作为著作权人基于著作权所应当享有的财产性权益因此受到不可弥补的损害。此时,会导致商业秘密侵权责任和著作权侵权责任的竞合。[109] 40

---

〔106〕 参见张虹:《缔约磋商中保密义务的法律适用研究》,载《法商研究》2011年第2期,第144页。

〔107〕 参见 Cartwright/Hesselink (eds.), *Precontractual liability in European private law*, Cambridge: Cambridge University Press, 2008, pp. 343 – 344.

〔108〕 曾有观点指出,考虑到我国民法并不认可不法无因管理制度,因此违反保密义务的情形,不存在适用无因管理制度的空间。参见张虹:《缔约磋商中保密义务的法律适用研究》,载《法商研究》2011年第2期,第145页。从比较法上看,这一请求权基础是可以成立的。参见 Cartwright/Hesselink (eds.), *Precontractual liability in European private law*, Cambridge: Cambridge University Press, 2008, p. 346.

〔109〕 参见山东省临沂市中级人民法院(2006)临民三初字第16号民事判决书。

五、举证责任

41 在诉讼中，原则上应由原告向法庭提供证据证明其商业秘密的范围、状态以及是否采取了保密措施等。[110] 此外，原告应举证证实被告存在泄露或者不正当使用商业秘密的情形。[111] 不过，由于侵权人在实施商业秘密侵权时，一般都采取比较隐蔽的手段，这给权利人举证带来很大的困难，如果过分强调原告的举证责任，势必会造成商业秘密权利人的利益得不到有效保护的尴尬局面。[112] 因此，新修改的《反不正当竞争法》第 32 条在举证责任的设计上对商业秘密权利人较为有利，当商业秘密权利人提供初步证据合理表明商业秘密被侵犯，涉嫌侵权人应当证明其不存在侵犯商业秘密的行为。亦即，被控侵权人应就信息与商业秘密不相同或实质不相同、独立开发、合法受让、反向工程进行证明。[113] 在司法实践中，法院通常采取的做法是：在适用“谁主张、谁举证”这一原则的同时，根据案件的具体情况灵活把握证明标准，由原告就其主张的秘密区别于公众所知悉的信息进行初步举证，在此基础上，法院结合被告的抗辩以及社会公知常识、行业普遍认知等进行综合认定。[114] 从中可见，对于侵权行为的举证责任并未“倒置”给侵权人，而只是相应地减轻了保密信息的权利人的举证责任。对于损害，应由权利人对损失额的计算方法及损失已实际发生承担举证责任。[115] 对于因果关系以及侵权人的过错，原则上亦应由商业秘密或者其他需要保密的信息的权利人负举证责任。

附：案例索引

1. 北京市第一中级人民法院（2010）一中民初字第 17315 号民事判决书：李某灏与中实富汇投资担保有限公司专利权转让合同纠纷案【边码 12】

2. 北京斯威格—泰德电子工程公司诉北京市银兰科技公司及刘永春等人不正当竞争纠纷案，载《最高人民法院公报》1998 年第 3 期【边码 13】

---

〔110〕 参见建业研究院诉理正研究所等以其离职人员组成并开发与其软件功能相同的软件侵犯软件商业秘密不正当竞争案，载最高人民法院中国应用法学研究所编：《人民法院案例选》（2000 年第 3 辑），人民法院出版社 2001 年版，第 282 页。

〔111〕 参见黑龙江省北安市人民法院（2017）黑 1181 民初 439 号民事判决书。

〔112〕 参见沈兵、杜开林、于晓东：《商业秘密的若干法律问题——金陵帝斯曼树脂有限公司诉叶某等侵犯商业秘密纠纷案评析》，载《知识产权》2001 年第 5 期，第 38 页。

〔113〕 陶冠东：《商业秘密侵权纠纷中举证责任的再认识——写在〈反不正当竞争法〉第三十二条增加之际》，载《中国专利与商标》2019 年第 3 期，第 62 页。

〔114〕 北京市高级人民法院知识产权庭课题组：《〈反不正当竞争法〉修改后商业秘密司法审判调研报告》，载《电子知识产权》2019 年第 11 期，第 68 页。

〔115〕 参见江西省南昌市中级人民法院（2016）赣 01 民终 1866 号民事判决书。

3. 富士宝家用电器有限公司诉家乐仕电器有限公司专利侵权及侵犯商业秘密纠纷案，载《最高人民法院公报》1999 年第 2 期【边码 13】

4. 广东省深圳市中级人民法院(2013)深中法商终字第 113 号民事判决书：深圳市农产品融资担保有限公司与中国民生银行股份有限公司深圳分行缔约过失责任纠纷案【边码 23】

5. 广东省深圳市中级人民法院(2018)粤 03 民终 25364 号民事判决书：深圳小璞家居科技有限公司与仲某红合同纠纷案【边码 13】

6. 贵州省遵义市中级人民法院(2018)黔 03 民终 799 号民事判决书：惠州市兰馨贸易有限公司与贵州湄潭兰馨茶业有限公司委托合同纠纷案【边码 23】

7. 海南省高级人民法院(2014)琼知民终字第 8 号民事判决书：海南诚禾文化传媒有限公司与薛某武等侵犯商业秘密纠纷案【边码 10】

8. 黑龙江省北安市人民法院(2017)黑 1181 民初 439 号民事判决书：陈某等与杜某龙等合同纠纷案【边码 41】

9. 湖北省高级人民法院(2004)鄂民三终字第 8 号民事判决书：冯某与微软(中国)有限公司侵犯商业秘密纠纷案【边码 18、31】

10. 湖南省高级人民法院(2007)湘高法民三终字第 25 号民事裁定书：龚某与安治化工有限公司侵犯商业秘密纠纷案【边码 7】

11. 山东省临沂市中级人民法院(2006)临民三初字第 16 号民事判决书：临沂一鸣装饰有限公司与临沂金氏玛帝奥商贸有限公司著作权侵权纠纷案【边码 22、40】

12. 山西省临汾市中级人民法院(2020)晋 10 民终 226 号民事判决书：常某庆等与樊某刚等合同纠纷案【边码 11】

13. 上海市浦东新区人民法院(2013)浦民三(知)初字第 455 号民事判决书：吉尔生化(上海)有限公司与希施生物科技(上海)有限公司等侵害经营秘密纠纷案【边码 3】

14. 四维实业(深圳)有限公司、四维企业股份有限公司与艾利丹尼森公司、艾利(广州)有限公司、艾利(昆山)有限公司、艾利(中国)有限公司、南海市里水意利印刷厂、佛山市环市镇东升汾江印刷厂经营部侵犯商业秘密纠纷管辖权异议案，最高人民法院(2007)民三终字第 10 号民事裁定书，载《最高人民法院公报》2009 年第 8 期【边码 23】

15. 西安市人民检察院诉裴国良侵犯商业秘密案，载《最高人民法院公报》2006 年第 12 期【边码 30、32】

16. 最高人民法院(2012)民监字第 253 号民事裁定书：张家港市恒立电工有限公司清算组与江苏国泰国际集团国贸股份有限公司等侵害商业经营秘密纠纷案【边码 11、17】

第525条

同时履行抗辩权*

第525条　当事人互负债务，没有先后履行顺序的，应当同时履行。一方在对方履行之前有权拒绝其履行请求。一方在对方履行债务不符合约定时，有权拒绝其相应的履行请求。

简　目

* 本文系基于《〈合同法〉第66条(同时履行抗辩权)评注》(载《法学家》2017年第2期，第163—176、182页)一文修订而成。

一、规范目的与权利性质

(一)规范目的

所谓同时履行抗辩权,是指双务合同中负有义务的一方在对方未为履行或者履行不符合约定的情况下,有权拒绝对待给付的权利。[1] 所以准确地讲,应称为不履行(履行不完全、履行不符合约定)(双务)合同的抗辩权,或者直接称为拒绝履行权。 1

同时履行抗辩权制度追寻的规范目的是双重的。首要的规范目的在于强制清偿,基于同时履行抗辩权,被对方(债权人)要求履行的债务人,有权迫使对方履行对待给付义务,所谓你给则我给。[2] 2

通过同时履行抗辩权,追求的并非是双方债务的同时履行,而是通过强调双方债务在履行顺序上的制衡关系,敦促欲获对待给付的当事人须先迈出一步。[3] 正是基于这一规范目的,债权人不能通过提供担保来排除同时履行抗辩权,因为同时履行抗辩权的目的在于获得对待给付,而这一目的并不能通过担保而获得实现。同时履行抗辩权追寻的第二个规范目的在于抗辩权人担保自己债权的功能,同时履行抗辩权可以确保债务人在没有获得对待给付之前不能被强迫提供自己的给付,解决的是守约方不相信对方或者担心对方资不抵债的问题。如果对方不履行合同,守约方即有权拒绝进行给付,免得在对方没有信用或者资不抵债的情况下,使自己的给付落空。[4] 基于此规范目的,只要同时履行抗辩权存续,即不构成债务人迟延。

(二)权利性质

对于同时履行抗辩权(拒绝履行权)的本质,具体有两种学说,第一种是交换说,第二种是抗辩权说。[5] 3

根据交换说,双方同时履行给付义务自始即为给付义务之内容,在当事人发

---

〔1〕 参见黄薇主编:《中华人民共和国民法典释义(中)》,法律出版社2020年版,第1004页。

〔2〕 参见韩世远:《合同法总论》(第4版),法律出版社2018年版,第382页;王泽鉴:《民法学说与判例研究(第六册)》,中国政法大学出版社1997年版,第139页。

〔3〕 参见韩世远:《构造与出路:中国法上的同时履行抗辩权》,载《中国社会科学》2005年第3期,第108页;黄薇主编:《中华人民共和国民法典释义(中)》,法律出版社2020年版,第1004页。

〔4〕 参见崔建远主编:《合同法》(第5版),法律出版社2010年版,第137页;韩世远:《合同法总论》(第4版),法律出版社2018年版,第379页。

〔5〕 参见王泽鉴:《民法学说与判例研究(第六册)》,中国政法大学出版社1997年版,第140页。

生法律争议时，即使债务人没有主张，法官也必须考虑其效力。由此处于交换关系的请求权，自始在内容上就受到了限制。[6] 例如拉伦茨就认为，每一方的义务通常涉及的并非仅是给付，而是与受领对待给付同时进行的给付。[7]

根据抗辩权说，任何一方要求其所应得的给付的权利本身并没有附加条件，所以，给付拒绝权是一种抗辩权，具有改变请求权以及形成权利的效力。

4 从《民法典》第 525 条"一方在对方履行之前有权拒绝其履行请求"的表述中可以确定，同时履行抗辩权是一种抗辩权，而从立法资料上看，《民法典》立法者采纳的也是抗辩权说。[8] 采用抗辩权说，原告即无须在诉讼中陈述自己已经清偿。比如甲向乙购买一幅画，出资 100 万元，在甲起诉乙交付并移转画的所有权时，不需要陈述自己已经清偿了，法院即应予以受理。

在实体法上，两种学说的结果会有所不同。根据交换说，如果构成同时履行抗辩权，即使在债务人一开始没有主张的情况下，也会发生效力，债务人不必提出自己的给付，故此，不履行不违反义务，债务人没有陷入迟延。[9] 而根据抗辩权说，则需要债务人主张，否则不发生阻却债务人迟延的效力。但即使主张抗辩说，也不妨碍承认同时履行抗辩权存在即排除迟延之构成。

二、先给付义务

5 《民法典》第 525 条第一句后段"没有先后履行顺序的，应当同时履行"的表述，并不是在规定同时履行抗辩权的构成要件，也不是将同时履行抗辩权的适用情况限定于双方债务同时届至的情况，[10] 而是在强调，在适用同时履行抗辩权之前，应当首先考察，双务合同中给付义务与对待给付义务之间有无先后顺序。如果有先给付义务的，即不应适用同时履行抗辩权，但有可能适用先履行抗辩权（《民法典》第 526 条）或不安抗辩权（《民法典》第 527 条、第 528 条）。[11] 司法实践的做法也是如此，存在先给付义务的情况下，即不会适用《民法典》第 525 条。[12] 而且，在案件审理中，只有在法官判断没有先给付义务，才可以适用同时

---

〔6〕 Volker Emmerich, Vorbemerkung zum § § 320, in: Münchener Kommentar zum BGB, 5. Aufl., München, C. H. Beck, 2006, Rn. 13.

〔7〕 Karl Larenz, Lehrbuch des Schuldrechts, 14. Aufl., C. H. Beck, München, 1987, § 15 I, S. 207.

〔8〕 胡康生主编：《中华人民共和国合同法释义》（第 3 版），法律出版社 2013 年版，第 130 页。

〔9〕 Dirk Looschelders, *Schuldrecht AT*, 10 Aufl., Verlag Franz Vahlen, München, 2012, Rn. 349.

〔10〕 参见韩世远：《合同法总论》（第 4 版），法律出版社 2018 年版，第 387、392 页。

〔11〕 参见崔建远主编：《合同法》（第 5 版），法律出版社 2010 年版，第 139 页。

〔12〕 参见最高人民法院（2013）民一终字第 71 号民事判决书。

履行抗辩权。[13]

先给付义务的存在没有改变合同的双务性，但基于法律规定或者当事人的意思，排除了同时履行抗辩权。

6 首先，先给付义务可以基于法律产生，具体如：除非另有约定，房屋承租人的租金给付义务（《民法典》第 721 条）、承揽人的给付义务（《民法典》第 782 条）均是先给付义务。承揽人在工作物的制造以及有瑕疵、尚未被受领的工作物的修理等方面负有先给付义务。工作物的受领义务与报酬的支付之间则存在同时履行关系（《民法典》第 782 条）。

7 其次，先给付义务可以基于明示或默示的约定产生，例外情况下，也可以直接基于诚实信用产生。只要当事人没有同时确保其仅在真正获得允诺的对待给付时才进行给付行为，即存在先给付义务。例如，合同双方当事人约定，买受人在货到时通过邮局代收货款，或者约定买受人在不能提前验货的情况下即负有先支付的义务。在发出信用证的场合，买受人也有先给付义务。如约定见文件再付款的，则出卖人在获得文件所需的给付方面负有先给付义务，之后则是买受人先给付。再如约定见账单付款的，出卖人通过邮寄账单表示已经准备运送货物的，买受人须先给付，相反，如约定货到付款的，则出卖人有先给付义务。

值得注意的是，约定一方先为给付，然后另一方为部分给付的，此时也存在先给付的情况。例如，当事人约定，签订合同的 10 个工作日内的某时刻，乙方向甲方提交微电影剧本并选定 6 位主要演员后，甲方向乙方支付制作劳务费总额的 60%，此时乙方有先履行义务。[14]

在所有权保留买卖的情况下，就占有移转方面，出卖人具有先给付义务，但在所有权移转方面，与价款给付构成同时履行关系，所以，所有权保留约定是一种部分的先给付义务。在持续性合同情况下，就某时间段，给付方必须先履行；在分期给付的情况下，通常出卖人有先给付义务；在劳动合同情况下，通常是雇主先行给付。

8 如果债务人放弃提出同时履行抗辩权，效果上与存在先给付义务约定的情况相同。放弃同时履行抗辩权是可以附加条件的。由于抗辩权利人通常不会缩减自己的权利，所以原则上不得推定放弃之意思。如在约定送交支票的情况下，不能由此推断债务人不论给付结果是否出现，均放弃了同时履行抗辩权。

9 在司法实践中，有裁判还认为：如一方的给付没有明确的期限，另一方给付有明确的期限，则可以认为没有约定先给付义务，可以适用同时履行抗辩权。[15]

---

〔13〕 参见最高人民法院（2013）民申字第 1525 号民事裁定书。

〔14〕 具体案例参见重庆市高级人民法院（2014）渝高法民终字第 00200 号民事判决书。

〔15〕 具体案例参见上海市高级人民法院（2002）沪高民三（知）终字第 112 号民事判决书。

10 有争议的是，在异时履行的情况下，是否可以适用同时履行抗辩。通常情况下，如果给付义务与对待给付义务之间没有有机的牵连，即一方的给付不以另一方的给付为当然的前提，则在对待给付义务随着时间的推移到期的情况下，也即给付请求权追赶上后，[16]先给付义务的“先给付性”即消灭。两个给付有互不依赖的到期时间，无须顾及先行到期的先给付义务，后给付义务按约定或法定时间届期，该种先给付义务也被称为非固有的先给付义务。

例如，双方约定，出卖人于 2 月 1 日先给付，买受人于 3 月 1 日为对待给付，自 3 月 1 日起，两个到期的请求权相互对立，处于交换关系，故有学者认为，起初负有先给付义务的一方自此也可以主张同时履行抗辩。[17] 针对非固有的先给付义务的情况，在后给付义务也到期的情况下，先给付义务人与后给付义务人均享有同时履行抗辩权。其根据在于双务合同情况下，各自的请求权中即含有同时履行抗辩的约束，即请求对方给付者，必须提供自己的给付。但是，根据当事人的约定，出卖人已经陷入违约，如承认其在 3 月 1 日之时享有同时履行抗辩权，有违诚实信用，故此时，出卖人作为先履行义务人，并无同时履行抗辩权，仅有买受人作为后给付一方享有同时履行抗辩权。[18]

与非固有的先给付义务相对的是固有的先给付义务，固有的先给付义务是指对待给付义务的到期以先给付义务已经履行为前提。[19] 具体如只有先给付义务人先履行，其相对人才可能给付的情况，或者先给付义务履行后，须经对方确认后再为对待给付的情况。[20]

非固有的先给付义务为原则，而固有的先给付义务为例外，具体在有法律规定或者约定的情况下，才构成固有的先给付义务。比如根据《民法典》第 782 条，交付工作成果义务相对于支付报酬义务是固有的先给付义务；当事人约定见票付账、见单付账的，即为约定买受人支付价款的义务为固有先给付义务。固有的先给付义务也可以基于解释规则解释出来，例如，在当事人约定买受人须转卖标的

---

〔16〕 Goachim Gernhuber, Synallagma und Zession, in FS für Ludwig Raiser zum 70 Geburtstag, Tübingen, J. C. B. Mohr, 1974, S. 77.

〔17〕 参见韩世远：《构造与出路：中国法上的同时履行抗辩权》，载《中国社会科学》2005 年第 3 期。不同观点认为，此种情况下，出卖人已经违约，此时赋予其同时履行抗辩权，有违逻辑，参见崔建远：《履行抗辩权探微》，载《法学研究》2007 年第 3 期，第 45 页以下。

〔18〕 参见李建星：《先履行抗辩权之解构》，载《法学家》2018 年第 5 期，第 118 页。

〔19〕 参见李建星：《先履行抗辩权之解构》，载《法学家》2018 年第 5 期。韩世远教授使用的是有机牵连与无机牵连的术语，有机牵连关系是指，一方的履行以另一方的履行为当然的前提，先履行方未作出履行，须视为后履行义务人的履行期并不到来；无机牵连关系是指，一方的债务并非当然地要以另一债务的履行为前提，此时有同时履行抗辩权的存在。参见韩世远：《合同法总论》（第 3 版），法律出版社 2011 年版，第 288 页。

〔20〕 参见韩世远：《合同法总论》（第 4 版），法律出版社 2018 年版，第 392 页。

物方可以支付价款的情况下，出卖人交付标的物即为固有先给付义务。[21]

一方当事人未履行固有先给付义务，另一方当事人的后给付义务履行期即向后顺延。在萧县自然资源和规划局、梁某建设用地使用权出让合同纠纷二审案[22]中，当事人之间的《国有建设用地使用权出让合同》约定了履行先后顺序，即梁某支付剩余定金及土地出让价款的义务在先，萧县自然资源和规划局交付土地及办理相关产权登记手续的义务在后，法院认定约定的是固有先给付义务。所以，在梁某未按照约定支付土地使用权出让价款的情况下，萧县自然资源和规划局交付土地的义务可以顺延。

此时，后给付义务一方不能提出同时履行抗辩权，而只能提出未届期之抗辩。在性质上，未届期的抗辩是一种无须主张的抗辩，法官应依职权审查。[23]

《民法典》第526条规定了所谓的先履行抗辩权，借鉴的是《国际商事合同通 11
则》第7.1.3条第1款以及《欧洲合同法原则》第9:201条第1款，例如《国际商事合同通则》第7.1.3条第1款规定：凡当事人各方应相继履行合同义务的，后履行一方当事人可在应先履行一方当事人完成履行之前拒绝履行。[24] 该规则澄清的是，在给付义务与对待给付义务存在有机牵连的情况下，负有先给付义务的一方还是要先进行履行，并不能行使同时履行请求权，先给付义务人向后给付义务人请求对待给付的，后给付义务人自可以未到期进行抗辩。[25] 即使对后给付义务的履行定有期限，在先给付义务人未履行前，后给付义务人的履行期也未届至。[26] 从规则自身逻辑性、简练性考虑，并无单独规定先履行抗辩权的必要。[27]

先给付义务人提出给付但相对人拒绝受领、陷入受领迟延的，其即可以请求 12

---

〔21〕 参见李建星：《先履行抗辩权之解构》，载《法学家》2018年第5期，第110页。

〔22〕 最高人民法院(2019)最高法民终1590号民事判决书。

〔23〕 参见王洪亮：《债法总论》，北京大学出版社2016年版，第122页；李建星：《先履行抗辩权之解构》，载《法学家》2018年第5期，第114页。

〔24〕 参见黄薇主编：《中华人民共和国民法典释义(中)》，法律出版社2020年版，第1007页；全国人大常委会法制工作委员会民法室编：《〈中华人民共和国合同法〉与国内外有关合同规定条文对照》，法律出版社1999年版，第57页；朱广新：《合同法总则》(第2版)，中国人民大学出版社2012年版，第472页；朱广新：《先履行抗辩权之探究》，载《河南省政法管理干部学院学报》2006年第4期，第127页。

〔25〕 值得思考的是，赋予后履行一方先履行抗辩权(《民法典》第526条)，如不加限定，对于后履行一方，未必有利。抗辩必须要有对抗的对象，要有请求权。在后履行一方的给付义务尚未到期的时候，先履行一方并无请求权，对此，诉讼中，法庭应依职权予以考虑。若于此情况下，直接赋予后履行一方所谓先履行抗辩权，则是须主张的抗辩权，由此，替代后履行一方未到期的无须主张的抗辩，并不具有正当性。尤其，在缺席审判情况下，后履行一方未出庭，无从抗辩，法院若认为后履行一方未主张"先履行抗辩权"，则就会使后履行一方败诉，结果并不公正。

〔26〕 参见韩世远：《合同法总论》(第4版)，法律出版社2018年版，第392页。

〔27〕 参见朱广新：《先履行抗辩权之探究》，载《河南省政法管理干部学院学报》2006年第4期，第128页。

相对人同时履行。在相对人无理由地拒绝履行自己的给付的情况下，先给付义务的“先给付性”也消灭。此时，先给付义务人也可以请求同时履行。[28] 除此之外，先给付义务人不得行使同时履行抗辩权，但可以借助不安抗辩权保护自己(《民法典》第 527 条、第 528 条)。在先给付义务人有证据证明相对人财产恶化的情况下，其可以中止履行自己的给付，并拒绝给付。

13 即使没有先给付义务，同时履行也可能由于事实原因而无法实行，如给付地不同或者给付义务履行迟缓的原因导致无法适用同时履行抗辩。

三、构成要件

(一)有效的双务合同

14 从《民法典》第 525 条“互负债务”的文义上判断，其适用的情况非常宽泛，具体如系列交易关系情况，如买受人与出卖人之间存在长期交易关系中，买受人要求出卖人提供其 7 月 1 日购买的货物，但出卖人主张，买受人必须先支付其 5 月 1 日购买货物的价款，二者之间也可形成互负债务关系。又如，在酒馆里，甲与乙的大衣弄混了。甲请求乙交出大衣，乙则主张，甲必须先将自己拿到的大衣返还给乙，甲的返还请求权与乙的返还请求权之间也是互负债务关系。在债务人基于借用合同向对方负有的返还标的物义务与该方基于买卖合同向债务人负有的支付价款以及损害赔偿义务之间，也是互负债务。[29]

但是，从《民法典》第 525 条体系位置以及立法资料来看，这里的互负债务必须是因为双务合同引起的。通说也认为，《民法典》第 525 条仅适用于双务合同的情况。[30] 所以，上述情况，都不在《民法典》第 525 条的射程范围内。

15 有争议的是，在合同无效情况下，如果已经履行的，当事人相互负有返还义务，二者之间即可形成互负债务关系，此时可否适用同时履行抗辩权？有学者主张类推适用同时履行抗辩权；[31] 不同观点认为，只有在双务合同有效的情况下，

---

〔28〕 参见 Karl Larenz, Lehrbuch des Schuldrechts, 14. Aufl. , C. H. Beck, München, 1987, § 15 I, S. 207.

〔29〕 参见北京市高级人民法院(2018)京民初 49 号民事判决书。

〔30〕 参见胡康生主编:《中华人民共和国合同法释义》(第 3 版)，法律出版社 2013 年版，第 130 页；王利明:《合同法研究(第二卷)》(第 2 版)，中国人民大学出版社 2011 年版，第 60 页；韩世远:《合同法总论》(第 4 版)，法律出版社 2018 年版，第 385 页；朱广新:《合同法总则》(第 2 版)，中国人民大学出版社 2012 年版，第 475 页。具体案例参见江苏省高级人民法院(2015)苏审三民申字第 01225 号民事裁定书；上海市高级人民法院(2007)沪高民四(商)终字第 33 号民事判决书。

〔31〕 参见韩世远:《合同法总论》(第 4 版)，法律出版社 2018 年版，第 410 页。

才有适用同时履行抗辩权之可能。[32] 对此，本文认为，这种情况下，应无同时履行抗辩权适用之余地，主要原因在于，合同无效情况下，自始不发生效力，同时履行抗辩权产生的基础即不存在，而无效的后果并非基于当事人的意思而定，可能均是不当得利请求权，也可能一方享有不当得利请求权，而另一方享有原物返还请求权，二者之间并无相互性，债务人也不能期待，在自己给付时，同时获得对方给付。在德国法上对于此种情况，有留置抗辩权（《德国民法典》第 273 条）适用余地，此时，一方当事人可以通过提供担保而先获得对方的给付。

双务合同本身被区分为通常双务合同与相互性的双务合同。通常双务合同又被称为不完全双务合同，如无偿委托合同、无偿保管合同等，在这些情况下，一方当事人负担主要义务，而对方仅负有从属义务。[33] 而且，一般是相对人先获得先给付义务人履行的利益后，再为对待给付。例如，无偿保管合同中，保管人负担保管寄托物的义务，而寄存人仅在特定情况下，负赔偿责任（《民法典》第 893 条）。所以，在不完全双务合同情况下，并无相互依存的给付与对待给付关系，并不能适用同时履行抗辩权。[34] 但有偿保管合同属于相互性的双务合同，支付的报酬不仅仅涵盖费用。 16

对于合伙合同，是否可以适用同时履行抗辩权规则，学界存在争议，主流观点认为，民事合伙合同不属于相互性合同，因为合伙合同追求的是共同目的，并不存在交换关系。[35] 如果允许合伙人因为其他合伙人的违约行为而拒绝履行自己的义务，则会导致合伙的瘫痪。[36] 不过修正观点认为，在合伙人为二人时，可以适用同时履行抗辩权；而在合伙人为三人或三人以上时，则不适用。[37] 还有观点认为，请求出资之合伙人，对于请求人在其对于其他合伙人按同一之比例为出资请求前，得拒绝自己之出资。[38] 从相互性特点出发，因对方没有出资而拒绝自己出资的，也应限定在二人合伙的情况下。另外，在成员与社团之间也不存在相互性

---

〔32〕 参见邱业伟：《双务合同履行中的抗辩权比较分析》，载《河北法学》2007 年第 7 期，第 116 页。

〔33〕 参见韩世远：《合同法总论》（第 4 版），法律出版社 2018 年版，第 386 页。

〔34〕 参见最高人民法院民法典贯彻实施工作领导小组主编：《中华人民共和国民法典合同编理解与适用（一）》，人民法院出版社 2020 年版，第 429 页。

〔35〕 参见王利明：《合同法研究（第二卷）》（第 2 版），中国人民大学出版社 2011 年版，第 69 页；李永军：《合同法》（第 3 版），法律出版社 2010 年版，第 140 页。

〔36〕 参见最高人民法院（2019）最高法民终 454 号民事判决书。合资合作开发在合同性质上，是一种合伙合同。所以，法院认定：该种法律关系决定了合资合作各方的履行并不完全具有双务合同履行上的牵连性。

〔37〕 参见王泽鉴：《民法学说与判例研究（第六册）》，中国政法大学出版社 1997 年版，第 148 页；崔建远：《合同法》（第 2 版），北京大学出版社 2013 年版，第 138 页；何平、邓剑光：《论合伙合同中同时履行抗辩权的适用》，载《当代法学》2002 年第 9 期，第 39 页。

〔38〕 史尚宽：《债法总论》，中国政法大学出版社 2000 年版，第 585 页。

合同,因为,双方的义务并未处于依赖关系中。所以,合伙请求合伙人缴纳出资额的情况下,不能适用同时履行抗辩权规则。

17 在相互性的双务合同中,双方的债务之间存在相互性关系,[39] 如买卖合同、有偿的保证合同等。金钱借贷合同中,金钱的发放与所负担的利息或约定担保的设定之间处于相互性关系中。版权许可合同、保理合同、融资租赁合同、有偿的允诺承担担保责任都属于相互性合同。同时履行抗辩权还适用于买卖合同、承揽合同中因物的瑕疵而产生的补救履行请求权以及租赁合同中因物的瑕疵而产生的权利。在买受人的债权被预告登记情况下,由于买受人有权请求出卖人移转无负担的所有权,所以,如果其上存有负担,那么,即使买受人自己可以排除负担,买受人也有权行使同时履行抗辩权。在物业服务合同情况下,业主与物业公司,在对方不履行或不完全履行的情况下,均有同时履行抗辩权。[40] 尤其在物业服务企业违反物业服务合同约定或者法律、法规、部门规章规定,擅自扩大收费范围、提高收费标准或者重复收费时,业主以违规收费为由提出抗辩的,人民法院应予支持(《物业服务纠纷解释》第 2 条第 1 款)。

在劳务合同情况下,如果劳动者没有履行劳动义务,则雇主可以拒绝支付工资;在劳动者履行不完全的情况下,雇主原则上不享有同时履行抗辩权,因为在劳务合同情况下,雇主是没有减价权的,若赋予其同时履行抗辩权,有违一体价值判断。相反,在雇主拖欠工资的情况下,劳动者有权保留给付劳务。

建设工程施工合同中,工程进度款与施工义务之间也是同时履行抗辩关系。[41]

双方约定,一方提供铺底货物,另一方提供相应价值的流动资产作为 100 万元铺底货物的担保,在债权人未提供铺底货物的情形下,债务人可以拒绝履行提供担保义务。[42]

股权转让协议情况下,在股权变更文件递交成功之前,买受人拥有同时履行抗辩权。[43]

在持续供给合同的情况下,不仅每期给付与期款之间存在履行牵连关系,而且已经交换的给付之间也存在履行牵连关系。出卖人没有履行一期给付义务,买受人可以拒绝支付已经受领的给付之对待给付。相对人未给付一期的,债务人可

〔39〕 参见杨振山主编:《民商法实务研究》,山西经济出版社 1993 年版,第 249 页。《民商法实务研究》分为《继承卷》《债权卷》《总论卷》《侵权行为卷》。

〔40〕 参见熊进光:《物业服务合同抗辩权的行使与限制》,载《现代法学》2010 年第 3 期,第 170 页以下。

〔41〕 具体案例参见最高人民法院(2014)民申字第 649 号民事裁定书。

〔42〕 具体案例参见最高人民法院(2004)民二终字第 67 号民事判决书。

〔43〕 具体案例参见最高人民法院(2014)民申字第 1823 号民事裁定书。

以拒绝二期的对待给付。[44]

在承租人迟延支付租金的情况下,原则上出租人可以拒绝排除瑕疵。但在承租人迟延支付租金的情况下,尤其在租赁关系存续期间,出租人不得决绝供应水、电,因为同时履行抗辩权仅具有迟延的性质,停止供应水、电会导致一种最终确定的状态。而且,承租人占有标的物,出租人停止供应水、电,实质上是在行使禁止之私力,侵害了承租人的占有。[45] 不过,在司法实践中,有的法院认为,在承租人拒付几个月的租金后,出租人有权拒绝供应水、电。[46]

对于法定债之关系,也存在相互性债之关系,可以适用同时履行抗辩权,如无权代理,本人不追认的情况下,在无权代理人与合同相对人之间,应当成立相互性债之关系。 18

最后,基于契约自由,当事人可以将无名合同约定为相互性合同。 19

(二)相互关系

《民法典》第525条的第二个构成前提是给付请求权之间具有相互依存关系,而且要基于《民法典》第525条产生给付拒绝权。保留的给付必须相对于另一个给付具有足够的意义,才可以使给付拒绝权获得正当性。 20

1. 纯粹相互性

基于相互性的要求,亦可以推断出,只有针对主给付义务才会形成同时履行抗辩权,[47] 例如在汽车买卖合同中,出卖方负有交付汽车以及移转汽车所有权的主给付义务,而买受方负有支付价金的主给付义务,二者处于相互关系中。[48] 在拆迁补偿协议情况下,在被拆迁人拒绝交验被拆迁房屋并签订完整的补偿安置协议的情况下,拆迁人可以拒绝支付涉案协议约定的补偿费。[49]

出卖人负有交付无瑕疵标的物的主给付义务,在出卖人交付的标的物有瑕疵的情况下,买受人可以拒绝支付尾款。[50]

---

〔44〕 不同观点参见崔建远:《合同法》(第2版),北京大学出版社2013年版,第136页;崔建远:《履行抗辩权探微》,载《法学研究》2007年第3期,第50页。

〔45〕 Volker Emmerich, § 320, in: Münchener Kommentar zum BGB, 5. Aufl., München, C. H. Beck, 2006, Rn. 12.

〔46〕 具体案例参见最高人民法院(2013)民申字第540号民事裁定书。

〔47〕 参见最高人民法院(2019)最高法民终949号民事判决书。法院认为:同时履行抗辩权针对的是对方当事人未履行合同主给付义务。从给付义务与对待给付义务之间不具有牵连性。

〔48〕 参见吉林市昌邑区人民法院(2014)昌民二初字第416号民事判决书;最高人民法院(2016)最高法民申1854号民事裁定书;最高人民法院(2016)最高法民再164号民事判决书:股权变更登记与价款支付之间的同时履行抗辩关系。

〔49〕 参见山东省高级人民法院(2020)鲁行申920号行政裁定书。

〔50〕 参见广东省高级人民法院(2019)粤知民终442号民事判决书。

买受人的受领义务与出卖人的交付与移转所有权的义务之间则无相互关系。和解协议中，一方负有的变更土地用途等义务与对方的补偿义务之间并无牵连性，二者之间并未互负履行义务。[51] 不动产买卖情况下，如果已经登记，买受人即不得以尚未交付而拒绝支付价款，因为一旦登记，即可以有权处分。[52]

21 通常主给付义务与从给付义务及附随义务之间没有相互牵连关系，不能形成同时履行抗辩权。[53] 也就是说，从给付义务、附随义务通常不具有充分的意义，相对方不履行，债务人不得以此为由拒绝为给付。[54] 例如买卖合同情况下，出卖人移交技术资料的义务为从给付义务，买受人不能以出卖人没有履行移交技术资料义务拒绝履行给付价金义务。[55] 在股权转让协议中，财务资料的移交属从合同义务，对方未履行的，债务人不得以此拒绝履行自己的给付义务。[56] 债务人不能以对方没有开具发票，而不履行付款之主给付义务。[57] 债务人不能以对方未配合办理相关税务手续而拒绝支付工程款。[58] 债务人不得以未办理消防验收作为拒付工程款及利息的抗辩理由。[59]

债务人不能以对方没有办理土地使用权面积核减手续义务而拒绝履行交付土地的义务。[60] 债务人支付总金额40%（2070000元）价款的主给付义务与债权人开第一期设备总款的10%（517500元）银行质量保函的从给付义务之间也不构成同时履行关系。[61]

22 但是，合同当事人可以约定受领义务为主给付义务。主给付义务或从给付义务的区分，对于相互关系的肯定或否定，仅具有“指引”功能，关键的是当事人的意

---

〔51〕 参见最高人民法院（2018）最高法民终167号民事判决书。

〔52〕 参见史尚宽：《债法总论》，中国政法大学出版社2000年版，第581页。

〔53〕 参见韩世远：《合同法总论》（第4版），法律出版社2018年版，第387页，韩世远教授称传统意义上的同时履行抗辩权为纯粹型的同时履行抗辩权；最高人民法院民法典贯彻实施工作领导小组主编：《中华人民共和国民法典合同编理解与适用（一）》，人民法院出版社2020年版，第429页。

〔54〕 具体案例参见最高人民法院（2014）民申字第1893号民事裁定书。

〔55〕 不同意见，参见崔建远：《合同法》（第2版），北京大学出版社2013年版，第136页。不过，增加了致使合同目的落空的要件。实际上，同时履行抗辩与违约并无关系，只是在未获得对方给付之前，得拒绝自己的给付。

〔56〕 具体案例参见四川省高级人民法院（2013）川民终字第25号民事判决书。

〔57〕 参见施建辉：《同时履行抗辩之适用限制》，载《华东政法大学学报》2007年第4期，第49页。具体案例可参见福建省高级人民法院（2010）闽民终字第76号民事判决书；新疆维吾尔自治区高级人民法院（2015）新民一终字第97号民事判决书；最高人民法院（2015）民一终字第177号民事判决书。

〔58〕 参见内蒙古自治区高级人民法院（2020）内民再193号民事判决书。

〔59〕 参见甘肃省高级人民法院（2020）甘民终63号民事判决书。

〔60〕 参见最高人民法院（2019）最高法民终949号民事判决书。

〔61〕 参见江苏省高级人民法院（2020）苏民终939号民事判决书。

思，当事人的意思是合同的构造以及特别利益状况的基础。[62]

在司法实践中，当事人还可以通过约定确立从给付义务与对待给付义务之间存在相互关系。如当事人约定，开具相应发票与付款应同时履行。[63] 腾房与支付补偿款之间具有同时履行关系。[64]

2. 相互性的扩张

根据同时履行抗辩权的相互关系基础，无约定或法定情况下，从给付义务和主给付义务之间是不存在同时履行抗辩关系的。但通说主张扩张适用同时履行抗辩权，在从给付义务的履行与合同目的实现关系密切时，从给付义务和主给付义务之间可以存在同时履行抗辩关系。[65] 例如，名马买受人可以出卖人未交付得奖证书及血统证书而拒绝支付价款。[66] 手机用户在电信部门未出具话费清单时，可以拒绝缴纳话费。[67] 在付款义务人没有付款的情况下，相对人可以拒绝履行其相应的给付增值税发票的义务。[68] 23

在债权人违反附随义务的情况下，债务人原则上不得行使同时履行抗辩权，拒绝给付。[69] 因为附随义务指向的是固有利益，与给付义务之间不存在相互性。在例外情况下，如雇主违反保护义务等附随义务而使提供劳务不可期待，雇员即可拒绝工作，而不丧失工资请求权。 24

如果在基于相互合同的义务之外，确立一个独立的义务，如抽象的债之承诺或者票据，则其与对方的给付之间没有相互关系。但票据或支票债务人，在基础关系中，可以以同时履行抗辩权对抗债权人，该债务人也有权以该同时履行抗辩权对抗第一个票据或支票取得人。 25

有学者认为，代替原给付请求权而出现的损害赔偿请求权，也加入到相互关系中，例如在损害赔偿请求权与返还已交付的有瑕疵物的请求权之间亦存在相互 26

---

〔62〕 参见 Volker Emmerich, § 320, in: Münchener Kommentar zum BGB, 5. Aufl., München, C. H. Beck, 2006, Rn. 31.

〔63〕 Frank Weiler, Schuldrecht, AT, 2 Aufl., Baden - Baden, Nomos Verlagsgesellschaft, 2014, S. 133. 具体案例参见浙江省杭州市中级人民法院(2015)浙杭民终字第1146号民事判决书。

〔64〕 具体案例参见最高人民法院(2014)民申字第918号民事裁定书。

〔65〕 参见崔建远：《合同法》(第2版)，北京大学出版社2013年版，第135页；韩世远：《合同法总论》(第4版)，法律出版社2018年版，第410页；魏振瀛主编：《民法》，高等教育出版社、北京大学出版社2000年版，第404页；朱广新：《合同法总则》(第2版)，中国人民大学出版社2012年版，第477页；施建辉：《同时履行抗辩之适用限制》，载《华东政法大学学报》2007年第4期，第48页。

〔66〕 参见王泽鉴：《民法学说与判例研究(第六册)》，中国政法大学出版社1997年版，第143页。

〔67〕 参见韩世远：《合同法总论》(第4版)，法律出版社2018年版，第411页。

〔68〕 参见最高人民法院(2019)最高法民终319号民事判决书。

〔69〕 参见施建辉：《同时履行抗辩之适用限制》，载《华东政法大学学报》2007年第4期，第49页。

关系,可以准用同时履行抗辩权。[70]

27 有疑问的是,在解除合同的情况下,可否适用同时履行抗辩权,如果认为解除合同情况下,当事人的关系为特别清算关系,而非不当得利关系,则二者之间的返还请求权处于相互关系中,可以准用同时履行抗辩权之规则。[71]

司法实践中有不同做法,认为合同解除导致合同关系消灭,所以不能适用同时履行抗辩权。[72] 本文认为,当事人之间基于解除而产生的义务相互间处于同时履行关系,适用《民法典》第 525 条之规则。[73] 这里既涉及返还请求权,也涉及价值赔偿请求权。至于损害赔偿请求权,要具体判断其是否是基于解除产生的。例如因为违反附随义务而导致解除的情况下,违反附随义务的损害赔偿责任并非是基于解除而产生的,故与返还请求权之间并不构成同时履行关系。

合同解除后,原给付义务消灭,产生返还义务,在权利义务上仍应守衡,债权人不能因债务人的违约而丧失既有的利益,债务人也不能因此获得额外的利益。而且,在返还请求权与本来的债务之间还是具有同一性的,[74] 故应承认返还请求权之间或者返还请求权与价值赔偿请求权之间存在同时履行关系。

28 若给付是以利他方式提出的,也不影响相互关系。允诺人得以其基于补偿关系产生的抗辩对抗有权利的第三人。[75]

29 在债权人让与债权的情况下,根据《民法典》第 548 条的规定,债务人可以以

---

〔70〕 参见韩世远:《合同法总论》(第 4 版),法律出版社 2018 年版,第 408 页。最高人民法院在《关于托运人主张货损货差而拒付运费应否支付滞纳金的答复》中有不同观点:在水路货物运输合同中,支付运费是托运人的法定义务,该义务不因发生货损货差而消灭。托运人主张的货损货差赔偿可通过索赔解决,若擅自拒付运费则应按法律规定支付滞纳金。

〔71〕 参见崔建远:《合同法》(第 2 版),北京大学出版社 2013 年版,第 136 页;韩世远:《合同法总论》(第 4 版),法律出版社 2018 年版,第 410 页;李冬、陈林:《合同解除后的互负债务类推适用同时履行抗辩权》,载《人民司法 · 案例》2011 年第 22 期,第 80 页;辽宁省沈阳市中级人民法院(2011)沈中民二终字第 1538 号民事判决书。

〔72〕 参见新疆维吾尔自治区高级人民法院(2014)新民二终字第 78 号民事判决书。该案判决认为:同时履行抗辩权系当事人在履行双务合同过程中依法或者依约享有的抗辩权,而本案股权转让协议已为生效判决所判令解除,双方之间的合同关系即归于消灭已无适用同时履行抗辩权的事实基础。而且合同解除后的法律后果表现为恢复原状、双方返还,索菲娅公司已另案向法院提起诉讼要求侯某梅、侯某芸、黄某军返还股权转让款 1000 万元,其该请求与本案侯某梅、侯某芸、黄某军股权变更登记的请求彼此独立并无牵连,原审法院认定双方应在法院判决确定的履行期限内各自履行并无不当。故索菲娅国际投资有限责任公司以侯某梅、侯某芸、黄某军未返还股权转让款 1000 万元为由行使同时履行抗辩权而拒绝履行股权变更登记义务的上诉理由不能成立,本院不予支持。

〔73〕 参见韩世远:《合同法总论》(第 4 版),法律出版社 2018 年版,第 682 页以下。

〔74〕 参见崔建远:《解除权问题的疑问与释答(下篇)》,载《政治与法律》2005 年第 4 期。

〔75〕 参见王利明:《合同法研究(第二卷)》(第 2 版),中国人民大学出版社 2011 年版,第 67 页;崔建远:《合同法》(第 2 版),北京大学出版社 2013 年版,第 138 页;韩世远:《合同法总论》(第 4 版),法律出版社 2018 年版,第 387 页。

其同时履行抗辩权对抗受让人。在债权让与情况下,在让与人作为对待给付债务人方面,让与人也享有同时履行抗辩权。[76] 其根据在于,合同相对人不能无根据地获益。这也适用于基于法律规定债权让与但未同时移转债务的情况。让与人通常对受让人负有行使抗辩的义务,以使合同相对人就受让人的债权方面而处于压力之中。[77] 相反,在债务承担的情况下,不仅原债务人,而且新的(共同)债务人均享有不履行合同的抗辩权。

在存在多个债权人的情况下,多个债权人均得请求部分给付时,也会存在相互关系,债务人有权在获得全部给付前拒绝自己的给付。[78] 此时,在多个债权人负有不可分给付的情况下,或者通过合同约定共同负有可分的给付的情况下,多个债权人作为共同债务人承担责任,所以每个债权人均须提供全部对待给付。例如,甲乙以200万元的价格购买丙的100吨煤,甲支付100万元后请求丙交付50吨煤,丙得在获得200万元支付前,拒绝履行自己的给付。[79] 如果双务合同中的一方债务人是数人,形成连带债务人,则在多个连带债务人完全履行给付义务之前,另一方当事人均有权拒绝履行自己的给付义务。 30

(三)对待债权的继续存在

在提出同时履行抗辩时,作为抗辩权基础的对待给付必须产生且未消灭。在合同相对人(起诉人)就自己的给付出现嗣后(主观或客观)不能的情况下,无论其是否具有过错,对待给付义务均消灭(《民法典》第580条),因为此时给付的强制执行根本不可能有结果,如果这样还肯定请求权存在并判决同时给付,并无意义。在买卖或承揽合同中,如果瑕疵不可排除,或者在债务人有权拒绝给付的情况下,买受人或定作人也不享有拒绝给付的抗辩。 31

债务人的债权经过诉讼时效,并不会导致债权的消灭,而只是被排除了请求权的可实现性,所以,债务人可以提出同时履行抗辩(拒绝给付的抗辩),但在同时履行抗辩权产生之时,诉讼时效必须尚未经过。[80] 32

---

〔76〕 参见王利明:《合同法研究(第二卷)》(第2版),中国人民大学出版社2011年版,第67页;崔建远:《合同法》(第2版),北京大学出版社2013年版,第138页;韩世远:《合同法总论》(第4版),法律出版社2018年版,第409页。

〔77〕 参见Goachim Gernhuber, Synallagma und Zession, in FS für Ludwig Raiser zum 70 Geburtstag, Tübingen, J. C. B. Mohr, 1974, S. 77.

〔78〕 参见崔建远:《合同法》(第2版),北京大学出版社2013年版,第137页。

〔79〕 参见史尚宽:《债法总论》,中国政法大学出版社2000年版,第584页。

〔80〕 参见崔建远:《合同法》(第2版),北京大学出版社2013年版,第143页;韩世远:《合同法总论》(第4版),法律出版社2018年版,第396页;王泽鉴:《民法学说与判例研究(第六册)》,中国政法大学出版社1997年版,第151页。

(四)对待给付请求权到期

33 在相互性双务合同中,一方向另一方请求给付,该给付请求权必须已经到期,否则,给付请求权未到期的,另一方自可以拒绝履行,并无行使同时履行抗辩权之可能。[81] 在该请求权到期时,还要求对待给付请求权也要到期,此时才会产生同时履行抗辩权。

在当事人双方的请求权均有明确履行期限的情况下,如买受人支付价款的期限是 2 月 1 日,则 2 月 1 日经过后,即为到期。如果履行期限表现为一段时间的,所谓到期,应是期间届满(届至)之时,如出卖人履行期限为 2006 年 2 月 1 日到 3 月 1 日,则自 3 月 1 日起,请求权方为到期。[82]

在没有约定期间或者由于违约产生次位请求权的情况下,实践中,有理解为只有在请求对方给付的情况下,给付才到期,如果请求权人没有请求的,自无同时履行抗辩权行使的可能。[83] 这样的理解并不正确,从保护债权人角度看,没有约定履行期的,请求权应当立刻到期。何为立刻要视情况而定,可以是一天,也可以是几个小时。但无论如何不能要求只有债权人请求或者指定合理期间后,请求权才到期。[84]

34 如果约定有先给付义务,在先给付义务没有结束前,对待给付原则上不会到期。这是相互性关系所要求的。

(五)对待给付没有发生效力

35 从《民法典》第 525 条的文义上看,似乎是要求对方未履行债务不符合约定,方可构成同时履行抗辩权。[85] 但从同时履行抗辩权的实质来讲,其与相对人是否违约并不相关,其主要的功能不过是在迫使对方清偿、担保自己债权的实现。《民法典》第 525 条“对方履行之前”所表达的意思应是在对方为清偿所必须之行为之前,当事人可以拒绝给付。但并不是直到清偿效果出现之前,债务人都可以拒绝给付,因为如此要求,无疑在强制合同相对人先为给付。如果对待给付已经发生效力,即合同相对人已经做了履行所必须的一切,则同时履行抗辩权即丧失。

36 如买受人在付清价金前,有确切证据证明第三人可能就标的物主张权利的,

[81] 参见黄薇主编:《中华人民共和国民法典释义(中)》,法律出版社 2020 年版,第 1006 页。

[82] 不同观点参见韩世远:《合同法总论》(第 4 版),法律出版社 2018 年版,第 387 页。

[83] 具体案例参见上海市高级人民法院(2002)沪高民三(知)终字第 112 号民事判决书。

[84] 相反判例认为未请求对方履行,即无法构成同时履行抗辩权,具体参见江苏省高级人民法院(2012)苏民再终字第 0007 号民事判决书。

[85] 参见韩世远:《构造与出路:中国法上的同时履行抗辩权》,载《中国社会科学》2005 年第 3 期,第 393 页以下。

可以依《民法典》第614条的规定中止支付相应的价款，也即行使同时履行抗辩权。

瑕疵给付，在本质上是一种质量上的部分给付。在交付前，出卖人提交瑕疵物，买受人可以拒绝受领(《民法典》第531条、第610条)，并拒绝付款(《民法典》第525条)，而且不会陷入迟延。在交付后，由于存在特殊的瑕疵担保规则群，又需要区分情况，具体确定是否可适用同时履行抗辩权。在受领有瑕疵的标的物之后，依据诚实信用原则，买受人应在出卖人指定期间内选择具体救济方式，如果买受人没有在出卖人指定期间内选择，那么买受人可以行使同时履行抗辩权，拒绝支付价金。 37

在风险移转后，出卖人给付标的物有瑕疵的，买受人有补救履行请求权，此时，买受人得以价款支付与补救履行之间形成同时履行抗辩。实践中，有判决认为，标的物存在瑕疵的，只能主张违约责任，不能主张同时履行抗辩。[86] 其实，违约责任与同时履行抗辩权是可以并存的，只要买受人的履行请求权存在，对待给付就与之对立，但在诉讼中需要买受人证明标的物有瑕疵。 38

出卖人在给付期间届满后，即可以请求支付价款，而买受人必须先决定选择哪一种权利：如果买受人选择更换，那么必须返还瑕疵物，交付新的标的物请求与支付价款的请求之间即存在同时履行抗辩关系；如果买受人选择修理，则在修理请求权与价款请求权之间存在同时履行关系；如果买受人选择“退货”，则要具体解释买受人的意思，如果是解除的意思，那么在补救履行与价款之间就没有同时履行关系了，[87] 但有可能会转化为解除后原物返还与价款返还之间的同时履行关系。

如果瑕疵是不可去除的，则构成部分给付不能，若此时不可期待债权人坚守合同，会导致全部给付不能，如此原给付义务即为丧失，那么就不会构成同时履行抗辩权，[88] 所以，买受人不能拒绝支付价款。

如果能够确认买受人不再享有补救履行请求权，比如因为基于经济上不能，出卖人有权拒绝补救履行(准用《民法典》第580条)，或者买受人指定期间无果后解除、减价或者要求损害赔偿，那么买受人即不享有同时履行抗辩权，也即不得拒

---

〔86〕 相反判决参见福建省高级人民法院(2015)闽民申字第1702号民事判决书。该案中，福绿农业机械有限公司承建的出菇大棚已验收合格交付使用，马诗龙生物科技公司主张大棚存在质量问题，则只能援引违约责任的规定请求补救，本案无同时履行抗辩权的适用余地。故法院对马诗龙生物科技有限公司该项再审主张，不予采纳。

〔87〕 参见韩世远：《构造与出路：中国法上的同时履行抗辩权》，载《中国社会科学》2005年第3期，第115页。

〔88〕 参见最高人民法院民法典贯彻实施工作领导小组主编：《中华人民共和国民法典合同编理解与适用(一)》，人民法院出版社2020年版，第431页。

绝支付价款。

如果买受人主张减价，或者出卖人已经补救履行了，甚或其并不负有补救履行的义务，则买受人不得主张同时履行抗辩权，拒绝支付价金。[89]

违约金债权，乃基于违约金契约产生，非原债务之变形或延伸，与相对人债权之间无履行牵连关系。[90] 所以，在出卖人没有支付违约金之前，买受人不得拒绝支付价款，但可以主张抵销。[91]

39 出租人不履行交付房屋等主给付义务，承租人可以拒绝支付租金，或者出租人没有排除标的物瑕疵的情况下，承租人可以拒绝支付排除瑕疵义务之后的租金。出租人如违反维修保持义务(参照《民法典》第 708 条)，承租人可援用同时履行抗辩权，拒付租金。[92] 在实践中，有的判决错将房屋租赁合同中的维修义务认定为附随义务，从而否认同时履行抗辩权的适用。[93]

承揽人交付的工作具有瑕疵，定作人有瑕疵修补请求权(参照《民法典》第 781 条)，承揽人负有完成无瑕疵工作的义务，在承揽人修补瑕疵前，定作人也可援用同时履行抗辩权拒绝支付报酬。

40 在股权转让情况下，出卖人没有履行约定的债权债务告知义务以及清理对外负担的债务税费的义务情况下，买受人有权拒绝支付相应的价款。[94]

(六)自己遵守合同

41 行使同时履行抗辩权者自己须遵守合同。行使同时履行抗辩权者，原则上自己须准备提出给付，如果他自己无理由拒绝履行或者迟延履行，即不得主张同时

---

〔89〕 参见韩世远：《构造与出路：中国法上的同时履行抗辩权》，载《中国社会科学》2005 年第 3 期，第 115 页。

〔90〕 参见史尚宽：《债法总论》，中国政法大学出版社 2000 年版，第 579 页。

〔91〕 比较韩世远：《合同法总论》(第 4 版)，法律出版社 2018 年版，第 409 页。

〔92〕 参见崔建远：《合同法》(第 2 版)，北京大学出版社 2013 年版，第 136 页。

〔93〕 如辽宁省高级人民法院(2015)辽审一民抗字第 59 号民事判决书。关于中体倍力公司提出广发银行大连分行提供的房屋存在漏水等诸多问题，致使其无法正常使用租赁房屋，其有权行使同时履行抗辩权，拒付租金一节，二审法院认为，此节问题的关键在于未履行维修义务是否构成根本性违约或成为中体倍力公司给付租金义务之对等义务。第一，从案件事实可以认定，中体倍力公司大连分公司至今仍在占有、使用案涉房屋，说明其提出的无法正常使用租赁房屋的事实并不存在，即使存在房屋漏雨等诸多问题也并没有达到使得大连分公司无法实现合同目的之后果；第二，根据同时履行抗辩权之规定，当事人互负之义务应当是对等的。在本案中，双方互负之义务应为广发银行将出租房屋及设施交付给中体倍力公司及大连分公司，二公司给付租金，广发银行大连分行的维修义务只是合同赋予其保证在履行合同过程中租赁物仍处于完好状态的附随义务，并不能成为与承租方给付租金的对等义务。因此，中体倍力公司不能因此而拒付租金。至于其主张的损失问题，因未提起反诉，原审对此没有处理亦无不妥，法院应予维持。

〔94〕 具体案例参见最高人民法院(2014)民抗字第 15 号民事判决书。

履行抗辩权。因为同时履行抗辩权的目的在于:于清偿时实现相互性,这也是诚实信用原则所要求的。

如果债务人自己确定拒绝自己给付,即不得主张同时履行抗辩权。债务人自己陷入给付迟延的,也不能行使同时履行抗辩权。给付迟延状态排除后,债务人可以继续主张同时履行抗辩权,例如以使对方陷入受领迟延的方式提供给付的情况。具体如在持续供货合同中,债务人所抗辩的债权在债务人陷入给付迟延后才到期,那么直到债务人完全提出自己的给付之前,债务人都不得行使同时履行抗辩权。

在一方当事人给付不能的情况下,给付义务消灭,按照双务合同的逻辑,对待给付也消灭,此时,也没有适用同时履行抗辩权的余地。[95] 一方当事人的给付义务因为更改或其他事由消灭的,同时履行抗辩权也消灭。

主张同时履行抗辩权的债务人受领迟延的,并不排除同时履行抗辩权。[96] 42
因为双方给付义务的相互关联性并没有因债务人受领迟延而消失。债权人的利益为受领迟延的法律效果所充分保护,而且债务人主张同时履行抗辩的,法院会判决同时履行,而对于同时履行判决,可以强制执行,债权人利益也因此被充分地保护。[97]

四、法律效果

(一)给付拒绝权

在法律效力上,同时履行抗辩权首要的效力为基于双务合同负担义务的一方 43
得拒绝给付。[98] 如果债务人自己已经履行,就无法再行主张行使同时履行抗辩权而拒绝给付。[99]

学界通说认为,同时履行抗辩权(拒绝给付抗辩权)是一种具有延缓作用的抗 44
辩权,能够暂时阻碍对方当事人行使其权利,而不是使对方当事人的请求权归于

---

〔95〕 参见松原市中级人民法院(2015)松民一终字第304号民事判决书。法院认为,在马某新未与石某辉协商的情况下,擅自将房屋拆除,致使标的物灭失,其享有的先履行抗辩权同时丧失。

〔96〕 参见崔建远:《合同法》(第2版),北京大学出版社2013年版,第140页;王闯:《论双务合同履行中的同时履行抗辩权》,载《法律适用》2000年第12期,第17页;史尚宽:《债法总论》,中国政法大学出版社2000年版,第586页;Hansjörg Otto, §320, in Staudingers Kommentar zum BGB, Berlin, de Gruyter, 2004, Rn. 41;注62,Rn. 36.

〔97〕 参见Volker Emmerich, Vorbemerkung zum §§ 320, in: Münchener Kommentar zum BGB, 5. Aufl., München, C. H. Beck, 2006, Rn. 27.

〔98〕 参见王利明:《合同法研究(第二卷)》(第2版),中国人民大学出版社2011年版,第61页。

〔99〕 具体案例参见江西省高级人民法院(2011)赣民一终字第77号民事判决书。

消灭。[100] 进一步而言，对于双务合同的履行，每一方可独立地、不依赖于对待给付地要求自己应得的给付。所以，给付请求权没有被设定条件，也没有自始受到内在的实体法上的限制。在诉讼中，原告的诉仅指向给付，而不是同时履行。因为履行拒绝权（同时履行抗辩权）是真正的抗辩权，所以原告的已经提出对待给付的声明并非诉讼理由。在提起诉讼后，即使自原告自己表述中得出抗辩权构成要件，也不允许对被告缺席判决同时履行，因为法官不得依职权考虑同时履行抗辩权（拒绝给付抗辩权）。[101]

45 不同观点认为，同时履行抗辩权并非是针对债权人请求权的真正的延缓性的抗辩权，而是在程序上导致既存的请求权限制本身实现的抗辩权，拒绝给付本身并不会阻碍请求权的实现。[102] 其主要论据是，如果采纳真正抗辩权的观点，在诉讼中，原告请求履行原给付义务或违约责任，被告主张同时履行抗辩权的，即须证明同时履行抗辩权的构成，由此产生了举证负担过重而无法行使同时履行抗辩权的问题。另外，认为同时履行抗辩权为真正的抗辩权并不符合同时履行抗辩权的性质，同时履行抗辩权的实质是基于双务合同的相互性而产生的权限，是请求权本身所内涵的。[103]

在原告起诉被告请求给付时，被告可以行使同时履行抗辩权，主张对待给付没有履行，此时，其实际上并不是在行使“对抗权”，而是基于实体法上请求权自始含有的限制。按照这一逻辑，只要被告主张同时履行抗辩权即可，然后由原告证明其给付请求权存在，也就是说，或者证明其已经履行，甚或证明被告负有先给付义务，如果原告证明不了，其诉请即无法获得支持。

最后，作为被告无须证明其不具有先给付义务，因为基于双务合同，只能请求同时履行，是一般的假定前提。在程序上主张同时履行抗辩不过是提示请求权内涵的限制，一旦提示了，也即主张了同时履行抗辩权，原告的请求权在程序中就被认为是受到同时履行限制的请求权。[104]

不过，斟酌比较交换说与抗辩说，抗辩说更符合当事人的利益状况，尤其对保

---

〔100〕 参见崔建远：《合同法》（第 2 版），北京大学出版社 2013 年版，第 141 页；韩世远：《合同法总论》（第 4 版），法律出版社 2018 年版，第 379 页；黄薇主编：《中华人民共和国民法典释义（中）》，法律出版社 2020 年版，第 1006 页。

〔101〕 参见 Hansjörg Otto, § 320, in Staudingers Kommentar zum BGB, Berlin, de Gruyter, 2004, Rn. 41；注 62，Rn. 43.

〔102〕 Astrid Stadler, § 320, in Jauernig BGB, 12 Aufl., München, C. H. Beck, 2007, Rn. 15.

〔103〕 参见 Karl Larenz, Lehrbuch des Schuldrechts, 14. Aufl., C. H. Beck, München, 1987, § 15 I, S. 207.

〔104〕 参见 Karl Larenz, Lehrbuch des Schuldrechts, 14. Aufl., C. H. Beck, München, 1987, § 15 I, S. 207.

护原告的利益更有利。因为，按照交换说，原告需要在起诉时陈述自己已经履行了，而在实践中原告经常会忘记这一点，或者不知道要陈述这一点。原告不陈述，法官就不会知道，那么就会产生错误。[105] 而且，若采交换说，在被告缺席的情况下，原告又没有陈述其已经履行，法官应依照职权判决同时履行。另外，在立法上，我国采取的也是抗辩说。但值得注意的是，采抗辩说并不妨碍承认同时履行抗辩权具有溯及效力。

(二)范围

债务人基于同时履行抗辩权（给付拒绝权），要求的并非是债权人履行对待给付义务，而是作出履行所必须的行为即可。也就是说，其针对的是给付行为，而非给付结果。在债权人没有作出履行所要求的行为之前，在与债权人关系上，债务人均得尝试阻止已经进行的给付过程，比如，阻止尚未承兑的支票。 46

原则上，抗辩权人有权在对方全部履行对待给付情况下才同时给付。债务人部分履行时，债权人原则上可以拒绝全部的对待给付义务，[106] 而不是拒绝与其未履行的对待给付部分相当的部分。司法实践中，有判决认为，债务人履行过少或过多的，债权人都不能主张同时履行抗辩，拒绝履行自己的义务。[107] 尽管该判决以司法解释为依据，但没有看到，违约责任与同时履行抗辩权是两个制度，在适用上并不排斥。

《民法典》第525条第二句规定“一方在对方履行债务不符合约定时，有权拒绝其相应的履行要求”，规定的是拒绝全部给付的例外。学说上多认为这是规定不完全履行情况下的同时履行抗辩权，[108] 也有学者认为是《民法典》第525条后段借鉴了《欧洲合同法原则》(PECL)，对同时履行抗辩权作量化分析与把握。[109] 47

---

〔105〕 Dieter Medicus/Stephan Lorenz, Schuldrecht, AT, 18. Aufl. München, C. H. Beck, 2008, S. 120.

〔106〕 相反判例，参见青海省高级人民法院(2014)青民提字第15号民事判决书。依据《最高人民法院关于审理商品房买卖合同纠纷案件适用法律若干问题的解释》第14条规定，建兰房地产有限公司实际交付房屋建筑面积与《商品房买卖合同》所约定面积不符时，双方应按照合同约定处理，不应以房屋面积增大为由，拒绝履行合同约定义务。笔者认为法院对法律的解释并无依据。

〔107〕 参见青海省高级人民法院(2014)青民提字第15号民事判决书：依据《最高人民法院关于审理商品房买卖合同纠纷案件适用法律若干问题的解释》第14条规定，建兰公司实际交付房屋建筑面积与《商品房买卖合同》所约定面积不符时，双方应按照合同约定处理，不应以房屋面积增大为由，拒绝履行合同约定义务；安徽省高级人民法院(2020)皖民终141号民事判决书：买受人支付的部分价金数额超出了出卖人交付部分土地的价格，所以，出卖人不能主张同时履行抗辩。

〔108〕 参见韩世远：《合同法总论》(第4版)，法律出版社2018年版，第393页以下；朱广新：《合同法总则》(第2版)，中国人民大学出版社2012年版，第477页以下；最高人民法院民法典贯彻实施工作领导小组主编：《中华人民共和国民法典合同编理解与适用(一)》，人民法院出版社2020年版，第430页。

〔109〕 参见韩世远：《合同法总论》(第4版)，法律出版社2018年版，第394页。

在本质上，该规则是基于诚实信用原则而对同时履行抗辩权行使的限制。如未履行部分很少或者瑕疵轻微的情况下，基于诚实信用原则，债务人只能保留相应部分给付。[110] 具体要素判断上，首先要考虑不完全履行对于受领人的价值，其次要考虑压力功能，即债务人获得剩余部分给付的难度，债权人有违约行为的，还要考虑其违约行为的程度。比如在出卖人数量上部分履行的情况下，原则上不能要求买受人支付全部价款；在出租房屋出现漏水等瑕疵的情况下，构成质量上的部分履行，原则上出租人也不能要求全部租金。[111]

（三）对迟延的效力

48 对于同时履行抗辩权对迟延构成的影响，主流学说认为只有经过行使，同时履行抗辩权方可排除迟延之构成，即行使效果说。[112] 有力学说认为，抗辩权存在本身即足以排除给付迟延的构成，即存在效果说。[113]

49 本文认为，存在效果说较为合理。同时履行抗辩权的根据在于给付与对待给付之间的相互性，即互为前提，一方未为给付即不得请求对方给付。在实体法上，同时履行抗辩权的构成前提存在，即使债务人不主张，被主张的请求权也缺乏可实现性。[114] 因为基于当事人意思，只要一方当事人没有准备提出其给付，另一方的给付义务在其内容上即缺乏可实现性。[115]

从实践来看，如果采行使效果说，在履行期经过而当事人没有主张的情况下，就会出现一方或双方迟延的结果，此与当事人意思不合。[116]

50 但值得注意的是，采存在效果说者也认为，基于辩论主义原则，被告仍应主张同时履行抗辩权，否则法院得认定被告陷入迟延。[117]

---

〔110〕 参见王利明：《合同法研究（第二卷）》（第 2 版），中国人民大学出版社 2011 年版，第 77 页；付莹：《论同时履行抗辩权在各种违约形态下的正确行使》，载《西北民族大学学报（哲学社会科学版）》2006 年第 1 期，第 59 页。

〔111〕 参见黄薇主编：《中华人民共和国民法典释义（中）》，法律出版社 2020 年版，第 1006 页。

〔112〕 参见王利明：《论双务合同中的同时履行抗辩权》，载梁慧星主编：《民商法论丛》（第 3 卷），法律出版社 1995 年版，第 21—22 页；崔建远：《合同法》（第 2 版），北京大学出版社 2013 年版，第 139 页。

〔113〕 参见韩世远：《合同法总论》（第 4 版），法律出版社 2018 年版，第 399 页；李永军：《合同法原理》，中国人民公安大学出版社 1999 年版，第 513 页；朱广新：《合同法总则》（第 2 版），中国人民大学出版社 2012 年版，第 481 页。

〔114〕 参见 Dirk Looschelders, Schuldrecht AT, 10 Aufl., Verlag Franz Vahlen, München, 2012, Rn. 256.

〔115〕 参见 Karl Larenz, Lehrbuch des Schuldrechts, 14. Aufl., C. H. Beck, München, 1987, § 15 I, S. 207.

〔116〕 参见韩世远：《合同法总论》（第 4 版），法律出版社 2018 年版，第 400 页。

〔117〕 参见韩世远：《构造与出路：中国法上的同时履行抗辩权》，载《中国社会科学》2005 年第 3 期，第 115 页。

在考察债权人次位请求权不存在的时候，同时履行抗辩权的存在，即可导致对于债务人可实现的请求权的不存在，故此，债务人并未陷入迟延，除非债权人已经在催告后提出了自己的给付。同样，同时履行抗辩权存在本身即已经阻止了损害赔偿请求权以及解除权的构成。

同时履行抗辩权是延缓的抗辩权，并不能阻止诉讼时效，否则就会产生强迫给付请求权的债权人尽快提供自己的对待给付的效果。 51

附有同时履行抗辩权的债权，不得以之为主动债权而主张抵销。因为如果允许抵销，就无须被告已经提出抗辩，即可阻碍同时履行交换关系。[118] 52

(四)对利息的效力

在金钱之债的情况下，同时履行抗辩权也具有存在效力，只要金钱债务人享有同时履行抗辩权，即使其不行使，其也不负有支付迟延利息、程序利息以及到期后利息的义务。 53

(五)程序效果

从《合同法》第66条的规定来看，所谓"有权拒绝其履行要求"，即明确同时履行抗辩权为须主张的抗辩，当事人如不为抗辩主张，则法院不得依职权主动审查，而应对请求人作出无条件胜诉的判决。[119] 54

在缺席审判程序中，未出席的被告如果没有最迟在诉讼中提出抗辩权，就会被判决给付，而非同时履行。

抗辩主张为单方需要受领的意思表示，可以在程序内明示或默示行使，或者在程序外行使但在诉讼中陈述。对于抗辩主张，并无形式要件要求，无限制地驳回诉讼的请求或者表明在没有对待给付情况下就保留自己的给付，都是在行使同时履行抗辩权，[120] 但须注意的是，债务人必须指明作为同时履行抗辩权根据的对待债权。 54a

例如买受人起诉出卖人，请求其让与其出卖的画的所有权。出卖人主张，买受人还没有支付价款5000元，但买受人否认其欠有5000元，此时法官应如何判断？从被告主张中可以推知，其是要拒绝履行自己的给付义务并主张驳回原告的诉讼请求，所以，应当认为被告已经主张了同时履行抗辩权，此时，原告若要对抗

---

〔118〕 参见崔建远：《合同法》(第2版)，北京大学出版社2013年版，第142页；韩世远：《合同法总论》(第4版)，法律出版社2018年版，第398页。

〔119〕 参见韩世远：《构造与出路：中国法上的同时履行抗辩权》，载《中国社会科学》2005年第3期，第115页。

〔120〕 参见崔建远：《合同法》(第2版)，北京大学出版社2013年版，第141页。

该抗辩权，即须证明其已经支付了价款（如通过收据证明），则法官会判决出卖人让与所有权，如果买受人不能证明，则判决同时履行。

实践中，有判决认为，只要法官至少从当事人的陈述中可以得出存在抗辩权，即可以考虑适用同时履行抗辩权。[121]

实践中，原告或被告虽未明确主张，在庭审中陈述的，也构成抗辩权的主张。由于同时履行抗辩属于事实问题，故此应在第二审言辞辩论终结前提出。[122] 实际上，在申诉或者抗诉中提出同时履行抗辩权，法院也是准许的。在执行程序中，如被执行人提起异议之诉，在此诉讼中，被执行人也可以主张同时履行抗辩权。

55 如果原告有先给付义务，那么在其没有进行先给付或者提出先给付的情况下，就会因缺少请求权到期要件而被驳回起诉；在先给付权利人受领迟延的情况下，其只能起诉受领对待给付后进行给付；先给付有瑕疵的情况下，则可以适用同时履行抗辩权规则。如果先给付权利人最终无权地拒绝受领给付，那么就不能附加条件地判决。

56 在债务人（被告）行使同时履行抗辩权时，直到原告履行对待给付前，其享有拒绝给付抗辩权（同时履行抗辩权），故法院应作出债务人（被告）同时履行判决，而不是败诉判决，性质上属于对请求权限制的判决。判决主文具体应表述为：原告提出对待给付时，被告即向原告为给付。[123] 在实践中，尚无此种类型的判决。在债务人（被告）行使同时履行抗辩权的情况下，一般法院会驳回原告的诉讼请求。[124] 也有一些法院判令原告于裁判文书指定期间内履行自己的义务，之后由被告履行其义务。[125] 第一种模式下，会导致两次诉讼，而且原告的请求权还是成立的，不能驳回，也就不会产生败诉结果。[126] 第二种模式下，则出现超裁的问题，违反了处分原则，被告并没有提出请求，而法院却判决原告对被告也须履行自己

---

〔121〕 具体案例可参见最高人民法院（2014）民申字第 649 号民事裁定书。

〔122〕 参见韩世远：《合同法总论》（第 4 版），法律出版社 2018 年版，第 401 页。

〔123〕 参见马强：《试论同时履行抗辩权》，载《法学论坛》2001 年第 2 期，第 74 页。有学者更明确提出附加条件的判决模式，参见韩世远：《执行根据附条件：学理与实务之间》，载《人民法院报》2009 年 3 月 26 日，第 5 版。

〔124〕 具体案例参见广东省佛山市中级人民法院（2007）佛中法民二终字第 411 号民事判决书；山东省高级人民法院（2020）鲁行申 920 号行政裁定书。

〔125〕 参见李冬、陈林：《合同解除后的互负债务类推适用同时履行抗辩权》，载《人民司法 · 案例》2011 年第 22 期。具体案例参见上海市第一中级人民法院（2003）沪一中民四（商）终字第 412 号民事判决书。法院最终判决：（1）维持一审判决，即韩某于判决生效之日起 30 日内将涉诉房屋腾出并交付融建公司；（2）融建公司于韩某履行上述条款的同时，给付韩某 33138 元（剩余房款 3088 元、装修款 30000 元、查档费 50 元）。

〔126〕 参见王家福主编：《中国民法学 · 民法债权》，法律出版社 1991 年版，第 404 页；韩世远：《合同法总论》（第 4 版），法律出版社 2018 年版，第 403 页；马强：《试论同时履行抗辩权》，载《法学论坛》2001 年第 2 期，第 74 页。

的义务。而如果作出同时履行判决，因为原告的请求权中即含有同时履行的限制，故此该判决并无超裁问题。

诉讼标的是起诉中主张的、对被告的请求权，而非被告作为抗辩权基础的对待债权，所以，对于原告负担的对待给付，针对被告的同时履行判决并没有法律效力。在结果上，被告不能根据此判决对对待给付强制执行。如果被告想获得执行名义，则必须再起诉。[127] 57

如果原告起诉被告履行给付义务，被告在诉讼中提出同时履行抗辩权，法院作出同时履行判决，则应认为原告全部胜诉，应由被告承担诉讼费用；[128] 如果原告自始即在诉讼中申请同时履行抗辩，或者在提出同时履行抗辩权后，立刻限制自己的请求，诉讼费用也完全由被告承担。 58

在债务人陷于受领迟延的情况下，债权人可以根据此限制判决，不履行（清偿）其所负担的给付，而通过强制执行方式实现其请求权。强制执行人是债权人，强制执行的前提或者是债务人获得对待给付清偿，或者是债务人陷入受领迟延，或者是债权人同时提出了对待给付。[129] 59

五、举证责任

在诉讼中，被告如主张同时履行抗辩权，须就同时履行抗辩权的构成要件进行举证。具体来讲，被告要证明原告的诉请之债基于双务合同、该诉请之债与对待债权之间存在相互牵连关系。被告证明完后，原告则须证明自己已经履行，或者证明被告负有先履行的义务或已经陷入迟延。[130] 60

附：案例索引

1. 安徽省高级人民法院（2020）皖民终 141 号民事判决书：休宁县自然资源和规划局与黄山市龙徽投资置业有限公司合同纠纷案【边码 46】

---

〔127〕 参见王泽鉴：《民法学说与判例研究（第六册）》，中国政法大学出版社 1997 年版，第 170 页；谭秋桂：《民事执行原理研究》，中国法制出版社 2001 年版，第 191 页；Volker Emmerich, § 322, in: Münchener Kommentar zum BGB, 5. Aufl., München, C. H. Beck, 2006, Rn. 9.

〔128〕 参见最高人民法院民法典贯彻实施工作领导小组主编：《中华人民共和国民法典合同编理解与适用（一）》，人民法院出版社 2020 年版，第 433 页。

〔129〕 参见韩世远：《合同法总论》（第 4 版），法律出版社 2018 年版，第 407 页；Astrid Stadler, § 274, in Jauernig BGB, 12 Aufl., München, C. H. Beck, 2007, Rn. 2.

〔130〕 参见王家福主编：《中国民法学 · 民法债权》，法律出版社 1991 年版，第 404 页；韩世远：《合同法总论》（第 4 版），法律出版社 2018 年版，第 396 页；王夙：《我国合同法中同时履行抗辩权的效力问题研究》，载《河北法学》2015 年第 2 期，第 188 页；最高人民法院民法典贯彻实施工作领导小组主编：《中华人民共和国民法典合同编理解与适用（一）》，人民法院出版社 2020 年版，第 433 页。

2. 北京市高级人民法院(2018)京民初 49 号民事判决书:北京智控投资有限公司与汪某等买卖合同纠纷案【边码 14】

3. 重庆市高级人民法院(2014)渝高法民终字第 00200 号民事判决书:周某与云南云龙制药股份有限公司委托创作合同纠纷案【边码 7】

4. 福建省高级人民法院(2010)闽民终字第 76 号民事判决书:鹤壁普乐泰生物科技有限公司与三达工业技术(厦门)有限公司技术委托开发合同纠纷上诉案【边码 21】

5. 福建省高级人民法院(2015)闽民申字第 1702 号民事判决书:福建马诗龙生物科技有限公司与福建省尤溪县福绿农业机械有限公司建设工程施工合同纠纷再审案【边码 46】

6. 甘肃省高级人民法院(2020)甘民终 63 号民事判决书:甘肃安居建设工程集团有限公司与临潭县兴泰房地产开发有限公司建设工程施工合同纠纷案【边码 21】

7. 广东省佛山市中级人民法院(2007)佛中法民二终字第 411 号民事判决书:佛山市顺德区优越豪庭家具有限公司与张某芳买卖合同纠纷上诉案【边码 56】

8. 广东省高级人民法院(2019)粤知民终 442 号民事判决书:广东飞威集团有限公司与刘某海计算机软件开发合同纠纷案【边码 20】

9. 吉林市昌邑区人民法院(2014)昌民二初字第 416 号民事判决书:李某国、张某芹与吉林市德日之源汽车销售有限公司买卖合同纠纷案【边码 20】

10. 江苏省高级人民法院(2012)苏民再终字第 0007 号民事判决书:江阴市良晨房地产开发有限公司与江阴市城镇建设综合开发有限公司合作开发房地产合同纠纷再审案【边码 33】

11. 江苏省高级人民法院(2015)苏审三民申字第 01225 号民事裁定书:马某美与南京栖霞建设集团物业有限公司物业服务合同纠纷再审案【边码 14】

12. 江苏省高级人民法院(2020)苏民终 939 号民事判决书:远东电池江苏有限公司与约克(中国)商贸有限公司买卖合同纠纷案【边码 21】

13. 江西省高级人民法院(2011)赣民一终字第 77 号民事判决书:玉山县人民政府、玉山县国土资源局与江西日景置业发展有限公司土地使用权出让合同纠纷上诉案【边码 43】

14. 辽宁省高级人民法院(2015)辽审一民抗字第 59 号民事判决书:沈阳中体倍力健身俱乐部有限公司与广发银行股份有限公司大连分行、沈阳中体倍力健身俱乐部有限公司大连分公司房屋租赁合同纠纷案【边码 39】

15. 辽宁省沈阳市中级人民法院(2011)沈中民二终字第 1538 号民事判决书:韩某与沈阳融建房地产开发有限公司商品房买卖合同纠纷上诉案【边码 27】

16. 内蒙古自治区高级人民法院(2020)内民再 193 号民事判决书:林州市八建工程有限公司与内蒙古长融房地产开发有限公司建设工程施工合同纠纷案【边码 21】

17. 青海省高级人民法院(2014)青民提字第 15 号民事判决书:青海建兰房地产有限公司与李某先房屋买卖合同纠纷再审案【边码 46】

18. 山东省高级人民法院(2020)鲁行申 920 号行政裁定书:李某勋与济南市历城区人民政府鲍山街道办事处行政协议纠纷案【边码 20、56】

19. 上海市第一中级人民法院(2003)沪一中民四(商)终字第 412 号民事判决书:上海莘

宝橡塑厂与上海棒棒体育用品有限公司买卖合同纠纷上诉案【边码56】

20. 上海市高级人民法院(2002)沪高民三(知)终字第112号民事判决书:上海市卫生局电教制作中心与上海塞纳影视传播有限责任公司播映权转让合同纠纷上诉案【边码9】

21. 上海市高级人民法院(2007)沪高民四(商)终字第33号民事判决书:喜德保温隔声工程有限公司与上海电力建设保温制品厂买卖合同纠纷上诉案【边码14】

22. 四川省高级人民法院(2013)川民终字第25号民事判决书:谢某敏、吴某俊、吴某明与肖某踴等18人、四川省资阳市迪卡汽车贸易有限公司等股权转让纠纷案【边码21】

23. 松原市中级人民法院(2015)松民一终字第304号民事判决书:石某辉与马某新房屋买卖合同纠纷案【边码41】

24. 新疆维吾尔自治区高级人民法院(2014)新民二终字第78号民事判决书:新疆索菲娅国际投资有限责任公司与侯某梅、侯某芸、黄某军股东资格确认纠纷上诉案【边码27】

25. 新疆维吾尔自治区高级人民法院(2015)新民一终字第97号民事判决书:新疆生命红轻工业创业园有限公司与新疆英澳房地产开发有限公司建设用地使用权转让合同纠纷案【边码21】

26. 浙江省杭州市中级人民法院(2015)浙杭民终字第1146号民事判决书:浙江华元建设置业有限公司与杭州国坤防水工程有限公司建设工程施工合同纠纷上诉案【边码22】

27. 最高人民法院(2004)民二终字第67号民事判决书:湖南全洲药业有限公司与清华紫光古汉生物制药股份有限公司总经销合同纠纷上诉案【边码17】

28. 最高人民法院(2013)民申字第1525号民事裁定书:吴忠市东方房地产开发有限公司与宁夏红山河食品有限公司项目转让合同纠纷再审案【边码5】

29. 最高人民法院(2013)民申字第540号民事裁定书:宣威市巾帼社区清洗服务有限公司与宣威市人民政府招待所承包合同纠纷再审案【边码17】

30. 最高人民法院(2013)民一终字第71号民事判决书:仙游县焰豪投资有限公司与仙游县国土资源局建设用地使用权出让合同纠纷上诉案【边码5】

31. 最高人民法院(2014)民抗字第15号民事判决书:李某斌与龙某强、钦州市华驭糖业有限公司股权转让纠纷抗诉再审案【边码40】

32. 最高人民法院(2014)民申字第1823号民事裁定书:北京中利睿钻商贸有限责任公司与湖北苏商城市投资有限公司联合开发纠纷案【边码17】

33. 最高人民法院(2014)民申字第1893号民事裁定书:中南财经政法大学与武汉弘博集团有限责任公司买卖合同纠纷案【边码21】

34. 最高人民法院(2014)民申字第649号民事裁定书:武汉三星建工集团有限公司与四川神宇建筑劳务有限责任公司一般建设工程合同纠纷再审案【边码17】

35. 最高人民法院(2014)民申字第918号民事裁定书:天津市滨海新区塘沽塘北百货商店与天津市滨海新区塘沽和平房地产管理站、天津市滨海新区人民政府北塘街道办事处等房屋租赁合同纠纷再审案【边码22】

36. 最高人民法院(2015)民一终字第177号民事判决书:义乌市矿业煤炭有限公司与石某征合同纠纷案【边码21】

37. 最高人民法院(2016)最高法民申1854号民事裁定书:河北省商务厅驻广州办事处与广州银通房地产开发有限公司房屋买卖合同纠纷案【边码20】

38. 最高人民法院(2016)最高法民再164号民事判决书:管某根与陈某明、张某弟股权投资合同纠纷案【边码20】

39. 最高人民法院(2019)最高法民终1590号民事判决书:萧县自然资源和规划局与梁某建设用地使用权出让合同纠纷案【边码10】

40. 最高人民法院(2019)最高法民终319号民事判决书:新疆其亚铝电有限公司与北京北重汽轮电机有限责任公司等买卖合同纠纷案【边码23】

41. 最高人民法院(2019)最高法民终454号民事判决书:重庆金唐房地产开发有限公司与重庆能投置业有限公司合资、合作开发房地产合同纠纷案【边码16】

42. 最高人民法院(2019)最高法民终949号民事判决书:福建挺虎置业集团有限公司与仙游县自然资源局建设用地使用权出让合同纠纷案【边码20、21】

第551条

债务承担规则*

第551条　债务人将债务的全部或者部分转移给第三人的，应当经债权人同意。

债务人或者第三人可以催告债权人在合理期限内予以同意，债权人未作表示的，视为不同意。

简　　目

---

* 本文系基于《〈合同法〉第84条(债务承担规则)评注》(载《法学家》2018年第2期,第175—190页)一文修订而成。

一、规范意旨

1　债务承担是指在维持原债同一性的情况下，替换或者增加债务人。与消灭一个既存的债的关系才能缔结新债相比，债务承担制度克服了债的相对性，使得债务关系没有因为债务人一方的改变而消灭，避免对本已谈妥的事项重新商议而引发风险。〔1〕在复杂的交易实践中，这一制度可以用来简化清算关系或者增加责任财产。

2　在传统的“法锁”观念中，债是债权人与债务人之间的联系，只有债权人才能向债务人请求给付，第三人无此权利。随着商业与交易的发展，债权的财产属性已经得到承认，由此超越了相对的给付关系，成为能够被处分的财产标的。《民法通则》第 91 条到《合同法》第 79 条再到《民法典》第 545 条的转变，体现出债权移转自由度的不断扩大。与之相比，在免责债务承担的规定上，《民法典》第 551 条与《合同法》第 84 条和《民法通则》第 91 条相比，并没有实质变化，只是增加了第 2 款“债务人或者第三人可以催告债权人在合理期限内予以同意，债权人未作表示的，视为不同意”。因为债务人的资力与信用对于债权实现意义重大，为了保障债权人利益，免责债务承担要受到更多的限制。

3　《民法典》第 551 条非常简洁，对于制度运作涉及的各个要素，包括债务承担合同的结构、性质、原因关系和抗辩权行使等，都需要学理阐释与配合，从而保障良好的法律适用。

二、第 551 条的债务承担类型与性质

（一）第 551 条的债务承担类型

4　债的承担涉及债权人、债务人和承担人的三方关系，与之相对的，存在着三种缔结方式：第一种，承担人、债务人、债权人三方的债务承担合同；第二种，由承担人和债权人缔结的债务承担合同；第三种，不需要债权人参与，承担人与债务人直接缔结的承担合同。

5　从私法史的发展上看，前两种方式产生较早，即便在严格遵循债的相对性的罗马法中，已经在债的更新制度里出现由债务人向债权人提供新债务人的委任承

〔1〕 参见［德］克里斯蒂安·冯·巴尔、［英］埃里克·克莱夫主编：《欧洲私法的原则、定义与示范规则：欧洲示范民法典草案（全译本）：第 1 卷、第 2 卷、第 3 卷》，高圣平等译，法律出版社 2014 年版，第 942 页。

担(*delegatio*)和由承担人与债权人缔结的代位承担(*espromissio*)。[2] 第三人和债务人的债务承担制度,直到中世纪普通法的土地交易习俗才出现,它被称为"简易承担"(*accollatio simplex*),由于土地上负有沉重的税收和租金,买卖合同达成后,卖家直接替代买家向原债权人承担债务,[3]最早在现代民法中规定这一类型的债务承担制度的是《德国民法典》第415条。

6 强调不同类型的债务承担合同的意义在于,即便目的一致,但它们在交易习惯和逻辑结构上都存在着差别。从交易习惯上看,如果债权人没有加入,在判断免责的债务承担时会更为谨慎,并且需要与履行承担进行区分;从逻辑结构上看,不同的缔结方式,在结构、意思表示解释、原因关系和承担人的抗辩权行使上都存在着差别。

7 我国《民法典》第551条第1款规定:"债务人将债务的全部或者部分转移给第三人的,应当经债权人同意。"在这一规定中,债务人向第三人转让其债务,需要的是债权人同意,而不是与之达成合意。"同意"是一个单方的法律行为,包括事前的允许和事后的追认,具有补正其他法律行为的效力,所以第551条指的是债务人和第三人订立的债务承担合同,债权人虽然没有参与缔约,但可以对之表示同意或者拒绝。

8 《合同法》没有规定其他的承担方式,为了应付社会生活中复杂的交易方式,地方的司法实践对债务承担的类型进行了补充和完善,如2005年江苏高院司法指导意见(苏高法审委〔2005〕16号第17条)的规定。[4] 这一规定补充了合同法所没有规定的三方协议以及承担人和债权人的双方协议,以及第三人单方的债务承诺。与司法实践相比,《民法典》第552条仅规定了第三人与债务人以及第三人单方允诺这两种债务加入的类型,没有涉及三方以及第三人和债权人的债权加入。三方债务承担协议有着悠久的历史(*delegatio*),但是在现代发展中的意义逐渐缩小,最为重要的作用体现在指示交付方面,这一功能已经由票据来实现。

8a 第551条债务承担的特点在于,债权人没有直接参与到债务承担协议中。早期的理论将这种承担协议看作是一种共同契约,债务人和第三人的合意构成了一

---

〔2〕 参见[意]彼德罗·彭梵得:《罗马法教科书》(修订版),黄风译,中国政法大学出版社2005年版,第246页。

〔3〕 Cf. Dario Farace, Commentario del Codice Civile, artt. 1218 – 1276, diretto da Enrico Gabrielli, UTET Giuridica ,2013, p. 923.

〔4〕 参见《江苏省高级人民法院关于印发〈关于适用《中华人民共和国合同法》若干问题的讨论纪要(一)〉的通知》(苏高法审委〔2005〕16号)第17条:"债务加入是指第三人与债权人、债务人达成三方协议或第三人与债权人达成双方协议或第三人向债权人单方承诺由第三人履行债务人的债务,但同时不免除债务人履行义务的债务承担方式。"

个共同要约,而债权人的同意则是承诺。[5] 现代理论抛弃了这种观点,承认了债务人和承担人之间承担协议的效力,也形成了不同的理论基础。

8b 对比第 551 条和第 552 条,可以发现《民法典》债务承担性质和类型的不对称性。第 551 条规定的是第三人和债务人之间的免责的债务承担,而第 552 条规定的是第三人和债务人,以及第三人和债权人之间并存的债务承担。从体系上看,两种债务承担方式都包含免责和并存两种属性,但法条却没有对第三人和债权人之间免责的债务承担进行规定。

(二)债务承担与履行承担的区分与辨识

9 债务承担合同使得原债关系中的债务人发生改变,承担人负有受原债拘束并清偿债务的义务。在第 551 条的语境下,债务承担的内容包括第三人(承担人)按照债务人要求向债权人进行给付。这与《民法典》第 522 条第 1 款规定的第三人清偿存在相似之处:两者都是承担人对债务人负有债务,债务人通过承担人向债权人履行以消灭自己债务。两者的差异在于:在第三人清偿中,双方约定的内容只是代为履行债务,因此也被称为"履行承担",此时债的结构没有改变,原债权人没有取得对清偿人的请求权,在履行不符合约定时,只能要求原债务人承担违约责任;而在债务承担中,清偿人和债务人之间需要缔结合同,由此使得原债权人取得对承担人的请求权。

10 在实践中,债务承担合同和履行承担合同的认定有时易生混淆。如最高人民法院的法官认为:"'代替'的含义至少包括第三人代为履行、债务加入(并存的债务承担)或者债务转移(免责的债务承担)等情形,'代替'这一用语相对于债务转移并不具有充分性。"[6] 通说认为,从保护承担人的角度看,当约定不明而第三人对债权人享有请求权提出异议的,应推定为履行承担。[7] 但是为了保护债权人的利益,也需要对具体的交易语境进行更为精细的分析,不能轻易适用这一原则。在实践中,法官通过考察约定中是具有较强的履行意愿,还是更着重为第三人设定义务的意图来进行区分。如果在合同中使用"委托付款"[8] 或者"代为支付"这

---

〔5〕 参见[德]迪尔克·罗歇尔德斯:《德国债法总论》(第 7 版),沈小军、张金海译,中国人民大学出版社 2014 年版,第 409 页。

〔6〕 杜军:《并存债务承担的认定及各债务人的责任承担依据——中实投资有限责任公司、杭州欣融金属材料有限公司与北京隆瑞投资发展有限公司等股权转让纠纷申请再审案》,载最高人民法院民事审判第二庭编:《商事审判指导》(2010 年第 2 辑),人民法院出版社 2010 年版,第 94 页。

〔7〕 参见史尚宽:《债法总论》,中国政法大学出版社 2000 年版,第 745 页。

〔8〕 参见云南省高级人民法院(2014)云高民二终字第 245 号民事判决书。该判决认为:"从付款计划内容上看,仅表明兆顺公司受泰安公司的委托向叠鑫公司清偿债务,而委托基于兆顺公司欠泰安公司工程款未付,故同意从工程款中抵扣一部分用于偿还叠鑫公司的货款,因此,兆顺公司未以担保债的履行为目的而主动加入泰安公司与叠鑫公司之间债务关系的意思表示。"

类的表达,[9]就会被看作是履行承担。反之,如果合同强调的是偿还债务本身,或者规定债权人可以向第三人直接主张,则会被看作是债务承担。[10] 由于当事人约定不清晰,会出现两种类型交错的局面:合同中虽然有“债务转让”字样但约定的内容是支付价款;[11]或者反过来可能合同中约定“代为偿还”,但又为第三人设定了债务。[12] 在这两类案件中,最高人民法院的判决都是根据具体的语境,将前者当作履行承担而将后者当作债务承担。

但两者并非截然对立,如果债务人和承担人缔结了免责的债务承担,没有通知债权人,或者债务承担合同(包括免责和并存的债务承担合同)遭到了债权人的拒绝,经过“无效意思表示转换”,这种“内部的债务承担”的效力会转化为履行承担。 11

(三)第551条债务承担的性质

1. 债务承担的性质区分

双方的约定内容决定了债务承担的范围和性质,是债务人要摆脱原债还是要与他人共担债务,由此,可以将合同的效力分为三种:免责的债务承担、并存的债务承担和不完全免责的债务承担。如果债务人和承担人在合同中明确约定,由承担人负担债务并且债务人从原债务关系中脱离,这种合意称为免责的债务承担。只要承担合同没有约定原债务人可以从债务中解脱,就构成了并存的债务承担,在实践中也被称为“债务加入”。 12

基于意思自治,当事人可以约定介于两者之间的一种形态,即先由第三人承担责任,在其不能完全履行的情况下,原债务人才继续清偿。[13] 此时原债务人没有完全从原债关系中解脱,在承担人财产不足给付时,由其承担补充责任。与免责的债务承担一样,不完全免责的债务承担也需要债权人的同意,它降低了债权人的请求权力度,债权人必须首先起诉新债务人,如果他的行为侵害了原债务人 13

〔9〕 参见宁波海事法院(2001)甬海商初字第432号民事判决书。涉案双方约定,“运费由收贷方直接付给船上或直接打入船方账号”,判决认为“没有由收货人取代兴顺公司承担债务的内容,故而并非债务承担合同”。

〔10〕 参见湖北省高级人民法院(2013)鄂民二终字第00029号民事判决书。本案中双方当事人约定“对于丙公司在贵行的债务……贵行可根据本承诺书向我公司主张债权”,被法院视为债务承担。

〔11〕 参见最高人民法院(2005)民二终字第35号民事判决书。当事人约定,“开发公司代实业公司支付银行及建筑公司共7000万余元债务”。

〔12〕 参见最高人民法院(2005)民二终字第217号民事判决书。当事人约定,“若日升公司未按本合同约定支付委托资产,即形成日升公司对华洋公司欠有3163万元的债务”。

〔13〕 参见《国际商事合同通则》第9.2.5条第2款和《欧洲示范民法典草案》第3-5:207条。

针对新债务的救济权，那么它对于原债务人的利益就会相应的减少。[14] 它同样涉及了无权处分，需要债权人同意才能补正其效力。

14 在我国的实践中也存在此类案例，比如合同双方约定，“买受人主体变更为丰筵公司，由丰筵公司代替新华社浙江分社承担原合同中的全部权利义务，如因主体变更给中科大洋公司或第三方造成损失的，由新华社浙江分社、丰筵公司承担连带责任”，由此债务人认为应由第三人先为履行，在其履行不能的情况下，原债务人再继续承担责任。但是法官认为，该合同并无免除债务人债务的明确约定，因而认定为并存的债务承担。虽然债务人没有完全脱离债务，但它与并存的债务承担不同之处在于债务人具有顺位抗辩权。[15] 显然，反对这种约定的效力缩小了当事人的意思自治范围，也损害了债务人的利益。

2. 第 551 条债务承担的性质

15 第 551 条没有规定免责和并存而是代之以“全部”或者“部分”，但由于规定了“应当经债权人同意”，主流学说通常将之归属于免责的担保。《合同法》第 84 条没有明确区分免责和并存的债务承担，而代之以“全部”或者“部分”的份额规定，由此造成解释上的争议：一种观点认为，并存的债务承担无须债权人的同意，而第 84 条明确规定债务人不管是将合同义务全部还是部分转移给第三人的，均需要债权人同意，所以这一条仅是对免责债务承担的规定；[16] 另一种观点则认为，第 84 条中“全部”应解释为免责债务承担，而“部分”一词表征并存债务承担。[17]

16 在《合同法》第 84 条的性质争论上，有学者认为，“如果债务人连带式地将债务转移给第三人，也可以算是一种‘部分转移’的话，这其实就是并存的债务承担了”。[18] 也有观点认为，“该条规定部分债务的移转实际上是指并存的债务承担”。[19] 反对观点则强调了“债权人同意”要素，并存的债务承担无须债权人的同意，而第 84 条明确规定债务人不管是将合同义务全部还是部分转移给第三人的，均需要债权人同意，所以这一条仅是对免责的债务承担的规定。[20] 从文义上看，

---

〔14〕 参见［德］克里斯蒂安·冯·巴尔、［英］埃里克·克莱夫主编：《欧洲私法的原则、定义与示范规则：欧洲示范民法典草案（全译本）：第 1 卷、第 2 卷、第 3 卷》，高圣平等译，法律出版社 2014 年版，第 957 页。

〔15〕 参见浙江省杭州市中级人民法院（2016）浙 01 民终 3627 号民事判决书。

〔16〕 参见杨明刚：《合同转让论》，中国人民大学出版社 2006 年版，第 220 页。

〔17〕 参见韩世远：《债务承担的解释论问题》，载崔建远主编：《民法九人行》（第 2 卷），金桥文化出版（香港）有限公司 2004 年版，第 106 页；王利明：《合同法研究（第二卷）》，中国人民大学出版社 2003 年版，第 258 页。

〔18〕 韩世远：《债务承担的解释论问题》，载崔建远主编：《民法九人行》（第 2 卷），金桥文化出版（香港）有限公司 2004 年版，第 106 页。

〔19〕 王利明：《合同法研究（第二卷）》，中国人民大学出版社 2003 年版，第 258 页。

〔20〕 杨明刚：《合同转让论》，中国人民大学出版社 2006 年版，第 220 页。

"部分"一词既可以理解为对部分债务的免责承担,也可以理解为对部分债务的并存承担,比如甲欠乙1000元钱,丙愿意承担500元份额的债务,这一协议使得乙进入债务关系,但不能确定甲的债务份额有何改变,所以不能将"部分承担"等同于并存的债务承担。

"部分"和"全部"的解释之争,随着《民法典》增设第552条而结束。《民法典》第552条规定"第三人与债务人约定加入债务",与第551条相比,本条没有继续使用原来"转移"的表达,而代之以"加入"一词。从语义上看,"加入"意味着原债务人没有从原债中解脱,第三人成为债务关系中新的一员,与之相对,第551条所使用的术语"转移"则凸显出债务人摆脱原债拘束的效果。而且构成要件上无须债权人同意。第552条规定"债权人未在合理期限内明确拒绝",这意味着此种债务承担不需要以债权人的明确同意为要件,此外,第552条规定第三人"和债务人承担连带债务",这意味着在第三人加入债务之后,原债务人仍然在债的拘束中。因此,随着第552条的增加,第551条债务承担的性质就明确为免责的债务承担。 17

三、第551条债务承担的构成要件与理论基础

(一)明确的免责债务承担的合意

免责的债务承担是以合同中明确表明债务人脱离原债的意图为前提,债务人同意并不当然产生免责的债务承担的效果。虽然第551条只规定"债务人将债务的全部或者部分转移给第三人的",但是从逻辑上看,承担人愿意负担全部或者部分的债务不一定是免责的债务承担,也可能是共同承担全部或者部分债务。 18

司法实践也认为,只有债权人同意不足以产生出免责的债务承担的效果,原债务人摆脱债务关系的意愿必须被明确地表达出来。如最高人民法院的判决所指出的,"对免责性的债务承担的认定应慎重,因为,其涉及免除债务人的责任和对债权人债权的保护问题。一般而言,在当事人明确约定或表示原债务人退出原债权债务法律关系中,或者根据合同约定可以确切推断原债务人退出原债权债务法律关系,方可认定成立免责性的债务承担"〔21〕。 19

从实践上看,区分免责和并存债务承担之前,需要考察当事人约定的内容,尤其在当事人没有进行明确约定的情况下,无法轻易判断债务承担的性质,此时需 20

---

〔21〕 参见最高人民法院(2005)民二终字第217号民事判决书。当事人约定,"若日升公司未按本合同约定支付委托资产,即形成日升公司对华洋公司欠有3163万元的债务"。

要对债务承担合同进行意思表示解释。在没有明确约定债务人是否退出原债关系，债务承担出现纠纷的情况下，债务人通常会认为是免责的债务承担，而债权人则主张为并存的债务承担，法官会将之推定为并存的债务承担。比如在(2007)粤高法民二终字第 165 号案中，承担人通知债权人，“达宝公司原已交付国有土地使用权的 3000 万元及资金费，由中岱集团公司负责偿还，包括达宝公司与中岱电讯公司签订合同所耗费的资金费用”，法院认为这一约定是并存的债务承担。

21 有学者支持法院的立场，其理由是这里存在着承担人对债权人的单方允诺。因为单方允诺只能为相对人设定权利，不能设定义务损害其权益，如果是免责的债务承担，可能给债权人带来损害，因此只能是并存的债务承担。〔22〕 本文认为，判决的依据不在于单方允诺而在于债务承担的意思表示解释规则：在不能确定相对方的意思是免责还是并存的情况下，首先应解释债权人及承担人都认为原债务人应继续承担债务，在有疑义的情况下，应认为是并存的债务承担，只有在明确表示的时候才认为是免责的债务承担。〔23〕

22 从第 551 条的语境上看，这种解释规则是符合交易习惯的。首先，从债务承担的类型上看，债权人直接参与的缔结方法适宜于缔结免责的债务承担，而在债务人和承担人缔结承担合同的情况下，由于债权人没有参与到合同的缔结中，认定免责的债务承担应该更为严格。〔24〕 其次，可以从当事人各方的意图和具体利益来分析：第一，从债权人意图上看，他不会反对增加一个新的债务人以扩大责任财产，但是对于原来的债务人脱离原债则会保持警惕；第二，从债务人的意图上看，债务人希望通过缔结承担合同摆脱原债，但即便在并存的债务承担的情况下，他仍然可以通过债务承担合同要求承担人向债权人进行清偿，承担人履行可以使得他摆脱债务；第三，从承担人的角度上看，和债务人承担连带之债不会损害他的利益状况。

23 虽然这一解释规则没有在国内的教科书中被提及，但是经常在司法实务中被适用。在一些判决中可以看到完整的推论过程，“从本案原告鑫益达公司与被告卓峰公司、国龙公司签订的《协调书》内容来看，仅表明被告国龙公司愿意承担被告卓峰公司欠原告鑫益达公司的货款，并无免除被告卓峰公司的支付货款责任的明确意思表示；从当事人的行为看，原告鑫益达公司与被告卓峰公司、国龙公司多次协商的行为也不能推定其有免除被告卓峰公司的支付货款责任的意思”。〔25〕

---

〔22〕 崔建远：《无权处分合同的效力、不安抗辩、解除及债务承担》，载《法学研究》第 2013 年第 6 期，第 86 页。

〔23〕 参见史尚宽：《债法总论》，中国政法大学出版社 2000 年版，第 753—754 页。

〔24〕 参见[日]我妻荣：《新订债权总论》，王燚译，中国法制出版社 2008 年版，第 507 页。

〔25〕 湖北省武汉市洪山区人民法院(2015)鄂洪山民商初字第 00275 号民事判决书。

(二)债权人同意要素

1. 债权人同意的性质和方式

第551条中债权人的同意是一个单方的需要受领的意思表示。虽然通常债权人同意被看作是追认,但债权人的同意不仅可以在收到债务人或者承担人的通知时表示,也可以事先作出授权。[26] 24

债权人的同意可以多种方式表达,包括向新的债务人为催告、诉讼,通知新债务人对债权进行移转,在新债务人破产时申报破产财产,免除等。[27] 在最高人民法院的判例中可以看到,法官也承认了这种同意的推定,比如(2009)民二终字第18号案中,判决提出,在以构成债务承担为由诉请其承担本案债务的行为表明,其对工业集团债务承担的意思表示予以接受。由此将债权人起诉新的债务人视为同意的意思表示。[28] 25

2. 债权人同意的效力

在第551条的语境下,债务承担合同是在债务人和承担人之间缔结的,在债权人同意以前,免责的债务承担处于效力待定状态,债权人同意产生补正无权处分的效力,使得债务承担合同生效。反之,在债权人同意以前,债务承担的负担行为产生出履行承担的效力,作为不真正的第三人利益合同,债务人可以要求承担人向自己或他人为给付,从而变更或者撤销债务承担合同。 26

债务人的履行能力和信任对于债权的实现非常重要,所以债务人摆脱原债务需要债权人的同意。如最高人民法院的判决所指出,"由于第三人取代债务人,会对债权人利益能否有效实现产生重大影响,一般来讲债权人会对第三人的履约能力比较后作出权衡,即同意还是不同意。要求征得债权人同意,也能在一定程度上反映出债权人权衡的过程,更能完整有效地体现债权人更新债务人的真实意思表示"。[29] 27

对于免责的债务承担,需要由债务人或者承担人对债权人进行通知,也可以要求债权人在指定的期间内对债务承担进行承认。在债权人作出同意之后,免责的债务承担合同溯及既往生效。 28

债权人的同意原则上必须以明示的方式作出,实践中法官也对默示持否定态 29

---

〔26〕 参见[德]迪尔克·罗歇尔德斯:《德国债法总论》(第7版),沈小军、张金海译,中国人民大学出版社2014年版,第409页。

〔27〕 See Dario Farace, Commentario del Codice Civile, artt. 1218 – 1276, diretto da Enrico Gabrielli, UTET Giuridica ,2013, p. 960.

〔28〕 参见最高人民法院(2009)民二终字第18号民事裁定书。

〔29〕 最高人民法院(2009)民申字第855号民事判决书。

度,“默示的行为一般应为积极的作为,而缄默和消极的不作为不应视为默示,尤其是对原债务人免责的债务承担,除有第三人愿意承担债务的意思外,还需有债权人免除原债务的意思表示”。[30]

3. **债权人同意的例外**

30 但是从学理上看,在一些特殊的情况下,如果债权人的利益已经获得足够的担保,债务人的人身性不再重要的时候,可以从默示中推定出债权人的同意。比如,在土地交易中,为担保债务而在该地上设有抵押权。后来土地被出售,买受人愿意承担债务,可以减少现金的支付。由于让与人的债务可以因抵押权而得到了足够可靠的担保,所以此时债务人个人的给付能力不再具有实质意义,如果在合理的期间内债权人没有表示明确的拒绝,则债权人的沉默可以视为承认。[31]

31 在我国的二手房交易中也有类似的情形,比如出卖人将贷款未结清的房屋出售,房屋买受人支付一部现金,另一部分价金以债务承担的方式支付,并以所购房屋为抵押。[32] 但是法官对于免责的债务承担的判断过于严格,认为债务转让合同并未明示原债务人免责,所以新债务人同原债务人一起对债权人连带承担债务。本文认为,如前文所分析的,在承担人的偿付能力和信赖度比债务人更强,并且交易存在充分担保的情况下,如果债权人在合理期间内没有表示拒绝,可以认为是免责的债务承担。

4. **债权人的明示拒绝**

32 债权人拒绝都会导致债务承担无效。根据意思表示解释的原理,债权人拒绝的情况下,债务承担合同不生效,但会使债务承担合同转换为履行承担,即第三人可以从经济意义上对继续替代债务人履行合同,但是他和债权人之间不存在债权债务关系。[33] 这种观点遭到有的学者批评,因为拒绝就意味着债权人不接受第三人给付,任由第三人继续给付,这会导致债权人重新拒绝,是一种资源浪费。[34]

33 本文认为,这种观点忽略了第三人清偿的原理,当债务承担由于债权人拒绝转化为履行承担后,承担人向债权人为履行就构成了第三人清偿,如果当合同义

---

〔30〕 广东省广州市中级人民法院(2014)穗中法民二终字第 1535 号民事判决书。

〔31〕 参见[德]迪特尔·梅迪库斯:《德国债法总论》,杜景林、卢谌译,法律出版社 2004 年版,第 567 页。

〔32〕 参见辽宁省大连市中级人民法院(2016)辽 02 民终 3415 号民事判决书。本案当事人签署债务承担协议:“因隋某借聂某文壹佰叁拾万元整,如 2014 年春节前偿还不上,由管某负责偿还,管某不再偿还隋某买房款,抵押物为管某买隋的房子。如两年还不上此款,房子归聂某文所有。”

〔33〕 参见[德]迪特尔·梅迪库斯:《德国债法总论》,杜景林、卢谌译,法律出版社 2004 年版,第 569 页。

〔34〕 参见崔建远:《合同法》(第 2 版),北京大学出版社 2013 年版,第 259 页。

务不涉及个人的特别技术、资格或其他条件时,债权人不得对第三人履行提出异议。

5. **债权人的沉默**

有必要区分在第 551 条债务承担中债权人明示的拒绝和沉默。根据第 551 条第 2 款的规定,“债务人或者第三人可以催告债权人在合理期限内予以同意,债权人未作表示的,视为不同意”。这意味着只要债权人保持沉默,债务人和第三人的债务承担合同无效。需要注意的是,此时债权人不同意的只是免责的债务承担,但是不影响债务人和第三人之间并存的债务承担的有效,因为根据第 552 条的规定,债务人和第三人之间的债务承担,只要债权人没有明确表示反对就应该生效。基于对意思自治的保护,债权人没有表示同意的时候,虽然债权人和债务人之间免责债务承担协议不生效,但是可以产生出并存的债务承担。 34

区分债权人的拒绝和沉默的效力差别,对于债务承担的相关规则是有意义的。2020 年《最高人民法院关于审理与企业改制相关的民事纠纷案件若干问题的规定》第 6 条规定,“企业以其部分财产和相应债务与他人组建新公司,对所转移的债务债权人认可的,由新组建的公司承担民事责任;对所转移的债务未通知债权人或者虽通知债权人,而债权人不予认可的,由原企业承担民事责任”(原解释制定与 2003 年、2020 年修正,本条没有改变)。这种立法方式与第 551 条第 2 款相似,但是法院却常常僵化地适用法律,由此导致了债务承担合同无效。在著名的“中国进出口银行诉万宝冰箱公司案”中,万宝电器工业公司、万宝集团冰箱工业公司等(转让方)与广州万宝冰箱有限公司签订了转让协议,约定受让方购买转让方的资产,交易价格为 127383293 元人民币,交易价款不支付现金,而由受让方等额承受转让方所欠中国工商银行、中国银行与中国交通银行的、已办理抵押担保手续的债务。一、二审判决都认为这一合意由于缺乏债权人同意而无效。一审法院在判决中提出,对于进出口银行的债务,万宝冰箱公司未表示承受,并不发生债权债务转移的后果,仍应由万宝电器公司承担。二审法院也认为,万宝电器公司与万宝冰箱公司等各方当事人在转让协议中所作的债务划分安排,因未取得债权人进出口银行的同意,该协议中有关债务划分的内容对进出口银行不生效。[35]这种由于债权人没有表示同意就直接否定债务合同的效力,严重破坏了当事人的意思自治,事实上如果按照债务承担的基本规则,完全不需要适用公司分立的规则,可以直接适用并存的债务承担。 35

---

〔35〕 参见最高人民法院(2001)民终字第 166 号民事判决书。

(三)债务承担的客体

1. 债务承担的客体的一般规定

36 债务承担的客体必须满足债的客体的一般要求(可能、确定以及合法)并具有可转让性。通常而言,债务承担的客体是金钱债权,但是在实践中也有其他客体的承担,物的给付之债也可以由他人承担。

37 对于当事人约定不得移转的债务,债务人违反该约定将债务移转于第三人时,如果得到债权人的同意,意味着债务人和债权人将他们原来禁止转让的约定废除,所以债务承担合同有效。[36] 在不需要债权人同意的并存的债务承担中,原债务人必须继续负担债务,所以没有债权人同意不妨碍债务移转,如果债权人要求承担人履行债务,也可以视为同意。

38 但是对于性质上不可移转的债务,它与特定债务人有着密切的联系,如劳务合同,此时即便债权人同意此类债务由他人承担,严格而言,也不属于债务承担而是债的客体的更新。[37]

2. 特殊的债务承担合同客体

39 第一,未来的债务承担。对于还没有出现的债务能否设定债务承担,在学理上存在着争议。在实践中,一些交易形式和未来债务承担的结构有相似之处,比如银行应申请人的请求,向第三方开立书面信用凭证,由银行代其履行一定金额、一定期限范围内的支付责任。目前的理论反对将之看作是债务承担,因为债务还没有存在,不能对债的主体进行变更。[38]

40 第二,已承担债务的再承担。债务承担的典型形态是承担人为债务人承担其债务。但在一些特殊的情况下,承担人要承担的并非是相对人的债务,而是第三人的债务。比如甲和乙缔结承担合同,由乙承担甲对于丙的债务,在丙同意之前,乙又和丁缔结了承担合同,使之承担乙丙之间的债务,由此形成了多层次的债务承担。债权人丙可以直接对最后的债务承担表示同意,由此获得对最后一个债务人的债权,债权人的同意将使得之前所有的债务人从债务中解脱。[39] 债权人也

〔36〕 参见史尚宽:《债法总论》,中国政法大学出版社 2000 年版,第 742 页。

〔37〕 See Dario Farace, Commentario del Codice Civile, artt. 1218 – 1276, diretto da Enrico Gabrielli, UTET Giuridica ,2013, p. 939.

〔38〕 See Dario Farace, Commentario del Codice Civile, artt. 1218 – 1276, diretto da Enrico Gabrielli, UTET Giuridica ,2013, p. 940 – 941.

〔39〕 See Dario Farace, Commentario del Codice Civile, artt. 1218 – 1276, diretto da Enrico Gabrielli, UTET Giuridica ,2013, p. 940 – 941.

可以选择承认其中某一个较为满意的债务人来承担债务。[40] 如果在债务承担获得债权人同意之后，再缔结债务合同，则情况与此不同，应适用一般的债务承担的规则。

第三，自然之债的承担。不受强制执行力保护的自然债务也可以通过第 551 条进行移转，在承担人自愿履行的情况下，不能要求不当得利返还。实践中常常出现的是对已经超过诉讼时效的债务进行承担的问题。[41] 从学理上看，此时只能设立免责的债务承担而不能设立并存的债务承担，因为债务人和承担人之间没有连带性。[42] 值得注意的是，在债务承担合同中，虽然承担人受到了债务承担合同拘束，债务承担合同本身仍然在时效的范围之内具有拘束力，但原债务人不能强制要求承担人履行自然债务，因为债务承担合同不能使得自然债务回复其原本的拘束力。[43] 41

（四）第 551 条债务承担的理论基础

对于第 551 条免责的债务承担的理论基础，有学说提出，由于我国的民法理论没有完全接受物权行为理论，所以应该把免责的债务承担看作是一个效力待定的合同。债权人同意的效果如同追认。[44] 这一主张解释了债权人同意和拒绝的效力问题，但是“效力待定”的表述不能准确体现债务承担协议的效力。效力待定合同是指合同虽然已经成立，但效力能否发生尚未确定，须经有权人表示承认才能生效。但是债务承担合同在债权人同意之前已经产生出履行承担的效力，债务人可以要求承担人向债权人履行债务。 42

德国传统的学理将免责的债务承担看作是无权处分。免责的债务承担使得债务人从原债务中脱离出来，这改变了债的关系中债务人的结构，因此属于处分行为，债务人没有处分权，处分行为因为没有得到债权人同意，属于无权处分。[45] 虽然债务承担的处分行为无效，但是负担行为仍然有效，此时债务人和承担人之间的债务承担合同转换为履行承担，债务人可以要求承担人向债权人履行债务，但自己没有摆脱原来的债务关系。 43

---

〔40〕 参见［日］我妻荣：《新订债权总论》，王燚译，中国法制出版社 2008 年版，第 502 页。

〔41〕 参见贵州省贵阳市中级人民法院(2015)筑民二(商)终字第 570 号民事判决书。

〔42〕 See Dario Farace, Commentario del Codice Civile, artt. 1218 – 1276, diretto da Enrico Gabrielli, UTET Giuridica ,2013, p. 940 – 942.

〔43〕 See Dario Farace, Commentario del Codice Civile, artt. 1218 – 1276, diretto da Enrico Gabrielli, UTET Giuridica ,2013, p. 942 – 943.

〔44〕 参见崔建远：《合同法》(第 2 版)，北京大学出版社 2013 年版，第 259 页。

〔45〕 史尚宽：《债法总论》，中国政法大学出版社 2000 年版，第 747 页。

四、第 551 条债务承担的原因

（一）债务承担的原因

44 债务承担的原因是指设定第三人向债权人承担原债务的基础行为。从交易习惯上看，在债务承担合同之外，原债务人与承担人之间还存在着范围更大的基本行为，例如在一个买卖合同中，以债务承担作为价金结算的方式。此时债务承担合同只是其他的典型行为中的附约，作为结算条款存在，允许当事人自由决定结算方式。[46] 所以在承担人和债务人的承担关系中，构成原因的是内容更为广泛的交易，包括买卖或者股权转让等，而债务转让只是其中的对待给付，此时债务承担的原因就是买卖或者股权转让合同等。[47] 在特定的身份关系中，可能存在无偿的债务人和第三人的承担合同，但不是交易的典型形态，而且更适宜于通过承担人和债权人之间的承担合同来实现这一目的。[48]

（二）债务承担合同的无因性问题

45 在德国和台湾地区的传统理论中，债务承担具有无因性，基本行为的无效并不妨碍债务承担，原债务人与承担人之间的关系不能够作为承担人对债权人提起抗辩的理由。[49] 有学者认为我国没有继受无因性理论，债务承担合同无效会导致债务承担的效力丧失，债务复归于原债务人。[50] 但在司法实践中，法院却经常在债务承担的纠纷中适用无因性理论。有判决提出，"由于债务承担的无因性，申请人不能基于原因行为的事由进行抗辩"；[51] 或者"债务承担具有无因性，新债务人只能基于所承担的原债务本身所具有的抗辩事由向债权人行使抗辩权，并不能以债务承担的原因行为对抗债权人"。[52] 笔者认为，这一问题需要从以下几个方面进行分析。

46 第一，债务承担的原因与债务人和承担人之间的关系。债务承担存在着不同的形态，包括三方合意的债务承担，债权人和承担人的债务承担以及承担人和债务人的债务承担，不同形态中的原因关系各不相同。在债权人和承担人的承担合

---

〔46〕 参见［德］迪特尔·梅迪库斯：《德国债法总论》，杜景林、卢谌译，法律出版社 2004 年版，第 567 页。

〔47〕 参见［德］迪特尔·梅迪库斯：《德国债法总论》，杜景林、卢谌译，法律出版社 2004 年版，第 567 页。

〔48〕 参见［德］迪特尔·梅迪库斯：《德国债法总论》，杜景林、卢谌译，法律出版社 2004 年版，第 566 页。

〔49〕 参见［德］迪特尔·梅迪库斯：《德国债法总论》，杜景林、卢谌译，法律出版社 2004 年版，第 567 页。

〔50〕 参见［德］迪特尔·梅迪库斯：《德国债法总论》，杜景林、卢谌译，法律出版社 2004 年版，第 262 页。

〔51〕 山东省潍坊市中级人民法院（2016）鲁 07 民申 178 号民事裁定书。

〔52〕 内蒙古自治区赤峰市中级人民法院（2016）内 04 民终 2438 号民事判决书。

同中，债务承担合同是在承担人与债权人之间达成的，承担人与债务人之间的关系不是债务承担的基础行为，仅仅属于动机。即便承担合同存在瑕疵而无效或被撤销，也不会改变承担人与债权人的关系，这是合同相对性的体现。只有在第551条的语境下，债务人和承担人之间的承担合同才构成了债务承担的合意基础。

在实践中，法官经常提到的“债务承担的无因性”，实际上指的是三方债务承担合同以及债权人与承担人的代位承担的情形。如法官认为在三方合同中债务转移具有无因性，[53]或者债权人与承担人签订债务承担合同，应该具有无因性。[54]在这些情况下，债务承担合同是在债权人和承担人之间缔结，或者由债权人、债务人和承担人三方达成，不会受到承担人与债务人关系的影响。但不能将之一般化，认为所有债务人和承担人之间的关系都不会影响到债务承担的效力，并由此推出债务承担无因性的结论。 47

第二，在第551条语境下无因性问题。在第551条语境下，债务人与承担人之间的合意与债务承担构成一个整体，此时无论是否采取无因性理论，结果都是一样的，承担合同的瑕疵足以影响到债务承担的效力。首先，在免责的债务承担的情况下，债务人和第三人缔结的债务承担合同仍然与其基础行为不能分离。第三人和债权人缔结的债务承担能够与基本行为一起共同构成一种单一行为，基本行为的无效也及于债务承担。[55]虽然债务承担被看作是一个准物权行为，但是与有体物交付不同，除了当事人处分债务的合意之外，并没有实体的交付。债务承担常在交易中融入原因行为，负担行为的瑕疵同时涉及处分行为的意思瑕疵，当事人行使撤销权，作为负担行为的买卖合同与作为处分行为的债权让与被一并撤销，承担合同的效力会受到基础关系的影响。其次，在并存的债务承担的情况下，债务人和承担人合意的瑕疵也同样影响到了债务承担的效力。 48

五、举证责任分配

订立债务承担合同的证明责任由主张合同有效的当事人承担。他要证明债务人与承担人达成有关债务承担的合意。相对人若要主张让与无效，则须证明债务承担合同存在《民法典》第153条和第154条的无效事由，或者债务承担的意思表示有错误、欺诈、胁迫等情形，而且存在撤销权有效行使的事实。 49

如果债务人主张是免责的债务承担，必须证明合同中存在脱离原债务的意思 50

---

〔53〕参见吉林省长春市中级人民法院（2016）吉01民终639号民事判决书。

〔54〕参见云南省通海县人民法院（2016）云0423民初393号民事判决书。

〔55〕参见［德］迪特尔·梅迪库斯：《德国债法总论》，杜景林、卢谌译，法律出版社2004年版，第568页。

表示,并且已经得到债权人的同意,根据证明责任分配的一般原则,债权人无须对此进行反对性证明。如果债务人主张是并存的债务承担,不需要证明债权人的同意,反之债权人的反对性主张,需要对拒绝的意思表示承担证明责任。如果承担人要主张债务人对于债权人的抗辩权,包括双务合同的履行抗辩权,必须证明抗辩权存在的要件事实,债权人无须主张不存在的事实。

附:案例索引

1. 广东省广州市中级人民法院(2014)穗中法民二终字第1535号民事判决书:广州市致美斋酱园有限公司与广州天厨星食品有限公司等买卖合同纠纷上诉案【边码29】

2. 贵州省贵阳市中级人民法院(2015)筑民二(商)终字第570号民事判决书:蔡某与葛某青、贵州盛泉环境保护工程有限公司民间借贷纠纷案【边码41】

3. 湖北省高级人民法院(2013)鄂民二终字第00029号民事判决书:中国工商银行股份有限公司十堰人民路支行等与十堰市达威物资贸易有限公司等承兑协议担保合同纠纷上诉案【边码10】

4. 湖北省武汉市洪山区人民法院(2015)鄂洪山民商初字第00275号民事判决书:湖北鑫益达商贸有限公司与卓峰建设集团有限公司、武汉国龙房地产开发集团有限公司买卖合同纠纷案【边码23】

5. 吉林省长春市中级人民法院(2016)吉01民终639号民事判决书:吉林省新新网络工程有限公司与黄某平债务转移合同纠纷案【边码47】

6. 辽宁省大连市中级人民法院(2016)辽02民终3415号民事判决书:管某与聂某文等执行人执行异议之诉案【边码31】

7. 内蒙古自治区赤峰市中级人民法院(2016)内04民终2438号民事判决书:王某国与孙某高债务转移合同纠纷上诉案【边码45】

8. 宁波海事法院(2001)甬海商初字第432号民事判决书:林某与温州兴顺船务有限公司水路货物运输合同纠纷案【边码10】

9. 山东省潍坊市中级人民法院(2016)鲁07民申178号民事裁定书:隋某与牛某华等民间借贷纠纷复查与审判监督案【边码45】

10. 云南省高级人民法院(2014)云高民二终字第245号民事判决书:云南叠鑫商贸有限公司与云南省曲靖泰安建筑工程有限公司等买卖合同纠纷上诉案【边码10】

11. 云南省通海县人民法院(2016)云0423民初393号民事判决书:吴某满与许某恒等民间借贷纠纷案【边码47】

12. 浙江省杭州市中级人民法院(2016)浙01民终3627号民事判决书:新华通讯社浙江分社与北京中科大洋科技发展股份有限公司等买卖合同纠纷上诉案【边码14】

13. 最高人民法院(2001)民终字第166号民事判决书:中国进出口银行与广州万宝电器、万宝冰箱等公司借款纠纷案【边码35】

14. 最高人民法院(2005)民二终字第217号民事判决书:泰阳证券有限责任公司与海南洋蒲华洋科技发展有限公司等单位资产管理委托合同纠纷上诉案【边码10、19】

15. 最高人民法院(2005)民二终字第35号民事判决书:宁夏金泰实业有限公司与宁夏基荣实业发展有限公司联营合同纠纷上诉案【边码10】

16. 最高人民法院(2009)民二终字第18号民事裁定书:一汽贸易总公司与吉林省汽车工业贸易集团股份有限公司拖欠货款纠纷上诉案【边码25】

17. 最高人民法院(2009)民申字第855号民事判决书:粤海轻工业品有限公司与广州市东迅房地产发展有限公司委托售楼合同纠纷再审案【边码27】

第563条第1款

违约法定解除权*

第563条第1款　有下列情形之一的，当事人可以解除合同：

（一）因不可抗力致使不能实现合同目的；

（二）在履行期限届满前，当事人一方明确表示或者以自己的行为表明不履行主要债务；

（三）当事人一方迟延履行主要债务，经催告后在合理期限内仍未履行；

（四）当事人一方迟延履行债务或者有其他违约行为致使不能实现合同目的；

（五）法律规定的其他情形。

简　　目

---

* 本文系基于《〈合同法〉第94条（法定解除）评注》（载《法学家》2019年第4期，第175—191页）一文修订而成。

一、规范目的及特征

(一)规范意义及正当化理由

1 《民法典》第563条第1款是因违约所生法定解除权的重要基础规范,完全承继了《合同法》第94条的规定。本款"解除"的含义是:合同当事人因法定的违约事由,以单方意思表示消灭合同债务的方法,主要的适用对象是一时性合同。在此意义上,《民法典》第563条第1款规定的解除和第562条第1款的区别在于后者为合意解除;和第562条第2款的区别在于后者规定的是意定(保留)解除权。

1a 本款规定的法定解除权只是诸多法定解除权中的一种。[1]《民法典》中至少还规定了继续性合同的预告解除权(第563条第2款)、任意解除权(第787条、第829条、第899条第1款、第933条第1句)、情势变更中的诉请解除权(第533条)等与本款性质不同的解除权。本款解除权的功能是:在一方当事人违约时,给予另一方当事人以救济。其他解除权的功能有的是为长期拘束关系确定终期,避免过度拘束当事人;有的是为了在不损及相对人利益的前提下,给解除权人保留行为自由;有的是为了在合同出现漏洞,嗣后填补不能时,给遭受不利的当事人否定合同拘束力的机会。因其他解除权的功能和正当化事由和本款法定解除权不同,所以其行使方式、存续期间和行使后果也不尽一致,在判断当事人究竟行使的是何种解除权时,应予明辨。

2 解除的目的在于消灭未履行的原合同义务,返还已为的给付。[2] 因此,《民法典》第563条第1款列于合同编第七章"合同的权利义务终止"之下。与该章其

[1] 《民法典》颁行前我国法定解除权规范的梳理,可参见陆青:《论法定解除事由的规范体系》,载《华东政法大学学报》2015年第1期,第64—80页。

[2] 如《民法典》第566条明确区分已履行和未履行的义务部分,确定其后果。

他条款[3]不同,本款规定的法定解除权之正当性并非一目了然。

3 债务的拘束力止于清偿,此乃法锁因目的实现而解的应有之义。从反面推知,未经合同当事人的合意,其拘束力不因清偿之外的事由消灭,此乃契约严守的题中之意。法定解除权允许当事人单方消灭债务,似突破了契约严守原则,需有合理解释。主要的解释有如下三种:

4 一是合同义务之间的依存关系,即所谓牵连性(Synallagma)[4]的影响。准确言之,解除是存续上牵连性(konditionelles Synallagma)[5]的体现。其含义是给付义务和对待给付义务在存续上相互依存,给付义务之消灭会导致对待给付义务的消灭。[6] 唯应注意的是,违约法定解除权并非牵连性的机械反映,而是采形成权的构造。给付义务的消灭并不当然导致对待给付义务的消灭,而是取决于解除权人是否行使解除权。

5 二是合同双方互相忠实义务的反映和合同补充解释的结果。[7] 债务人忠实于合同是债权人严守合同的默示条件,可通过合同的补充解释将该意思纳入合同中。契约严守和法定解除之间没有冲突,恰恰相反,法定解除的正当基础正是经补充解释后的合同本身。对债权人利益造成损害的严重程度并不是证成解除正当性的理由,而仅仅是合同补充解释的依据。[8]

6 三是法政策上效率的考量。理论上而言,守约方可通过实际履行请求权和损害赔偿请求权获得充分的救济。但实践中,实际履行请求权的实现往往需倚强制执行,糜时耗力;损害赔偿请求权的实现需其承担损害发生及范围的证明负担,亦

---

〔3〕《民法典》第557条列履行(清偿)为债务消灭的首要事由,乃因债依本旨实现而消灭为当然之理。此外,同条还列举了抵销、提存、混同、免除四项事由。其中,抵销和提存分别为简化履行、履行困难时的替代方法;混同是主体合一致履行无意义时消灭债的方法;免除是以债务人的规范沉默达成的合意。合意解除、意定解除权的正当性皆源自意思自治。

〔4〕即给付义务在目的上的相互依赖性。一般认为包括发生的牵连性、履行上的牵连性和存续上的牵连性。Vgl. Staudinger/ Schwarze, *in* Kommentar zum Bürgerlichen Gesetzbuch, Berlin, Sellier - de Gruyter, 2015, Vor. zu § §320 - 326, Rn. 5.

〔5〕其含义是:当一方的给付义务消灭时,处于对待关系的对方给付义务也会消灭。国内亦有翻译为"条件上牵连性",参见张金海:《论双务合同中给付义务的牵连性》,载《法律科学》2013年第2期,第118—119页。

〔6〕参见张金海:《论双务合同中给付义务的牵连性》,载《法律科学》2013年第2期,第112—120页。

〔7〕Vgl. Hattenhauer, *in* Historisch - kritischer Kommentar zum Bürgerlichen Gesetzbuch, Band II, Teilband 2, Tübingen, Mohr Siebeck, 2007, § §323 - 325, Rn. 2. 参见赵文杰:《论法定解除权的内外体系——以〈民法典〉第563条第1款中"合同目的不能实现"为切入点》,载《华东政法大学学报》2020年第3期,第134—135页。

〔8〕Vgl. Lobinger, Die Grenzen rechtsgeschäftlicher Leistungspflichten, Tübingen, Mohr Siebeck, 2004, S. 320 f.

不一定是最佳选择。[9] 更为关键的是，守约方在实际履行请求权和损害赔偿请求权实现前，需一直保持准备对待给付的状态。在合同给付义务断无履行之可能时，若不许守约方解除，其将束手于对待给付义务，难以从事替代交易，降低损失。拖延逾久，反徒增迟延之损害，于整体经济有害无益。赋予解除权的目的是"让另一方尽早从事实上已死亡的合同关系中解脱出来，可以减少不必要的浪费"[10]。

上述三种解释中，以第二种解释最为有力。第一种解释——牵连说虽然揭示了双务合同中主给付义务之间的相互依赖性这一主要特征，但是，如果将牵连性的正当性建立在双务合同的性质上，只是触及了问题的表层。因为仍然会有为何双务合同会有这一性质的追问，而这一问题的回答最终还是要诉诸当事人的合意。而且，牵连说的解释力范围有限。一方面，牵连说主要关注主给付义务之间的互相依赖关系，无法直接回答从给付义务乃至附随义务违反是否引发解除权。另一方面，牵连性对继续性合同的法定解除权缺乏解释力。因为继续性合同中的重大事由解除权往往非源自主给付义务的不能履行或迟延，而是源自特定情事下对债权人继续守约的可期待性的判断。第三种解释——效率说虽然阐明了法定解除权制度乃社会经济发展背景下，效率价值凸显的结果，但难以证成违约法定解除权的正当性。因为，如果单纯以整体效率为理由，会出现难以接受的结论，即只要继续守约会造成更大的经济损失，该方就能享有解除权，而不问自身违约与否。唯有第二种解释将法定解除权的正当性建立在当事人应有合意的基础上，具有相当的说服力。[11] 从这个意义上说，违约中的法定解除权规范恰恰是契约严守原则的延伸，与其并不相悖。 7

但是，根据目前通行的观点，法定解除制度仍是契约严守原则的例外，本款的目的是明确法定解除的事实构成，以限定其适用范围。就此，在涉及其前身(《合同法》第94条)的裁判中，最高人民法院曾有明确表述："《合同法》第94条确立了合同法定解除权制度。这一制度的首要之意固然是在于授予非违约方以合同解除权，使其能够获得以解除合同为补救方式的特殊救济；但法定解除权制度作为合同法项下的制度，必然须以维护意思自治、鼓励市场交易、稳定市场秩序、实现资源的有效配置的合同法立法宗旨和价值取向为依归，故对合同法定解除权的使用条件予以严格限定才是这一制度的主要方面和价值侧重。解除合同本就不是 8

[9] 参见陈自强：《违约责任与契约解消》，台湾地区元照出版有限公司2016年版，第221页。

[10] 朱广新：《合同法总则研究(下册)》，中国人民大学出版社2018年版，第605页。

[11] 具体论述可参看赵文杰：《论法定解除权的内外体系——以〈民法典〉第563条第1款中"合同目的不能实现"为切入点》，载《华东政法大学学报》2020年第3期，第134—135页。基本赞同该说者有谢鸿飞：《〈民法典〉法定解除权的配置机理与统一基础》，载《浙江工商大学学报》2020年第6期，第27—28页，其前提是立法者选择的"人像"不仅是理性自利的人，还是追求公正的、宽容的、正直的人。

违约情形下唯一的救济手段,更不是当然的救济手段。若合同动辄可得解除,交易关系动辄可致流产,则必将引发市场秩序的混乱、交易成本的虚高和资源配置效率的低下。”〔12〕

(二)适用范围与权利主体

9 尽管本款处于合同编通则部分,但原则上不适用于单务合同。这一点不同于履行(清偿)等其他合同权利义务的消灭事由。因为违约法定解除的首要目的是在一方当事人的给付义务不履行时,让对方当事人能免除自己的对待给付义务,所以本条的适用范围应为双务合同。〔13〕亦有观点认为本条有适用于单务合同的可能。主要理由是债务人于履行期届至前明确表示或以行为表明不履行主要债务,可以允许债权人援用《民法典》第563条第1款第2项(《合同法》第94条第2项)解除合同,例如,无息借款合同的借款人明确表示届期不会归还本金的。〔14〕这一分歧主要来自对“解除”一词外延的理解。在德国法当中,对应于解除的是Rücktritt,其效果包括消灭债权人未履行的义务和返还清算已为给付,范围限于双务合同,不包括仅面向未来的终止Kündigung。在我国,解除的外延既包括狭义的解除,也包括终止〔15〕。在非双务合同中,虽无对待给付关系,但因信赖关系的破坏,同样可能导致债权人有提前终止合同的需要。鉴于“解除”一词在我国法中的泛化使用,不妨认为在特定情形中,解除亦可适用于单务合同,其含义往往是终止。〔16〕

10 基于消灭债权人对待给付义务的目的,享有《民法典》第563条第1款法定解除权的当事人只能是违约方的相对人,违约方非本条中的解除权人。

11 从《民法典》的规范供给和体系安排看,违约方欲摆脱给付义务的拘束,有其他途径可循。如因给付不能,令不履行方(违约方)继续承担(原)给付义务已无意义,或因给付艰难,不可苛求其承担该义务,则不履行方原则上只能通过给付不能的规定(《民法典》第580条第1款,《合同法》第110条)免除给付义务。在满足情势变更的要件时,可通过行使解除诉权免除给付义务(《民法典》第533条,《合同法解释二》第26条)。

---

〔12〕 最高人民法院(2016)最高法民再251号民事判决书。

〔13〕 持此观点并有详尽分析者,可参见韩世远:《合同法总论》(第4版),法律出版社2018年版,第650—652页。

〔14〕 参见崔建远:《合同解除探微》,载《江淮论坛》2011年第6期,第88—91页。

〔15〕 例如,在借款合同(《民法典》第673条)、租赁合同(《民法典》第711条)等继续性合同中都用“解除”指代“终止”。

〔16〕 典型者如《民法典》第673条规定:“借款人未按照约定的借款用途使用借款的,贷款人可以……解除合同。”从文义上,此处的借款亦可包含无息借款(单务合同)。

12 从立法史的角度看,《涉外经济合同法》第 29 条第 1 项、第 2 项所采行文结构为:“有下列情形之一的,当事人一方有权……解除合同:一、另一方违反合同,……;二、另一方……在被允许推迟履行的合理期限内仍未履行”。从此看出,《涉外经济合同法》较《民法典》更明确地肯认了唯有违约方之相对人才享有法定解除权。

13 司法裁判中,有观点明确支持法定解除权只应由不履行债务的债权人(即非违约方)享有,其理由为:“正由于法定解除权赋予了权利主体以单方意思表示干预法律关系的权利,从保护相对人免受不公平结果损害,以及维护交易安全和稳定,鼓励交易的角度出发,法定解除权通常应赋予守约方而非违约方。”〔17〕

14 但也有裁判观点认为在一些情况中,违约方亦享有解除权。一是在双方违约时,任意一方当事人均有解除权,其理由为:“因双方均存在违约行为,导致合同无法履行,……双方合作的信任基础已经不复存在,《合作协议》事实上已经无法继续履行。在此情形下,解除合同无疑是使双方摆脱困局、减少损失、重寻商机的最佳选择。”〔18〕二是单方违约时,违约方在特定条件下也有解除权,其理由为:“《合同法》第一百一十条……第(二)项规定的履行费用过高,可以根据履约成本是否超过各方所获利益来进行判断。当违约方继续履约所需的财力、物力超过合同双方基于合同履行所能获得的利益时,应该允许违约方解除合同,用赔偿损失来代替继续履行。”〔19〕学界也有观点支持在满足特定条件时,违约方可享有法定解除权。其理由是:若让违约方可以不实际履行却不能行使法定解除权,会陷入交易僵局,造成严重的社会效率损失。在以效率为根据的诚实信用原则下应进行“法外续法”,在满足关联性商事经营、违约方无过错、守约方得到充分赔偿、不解除会造成不成比例的效率损失等条件时例外地允许违约方享有法定解除权。〔20〕

14a 在《民法典》制定过程中,学界有观点认为应设立一般性的违约方申请解除权,其本质上是司法解除权,〔21〕主要理由是既可以维护公平和诚信原则,又可以降低交易成本费用。〔22〕尽管该主张遭到了很多学者的批评,〔23〕立法者在最后时

〔17〕 最高人民法院(2017)最高法民申 51 号民事裁定书。

〔18〕 最高人民法院(2016)最高法民终 276 号民事判决书。

〔19〕 新宇公司诉冯玉梅商铺买卖合同纠纷案,载《最高人民法院公报》2006 年第 6 期。

〔20〕 参见孙良国:《违约方的合同解除权及其界限》,载《当代法学》2016 年第 5 期,第 46—58 页。

〔21〕 参见石佳友、高郦梅:《违约方申请解除合同权:争议与回应》,载《比较法研究》2019 年第 6 期,第 36—51 页,尤其是第 40—43、45—47 页对引入该制度必要性的论证;王利明:《论合同僵局中违约方申请解约》,载《法学评论》2020 年第 1 期,第 26—38 页。

〔22〕 参见王利明:《论合同僵局中违约方申请解约》,载《法学评论》2020 年第 1 期,第 31 页。

〔23〕 参见韩世远:《继续性合同的解除:违约方解除抑或重大事由解除》,载《中外法学》2020 年第 1 期,第 104—127 页,尤其是第 115—118 页的论述;蔡睿:《吸收还是摒弃:违约方合同解除权之反思》,载《现代法学》2019 年第 3 期,第 152—168 页,尤其是第 166 页的论述;郝丽燕:《走出违约方解除权的误区》,载《南大法学》2020 年第 3 期,第 15—32 页,尤其是第 22—25 页的论述。

刻仍采纳了违约方申请解除权，规定于《民法典》第580条第2款中。

15 笔者认为上述支持违约方申请解除权的观点不构成对应由违约方的相对人行使解除权观点的挑战，理由是：所谓“双方违约”要么是一方当事人不履行是因享有履行抗辩权，并不构成真正违约，另一方本不应享有解除权；要么是因一方违约，对方在满足解除的要件时亦享有解除权，和对方本身是否违约没有关系，并无特殊性。至于“履行费用过高”的问题应由给付不能或情势变更的规范处理，不应适用《民法典》第563条第1款。此外，所谓“交易僵局”并不会出现，因为在逻辑上有两种可能：一种是满足《民法典》第580条第1款第2项“履行费用过高”的要件，违约方的原给付义务消灭，即其交付和移转所有权的义务消灭。若已交付，出卖人可依《民法典》第985条要求买受人返还。合同解除与否不会影响违约方经济目的的实现，无所谓僵局。另一种是无法满足《民法典》第580条第1款第2项“履行费用过高”的要件，出卖人的原给付义务无法消灭，买受人可要求实际履行，也不存在僵局。如果债务人要让债权人“返还”给付，只能与其达成反向给付的合意。〔24〕

（三）规范模式和逻辑

16 从比较法上看，在法定解除权的事实构成规范上，存在两种典型模式：〔25〕一种是宽限期模式，〔26〕另一种为根本违约模式。〔27〕两种模式的区别主要体现在：宽限期模式采定期催告的程序，更易判断；而根本违约模式采一般化的实质判断标准，更难判定。相应的，宽限期模式按照履行障碍类型分别规定了具体的事实构成，而根本违约并未以履行障碍类型构造事实构成。

17 从《民法典》第563条第1款的行文看，既有第4项“有其他违约行为致使不能实现合同目的”这种兜底条款的一般性表述，也有第3项中“当事人一方迟延履行主要债务，经催告后在合理期限内仍未履行”这种具体规范。前者接近根本违

---

〔24〕 有学者认为强制缔约是解决涉及公共利益情况下“合同僵局”问题的良策，参见武腾：《民法典实施背景下合同僵局的化解》，载《法学》2021年第3期，第84—100页，尤其是第99页的论述。但强制缔约的正当化理由是否充分，尚需检讨（如公共利益的判断等）。

〔25〕 Vgl. Claus - Wilhelm Canaris, Teleologie und Systematik der Rücktrittsrechte nach dem BGB, in Festschrift für Jan Kropholler zum 70. Geburtstag, Tübingen, Mohr Siebeck, 2008, S. 2 ff.，尤其是S. 8 - 11的论述。中文文献可参阅郝丽燕：《论宽限期设置解除合同》，载王洪亮等主编：《中德私法研究（15）》，北京大学出版社2017年版，第208—235页，尤其是第209—216页的论述。

〔26〕 采该模式的典型代表为德国法，其核心条款是《德国民法典》第323条。

〔27〕 采该模式的典型代表为英格兰法。另有一些法例是以根本违约模式为基础，于给付迟延时兼采宽限期规范的，如《联合国国际货物买卖合同公约》［CISG Art. 25, Art. 49(1)b, Art. 64(1)b］、《欧洲合同法原则》（PECL, Art. 8: 103）、《国际商事合同通则》［Unidroit PICC 2016, Art. 7. 3. 1 (1)(2), Art. 7. 3. 1(3), Art. 7. 1. 5］。

约模式，而后者则是宽限期模式的典型表述。

《民法典》混合继受了根本违约模式和宽限期模式，但与二者都有一定差异，体现在两个方面：一是与根本违约模式比较，《民法典》第563条第1款并未包含根本违约的一般条款，也没有对根本违约作出界定；二是与宽限期模式比较，仅在给付迟延中规定了宽限期模式，而对实践中极为重要的瑕疵给付并未明确采宽限期模式。[28] 综合观之，《民法典》既未采抽象的根本违约模式，也未采具体的宽限期模式。 18

对模式选择的探讨是为了厘清规范的内在逻辑。然而，本条夹杂着抽象和具体规定模式，内在逻辑并不清晰。这主要体现在两方面：一方面，本条并非纯粹按照履行障碍的类型来划分，比如第1项规定的不可抗力并非履行障碍的类型，而仅仅是导致履行障碍的原因；另一方面，即便涉及履行障碍，其规范也难谓完善。第2项规定的是期前拒绝履行，第3项和第4项前段规定的是履行迟延，第4项后段规定的是其他情况。至少遗漏了履行不能、瑕疵履行两大类未予具体规范，第3项和第4项前段履行迟延的规定关系也未臻明确。因此，本条的列举不周延、划分不科学。[29] 19

逐项逐句的规范评注方式只能建立在逻辑清晰的条文基础之上。鉴于上述现状，本条评注的内容无法完全按照条文的顺序展开。本评注拟先从诸项的公因式——“合同目的不能实现”开始，尔后转入各项的评注。在各项的评注中，又按照能否构成独立的类型而做详略不一的评述。最后探讨被“其他违约行为”掩盖、但需清晰界定的法定解除事由类型。 20

二、合同目的不能实现

(一)“合同目的不能实现”的界定

无论何种给付障碍形态，均需达到合同目的不能实现的程度，方能引起法定解除权。因此，合同目的能否实现是判断能否解除的实质性标准。依循这一逻 21

---

〔28〕《民法典》第610条在买卖合同的瑕疵履行中也未采宽限期模式。因为买卖合同的规定可准用于其他有偿合同，所以结合《民法典》第563条第1款第4项可知，我国的合同瑕疵履行中大多未规定宽限期。但是，在判断瑕疵履行严重性时，不可期待补正履行亦是判定的重要标准之一，在结果上和定期催告模式的差别不大，请参见后文边码92的论述。

〔29〕出现这一格局的起因是《合同法》制定中途的改弦更张。最初，《合同法》制定时是按照大陆法系的给付障碍类型来规制的，尔后受到CISG的根本违约的影响，将原本详尽的规定化简为一条，但又没有完全摒弃给付障碍类型的规制模式。简要的介绍可参见韩世远：《合同法总论》（第4版），法律出版社2018年版，第661页。

辑,确定何为“合同目的不能实现”应是首要问题[30]。

22 “合同目的不能实现”的解释路径大致有两类:一类是从“目的”概念本身出发求解,另一类是从制度目的和立法史角度分析“合同目的不能实现”的含义。

23 第一类解释是以“目的”的语义为出发点,再以属加种差的方法探寻“合同目的”的具体含义,最后在此基础上推出“合同目的不能实现”的内涵。该方法在学说和司法机关的释义书中都有迹可循。例如,有学者尝试以“目的”为解释的出发点,在客观目的(典型交易目的)、主观目的(特殊情形下的动机)等语义中探寻合同目的的真意。将合同目的区别于效果意思(合同内容)。同时,将“共同目的”仅限于共同行为中多方当事人的同一目的,而将契约行为中当事人的目的视为相异。[31] 最高人民法院在解读法释〔2012〕8 号第 25 条时,就何为合同目的,也曾有抽象的表述:

24 “合同目的是当事人通过订立和履行合同想要达到的目标和结果,……合同目的可以分为一般目的和特殊目的。一般目的是通过签订和履行某一类合同要达到的基本的、共通性的目的和结果。”[32] 该表述与上述学说的一个重要差别点只是认为契约行为中当事人追寻的目的也是共同的。

25 上述表述有将合同目的视为别于合同本身的独立客体之嫌。目的本为主体的主观追求,合同只是实现手段。合同当事人缔结合同所欲实现的目标可能各不相同,在法律意义上更可能属于动机。以个别当事人的目标或动机是否实现作为评判根本违约的标准显非合理。因此,所谓合同目的仍需返归双方当事人的共同目的,即合同内容本身来确定。就此而论,合同内容的正确解释乃是确定合同目的的前提,因为义务的完全履行系双方当事人的共同目的,其他离开合同内容之“目的”恐难称为合同目的。然而,即便以义务的完全履行为共同目的的归依,为“落空”寻得标准仍是未决的困难问题。因此,脱离解除制度的目的和功能,单纯从“目的”一词的语义出发探求“合同目的落空”的具体意涵,恐为缘木求鱼,难得正解。

---

〔30〕 值得注意的是《民法典》中“合同目的不能实现”的规定和民国时期及台湾地区“民法”第 255 条中“……不能达其契约之目的”的表述相当,而与 CISG、PICC 等模范法不同。民国时期和台湾地区的学者极少从正面界定“契约目的”的确切内涵,而是径直使用,且往往依循给付障碍类型讨论解除权的事实构成,而非从抽象的“契约目的不能达成”来确定解除权的构成。参见史尚宽:《债法总论》,中国政法大学出版社 2000 年版,第 538—547 页;孙森焱:《民法债编总论》,法律出版社 2006 年版,第 618—627 页;陈自强:《违约责任与契约解消》,台湾地区元照出版有限公司 2016 年版,第 229—234 页。

〔31〕 参见崔建远:《论合同目的及其不能实现》,载《吉林大学社会科学学报》2015 年第 3 期,第 41—47 页。

〔32〕 最高人民法院民事审判第二庭编著:《最高人民法院关于买卖合同司法解释理解与适用》,人民法院出版社 2012 年版,第 407—408 页(本部分撰写人为张永健)。

第二类解释是从《民法典》第563条第1款的形成过程和比较法经验出发，将“合同目的不能实现”作为最小分析单位，探寻其意义。通常将合同目的不能实现等同于根本违约，并从比较法中探寻判断标准。一般认为《合同法》既没有采“根本违约”概念原出处英格兰法的“条款标准”，也没有全然接受结果主义的判定标准。〔33〕就前者而言，我国并无区分条款种类的规范基础和实践，无法作为解释的基础。就后者而言，《合同法》明确拒绝结果主义中的主客观结合标准，而采纯客观的立场。这一选择沿袭了《涉外经济合同法》的立场，主要理由为：“减少了因主观标准的介入而造成在确定根本违约方面的随意性现象及对债权人保护的不利因素。”〔34〕《民法典》未对《合同法》作出更动，可视为承袭了这一立场。 26

由于《合同法》制定受到《联合国国际货物买卖合同公约》（以下简称CISG）的影响，〔35〕所以CISG亦可作为解释根本违约判断标准的重要参考。一般认为CISG第25条中确定的判断标准是债权人的履行利益是否受到严重影响。〔36〕《涉外经济合同法》第29条的表述与之非常近似，其第1项规定：“另一方违反合同，以致严重影响订立合同所期望的经济利益”。在全国人大常委会法工委1995年10月16日完成的《中华人民共和国合同法（试拟稿）》第56条第2款第2项〔37〕、1996年6月7日的试拟稿第58条第2款第2项〔38〕和1997年5月14日的征求意见稿第66条第2项〔39〕中都表述为“严重影响订立合同所期望的经济利益”，1998年12月21日提交第三次审议的《中华人民共和国合同法（草案）》第95条中才重新改用“不能实现合同目的”的表述。〔40〕即债权人的经济利益是否受到严重影响是决定能否解除的标准。债权人的履行利益较《民法典》第563条第1款中“合同目的”的表述更为具体，可作为解释的依据。 27

在个案裁判中，法院也未将合同目的作为评价的出发点，而是仍以违约结果 28

〔33〕参见韩世远：《根本违约论》，载《吉林大学社会科学学报》1999年第4期，第33页。

〔34〕王利明：《合同法研究（第二卷）》，中国人民大学出版社2011年版，第305页。

〔35〕参见韩世远：《中国合同法和CISG》，载《暨南学报（哲学社会科学版）》2011年第2期，第7—8页。

〔36〕CISG第25条规定：“……对另一方造成不利（detriment），以致实质（substantially）上剥夺了其根据合同有权期待获得的东西……”Münchener/Gruber, in Kommentar zum Bürgerlichen Gesetzbuch, Band 3, 7. Aufl. München, C. H. Beck, 2016, CISG Art. 25, Rn. 12.

〔37〕参见何勤华、李秀清、陈颐编：《新中国民法典草案总览（下卷）》（增订本），北京大学出版社2017年版，第1924页。

〔38〕参见何勤华、李秀清、陈颐编：《新中国民法典草案总览（下卷）》（增订本），北京大学出版社2017年版，第1968页。

〔39〕参见何勤华、李秀清、陈颐编：《新中国民法典草案总览（下卷）》（增订本），北京大学出版社2017年版，第2006页。

〔40〕参见何勤华、李秀清、陈颐编：《新中国民法典草案总览（下卷）》（增订本），北京大学出版社2017年版，第2132页。

的严重性作为判断标准。最高人民法院在近期的判决中重申了这一立场:“我国合同法中,法定解除的认定标准是违约后果是否足够严重而非所违反的条款本身是否重要。……故在判断违约行为是否足以导致合同法定解除时,不能简单地由所违反条款的性质推断根本违约,而必须讨论这一违约是否会产生合同目的落空的结果。”〔41〕

29 此外,中国国际经济贸易仲裁委员会在“纪念币案”的裁决中也认为:只要卖方没有实际剥夺买方的预期利益,就不构成根本违约。〔42〕

30 也有部分裁判直接按照 CISG 的主客观结合标准判断合同目的不能实现。〔43〕

31 综上所述,本条中的“合同目的不能实现”基本和根本违约同义,判断标准为违约结果的客观严重性,即是否实际剥夺了债权人的履行利益。虽有部分裁决采 CISG 中根本违约中的主观可预见性标准,但立法资料和通说表明,《合同法》并未接受 CISG 中的主观可预见性要件。

(二)因违约致合同目的不能实现的事实构成

32 归纳上述学理和实践的立场,可将合同目的不能实现,即根本违约的事实构成分析如下:

1. 合同义务的违反

33 一方当事人须违反合同义务。因根本违约的判断以债权人履行利益是否受影响为据,所以该义务首先指合同中约定的处于交换关系的主给付义务。同时,也包括影响到履行利益充分实现的从给付义务。

34 原则上,违反之给付义务需有对待性(Gegenseitigkeit)〔44〕。因为解除的首要目的是免除非违约方的给付义务,所以只有与其承担的义务呈对待关系的给付义务的违反方能导致这一结果。本条第 2 项与第 3 项中以“主要债务”限定,至少表明并非任何债务的不履行皆足以引起解除。从解除制度的目的出发,就“主要债务”的判定,可以对待性为标准。

35 保护固有利益的附随义务原则上不在本条规定的义务之列,因为其和债权人的对待给付义务之间无牵连关系。但是,如果附随义务的违反会导致不可期待债

---

〔41〕 最高人民法院(2016)最高法民再 251 号民事判决书。

〔42〕 主要理由是债权人已经实现了大部分履行利益,引自 http://cisgw3.law.pace.edu/cases/000000c1.html,2018 年 8 月 26 日访问。

〔43〕 参见北海海事法院(2011)海商初字第 2 号民事判决书。

〔44〕 对待性是一种义务之间在法律上的特定关联形式,其特殊之处在于义务之间在目的上的相互依赖性(finale wechselseitige Abhängigkeit)。参见 Staudinger/ Schwarze, *in* Kommentar zum Bürgerlichen Gesetzbuch, Berlin, Sellier - de Gruyter, 2015, Vor. § § 320 - 326, Rn. 5.

权人接受债务人的主给付,进而影响到履行利益的实现,则附随义务违反亦可能引发解除权。

2. **严重危害债权人的履行利益**

36 只有义务违反达到严重危害债权人履行利益的程度,方可解除。严重危害债权人履行利益指对债权人履行利益造成减价和损害赔偿尚不足以弥补的不利影响。[45] 主要是从债权人从合同履行中可期待获得利益角度来判断。

37 此外,如果债务人违反附随义务,严重破坏当事人之间的信赖,致不可期待债权人坚守合同,也会引起解除权,如《民法典》第 563 条第 1 款第 2 项的规定。

三、因不可抗力导致的合同目的无法实现(第 1 项)

38 本项的核心为“不能实现合同目的”,而非“因不可抗力”,因为不可抗力并非解除权成立之事实构成。即便非因不可抗力造成合同目的无法实现,也可产生解除权。同时,不可抗力并非给付障碍的类型,而是给付障碍的原因,和后者不在同一逻辑层面上,不宜和第 2 项至第 4 项并列。在法条安排上,通常第 1 项是原则规定或最重要类型的例举,而本项既非原则规定,更不属独立的类型,非常突兀。

39 从文义看,因本项未限定于特定给付障碍类型,所以可适用于所有给付障碍的类型,即包括不可抗力致给付不能、给付迟延、瑕疵给付等。第 2 项至第 4 项因规定了更为详尽的事实构成,而有独立的规范意义。与前者不同,第 1 项并未规定有意义的事实构成,应无独立的规范意义。

40 若必须为本项寻找规范价值,无非是澄清了两个问题:一是释明不可抗力不是排除法定解除权的抗辩事由;二是释明不可抗力致给付不能时,对待给付义务须藉解除消灭。

41 根据本项规定,即便引起合同目的无法实现的原因是不可抗力,当事人仍可解除合同,即不可抗力不可作为否认解除权的抗辩事由。与之相对,不可抗力为否定损害赔偿责任的抗辩事由(《民法典》第 590 条)。二者差异的原因在前者乃存续上牵连性的体现,与债务人可归责性无关;而后者与债务人的归责性、当事人之间的风险分配密不可分。

42 更为困难的问题是风险负担规则和法定解除权规定的关系。它们都关涉双

〔45〕 Vgl. Münchener/Gruber, *in* Kommentar zum Bürgerlichen Gesetzbuch, Band 3, 7. Aufl. München, C. H. Beck, 2016, CISG Art. 25, Rn. 12; Staudinger/Magnus , *in* Kommentar zum Bürgerlichen Gesetzbuch, Berlin, Sellier – de Gruyter, 1994, CISG Art. 25 Rn. 9.

务合同中对待给付义务的命运。二者的不同之处在于:当不可抗力致给付不能时,对待给付义务是否当然消灭。风险负担规则的回答是当然消灭,法定解除权规则的回答则是不当然消灭。要么由风险负担,要么由法定解除权规则决定对待给付义务如何消灭。两种规则,逻辑上只能择一,无并存的可能。

43 采风险负担规则的理由是:在因不可归责于双方事由致一方(债务人)给付不能时,让对方(债权人)仍然负担对待给付义务毫无意义。给付不能时,债务人的原给付义务已经消灭;债务人因不可归责于己的事由,也不会承担损害赔偿责任,所以原则上债务人不会对债权人负担任何形式的义务。债权人若仍为自己的对待给付,不会从债务人获得任何的报偿,以对待给付义务之履行交换对方给付的目的已确定无疑落空。此时,赋予债权人解除权并无意义,因为债权人通常不会有他种选择的动因。这一原则的例外是:债权人若希望获得债务人因给付不能获得的代偿,则对待给付义务不消灭。采该立场的有2002年债法修正前的德国法[46]、台湾地区"民法"第266条第1款。

44 采解除权规则的理由是:一是有利于明晰法律关系,便于当事人明确自己法律地位;二是便利于返还清算;三是能满足债权人保留对待给付义务,获取给付代偿的需要;四是能统一规制,消除例外,避免不必要的适用复杂性。

45 不过,在学说中,有学者根据比较法的研究,归纳出两种模式:第一种是并存模式,第二种是解除一元模式。[47] 此外,根据《合同法》法定解除权规定的状况,认为我国采兼容模式。[48] 从立法论的角度,有学者认为应采单一的风险负担规则,让对待给付义务自动消灭更佳。[49]

46 实际上,并存模式并非独立的模式,而是风险负担规则模式因应实践需要的改良版。其特征是在风险负担规则外,兼容解除权,决定对待给付义务消灭的仍为风险负担规则。只是在实践中,债权人未必知晓债务人不能履行的缘由,为了尽早确保自己能从合同中解脱,亦可行使解除权。因为至少在解除通知到达后,对待给付义务定会消灭。采该立场的有2002年债法修正后的德国法。[50] 学说上

---

〔46〕 2002年债法修正前的《德国民法典》第323条完整呈现了这一原则例外的规定。其第1款规定:"一方当事人因双务合同所负之义务,由于不可归责于双方当事人的情事而给付不能时,则其丧失对待给付请求权;部分不能时,按第472、473条之标准减少对待给付。"第2款前半句规定:"另一方依据第281条要求返还因债务标的物获得的代偿物或作为代偿的请求权时,则其仍负有对待给付义务。"

〔47〕 参见周江洪:《风险负担规则与合同解除》,载《法学研究》2010年第1期,第77—80页。

〔48〕 参见周江洪:《风险负担规则与合同解除》,载《法学研究》2010年第1期,第79—80页。

〔49〕 参见韩世远:《合同法总论》(第4版),法律出版社2018年版,第649页。

〔50〕 2002年债法修正后,根据第326条第1款第1句,对待给付义务的当然消灭扩及因不可归责于双方事由导致给付不能的情形。此时,仍由债务人承担对待给付风险。同时,在第326条第5款中规定债权人的解除权。也就是说,当风险负担规则和法定解除权在消灭对待给付义务上后果一致时,二者为自由竞合关系。

认为兼容解除权的主要优点是:“当事人双方能够互通情况,互相配合,积极采取救济措施。”[51]

笔者认为,在决定对待给付义务是否消灭的问题上,只能采单一标准,或为风险负担规则,或为解除规则。究竟以何者为佳,关键是看债权人是否有决定继续承担对待给付义务自由的必要。笔者认为应以肯定为是,其理由为:一方面,债权人有决定以对待给付换取代偿物的需要;另一方面,债权人有判断继续负担对待给付义务有益性的需要。例如,在互易合同中,一方当事人不愿意继续保有对待给付义务涉及的标的物(如因维护费用持续增加,极可能超过物本身的价值,同时该物因特殊性质不许任意抛弃),若径以风险负担规则自动消灭债权人的对待给付义务,并不一定符合其利益。 47

四、履行期届满前拒绝履行(第2项)

本项规定在履行期届满前,债务人明确表示或以自己行为表明不履行主要债务的,债权人享有解除权。 48

其特征是在履行期届满前,债权人即可享有解除权。债务人在债务履行期届满前,无须履行。因此,债务人并无在履行期届满前违反履行给付义务的可能,因给付义务违反而生的解除权无从成立。在履行期届满前赋予债权人解除权的正当基础是忠实义务的违反,因债务人在履行期届满前的行为,破坏了债权人相信债务人会履行的合理期待,不能要求债权人坚守合同。 49

本项包括两种情形,一种是明示拒绝履行,另一种是以自己的行为表明届期也不会履行,即默示拒绝履行。[52] 50

明示拒绝履行是债务人表明无论如何都不予履行的意愿,而非对不能履行的客观陈述。无正当理由拒绝的意愿是对合同忠实义务的最严重违反,也是对债权人信赖的严重破坏。因此,明示拒绝履行必须满足如下要件:一是拒绝履行的义务是主要义务(主给付义务);二是明确、严肃、终局地表明拒绝履行;三是拒绝履行无正当事由。 51

因为一般只有主给付义务之间有牵连关系,所以原则上只有拒绝履行主给付义务才可以引发解除权。 52

明确、严肃、终局地拒绝履行指债务人向债权人表明在履行期届满后决不会履行。是否构成拒绝履行是意思表示解释的问题。明确性是指债务人拒绝履行 53

---

〔51〕 对当然消灭立场的批评是“没有顾及当事人如何采取救济措施,把损失降低到最低限度,有将复杂问题简单化之嫌”,参见崔建远:《合同法》(第3版),北京大学出版社2016年版,第284页。

〔52〕 这一划分可参见韩世远:《合同法总论》(第4版),法律出版社2018年版,第660页。

的意图非常清晰，从理性受领人视角看毫无疑问。严肃性是指债务人表明其了解表示的意义，愿承受其法律后果。终局性是指债务人表明一旦拒绝之后，不会考虑再次履行的可能。

54 在《民法典》颁行前，学理中争论较大的是《合同法》第94条第2项（默示拒绝履行）与《合同法》第69条之间的适用关系。根据《合同法》第69条的规定，只有在债务人于收到催告后一定期限内未恢复履行能力或未提供担保时，债权人方能解除合同。但是《民法典》第563条第1款第2项（《合同法》第94条第2项）并未以此程序为解除的前置条件。有观点认为二者不存在重合，前者重在债务人有不能履行之虞的客观情事，后者重在债务人有不履行的主观意愿。在主观意愿明确或不能履行情事无疑时，应适用《合同法》第94条第2项（《民法典》第563条第1款第2项）；在主观意愿不明且不能履行情事不清时，应适用《合同法》第69条（《民法典》第528条），以催告提供担保无果为解除的要件。[53] 还有观点认为应以债务人不履行债务的确定性程度来判断：只有十分确定债务人届期将不履行的情形，债权人方能径直解除；在债务人是否履约的情形不十分确定时，债权人应在催告提供担保无果后才能解除。[54]

54a 《民法典》第528条第3句在《合同法》第69条第3句“中止履行后，对方在合理期限内未恢复履行能力并且未提供适当担保的”之后增加了“视为以自己的行为表明不履行主要债务”的规定。意在将默示预期违约制度和不安抗辩权行使的第二层次效力衔接起来，[55] 其手段是法律赋予特定情形下的不作为以意思通知——拒绝给付——的效力。若如此，则《民法典》第528条第3句就非独立的解除权发生规范，而是指示参引《民法典》第563条第1款第2句后段的规范。亦有观点认为虽有上述表达变动，但不影响《民法典》第528条第3句规定的并非默示拒绝履行，而是客观意义上的预期履行不能，[56] 其仍为独立的解除权发生规范。

55 笔者认为应首先将默示拒绝履行和给付不能区分开来，因为后者不仅是独立于拒绝履行的给付障碍类型，而且在适用时应优先考虑。因为当给付不能时，双务合同追求的交换难以实现是确定无疑的，可直接赋予债权人解除权。此时，债务人的履约意愿无足轻重，无须考虑。拒绝履行是以给付可能为前提的，是能为

〔53〕 参见李建星：《不安抗辩权与预期违约的完全区分论》，载《政治与法律》2017年第6期，第123—135页。

〔54〕 参见陈韵希：《合同预期不履行的救济及其法理基础——再论〈合同法〉不安抗辩权和预期违约的界分》，载《比较法研究》2017年第6期，第30—48页。

〔55〕 参见黄薇主编：《中华人民共和国民法典合同编释义》，法律出版社2020年版，第152—153页。

〔56〕 参见叶金强：《不安抗辩中止履行后的制度安排——〈民法典〉第528条修正之释评》，载《法律科学》2020年第5期，第137—138页。

而拒为。评价的关键是债务人的意愿。从体系解释角度看，明示拒绝履行违反忠实义务尤烈，解释认定的标准尚且较高，对默示拒绝履行的认定标准不应低于前者。因此，《民法典》第 563 条第 1 款第 2 项后一种情形应在债务人拒绝履行的意图十分明显时适用。相较而言，《民法典》第 527 条第 1 款规定的主要情形是存在难以履行之虞的客观情况（除第 2 项外的其余三项皆如此），与债务人的主观意愿无关。是否真的会让合同的交换目的落空尚不确定，需通过催告提供担保等方式排除不确定性，最终决定是否赋予债权人解除权。《民法典》直接赋予债权人“中止履行后，债务人在合理期限内未恢复履行能力且未提供适当担保的”以默示拒绝履行的意义。

综上所述，《民法典》第 563 条第 1 款第 2 项后段的直接适用范围是尚有履行可能时，以明示之外的方式表明届期不履行意愿的情形，如《民法典》第 527 条第 1 款第 2 项涉及的“转移财产、抽逃资金，以逃避债务”。在出现有难以履行之虞的客观情事，而债权人又难以证明债务人拒绝履行的意愿时（《民法典》第 527 条第 1 款第 1 项、第 3 项、第 4 项），需适用《民法典》第 528 条第 3 句。[57] 56

明示拒绝给付在裁判中并非难点，困难的是默示拒绝给付的认定。在不同的合同类型中，认定默示拒绝履行的典型情形有：在房屋买卖合同中，出卖人不与买受人就履行事宜进行磋商，不主动办理抵押权注销的。[58] 合作开发合同中的当事人将在项目公司的股权转让给第三人，未取得他方当事人同意的。[59] 57

五、给付迟延，经催告后在合理期限内未履行（第 3 项）

本项规定是给付迟延时解除事实构成的一般规定。该规则被广为接受，不独我国《合同法》，CISG[60] 和《德国民法典》[61] 也有类似规定。其功能是降低债权人证明给付迟延构成根本违约的难度，在指定宽限期内不能履约的自动“升级”为 58

---

〔57〕 若认为该句为指示参引规定，则同时适用本句和第 563 条第 1 款第 2 项后段；若认为该句是独立的解除权发生规范，则只适用本句。

〔58〕 参见江苏省高级人民法院（2018）苏民申 1547 号民事裁定书。

〔59〕 参见海南海联工贸有限公司与海南天河旅业投资有限公司、三亚天阔置业有限公司等合作开发房地产合同纠纷案，最高人民法院（2015）民提字第 64 号民事判决书，载《最高人民法院公报》2016 年第 1 期。

〔60〕 参见 CISG 第 49 条第 1 款 b 项、第 64 条第 1 款 b 项。

〔61〕 参见《德国民法典》第 323 条第 1 款。

根本违约。[62]

(一)给付迟延

59 适用本项需满足给付迟延的绝大多数客观要件,即:债务有效且可执行、债务已届清偿期、给付尚有可能、债务人未履行。唯有定期催告无须作为要件单独满足,因为解除权成立要件中的催告可发挥同样的警告功能。

60 首先,债权需有效成立,且未消灭。其次,该债权必须具有可执行性,即没有履行抗辩权影响。

61 债务已届清偿期是指履行期届满,债权人可要求债务人履行。

62 不存在给付不能的情况,其原因是:若陷入给付不能,则合同目的确定不能实现,没有催告的必要。

63 债务人未履行是指没有发生履行行为,异物(aliud)履行原则上应适用瑕疵履行的规则,除非债权人有理由拒绝承认其为履行。

(二)定期催告

64 催告是明确要求债务人在一定期限内履行,否则催告人将享有解除权的警告。其性质为单方准法律行为。因为催告仅增加催告人的权限(Befugnis),且不直接影响与相对人的权利和义务,故限制行为能力人亦可单独为之。

1. 催告权人及催告之受领人

65 本项并未言明享有催告权的主体。一般来说,催告权由债权人享有。有如下特殊情形的,应进一步究明。

66 在债权人为多数时,解除权由所有债权人共享,定期催告的权利也归属于所有债权人。可由所有债权人共同为催告,亦可由部分债权人催告,其他债权人追认。

---

〔62〕 从制度来源看,该制度非源于英美法中的根本违约,而是来源于德国法中的定期催告模式。该制度首创于《德国普通商法典》(ADHGB)第 356 条,尔后为 1900 年《德国民法典》第 326 条吸收,成为法定解除权成立的一般要件。创设以定期催告成立解除权的制度比较好地解决了债务人维持合同的利益和债权人解除合同的利益之间的冲突。因为:定期催告后债务人仍不履行的,其欠缺履行能力或没有意愿履行的概率很高,且债务人毕竟还有履行的机会,不会遭受立即解除的不利,对债务人不会失之过苛。同时,又可以降低因信息不对称给债权人带来的证明给付不能或期待利益落空的困难。该制度为德国法首创,CISG 等模范法借鉴,且为未明文规定的法域在解释法律时参考。Vgl. Hattenhauer, *in* Historisch – kritischer Kommentar zum Bürgerlichen Gesetzbuch, Band II, Teilband 2, Tübingen, Mohr Siebeck, 2007, § § 323 – 325, Rn. 51; Hein Kötz, Europäisches Vertragsrecht, 2. Aufl. Tübingen, Mohr Siebeck, 2015, S. 338 f. ; Flessner, Befreiung vom Vertrag wegen Nichterfüllung, *in* Zeitschrift für Europäisches Privatrecht (1997), S. 255 ff. , 283.

在债权让与中,解除权及定期催告权的归属有争议。有观点认为原则上应归债权受让人享有,唯在担保性债权让与中由债权出让人享有。[63] 还有观点认为应一概由债权出让人享有。[64] 67

在真正利益第三人合同中,有观点认为解除权及定期催告权应归合同债权人(即受诺人)享有,理由是唯受诺人为合同之当事人,不仅享有合同债权,而且是牵连关系之一方。[65] 亦有观点认为应由有独立请求权的第三人享有。[66] 理由是唯有利益第三人与整个合同关系的明确性最利益攸关。 68

笔者认为在债权让与中,解除权人和有权定期催告者为债权出让人,而真正利益第三人合同中为合同债权人(即受诺人)。因为合同解除的目的无非是消灭未履行的对待给付义务和获得已为给付之返还,这两种利益仅存在于债权出让人或受诺人一方,而与债权受让人或有独立请求权的第三人无涉。债权受让人可依与债权出让人之间的法律关系,向其寻求救济。同理,有独立请求权的第三人可依与受诺人之间的法律关系向其寻求救济。 69

催告作为单方需受领的意思表示,原则上由合同相对人(债务人)受领,其消极代理人亦可受领。在债务人为多数人时,所有债务人均应受领,方发生催告之效力。因最终可能产生的解除权会影响所有债务人,应让所有债务人知悉,以起到警告之效。否则,不吝于剥夺部分债务人采取应对措施、阻止解除权发生的可能。 70

2. 催告的形式

催告为非要式行为。在实践中,多以书面形式发出催告。 71

3. 催告的时间

催告一般在履行期届至后发出。问题是在履行期届至前发出的催告是否发生催告的效力。就此存在两种观点:一种观点认为履行期届至前的催告构成适格的催告。因为债务人之不履行为催告发生效力之要件,而非成立要件,所以履行期届至前也可以为有效的催告,只是效力以履行期届至为停止条件。[67] 另一种 72

---

〔63〕 Vgl. Erman/Westermann, Bürgerliches Gesetzbuch, 14. Auflage, Köln, Verlag Otto Schmidt, 2014, § 398 Rn. 29; Staudinger/ Schwarze, *in* Kommentar zum Bürgerlichen Gesetzbuch, Berlin, Sellier – de Gruyter, 2015, § 323 Rn. B40.

〔64〕 Vgl. Münchener/Ernst, *in* Kommentar zum Bürgerlichen Gesetzbuch, 7. Auflage, München, C. H. Beck, 2016, § 323 Rn. 165.

〔65〕 Vgl. Gernhuber, Das Schuldverhältnis, Tübingen, Mohr Siebeck, 1989, S. 499.

〔66〕 Vgl. Staudinger/ Schwarze, *in* Kommentar zum Bürgerlichen Gesetzbuch, Berlin, Sellier – de Gruyter, 2015, § 323 Rn. B41.

〔67〕 参见史尚宽:《债法总论》,中国政法大学出版社2000年版,第540页。

观点认为履行期届至前发出的催告不构成解除权成立要件中的催告。理由是债务人在履行期届至前并无给付的义务,此时所为催告无法发生催告的效力,至多是延展履行期的意思通知。[68] 笔者赞同第二种观点。因为催告的主要目的是为了警告债务人,令其有及时履行的机会。若允许履行期届至前催告,将难以发挥警告的作用。

4. 催告的内容

73 催告在内容上至少应满足三项要求:一是必须指明所涉债权,二是确定合理的宽限期,三是必须明确地让债务人注意到可能的法律后果。

74 超过实际数目的过多定期催告通常不生催告的效力,因为债务人可能会认为债权人不会受领按实际数目提出的给付。但是,如若债务人清楚债权人陷入错误,且应当意识到债权人也会受领按实际数目提出的给付的,该定期催告有效。少于实际数目的定期催告就实际催告的部分有效。

75 催告中应确定履行或补正履行的宽限期,且该宽限期应合理。合理性的判断应首先考察当事人之间的约定。若当事人就此达成合意,或由债务人提出期限的,[69] 该宽限期就是合理的。若无约定或债务人建议,则应依客观标准判断个案中宽限期长度的合理性。可资参照的因素有合同类型、交易习惯、任意性规定。[70] 一般而言,履行期限越短,合理的宽限期越短。债权人的利益与按时履行的关系越密切的,合理宽限期越短。

76 当宽限期过短,不具合理性时,不宜径直认为宽限期设定无效,进而致催告因缺乏必要内容无效。应以合理期限替代原期限。

77 宽限期可嗣后变更。债权人可单方面延长宽限期,但缩短需经债务人同意。

(三)超过期限仍未履行

78 超过指定的合理期限而未履行,应成立解除权。即便债务人只是稍微逾期,不一定造成债权人的利益尽失,债权人亦可行使解除权,除非债权人行使解除权构成权利滥用。例如,只有定制衣物的债权人才能使用该衣物,承揽人(债务人)不可能将该衣物转售或另为处置,因交付稍稍超过了指定的期限,债权人要求解

---

〔68〕 参见孙森焱:《民法债编总论》,法律出版社 2006 年版,第 622 页。

〔69〕 如最高人民法院(2016)最高法民申 3243 号民事裁定书中,法院认定:"(债务人)孙某秋未能在承诺的期限内完成涉案项目的拆迁工作。圣福华公司根据《中华人民共和国合同法》第九十四条第三项以及第九十六条的规定,向孙某秋发出解除《关于合作开发美食城项目协议》《补充协议》的通知,孙某秋收到该通知时即产生解除合同的法律效果。"

〔70〕 例如,根据《技术合同解释》第 15 条,技术合同中迟延履行主要债务,催告指定的合理期间为 30 日。当事人约定超过 30 日的,亦为合理。根据《商品房买卖合同解释》第 11 条,在商品房买卖中,催告指定的合理期间为 3 个月。

除的,会被视为权利滥用,而为法所不许。

(四)特殊问题

1. **宽限期内为瑕疵给付**

79 债务人在宽限期内提出的给付有瑕疵,债权人有权拒绝受领。因不履行而设定的期限继续计算,期限徒过后,债权人可以解除合同。

80 债务人在宽限期内提出的给付有瑕疵,债权人不知情而受领,或保留要求补正给付的权利而受领的,是否需再为定期催告,存有争议。一种观点〔71〕认为需再为定期催告,理由是:此时已非不履行,而是瑕疵履行。在瑕疵履行中,对每一种给付障碍的样态应分别催告是原则。唯如此,方能让债务人有针对性地补正给付。另一种观点〔72〕认为无须定期催告,理由是:既然已经为消除瑕疵定有期限,就应理解为债权人期待获得的是完全的给付,而非只是特定瑕疵的排除。让债权人负担就每一种瑕疵为定期催告的不真正义务,会助长债务人的疏忽大意。笔者认为应以第一种观点为是,因为债务人未必知悉给付有瑕疵,应给予其补正机会和必要的时间。不应当因给付迟延而剥夺债务人在瑕疵给付中享有的利益。但是,如果债权人能够证明债务人故意为瑕疵给付,则可能因破坏当事人间的信赖而无须催告解除,其解除权基础为第563条第1款第4项中的“有其他违约行为致使不能实现合同目的”,属对附随义务的违反。

2. **对单次定期催告的限缩解释**

81 有观点认为在承揽合同、勘察合同、设计合同、建设工程施工合同中,若承揽人、勘察人、设计人、施工人已经完成大部分工作,仅是交付工作成果迟延,且时间不是太久,单次定期催告无果后解除可能使已完成的大部分工作丧失价值,对相关债务人失之过苛,且不合经济效益原则。〔73〕 因此,单次定期催告无果,不足以发生解除权,尚需由债权人进一步证明合同目的落空。甚至进一步认为,在承揽人等未能在宽限期限内亦不能交付工作成果的,宜适用《民法典》第563条第1款第4项(《合同法》第94条第4项),而非第3项。〔74〕

3. **部分迟延**

82 部分未给付,同时满足迟延的其他要件的,债权人在定期催告无果后,可否解

〔71〕 Vgl. Jauernig/Berger, Bürgerliches Gesetzbuch, 17. Auflage, München, C. H. Beck, 2018, §437 Rn. 9.

〔72〕 Vgl. Staudinger/ Schwarze, *in* Kommentar zum Bürgerlichen Gesetzbuch, Berlin, Sellier – de Gruyter, 2015, §323 Rn. B82.

〔73〕 参见崔建远:《合同一般法定解除条件探微》,载《法律科学》2011年第6期,第125页。

〔74〕 参见崔建远:《合同法》(第3版),北京大学出版社2016年版,第286页。

除合同,第 94 条并未规定。部分迟延在何种情形下可认定为不能实现合同目的,需依个案情况具体判定。若没有未履行的部分,其他给付就无法发挥效用,已为给付对债权人没有利益可言,则定期催告无果后亦构成根本违约。若已为给付对债权人尚有部分利益可言时,原则上不可全部解除。能否部分解除,需依合同条款、交易习惯及任意性规范确定。[75]

83 判断能否全部解除的首要标准是迟延履行部分的比重。迟延履行部分的比重越高,认定其构成根本违约的可能性越大。[76]《民法典》第 634 条规定,在分期付款买卖中,买受人未支付到期价款达到全部价款的 1/5 时,经定期催告无果后,出卖人即享有解除权。

84 在司法裁判中,比重不是判定根本违约的唯一因素,还要结合合同履行状况和合同类型,考量其他因素。例如,在股权买卖合同中,法律关系的稳定(股权已经让与逾两年)、对第三人利益的影响(如其他股东)、债权人寻求其他救济的可能性(如债务人尚有资力,可通过继续履行满足债权人的期待利益)都是需考量的因素。因此,即便未履行的价金比例达 40%,仍可认为违约未达到合同目的落空的程度。[77]

六、给付迟延致不能实现合同目的,无须定期催告的(第 4 项前段)

85 若债权人的利益与履行的准时性有紧密关联,一旦逾期履行,将致债权人期待利益根本不能实现或有难以实现之虞的,解除权立即成立。最为典型的是相对定期行为。相对定期行为是指在缔约时表明不遵守履行期极可能导致履行利益落空,但迟延履行仍可能对债权人有意义的情形。[78] 例如,在履行期届满后相当长的时间

〔75〕 亦可参见下文边码 90 部分不能中的标准。

〔76〕 如四川省高级人民法院(2017)川民终 1015 号民事判决书中,法院认为:"付款比例约为 15%左右,远低于双方约定的 75%。……森宇公司迟延履行支付工程进度款的义务,且至今仍未履行,成都四建基于《中华人民共和国合同法》第九十四条第(三)项的规定,请求解除……的理由成立,予以支持。"

〔77〕 参见最高人民法院(2017)最高法民终 919 号民事判决书。另可参见最高人民法院(2015)民申字第 2532 号民事裁定书,法院认为:在股权转让纠纷中,债权人仍应首先严守合同,要求债务人支付价款。考虑到解除会严重影响公司经营、其他股东利益等因素,不宜轻易认定根本违约,从而排除《合同法》第 167 条的适用。

〔78〕 Vgl. Medicus/Lorenz, Schuldrecht I, 21. Aufl. München, C. H. Beck, 2015, Rn. 412. 台湾地区"民法"第 255 条规定:"依契约之性质或当事人之意思表示,非于一定时期为给付不能达其契约之目的,而契约当事人之一方不按照时期给付者,他方当事人得不依前条之催告,解除其契约。"此条为定期行为,在期间徒过后可不经催告解除的规定。其中,"依契约之性质"需在期间内履行的为"绝对定期行为","依当事人之意思表示"的为"相对定期行为",参见史尚宽:《债法总论》,中国政法大学出版社 2000 年版,第 543 页。

内未交付季节性服装的,[79]交付质量有问题的季节性衣物无法在当季销售。[80]

86 需注意的是,学理上将定期行为区分为绝对定期行为和相对定期行为。[81]前者属于给付不能,当然成立解除权;后者属于给付迟延的特殊情形,无须催告亦当然成立解除权。因此,就解除权成立而言,区分二者并无必要。只是在解除权的规范基础上略有不同,前者是第94条第4项后段,后者是第94条第4项前段。二者真正的区分必要存在于债务人原给付义务是否消灭的问题上:前者是当然消灭,后者需经解除方消灭。

87 在司法裁判中,有不少判决将第4项前段适用于非定期行为。例如,在"广西桂冠电力股份有限公司与广西泳臣房地产开发有限公司房屋买卖合同纠纷案"[82]中,最高人民法院赞同一审法院见解,认为:"泳臣公司在建设过程中每期工期均有迟延,至合同约定交付之日2008年2月29日已根本无法实际交付,且该工程至今因质量事故仍未能复工,致使桂冠公司购买办公综合楼的合同目的不能实现,泳臣公司构成履行合同中的根本违约。"应适用第94条第4项。法院径直认为无须定期催告即可解除合同,未论证准时履行对债权人利益的重要性。既未注意到非定期行为应适用《合同法》第94条第3项,也没有从默示拒绝履行的角度论证,认定应适用《合同法》第94条第2项。与之类似,在"广州方兴房地产建设有限公司与东营大明置业发展有限责任公司股权转让纠纷案"[83]中,法院甚至没有提及债务人迟延履行的严重程度,就以"方兴公司一直未能办完土地使用权证,大明公司又拒绝接受付款,合同事实上已无法继续履行"为由,判定当事人可根据《合同法》第94条第4项解除合同。唯在"山西盛通房地产有限公司、山西东民集团有限公司房屋买卖合同纠纷案"中,最高人民法院以迟延履行部分比重大、时间长为标准,判定无须定期催告亦可解除。[84] 凡此种种,均表明法院并未认识到定期行为与非定期行为的区分,未审究非定期行为中的定期催告要件,径直剥夺债务人继续履行的机会,使《合同法》第94条第3项(相当于《民法典》第563条第1款第3项)形同具文。该立场是否允当,深值思考。

---

[79] 参见最高人民法院(2016)最高法民申2169号民事裁定书。

[80] 参见北京市第二中级人民法院(2020)京02民终9736号民事判决书。

[81] Vgl. Medicus/Lorenz, Schuldrecht I, 21. Aufl. München, C. H. Beck, 2015, Rn. 410 ff.

[82] 参见广西桂冠电力股份有限公司与广西泳臣房地产开发有限公司房屋买卖合同纠纷案,最高人民法院(2009)民一终字第23号民事判决书,载《最高人民法院公报》2010年第5期。

[83] 参见最高人民法院(2011)民二终字第89号民事判决书。

[84] 参见最高人民法院(2016)最高法民终715号民事判决书。最高人民法院认为:"通盛公司于当月即将房屋所有权转移登记至东民公司名下,并将案涉房屋交付给东民公司占有使用;而除了抵顶购房款的348万元材料款外,东民公司至今仍欠通盛公司绝大部分购房款未付,显然已经构成严重违约,导致通盛公司的合同目的不能得到实现,故符合《合同法》第九十四条规定的解除合同的情形。"

七、其他违约行为致不能实现合同目的(第 4 项后段)

88 其他违约行为尚包括给付不能、瑕疵给付、从给付义务违反和附随义务违反。

(一)给付不能

89 如果给付全部不能,则债权人确定完全无法借给付获得履行利益,解除权当然发生。此时,定期催告已毫无意义,所以不以此为要件。

90 有问题的是给付部分不能时,解除权是否发生。所谓部分不能是指可分标的有部分无法履行的情况。判断标准是:部分履行对债权人是否有利益,若毫无利益,则可以全部解除;反之,若尚有利益,不可全部解除。就尚有利益时,能否部分解除的问题,《民法典》第 563 条第 1 款并未作一般规定,仅在数物买卖和分批交付标的物的买卖中对部分解除作出了特别规定(《民法典》第 632 条、第 633 条)。为尽可能维系合同,不致让缔约成本白费,应有一般性承认部分解除的必要。尚需确定的是部分解除的可能性:因为部分解除的目的是免除部分对待给付义务,所以,唯有对待给付标的客观上可分时,才有部分解除的可能。同时,对待给付客观上的可分性仅是部分解除权的必要非充分条件,更为重要的条件是当事人容许部分解除的意愿。只有经合同解释,部分解除清算不违背当事人的意思时,方可部分解除;反之,即便给付和对待给付在客观上可分,但双方当事人将交易标的视为整体,不愿部分解除清算的,不可部分解除。

91 若可部分解除,对待给付义务的标的数额能否和给付义务等比例消灭,尚需考虑当事人是否因量大给予了优惠。例如,出卖人因买受人订购数量多,给予了价格优惠。在出卖人履行了一半义务,且满足部分解除要件时,买受人一旦部分解除,其免除的价金义务会少于一半(即需支付的价金数高于合同价额的一半)。

(二)因瑕疵给付致合同目的无法实现

92 瑕疵给付是指标的在对待给付风险移转时存在劣于应有性状的情形。就瑕疵给付中的解除,一般认为需要满足两项要件:一是瑕疵的程度严重,二是不可期待通过补正给付消除。[85] 在司法裁判中,涉及买卖合同因瑕疵给付解除的,一般

---

〔85〕 例如,在全国人大常委会法工委的释义书中提及:"《合同法》第 94 条第 4 项所谓不能实现合同目的,应是违约行为造成较为严重的后果的情形:……履行质量与约定严重不符,无法通过修理、替换、降价的方法予以补救。"胡康生主编:《中华人民共和国合同法释义》(第 3 版),法律出版社 2013 年版,第 178 页。学界也普遍持该观点,如崔建远:《论合同目的及其不能实现》,载《吉林大学社会科学学报》2015 年第 3 期,第 49 页;韩世远:《合同法总论》(第 4 版),法律出版社 2018 年版,第 663 页。

直接援用《合同法》第148条(《民法典》第610条)的规定。[86]

1. **瑕疵程度严重**

93 瑕疵程度严重是指违反了合同明确约定的重要质量条款或该类合同中的一般质量条款,导致债权人的期待利益无法实现。

94 首先,应探究合同中的质量条款,若明确约定质量要求的重要性,质量不合要求即为严重瑕疵。例如,纺织品买卖合同中明确约定决不能偏离相应标准,结果出现下偏差。[87] 买卖双方明确约定买卖之食品为非转基因食品,但交付的食品配料中含转基因成分。[88] 对房屋布局的约定也具有重要性,若交付的房屋左右布局相反,属严重瑕疵。[89]

95 若虽有质量约款,但未强调其重要性的,或无质量约款,依《民法典》第510条后段、第511条第1项可确定质量标准的,应结合个案情况、交易习惯、任意性规定等,判断偏离质量要求的严重程度。只有标的数量短少或质量低劣到根本剥夺债权人对给付标的的使用可能或交换价值的,才构成严重瑕疵。例如,交付的标的物质量瑕疵,致债权人转售合同被解除,丧失转售利润的,构成严重瑕疵。[90] 反之,瑕疵标的物的数量较少,未实质剥夺转售获得利润机会的,不应认定为严重瑕疵。[91] 在建设用地使用权买卖中,不仅要考量瑕疵在量上的比重,还需考虑对土地可利用性的影响。例如,土地上尚有建筑物,影响后续建设规划,污染环境,悖于土地使用目的的,可构成严重瑕疵。[92] 在房屋租赁合同中,出租的房屋甲醛超标,可能危害其健康甚至生命的,属于严重瑕疵。[93]

---

〔86〕 参见最高人民法院(2006)最高法民二终字第61号民事判决书;安徽省高级人民法院(2014)皖民四初字第7号民事判决书。

〔87〕 法院强调:"产品面料每平方英寸内总根数为800根是合同特别约定的密度质量标准,且明确约定不允许下偏差。……合同目的已经不能实现。"参见最高人民法院(2013)民申字第730号民事裁定书。

〔88〕 参见 AppGer Basel - Stadt, 22. 8. 2003, CISG - online Nr. 943. 引自 http://www.cisg-online.ch/content/apicisgurteile/943.pdf,2018年9月1日访问。

〔89〕 张俭华、徐海英诉启东市取生置业有限公司房屋买卖合同纠纷案,载《最高人民法院公报》2017年第9期,第43—46页。

〔90〕 法院认为:"泰丰公司首批交付的产品违反合同约定的密度标准,并迟延交货,致使TAP公司取消了与中冠公司的剩余订单,中冠公司与泰丰公司之间的合同目的已经不能实现。"参见最高人民法院(2013)民申字第730号民事裁定书。

〔91〕 "……与合同约定质量不符部分货物的价值……约占合同总金额的……8%,……而且并未因此实质剥夺……再次转售从而获得利润的机会,并不影响……合同目的实现。"参见最高人民法院(2006)民二终字第111号民事判决书。

〔92〕 参见最高人民法院(2015)民一终字第345号民事判决书。

〔93〕 参见吴玲:《出租物的瑕疵、租赁合同的解除及合同解除的溯及力》,载《人民司法》2005年第4期,第104页。

2. 不可期待通过补正给付消除

96 不可期待通过补正给付消除可分为三种情况：一为拒绝补正给付，二为补正给付不能，三为在合理宽限期内未能以补正给付消除瑕疵。分别属于给付拒绝、质的不能和质的迟延，可各依前述拒绝给付、给付不能和给付迟延致解除的情形确定其要件。简言之：若瑕疵严重且无补正可能的，债权人可解除合同。若瑕疵严重，有补正可能，但债务人拒绝补正的，债权人可解除合同。若瑕疵严重，有补正可能，债务人也未拒绝补正的，分两种情况：一种是给付之利益系于履行的准时性（定期行为），[94]一旦超过履行期，债权人可立即解除；另一种是给付之利益不系于履行的准时性，债权人可定期限催告，在期限经过后未补正的，债权人可以解除。

97 在上述最后一种情况，即给付之利益不系于履行准时性的瑕疵给付案件中，应当给予债务人多少次补正给付的机会，方能成立解除权，在《民法典》第 563 条第 1 款中并无规定。在司法实践中，多次补正给付仍不能消除瑕疵的，一般都被判定为不能实现合同目的，解除权成立。[95]

98 值得注意的是，在国际货物买卖中，对瑕疵给付的解除要求更高。在解释其要件时，增加了一项，即不可期待债权人利用瑕疵标的物（Unzumutbarkeit der Verwertung der mangelhaften Ware）。[96] 其原因是国际货物买卖中运输风险和费用一般较高，出于经济和效率考虑，解除及返还清算应作为最后的救济手段（ultima ratio）。买受人因利用，如低价转售蒙受的损失可通过损害赔偿向出卖人追索。因为并非所有合同的返还清算都会涉及高昂的运输费用和较大风险，所以该项要件不宜作为瑕疵给付解除的一般要件。

（三）因从给付义务和附随义务违反致合同目的无法实现

99 从给付义务和附随义务皆非主给付义务，和债权人的对待给付义务之间不具

---

〔94〕 参见前文边码 85、边码 86 的论述。

〔95〕 例如，在最高人民法院（2006）民二终字第 61 号民事判决书中，最高人民法院认为：“利达公司已交付的……产品上市后就出现了严重的批量性质量问题，且经过多次整改维修后送样检测仍不合格，致使熊猫公司在销售中多次被退货，从而订立合同预期的经济目的无法实现的情况下，熊猫公司有权解除合同。”在山东省高级人民法院（2017）鲁民终 186 号民事判决书中，山东省高院认为：“多次向明驰公司提出车辆存在的质量问题，明驰公司和中集公司虽然反复修理查找原因，仍未根本解决车辆存在的质量问题。”可以解除合同。在浙江省高级人民法院（2011）浙商提字第 27 号民事判决书中，浙江省高院认为：“因设备质量问题，多次回厂返修，经鉴定仍未达到双方约定的质量要求，致使金海 × × 不能实现合同的目的，其有权解除合同。”

〔96〕 Schlechtriem/Schroeter, Internationales UN – Kaufrecht, 5. Aufl. , Tübingen, Mohr Siebeck, 2013, Rn. 334.

有牵连性。因此,附随义务的违反一般不会产生解除权。广义的附随义务包括两类:一类是与履行直接有关的附随义务(如协助义务、通知义务等),另一类是与履行无直接关联的附随义务(保护义务),即狭义的附随义务。[97]

最高人民法院在法释〔2012〕8号第25条中明确阐释了从给付义务违反亦可能引发解除权,其规范基础是《合同法》第94条第4项(《民法典》第563条第1款第4项)。[98] 如汽车出卖人提供的车辆凭证、资料有误或未能提供完整的资料单据,致车辆无法注册登记,进而无法上路行驶的。[99] 100

最高人民法院在《建设工程施工合同解释》第9条[100]规定了严重违反协助义务,定期催告无果的,亦可成立解除权。 101

一般认为,保护义务违反中解除的目的是保护固有利益免遭侵害可能。[101] 但该理由不足以证成解除的必要性,因为未阐明保护义务违反对处于牵连关系的义务履行会产生何种影响,而牵连性又是解除制度的基础。此外,固有利益可通过绝对权请求权和损害赔偿请求权得到周全的保护,额外赋予债权人解除权未见其必要性。因此,更准确地说,只有当附随义务违反达到不可期待债权人会继续受领主给付的程度,才能构成影响牵连性义务履行的重大障碍,引发解除权。 102

在学说中,有主张借鉴《德国民法典》第324条,以不可合理期待性作为判断因违反附随义务发生解除权的要件。[102] 具体的考量因素有:义务违反的严重程度、侵害结果所涉及的范围、侵害持续的时间、侵害的反复性、合同类型(继续性/长期性合同还是一次性合同)、债务人的过错程度。[103] 简言之,义务违反程度越严重、侵害结果范围越广、持续时间越长、侵害的次数越多、合同类型越强调当事人之间的信赖、债务人故意违反义务,就越不可合理期待债权人会坚守合同,解除权成立的可能性就越高。 103

---

〔97〕 这一划分可参见 Medicus/Lorenz, Schuldrecht I, 21. Aufl. München, C. H. Beck, 2015, Rn. 113f., 340.

〔98〕 其内容为:“出卖人没有履行或者不当履行从给付义务,致使买受人不能实现合同目的,买受人主张解除合同的,人民法院应当根据合同法第九十四条第(四)项的规定,予以支持。”

〔99〕 参见十堰市中级人民法院(2017)鄂03民终1803号民事判决书;大同市中级人民法院(2016)晋02民终1365号民事判决书。

〔100〕 其内容为:“发包人具有下列情形之一,致使承包人无法施工,且在催告的合理期限内仍未履行相应义务,承包人请求解除建设工程施工合同的,应予支持:……(二)提供的主要建筑材料、建筑构配件和设备不符合强制性标准的;(三)不履行合同约定的协助义务的。”

〔101〕 Vgl. Staudinger/ Schwarze, *in* Kommentar zum Bürgerlichen Gesetzbuch, Berlin, Sellier – de Gruyter, 2015, § 324 Rn. 1.

〔102〕 参见刘毅强:《附随义务侵害与合同解除问题研究——以德国民法典第324条为参照》,载《华东政法大学学报》2012年第3期,第87—94页。

〔103〕 参见刘毅强:《附随义务侵害与合同解除问题研究——以德国民法典第324条为参照》,载《华东政法大学学报》2012年第3期,第92页。

104 在继续性合同和长期性合同中，当事人之间的信赖是维系合同的重要基础。如果违反附随义务，破坏信赖基础，导致不可期待债权人会继续接受债务人履行的，可成立解除权。例如，《民法典》第 716 条第 2 款规定的承租人未经出租人同意的转租行为。

八、法律规定的其他情形（第 5 项）

105 该项存在两种解释的可能：一种是仅表明除不履行致债权人期待利益根本无法实现这一事由外，还容有其他导致解除权发生的法定事由；另一种是表明存有其他具体化本条前四项事实构成的规范。

106 前者之典型者[104]有：《民法典》第 787 条规定的定作人任意解除权、第 933 条第 1 句规定的委托人和受托人的任意解除权，《民法典》第 533 条规定的不履行方的情势变更解除权。这些规范的立法目的和《民法典》第 563 条第 1 款第 1 至 4 项迥然不同，在事实构成上亦彼此独立。因此，其间既无指示参照的关系，亦无法条竞合的关系。就此而论，《民法典》第 563 条第 1 款第 5 项仅具有说明价值，而无实质的规范价值。

107 后者之典型者[105]有：《民法典》第 610 条中瑕疵给付引起的买受人解除权、第 634 条规定的分期付款买卖中因买受人迟延付款引起的出卖人解除权。这些法条大多具备完备的事实构成和法律后果，无须参引《民法典》第 563 条第 1 款前四项亦可适用，本身是独立的解除权基础，而非说明性法条。在适用顺序上，这些规定是特别规范，应优先适用。

九、证明责任

108 本款为解除权发生规范，由主张解除权成立之人（即债权人）就事实构成承担证明责任。详言之，由债权人证明下列要件事实之一：债务人给付不能、拒绝给付、给付迟延且已定期限催告无果、给付迟延且无须定期限催告、瑕疵履行致期待利益落空、违反从给付义务或附随义务致无法受领或期待债务人的继续履行。此外，债权人尚需证明自身有履行对待给付义务的意愿和能力。在拒绝给付中，债务人承担拒绝给付有正当理由的证明责任。

---

〔104〕 系统整理参见陆青：《论法定解除事由的规范体系》，载《华东政法大学学报》2015 年第 1 期，第 68—69 页。

〔105〕 系统整理参见陆青：《论法定解除事由的规范体系》，载《华东政法大学学报》2015 年第 1 期，第 66—67 页。

附:案例索引

1. 安徽省高级人民法院(2014)皖民四初字第00007号判决书:安徽鑫和御城置业投资有限公司与安徽省潜山县国土资源局建设用地使用权出让合同纠纷案【边码92】

2. 北京市第二中级人民法院(2020)京02民终9736号民事判决书:马某霞等与北京依泽锦服装服饰有限公司承揽合同纠纷案【边码85】

3. 大同市中级人民法院(2016)晋02民终1365号民事判决书:杨某进与大同市天晟汽车贸易有限责任公司等、孙某枝、范某祥买卖合同纠纷案【边码100】

4. 海南海联工贸有限公司与海南天河旅业投资有限公司、三亚天阔置业有限公司等合作开发房地产合同纠纷案,最高人民法院(2015)民提字第64号民事判决书,载《最高人民法院公报》2016年第1期【边码57】

5. 广西桂冠电力股份有限公司与广西泳臣房地产开发有限公司房屋买卖合同纠纷案,最高人民法院(2009)民一终字第23号民事判决书,载《最高人民法院公报》2010年第5期【边码87】

6. 江苏省高级人民法院(2018)苏民申1547号民事裁定书:王某亮与田某等房屋买卖合同纠纷案【边码57】

7. 山东省高级人民法院(2017)鲁民终186号民事判决书:青岛中集专用车有限公司与济南世纪永安建筑机械有限公司买卖合同纠纷案【边码97】

8. 十堰市中级人民法院(2017)鄂03民终1803号民事判决书:安康泽泰汇通汽车销售服务有限公司与沈某平买卖合同纠纷案【边码100】

9. 四川省高级人民法院(2017)川民终1015号民事判决书:中原信托有限公司与成都市第四建筑工程公司建设工程施工合同纠纷案【边码83】

10. 新疆亚坤商贸有限公司与新疆精河县康瑞棉花加工有限公司买卖合同纠纷案,最高人民法院(2006)民二终字第111号民事判决书,载《最高人民法院公报》2006年第11期【边码91】

11. 新宇公司诉冯玉梅商铺买卖合同纠纷案,载《最高人民法院公报》2006年第6期【边码14】

12. 浙江省高级人民法院(2011)浙商提字第27号民事判决书:杭州××离子装备工程有限公司与浙江××塑料机公司买卖合同纠纷案【边码97】

13. 最高人民法院(2006)民二终字第61号民事判决书:利达通信(苏州)有限公司与南京熊猫通信发展有限公司等买卖合同纠纷案【边码92、97】

14. 最高人民法院(2011)民二终字第89号民事判决书:广州方兴房地产建设有限公司与东营大明置业发展有限责任公司股权转让纠纷案【边码87】

15. 最高人民法院(2013)民申字第730号民事裁定书:山东泰丰纺织有限公司与上海中冠纺织品有限公司买卖合同纠纷案【边码94、95】

16. 最高人民法院(2015)民申字第2532号民事裁定书:汤某龙诉周某海股权转让纠纷案【边码84】

17. 最高人民法院(2015)民一终字第345号民事判决书:怀宁县兴安房地产开发有限公

司与潜山县国土资源局建设用地使用权出让合同纠纷案【边码95】

18. 最高人民法院(2016)最高法民申2169号民事裁定书:杨某与戴某威合同纠纷案【边码85】

19. 最高人民法院(2016)最高法民申3243号民事裁定书:孙某秋与黑龙江省圣福华投资有限公司建设用地使用权纠纷案【边码75】

20. 最高人民法院(2016)最高法民再251号民事判决书:汾州裕源土特产品有限公司与陕西天宝大豆食品技术研究所技术合同纠纷案【边码8、28】

21. 最高人民法院(2016)最高法民终276号民事判决书:钮瑞西商贸(上海)有限公司与西藏荣恩科技有限公司股权转让纠纷案【边码14】

22. 最高人民法院(2016)最高法民终715号民事判决书:山西通盛房地产有限公司与山西东民集团有限公司房屋买卖合同纠纷案【边码87】

23. 最高人民法院(2017)最高法民申51号民事裁定书:海南昌江鑫龙房地产开发有限公司与海南献林建筑安装工程有限公司建设工程施工合同纠纷案【边码13】

24. 最高人民法院(2017)最高法民终919号民事判决书:上海绿洲花园置业有限公司与霍尔果斯锐鸿股权投资有限公司股权转让纠纷案【边码84】

第582条

不完全履行的违约责任*

第582条　履行不符合约定的，应当按照当事人的约定承担违约责任。对违约责任没有约定或者约定不明确，依据本法第五百一十条的规定仍不能确定的，受损害方根据标的的性质以及损失的大小，可以合理选择请求对方承担修理、重作、更换、退货、减少价款或者报酬等违约责任。

简　目

---

* 本文系基于《〈合同法〉第111条评注（质量不符合约定之违约责任）》（载《法学家》2018年第3期，第169页—190页）一文修订而成。

一、规范定位

(一)规范意旨

1 本条所涉论题为“不完全履行的违约责任”,系《民法典》总则编第八章“民事责任”项下第179条“承担民事责任方式”于合同之债之具体化;本条亦隶属于《民法典》合同编通则第八章“违约责任”,系《民法典》合同编第577条“违约责任”之具体类型,其周边规则散见于合同编第二分编和相关司法解释,例如《民法典》合同编第二分编第595条以下(买卖合同)(边码5—8、15—16、20、25、31、35—36、48—59)、第731条(租赁合同)(边码4、33、71)、第781条(承揽合同)(边码4、7、10、27、31、34、69—71、77、86)、第800条与第801条(建设工程合同)(边码4、10、34、39、66、75、86),以及《买卖合同解释》(2020年修正)第22条以下(边码7、25、31、42、48、56、68、84),以上规则构成本条之特别规定。本条承继于《合同法》第111条,共四处文字修改:(1)将“质量不符合约定”改为“履行不符合约定”,此处修改有实际意义。在违约形态上,履行不符合约定不再局限于质量,而是将各种不完全履行的形态统合在本条适用范围之内,弥补了《合同法》第111条“质量不符合约定”在数量不符、手段债务瑕疵上的解释局限。在违约责任体系上,本条与《民法典》第577条一脉相承,确定了《民法典》合同编违约责任一章以“不履行”作为违约责任基准的基本立场,使得本条不完全履行的规范射程更加完整。(2)将“依照本法第六十一条”改为“依据本法第五百一十条”,此处仅为文字修改。(3)将“合理选择要求对方承担”改为“合理选择请求对方承担”,将要求改为请求,更为规范,使得本条作为请求权基础的规范性质更为清晰。(4)将“更换、重作”改为“重作、更换”,此处为顺序调整,原因不明。

2 本条自成一款,内设两句,第1句为约定违约责任(边码40—45),第2句为法定违约责任(边码46—86)。约定违约责任,即当事人可基于意思自治,达成偏离本条第2句的特别约定,但就特约免除、限制或加重责任条款,须作效力判断(边码41—45);法定违约责任,即在无约定或约定不明时,若补充协议或合同解释仍无从明确,则由守约方合理选择违约责任形式(边码61—67)。本条为任意性规定,遵循约定优先、法定嗣后的基本顺序。

3 本条指向的法律制度,常称(物的)瑕疵担保责任、[1]质量不符合约定的违约

〔1〕 参见崔建远:《合同法》(第2版),北京大学出版社2013年版,第319页以下;谢鸿飞:《合同法学的新发展》,中国社会科学出版社2014年版,第453页;王洪亮:《债法总论》,北京大学出版社2016年版,第287页;韩世远:《出卖人的物的瑕疵担保责任与我国合同法》,载《中国法学》2007年第3期,第170页以下。

责任〔2〕或质量瑕疵的法律救济〔3〕。此种责任系指出卖人就其给付不符合约定或法定品质时所须承担之责任。本条虽属《民法典》第 577 条违约责任之特别一种，但其所指究竟是违约责任，抑或为独立的瑕疵担保，却非泾渭分明，因此学界就是否存在独立的瑕疵担保责任制度，素有"法定责任说"、〔4〕"债务不履行说"、〔5〕"相对独立说"〔6〕和"统合说"〔7〕等不同见解，诸学说区分实益多在于种类物是否适用瑕疵担保责任（区分"法定责任说"与"债务不履行说"）（边码 5—8）以及是否适用瑕疵通知义务与质量异议期间（区分"相对独立说"与"统合说"）（边码 47—60）。

（二）适用范围

本条之适用，以"所涉合同系当事人真实意思表示，内容合法，有效成立"为基本前提。〔8〕 本条及其周边规范所涉案型多见于买卖合同，〔9〕亦见诸租赁合同（边码 33、71）、〔10〕商品房销售合同（边码 17、27、59、75、78）、〔11〕建设工程合同、〔12〕拍卖合同 4

〔2〕 参见胡康生主编：《中华人民共和国合同法释义》（第 3 版），法律出版社 2013 年版，第 203 页；江平主编：《中华人民共和国合同法精解》，中国政法大学出版社 1999 年版，第 92 页。

〔3〕 参见王洪亮：《债法总论》，北京大学出版社 2016 年版，第 287 页。

〔4〕 采"法定责任说"者，参见黄立主编：《民法债编各论（上）》，中国政法大学出版社 2003 年版，第 34 页以下。

〔5〕 采"债务不履行说"者，参见梁慧星：《论出卖人的瑕疵担保责任》，载《比较法研究》1991 年第 3 期，第 39 页。

〔6〕 采"（物的瑕疵担保责任）相对独立说"者，参见崔建远：《合同法》（第 2 版），北京大学出版社 2013 年版，第 322 页以下。

〔7〕 采"（瑕疵担保责任纳入违约责任范畴的）统合说"者，参见韩世远：《合同法总论》（第 3 版），法律出版社 2011 年版，第 594 页以下；王利明：《合同法研究（第三卷）》（第 2 版），中国人民大学出版社 2012 年版，第 109 页。

〔8〕 参见湖北省高级人民法院（2016）鄂民再 50 号判决书。

〔9〕 参见最高人民法院（2016）最高法民申 1136 号裁定书；最高人民法院（2016）最高法民终 311 号判决书；北京市第二中级人民法院（2008）二中民终字第 00453 号判决书；江苏省高级人民法院（2013）苏商终字第 0146 号判决书。

〔10〕 参见最高人民法院（2002）民一终字第 4 号判决书；山东省高级人民法院（2014）鲁民四终字第 122 号判决书。

〔11〕 参见杨珺诉东台市东盛房地产开发有限公司商品房销售合同纠纷案，载《最高人民法院公报》2010 年第 11 期；浙江省高级人民法院（2015）浙民提字第 37 号判决书。

〔12〕 参见最高人民法院（2010）民申字第 1280 号裁定书；最高人民法院（2012）民一终字第 126 号判决书；吉林省高级人民法院（2016）吉民申 765 号裁定书。

(边码40、44)[13]和承揽合同。[14]

5 本条适用于种类物买卖和特定物买卖。本条仅规定履行不符合约定即属违约,未限定标的的性质,而动产物权变动规则亦不区分种类物或特定物,故从规范文义出发,本条适用并无标的性质限制。唯需注意两种排除适用情形:其一,"更换"以工业化规模生产为前提,故在特定物买卖,"更换"这一违约责任方式无从适用(边码74)。其二,在种类之债,若符合所定种类物的全部标的灭失,或发生不可回复的本质变更致使无法满足债权人最低限度履行利益,或因法令变更导致标的全部丧失其处分可能性时,应适用给付不能规则。[15]

6 司法实务亦认可本条适用于种类之债,[16]但须注意特定化和样品买卖两种情形。

7 其一,就特定化问题,定作人受领后,承揽人是否仍有权选择不除去瑕疵,而提出另一新的无瑕疵给付?种类之债的特定化,应由当事人指定应交付之标的。[17] 实务中,以交付或明确约定种类物为特定合同履行标的作为特定化表征[《买卖合同解释》(2020年修正)第11条]。[18] 承揽合同成立时,工作尚未开始,标的物尚未特定,工作附合于定作人提供的工作基底时,标的物逐渐成形,工作物具体化之后,定作人仅能请求承揽人就"此项"已提出并受领的工作物作为唯一标的物履行合同。[19]

8 其二,在样品买卖,出卖人应担保其交付的标的与样品具有同一品质,质量不符并不能使该种类之债转化为特定之债。[20] 实务中,样品买卖须满足"封存样品"和"对样品质量予以说明"两项前提(《民法典》第635条),如若不然,则视为

---

〔13〕 参见最高人民法院(2015)民申字第2949号裁定书;最高人民法院(2013)民申字第1452号裁定书;最高人民法院(2016)最高法民申646号裁定书。

〔14〕 参见最高人民法院(2016)最高法民申380号裁定书;山西省高级人民法院(2012)晋民申字第49号裁定书;广东省高级人民法院(2013)粤高法审监民提字第52号判决书;浙江省高级人民法院(2015)浙商外终字第46号判决书。

〔15〕 参见王千维:《种类之债下债务人之主给付义务》,载《政大法学评论》2015年第145期,第320—321页。

〔16〕 参见最高人民法院(2015)民申字第3298号裁定书;云南省昆明市中级人民法院(2013)昆民二终字第1049号判决书;江苏省盐城市中级人民法院(2014)盐商终字第0594号判决书;河南省郑州市中级人民法院(2016)豫01民终3494号判决书;山西省长治市中级人民法院(2016)晋04民终1689号判决书。

〔17〕 参见黄茂荣:《债法总论(第2册)》,台湾地区植根法学丛书编辑室2010年版,第78页。

〔18〕 参见最高人民法院(2015)民申字第3298号裁定书;新疆维吾尔自治区高级人民法院(2016)新民终726号判决书。

〔19〕 参见陈自强:《承揽瑕疵担保与不完全给付》,载《月旦法学杂志》2013年第9期,第182页。

〔20〕 参见黄茂荣:《债法总论(第2册)》,台湾地区植根法学丛书编辑室2010年版,第79页。

质量约定不明,不适用样品买卖规则,而以一般合同规则判定。[21] 对此,地方实践亦有积极探索,通过细化样品的瑕疵程度与瑕疵类型,以明确样品买卖规则的适用范围。[22]

(三)归责原则

本条采何种归责原则?多数见解认为,《民法典》第577条确立了无过错责任的归责原则,合同编采“严格责任为主、过错责任为辅”的二元归责原则体系,[23] 但是,与之相关的解释论或立法论视角的不同见解仍不绝如缕,其或采过错责任立场,[24] 或持“严格责任为主、过错责任和绝对责任为辅”的三元体系观点。[25] 本条虽未明确不以过错作为归责前提,但基于体系解释,宜认定为严格责任,[26] 此立场亦为司法实务普遍认可。[27] 但地方实践亦主张,应在严格责任归责原则下,区分违约责任归责原则和违约责任具体承担方式的构成要件。[28] 9

建设工程合同采过错责任,构成本条之例外。建设工程质量不符合约定,承包人拒绝修理、返工或者改建,发包人请求减少支付工程价款,须以因承包人过错导致质量违约为前提(《建设工程施工合同解释一》第12条)。[29] 供电人、承揽人责任(《民法典》第651—653条、第781条、第784条)亦采过错责任。 10

〔21〕 参见山东省高级人民法院(2014)鲁民申字第403号裁定书;湖北省高级人民法院(2014)鄂民申字第00467号裁定书。

〔22〕《北京市高级人民法院审理买卖合同纠纷案件若干问题的指导意见(试行)》(京高法发〔2009〕43号)第36条第1款。

〔23〕 参见王利明:《〈联合国国际货物销售合同公约〉与我国合同法的制定和完善》,载《环球法律评论》2013年第5期,第125页;韩世远:《合同法总论》(第3版),法律出版社2011年版,第589页以下;梁慧星:《合同法的成功与不足(上)》,载《中外法学》1999年第6期,第23页;朱广新:《合同法总则》(第2版),中国人民大学出版社2008年版,第396页以下;戴孟勇:《违约责任归责原则的解释论》,载王洪亮等主编:《中德私法研究(8)》,北京大学出版社2012年版,第31页以下。

〔24〕 参见崔建远:《严格责任?过错责任?——中国合同法归责原则的立法论》,载梁慧星主编:《民商法论丛》(第11卷),法律出版社1999年版,第197页。

〔25〕 参见戴孟勇:《违约责任归责原则的解释论》,载王洪亮等主编:《中德私法研究(8)》,北京大学出版社2012年版,第38页。

〔26〕 参见韩世远:《合同法总论》(第3版),法律出版社2011年版,第589、591页。

〔27〕 参见最高人民法院(2014)民申字第793号裁定书;最高人民法院(2014)民提字第14号判决书;最高人民法院(2013)民申字第431号裁定书;最高人民法院(2015)民二终字第251号判决书。

〔28〕 参见天津市高级人民法院(2016)津民终111号判决书;江苏省高级人民法院(2014)苏审二民申字第01652号裁定书。

〔29〕 有学者认为,以承包人过错作为发包人请求减少价款的前提,在法理上值得商榷,应区分手段债务与结果债务,参见韩世远:《合同法总论》(第3版),法律出版社2011年版,第688页。

(四)适用关系[30]

1. **与加害给付之竞合**

11 本条是否适用于加害给付？学说认为,加害给付与瑕疵给付指向的利益性质有别,加害给付系指给付行为违反保护义务,损害债权人固有利益,瑕疵给付系指不符合约定,损害合同履行利益。[31] 唯因瑕疵给付在损害履行利益之外,亦可发生损害固有利益情形,故若瑕疵给付损及固有利益,亦构成加害给付,本条亦得适用。[32]

12 鉴于《民法典》侵权责任编第 1202 条涵盖了缺陷产品本身的损害,突破了《产品质量法》第 41 条“其他财产损害”的赔偿范围,故就产品自损问题,本条与《民法典》第 1202 条均存适用空间,构成违约责任和侵权责任的自由竞合。[33] 例如,缺陷汽车自燃,依当事人主张,法院或适用侵权责任,或采违约责任。[34]

2. **与缔约过失之竞合**

13 缔约时,出卖人无过失地不实陈述,或因不作为而未披露相关信息,能否适用本条？缔约过失以过失违反先合同义务为前提,以赔偿信赖利益为法律后果,例如,故意隐瞒与订立合同有关的重要事实或提供虚假信息(《民法典》第 500 条第 2 项)。缔约时,出卖人未告知买受人标的瑕疵,其隐瞒行为亦违反告知义务,且

---

〔30〕 类似的,德国买卖法上的物的瑕疵担保责任,亦与债法总论一般履行障碍法中的积极侵害债权与缔约过失构成竞合。Vgl. Harm Peter Westermann, Kommentar zum § 434, in: Münchener Kommentar zum BGB, 7. Aufl., München: C. H. Beck, 2016, Rn. 1.

〔31〕 参见黄茂荣:《债务不履行与损害赔偿》,厦门大学出版社 2014 年版,第 185 页。

〔32〕 有学者认为,此时即便两者发生的原因事实相同,但指称损害不同,可并同请求,不发生竞合。参见黄茂荣:《债务不履行与损害赔偿》,厦门大学出版社 2014 年版,第 185 页。有学者认为,瑕疵给付本身涵盖了加害给付情形,参见王利明:《合同法研究(第三卷)》(第 2 版),中国人民大学出版社 2012 年版,第 109 页。

〔33〕 就《侵权责任法》第 41 条财产损害的范畴,立法机关工作人员编著的释义书认为,第 41 条的财产损害既包括缺陷产品以外的其他财产的损害,也包括产品本身的损害。参见全国人大常委会法制工作委员会民法室编:《中华人民共和国侵权责任法:条文说明、立法理由及相关规定》,北京大学出版社 2010 年版,第 174 页。持同一观点的,亦参见最高人民法院侵权责任法研究小组编著:《〈中华人民共和国侵权责任法〉条文理解与适用》(第 2 版),人民法院出版社 2016 年版,第 300 页以下。相关裁判参见最高人民法院(2013)民申字第 908 号裁定书。学理之深入探讨,参见朱晓喆、冯洁语:《产品自损、纯粹经济损失与侵权责任——以最高人民法院(2013)民申字第 908 号民事裁定书为切入点》,载《交大法学》2016 年第 1 期,第 162 页以下。

〔34〕 侵权责任之裁判虽未见诸高院以上审级裁判,但在中院颇为普遍,例如云南省普洱市中级人民法院(2016)云 08 民终 138 号判决书;浙江省杭州市中级人民法院(2014)浙杭民终字第 3252 号判决书;广东省珠海市中级人民法院(2015)珠中法民二终字第 396 号判决书。违约责任之裁判,参见山西省高级人民法院(2012)晋民申字第 49 号裁定书。

标的品质亦不符合约定,故在适用本条之外,《民法典》第500条第2项和第3项亦存适用空间。[35]

就违约责任与缔约过失责任之关系,比较法上有“特别规则优先说”和“竞合说”之不同见解。[36] 本文认为,缔约过失责任与违约责任均可适用时,两者构成自由竞合,由当事人自行选择。两者竞合时,因履行利益赔偿常多于或至少等于信赖利益赔偿,故对守约方而言,实践中适用违约责任往往较缔约过失责任更有利。[37] 14

学理上,违约责任与缔约过失责任的规则指向不同,前者立足履约行为之品质,强调依约履行;后者关注缔约行为,一方不得在缔约中干扰或影响他方自由意志。[38] 唯告知义务与瑕疵之内部关联,构成两者制度适用关系交叉之缘由。买卖合同中,若告知内容与标的或价款直接相关,是否履行告知义务便会直接影响违约责任成立,由此引发缔约过失与违约之竞合。 15

违约责任与缔约过失责任竞合之案例亦见诸实务。[39] 有观点认为,两者的规则适用应区分标的特性,在有体物买卖,应优先适用买卖合同违约责任规则,原因在于其解决方案更具体、明确、恰当;在非有体物买卖,应以约定优先,适用违约责任,缔约过失责任无适用余地,但若缺乏统一质量标准,又无明确约定时,可适用缔约过失责任中的欺诈和告知义务规则来处理与品质相关的争议;买受人在风 16

---

〔35〕 参见许德风:《论瑕疵责任与缔约过失责任的竞合》,载《法学》2006年第1期,第87页。

〔36〕 比较法上亦存缔约过失责任与违约责任竞合关系之讨论。德国法通说认为,两者竞合时,应优先适用买卖法的瑕疵担保责任规则,即基于过失对标的品质作不实陈述的,可构成缔约过失责任(实务中尤以不动产买卖和企业买卖为重要案型),若陈述内容包含标的品质,应优先适用瑕疵担保规则。时效上,应适用瑕疵请求权消灭时效(《德国民法典》第438条),而非三年普通消灭时效(《德国民法典》第195条、第199条)。德国法优先适用瑕疵担保规则的原因在于,缔约过失最初旨在弥补法律漏洞,若有特别法规则,就不必适用缔约过失规则。Vgl. 注31, Harm Peter Westermann 评注, § 437 Rn. 57; Christian Berger, Kommentar zum § 437, in: *Jauernig Bürgerliches Gesetzbuch Kommentar*, 13. Aufl., München: C. H. Beck, 2009, Rn. 34; BGH, “Täuschung über Ruf eines Gastbetriebs”, *Neue Juristische Wochenschrift*, Heft 40, 1992, S. 2565. 但是,德国学界就特别规定优先适用之立场,不乏质疑,原因在于,缔约过失和瑕疵担保在构成要件上存在结构性差异。Vgl. Martin Häublein, “Der Beschaffenheitsbegriff und seine Bedeutung für das Verhältnis der Haftung aus culpa in contrahendo zum Kaufrecht”, *Neue Juristische Wochenschrift*, Heft 6, 2003, S. 388, 391 ff. 类似的,台湾地区亦有见解认为,就诚信义务而言,瑕疵担保与缔约过失构成竞合,当竞合的是物的瑕疵担保的具体规定时,该竞合会引起排斥适用问题,因为法律既然明文规定瑕疵担保不以故意、过失为其责任要件,除非认为该等规定有漏洞,否则不以故意、过失为要件者,其要件不受缔约过失调整。参见黄茂荣:《债法总论(第3册)》,台湾地区植根法学丛书编辑室2010年版,第39页。

〔37〕 认可由守约方自由选择,承认请求权竞合的,参见尚连杰:《先合同说明义务违反视角下的缔约过失与瑕疵担保关系论》,载《政治与法律》2014年第11期,第144页。

〔38〕 参见许德风:《论瑕疵责任与缔约过失责任的竞合》,载《法学》2006年第1期,第88页以下。

〔39〕 参见王信芳主编:《民商事合同案例精选》,上海人民出版社2004年版,第296页以下。

险转移前发现瑕疵又已付款者，可拒绝受领标的，主张缔约过失责任，要求返还价款并损害赔偿，一旦受领标的，应主张违约责任。[40]

3. 与性质错误之竞合

17 质量不符构成性质错误，能否适用本条？我国法上，性质错误构成重大误解，但须以造成较大损失为前提，即行为人因对行为的性质，对方当事人，标的物的品种、质量、规格和数量等的错误认识，使行为的后果与自己的意思相悖并造成较大损失的，可以认定为重大误解（《民通意见》第71条）。质量是否符合约定，应基于对应有品质之认定作出（边码25—29），但因品质与性质错误的"性质"存在概念上的参照联动关系，性质错误系指足以影响标的物使用及价值的事实或法律关系，其"性质"包括但不限于物的材料，而是涵盖所有构成价值之要素。[41] 例如，商品房销售合同的标的为危房、根本无治疗效果的贵重药品或保健品。[42]

18 构成性质错误之情形，也常构成质量不符约定，故学理就两者适用关系有"特别规定说"及"竞合说"之不同见解。"特别规定说"系指交易上重要性质错误，若同时符合买卖物的瑕疵担保规定，则后者排除适用前者。[43] 若径行适用性质错误主张撤销，由出卖人承担缔约过失责任，其责任较违约责任更轻，或有架空瑕疵担保责任之嫌。[44] "竞合说"系指两者并非一般与特殊关系，应自由竞合适用。[45]

---

〔40〕 参见许德风：《论瑕疵责任与缔约过失责任的竞合》，载《法学》2006年第1期，第90页以下；天津市高级人民法院（1999）高审监经再终字第8－34号判决书。

〔41〕 参见陈自强：《契约之成立与生效》（第4版），台湾地区元照出版公司2014年版，第274页；陈自强：《契约违反与履行请求》（2015年初版，不确定），台湾地区元照出版公司2015年版，第62页；陈自强：《契约错误之比较法考察》，载《东吴法律学报》第26卷第4期，第19页。

〔42〕 参见浙江省台州市中级人民法院（2016）浙10民终1491号判决书；山东省菏泽市中级人民法院（2015）荷民再终字50号判决书。上述判决转引自李宇：《民法总则要义：规范释论与判解集注》，法律出版社2017年版，第552页。

〔43〕 德国采"特别规定说"，认为买卖法的瑕疵担保责任系特别规则，由此排除适用错误制度。Vgl. Walter Weidenkaff, Kommentar zum § 437, in: *Palandt Bürgerliches Gesetzbuch*, 74. Aufl., München: C. H. Beck, 2015, Rn. 53；注37，Christian Berger 评注，§ 437 Rn. 32；Wolfgang Schur, "Eigenschaftsirrtum und Neuregelung des Kaufrechts", *Archiv für die civilistische Praxis*, Heft 6, 2004, S. 898. 但德国债法改革后，瑕疵担保法和一般履行障碍法的差别渐小，学界对特别规则优先适用的立场亦存质疑：其一，瑕疵担保自风险转移后方可主张，因此，风险转移前是否仍排除适用"错误撤销制度"存在争议；其二，当物的瑕疵系交易上重要的性质瑕疵时，能否排除适用错误撤销制度亦存争议。目前认为，当物的性质不属于品质约定的内容时，不应适用错误撤销制度，但当补正（修理、更换）事实上无法履行，就不应阻碍买受人适用错误撤销制度。Vgl. 注31，Harm Peter Westermann 评注，§ 437 Rn. 53.

〔44〕 参见［德］维尔纳·弗卢梅：《法律行为论》，迟颖译，法律出版社2013年版，第576页。

〔45〕 台湾地区采"竞合说"，参见史尚宽：《民法总论》，中国政法大学出版社2000年版，第416页；王泽鉴：《民法总则》，北京大学出版社2009年版，第300页；陈自强：《台湾民法契约错误法则之现代化》，载《月旦法学杂志》2015年第4期，第117页以下。

19 本文认为，就本条与重大误解（《民法典》第147条）之适用关系，宜采“竞合说”。[46] 原因在于，性质错误与本条法效有异，尤以期间为甚，但在时效上，本条并无优先适用之特别理由，此点构成本条与德国法上瑕疵担保责任优先适用于性质错误的重大区别！我国法上，依循性质错误撤销合同（《民法典》第147条）适用九十日或五年的重大误解特殊期间（《民法典》第152条）；主张违约责任的具体法效则须依买受人选择确定（边码61—64），但由于违约责任无特殊时效，故适用三年及最长二十年时效（《民法典》第188条），故若适用撤销的特殊期间，或对出卖人而言更为有利。换言之，德国法上，瑕疵担保优先适用的理由主要在于瑕疵担保的特别时效，以及瑕疵担保责任与错误撤销构成特别规定与一般规定之关系。但在我国法上，性质错误与本条之间，不能仅因特别制度（违约责任）与一般制度（重大误解）之形式性理由，而径行优先适用本条，更遑论违约责任与重大误解均属总则规定，其是否构成特别一般关系亦颇值怀疑。因此，当本条优先适用缺乏实质性的正当化理由时，自应允许两者自由竞合。唯需注意，由于性质错误与违约责任的规范事实虽有重合，但制度功能迥异，前者关注意思表示形成自由，后者旨在遵循当事人合意。基于合同信赖和交易安全，不能仅以形成意思或表示上重大误解为由而撤销合同，且撤销须限于交易上重要的性质错误，须涉及标的物本质，须构成“本质的性质错误”。[47]

20 当事人可就重大误解下的风险承担作出特别约定（边码41—44），问题在于，出卖人通过特别约定，排除其就买卖物应具备的特定品质所承担的责任时，买受人能否基于其对标的特性发生重大误解为由行使撤销权？免除特定瑕疵违约责任之约定，或对特定瑕疵拒绝保证品质，此种积极约定或消极拒绝保证，均以排除出卖人承担重大误解之风险为目的，此时亦应排除适用重大误解，否则，当事人基于约定来免除特定瑕疵违约责任的“风险限制目的”有落空之虞。换言之，当事人免责特约的内容涉及性质错误时，不仅性质错误的违约责任因特约免责而被排除，性质错误的撤销后果也应排除适用。[48] 但少数见解认为，合同未明确约定标的特性时，重大误解的前提条件，即“给付标的与给付约定不符”，并未满足。[49]

21 标的尚未交付时，买受人能否依性质错误而行使撤销权？有见解认为，因买受人重大过失未注意到瑕疵而排除出卖人责任时，买受人在交付前所享有的权

---

〔46〕 我国亦持“竞合说”观点者，参见李宇：《民法总则要义：规范释论与判解集注》，法律出版社2017年版，第559页。

〔47〕 参见陈自强：《契约错误之比较法考察》，载《东吴法律学报》第26卷第4期，第20页以下。

〔48〕 例如，承揽人以固定价格承揽工作，也默示承担可能发生的计算错误，嗣后不得以未正确估算工时及费用为由撤销合同。参见陈自强：《契约错误之比较法考察》，载《东吴法律学报》第26卷第4期，第38页以下。类似司法裁判，参见最高人民法院（2012）民提字第161号判决书。

〔49〕 参见［德］维尔纳·弗卢梅：《法律行为论》，迟颖译，法律出版社2013年版，第577页以下。

利,不应多于其在交付后所享有的权利,此种情形下,买受人不享有撤销权。[50]本文认为,本条违约责任始于交付瑕疵标的之时,在交付前,买受人可基于性质错误行使撤销权。

4. "三包"规定:明示担保之效力判断

22 本条与"三包"规定[51]之关系,构成学理及实务争点。微型计算机、家用视听商品、移动电话商品、固定电话商品、家用汽车产品、农业机械产品及《部分商品修理更换退货责任规定》(国经贸〔1995〕458 号)列举的 19 种商品出现性能故障时,应依"三包"规定进行修理、更换和退货。此种规定,系以部门行政规章形式就特定产品予以规制的特殊规定,原则上适用于消费者合同。"三包"规定的核心内容在于,"三包"有效期内,消费者可于七日内自由选择退货、更换或修理;八至十五日内,选择更换或修理;修理两次或无同类型产品更换的,可退货,有同类型产品更换的,可选择退货并承担折旧费。但是,学界对此类规定之合理性不乏质疑。[52]

23 司法裁判对"三包"规定之适用,多见于合同纠纷[53]和产品责任纠纷。[54] 但本条和"三包"规定的关系如何,实务区分多数说和少数说。多数见解直接适用"三包"规定;[55]少数见解或一并适用本条和"三包"规定;[56]或径行适用《产品质量法》/《消费者权益保护法》(2013 年修正)和"三包"规定;[57]或直接适用本条。[58]

---

〔50〕 参见[德]维尔纳・弗卢梅:《法律行为论》,迟颖译,法律出版社 2013 年版,第 576 页。

〔51〕 《部分商品修理更换退货责任规定》之外,另有《微型计算机商品修理更换退货责任规定》《家用视听商品修理更换退货责任规定》《移动电话商品修理更换退货责任规定》《固定电话商品修理更换退货规定》《家用汽车产品修理、更换、退货责任规定》《农业机械产品修理、更换、退货责任规定》六项规章。

〔52〕 学者正确指出,"三包"制度形式上通过行政立法形式调整平等主体之间的关系,借用了物的瑕疵担保责任的"外壳",实质为管制规范,以国家政策为导向,一揽子解决包括产品缺陷和产品瑕疵在内的所有质量问题。参见钟瑞华:《中国"三包"制度总检讨》,载许章润主编:《清华法学》(第 6 辑),清华大学出版社 2005 年版,第 97 页。

〔53〕 参见云南省高级人民法院(2008)云高民二终字第 34 号判决书。

〔54〕 参见湖南省长沙市中级人民法院(2014)长中民一终字第 05818 号判决书。

〔55〕 此种立场虽未见诸高院以上级别裁判,但在中院颇为普遍,参见海南省第一中级人民法院(2006)海南民二终字第 265 号判决书;辽宁省大连市中级人民法院(2016)辽 02 民终 866 号判决书;浙江省杭州市中级人民法院(2015)浙杭商终字第 1261 号判决书;广东省深圳市中级人民法院(2015)深中法民终字第 899 号判决书;上海市第二中级人民法院(2013)沪二中民一(民)终字第 1615 号判决书。

〔56〕 参见河北省沧州市中级人民法院(2015)沧民终字第 705 号判决书;湖北省武汉市中级人民法院(2015)鄂武汉中民商终字第 01053 号判决书。

〔57〕 参见河南省新乡市中级人民法院(2015)新中民二终字第 375 号判决书;广东省中山市中级人民法院(2015)中中法民二终字第 461 号判决书。

〔58〕 参见云南省高级人民法院(2008)云高民二终字第 34 号判决书。

24 司法裁判之分歧,宜正本清源,从学理层面厘清“三包”规定与本条之适用关系。“三包”规定系行政规章,其与本条甚难界定为特别法与一般法关系。本文认为,或可着眼于“三包”规定构成明示担保之特性,借助格式条款效力判断规则解决。申言之,其一,“三包”规定系国家就特定商品制定的最低要求,销售者、生产者可制定更严格的“三包”承诺;其二,“三包”规定明文将此种承诺界定为明示担保;[59]其三,消费者主张“三包”权利,须以有效的“三包”凭证为必要前提,而凭证之制作,亦须符合“三包”规定的强制性要求。[60] 故可认为,“三包”凭证构成明示担保,而凭证制作的法定要求亦符合《民法典》第496条格式条款的一般特征。因此,“三包”凭证宜认定为是一种格式条款形式的明示担保,进而借助格式条款的效力规则,基于类型化,分别认定效力。就消费者合同,可区分如下情形:(1)“三包”规定之一为“消费者于七日内自由选择退货、更换或修理”,但就退货而言,本条以“满足法定解除条件,即根本违约为退货前提”(边码77),故前述“三包”规定构成特约加重之明示担保(边码40),更有利于保护买受人权利,若不违反强制性规定,应属有效,适用该明示担保之特别约定。(2)“三包”规定之二为“消费者可在八至十五日内,选择更换或修理;修理两次或无同类型产品更换的,可退货,有同类型产品更换的,可选择退货并承担折旧费”。“修理两次或无同类型产品更换方可退货”的“三包”规定,相较于本条“退货须满足根本违约”的前提条件,须作区别判断:其一,八至十五日内出现根本违约,而“三包”规定仍要求两次修理或同类型产品更换,宜认定“三包”之明示担保构成本条之特约减免情形(边码41—45),减轻了出卖人责任,宜依格式条款的效力判断规则判定效力(边码45)。其二,“有同类型产品更换时可以退货但须承担折旧费”之规定,较之本条,“三包”规定的退货较本条限制更少,唯承担折旧费部分,构成本条“免费退货”(边码76—77)的加重情形,宜认定“三包”规定中有关承担折旧费的明示担保属于特约减免,减轻了出卖人责任,亦可依据格式条款效力规则判定效力(边码45)。

---

〔59〕 明文规定为“明示担保”的,参见《家用视听商品修理更换退货责任规定》第4条、《固定电话机商品修理更换退货责任规定》第4条、《移动电话机商品修理更换退货责任规定》第4条、《微型计算机商品修理更换退货责任规定》第4条;描述为“承诺”的,参见《部分商品修理更换退货责任规定》第4条;描述为“承诺”和“明示”字样的,参见《家用汽车产品修理、更换、退货责任规定》第4条、第12条,以及《农业机械产品修理、更换、退货责任规定》第3条、第14条。

〔60〕 例如《家用视听商品三包凭证》《固定电话机三包凭证》《移动电话机三包凭证》《微型计算机三包凭证》。参见《家用视听商品修理更换退货责任规定》第5条第4项第3点及附件2,《固定电话机商品修理更换退货责任规定》第7条第3项及附录2,《移动电话机商品修理更换退货责任规定》第7条第1项及附录2,《微型计算机商品修理更换退货责任规定》第5条第4项第4点及附件2。

二、履行不符合约定

(一)认定标准

1. 瑕疵类型

25 物的瑕疵,指标的本身的瑕疵足以减少物的使用价值、交换价值或不符合合同约定效用。[61] 传统学说认为,质量不符合约定可区分价值瑕疵与效用瑕疵。[62] 分类上,依发现难易程度和瑕疵性质,或区分表面瑕疵与隐蔽瑕疵,或区分品质瑕疵、种类瑕疵、数量瑕疵和包装瑕疵。《民法典》区分数量瑕疵和质量瑕疵(《民法典》第 621 条及第 623 条),其中,质量瑕疵涵盖外观瑕疵和隐蔽瑕疵(边码 57—59)。瑕疵之判定,应特别注意与性质错误相区别(边码 17—21)。[63]

26 数量不符是否属于本条范畴?学说认为,瑕疵仅指品质,不包括种类或数量,交付异种物属于错误,数量不符属于不完全给付。[64] 亦有见解将数量超过和数量不足视为性质瑕疵。[65] 本文认为,本条将《合同法》第 111 条"质量不符合约定"改为"履行不符合约定",这一修改使得本条涵盖的违约形态更为完整,数量不符亦属于不完全履行的形态之一,不仅如此,《民法典》有关质量异议期的规定涵盖了数量问题,司法实务亦见诸相关裁判,故而数量不符属于本条规制范畴。[66] 就种类不符,司法实践亦适用本条判定违约责任,但数量寥寥。[67]

27 实践中,鉴于瑕疵复杂多样,应综合情事并依诚实信用原则确定。商品房销售合同中,房屋建筑工程质量不符合法定标准和合同目的,构成质量缺陷,交付时即已存在的隐蔽的质量缺陷,应承担违约责任[《房屋建筑工程质量保修办法》(建设部令第 80 号)第 3 条],房屋渗漏水、蚁害亦构成质量不符。[68] 汽车买卖合同中,车辆仪表盘间隙过大等缺乏国家标准规范的事项,不影响质量性能,但影响

---

〔61〕 参见陈聪富:《出卖人担保责任与债务不履行之关系》,载《月旦法学杂志》2017 年第 2 期,第 18 页。

〔62〕 参见郑玉波:《民法债编各论(上册)》,台湾地区三民书局 1981 年版,第 41 页。

〔63〕 参见陈自强:《契约之成立与生效》(第 4 版),台湾地区元照出版公司 2014 年版,第 274 页;陈自强:《契约违反与履行请求》,台湾地区元照出版公司 2015 年版,第 62 页。

〔64〕 参见郑玉波:《民法债编各论(上册)》,台湾地区三民书局 1981 年版,第 43 页。

〔65〕 参见梁慧星:《论出卖人的瑕疵担保责任》,载《比较法研究》1991 年第 3 期,第 40 页。

〔66〕 参见湖南省湘潭市中级人民法院(2015)潭中民二终字第 56 号判决书。

〔67〕 参见福建省福州市中级人民法院(2013)榕民初字第 1374 号判决书;间接承认适用的,参见最高人民法院(2015)民申字第 3298 号裁定书。

〔68〕 参见最高人民法院(2002)民一终字第 4 号判决书;杨珺诉东台市东盛房地产开发有限公司商品房销售合同纠纷案,载《最高人民法院公报》2010 年第 11 期。

外观美观评价,可能有安全隐患,可适用本条。[69] 工作成果不符合质量要求,若因定作人指示或提供的材料所致,承揽人是否担责?于此,《民法典》虽无明文,但学理实务均持否认立场,若工作不合格系定作人原因所致,则承揽人不承担责任。[70]

2. **认定标准:"主观说"**

质量不符合约定的认定标准,学理区分"客观说"和"主观说"。依"客观说",交付标的不符合同种类物应具有的通常性质与客观特征,构成瑕疵,即以同种类标的客观通常的性质作为认定标准;依"主观说",交付标的不符约定品质,致灭失或减少其价值或效用,即具瑕疵。[71] 亦有观点认为,我国总体采纳"主观标准为主、客观标准为辅"的标准。[72] 司法实务中存在如下六项标准,判断顺位为:(1)约定质量,从约定;(2)无约定,出卖人提供标的物样品或有关标的物质量说明,从样品或说明质量标准;(3)无约定亦无样品或质量说明,若有协商标准,从之;(4)无协商标准,依合同条款或交易习惯确定;(5)仍无从确定,依国家、行业标准;(6)无标准,依通常标准或符合合同目的的特定标准。 28

疑点在于,"主观说"与"客观说"是否为相互对立的学说?本文认为,宜将瑕疵认定的两种学说理解为强调以何为准、以何优先,而非相互对立或相互排斥。因此,"主观优先、客观为辅"的观点仍属于主观瑕疵概念。[73] 司法实践所确立的综合判定标准及其顺位,宜解读为采"主观说",即以当事人约定作为判定瑕疵的优先基准。[74] 29

3. **瑕疵存在时点**

瑕疵应于何时产生?学理上以风险转移为时点,《民法典》合同编原则上以交付为时点。学理上,风险转移有四种类型:(1)瑕疵于合同成立时已存在,至风险转移时仍存在,出卖人应负违约责任;(2)瑕疵于合同成立时虽不存在,但于风险转移时存在,出卖人亦负违约责任;(3)瑕疵于合同成立时虽存在,但于风险转移时已除去,出卖人不负违约责任;(4)瑕疵于合同成立后存在,于风险转移时已除 30

---

〔69〕 参见山东省青岛市中级人民法院(2015)青民二商终字第820号判决书。

〔70〕 参见王利明:《合同法研究(第三卷)》(第2版),中国人民大学出版社2012年版,第442页;广东省中山市中级人民法院(2015)中中法民一终字第681号判决书。

〔71〕 参见梁慧星:《论出卖人的瑕疵担保责任》,载《比较法研究》1991年第3期,第39页;王泽鉴:《商品制造人责任与消费者之保护》,台湾地区正中书局1979年版,第16页。

〔72〕 参见周友军:《论出卖人的物的瑕疵担保责任》,载《法学论坛》2014年第1期,第109页。

〔73〕 德国债法改革后也明确采纳了主观具体瑕疵概念,以主观约定作为认定瑕疵的优先基准。Vgl. 注31,Harm Peter Westermann评注,§ 434 Rn. 6.

〔74〕 参见吉林省高级人民法院(2016)吉民申500号裁定书;山东省高级人民法院(2014)鲁民四终字第97号判决书;江苏省高级人民法院(2015)苏审二商申字第00330号裁定书。

去的，出卖人不负违约责任。[75]

31 实务中，买卖合同和承揽合同均以交付为时点，[76]但就承揽合同，仍存裁判尚未阐明之特别问题：交付前或交付后，工作成果有瑕疵，承揽人是否承担责任？就前者，工作完成前即已发生瑕疵，但承揽人可在完成前除去该瑕疵而交付无瑕疵工作，因此，是否除去瑕疵属于承揽人权利，定作人原则上不得诉诸违约责任；但工作尚未完成却已发生瑕疵，且瑕疵性质上不能除去或虽可除去但承揽人明确拒绝，或鉴于时间及费用因素，显可预期承揽人不能在清偿期前除去的，则继续等待承揽人完成工作已无实益，应允许定作人在例外情形下、在工作完成前主张违约责任。[77] 就后者而言，若承揽合同约定保修期，只要瑕疵处于保修期且瑕疵非因定作人原因所致，承揽人仍应承担责任。[78]

（二）特别问题

1. 公法上使用限制

32 公法上使用限制，可否构成物之瑕疵？有见解认为，区分物之瑕疵与权利瑕疵，应以瑕疵是否为“物本身的瑕疵”为准。[79] 区别实益在于，物之瑕疵可从物本身消除，权利瑕疵则需真实权利人配合。[80] 依此类推，公法上使用限制亦应作个案判断，就标的本身瑕疵而发出限制，属物之瑕疵；限制存于物本身之外，为权利瑕疵。[81] 亦有见解认为，物之瑕疵有别于标的本身无瑕疵，但标的所有权受限制的权利瑕疵，亦会贬损物的交换价值或不符合约定效用。[82]《民法典》第 612 条

---

〔75〕 参见郑玉波：《民法债编各论（上册）》，台湾地区三民书局 1981 年版，第 44 页。

〔76〕 参见广东省广州市中级人民法院（2015）穗中法民二终字第 283 号判决书。

〔77〕 参见詹森林：《承揽瑕疵担保责任重要实务问题》，载《月旦法学杂志》2006 年第 2 期，第 14 页；姚志明：《承揽瑕疵损害赔偿与不完全给付于“最高法院”判决发展之轨迹》，载赵万一、郑佳宁主编：《〈月旦法学〉民事法判例研究汇编》，北京大学出版社 2016 年版，第 75 页；宁红丽：《论承揽人瑕疵责任的构成》，载《法学》2013 年第 9 期，第 136 页以下。

〔78〕 参见宁红丽：《论承揽人瑕疵责任的构成》，载《法学》2013 年第 9 期，第 136—137 页；广东省佛山市中级人民法院（2015）佛中法民二终字第 1489 号判决书。

〔79〕 参见黄茂荣：《买卖法》，台湾地区植根法学丛书编辑室 2004 年版，第 337 页。

〔80〕 就权利瑕疵与物之瑕疵的区别实益，台湾地区“民法”有所不同：物之瑕疵，买受人原则上无瑕疵修补请求权及损害赔偿请求权；权利瑕疵，买受人得请求出卖人排除瑕疵并请求损害赔偿。参见陈聪富：《出卖人担保责任与债务不履行之关系》，载《月旦法学杂志》2017 年第 2 期，第 19 页。区分物之瑕疵与权利瑕疵，我国法在法律后果上虽无上述差别，但不意味着在边际性案件中准确区分物之瑕疵与权利瑕疵缺乏意义。

〔81〕 参见黄茂荣：《买卖法》，台湾地区植根法学丛书编辑室 2004 年版，第 339 页。但台湾地区“最高法院”多将公法上使用限制界定为物之瑕疵。

〔82〕 参见陈聪富：《出卖人担保责任与债务不履行之关系》，载《月旦法学杂志》2017 年第 2 期，第 18 页。

及以下条款虽规定了权利瑕疵，但未明确具体法效，须返回《民法典》577 条主张违约责任，两者在法律后果上无甚区别。[83]

33 实务中，公法上使用限制所涉案型多见于租赁合同与建筑工程合同。就租赁标的瑕疵，公法上限制多为租赁物未完成公安消防验收、被吊销人防工程平时使用证；[84] 或合同标的被消防验收为车库，无法作为商业用房使用；或被认定为违法构筑物而被强制拆除。裁判多将此类瑕疵判定为物之瑕疵。[85] 本文认为，上述立场值得商榷，原因在于，公法上限制系指国家机关作为"第三人"对物的使用所施加之限制，多为行政行为（行政许可），其本质为权利瑕疵，而非标的本身瑕疵。司法裁判将之归为物之瑕疵，或可归咎于我国未规定权利瑕疵具体法效，故在法律效果上，与物之瑕疵区别不大，法院或出于裁判便利性，径行援引本条，归为物之瑕疵。但是，私法与公法上的权利瑕疵之救济有所不同，私法上权利瑕疵，原则上可以消灭（损害赔偿）或补正，无绝对意义上履行不能之空间；公法上权利瑕疵，则存在可以补正和无法补正两种情形，例如，未取得权证属于可以补正情形，无法补正则构成部分履行不能。本文认为，公法上使用限制，宜回归本质，认定为权利瑕疵，进而探讨救济空间与方式。

34 就建筑工程合同，其使用限制常表现为未取得土地使用权、建设工程规划许可证或施工许可证，司法裁判多以其违反强制性规定为由[《城乡规划法》第 40 条、第 64 条，《建设工程施工合同解释一》（法释〔2020〕25 号）第 1 条]，判定合同无效。[86] 本文认为，若建筑工程合同在缺乏权证情形下已履行完毕，司法解释判定合同无效之立场颇值商榷：其一，此类强制性规范应考虑其规范目的，即是否以消除合同履行过程与履行结果中产生的风险为规范目的；其二，建筑工程合同本身亦有交易安全考量、所有权人一物二卖的可能性。故在建筑工程合同，宜就缺乏权证的性质界定与法律后果，作谨慎周密考量，宜将公法上限制（行政许可）本身是否合法及目的何在纳入考量。

---

〔83〕 类似的，德国法上，权利瑕疵与物之瑕疵在法律后果上也无根本区别。Vgl. 注 31，Harm Peter Westermann 评注，§ 434 Rn. 1.

〔84〕 吊诡的是，根据《行政许可法》第 14 条与第 15 条，法律、行政法规、地方性法规以及省、自治区、直辖市人民政府规章，可作为设定行政许可的法律依据。依《人民防空工程平时开发利用管理办法》（〔2001〕国人防办字第 211 号）第 9 条，使用单位须持有《人民防空工程平时使用证》，方可使用人民防空工程。鉴于国家人防办无权设定行政许可，故《人民防空工程平时使用证》所依赖的行政行为本身的合法性存疑。

〔85〕 参见重庆市高级人民法院（2012）渝高法民终字第 00140 号判决书；江苏省高级人民法院（2015）苏民终 633 号判决书；江苏省高级人民法院（2015）苏民终 627 号判决书。

〔86〕 参见浙江省宁波市中级人民法院（2013）浙甬民二终字第 177 号裁定书；江苏省常州市中级人民法院（2014）常民终字第 359 号判决书；浙江省金华市中级人民法院（2015）浙金民终字第 1930 号判决书。

2. 凶宅:规范意义上瑕疵

35 凶宅构成商品房买卖合同纠纷多见案型,但凶宅为交易用语,并非法律概念,其法律界定在我国法上尚不明确。[87] 凶宅是否构成物之瑕疵,学理及实务有肯定及否定见解,分别形成裁判的多数说及少数说。多数裁判持肯定见解,认为凶宅之认定,涉及房屋价值、效用或品质减损之考量,认定物的价值瑕疵与效用瑕疵时,不应限于物本身,凡影响物的价值或效用的因素,都可构成物的瑕疵;[88] 房屋价值由建筑成本、居住环境等多种因素构成,人们依观念和风俗习惯对住宅内发生非正常死亡事件感到恐惧、忌讳、焦虑,住宅实物虽未受损,未影响实际使用价值,但直接影响心理感受,降低了交易价值,构成重大瑕疵。[89] 少数裁判持否定观点,认为应以瑕疵定着点是否在物本身,而不应以瑕疵发生的影响作为瑕疵判断标准;[90] 凶宅缺乏法律上明确界定,人们对其是否影响居住等认知观念存在差异,当事人未就交易房屋的居住历史等因素作明确约定时,不宜认定其影响合同效力。[91]

36 学理上,或可将凶宅视为规范意义上瑕疵。[92] 实务虽多认可凶宅构成物之瑕疵,认为其虽无物理缺陷,但在市场上被视为有害于通常使用或交易价值,属于价值减少(客观交易价值减少)之瑕疵。[93] 本文认为,上述裁判立场可资赞同,但论证层次仍可细分:其一,凶宅判定涉及客观事实判断,应以房屋是否发生非自然死亡的客观情形为准考量,不宜介入当事人主观认知;其二,凶宅是否构成违约责

---

〔87〕 我国台湾地区《不动产委托销售契约书范本》附件一《不动产标的现状说明书》第11项界定凶宅为:建筑改良物(专有部分)于卖方产权曾发生凶杀或自杀致死亡之情事,即非自然死亡情形。参见吴从周:《凶宅、物之瑕疵与侵权行为——以两种法院判决案型之探讨为中心》,载《月旦裁判时报》2011年第12期,第107页。

〔88〕 参见许政贤:《凶宅、物之瑕疵与法律适用》,载《月旦法学教室》2014年第138期,第13页;吴从周:《凶宅、物之瑕疵与侵权行为——以两种法院判决案型之探讨为中心》,载《月旦裁判时报》2011年第12期,第110页。

〔89〕 参见四川省资阳市中级人民法院(2015)资民终字第1022号判决书;广东省广州市中级人民法院(2014)穗中法民五终字第474号判决书。

〔90〕 参见吴从周:《凶宅、物之瑕疵与侵权行为——以两种法院判决案型之探讨为中心》,载《月旦裁判时报》2011年第12期,第108页以下。

〔91〕 参见河北省承德市中级人民法院(2013)承民终字第396号判决书。

〔92〕 参见詹森林:《买卖之物之瑕疵担保——"民法"第354条最近实务之分析》,载《月旦法学》2017年第261期,第43页。

〔93〕 例如四川省资阳市中级人民法院(2015)资民终字第1022号判决书;广东省广州市中级人民法院(2014)穗中法民五终字第474号判决书。但此类合同在实务中多主张解除或撤销合同,鲜有援引本条主张违约责任者。

任，应先检视约定，[94]即出卖人在房屋买卖合同中有无告知凶宅情形，若约定出卖房屋无非自然死亡情形，而房屋现状与约定的应有状况不符，致使标的物价值减损，构成违约。[95] 若出卖人故意隐瞒房屋系凶宅的真实信息，构成欺诈撤销和本条之自由竞合，若买受人基于欺诈主张撤销合同，须提供充分证据证明出卖人确实知晓涉案房屋发生过死亡事件且作出虚假陈述。[96]

3. 医疗服务合同：手段债务瑕疵

医疗服务合同的违约判断，与以买卖合同为典型的结果债务有所不同，原因 37
在于，作为一种手段债务，债务人应负作为善良管理人或理性人的提出给付的注意义务，但不负发生一定结果的义务。所以，债务人尽到注意义务，应认定为符合合同本旨。[97]

实务中，医疗服务有无瑕疵，须考察医疗行为是否违反法定或约定义务，检视 38
医院是否尽到合理注意义务、履行风险告知和提示义务。[98] 判定违约时，应区分法定义务与约定义务，以审查医疗行为是否违反法定义务为主，即是否违反医疗卫生管理法律、行政法规规章和诊疗护理规范等义务，违反上述法定义务即违约；同时应审查是否违反双方特别约定。[99]

4. 建筑工程瑕疵

建设工程合同中，以质量不符主张违约责任，须以竣工验收为法定前提，未经 39
竣工验收，发包人擅自使用后，不得以使用部分的质量不符合约定为由主张权利。（《建设工程施工合同解释一》第14条）。[100]

---

〔94〕 例如，链家在线网站公开承诺，北京居间成交的二手房本体结构内曾发生自杀、他杀、意外死亡事件，且链家未尽信息披露义务的，链家将对购房人进行补偿，其承诺细则中载明的申请补偿的条件为：凶宅事件在签约前发生；……仅对该二手房涉及的出售人取得该房屋产权后发生的凶宅事件承担补偿责任，在其取得产权之前发生的，链家无调查能力；交易中，链家未就凶宅信息向客户如实披露；……有警方证明交易房屋本体结构内确发生自杀、他杀、意外死亡的凶宅事件；客户对该凶宅信息已知情的，链家不承担补偿。相关裁判参见北京市第一中级人民法院（2017）京01民终1274号判决书。

〔95〕 参见向明恩：《物之瑕疵担保责任之再探——以凶宅案为例》，载《月旦裁判时报》2011年第12期，第99页；尚连杰：《凶宅买卖的效果构造》，载《南京大学学报》2017年第5期，第40页以下。

〔96〕 参见河北省高级人民法院（2016）冀民申239号裁定书；江苏省南京市中级人民法院（2017）苏01民终3310号判决书；四川省资阳市中级人民法院（2015）资民终字第1022号判决书。

〔97〕 参见谢鸿飞：《合同法学的新发展》，中国社会科学出版社2014年版，第441页。

〔98〕 参见湖北省高级人民法院（2016）鄂民申2105号裁定书；重庆市高级人民法院（2015）渝高法民申字第01112号裁定书；浙江省高级人民法院（2013）浙民申字第483号裁定书；云南省高级人民法院（2014）云高民申字第261号裁定书。

〔99〕 参见四川省高级人民法院（2016）川民申1658号裁定书。

〔100〕 参见广西壮族自治区柳州市中级人民法院（2015）柳市民一终字第99号判决书；河南省新乡市中级人民法院（2016）豫07民终2143号判决书；江苏省扬州市中级人民法院（2015）扬民终字第01771号判决书。

三、约定违约责任

40 本条属任意性规定，当事人可基于约定免除、限制或加重违约责任。依约定效果，分为减免责任之特约和加重责任之特约[101]。实务裁判以减免特约及格式条款的效力判定为重点，兼以拍卖合同为常见案型。

（一）减免责任之特约

41 减免、限制违约责任的条款是否有效？特约条款的效力判断，应检视条款是否免除故意或重大过失所生责任（《民法典》第 506 条）及是否具备《民法典》第 153 条、第 154 条无效情形。[102] 若免责条款免除一般过失责任或轻微违约责任，且履行了免责条款的提示说明义务、不违反公平原则，应基于自愿原则，认定免责条款有效。[103]

42 出卖人恶意隐瞒瑕疵时，减免特约效力如何？地方司法实践有所探索，认为不能因当事人约定、出卖人的说明或买受人明知而轻易排除出卖人的质量瑕疵担保责任。[104] 对此，或可类推《民法典》第 506 条，但也可作立法论探索，例如引入“特约减免违约责任的效力”的特殊规则加以明确，规定“出卖人恶意隐瞒瑕疵，排除或限制违约责任的约定无效”。

43 出卖人故意欺诈买受人，买受人怠于通知时，出卖人是否承担本条责任？我国法上，基于欺诈，合同可撤销，在消费者合同，更会发生惩罚性赔偿的法定加重责任（《消费者权益保护法》第 55 条），此时多依当事人主张，适用撤销规则。[105] 比较法上更有将此种约定归于无效之立法例。[106]

44 拍卖合同构成瑕疵免责的重要案型，其条款效力应结合《拍卖法》特殊规定及《民法典》和司法解释一般规定综合判定。拍卖人在拍卖前声明不能保证拍品真伪或品质的，不承担瑕疵担保责任（《拍卖法》第 61 条第 2 款）。竞买人应负谨

---

[101] 加重责任之特约，则可分为保证无瑕疵之特约、品质保证之特约（多见样品买卖）、延长担保期间之特约情形。参见郑玉波：《民法债编各论（上册）》，台湾地区三民书局 1981 年版，第 56—58 页。

[102] 参见浙江省宁波市中级人民法院（2013）浙甬民二终字第 177 号裁定书。

[103] 参见北京市第一中级人民法院（2016）京 01 民终 1682 号判决书。

[104] 《北京市高级人民法院审理买卖合同纠纷案件若干问题的指导意见（试行）》（京高法发〔2009〕43 号）第 30 条。

[105] 参见最高人民法院（2014）民申字第 948 号裁定书；最高人民法院（2012）民提字第 161 号判决书。

[106] 例如台湾地区“民法”第 366 条。参见郑玉波：《民法债编各论（上册）》，台湾地区三民书局 1981 年版，第 38 页。

慎审查义务,[107]拍卖人应履行瑕疵告知义务(《拍卖法》第18条第2款、第41条、第61条第1款),免责约定应以履行法定的瑕疵说明义务为前提,竞买人知道或应当知道标的瑕疵的,出卖人不承担瑕疵担保责任。[108] 仅笼统声明"以拍品现状拍卖"或"不承担瑕疵担保责任",不能认定为达成免除瑕疵担保责任的约定,而须明确告知并获得竞买人同意为前提。[109] 此外,学理虽就权利瑕疵能否类推适用此条存有商榷空间,但司法实务有所适用。[110]

(二)格式条款减免

格式条款约定违约责任减免,系免除或限制责任的特殊情形,应适用《民法典》第496条、第497条、第506条综合判断:若以格式条款免除或限制违约责任,须首先符合《民法典》第496条格式条款的构成要件,进而考察其是否为免除己方责任,加重对方责任或排除对方主要权利情形,并应考察出卖人是否履行了适当的提示义务,相对方对合同订立是否有选择权。[111] 45

四、法定违约责任

对违约责任没有约定或约定不明,依《民法典》第510条仍不能确定,受损害方可以合理选择要求对方承担修理、更换、重作、退货、减少价款或者报酬等违约责任。本条虽未直接规定损害赔偿,但从"等违约责任"解释,应认为本条亦包括损害赔偿、违约金。[112] 鉴于本条对后两项仅为说明性条文,而非请求权基础,故就损害赔偿与违约金之法律适用,应以各自请求权基础为准。 46

(一)前置性规则

1. 检验通知义务

买受人检验通知义务是一种不真正义务,出卖人无法通过诉讼向买受人主 47

[107] 参见江苏省高级人民法院(2013)苏民终字第0330号判决书;北京市第三中级人民法院(2015)三中民(商)终字第08512号判决书。

[108] 参见云南省高级人民法院(2008)云高民二终字第73号判决书;湖北省高级人民法院(2014)鄂民监三再终字第00018号判决书;辽宁省高级人民法院(2014)辽民二终字第00151号判决书;浙江省高级人民法院(2014)浙商提字第88号判决书。

[109] 参见最高人民法院民事审判第二庭编著:《最高人民法院关于买卖合同司法解释理解与适用》(第2版),人民法院出版社2016年版,第490页以下。

[110] 参见云南省高级人民法院(2008)云高民二终字第73号判决书。

[111] 参见最高人民法院(2015)民申字第1324号裁定书。

[112] 参见韩世远:《出卖人的物的瑕疵担保责任与我国合同法》,载《中国法学》2007年第3期,第188页。

张这一义务,该义务有别于传统意义上的可诉的义务。检验通知义务应界定为特别法域的一项特别法构造,尤对商事交易意义重大,但我国法上,其适用不应限于商事合同(边码 59)。检验通知义务功能有二:其一,旨在尽快清算合同关系,促进交易便捷性,尽快确定买受人是否拒收,以此保护出卖人;其二,便利举证,避免出卖人因长时间后所发现的瑕疵而承受举证难度,即出卖人仅就风险转移时标的无瑕疵承担违约责任,出卖人不应承担风险转移后标的发生变更之风险,例如出卖人不应承担因买受人不当使用而产生瑕疵的违约责任。我国法上,检验通知期间的定性构成理论争点,实务争议则集中于隐蔽瑕疵的检验通知期间。

(1)检验通知期之性质:期限负担

48 规范层面,买受人未在检验期间提出瑕疵异议,视为标的数量或质量符合约定,亦即通过法律拟制,产生标的无瑕疵之后果,类型上区分“约定期间”、“质量保证期”和“最长两年的合理期间”三种检验通知期间[《民法典》第 620 条、第 621 条、第 622 条、第 623 条和《买卖合同解释》(2020 年修正)第 12 条、第 13 条、第 14 条]。[113]

49 实务中,买受人怠于异议,视为标的符合约定。对此,司法裁判或判定当事人主张违约责任的理由不成立,[114]或判定主张违约责任的诉讼请求不成立,[115]或判定质量不合格的抗辩主张不成立。[116] 在产品质量纠纷案件,当事人未在质量异议期提出异议,不得作为无独立请求权的第三人参加诉讼。[117]

50 但上述裁判并未正面回应检验通知期性质的理论之争。就检验通知期的性

---

〔113〕 参见最高人民法院(2001)民二提字第 1 号判决书;最高人民法院(2015)民申字第 2807 号裁定书;最高人民法院(2015)民申字第 2868 号裁定书;广西壮族自治区桂林市中级人民法院(2016)桂 03 民终 3 号判决书。

〔114〕 参见最高人民法院(2016)最高法民终 36 号判决书。

〔115〕 参见浙江省高级人民法院(2015)浙商终字第 118 号判决书;江西省高级人民法院(2016)赣民终 84 号判决书;山东省高级人民法院(2015)鲁商终字第 100 号判决书;甘肃省高级人民法院(2015)甘民二终字第 79 号判决书。

〔116〕 参见黑龙江省高级人民法院(2015)黑高商终字第 146 号判决书;山东省高级人民法院(2015)鲁商终字第 215 号判决书。

〔117〕 参见《最高人民法院关于在经济审判工作中严格执行〈中华人民共和国民事诉讼法〉的若干规定》(法发〔1994〕29 号)第 10 条。

质认定,学理存在“除斥期间说”[118]、“或有期间说”[119]、“失权期间说”[120]和“违约责任构成要件说”[121]四种见解。吊诡的是,检验通知期性质争议之根源,或在于《民法典》第621条第1款第2句“视为符合约定”的法律拟制路径存在逻辑跳跃,即在怠于通知的法律后果上,未采纳消极意义上“丧失权利”[122]或积极意义上“视为承认受领”[123]的两种立法例,而是独创性地采用了“视为符合约定”的法律拟制方案,但其理由不得而知。[124]

本文认为,基于现行规范基础,检验通知期既非除斥期间,也非失权期间,亦非请求权产生的构成要件,或可界定为特别期间。解释论前提是,买受人的请求权自交付瑕疵标的之时起即已产生,至异议期间届满之时,买受人仅未行使请求权,异议期间届满,买受人怠于异议,构成买受人放弃行使请求权,排除适用违约责任,系对违约责任的消极限制。[125] 因此,现行法上,检验通知期性质的解释论路径,应从不真正义务的内涵和法效展开: 51

[118] 参见耿林:《论除斥期间》,载《中外法学》2016年第3期,第622页;韩世远:《租赁标的瑕疵与合同救济》,载《中国法学》2011年第5期,第57页。须特别注意,我国对检验通知期系除斥期间的观点,或许受到《联合国国际货物销售合同公约》(以下简称《公约》)影响。但《公约》界定为除斥期间有明确的规范依据,即第39条明确规定了丧失权利的后果(买方应在发现或理应发现不符情形后合理时间内通知,……“否则丧失声称货物不符合合同的权利”)。换言之,《公约》并未采取期间经过,“视为”标的符合约定的法律拟制技术,而是直接规定为除斥期间,而我国则是通过法律拟制规制,并未从规范本身明定法律后果。鉴于此种规范基础的重大差异,不能理所当然地把我国的检验通知期间解释为除斥期间。

[119] 参见王轶:《民法总则之期间立法研究》,载《法学家》2016年第5期,第158页以下;王利明:《合同法研究(第三卷)》(第2版),中国人民大学出版社2012年版,第85页。

[120] 参见崔建远:《合同法》(第2版),北京大学出版社2013年版,第451页。

[121] 参见王洪亮:《债法总论》,北京大学出版社2016年版,第287页、第291页以下。

[122] 采消极意义上“失权”后果的立法例,参见《意大利民法典》第1495条第1款“丧失担保权”,以及《联合国国际货物销售合同公约》第39条第1款“怠于通知则丧失声称货物不符合合同的权利”。参见全国人大常委会法制工作委员会民法室编:《〈中华人民共和国合同法〉与国内外有关合同规定条文对照》,法律出版社1999年版,第122页。

[123] 采积极意义上拟制为“承认受领”的立法例,参见台湾地区“民法”第356条第2款、第3款“视为承认其所受领之物”,《瑞士债务法》第201条第2款、第3款“视为承认受领物”以及《德国商法典》第377条“视为承认受领”。

[124] 从立法重要草稿观察,1995年试拟稿第185条第2款“视为无瑕疵”、1997年征求意见稿第107条第2款“视为标的物符合约定”、1998年草案第155条第1款“视为标的物质量或者数量符合约定”均采正面拟制,即自始采取“视为符合约定”之立法方案,但理由不得而知。参见全国人大常委会法制工作委员会民法室编著:《〈中华人民共和国合同法〉及其重要草稿介绍》,法律出版社2000年版,第46、127、188页。

[125] 本文认为,交付瑕疵标的时即产生请求权,检验通知期间是行使请求权的构成要件。亦认为违约责任产生于违约事实,在此基础上判断检验期间的,参见冯珏:《或有期间概念之质疑》,载《法商研究》2017年第3期,第143页以下。应注意,“或有期间说”对检验通知期的解释论前提与本文不同,“或有期间说”认为,异议期间的法律效果是买受人是否取得请求权,即权利产生要件,参见王轶:《民法总则之期间立法研究》,载《法学家》2016年第5期,第158页。因此,两种观点的解释论前提存在差异。

52 首先,检验通知义务是不真正义务,而非法定义务、未履行义务,仅对己方带来法律上的不利益,即通过法律拟制,视为标的符合约定。[126] 买受人的请求权并非终局性消灭,买受人仅失去行使违约责任请求权的权利行使机会。[127] 不真正义务的法效是产生法律上的不利益,即以特定时间经过为前提的不利益,亦称负担。因此,检验通知期指向时间上的负担。

53 其次,基于本条文义,买受人自交付瑕疵标的之时即享有请求权,异议通知不影响请求权的发生,即异议通知系违约责任请求权的行使要件,而非请求权产生的构成要件。[128] 出卖人可在买受人检验通知前自行补正瑕疵,再由买受人受领,若以检验通知作为请求权产生的构成要件,则在前述情形中无适用空间,存在逻辑冲突。

54 须甄别期间、期限与权利、义务的内在关联。期间规制权利的不利益或负担,故有权利履行期间之制度设置。但因检查通知期指向不真正义务,故而"(不真正)义务的履行期间"的逻辑推演,即(消极的)"义务"与(积极的)"履行期间",并不搭配。或可将义务作为或不作为的时间,称为期限。这种不真正义务指向一种义务期限,其法律效果是使负有此种不真正义务的买受人蒙受法律上的不利益,即无法行使违约责任请求权之负担。故或可将买受人的检验通知期视为一种

---

〔126〕 应特别注意,就检验通知期届满的法律效果,中国法拟制为"视为符合约定",德国法和瑞士法则拟制为"视为买受人承认受领物"(《瑞士债法典》第 201 条第 2 款、《德国商法典》第 377 条第 2 款),虽然都是法律拟制,但拟制的内容和效果不同,故检验通知期间的性质界定应以立足我国现行法规范基础为妥。

〔127〕 Vgl. Karl Larenz, *Lehrbuch des Schuldrechts*, Bd. 2. Besonderer Teil, Halbbd. 1, 13. Aufl., München: C. H. Beck, 1986, S. 49.

〔128〕 德国法上,"买受人的异议通知"构成买受人行使瑕疵担保请求权的前提,买受人的检验和通知义务(Untersuchungs - und Rügepflicht)以《德国商法典》第 377 条为规范基础,该义务仅适用于商事合同,不过,新近文献及实务亦有将其扩张适用于其他合同之趋势。买受人的法律地位并不因其及时发出异议通知而发生变化,仅产生维持或保留其瑕疵担保请求权的法效。因此,异议通知仅构成买受人主张瑕疵担保请求权的前提,不进行异议通知的后果是构成"承认拟制"(Genehmigungsfiktion),进而排除适用瑕疵担保请求权。德国法对检验和通知义务的性质与法效之建构,符合《德国商法典》第 377 条之立法目的:该条并非独立的规范依据,亦不创设新的权利,而以《德国民法典》瑕疵担保的规定为基础,仅补充《德国民法典》第 442 条,不影响《德国民法典》物之瑕疵的规定。因此,是否存在瑕疵、瑕疵担保请求权有无产生,仍应以《德国民法典》相关规定为据。Vgl. Barbara Grunewald, Kommentar zum § 377, in: *Münchener Kommentar zum HGB*, 3. Aufl., München: C. H. Beck, 2013, Rn. 1; Wulf - Henning Roth, Kommentar zum § 377, in: Koller/KindlerRothMorck, *Handelsgesetzbuch Kommentar*, 8. Aufl., München: C. H. Beck, 2015, Rn. 19; Gerd Müller, Kommentar zum § 377, in: Ebenroth/ Boujong/Joost/Strohn, *Handelsgesetzbuch Kommentar*, Bd. 2, 3. Aufl., München: C. H. Beck, 2015, Rn. 221; Robert Koch, Kommentar zum § 377, in: *Oetker Handelsgesetzbuch Kommentar*, 5. Aufl., München: C. H. Beck, 2017, Rn. 116; Klaus J. Hopt, Kommentar zum § 377, in: Baumbach/Hopt, *Handelsgesetzbuch Kommentar*, 37. Aufl., München: C. H. Beck, 2016, Rn. 44 – 45.

特别法构造,界定为期限负担。

55 检验通知期间性质之争,究其根本,或可归咎于该规则在法律拟制技术之不足。若欲在《民法典》中更妥善解决这一理论争议,宜区分显而易见的表面瑕疵和隐蔽瑕疵(边码57—59),进而区分相应的检验通知规则,明确怠于通知时法律拟制的具体法效。就显而易见的表面瑕疵,或可规定:“买受人应在出卖人交付标的后,毫不迟延地检查受领标的,并在发现瑕疵时立即通知出卖人。怠于通知者,视为承认受领标的。”

(2)约定检验通知期

56 《民法典》第621条第1款一体规定检验期间和通知期间。有观点认为,检验期间吸收了通知期间,致使检验侧重及时性,忽略具体环境因素,在当事人约定期间过短情形,易滋生法院干预约定检验期的自由裁量权,即此举虽缓和了期间过短的不合理性,但削弱了期间的不变性,有所不足。[129] 事实上,一体规定检验期间与通知期间并无不妥,理由有四:其一,检验通知期重在通知,而非检验,买受人纵未检查而能获悉瑕疵之所在,亦可径行通知出卖人。其二,除非出现特约无效情形(边码40—45),约定检验通知期应尊重意思自治,约定期间过短亦系当事人自主分配交易风险之结果,而且,检验通知期旨在促进交易便捷、减轻时间过长致使举证困难之负担,故而原则上应允许约定较短的期间,法院不应多加干预。其三,法院干预期间的自由裁量权应仅限于当事人未约定期间时的隐蔽瑕疵(《民法典》第621条第2款、第622条),不应盲目扩张至所有瑕疵类型。其四,检验通知的范围和强度不宜一概而论,而应结合标的性质,顾及商业惯例和行业通行做法,进而类型化判定,例如区分鲜活易腐标的、机器设备、大宗交易抽样检查等。

(3)隐蔽瑕疵

57 隐蔽瑕疵是否适用约定或法定检验通知期间?现行法并未明确规制,仅提出应综合认定隐蔽瑕疵异议的合理期间。实务裁判见解不一,或认为约定瑕疵检验期间的,其瑕疵涵盖隐蔽瑕疵,应依诚实信用原则确定合理期间;[130] 或认为未及时异议,收货一定期间后(一年后)方提出隐蔽瑕疵异议的,应认为“已过合理时间”。[131] 地方实践提出,约定期间短于两年,隐蔽瑕疵的质量异议期适用两年最长期间,[132] 此举虽将隐蔽瑕疵的质量异议期延至最长,看似符合瑕疵的“隐蔽”特

---

〔129〕 参见武腾:《合同法上难以承受之乱:围绕检验期间》,载《法律科学》2013年第5期,第86页;武腾:《买卖标的物不适约研究》,中国政法大学出版社2017年版,第251页以下。

〔130〕 参见最高人民法院(2015)民申字第2183号裁定书。

〔131〕 参见最高人民法院(2013)民抗字第15号判决书;广东省深圳市中级人民法院(2015)深中法商终字第1683号判决书;上海市第一中级人民法院(2015)沪一中民四(商)终字第1745号判决书。

〔132〕 参见《北京市高级人民法院审理买卖合同纠纷案件若干问题的指导意见(试行)》(京高法发〔2009〕43号)第16条。

性，但司法裁判有无权限干预意思自治，颇值怀疑。

58 司法裁判对隐蔽瑕疵的见解不一，既与隐蔽瑕疵特性相关，亦可归咎于规则不明。隐蔽瑕疵检验通知期间的起算点、异议通知的法律效果，应有别于一般瑕疵的检验通知期间，对此，或可作立法论探索，宜单独规定，于检验通知期间规则中引入两款，分别解决隐蔽瑕疵与检验通知期间的关系，以及隐蔽瑕疵与怠于通知的法效，例如："①买受人怠为通知，视为承认受领标的，但隐蔽瑕疵不在此限；②日后发现有瑕疵的，买受人应在发现后立即通知出卖人，怠于通知者，视为承认受领标的。"

59 疑点在于，究竟应将检验通知期视为一般法构造，一体适用于民商事合同，抑或视为特别法构造，仅限于商事合同？对此，学界尚无定论，主张适用范围限于商事合同之深入考量，亦见诸讨论。[133] 从我国司法审判数据观察，涉及《民法典》第 621 条（《合同法》第 158 条）的裁判中，商事合同约占 70%，但不容忽视的是，民事合同亦约占 30%之多，且以商品房销售（预售）合同为主要案型（约占民事合同 71%）。[134] 有鉴于此，不宜主动限缩检验通知期间的适用范围，似应承认一体适用于民商事合同为宜。

（4）特别情形

60 出卖人恶意隐瞒瑕疵，能否适用质量异议期？司法裁判将出卖人故意隐瞒瑕疵界定为欺诈行为，其权利不受质量异议期保护。[135] 法理上，此种裁判立场可资赞同，在出卖人欺诈而买受人怠于检查通知情形中，二者相较，应保护买受人。[136] 对此情形，或可作立法论探索，引入规则明定，例如规定："出卖人故意欺诈买受人，买受人虽怠于通知瑕疵，出卖人仍应负违约责任。"

2. 适用方式

（1）买受人选择权：请求权的有限聚合

61 在修理、更换、重作、减价、退货等形式之间，买受人享有选择权，唯就选择权之性质，学理有"选择之债说"与"选择竞合说"之争。多数见解持"选择之债说"，买受人选择一种方式，其与出卖人之间的法律关系即因选择确定，不得再变，该选

〔133〕 参见冯珏：《或有期间概念之质疑》，载《法商研究》2017 年第 3 期，第 147 页。

〔134〕 事实上，商事合同或构成司法实务中检验通知期间争议之大部。例如最高人民法院（2016）最高法民终 36 号判决书；江苏省高级人民法院（2015）苏审二商申字第 00391 号裁定书。基于北大法宝司法案例库，截至 2017 年 6 月 3 日，《合同法》第 158 条项下再审案件共计 24 例，其中商事合同 18 例，民事合同 6 例，商事合同占比 75%；终审案件共计 577 例，其中商事合同 400 例，民事合同 177 例，商事合同占比 69%，但 177 例民事合同中，商品房销售（预售）合同纠纷约 126 例，占民事合同之大部（约 71%）。

〔135〕 参见最高人民法院（2014）民申字第 948 号裁定书。

〔136〕 参见郑玉波：《民法债编各论（上册）》，台湾地区三民书局 1981 年版，第 49 页。

择权是形成权，因行使而归于消灭。〔137〕 亦有见解认为，可在选择之债的基本立场下，在特定前提下赋予买受人变更权，允许买受人重新选择。〔138〕 少数见解持“选择竞合说”，认为买受人享有针对不同给付的数项债权，一旦一项给付无法实现其履行利益时，可选择另一给付，即可在一次选择救济无果后再次选择。〔139〕

本文认为，买受人选择诸项违约责任方式时，“选择之债说”与“选择竞合说” 62
的解释路径均欠妥当。〔140〕 原因在于，两者均为择一行使，难以解释违约责任形式的并用问题。〔141〕 买受人在补正履行、减价、退货、损害赔偿等违约责任形式的选择权，原则上宜认定为请求权的有限聚合，即在不违背救济方式功能异质性的前提下聚合（边码67）。请求权聚合，指同一法律事实产生若干并行不悖的请求权，权利人可同时主张，既可单独起诉，亦可合并适用。〔142〕 本条选择权的行使，符合请求权聚合的基本特征，“承担民事责任的方式可以单独适用，也可合并适用”的规定（《民法典》第179条）亦可间接印证。但因目前学说将减价视为形成权，而本条的请求权聚合涵盖减价，故请求权聚合在减价问题上的说明力仍然有限。

实务中，有观点认为，买受人仅主张出卖人承担违约责任，未提出具体方式 63
的，法院可酌情选择适当的责任方式，若买受人提出的诉讼请求包含违约责任具体方式，但该方式明显不必要或导致出卖人不合理较大支出，法院可以释明并予以调整。〔143〕 本文认为，这一观点值得商榷，须区分情形判断：当事人诉请须具体，不能仅表达为要求承担违约责任，若法院释明后仍不能明确，将因诉请不明确而被驳回；当事人提出了具体方式，法院认为并不合理，法院可释明，但释明后当事人不变更的，鉴于诉讼上的处分主义要求不告不理，法院无权主动调整，仅发生不支持诉请之后果。法院释明调整，多见于违约金数额过高案型。

---

〔137〕 参见周友军：《论出卖人的物的瑕疵担保责任》，载《法学论坛》2014年第1期，第112页；韩世远：《减价责任的逻辑构成》，载《清华法学》2008年第2期，第22页。

〔138〕 参见贺栩栩：《论买卖法中继续履行规则的完善》，载《政治与法律》2016年第12期，第100、103页。

〔139〕 参见杜景林：《我国合同法买受人再履行请求权的不足与完善》，载《法律科学》2009年第4期，第156页；殷安军：《论违约救济方式选择后的可变更性》，载《华东政法大学学报》2015年第2期，第80页。

〔140〕 对选择之债和选择竞合亦持谨慎立场的，参见缪宇：《论买卖合同中的修理、更换》，载《清华法学》2016年第4期，第93页。

〔141〕 德国法上，选择竞合与选择之债的学说论争仅限于修理和更换（《德国民法典》第439条），不涉及损害赔偿、减价和解除。原因在于，损害赔偿、减价、解除各有其适用要件，德国转化欧盟《消费品买卖指令》后，方引入补正履行的优先适用规则，进而造成了补正优先、其他救济形式嗣后的顺位，因此，德国法上并不存在本条讨论的首次选择就可并用的问题。

〔142〕 参见朱庆育：《民法总论》，北京大学出版社2013年版，第553页。

〔143〕 参见最高人民法院民事审判第二庭编著：《最高人民法院关于买卖合同司法解释理解与适用》（第2版），人民法院出版社2016年版，第507页以下。

64 选择权之行使，应以“合理性”为限。本条之“合理”选择，应以标的性质、损失大小为据，但实务判断不限于此，亦涵盖交易惯例、违约类型与实际可行性，应遵守诚实信用原则和公平原则，适当考虑债务人利益。〔144〕

（2）适用顺位与并行适用之限度

65 选择权之行使，属于自由选择，抑或应遵循一定顺位？对此，学理见解不一，或认为修理、更换等补正履行形式优先适用，仅在用尽后，方得考虑减价和解除；〔145〕或认为各责任形式具有平等性，为并列关系，无先后顺序。〔146〕实务中普遍否认修理、更换的优先顺位，认可买受人的自由选择权，买受人可自主选择责任形式，〔147〕地方司法实践亦明文认可此种自由顺序。〔148〕唯需注意，自由选择权之行使，应以“合理性”为限（边码 64）。

66 诸项违约责任形式可否并用？鉴于买受人之选择权属于请求权聚合，各违约形式自可并用，实务亦不否认（边码 65—67）。〔149〕在建设工程合同勘察、设计人质量责任情形，减价和损害赔偿的并用，更为法律明定（《民法典》第 800 条）。

67 诸项违约责任形式并行适用时，限度为何？并用时，须甄别各形式的功能异质性。申言之，修理、更换、重作系补正履行的具体方式，旨在补正违约状态，维持原交易关系，使合同依约履行；减价则通过调整对价以维持合同均衡；〔150〕退货则是解除的表现形式和后果（边码 76—77）；损害赔偿旨在填补合同违约所生损害。故在并用时，效果方向相反之违约责任形式，不予并用，效果方向相同之违约责任形式，可予并用。原则上，修理、更换、重作可与损害赔偿或减价并用；〔151〕退货仅可与损害赔偿并用，无从与其他形式并用；损害赔偿可与减价、违约金等违约责任形

〔144〕参见上海市第二中级人民法院（2003）沪二中民一（民）终字第 2285 号判决书；上海市第一中级人民法院（2010）沪一中民四（商）终字第 1191 号判决书；广东省高级人民法院（2015）粤高法民一申字第 491 号裁定书；广东省广州市中级人民法院（2015）穗中法民二终字第 578 号判决书；北京市第三中级人民法院（2015）三中民（商）终字第 05389 号判决书。

〔145〕参见杜景林：《我国合同法上减价制度的不足和完善》，载《法学》2008 年第 4 期，第 53 页。

〔146〕参见最高人民法院民事审判第二庭编著：《最高人民法院关于买卖合同司法解释理解与适用》（第 2 版），人民法院出版社 2016 年版，第 381、507 页；韩世远：《合同法总论》（第 3 版），法律出版社 2011 年版，第 688 页。

〔147〕参见山西省高级人民法院（2012）晋民申字第 49 号裁定书；吉林省高级人民法院（2015）吉民申字第 1530 号裁定书；广东省高级人民法院（2015）粤高法民一申字第 491 号裁定书；上海市第一中级人民法院（2010）沪一中民四（商）终字第 1191 号判决书。

〔148〕参见《北京市高级人民法院审理买卖合同纠纷案件若干问题的指导意见（试行）》（京高法发〔2009〕43 号）第 31 条。

〔149〕参见重庆市第二中级人民法院（2015）渝二中法民终字第 01198 号判决书。

〔150〕参见韩世远：《减价责任的逻辑构成》，载《清华法学》2008 年第 2 期，第 28 页。

〔151〕参见王利明：《合同法研究（第三卷）》（第 2 版），中国人民大学出版社 2012 年版，第 111 页。

式并用,但须满足特定前提(《民法典》第583条、第584条)。[152] 此外,《民法典》第800条亦肯认并用减价和损害赔偿。实务亦不乏并用修理、更换、重作与违约金、[153] 并用退货与违约金或损害赔偿[154] 以及并用减价与违约金[155] 的情形。

(3)费用负担

行使违约责任形式之费用,应如何负担?实务中,修理多表现为修复(建筑工程、商品房买卖合同)、返修或维修,其费用负担亦系裁判焦点,包括三种案型:(1)出卖人修理的费用负担;(2)买受人自行修理或第三人修理的费用负担;(3)因修理产生的拆除和二次安装费用负担。规范层面和实务层面均认可买受人提出质量异议,出卖人未按要求修理或情况紧急时,买受人自行或通过第三人修理后,应由出卖人承担所生合理费用(《买卖合同解释》第16条)。[156] 就因修理产生的拆除和(二次)安装费用而言,应由出卖人承担拆除瑕疵标的并重新安装无瑕疵标的所发生的实际费用,[157] 但上述修理费用的承担,须以充分证据证明实际发生为前提。[158] 主张退货的,裁判亦认可出卖人自担费用、自行取回,[159] 仅在七日无理由退货情形,由消费者承担运费(《消费者权益保护法》第25条、《网络购买商品七日无理由退货暂行办法》第18条)。 68

(二)补正履行

1. 补正履行之形式

补正履行,有修理、更换、重作三种形式,旨在通过消除瑕疵或另行给付,以维持原交易关系。三者内容、适用范围与有不同,修理系指出卖人修补所售标的瑕疵,旨在完全消灭瑕疵,使标的符合约定。更换系出卖人另行交付无瑕疵标的,若出卖人在特定物买卖情形下交付异种物,则指交付符合合同约定之特定物。重作指承揽人重新完成工作并交付工作成果。修理普遍适用于包括承揽合同在内的诸合同类型,多见于买卖合同;更换不适用于承揽合同,但适用于以买卖合同为代 69

[152] 参见崔建远:《退货、减少价款的定性与定位》,载《法律科学》2012年第4期,第96页;韩世远:《减价责任的逻辑构成》,载《清华法学》2008年第2期,第28—29页。

[153] 参见上海市第一中级人民法院(2010)沪一中民四(商)终字第1191号判决书。

[154] 参见上海市第一中级人民法院(2015)沪一中民四(商)终字第1269号判决书。

[155] 参见湖南省高级人民法院(2015)湘高法民再一终字第14号判决书。

[156] 参见最高人民法院(2013)民二终字第37号判决书;最高人民法院(2016)最高法民申491号裁定书。

[157] 参见安徽省合肥市中级人民法院(2015)合民二终字第00403号判决书。

[158] 参见最高人民法院(2013)民二终字第37号判决书。

[159] 参见江苏省高级人民法院(2014)苏商终字第00444号判决书;江苏省高级人民法院(2015)苏审二商申字第00232号裁定书。

表的种类物买卖;重作以承揽合同为主要适用范围。

70　就修理、更换、重作与强制履行、继续履行的概念关联,学理见解不一,或认为继续履行和采取补救措施均属强制履行的具体形态,修理、更换、重作是补救的履行请求;[160] 或认为修理、更换、重作属于继续履行;[161] 或认为修理、更换、重作是《民法典》第 577 条的补救措施。[162] 本文认为,鉴于《民法典》第 179 条第 1 款区分修理、更换、重作和继续履行,宜将修理、更换、重作和继续履行区别为两类不同的民事责任形式。就给付性质,继续履行指向原合同给付,多见于迟延履行;修理、更换、重作所履行的已非原合同给付义务,而是补正原合同给付。鉴于两者给付性质有别,应明确区分,宜将修理、更换、重作归为补正履行,以区别于继续履行。补正履行与同时履行抗辩相关联,例如,承揽合同在瑕疵完成修补前,尚有报酬未支付的,定作人可主张同时履行抗辩权,拒绝支付。[163]

71　我国法上并无"补正履行"概念,或构成立法之不足。修理、更换和重作仅为补正履行之具体形式,修理、更换以买卖合同为原型,重作以承揽合同为原型,故就其他合同类型而言,例如技术合同、服务合同,乃至各色混合合同,适用上述违约责任形式有所牵强。换言之,修理、更换和重作无法涵盖所有特征性给付类型下的瑕疵救济。例如,在提供数字内容合同中,[164] 如购买数字软件、在线购买音乐,多以升级、更新方式补正瑕疵,于此,修理、更换乃至重作都缺乏解释力。遗憾的是,《民法典》第 179 条仍采"修理、更换、重作"之表达,此种责任形式缺乏足够的抽象性。《民法典》后续修订时,或可考虑在违约责任方式的一般规定中,扬弃"修理、更换、重作"之具象表达,引入"补正履行"的抽象概念,进而在买卖合同、租赁合同、承揽合同等有名合同规则中,嵌入修理、更换、重作等具体救济方式,由此保持《民法典》合同编通则规则的解释力和张力,并兼顾典型合同规则之妥适性。

2. **补正履行之行使**

(1)修理、更换、重作:选择竞合

72　补正履行之行使,是否以一次行使为限?就补正履行内部各形式之间,宜采"选择竞合说",即在修理、更换、重作三种不同的补正形式之间,形成选择竞合,买

---

〔160〕 参见韩世远:《合同法总论》(第 3 版),法律出版社 2011 年版,第 607—608 页。

〔161〕 参见崔建远:《退货、减少价款的定性与定位》,载《法律科学》2012 年第 4 期,第 93 页。

〔162〕 参见崔建远:《合同法》(第 2 版),北京大学出版社 2013 年版,第 351 页。

〔163〕 参见陈自强:《承揽瑕疵担保与不完全给付》,载《月旦法学杂志》2013 年第 9 期,第 186 页;詹森林:《承揽瑕疵担保责任重要实务问题》,载《月旦法学杂志》2006 年第 2 期,第 12 页。

〔164〕 就"提供数字内容合同"之界定、内容、性质及其在瑕疵担保上的特殊要素,参见金晶:《数字时代经典合同法的力量——以欧盟数字单一市场政策为背景》,载《欧洲研究》2017 年第 6 期,第 68 页以下。

受人享有选择变更权,一次补正未达效果或遭出卖人拒绝,买受人可选择变更为其他补正形式,在诉讼中,体现为变更诉讼请求。

尽管学理并未明晰补正履行各形式之间的关系,但司法裁判对二次补正持认可立场,例如,更换品仍有瑕疵,买受人可要求重新更换,出卖人亦应承担二次修理的相应费用。[165] 但应注意,实体法上,选择竞合的适用范围应有所限定,[166] 程序法上,选择竞合应遵守变更诉讼请求的程序性规定。此外,"三包"产品二次无偿补正之可能,须个案判断三包凭证所涉明示担保条款之效力(边码 24)。 73

(2)行使限制

修理、更换、重作之行使,在给付不能、出卖人拒绝与不符合理性标准时,存在限制,即补正履行原则上不适用于给付不能情形,更换亦不适用于特定物买卖。但当补正履行发生不可预期之费用或引发不合比例之费用时,出卖人可否拒绝?《民法典》虽未明确规定出卖人的费用过巨抗辩权,但可基于选择权的合理性标准(边码 64)解释适用。 74

(3)保修与包修

商品房销售合同和建设工程合同实行质量保修制度。房地产开发企业对商品房承担质量保修责任(《商品房销售管理办法》第 33 条)。房屋存在质量问题,保修期内由出卖人承担修复责任,出卖人拒绝修复或合理期限内拖延修复,买受人可自行修复或委托他人修复,出卖人应承担修复费用及修复期间造成的其他损失[《商品房买卖合同解释》(2020 年修正)第 10 条]。建设工程实行质量保修制度,地基基础工程和主体结构工程、装修工程等,保修期有特别规定(《建设工程质量管理条例》第 39 条以下)。"三包"商品之修理,应具体考察"三包"明示担保条款与本条适用关系(边码 24)。 75

---

〔165〕 参见浙江省宁波市中级人民法院(2015)浙甬商终字第 808 号判决书;陕西省宝鸡市中级人民法院(2016)陕 03 民终 183 号判决书;河南省平顶山市中级人民法院(2010)平民三终字第 407 号判决书。

〔166〕 应特别注意,"选择竞合"的适用范围应严格限于"修理"和"更换"。选择竞合应区分"变更诉讼请求"和"变更诉讼标的"两种情形:(1)变更诉讼请求,即基于同一请求权基础,对该规范的不同内容之间进行变更,例如"修理"变更为"更换"。诉讼法允许变更诉讼请求,但应尽早提出(《民事诉讼法》第 51 条)。(2)变更诉讼标的,即针对同一生活事实在实体法上有两个以上的请求权基础,若当事人基于其中一个请求权基础起诉裁判后,欲再变更另一种请求权基础,以谋求再次司法救济。实务中,我国虽遵从实体法学说,但也吸收了诉讼法学说的观点,依据诉讼标的的诉讼法说,我国不允许变更诉讼标的,法院可能基于《民事诉讼法解释》(2020 年修正)第 247 条第 1 款,认为当事人和争议事实相同,后诉与前诉的诉讼请求相同,或者后诉的诉讼请求实质上否定前诉裁判结果时,构成重复起诉,不会受理。例如新疆维吾尔自治区高级人民法院(2015)新民二终字第 258 号裁定书;广东省高级人民法院(2016)粤民终 713 号裁定书。

（三）退货

1. **退货之性质**

76 就退货之性质，学界素有争议。有观点认为，应区分认定退货的法律意义，若是终局性的，符合解除通知，宜视为解除合同；若是中间过渡状态，最后更换同种物，则为更换；最后以其他标的代替且实际交付的，为代物清偿；若以其他标的代替但尚未交付的，为以物抵债，属于合同变更。但合同解除、代物清偿与合同变更都不属于违约责任。[167] 有观点提出，退货本身不宜等同于解除，而仅为拒绝接受标的物的结果，是行使拒绝受领权的表现。[168]

77 实务中，裁判焦点集中于退货前提，并区分多数说与少数说。多数说认为，可将退货视为解除合同的后果，须满足法定解除要件，[169] 出卖人自担费用自行取回。[170] 少数说认为，退货无须满足合同解除要件，可在违约时径行主张。[171] 在承揽合同，《民法典》第781条虽未将退货纳入违约责任形式，但实务中，解除承揽合同亦须满足法定解除要件。[172]

2. **特别规定**

78 商品房销售合同中，退房须以房屋主体结构质量不合格且工程质量监督单位核验确认为前提（《城市房地产开发经营管理条例》第31条、《商品房销售管理办法》第33条）。[173]

79 “三包”产品退货须符合特定前提，并须就其效力作个案判定（边码24）。

80 消费者合同须区分“质量不符合约定，七日内退货”及“远程交易，七日无理由退货”两种情形，二者均构成本条减轻情形。若经营者提供的商品或者服务不符合质量要求，无国家规定和当事人约定时，消费者可自收到商品之日起七日内退货；七日后符合法定解除条件的，消费者可及时退货（《消费者权益保护法》第24条）。就经营者采用网络、电视、电话、邮购等方式销售商品的远程交易情形，消费者有权自收到商品之日起七日内无理由退货（《消费者权益保护法》第25条

---

〔167〕 参见崔建远：《退货、减少价款的定性与定位》，载《法律科学》2012年第4期，第95页。

〔168〕 参见韩世远：《出卖人的物的瑕疵担保责任与我国合同法》，载《中国法学》2007年第3期，第187页。

〔169〕 参见江西省高级人民法院（2016）赣民终91号判决书。

〔170〕 参见江苏省高级人民法院（2015）苏审二商申字第00232号裁定书。

〔171〕 参见重庆市第五中级人民法院（2015）渝五中法民再终字第00022号判决书；北京市第三中级人民法院（2015）三中民（商）终字第08512号判决书；福建省厦门市中级人民法院（2015）厦民终字第1360号判决书。

〔172〕 参见最高人民法院（2013）民申字第418号裁定书。

〔173〕 参见黑龙江省大庆市中级人民法院（2002）庆民再字第43号判决书。

及《网络购买商品七日无理由退货暂行办法》),此种无理由退货,亦称撤回权,系法定解除权。

(四)减价

1. **减价之性质**

就减价之性质,学理存在"形成权说"和"请求权说"之争。"请求权说"认为,经出卖人同意,减价始生效力,原因在于,若界定为形成权,等于赋予买受人单方决定减少的具体数额的权利,实践中难以实现,如何减价并非债权人单方意思所能决定,而是与债务人协议,或请求法官或仲裁机构确定,不属于形成权,而是请求权,[174]更有观点提出,减价应为合同变更的请求权。[175]"形成权说"认为,减价是单方法律行为,可以通知相对人或通过诉讼方式行使。依行为人的意思表示确定其法律后果,一旦选择减价,便不可再改择其他与减价相冲突的救济方法。[176] 81

实务中,由于我国无减价除斥期间之规定,故不存在因减价性质认定不同而分别适用诉讼时效和除斥期间问题。换言之,减价的实施程序和结果不因性质不同而有所差异。[177]但减价须受检验期间和主债权诉讼时效之限制。 82

2. **减价之计算**

(1)时间标准

减价之计算时点为何?《民法典》并无明文,鉴于有瑕疵的给付与无瑕疵的给付在合同订立和交付之间的期间内可能发生变动,故以合同订立时点计算减价,或将造成在有利于买受人的合同情形下,买受人因减价而丧失其应得利益之可能。鉴于《民法典》对买卖合同所有权转移采交付标准,故在解释论上,应以交付时间为计算时点。[178] 83

(2)价格标准

就减价之标准,存在"差额法"与"比例差额法"两种算法。①"差额法"[减价金额 = 约定价格 - 瑕疵标的市价],即减少的数额,应是瑕疵物的实际价值与无 84

---

〔174〕 参见周友军:《论出卖人的物的瑕疵担保责任》,载《法学论坛》2014 年第 1 期,第 111 页;崔建远:《退货、减少价款的定性与定位》,载《法律科学》2012 年第 4 期,第 97 页。

〔175〕 参见武腾:《减价实现方式的重思与重构》,载《北方法学》2014 年第 3 期,第 141 页。

〔176〕 参见韩世远:《减价责任的逻辑构成》,载《清华法学》2008 年第 2 期,第 21—22 页。

〔177〕 参见最高人民法院民事审判第二庭编著:《最高人民法院关于买卖合同司法解释理解与适用》(第 2 版),人民法院出版社 2016 年版,第 378 页。

〔178〕 参见最高人民法院民事审判第二庭编著:《最高人民法院关于买卖合同司法解释理解与适用》(第 2 版),人民法院出版社 2016 年版,第 382 页。

瑕疵物的买卖的差额;[179] ②“比例差额法”[减价金额 =(瑕疵市价/无瑕疵市价)×约定价格],即减少的数额,应依据买卖瑕疵物时(或实际交付时)应有的实际价值,与无瑕疵时应有的价值的比例,计算应减少的价格,减价也应维持当事人在缔约时的均衡关系,以免嗣后因为请求减少价金而加以影响。[180] 就标准本身而言,“比例差额法”更为精细,并顾及价格与价值不完全一致及内在价值变动比率问题,较为合理,但法院在审判实践中存在操作难度。《买卖合同解释》(2020 年修正)第 17 条采“差额法”,司法实务亦采此说。[181]

85 实务中,减价的计算远未及上述两种算法精细,法院多基于公平原则、根据案件实际情况减价,[182] 亦有法院认为,应结合地区经济发展水平酌情减价。[183] 酌减幅度因个案而异,例如,不合格产品或双方均违约时,酌情减半。[184] 此外,亦可酌情下浮 30%,[185] 或减价数额应与修复瑕疵的费用基本一致。[186]

3. **特别规定**

86 除承揽合同适用减少报酬外(《民法典》第 781 条、第 800 条),因承包人过错造成建设工程质量不符合约定,承包人拒绝修理、返工或者改建,发包人有权请求减少支付工程价款[《建设工程施工合同解释一》(法释〔2020〕25 号)第 12 条]。实务中,物业服务瑕疵情形下减价之适用,存在须以重大瑕疵为前提,[187] 以及无须重大瑕疵,但酌减幅度须符合实际情况[188] 之不同见解。

五、证明责任

87 原则上,当事人应对自己提出的诉讼请求所依据的事实或者反驳对方诉讼请

---

〔179〕 参见郑玉波:《民法债编各论(上册)》,台湾地区三民书局 1981 年版,第 53 页。

〔180〕 参见韩世远:《减价责任的逻辑构成》,载《清华法学》2008 年第 2 期,第 27 页。

〔181〕 参见最高人民法院(2016)最高法民终 311 号判决书。

〔182〕 参见最高人民法院(2016)最高法民申 285 号裁定书;最高人民法院(2016)最高法民申 1136 号裁定书;湖南省高级人民法院(2015)湘高法民再一终字第 14 号判决书。

〔183〕 参见黔西南布依族苗族自治州中级人民法院(2015)兴民终字第 425 号判决书。

〔184〕 参见湖南省高级人民法院(2015)湘高法民再一终字第 14 号判决书。

〔185〕 参见浙江省杭州市中级人民法院(2015)浙杭商终字第 924 号判决书。

〔186〕 参见福建省厦门市中级人民法院(2015)厦民终字第 2446 号判决书。

〔187〕 法院认为,物业服务具有公共物品的性质,系关全体业主利益,允许拒交物业管理费,会造成物业服务企业运营经费不足,无法维持正常管理水平,最终损害其他正常交纳物业管理费的业主利益。参见山东省济南市中级人民法院(2015)济民一终字第 496 号判决书;湖南省岳阳市中级人民法院(2015)岳中民二终字第 91 号判决书。

〔188〕 参见天津市第一中级人民法院(2017)津 01 民终 3344 号判决书;河南省郑州市中级人民法院(2016)豫 01 民终 14194 号判决书;四川省成都市中级人民法院(2015)成民终字第 3374 号判决书。

求所依据的事实,提供证据证明(《民事诉讼法解释》第 90 条)。在质量不符合约定情形,买受人主张瑕疵,应由买受人就质量不符合约定的事实承担举证责任,出卖人应就买受人未在合理期间内检验并提出质量异议的事实承担举证责任。消费者合同中,若经营者提供耐用商品或者装饰装修等服务,消费者自接受商品或者服务之日起六个月内发现瑕疵,发生争议的,由经营者承担有关瑕疵的举证责任(《消费者权益保护法》第 23 条第 3 款)。[189]

附:案例索引

1. 安徽省合肥市中级人民法院(2015)合民二终字第 00403 号判决书:江西蓝田伟光科技有限公司与安徽中晨光电科技有限公司买卖合同纠纷案【边码 68】

2. 北京市第二中级人民法院(2008)二中民终字第 00453 号判决书:北京合力华通汽车服务有限公司与张某买卖合同纠纷案【边码 4】

3. 北京市第三中级人民法院(2015)三中民(商)终字第 05389 号判决书:北京无极超跃体育文化有限公司与北京沃大富有国际贸易有限公司买卖合同纠纷案【边码 64】

4. 北京市第三中级人民法院(2015)三中民(商)终字第 08512 号判决书:黄某与北京瀚海博文国际拍卖有限公司拍卖合同纠纷案【边码 44、77】

5. 北京市第一中级人民法院(2016)京 01 民终 1682 号判决书:杨某宗与中国康富国际租赁有限公司等融资租赁合同纠纷案【边码 41】

6. 北京市第一中级人民法院(2017)京 01 民终 1274 号判决书:甄某娜与孙某等房屋买卖合同纠纷案【边码 36】

7. 重庆市第二中级人民法院(2015)渝二中法民终字第 01198 号判决书:重庆市顺盛实业有限公司与周某商品房销售合同纠纷案【边码 66】

8. 重庆市第五中级人民法院(2015)渝五中法民再终字第 00022 号判决书:张某隆与北京环球同创科技发展有限公司重庆分公司等买卖合同纠纷案【边码 77】

9. 重庆市高级人民法院(2012)渝高法民终字第 00140 号判决书:重庆兴宇实业总公司与重庆升伟房地产集团有限公司合资、合作开发房地产合同纠纷案【边码 33】

10. 重庆市高级人民法院(2015)渝高法民申字第 01112 号裁定书:谢某艳等与石柱土家族自治县人民医院医疗服务合同纠纷案【边码 38】

11. 福建省福州市中级人民法院(2013)榕民初字第 1374 号判决书:张某心与福建省华航建设工程有限公司福州装潢装饰分公司等装饰装修合同纠纷案【边码 26】

12. 福建省厦门市中级人民法院(2015)厦民终字第 1360 号判决书:厦门市同安源水水产有限公司与福州惠忠机械有限公司等买卖合同纠纷案【边码 77】

13. 福建省厦门市中级人民法院(2015)厦民终字第 2446 号判决书:杨某彬与王某来装饰装修合同纠纷案【边码 85】

---

〔189〕 参见山东省德州市中级人民法院(2016)鲁 14 民终 1015 号判决书。

14. 甘肃省高级人民法院(2015)甘民二终字第 79 号判决书:甘肃天工水电有限责任公司与中国能源建设集团甘肃电力变压器有限公司分期付款买卖合同纠纷案【边码 49】

15. 广东省佛山市中级人民法院(2015)佛中法民二终字第 1489 号判决书:马某红与佛山市兰芝软装饰品有限公司定作合同纠纷案【边码 31】

16. 广东省高级人民法院(2013)粤高法审监民提字第 52 号判决书:广州市恒颖贸易有限公司与曾某某承揽合同纠纷案【边码 4】

17. 广东省高级人民法院(2015)粤高法民一申字第 491 号裁定书:黄某兰与广州市广百新翼房地产开发有限公司房屋买卖合同纠纷案【边码 64、65】

18. 广东省高级人民法院(2016)粤民终 713 号裁定书:富尔达全息科技(深圳)有限公司与深圳市义乌小商品批发城有限公司房屋租赁合同纠纷案【边码 73】

19. 广东省广州市中级人民法院(2014)穗中法民五终字第 474 号判决书:陈某与杨某强等房屋买卖合同纠纷案【边码 35、36】

20. 广东省广州市中级人民法院(2015)穗中法民二终字第 283 号判决书:珠海市天然志富能源科技有限公司与广州天水投资管理有限公司承揽合同纠纷案【边码 31】

21. 广东省广州市中级人民法院(2015)穗中法民二终字第 578 号判决书:广东有线广播电视网络有限公司与广州珠江数码集团有限公司建设工程施工合同纠纷案【边码 64】

22. 广东省深圳市中级人民法院(2015)深中法民终字第 899 号判决书:王某利与深圳市苏宁云商销售有限公司买卖合同纠纷案【边码 23】

23. 广东省深圳市中级人民法院(2015)深中法商终字第 1683 号判决书:湖南方晟电力设备有限公司与伏尔特电气(深圳)有限公司买卖合同纠纷案【边码 57】

24. 广东省中山市中级人民法院(2015)中中法民二终字第 461 号判决书:文某等与深圳市国美电器有限公司等买卖合同纠纷案【边码 23】

25. 广东省中山市中级人民法院(2015)中中法民一终字第 681 号判决书:李某生与吴某松等装饰装修合同纠纷案【边码 27】

26. 广东省珠海市中级人民法院(2015)珠中法民二终字第 396 号判决书:何某雨与珠海市珠光汽车有限公司等产品责任纠纷案【边码 12】

27. 广西壮族自治区桂林市中级人民法院(2016)桂 03 民终 3 号判决书:平乐县文华锰业发展有限公司与兴安县伟业铁合金有限责任公司买卖合同纠纷案【边码 48】

28. 广西壮族自治区柳州市中级人民法院(2015)柳市民一终字第 99 号判决书:中国第四冶金建设有限责任公司与广西华力集团有限公司建设工程施工合同纠纷案【边码 39】

29. 海南省第一中级人民法院(2006)海南民二终字第 265 号判决书:郑某君与海南松力贸易有限公司电视机买卖合同纠纷案【边码 23】

30. 河北省沧州市中级人民法院(2015)沧民终字第 705 号判决书:董某田与沧州兴华汽车销售服务有限公司买卖合同纠纷案【边码 23】

31. 河北省承德市中级人民法院(2013)承民终字第 396 号判决书:于某某等与董某等房屋买卖合同纠纷案【边码 35】

32. 河北省高级人民法院(2016)冀民申 239 号裁定书:吴某锋与孟某斯房屋买卖合同纠

纷案【边码 36】

33. 河南省平顶山市中级人民法院(2010)平民三终字第 407 号判决书:孙某方承揽合同纠纷案【边码 73】

34. 河南省新乡市中级人民法院(2015)新中民二终字第 375 号判决书:姚某一与新乡市红旗区华硕电子商行等合同纠纷案【边码 23】

35. 河南省新乡市中级人民法院(2016)豫 07 民终 2143 号判决书:河南先科信息网络工程有限公司与新乡市万汇房地产开发有限公司合同纠纷案【边码 39】

36. 河南省郑州市中级人民法院(2016)豫 01 民终 14194 号判决书:河南广源物业管理有限公司与王某锋物业服务合同纠纷案【边码 86】

37. 河南省郑州市中级人民法院(2016)豫 01 民终 3494 号判决书:杨某会与郑州丹尼斯百货有限公司买卖合同纠纷案【边码 6】

38. 黑龙江省大庆市中级人民法院(2002)庆民再字第 43 号判决书:大庆市义耕房地产开发有限公司与寇某枢房屋买卖纠纷案【边码 78】

39. 黑龙江省高级人民法院(2015)黑高商终字第 146 号判决书:乔某伟与大庆市庆发种业有限责任公司合同纠纷案【边码 49】

40. 湖北省高级人民法院(2014)鄂民监三再终字第 00018 号判决书:杨某与交通银行股份有限公司宜昌分行等拍卖合同纠纷案【边码 44】

41. 湖北省高级人民法院(2014)鄂民申字第 00467 号裁定书:科威特布萨里 & 阿兹兹(音译)公司与襄阳南洋珠宝首饰工艺品有限公司货物买卖合同纠纷案【边码 8】

42. 湖北省高级人民法院(2016)鄂民申 2105 号裁定书:荆州市第一人民医院与苏某华医疗服务合同纠纷案【边码 38】

43. 湖北省高级人民法院(2016)鄂民再 50 号判决书:武汉佛光照明制冷工程有限公司与武汉地产开发投资集团有限公司买卖合同纠纷案【边码 4】

44. 湖北省武汉市中级人民法院(2015)鄂武汉中民商终字第 01053 号判决书:操某义与武汉利莱行汽车销售服务有限公司买卖合同纠纷案【边码 23】

45. 湖南省高级人民法院(2015)湘高法民再一终字第 14 号判决书:常德市科农农业物资有限公司与桂林井田生化有限公司买卖合同纠纷案【边码 67、85】

46. 湖南省湘潭市中级人民法院(2015)潭中民二终字第 56 号判决书:湘潭惠博离心机有限公司与湘潭市江中机械制造有限公司买卖合同纠纷案【边码 26】

47. 湖南省岳阳市中级人民法院(2015)岳中民二终字第 91 号判决书:湖南润联物业有限公司与王少锋物业服务合同纠纷案【边码 86】

48. 湖南省长沙市中级人民法院(2014)长中民一终字第 05818 号判决书:刘某与江苏春兰制冷设备股份有限公司等产品责任纠纷案【边码 23】

49. 吉林省高级人民法院(2015)吉民申字第 1530 号裁定书:马鞍山市联达机械有限责任公司与通化建新科技有限责任公司定作合同纠纷案【边码 65】

50. 吉林省高级人民法院(2016)吉民申 500 号裁定书:黑龙江省兰西县万腾贸易有限公司与抚顺利群金属材料有限公司买卖合同纠纷案【边码 29】

51. 吉林省高级人民法院(2016)吉民申 765 号裁定书:黑龙江丰熙集团宏安房地产开发有限公司与长春建工集团汇达建筑有限公司等建设工程合同纠纷案【边码 4】

52. 江苏省常州市中级人民法院(2014)常民终字第 359 号判决书:江苏伟泰建设有限公司与常州盛春工程机械有限公司建设工程合同纠纷案【边码 34】

53. 江苏省高级人民法院(2013)苏民终字第 0330 号判决书:李某根与江苏省天衡拍卖有限公司拍卖合同纠纷案【边码 44】

54. 江苏省高级人民法院(2013)苏商终字第 0146 号判决书:盐城市信得石油机械厂与沈机集团昆明机床股份有限公司买卖合同纠纷案【边码 4】

55. 江苏省高级人民法院(2014)苏商终字第 00444 号判决书:抚顺化工机械设备制造有限公司与江苏宝丰特钢有限公司买卖合同纠纷案【边码 68】

56. 江苏省高级人民法院(2014)苏审二民申字第 01652 号裁定书:徐州正德置业集团有限公司与郭某莹商品房销售合同纠纷案【边码 9】

57. 江苏省高级人民法院(2015)苏民终 627 号判决书:苏州万亚置业发展有限公司与蔡某庆房屋租赁合同纠纷案【边码 33】

58. 江苏省高级人民法院(2015)苏民终 633 号判决书:蔡某庆与苏州万亚置业发展有限公司房屋租赁合同纠纷案【边码 33】

59. 江苏省高级人民法院(2015)苏审二商申字第 00232 号裁定书:江苏苏中电池科技发展有限公司与北京泰维兴业贸易有限公司买卖合同纠纷案【边码 68、77】

60. 江苏省高级人民法院(2015)苏审二商申字第 00330 号裁定书:盐城市江洲染整有限公司等与大丰市宏兴针织厂加工合同纠纷案【边码 29】

61. 江苏省高级人民法院(2015)苏审二商申字第 00391 号裁定书:盐城市德凯机械有限公司与江门市伊尔乐厨卫电器有限公司承揽合同纠纷案【边码 59】

62. 江苏省南京市中级人民法院(2017)苏 01 民终 3310 号判决书:丁某武与戴某等房屋买卖合同纠纷案【边码 36】

63. 江苏省盐城市中级人民法院(2014)盐商终字第 0594 号判决书:柳州市贤德不锈钢有限公司与盐城久立不锈钢有限公司等买卖合同纠纷案【边码 6】

64. 江苏省扬州市中级人民法院(2015)扬民终字第 01771 号判决书:许某林与江苏上品现代生态农业发展有限公司合同纠纷案【边码 39】

65. 江西省高级人民法院(2016)赣民终 84 号判决书:苏州鼎懋贸易有限公司与共青城雪狐服饰有限公司买卖合同纠纷案【边码 49】

66. 江西省高级人民法院(2016)赣民终 91 号判决书:遂宁市高金食品有限公司与南昌宝迪农业科技有限公司买卖合同纠纷案【边码 77】

67. 辽宁省大连市中级人民法院(2016)辽 02 民终 866 号判决书:王某与尊荣亿方集团有限公司买卖纠纷案【边码 23】

68. 辽宁省高级人民法院(2014)辽民二终字第 00151 号判决书:抚顺鑫泽水利水电工程建设有限公司与凌源市凌河城区建设管理办公室等拍卖合同纠纷案【边码 44】

69. 黔西南布依族苗族自治州中级人民法院(2015)兴民终字第 425 号判决书:胡某江与

骆某琴承揽合同纠纷案【边码 85】

70. 山东省德州市中级人民法院(2016)鲁 14 民终 1015 号判决书:隗某旭与德州华丰汽车销售服务有限公司等买卖合同纠纷案【边码 87】

71. 山东省高级人民法院(2014)鲁民申字第 403 号裁定书:杭州绿能人工环境设备工程有限公司与烟台宝华酒店投资有限公司买卖合同纠纷案【边码 8】

72. 山东省高级人民法院(2014)鲁民四终字第 122 号判决书:浙江舟山奔腾建材制品有限公司与青岛弘海建设有限责任公司船舶租用合同纠纷案【边码 4】

73. 山东省高级人民法院(2014)鲁民四终字第 97 号判决书:恒泰国际集团实业股份有限公司(HANGTAAIINTERNATIONALCO)与青岛绿科汽车燃气开发有限公司等买卖合同纠纷案【边码 29】

74. 山东省高级人民法院(2015)鲁商终字第 100 号判决书:青岛市鑫光正钢结构材料公司与山东远大可建科技有限公司承揽合同纠纷案【边码 49】

75. 山东省高级人民法院(2015)鲁商终字第 215 号判决书:淄博鑫泰石化有限公司与西南化工研究设计院有限公司买卖合同纠纷案【边码 49】

76. 山东省济南市中级人民法院(2015)济民一终字第 496 号判决书:济南朝阳物业管理有限公司等物业服务合同纠纷案【边码 86】

77. 山东省青岛市中级人民法院(2015)青民二商终字第 820 号判决书:徐某龙与青岛中达燕宝汽车销售有限公司买卖合同纠纷案【边码 27】

78. 山西省高级人民法院(2012)晋民申字第 49 号裁定书:启东江海液压润滑设备厂与河津市华鑫源钢铁有限责任公司承揽合同纠纷案【边码 4、12、65】

79. 山西省长治市中级人民法院(2016)晋 04 民终 1689 号判决书:山西天一生态农牧产业有限公司与李某鑫买卖合同纠纷案【边码 6】

80. 陕西省宝鸡市中级人民法院(2016)陕 03 民终 183 号判决书:靳某平与魏某峰修理合同纠纷案【边码 73】

81. 上海市第二中级人民法院(2003)沪二中民一(民)终字第 2285 号判决书:范某丰与上海惠泰汽车经销有限公司买卖合同纠纷案【边码 64】

82. 上海市第二中级人民法院(2013)沪二中民一(民)终字第 1615 号判决书:上海冠芝霖通讯设备有限公司与丁某买卖合同纠纷案【边码 23】

83. 上海市第一中级人民法院(2010)沪一中民四(商)终字第 1191 号判决书:A 环境设备(上海)有限公司与江苏 B 空调设备制造有限公司买卖合同纠纷案【边码 64、65、67】

84. 上海市第一中级人民法院(2015)沪一中民四(商)终字第 1269 号判决书:上海泽胜复合材料有限公司与上海康弘环保科技有限公司加工合同纠纷案【边码 67】

85. 上海市第一中级人民法院(2015)沪一中民四(商)终字第 1745 号判决书:江苏鸿业重工有限公司与上海柘中集团股份有限公司定作合同纠纷案【边码 57】

86. 四川省成都市中级人民法院(2015)成民终字第 3374 号判决书:四川欣兴物业有限责任公司与胡某物业服务合同纠纷案【边码 86】

87. 四川省高级人民法院(2016)川民申 1658 号裁定书:刘某志等与武胜县人民医院医

疗服务合同纠纷案【边码38】

88. 四川省资阳市中级人民法院(2015)资民终字第1022号判决书:詹某等与马某房屋买卖合同纠纷案【边码35、36】

89. 天津市高级人民法院(2016)津民终111号判决书:广东金润和能源物资有限公司与天津为尔客石油化工有限公司港口货物保管合同纠纷案【边码9】

90. 天津市高级人民法院(1999)高审监经再终字第8-34号判决书:天津市前华出租汽车公司与李某鸿等客运出租业务转让纠纷案【边码16】

91. 新疆维吾尔自治区高级人民法院(2015)新民二终字第258号裁定书:新疆百海华民国际贸易有限公司与张家港昌达实业有限公司承揽合同纠纷案【边码73】

92. 新疆维吾尔自治区高级人民法院(2016)新民终726号判决书:新疆纳福房地产开发有限公司等与新疆巴州万方物资产业有限公司等建设用地使用权转让合同纠纷案【边码7】

93. 杨珺与东台市东盛房地产开发有限公司商品房销售合同纠纷案,载《最高人民法院公报》2010年第11期【边码4、27】

94. 云南省高级人民法院(2008)云高民二终字第34号判决书:云南省玉溪市慧波商贸有限公司与柴某荣一般买卖合同纠纷案【边码23】

95. 云南省高级人民法院(2008)云高民二终字第73号判决书:云南富赛尔拍卖有限责任公司与曲靖豪洋房地产开发有限公司拍卖合同纠纷案【边码44】

96. 云南省昆明市中级人民法院(2013)昆民二终字第1049号判决书:戴某某与林某某买卖合同纠纷案【边码6】

97. 云南省高级人民法院(2014)云高民申字第261号裁定书:刘某英等与曲靖市第一人民医院医疗服务合同纠纷案【边码38】

98. 云南省普洱市中级人民法院(2016)云08民终138号判决书:景东致胜汽车贸易有限公司与朱某忠财产损害赔偿纠纷案【边码12】

99. 浙江省高级人民法院(2015)浙民提字第37号判决书:费某琴与桐庐五鑫房地产开发有限公司商品房预售合同纠纷案【边码4】

100. 浙江省高级人民法院(2013)浙民申字第483号裁定书:车某娟等与杭州市第六人民医院医疗服务合同纠纷案【边码38】

101. 浙江省高级人民法院(2014)浙商提字第88号判决书:顾某跃与浙江金诚拍卖有限公司拍卖合同纠纷案【边码44】

102. 浙江省高级人民法院(2015)浙商外终字第46号判决书:浙江丝维通新材料有限公司与长兴起成机械科技有限公司承揽合同纠纷案【边码4】

103. 浙江省高级人民法院(2015)浙商终字第118号判决书:杭州华富进出口有限公司与飞洲集团有限公司买卖合同纠纷案【边码49】

104. 浙江省杭州市中级人民法院(2014)浙杭民终字第3252号判决书:赵某吟与浙江一汽汽车销售服务有限公司产品责任纠纷案【边码12】

105. 浙江省杭州市中级人民法院(2015)浙杭商终字第1261号判决书:陈某娜与杭州汇德隆银隆世贸中心商贸有限公司买卖合同纠纷案【边码23】

106. 浙江省杭州市中级人民法院(2015)浙杭商终字第924号判决书:程某与九鼎装饰股份有限公司买卖合同纠纷案【边码85】

107. 浙江省金华市中级人民法院(2015)浙金民终字第1930号判决书:浙江大昌投资集团股份有限公司与浙江土木建设有限公司建设工程合同纠纷案【边码34】

108. 浙江省宁波市中级人民法院(2013)浙甬民二终字第177号裁定书:深圳市深装总装饰工程工业有限公司与宁波市维多利亚投资开发有限公司建设工程施工合同纠纷案【边码34、41】

109. 浙江省宁波市中级人民法院(2015)浙甬商终字第808号判决书:宁波北仑鸿瑞机电设备安装有限公司与宁波自宏汽车贸易有限公司买卖合同纠纷案【边码73】

110. 浙江省台州市中级人民法院(2016)浙10民终1491号判决书:谢某玉等与台州科技职业学院等拍卖合同纠纷案【边码17】

111. 最高人民法院(2010)民申字第1280号裁定书:河南天工建设集团有限公司与南阳市宛城区农村信用合作联社城区信用社建设工程合同纠纷案【边码4】

112. 最高人民法院(2016)最高法民终311号判决书:亚太森博(山东)浆纸有限公司与绿宝电缆(集团)有限公司买卖合同纠纷案【边码4】

113. 最高人民法院(2001)民二提字第1号判决书:四川武陵卷烟厂破产清算组与江西天绅化工有限责任公司产品质量损害赔偿纠纷案【边码48】

114. 最高人民法院(2002)民一终字第4号判决书:兰州红丽园商贸有限责任公司与甘肃诚信电线电缆有限责任公司房屋租赁合同纠纷案【边码4、27】

115. 最高人民法院(2012)民提字第161号判决书:日照中瑞物产有限公司与浙江物产元通汽车集团有限公司等拍卖合同纠纷案【边码20、43】

116. 最高人民法院(2012)民一终字第126号判决书:兰州滩尖子永昶商贸有限责任公司等与爱之泰房地产开发有限公司合作开发房地产合同纠纷案【边码4】

117. 最高人民法院(2013)民二终字第37号判决书:青海省三江水电开发股份有限公司与广东清能发电集团有限公司等买卖合同纠纷案【边码68】

118. 最高人民法院(2013)民抗字第15号判决书:深圳市三诺电子有限公司与深圳市兴耀达电子有限公司一般买卖合同纠纷案【边码57】

119. 最高人民法院(2013)民申字第1452号裁定书:兰州星达发展有限公司与西北民族大学等拍卖合同纠纷案【边码4】

120. 最高人民法院(2013)民申字第418号裁定书:苏州斯莱克精密设备股份有限公司与AlfonsHaar机械制造有限两合公司加工承揽合同纠纷案【边码77】

121. 最高人民法院(2013)民申字第431号裁定书:中建集团有限公司与湖北省和济投资有限公司等股权转让纠纷案【边码9】

122. 最高人民法院(2013)民申字第908号裁定书:阜新市和美工程机械有限公司与铜陵华磊商品混凝土有限责任公司产品责任纠纷案【边码12】

123. 最高人民法院(2014)民申字第793号裁定书:马某与四川大洋硅业有限公司等居间合同纠纷案【边码9】

124. 最高人民法院(2014)民申字第 948 号裁定书:向某等与湖南奥盛特重工科技有限公司一般买卖合同纠纷案【边码 43、60】

125. 最高人民法院(2014)民提字第 14 号判决书:史某成与新疆信业典当有限公司房屋买卖合同纠纷案【边码 9】

126. 最高人民法院(2015)民二终字第 251 号判决书:中国农业发展银行灯塔市支行与辽阳宾馆有限责任公司等金融借款合同纠纷案【边码 9】

127. 最高人民法院(2015)民申字第 1324 号裁定书:大连天翼建设工程有限公司与吴某庆建筑设备租赁合同纠纷案【边码 45】

128. 最高人民法院(2015)民申字第 2183 号裁定书:湖北孝棉实业集团有限责任公司与江门市新会区冠华针织厂有限公司买卖合同纠纷案【边码 57】

129. 最高人民法院(2015)民申字第 2807 号裁定书:四川联众电力工程有限责任公司等买卖合同纠纷案【边码 48】

130. 最高人民法院(2015)民申字第 2868 号裁定书:南京年达炉业科技有限公司与河北定方机械制造有限公司定作合同纠纷案【边码 48】

131. 最高人民法院(2015)民申字第 2949 号裁定书:泰安市商业银行股份有限公司与泰安华盛房地产开发有限公司等拍卖合同纠纷案【边码 4】

132. 最高人民法院(2015)民申字第 3298 号裁定书:湖南恒盛畅达贸易有限公司与山西太阳石煤炭储运有限公司买卖合同纠纷案【边码 6、7、26】

133. 最高人民法院(2016)最高法民申 1136 号裁定书:西安陕鼓动力股份有限公司与陕西实丰水泥股份有限公司买卖合同纠纷案【边码 4】

134. 最高人民法院(2016)最高法民申 285 号裁定书:西安陕鼓动力股份有限公司与陕西实丰水泥股份有限公司买卖合同纠纷案【边码 85】

135. 最高人民法院(2016)最高法民申 380 号裁定书:张家港元进资源再生有限公司与大连瑞驰贸易有限公司承揽合同纠纷案【边码 4】

136. 最高人民法院(2016)最高法民申 491 号裁定书:日照市华丽抽纱有限公司与青岛海之润国际贸易有限公司等加工合同纠纷案【边码 68】

137. 最高人民法院(2016)最高法民申 646 号裁定书:辽宁东环投资有限公司与中国农业银行股份有限公司沈阳皇姑支行等拍卖合同纠纷案【边码 4】

138. 最高人民法院(2016)最高法民终 311 号判决书:亚太森博(山东)浆纸有限公司与绿宝电缆(集团)有限公司买卖合同纠纷案【边码 84】

139. 最高人民法院(2016)最高法民终 36 号判决书:成都泰和沥青发展有限公司与西藏云天工程建筑有限公司买卖合同纠纷案【边码 49、59】

第584条
违约损害的赔偿范围*

第584条　当事人一方不履行合同义务或者履行合同义务不符合约定，造成对方损失的，损失赔偿额应当相当于因违约所造成的损失，包括合同履行后可以获得的利益；但是，不得超过违约一方订立合同时预见到或者应当预见到的因违约可能造成的损失。

简　目

---

* 本文系基于《〈合同法〉第113条第1款(违约损害的赔偿范围)评注》(载《法学家》2020年第3期，第171—190页)一文修订而成。

姚明斌

一、规范定位

（一）条文构造

1 本条位于《民法典》“合同编”之第一分编“通则”的第八章“违约责任”，以“主文+但书”的文义结构，确立了违约损害之赔偿范围的一般规则。其条文结构基本承袭自 1999 年《合同法》第 113 条第 1 款。[1]

2 本条主文部分，一方面规定“当事人一方不履行合同义务或者履行合同义务不符合约定，造成对方损失的，损失赔偿额应当相当于因违约所造成的损失”，另一方面强调该损失赔偿额“包括合同履行后可以获得的利益”（即履行利益中的可得利益）（边码 25）。在《合同法》施行前的规范性文件中，就前者已有所明文，[2]就后者亦不乏类似的确认，[3]并被纳入《合同法》颁行前的诸项草案中。[4] 经《合同法》第 113 条第 1 款之规定，由《民法典》予以保持。

3 本条但书部分“不得超过违约一方订立合同时预见到或者应当预见到的因违约可能造成的损失”之规定，系经由《涉外经济合同法》第 19 条但书、《技术合同法》第 17 条第 2 款但书、《合同法》第 113 条第 1 款但书，为本条所承继。但《涉外经济合同法》第 19 条、《技术合同法》第 17 条第 2 款并未在主文部分强调履行利

〔1〕《合同法》第 113 条第 1 款规定：“当事人一方不履行合同义务或者履行合同义务不符合约定，给对方造成损失的，损失赔偿额应当相当于因违约所造成的损失，包括合同履行后可以获得的利益，但不得超过违反合同一方订立合同时预见到或者应当预见到的因违反合同可能造成的损失。”本条行文上的修订包括三处：(1)主文部分，将《合同法》第 113 条第 1 款主文中之“给对方造成损失的”修订为“造成对方损失的”；(2)但书部分，将《合同法》第 113 条第 1 款但书中之“但”修订为“但是，”，两处“违反合同”修订为“违约”；(3)主文和但书的连接处，将《合同法》第 113 条第 1 款中的“，”（逗号）修订为“；”（分号）。参见石冠彬主编：《中华人民共和国民法典立法演进与新旧法对照》，法律出版社 2020 年版，第 235 页。基于本条与《合同法》第 113 条第 1 款的沿袭关系，与后者有关的学理和裁判亦属本评注研讨的范围。

〔2〕参见《涉外经济合同法》第 19 条：“当事人一方违反合同的赔偿责任，应当相当于另一方因此所受到的损失，但是不得超过违反合同一方订立合同时应当预见到的因违反合同可能造成的损失。”《民法通则》第 112 条第 1 款：“当事人一方违反合同的赔偿责任，应当相当于另一方因此所受到的损失。”《技术合同法》第 17 条第 2 款：“当事人一方违反合同的赔偿责任，应当相当于另一方因此所受到的损失，但是不得超过违反合同一方订立合同时应当预见到的损失。”

〔3〕参见《最高人民法院关于适用〈涉外经济合同法〉若干问题的解答》[法(经)发〔1987〕27 号]“六、关于涉外经济合同的违约责任问题”第 1 项：“一方当事人不履行合同或者履行合同义务不符合约定条件的，除采取其他补救措施或者合同另有规定外，违约一方当事人赔偿另一方当事人因此所受到的损失，一般应包括财产的毁损、减少、灭失和为减少或者消除损失所支出的费用，以及合同如能履行可以获得的利益（在国际货物买卖合同中，就是指利润），但不得超过违约一方当事人在订立合同时应当预见到因违反合同可能造成的损失。”

〔4〕参见何勤华、李秀清、陈颐编：《新中国民法典草案总览（下卷）》（增订本），北京大学出版社 2017 年版，第 1869、1925—1926、1969—1970、2007、2052、2093、2134、2175 页。

益中的可得利益，而《合同法》第113条第1款则一方面强调主文的赔偿范围包括合同履行后的可得利益，另一方面继之以但书作可预见性限制并以“逗号”连接，文义上即生疑问：但书的限制是及于该款的整个主文部分，抑或仅及于主文中对可得利益的强调部分？亦即，《合同法》第113条第1款主文中可得利益以外的实际损失（边码23、24），是否须适用可预见性限制？

1995年10月16日的《中华人民共和国合同法（试拟稿）》并未规定可预见性规则，就违约损害赔偿的范围则以第68条第1款分项列举，其中包括第4项“按照合同履行可以获得的利益”。[5] 及至1996年5月的《中华人民共和国合同法（试拟稿）》第71条第1款虽增设了可预见性的限制，却是特别针对前述第4项而设，未及于其他各项违约损害，[6]似乎表明可预见性限制仅作用于可得利益赔偿。[7] 但是，无论是《涉外经济合同法》第19条之但书，抑或《合同法》第113条第1款之但书，均是参考继受CISG第74条的结果。[8] 该第74条包括两句，[9]第一句明确违约损害赔偿包括可得利益，第二句规定可预见性限制，说明可预见性限制及于所有违约损害的赔偿，包括但不限于可得利益。从规范目的出发（边码7），在是否适用可预见性限制方面，对违约损害中的实际损失和可得利益作“全有或全无”的区别对待，既无必要，[10]也不具有正当性。

相比之下，本条虽然保留了《合同法》第113条第1款“主文+但书”的文义结构，但将主文和但书之间的“逗号”修订为“分号”，具有澄清解释歧义的重要意义。基于该修订，本条但书之限制应及于分号之前的主文之全部，即包括但不限

---

〔5〕 1995年10月16日《中华人民共和国合同法（试拟稿）》第68条：“当事人没有约定赔偿损失额的计算方法的，赔偿损失的金额相当于因违约所受到的损失，该损失包括：（一）未返还的标的物或者价款；（二）在订立、履行合同中所支付的必要的费用；（三）因违约采取补救措施所支付的必要的费用；（四）按照合同履行可以获得的利益。”参见何勤华、李秀清、陈颐编：《新中国民法典草案总览（下卷）》（增订本），北京大学出版社2017年版，第1925—1926页。

〔6〕 1996年5月的《中华人民共和国合同法（试拟稿）》第71条第1款：“当事人没有约定赔偿损失额或者赔偿损失额的计算方法的，赔偿损失的金额应当相当于因违约所受到的损失，该损失包括：（一）未返还的标的物或者价款；（二）在订立、履行合同中所支付的必要的费用；（三）因违约采取补救措施所支付的必要的费用；（四）按照合同履行可以获得利益，但不得超过违反合同一方订立合同时应当预见到的损失。”参见何勤华、李秀清、陈颐编：《新中国民法典草案总览（下卷）》（增订本），北京大学出版社2017年版，第1969—1970页。

〔7〕 类似见解，参见朱广新：《合同法总则研究（下册）》，中国人民大学出版社2018年版，第715页。

〔8〕 参见王利明：《〈联合国国际货物销售合同公约〉与我国合同法的制定和完善》，载《环球法律评论》2013年第5期，第121—122页；韩世远：《中国合同法与CISG》，载《暨南学报（哲学社会科学版）》2011年第2期，第11页。

〔9〕 CISG第74条：“一方违约所应负的损害赔偿额，应相当于对方因该违约而遭受的包括所失利润在内的损失。该损害赔偿额不得超过违约方在订立合同时，结合其当时知道或者应当知道的事实和情况，预见到或者应当预见到该违约可能造成的损失。”

〔10〕 参见徐建刚：《规范保护目的理论下的统一损害赔偿》，载《政法论坛》2019年第4期，第81页。

于可得利益的损害赔偿,都应遵循可预见性限制。

(二)规范意旨

1. **完全赔偿原则**

4 本条规定违约损害的赔偿范围。主文部分规定违约方赔偿守约方之赔偿额,应相当于其违约"造成的损失",违约方须填补其违约给守约方带来的所有损失。此赔偿范围不因违约方责任财产之多寡、违约过错之大小而有所区别,故谓"完全赔偿原则"。[11]

5 完全赔偿原则对守约方的效力,包括正反两个方面。一方面,违约损害赔偿旨在使守约方处于假设合同义务未被违反、顺利履行的情况下,其所应处于的状态,尤其是实现本条主文所强调的"合同履行后可以获得的利益"(边码 25)。此乃完全赔偿原则对守约方的正面效力。另一方面,本条主文明定损失赔偿额应"相当于"违约造成的损失,即守约方无从通过违约损害赔偿获得比假设合同义务被顺利履行时更好的待遇。发挥"填补功能",不允许通过损害赔偿额外获利,是完全赔偿原则对守约方的反面效力。[12] 因此,完全赔偿原则之下,守约方"可以"且"只能"在违约造成的全部损失范围内要求违约方承担赔偿责任。[13]

2. **金钱赔偿形式**

6 本条采"损失赔偿额"之措辞,将实现完全赔偿原则的方式限定为"金钱赔偿"。合同法时代,曾有观点认为《合同法》第 113 条第 1 款之赔偿方式可能包括"恢复原状"和"金钱赔偿",[14] 此见解在体系上存有疑义。比较法和学理上,"损害赔偿"既可以是回复受损利益之事实形态(回复原状),也可以是以金钱形式回复受损利益之价值形态(价值赔偿)。[15] 回复原状可能由债务人实际为之(实际回复原状),或由他人甚至债权人自行为之,并由债务人承担金钱形式的回复费用

---

〔11〕 参见陈自强:《违约责任与契约解消》(第 2 版),台湾地区元照出版公司 2018 年版,第 99 页;徐建刚:《论损害赔偿中完全赔偿原则的实质及其必要性》,载《华东政法大学学报》2019 年第 4 期,第 159 页。

〔12〕 《合同法》第 113 条另以第 2 款参引惩罚性赔偿之特别规范,意味着其第 1 款并不包含惩罚性要素。本条未保留该参引规范,此举并非赋予本条以惩罚性内涵,而是因为《民法典》"总则编"第 11 条已经统一规定"其他法律对民事关系有特别规定的,依照其规定",第 179 条亦规定"法律规定惩罚性赔偿的,依照其规定",自无必要再专门设置参引规范。参见黄薇主编:《中华人民共和国民法典合同编释义》,法律出版社 2020 年版,第 287 页;最高人民法院民法典贯彻实施工作领导小组主编:《中华人民共和国民法典合同编理解与适用(二)》,人民法院出版社 2020 年版,第 763 页。

〔13〕 参见王洪亮:《债法总论》,北京大学出版社 2016 年版,第 390 页。

〔14〕 参见胡康生主编:《中华人民共和国合同法释义》(第 3 版),法律出版社 2013 年版,第 206 页。

〔15〕 参见程啸、王丹:《损害赔偿的方法》,载《法学研究》2013 年第 3 期,第 55 页以下。

(回复原状费用赔偿)。后者与价值赔偿均属金钱形式,一并构成金钱赔偿。[16] 但就本条之"损失赔偿",至少在履行利益层面,不存在由违约方实际回复原状的问题,因为履行利益作为合同关系特有的利益类型,其事实形态即为履行合同义务。若由违约方实际回复该事实形态,即为要求违约方继续履行或采取补救措施,属于《民法典》第577条、582条(《合同法》第107条、第111条)所规定的强制履行责任范畴。[17] 故而,本条仅适用于违约损害的金钱赔偿,[18] 包括以金钱形式实现相关利益的价值形态(相关利益的价值赔偿),也包括由他人甚至守约方"履行合同义务",并由违约方以金钱形式承担履行费用[赔偿回复相关利益原状的费用,如《民法典》第581条、第713条第2句,《买卖合同解释》(2020年修正)第16条]。

3. 可预见性限制

本条但书系对完全赔偿的可预见性限制规则,具体而言,限制的是完全赔偿原则对于守约方的正面效力。就其正当性基础,一般存在以下四种立场:其一,违约方在对相关责任风险可预见的情况下决定订立某一合同,即推定其具有承接该可预见之责任风险的意思,以之确定其应当赔偿的范围,体现了对自治的尊重;其二,违约方若在订立合同时可预见相关责任风险,会影响其对合同对价的决策,以之确定其应当赔偿的范围,系对对价关系公平性的维护;其三,对损害的预见可能性,取决于对相关信息的知悉可能性,以违约方在订立合同时可预见为限确定其应当赔偿的范围,债权人会倾向于积极向债务人披露相关事实,有助于促进缔约过程中的信息交换;其四,合同系交易主体对资源作自治再分配的工具,若违约赔偿责任泛滥无际,势必影响交易主体参与合同交易的积极性,可预见性限制规则具有促进交易的功能。[19] 7

依最高人民法院的见解,可预见性限制规则旨在"合理地确定赔偿范围和交

---

〔16〕 参见李承亮:《恢复原状费用赔偿的性质》,载《武汉大学学报(哲学社会科学版)》2019年第4期,第154页;王泽鉴:《损害赔偿》,北京大学出版社2017年版,第114页以下。

〔17〕 类似观点,参见陈自强:《违约责任与契约解消》(第2版),台湾地区元照出版公司2018年版,第94—95页。裁判实践中,在担保人未依担保合同约定办理担保物权登记时,只有当债权人不主张办理登记(继续履行)而主张赔偿损失时,才涉及《合同法》第113条第1款的适用。参见最高人民法院(2017)最高法民终718号民事判决书;最高人民法院(2017)最高法民终934号民事判决书。

〔18〕 参见最高人民法院(2014)民一终字第198号民事判决书;另可参见黄薇主编:《中华人民共和国民法典合同编释义》,法律出版社2020年版,第281页。

〔19〕 相关整理,参见 Faust, *Die Vorhersehbarkeit des Schadens gemäß Art. 74 Satz 2 UN – Kaufrecht (CISG)*, Tübingen: J. C. B Mohr (Paul Siebeck), 1996, S. 198 ff. 郝丽燕:《违约可得利益损失赔偿的确定标准》,载《环球法律评论》2016年第2期,第50—53页;叶金强:《可预见性之判断标准的具体化》,载《法律科学》2013年第3期,第140—143页。

易风险，鼓励当事人从事交易活动，维护当事人利益”，[20]此侧重于揭示其在风险分配、促进交易方面的功能。需要说明的是，由于可预见性的主体标准主要采理性第三人标准（边码 41），前述尊重自治的功能取向亦具有客观化、规范化的特征，形成一种规范性的风险分配机制。[21]

（三）规范性质

1. 辅助规范

8 本条规定的并非违约方“应当承担”损害赔偿责任，而是违约方“损失赔偿额”的范围，故其并不解决违约损害赔偿责任是否成立的问题。[22] 违约损害赔偿的请求权基础须取之于特别法（如《旅游法》第 74 条第 1 款第 2 句）、《民法典》“合同编”之“典型合同”分编（如第 917 条第 1 句）或“通则”分编（如第 577 条、第 578 条、第 583 条）。本条仅为相关请求权基础中“违约损害赔偿请求权”这一法律效果的辅助规范（边码 61）。[23]

2. 任意规范

9 本条属于允许当事人特约排除的任意规范。[24] 应注意的是，由于本条以赔偿范围为规范目标，故完全排除赔偿责任的免责约定不构成对本条的特约排除，而是对相应请求权基础规范的特约排除。对本条的特约排除，主要体现为对违约之后赔偿之形式、范围的特别安排，比如约定非金钱形式或金钱形式的违约金。约定非金钱形式的“准违约金”，是对赔偿形式和赔偿范围的特约排除；约定金钱形式的违约金，仅是对赔偿范围的特约排除。

10 裁判实践中颇为普遍的见解认为，如果当事人事先约定了违约金，则违约造

---

〔20〕 参见最高人民法院（2015）民二终字第 88 号民事判决书。

〔21〕 Schlechtriem/Schwenzer/Schwenzer, *Kommentar zum Einheitlichen UN – Kaufrecht* (*CISG*), München: C. H. Beck, 2013, Art. 74, Rn. 48, 49; Huber, *Münchener Kommentar zum BGB*, München: C. H. Beck, 2016, CISG Art. 74, Rn. 32; Magnus, *Staudinger BGB*, Neubearbeitung, Berlin: Sellier/de Gruyter oHG, 2018, CISG § 74, Rn. 35.

〔22〕 类似见解，参见徐建刚：《违约中落空费用的性质及赔偿》，载《法学》2020 年第 2 期，第 62 页。

〔23〕 此辅助规范属性意味着，裁判时须先援引具体的请求权基础规范支持守约方的赔偿请求权，再援引本条确定具体的赔偿范围，而不应仅依本条一并解决请求权成立和赔偿范围两个问题。对此，另可参见最高人民法院（2020）最高法知民终 220 号民事判决书：“《合同法》第一百一十三条……用于确定合同一方当事人违约所应当赔偿损失的范围，并不是确定当事人是否需要赔偿损失的规定。……依据《合同法》第一百零七条之规定，本案中，宏景公司因其违约行为理应赔偿朱某颂因此所遭受的损失。进而才应当依据《合同法》第一百一十三条确定宏景公司应当赔偿朱某颂因此所遭受的损失的范围。”

〔24〕 Schlechtriem/Schwenzer/Schwenzer, *Kommentar zum Einheitlichen UN – Kaufrecht* (*CISG*), München: C. H. Beck, 2013, Art. 74, Rn. 58.

成的损害只要未逾越该约定额度，都属于违约方可预见的损害范围。[25] 此观点坚守预见对象为“损害”而非约定的违约金额度，固然与本条但书无违；但另一方面，以约定违约金作为评价可预见性的因素，意味着未超出约定额度的损害都会被认定为符合可预见性标准，则约定的违约金就天然不存在“过高”的问题，现行法特设的司法酌减规则即会面对立法论上的质疑。

笔者认为，在约定违约金的情况下，违约方的给付义务范围并不直接取决于本条，而是在约定的基础上由司法调整规则作合理性控制（《民法典》第585条第2款）。其中，违约金的酌减既须考虑违约金的损害补偿目的，亦须兼顾当事人施加履约压力的意图；后者的确定，尤其须比较“假设无违约金约定的情况下”订立合同时可预见的损害范围与约定的违约金金额的比例关系。[26] 本条包括可预见性规则对约定违约金的影响，应作用于违约金司法调整阶段：在酌减场合，本条确立的赔偿范围构成判断违约金是否过高、酌减多少的参照基础；在增额场合，本条确立的赔偿范围构成违约金是否过低以及增额的上限。[27]

3. **一般规范**

本条位于《民法典》“合同编”的“通则”部分，故属于违约损害赔偿范围的一 11
般规范。“通则”之外关于赔偿范围的特别规范，优先于本条适用，包括两类：第一类是在具体计算方法或赔偿项目方面有所细化的特别规范（如《民法典》第833条、第933条），构成本条主文部分的特别规范，但涉及范围限制时，仍应适用本条但书的可预见性规则；第二类是确定了相对明确之义务范围的法定违约金规则［如《民间借贷规定》（2020年第二次修正）第28条第2款、《买卖合同解释》（2020年修正）第18条第4款］，或关于特定欺诈经营行为的违约惩罚性赔偿规则［如《消费者权益保护法》（2013年修正）第55条第1款］，构成本条主文及但书的特

---

〔25〕 参见王闯：《当前人民法院审理商事合同案件适用法律若干问题》，载《法律适用》2009年第9期，第6—7页；最高人民法院（2015）民一终字第72号民事判决书。

〔26〕 关于违约金约定额度与可能损害之间这种比例关系的规范意义，可参见姚明斌：《违约金论》，中国法制出版社2018年版，第160页以下。

〔27〕 参见姚明斌：《〈合同法〉第114条（约定违约金）评注》，载《法学家》2017年第5期，段码84。另可参见《民法典纪要》第11条：“民法典第五百八十五条第二款规定的损失范围应当按照民法典第五百八十四条规定确定，包括合同履行后可以获得的利益，但不得超过违约一方订立合同时预见到或者应当预见到的因违约可能造成的损失。当事人请求人民法院增加违约金的，增加后的违约金数额以不超过民法典第五百八十四条规定的损失为限。增加违约金以后，当事人又请求对方赔偿损失的，人民法院不予支持。当事人请求人民法院减少违约金的，人民法院应当以民法典第五百八十四条规定的损失为基础，兼顾合同的履行情况、当事人的过错程度等综合因素，根据公平原则和诚信原则予以衡量，并作出裁判。约定的违约金超过根据民法典第五百八十四条规定确定的损失的百分之三十的，一般可以认定为民法典第五百八十五条第二款规定的‘过分高于造成的损失’。当事人主张约定的违约金过高请求予以适当减少的，应当承担举证责任；相对人主张违约金约定合理的，也应提供相应的证据。”

别规范，其特点不仅是优先适用，而且适用时无须再考虑可预见性限制。[28]

二、违反“合同义务”

（一）基于合同关系的义务

12 本条主文“不履行合同义务或者履行合同义务不符合约定”中的“合同义务”，既包括约定的给付义务，也包括法定的附随义务。[29] 就后者，除了《合同法》第 60 条第 2 款规定的合同履行过程中的附随义务，[30] 还涉及《合同法》第 92 条所规定的后合同义务。《民法典纪要》第 10 条延续了《合同法解释二》第 22 条的立场，认为违反后合同义务的当事人须赔偿“实际损失”，文义上并不包括可得利益，[31] 理由在于违反后合同义务不能引发原合同履行利益的可得利益损害。[32] 唯须注意的是，后合同义务的违反本身可能引发不属于合同履行利益的可得利益损失，亦应适用本条实现完全赔偿。比如道路挖掘施工合同解除后，定作人拒绝协助挖掘机退场，导致承揽人遭受停运损失。[33] 此类损失与合同目的及主给付义务的履行无关，并非原合同履行利益损害中的可得利益损失（边码 25），但仍属于违反后合同义务引发的可得利益损失。

13 当事人在订立合同过程中负有同样基于诚信原则的先合同义务，就其义务违反的损害赔偿，《民法典》第 157 条第 2 句、第 500 条确立了独立于违约责任的缔约过失责任。该缔约过失责任性质上属于侵权责任，[34] 本身已有相当因果关系、保护目的论等赔偿范围限制机制，并无必要纳入本条的适用范围。另外，即便将缔约过失认定为“违约”，其责任范围在适用可预见性限制时也会遭遇障碍，因为成立缔约过失责任场合，合同不一定都能成立生效，本条但书可预见的时点标准如何确定即生疑义（边码 44）。例外情形是，当事人若以预约将先合同义务“合同

---

〔28〕 比如，《民间借贷规定》（2020 年第二次修正）第 28 条第 2 款第 2 项（原第 29 条第 2 款第 2 项）规定有息借贷若未约定逾期利率，可依借期内利率计算逾期利息。最高人民法院认为，此一计算规则已经反映了《合同法》第 113 条第 1 款尤其是可预见性限制的精神。参见最高人民法院（2014）民一终字第 85 号民事判决书。

〔29〕 Schlechtriem/Schwenzer/Schwenzer, *Kommentar zum Einheitlichen UN – Kaufrecht （CISG）*, München: C. H. Beck, 2013, Art. 74, Rn. 11.

〔30〕 参见山东省高级人民法院（2015）鲁民一终字第 503 号民事判决书。

〔31〕 参见沈德咏主编：《最高人民法院关于合同法司法解释（二）理解与适用》（第 2 版），人民法院出版社 2015 年版，第 202—203 页。

〔32〕 参见上海市第一中级人民法院（2016）沪 01 民终 5149 号民事判决书（一审法院认为“后合同义务是一种基于诚信原则的附随义务，即使违反也不可能按照合同可得利益的标准进行赔偿”）。

〔33〕 参见广西壮族自治区玉林市中级人民法院（2018）桂 09 民终 1607 号民事判决书。

〔34〕 参见孙维飞：《〈合同法〉第 42 条（缔约过失责任）评注》，载《法学家》2018 年第 1 期，段码 4—6。

化”,则预约违反之损害赔偿会涉及适用本条。

在合同交易的个别环节,当事人还负有不可诉请履行、但一经违反又会引发不利益的不真正义务,比如受领义务、减损义务。违反不真正义务并不触发损害赔偿责任,[35]但在合同交易的框架中,会与其他义务的违反及后果产生关联。一方当事人未尽受领义务,拒绝依约受领给付,只会引发价金风险负担移转等不利益(《民法典》第 605 条、第 608 条),但若其同时拒绝履行自己的给付义务,则会涉及损害赔偿责任及本条的适用。一方当事人若未尽减损义务,只会导致就未尽义务范围之扩大损害丧失赔偿的机会;若其已尽减损义务,则相对方须赔偿合理的减损费用(《民法典》第 591 条第 2 款)并涉及本条的适用。 14

合同解除后,当事人的合同关系并非完全消灭,就已履行的部分彼此负有“恢复原状或者采取其他补救措施”的义务(《民法典》第 566 条第 1 款第 2 分句前段)。此法定债务关系仍属于广义的合同关系,违反此类义务的损害赔偿亦可适用本条(边码 46)。[36] 15

若当事人行使了《民法典》第 787 条或第 933 条所规定承揽合同定作人或委托合同当事人的任意解除权,亦可能依其规定引发损害赔偿。行使法定的任意解除权本身并不构成对合同(原给付)义务的违反,但就解除后的损害赔偿范围,裁判实践亦认为须考虑《合同法》第 113 条第 1 款尤其是可预见性限制的适用,[37]值得赞同。理由在于,此赔偿责任系现行法针对承揽、委托合同的特殊性所设,亦属广义合同关系的内容,从可预见性的规范目的出发(边码 7),没有必要与典型的违约损害赔偿区别对待。[38] 唯需注意的是,在任意解除权被有效特约排除的场 16

---

〔35〕 参见王泽鉴:《债法原理》(第 2 版),北京大学出版社 2013 年版,第 88 页。

〔36〕 Schlechtriem/Schwenzer/Schwenzer, *Kommentar zum Einheitlichen UN – Kaufrecht* (*CISG*), München: C. H. Beck, 2013, Art. 74, Rn. 11; Huber, *Münchener Kommentar zum BGB*, München: C. H. Beck, 2016, CISG Art. 74, Rn. 4. 实践中比较典型的问题是,买卖合同因出卖人违约而解除后,已支付价款的买受人可否在标的物涨价的差价损失之外,并行要求出卖人赔偿买卖价款支付后、被实际返还前的“资金占用损失”? 对此,应区分“支付后至合同解除时”和“合同解除时至实际返还时”两个阶段,前一阶段的利息损失属于解除后“恢复原状”义务的内容,后一阶段的利息损失则属解除后“恢复原状”义务不履行的损害赔偿问题。相关争议,可参见湖南省高级人民法院(2015)湘高法民一终字第 92 号民事判决书(一、二审的不同立场)。

〔37〕 参见最高人民法院(2012)民二终字第 13 号民事判决书;四川省高级人民法院(2016)川民终 941 号民事判决书;上海市浦东新区人民法院(2015)浦民二(商)初字第 5277 号民事判决书。

〔38〕 有区分意义的问题,其实在于该赔偿应否覆盖合同履行利益,尤其是其中的可得利益。参见崔建远、龙俊:《委托合同的任意解除权及其限制》,载《法学研究》2008 年第 6 期,第 81 页以下;周江洪:《委托合同任意解除的损害赔偿》,载《法学研究》2017 年第 3 期,第 78—89 页。

合,[39]或行使任意解除权前已存在违约事由时,[40]涉及的是相关违约损害赔偿请求权基础规范及本条的直接适用,与《民法典》第 787 条或第 933 条规定的赔偿责任无关。[41]

17 逻辑上,已经成立的赔偿责任或类似债务(如约定或法定违约金债务)亦有被违反而进一步产生其次级赔偿责任的可能。以借款合同为例,对于迟延还款的逾期罚息可否进一步计收复利,现行法并无明文,最高人民法院则认为须依托于明确的约定。[42] 经生效法律文书确定为金钱债务的赔偿责任或类似债务,自生效法律文书确定的履行期间届满之日起还可能引发"加倍部分债务利息"[《民事诉讼法》第 253 条、《最高人民法院关于执行程序中计算迟延履行期间的债务利息适用法律若干问题的解释》(法释〔2014〕8 号)第 1 条],但该"加倍部分债务利息"的性质并非赔偿责任迟延履行后的次级损害赔偿责任,而是维护法院生效裁判权威的执行措施。[43]

(二)非基于合同关系的义务

18 结合规范目的(边码 7),违反非基于合同关系的义务而引发损害赔偿责任,亦有准用或类推适用本条的可能。依《民法典》第 468 条,非因合同产生的债权债务关系,若无相应的特别规范,适用合同编通则的有关规则,除非依其性质不能适用。在《民法典》不设置独立债编及其总则的体例下,第 468 条将使《民法典》"合同编"之"通则"的部分规范产生类似于债法总则规范的体系辐射力,其中即包括本条。对此,可依请求权基础之检视次序逐一考察。

19 在狭义无权代理中,善意相对人可要求无权代理人履行债务(《民法典》第 171 条第 3 款),此债务属法定担保责任。[44] 但因其内容与有权代理情形下的有效合同内容相同,若无权代理人不(完全)履行该债务,其赔偿范围亦应适用本条(边码 46)。

20 类似的情况亦存在于《民法典》"合同编"第三分编"准合同"无因管理关系和

〔39〕 参见最高人民法院(2013)民申字第 1609 号民事裁定书。

〔40〕 参见最高人民法院(2017)最高法民终 818 号民事判决书。另可参见邱聪智:《新订债法各论(中)》,姚志明校订,中国人民大学出版社 2006 年版,第 184 页。

〔41〕 准确的区分可参见最高人民法院(2015)民申字第 990 号民事裁定书。

〔42〕 参见最高人民法院(2017)最高法民终 306 号民事判决书;最高人民法院(2020)最高法民终 15 号民事判决书。

〔43〕 参见丁亮华编著:《民事执行程序注释书》,中国民主法制出版社 2019 年版,第 808 页;张金海:《论金钱债务的迟延履行利息》,载《法学》2020 年第 11 期,第 67 页,注 2。

〔44〕 参见纪海龙:《〈合同法〉第 48 条(无权代理规则)评注》,载《法学家》2017 年第 4 期,段码 42—43。

不当得利关系。无因管理中，管理人与受益人之间的管理利益转交义务（第983条第2句）或必要费用偿还义务（第979条第1款第1分句）若未获（完全）履行，亦可适用合同编“通则”相应的请求权基础，并以本条确定损害赔偿的范围（边码46）。类似地，不当得利返还义务的违反亦可触发本条的适用（边码46）。[45]

《民法典》第235条规定之原物返还义务，若经催告未获（完全）履行，此时占有人已确定为恶意占有人，就标的物毁损、灭失的损害赔偿经《民法典》第461条适用侵权责任的规则，不涉及本条的适用。无权占有人孳息及使用利益返还义务（《民法典》第460条主文及其类推），以及返还请求权人对善意占有人的必要费用偿还义务（《民法典》第460条但书）若被违反，其赔偿范围可适用本条（边码46）。《民法典》第236条之排除妨害、消除危险义务若经催告未获（完全）履行，此时义务人已有过错，倘引发损害，应适用侵权责任规则。至于违反占有保护请求权规则中占有返还、排除妨害、消除危险等义务并引发损害，则应通过《民法典》第462条第1款第3分句适用侵权责任的规则。[46] 上述适用侵权责任的情形，在个案中可能和违反合同义务的情形发生竞合。比如承租人在租期届满后迟延返还租赁物给出租人造成损害，既涉及合同义务的违反，也涉及原物返还义务的违反。[47] 21

三、损害的类型

损害的观察可区分事实视角和规范视角。事实视角下，损害是依托于“差额假设”所认定的自然事实，即以假设致损事由未发生受害人本应处于的财产总额状态，减去受害人现实的财产总额状态，得出的差额即为损害。[48] 此一损害观念并不决定损害在规范层面是否具备“可赔偿性”。通过相当因果关系、保护目的、可预见性等机制作规范化检验后，才形成规范视角下的具备“可赔偿性”的损害。[49] 根据这一区分观察本条，既然并非所有“因违约所造成的损失”都具备“可赔偿性”，则主文部分的“损失”指向的是事实视角下的损害。在金钱赔偿原则之下，此损害的类型化可以财产损害为中心展开，包括守约方既有财产之积极减少的“实际损失”（所受损失）和本应增加之财产利益消极未增加的“可得利益”（所失利益）。[50] 22

〔45〕 参见河南省三门峡市中级人民法院（2018）豫12民终789号民事判决书。

〔46〕 参见吴香香：《〈物权法〉第245条评注》，载《法学家》2016年第4期，段码49以下。

〔47〕 参见四川省成都市高新区人民法院（2010）高新民初字第355号民事判决书。

〔48〕 参见李承亮：《损害赔偿与民事责任》，载《法学研究》2009年第3期，第136页以下。

〔49〕 参见王泽鉴：《损害赔偿》，北京大学出版社2017年版，第68页。

〔50〕 最高人民法院新近关于《合同法》第113条第1款中“实际损失”与“可得利益”的区分，可参见最高人民法院（2018）最高法民终355号民事判决书。

（一）实际损失

1. 涉及履行利益的实际损失

23 履行利益涉及经由合同义务（尤其是主给付义务）之履行所实现的利益。若一方违约影响对方履行利益之实现，违约损害赔偿旨在使守约方处于假设合同义务顺利履行其所应有的财产状态。涉及履行利益的损害，可能表现为实际损失，比如出卖人迟延交付标的物，迟延期间买受人须另行租赁替代标的物，由此支出的租金。[51] 可见，履行利益与可得利益并非同一层次的概念，履行利益损害也可能表现为实际损失。[52]

2. 不涉及履行利益的实际损失

24 违约所导致的实际损失，也可能与合同目的所指向的履行利益无关。在违约与侵权竞合的案型，比如买卖标的物质量瑕疵导致买受人其他财产毁损，即引发守约方履行利益之外的固有利益损害。除此以外，违约导致守约方无法履行其与第三人的合同进而支付的违约（赔偿）金（边码37），[53]或用于查明产权情况、聘请律师而支出的费用（边码58、59），[54]或诉讼保全担保费，[55]或在损害发生后采取减损措施支出的减损费用（边码14），[56]或在对方违约导致火灾后为拍卖残值而支出拍卖佣金，[57]亦属于不涉及履行利益的实际损失。赔偿此类支出所回复的利益，与合同履行利益无关，可以和履行利益中的实际损失或可得利益赔偿并行主张。故前例中（边码23），若买受人在租赁替代标的物之外，还委托律师发函催告，则租金和律师函费用可以并行主张。

（二）可得利益

1. 涉及履行利益的可得利益

25 本条主文强调违约损害赔偿包括"合同履行后可以获得的利益"，指向的是违

---

〔51〕 Schlechtriem/Schwenzer/Schwenzer, *Kommentar zum Einheitlichen UN – Kaufrecht (CISG)*, München: C. H. Beck, 2013, Art. 74, Rn. 25.

〔52〕 参见王泽鉴：《损害赔偿》，北京大学出版社2017年版，第77页。

〔53〕 参见最高人民法院(2012)民二终字第13号民事判决书；最高人民法院(2016)最高法民再351号民事判决书；北京市高级人民法院(2018)京民终520号民事判决书。

〔54〕 参见最高人民法院(2017)最高法民终311号民事判决书；北京市高级人民法院(2011)高民终字第1851号民事判决书；北京市高级人民法院(2018)京民终520号民事判决书；最高人民法院(2014)民一终字第198号民事判决书。

〔55〕 参见最高人民法院(2019)最高法民终2025号民事判决书。

〔56〕 参见浙江省高级人民法院(2018)浙民终417号民事判决书。

〔57〕 参见山东省高级人民法院(2015)鲁民一终字第503号民事判决书。

约导致守约方基于合同顺利履行本应增加的财产利益消极未增加，即涉及履行利益的可得利益损失。《民商事合同指导意见》认为该可得利益主要表现为生产、经营、转售等情况下的利润损失(第9条)，其认定公式是“可得利益=守约方主张的可得利益总额-违约方不可预见的损失-守约方未尽减损义务而扩大的损失-守约方因违约所获利益-守约方与有过失造成的损失-必要的交易成本”(第10条)。显然，该公式中的“可得利益”指向的是本条主文所强调的“合同履行后可以获得的利益”中具备“可赔偿性”的部分。而所谓“守约方主张的可得利益总额”涉及的仅是事先未主动作扣除成本的守约方，个案中若守约方主张前已自行作扣除，自然不能依此公式作二次扣减。至于生产、经营、转售利润，属于本条主文中可得利益扣除必要成本之后的部分，确实是该可得利益的主要体现，在赔偿时会涉及成本扣除的问题。以下依本条的界定，以转售利润为例分析。

守约方为了借助给付标的获取转售利润，有必要支出一定成本(如税费、运 26
费、人工管理成本、与第三人的磋商缔约费用等)，但在依前后合同的差价计算出可得利益后，应否另行扣除成本，须取决于守约方是否实际支出了该项成本：若未实际支出，违约方的违约行为虽然阻碍了守约方获取转售利润，但守约方客观上也节省了相关成本支出，在依差价计算出可得利益后应再依损益相抵作扣除；〔58〕若已实际支出，在计算时则无须再作扣除。但无论如何，不能在前后合同差价损失之外另行赔偿此类成本，否则会导致成本部分的重复赔偿。〔59〕倘若卖方既有原材料的成本性支出，又因买方的迟延受领致合同解除而只能低价转售，期间还额外支出了货物仓储费，则违约的买方在依差价赔偿可得利益之外，无须赔偿原材料成本，但须赔偿仓储费损失。〔60〕

由此可见，本条主文所谓“包括”合同履行后可以获得的利益，仅是修辞上的 27
强调，不能理解为任何情况下都可以同时支持实际损失与涉及履行利益的可得利益损失。守约方有所支出时，须厘清该支出与履行利益中的可得利益之间的关

〔58〕 参见西藏自治区高级人民法院(2015)藏法民二终字第9号民事判决书；广东省高级人民法院(2017)粤民再278号民事判决书；北京市高级人民法院(2018)京民终520号民事判决书；江苏省徐州市中级人民法院(2018)苏03民终4513号民事判决书；最高人民法院(2016)最高法民申1020号民事裁定书。

〔59〕 参见河北省高级人民法院(2013)冀民一终字第301号民事判决书(房屋买卖合同因质量问题解除，两审法院均判决出卖人赔偿房屋涨价差价及买受人配套费、维修基金、物业费、装修保证金、预存水费等支出，在部分项目上似存在重复赔偿)。涉及经营利润的可得利益赔偿亦有类似问题，参见最高人民法院(2002)民一终字第4号民事判决书(出租的房屋存在严重质量问题致承租人无法正常营业，最高人民法院正确地指出，在经营利润赔偿之外，若支持员工工资损失、经营酒店借款利息损失、固定资产折旧损失等实际支出的经营成本，会构成重复赔偿)。

〔60〕 参见最高人民法院(2015)民申字第3298号民事裁定书(煤炭买卖的买受人拒绝受领，出卖人只能将货物发往煤场储放并支出了运费和仓储费，最终低价出售予第三人；其中，运费和仓储费并非实现原合同履行利益的成本，可以和差价损失并行赔偿)。

系，方能决定二者能否并行赔偿。

2. **不涉及履行利益的可得利益**

28　本条主文虽未作特别强调，但只要承认违约损害赔偿与侵权损害赔偿之竞合关系，即应承认在违约损害赔偿中，亦存在涉及固有利益的可得利益损失问题。比如违约导致守约方与合同给付无关的人身权益受侵害，则诸如误工费即属涉及固有利益的可得利益损失。[61]

（三）因违约而落空的费用

29　当事人为了订立合同、履行义务、受领给付、使用标的，会实际支出一定的费用，此费用支出若系基于当事人对合同成立有效（且会顺利履行）的合理信赖，[62]通常被理解为信赖利益。在合同不成立、无效或被撤销的缔约过失责任场合，赔偿此类支出，可以使权利人的财产总额状态回复到假设合同从未缔结的状态。而在合同有效的违约责任场合，若肯认此类支出作为实际损失予以赔偿，权利人的财产总额状态看起来也是被回复到合同从未缔结的状态，[63]似乎不符合本条强调实现合同履行利益的规范意旨。

于此，其实涉及不同规范目的下此类费用支出的角色差异。缔约过失责任保护的是当事人对合同成立有效的“信赖”。合同不成立、无效或被撤销导致此类费用支出的“信赖目的”落空，对此予以赔偿确实旨在回复权利人缔约前的财产总额状态。与之不同的是，违约损害赔偿保护的是守约方在信赖合同成立有效且会顺利履行的基础上，对于合同履行利益的“期待”，其中包括获得履行利益以填补信赖费用支出的期待。当履行利益难以证明或确定时，可以根据“盈利性推定”将守约方的信赖费用支出推定为其履行利益的最低额，该费用支出构成确定最低履行利益的方法。此时，表面上赔偿范围以信赖利益之费用支出为准，实则填补的仍是履行利益损害。[64]

30　在“不涉及履行利益的实际损失”中（边码 24），费用支出（如律师费）本身即构

---

〔61〕 参见湖南省永州市中级人民法院（2016）湘 11 民终 1724 号民事判决书；山东省青岛市中级人民法院（2014）青民二商终字第 389 号民事判决书。

〔62〕 参见最高人民法院（2014）民申字第 2086 号民事裁定书（专利许可使用合同，为了使用专利而租赁场地、培训安全员、购置设备）；重庆市高级人民法院（2013）渝高法民提字第 00202 号民事判决书（工程材料出卖人中止交货导致停工，买受人支出员工工资和设备租赁费）；四川省高级人民法院（2016）川民再 371 号民事判决书（租赁合同的承租人量身定制设备支出费用）。

〔63〕 参见王利明：《违约中的信赖利益赔偿》，载《法律科学》2019 年第 6 期，第 122、125 页。

〔64〕 参见许德风：《论合同法上信赖利益的概念及对成本费用的损害赔偿》，载《北大法律评论》（第 6 卷 · 第 2 辑），北京大学出版社 2005 年版，第 691—692 页；刘承韪：《违约可得利益损失的确定规则》，载《法学研究》2013 年第 2 期，第 100 页。

成损害。与之不同的是，此类"因违约而落空的费用"所涉及的损害，不在于费用之实际支出，而在于费用支出无法经获得履行利益而弥补（填补可能性丧失），[65]或者说借助信赖利益费用支出实现履行利益的"期待目的"落空了。比如，办公楼租赁合同在履行了租期的 4/5 后因出租人违约而解除，前期的装修投入是覆盖到整个租期的费用支出，已履行的 4/5 租期所对应的费用已经支出，但以经营所得履行利益获得弥补，不存在损害；对于未履行的 1/5 租期，相应的费用也已支出，但因无法通过履行利益所弥补，构成损害。[66] 可见，与损害认定有对应关系的，并非是否有所实际支出，而是支出目的的落空。

相应地，在违约方依该费用支出承担赔偿责任后，表面上守约方被回复到缔约前的状态，实则守约方已处于假设合同顺利履行所应有的状态，只不过通过"盈利性推定"，此状态下收益（履行利益）与成本（实际支出）相等，[67]其财产总额与从未缔约时无异而已（即"不赚不赔"）。可见，违约损害赔偿虽可以信赖利益支出为准，填补的是其实并非信赖利益损害，而是披着信赖利益"外衣"的履行利益损害（边码 38、39、56、57）。[68]

（四）非财产损害

非财产损害虽然在逻辑上可借用"实际损失"与"可得利益"的区分（如违约造成了现实的肉体或精神痛苦，或使守约方丧失了本可享有的精神愉悦），[69]但因该类损害不可依金钱计算，并不适用"差额假设"。《民法典》施行前，关于违约损害赔偿能否涵盖精神损害，裁判实践一直趋于保守，将精神损害赔偿维持在侵权救济的框架内。[70] 相比之下，学说上肯定意见日炽，[71]晚近亦有进一步类型化 31

〔65〕 参见张金海：《论违约救济中徒然支出的费用的补偿：必要性与路径选择》，载《政治与法律》2012 年第 5 期，第 108 页。

〔66〕 参见四川省高级人民法院（2016）川民再 371 号民事判决书。

〔67〕 参见张家勇：《合同法与侵权法中间领域调整模式研究》，北京大学出版社 2016 年版，第 48—49 页。

〔68〕 参见最高人民法院（2016）最高法民申 1669 号民事裁定书（为了履行招商引资合同，根据政府文件拆除旧厂房、筹建新厂房，最高人民法院即认定此类支出属于"预期可得利益损失"）。

〔69〕 类似区分，参见谢鸿飞：《违约责任与侵权责任竞合理论的再构成》，载《环球法律评论》2014 年第 6 期，第 17 页。

〔70〕 典型者如《旅游纠纷解释》原第 21 条明定："旅游者提起违约之诉，主张精神损害赔偿的，人民法院应告知其变更为侵权之诉；旅游者仍坚持提起违约之诉的，对于其精神损害赔偿的主张，人民法院不予支持。"该司法解释经 2020 年修正后，该条已被删除。

〔71〕 参见陆青：《违约精神损害赔偿问题研究》，载《清华法学》2011 年第 5 期，第 151 页以下；崔建远：《精神损害赔偿绝非侵权法所独有》，载《法学杂志》2012 年第 8 期；叶名怡：《违约与侵权竞合实益之反思》，载《法学家》2015 年第 3 期，第 132 页以下。

的尝试。[72]《民法典》第 996 条最终在"侵害人格权造成严重精神损害"的场合肯认了以违约诉请精神损害赔偿的可能性。[73] 笔者认为，须区分"违约损害赔偿应否涵盖精神损害"与"如何确定违约精神损害赔偿的范围"两个问题。由于本条旨在确定赔偿范围而非独立的请求权基础（边码 8），故仅与后一问题有关。就前一问题，既然合同法的保护范围已涵盖固有利益，有的合同类型甚至还是以精神性愉悦为主要目的，确实不宜一刀切地排除违约精神损害赔偿。但在赔偿范围的确定方面，由于本条奉行金钱形式的赔偿，而回复合同义务顺利履行的精神利益状态又无法以金钱计算，逻辑上也就难以确定一个"相当于"因违约所造成之损失的"损失赔偿额"。[74] 因此，违约精神损害赔偿在逻辑上无从直接适用本条主文，即使满足了但书的可预见性限制，具体金额亦只能交由法院酌定。与自然人的精神损害不同的是，法人等组织体的商誉若因违约而受影响，由于组织体并无精神损害问题，除非商誉损失可获得金钱评价进而构成财产损害，否则既无从被违约损害赔偿所覆盖，也不涉及本条的适用。[75]

（五）获利剥夺？

32 违约给守约方造成的损害不同于违约方因违约的获利，[76] 本条以成立损害赔偿责任为前提，自然与"获利剥夺"赔偿责任无关。[77] 关于违约获利剥夺赔偿，现行法并无一般性规则，仅在知识产权侵权、反不正当竞争领域有所涉及。[78] 但

---

〔72〕 参见许中缘、崔雪炜：《论合同中的人格利益损害赔偿》，载《法律科学》2018 年第 3 期，第 135 页以下。

〔73〕 参见黄薇主编：《中华人民共和国民法典人格权编释义》，法律出版社 2020 年版，第 34 页以下。

〔74〕 参见徐建刚：《论损害赔偿中完全赔偿原则的实质及其必要性》，载《华东政法大学学报》2019 年第 4 期，第 154 页。类似问题，亦存在于落空费用赔偿的场合。基于信赖合同有效并能获得给付以满足自己的精神性利益，守约方支出了相关费用，由于该精神性利益无从以金钱计算，"盈利性推定"也就难以为该落空费用的赔偿提供正当性基础。具体的展开，参见徐建刚：《违约中落空费用的性质及赔偿》，载《法学》2020 年第 2 期，第 57 页以下。

〔75〕 参见最高人民法院（2013）民抗字第 15 号民事判决书。从 CISG 第 74 条的裁判实践来看，商誉损失的赔偿亦限于已转化为财产损害的情形，且大多为可得利益赔偿所吸收。参见刘瑛：《〈联合国国际货物销售合同公约〉损害赔偿范围实证研究》，载《政治与法律》2010 年第 8 期，第 135—136 页。我国裁判实践中，偶有判决罕见地在违约诉讼中针对商誉损失判决刊登"赔礼道歉声明"。参见福建省高级人民法院（2005）闽民终字第 166 号民事判决书。

〔76〕 参见缪宇：《获利返还论》，载《法商研究》2017 年第 4 期，第 85 页。似有所混淆者，参见最高人民法院（2020）最高法民再 230 号民事判决书。

〔77〕 Magnus, *Staudinger BGB*, Neubearbeitung, Berlin: Sellier/de Gruyter oHG, 2018, CISG § 74, Rn. 18.

〔78〕 参见《专利法》（2020 年修正）第 71 条第 1 款第 1 句前段、《著作权法》（2020 年修正）第 54 条第 1 款第 1 句前段、《商标法》第 63 条第 1 款第 1 句中段、《反不正当竞争法》第 17 条第 3 款第 1 句后段。

在裁判实践中,违约方的获利情况有时会作为酌定违约损害赔偿范围的因素。[79]笔者认为,违约获利剥夺赔偿的法政策目的在于吓阻故意违约和效率违约,[80]应否在违约赔偿中凸显甚至强调违约方获利的意义,前提需要先明确违约责任中强制履行是否具有相对于损害赔偿的优先地位,以及在各种情形下此优先地位的强度如何。[81]

四、违约与损害的事实因果关系

本条规定所赔偿之损害,限于系违约所"造成"的,违约与损失之间必须具备因果关系。此因果关系要求损害的发生以违约为事实上的必要条件(事实因果关系),遵行"若无则不"判断法则。除此以外,无须另行考察因果关系的"相当性"问题,赔偿范围的进一步限制由可预见性限制规则处理(边码40—50)。[82] 33

(一)实际损失的事实因果关系

实际损失与违约之间的事实因果关系,按照"若无则不"判断法则,应假设不存在违约事由的情形下,守约方是否会遭受既有财产的积极减少。一旦确认若无违约,守约方即无须为替代交易另行支出对价,或无须为相关事务支出律师费,则此类涉及或不涉及履行利益的实际损失即与违约存在事实因果关系。在无特别约定的情况下,最高人民法院认为守约方须证明其主张的律师费"额度"与违约之间存在"直接因果关系",[83]若此乃对事实因果关系的要求,似过于严苛。 34

---

〔79〕 参见深圳市标榜投资发展有限公司与鞍山市财政局股权转让纠纷案,最高人民法院(2016)最高法民终802号民事判决书,载《最高人民法院公报》2017年第12期;最高人民法院(2017)最高法民终340号民事判决书;最高人民法院(2014)民申字第321号民事裁定书。

〔80〕 参见陈凌云:《论"违约方获益"之归属》,载《法律科学》2018年第4期,第139页以下。

〔81〕 具体而言,涉及《民法典》第577条的规范定位、《民法典》第580条第1款反面解释的射程、代偿请求权规则的建构和作用范围等方面的因素。

〔82〕 Schlechtriem/Schwenzer/Schwenzer, *Kommentar zum Einheitlichen UN - Kaufrecht* (*CISG*), München: C. H. Beck, 2013, Art. 74, Rn. 40; Huber, *Münchener Kommentar zum BGB*, München: C. H. Beck, 2016, CISG Art. 74, Rn. 28; Magnus, *Staudinger BGB*, Neubearbeitung, Berlin: Sellier/de Gruyter oHG, 2018, CISG § 74, Rn. 35. 反过来,可预见性限制规则其实扮演着事实因果关系之外的"法律因果关系"的角色。参见叶金强:《可预见性之判断标准的具体化》,载《法律科学》2013年第3期,第141页以下;新疆亚坤商贸有限公司与新疆精河县康瑞棉花加工有限公司买卖合同纠纷案,最高人民法院(2016)民二终字第111号民事判决书,载《最高人民法院公报》2006年第11期。

〔83〕 参见最高人民法院(2020)最高法知民终223号民事判决书。

（二）可得利益的事实因果关系

35 可得利益与违约之间的事实因果关系，按照“若无则不”判断法则，应假设不存在违约事由的情形下，守约方是否会有可得利益损失。〔84〕租赁合同因出租人的违约导致合同解除，就剩余租期承租人的经营利润损失，法院以“合同不再继续履行，即不会产生收益”为由否定了承租人的赔偿请求。〔85〕其实，是否可能产生经营利润，应以假设不存在违约的情形为准，而非以现实的合同因违约而被解除的情形为准。此一理由并不符合“若无则不”的判断逻辑。

36 与实际损失稍有不同的是，可得利益属于“假设或推测未来可以取得的而非真实发生的利益损失”，〔86〕“是一种没有实际发生的未来的可期待利益”，〔87〕在认定违约与可得利益损失的事实因果关系时，核心即在于“确定性”的判断。若无违约行为，守约方是否具有获得可得利益的确定性，须依通常的客观运行规律认定。〔88〕实践中常见以“直接损失”指称“实际损失”，以“间接损失”指称“可得利益”，〔89〕反映的正是二者在事实因果关系层面的区别。〔90〕

---

〔84〕 参见最高人民法院（2014）民申字第 34 号民事裁定书（二审部分）。在该案的再审裁定中，最高人民法院进一步认为，承租人在合同解除后主张剩余租期的利润损失赔偿，等于在主张“因为合同无效导致超市无法营业所带来的预期营业损失”。这一见解似混淆了违约、合同解除与违约责任三者之间的关系。

〔85〕 参见最高人民法院（2014）民申字第 34 号民事裁定书（二审部分）。在该案的再审裁定中，最高人民法院进一步认为，承租人在合同解除后主张剩余租期的利润损失赔偿，等于在主张“因为合同无效导致超市无法营业所带来的预期营业损失”。这一见解似混淆了违约、合同解除与违约责任三者之间的关系。

〔86〕 参见刘承韪：《违约可得利益损失的确定规则》，载《法学研究》2013 年第 2 期，第 88 页。

〔87〕 重庆市高级人民法院（2015）渝高法民提字第 00206 号民事判决书。

〔88〕 若可得利益根本不存在，则不涉及“确定性”的判断。比如，即使出租人依约交付了符合消防要求的不动产，由于尚处于合同约定的三个月免租金装修期，承租人在此期间也不会开业经营，就该三个月期间即根本不存在可得利益损失。参见最高人民法院（2014）民申字第 34 号民事裁定书（二审部分）。

〔89〕 参见上海盘起贸易有限公司与盘起工业（大连）有限公司委托合同纠纷案，最高人民法院（2005）民二终字第 143 号民事判决书，载《最高人民法院公报》2006 年第 4 期；深圳市标榜投资发展有限公司与鞍山市财政局股权转让纠纷案，最高人民法院（2016）最高法民终 802 号民事判决书，载《最高人民法院公报》2017 年第 12 期；最高人民法院（2016）最高法民终 550 号民事判决书；江苏省高级人民法院（2016）苏民终 479 号民事判决书。

〔90〕 但此种用法仅具描述意义，并无规范适用的指引功能。而且，即使从描述意义上理解“直接”“间接”，直接损失也有可能表现为可得利益（如标的物使用可能性的丧失），间接损失也有可能表现为实际损失（如违约导致守约方向第三人所承担的违约赔偿责任）。学理上区分“直接损害”和“间接损害”，系以是否由权益侵害直接导致为标准（参见王泽鉴：《损害赔偿》，北京大学出版社 2017 年版，第 114 页以下），《民法典》施行前明文涉及“直接损失”的规定涉及的也是类侵权赔偿（如《国家赔偿法》第 36 条第 8 项）或行政罚款（如《大气污染防治法》第 122 条第 2 款），涉及合同履行利益的违约损害赔偿由于没有权益侵害问题，自无作此区分的必要。准此以言，《民法典》第 933 条引入“直接损失”概念并与“可得利益”对称，以“直接损失”指称实际损失，以间接损失理解“可得利益”（参见黄薇主编：《中华人民共和国民法典合同编释义》，法律出版社 2020 年版，第 892 页），亦仅具有描述意义。

“确定性”标准在裁判实践中的使用频率极高,甚至完全替代了可预见性限制标准。[91] 此一现象固然不符合本条主文和但书明确的规范分工,但也凸显了可得利益认定的特殊性。由于“确定性”考察的是通常的客观运行规律,该标准本身具有一定排除异常情况的功能。某项可能的财产增益如果因为超出了客观运行规律进而不具有“确定性”,即使再以可预见性规则观察之(边码 41、47),通常也属于不可预见的范围。但是逻辑上也有另一种可能,即某项可能的财产增益符合客观运行规律,但因相关信息不可为违约方所知,属于不可预见的范围进而不具有“可赔偿性”。比如,颜料买卖合同中出卖人提供的颜料品质有瑕疵,买受人以之加工成玩具后出口美国遭遇退货和索赔;此一向第三人支付赔偿金的损失,与出卖人的违约具有事实因果关系(质量瑕疵会引发后续索赔并未超出通常运行规律),但因超出了颜料买卖合同出卖人的可预见范围,故法院否决了赔偿诉请。[92] 假设买受人主张的是被退货而丧失的销售利润(属于可得利益),也同样会凸显事实因果关系和可预见性的这一区分。

本条但书表明,主文部分的涉及履行利益的“可得利益”既包括在可预见范围内的,也包括可预见范围外的,故规范适用上仍应遵守事实因果关系和可预见性的分工,在事实因果关系认定环节即不宜对“确定性”标准要求过高。比如,违约方试图通过举证守约方同时期纳税申报表反映其处于亏损状态,证明其不存在可得利益损失,但最高人民法院正确地指出,“同时期亏损并不能说明其在整个合同履行完毕后都没有可得利益……(守约方)作为生产加工型企业,前期的成本投入往往较大,利润回收具有一定的滞后性,需要一个逐步的过程”,故违约行为确实造成了可得利益损失。[93]

可得利益若是基于非法经营行为取得,其赔偿应受限制。[94] 假设未发生违约,守约方得以顺利开展违法经营,其经营利润亦为法不容。若允许通过可得利益赔偿由违约方承担该项损失,未实际开展违法经营的守约方会获得比假设合同顺利履行更好的待遇,既违反完全赔偿原则,亦构成体系矛盾。[95] 此一评价因素可置于事实因果关系中考察,即若未发生违约,除非引发违法评价的禁令被修法所改,否则守约方能否取得经营利润并不确定,即使进入其财产范围也可能嗣后 37

〔91〕 参见吴行政:《合同法上可得利益赔偿规则的反思与重构》,载《法商研究》2012 年第 2 期,第 71 页。

〔92〕 参见广东省深圳市中级人民法院(2011)深中法民二终字第 1812 号民事判决书。

〔93〕 参见最高人民法院(2013)民二终字第 76 号民事判决书。若是生产线租赁合同履行一段时间后因出租人违约而解除,则履行期间承租人的经营利润亏损与出租人的违约不具有事实因果关系;承租人未来可能的经营利润则被认为会“受到诸多因素的影响,其状况和数额均具有不确定性”。参见最高人民法院(2012)民一终字第 67 号民事判决书。

〔94〕 参见王泽鉴:《损害赔偿》,北京大学出版社 2017 年版,第 73—74 页。

〔95〕 Vgl. Oetker, *Münchener Kommentar zum BGB*, München: C. H. Beck, 2012, § 252, Rn. 7.

被依法没收,[96]故不存在该项可得利益损失。[97]

（三）落空费用的事实因果关系

38 损害赔偿若涉及守约方的信赖费用支出,由于损害并非费用的实际支出,而是该支出无法通过获得履行利益而弥补,亦即支出的“期待目的”落空(边码 30),故判断该实际损失与违约的事实因果关系之前,须先行界定守约方的费用支出是否涉及填补可能性的丧失,以便确定是否存在损害。逻辑上,能够根据“盈利性推定”认定为可经履行利益而弥补的,限于守约方因信赖合同成立有效且会顺利履行所支出的费用。某一项费用支出是否足以推定为履行利益的最低额,关键在于该支出是否基于可确证的信赖而为。若当事人即使没有对合同成立有效且会顺利履行抱以信赖,也可能支出某项费用,则该支出并非基于对合同履行的信赖,自然无法和该合同的履行利益“期待”建立起对应关系,也就不应该通过“盈利性推定”获得赔偿。

疏通上述逻辑,有助于厘清裁判实践中相关费用类型的性质,并确认应否赔偿背后的实质理由。比如,供电所在订立营业用电合同后,违约停止供电导致相对人停产;法院认为,守约方半成品腐烂的损失与违约停电之间具有事实因果关系,但是贷款利息、管理费和厂房折旧摊销则不然,因为即使供电所按时供电,守约方也会支出这几类费用。[98] 此一认定的疑义在于,假设供电所未违约,半成品也会经由生产加工转化为产品而消灭,在“若无违约,亦会支出”这一点上,与贷款利息等项目并无不同。可见,问题的关键不在于成本性费用是否会支出,而在于该支出能否通过受领给付、使用标的并实现履行利益而获得弥补,反过来看,即费用支出的期待目的是否有可能直接因违约而落空。故而,为了生产而投入半成品与营业用电合同的顺利履行之间存在可确证的信赖联系,也就属于直接因违约而落空的支出项目;相比之下,贷款利息等项目的信赖联系较弱,属于若无信赖亦可能会支出的费用,赔偿上即应受限制甚至排除。

---

〔96〕 参见吉林省高级人民法院(2015)吉民提字第 58 号民事判决书。

〔97〕 可与之作为对比的情形是,违约行为导致守约方须向第三人承担违约赔偿责任,裁判实践中通常认为须守约方实际赔偿后方成立实际损失,参见最高人民法院(2012)民二终字第 13 号民事判决书;江苏省高级人民法院(2015)苏民终 633 号民事判决书。但若该赔偿责任已为生效判决所确认,则属于不因守约方“是否主动履行而改变”的法定的义务,此一债务因为有生效判决作为“合法性背书”,即使未实际赔偿也构成“确定发生的损失”,参见北京市高级人民法院(2018)京民终 520 号民事判决书。违法、合法对可得利益、实际损失之事实因果关系的正反影响,由此可见一斑。准此,出租人交付的不动产不符合消防标准,导致承租人被消防部门罚款,法院以罚款并未实际缴纳为由而否决承租人的赔偿诉请,似可商榷,参见最高人民法院(2014)民申字第 34 号民事裁定书。

〔98〕 参见最高人民法院(2017)最高法民申 1872 号民事判决书。

依最高人民法院的见解，守约方公司的日常运营成本通常不会被认定为违约所造成的损失，[99]但若守约方公司系为特定地块的房产开发而特别设立的项目公司，且设立后未从事其他业务，则公司的运营成本就被认定为违约方拒绝交地导致合同解除所造成的“直接损失”，应予赔偿。[100] 此一区分在结果上值得赞同。理由在于，违约行为固然影响了守约方取得特定的履行利益，但其公司的日常运营成本并非建立在信赖某一特定合同会顺利履行的基础上，故与涉及违约之特定合同的履行利益没有对应关系；例外情况下，为特定的合同而特设项目公司且业务上“心无旁骛”，则该公司的运营成本支出与该合同的顺利履行之间存在可确证的信赖关系，进而可对应于该合同的履行利益。唯须辨明的是，此一例外支持赔偿的损害，并非运营成本支出本身，而是与该合同的履行有信赖联系的运营成本支出的“期待目的”落空，或填补可能性的丧失（边码 30）。

经过“若无信赖，则无支出”的判断，确认某项费用支出涉及合同顺利履行后的填补可能性之后，即可进一步判断填补可能性丧失（“损害”）与违约之间的事实因果关系，于此仍可依据“若无则不”法则判断。如果即使没有违约行为，费用支出的填补可能性也会因其他事由而丧失，则此损害与违约之间不具备事实因果关系。比如，药品代销合同虽因出卖人违约而解除，但在合同履行过程中，国家相关部门已开始推行药品购销“两票制”，会严重冲击案涉合同所采取的代理制营销模式，[101]那么即使出卖人依约履行合同，合同还是极有可能因为政策环境的变化而难以持续，买受人所支出的费用有很大部分也无法经由履行利益而获得弥补，能够和违约成立事实因果关系的落空损害也就很有限了。[102] 易言之，违约方若能经此推翻“盈利性推定”，守约方即无从通过损害赔偿将订立了亏本合同的风险转嫁予违约方。 39

五、可预见性规则

（一）主体标准

本条但书明定可预见性判断的主体是“违反合同一方”，而非双方当事人。[103] 40

〔99〕 参见最高人民法院（2016）最高法民终 59 号民事判决书。

〔100〕 参见最高人民法院（2016）最高法民终 550 号民事判决书。

〔101〕 此案情背景参见最高人民法院（2017）最高法民终 701 号民事判决书。

〔102〕 类似案型，参见 Emmerich, *Das Recht der Leistungsstörungen*, 6. Auflage, München: C. H. Beck, 2005, S. 219, Rn. 60. Vgl. auch Stoppel, *Der Ersatz frustrierter Aufwendungen nach § 284 BGB*, Dissertation, Köln: Universitat zu Köln, 2003, S. 43.

〔103〕 对此未作明确区分者参见最高人民法院（2017）最高法民终 934 号民事判决书；最高人民法院（2014）民申字第 321 号民事裁定书。

若违约方在缔约时使用了代理人，为了维护可预见性限制的规范目的（边码7），且考虑到嗣后的违约通常系由违约方本人所致，赔偿效果更是由本人承担，应对“违反合同一方”作整体把握，即代理人的可预见性较高者，以代理人为准；本人的可预见性较高者，以本人为准。无权代理人法定担保责任中的损害赔偿，由于实际发生的义务违反与本人无关，则应以无权代理人为准（边码19）。[104]

41 以违约方为预见主体，不意味着完全以个案中具体的违约方之预见情况或实际能力为准。本条但书涉及“实际预见到”和“应当预见到”两种情形。就“实际预见到”，当然是以具体违约方的主观情况为准，但其实很难证明。即使守约方事先告知违约方与预见有关的信息，违约方也不是必然在事实上“实际预见到”。故要确认违约方“实际预见到”，若非源于违约方的自认，[105]只能是守约方提前告知了违约方具体的损害风险（而不仅仅是相关的事实情况）。[106] 关键还是在于“应当预见到”，通说认为是理性第三人处于违约方的位置通常所可能预见到的范围，属于抽象的客观标准。[107] 但若个案中，违约方本身具备超出理性第三人的预见能力，[108]甚至守约方提前告知了与异常损害有关的信息，[109]“应当预见到”的范围须考虑这些具体的主观情况。在民商合一的立法体例下，此一补充尤有意义。综上，以违约方为预见主体，核心不在于是否“实际预见到”，而在于是否“应当预

〔104〕 虽然《民法典》第171条第3款但书强调善意相对人所能获得的赔偿不能超过假设本人追认时其可主张的赔偿范围，但由于假设本人追认时，适用本条确定可预见范围时，或者以订立合同时预见能力较高的无权代理人为准，或者以订立合同时预见能力较高的本人为准，此两种情形下的赔偿范围只会等于或者大于狭义无权代理时以该无权代理人为准的赔偿范围，故在狭义无权代理场合以无权代理人确定主体标准，与《民法典》第171条第3款但书并无冲突。

〔105〕 比如，租赁合同订立前，出租人向承租人出具了同意转租的书面证明。参见北京市高级人民法院（2018）京民终520号民事判决书。

〔106〕 Huber, *Münchener Kommentar zum BGB*, München: C. H. Beck, 2016, CISG Art. 74, Rn. 30.

〔107〕 参见崔建远：《合同法》（第3版），北京大学出版社2016年版，第376页；王利明：《合同法研究（第二卷）》（第3版），中国人民大学出版社2015年版，第668页；韩世远：《合同法总论》（第4版），法律出版社2018年版，第796—797页；最高人民法院（2016）最高法民再351号民事判决书。Schlechtriem/Schwenzer/Schwenzer, *Kommentar zum Einheitlichen UN - Kaufrecht (CISG)*, München: C. H. Beck, 2013, Art. 74, Rn. 49; Huber, *Münchener Kommentar zum BGB*, München: C. H. Beck, 2016, CISG Art. 74, Rn. 30; Magnus, *Staudinger BGB*, Neubearbeitung, Berlin: Sellier/de Gruyter oHG, 2018, CISG § 74, Rn. 35.

〔108〕 参见重庆市高级人民法院（2015）渝高法民提字第00163号民事判决书（重庆高院在再审中认为，房屋买卖交易时的房价正处于快速上涨的趋势中，相比购房者，出卖人作为房地产开发企业占有更多的信息和资源，对当时房屋增值应有所预期）。

〔109〕 参见最高人民法院（2013）民抗字第15号民事判决书（广东高院在再审中认为，买卖双方长期保持着供销关系，出卖人知道自己生产的变压器会安装进买受人的电子产品，并增值销往欧洲，故出卖人对变压器质量不合格导致的严重后果是可以预见到的）。

见到”,须遵循“理性第三人 + 具体违约方”且“就高不就低”的标准。[110] 以理性第三人为原则性的标准,旨在发挥可预见性规则分配风险的规范功能(边码 7)。

(二)时点标准

42 本条但书明定判断可预见性的时点是当事人“订立合同时”,而非违约方实际违约时。[111] 此乃可预见性规则与因果关系“相当性”标准的重要区别。[112] 预见时点的规范意义在于,违约方在时点之后所知道或应当知道的情况,不能作为判断其可预见范围的因素。预见时点的设定亦具有风险分配的功能,从立法论上看,预见时点设计得越靠后,义务人的责任风险越高。在违约损害赔偿中以订立合同时为基准,系推定违约方会承接其可预见的责任风险,并或者内化为合同对价,或者采取投保等防范措施,体现了对意思自治的尊重和对价均衡的维护(边码 7)。

43 最高人民法院主张“当事人违约给相对方造成的损失应与履行合同后所获得的利益基本相当,即使有一定的惩罚性但也不宜差距过大”,强调违约方的赔偿责任与违约方的履行利益之间须有“损益的相当性”。[113] 笔者认为,惩罚性是违约方的赔偿责任与守约方的损害之间的比较,违约方的赔偿责任与违约方的履行利益之间的“损益相当”似与损害赔偿的惩罚性无涉,其意义实在于尊重违约方承接责任风险的意思。[114]

44 “订立”在现行法上指向合同磋商开始至最终成立之间的过程,基于尊重违约方承接责任风险意思之目的,应区分不同情形确定违约方最终作出决定并受拘束的时点。一般情形下,若违约方是要约方,应以要约生效且不可撤销时为准;若违

〔110〕 参见范在峰、张斌:《两大法系违约损害赔偿可预见性规则比较研究》,载《比较法研究》2003 年第 3 期,第 25 页;最高人民法院民法典贯彻实施工作领导小组主编:《中华人民共和国民法典合同编理解与适用(二)》,人民法院出版社 2020 年版,第 772—773 页。由此可见,“具体违约方”“理性第三人”并不分别对应“实际预见到”“应当预见到”两种情形(持此种见解者如朱广新:《合同法总则研究(下册)》,中国人民大学出版社 2018 年版,第 716—717 页;徐建刚:《规范保护目的理论下的统一损害赔偿》,载《政法论坛》2019 年第 4 期,第 83 页),在“应当预见到”的认定中,抽象的客观标准和具体的主观标准均有发挥作用的空间。

〔111〕 准确把握者,参见最高人民法院(2016)最高法民再 351 号民事判决书。采“实际违约时”者,参见浙江纺织公司诉台湾立荣公司海上货物运输合同无单放货纠纷案,上海市高级人民法院(2003)沪高民四(海)终字第 39 号民事判决书,载《最高人民法院公报》2005 年第 12 期。

〔112〕 因果关系的相当性判断,无论采主观或客观标准,基准时点都是侵害行为时。参见王泽鉴:《侵权行为》(第 3 版),北京大学出版社 2016 年版,第 247 页。

〔113〕 最高人民法院(2016)最高法民再 351 号民事判决书。

〔114〕 而且,有的违约损害不见得是可以和违约方的合同期待相权衡的,尤其是在合同对价关系以外的实际损失,比如律师费。实践中有法院以“守约方支出律师费获得了法律服务,违约方并未从此种法律服务中获益”为由否定律师费赔偿,并不妥当。参见最高人民法院(2017)最高法民终 907 号民事判决书(一审部分)。

约方是承诺方,应以承诺生效时为准。[115] 若合同另有特别成立要件,且该要件之具备取决于违约方的意思参与(如标的物的交付),在要件具备前违约方尚有决定是否进入合同关系的自由,期间知悉的信息亦应作为评价可预见性的因素,故应以要件具备即合同成立时为准。[116] 另外,在合同成立之后,若合同附有特别生效要件且要件之具备取决于违约方的意思参与,其仍有作二次决定的机会,故应以要件具备即合同生效时为准。此种情形脱离"订立合同时"的文义核心,但仍处于其文义边缘,应作扩张解释。[117] 若在前述特别成立或生效要件具备前,债务人由于预见到了超出原有合意安排所内化的责任风险而选择中止交易,合同不成立或不生效,虽有可能构成缔约过失,但不涉及本条的适用(边码 13)。

45 本条但书并未限于非故意违约的情形,则故意违约的赔偿范围亦受可预见性的限制。但是,若合同生效后标的物市场价格发生了异乎寻常的上涨,出卖人为另售他人以谋利,不惜故意违约,在现行法不承认获利剥夺赔偿的情况下(边码 32),将赔偿责任限于违约方订立合同时可预见的范围,正当性值得怀疑。对此类特殊情形,不妨例外地以故意违约时为可预见性的基准时点。[118]

46 合同解除后的恢复原状关系(边码 15)、无权代理人法定担保责任(边码 19),或者隶属于广义合同关系,或者涉及义务人自主进入的准合同关系,可适用或准用本条但书的预见时点。无因管理关系中(边码 20),涉及管理人的义务违反者,由于无因管理之成立系于管理人的管理意思,可准用本条但书的预见时点;涉及被管理人的义务违反者,由于该义务之产生并不涉及义务人(即被管理人)的意思参与,与风险承接意愿无关,故预见时点只能以义务违反时为准。类似的区分亦适用于违反不当得利返还义务的损害赔偿(边码 20)和违反无权占有关系中孳息、使用利益返还义务和必要费用偿还义务的损害赔偿(边码 21)。

---

〔115〕 类似观点,参见 Faust, *Die Vorhersehbarkeit des Schadens gemäß Art.* 74 *Satz* 2 *UN – Kaufrecht* (*CISG*), Tübingen: J. C. B Mohr (Paul Siebeck), 1996, S. 245 ff.

〔116〕 可见,与 CISG 第 74 条规定"合同成立时"(conclusion)不同,《合同法》第 113 条第 1 款但书及本条但书采"订立合同时",更有助于作具体的类型化。

〔117〕 若合同成立生效后双方又作了合意变更,则应以"变更时"参照"订立时"规则的不同情形,确定可预见时点,属于突破文义射程情况下的目的性扩张。当然也可以认为,双方合意变更合同的行为同时也构成合意修改了本条但书的预见时点。参见刘瑛:《国际货物买卖中的损害赔偿制度实证研究》,中国人民大学出版社 2013 年版,第 72—73 页。

〔118〕 类似见解,参见吴行政:《论合同法上的可得利益赔偿》,法律出版社 2011 年版,第 139 页。新近主张重大过失或故意场合应排除适用可预见性规则的观点,另可参见张金海:《可预见性规则的价值取向与制度安排》,载《经贸法律评论》2019 年第 6 期,第 99 页以下。

(三)程度标准

本条但书规定“因违约可能造成的损失”,并未明确就“损失”的可预见性是及于损害的类型即可,抑或须及于损害的范围,或者及于多大的范围。具体的损害类型当然属于要求的预见对象。[119] 在此之外,有观点认为即使对可预见之损害类型的损害范围不具可预见性,亦足以符合可预见性的标准,[120]也有观点认为预见的对象还应包括具备可预见性的损害类型下典型的损害范围。[121] 二者的区别在于,当违约方有可能预见到损害类型但不可能预见到典型的范围时,该项损害是否具备“可赔偿性”。事实上,损害类型与其典型的范围是很难区分的,很难想象违约方可能预见到某一类损害,但却无从预见其典型的范围(如租金的市场平均标准)。[122] 最高人民法院虽然提出“学术通说和司法惯例认为,违约方在缔约时只需要预见到或应当预见到损害的类型,不需要预见到损害的程度或具体数额”,但在确认具体可赔的可得利益损失时,还是依据通常可推算的利润率计算,[123]显然并非只要损害类型可预见,即不对该类型之赔偿范围再作任何限制。更具意义的认定要点应该是,对损害类型(及典型范围)的可预见性,并不要求精确到与实际发生的损害幅度完全相符。[124] 47

可预见性的评价涉及合同当事人之间责任风险的分配,合同目的自然是判断可预见性时不可忽视的规范要素。[125] 典型者如“期货型”买卖合同,在双方约定了买卖价格后,未来市场价格的涨跌属于合同已经内化的风险,无论幅度如何,均为违约方应当预见而赔偿的范围。[126] 故本条但书之“订立合同时预见到或者应 48

---

〔119〕 比如,在煤炭购销交易中买受人拒绝受领导致合同解除而引发的损害,“往往包括因煤炭运输所产生的运费,煤炭作为大宗商品的储存费用,煤炭折价的损失以及煤炭在储运过程中的自然损耗损失”。参见最高人民法院(2015)民申字第3298号民事裁定书。指向具体损害类型也是可预见性与过错的区别,过错涉及的是应当预见到行为会引发损害,而非某种具体类型的损害。

〔120〕 参见韩世远:《合同法总论》(第4版),法律出版社2018年版,第796页。

〔121〕 Schlechtriem/Schwenzer/Schwenzer, *Kommentar zum Einheitlichen UN - Kaufrecht (CISG)*, München: C. H. Beck, 2013, Art. 74, Rn. 90.

〔122〕 参见郝丽燕:《违约可得利益损失赔偿的确定标准》,载《环球法律评论》2016年第2期,第55页。

〔123〕 参见最高人民法院(2017)最高法民终387号民事判决书;另可参见北京市高级人民法院(2018)京民终520号民事判决书。

〔124〕 Huber, *Münchener Kommentar zum BGB*, München: C. H. Beck, 2016, CISG Art. 74, Rn. 28; Magnus, *Staudinger BGB*, Neubearbeitung, Berlin: Sellier/de Gruyter oHG, 2018, CISG § 74, Rn. 34. 另可参见江苏省徐州市中级人民法院(2018)苏03民终4513号民事判决书。

〔125〕 Schlechtriem/Schwenzer/Schwenzer, *Kommentar zum Einheitlichen UN - Kaufrecht (CISG)*, München: C. H. Beck, 2013, Art. 74, Rn. 49. 参见徐建刚:《规范保护目的理论下的统一损害赔偿》,载《政法论坛》2019年第4期,第89页以下。

〔126〕 参见最高人民法院(2011)民二终字第55号民事判决书。

当预见到”,应特指订立“该合同”时的预见程度。由于可预见性规则具有维持合同对价均衡之规范意旨(边码 7),这种责任风险分配有时还应当结合合同对价的高低予以评价。[127]

49 在判断可预见性时,还有观点认为应将“因违约可能造成的损失”限缩为“因违反合同很可能造成的损失”,以此强调损失发生必须具备很大可能性。[128] 对此笔者持保留意见。本条但书“可能造成的损失”,既可以是应当预见到的,也可以是实际预见到的;若作上述限缩,则当违约方同时实际预见到“极大可能”之损害和“一般可能”之损害,其仅须赔偿前者而无须赔偿后者,似有未妥,毕竟二者都是违约方实际预见到了的。依笔者所信,“因违约可能造成的损失”中的“可能”,仅是基于“预见”这一语境,从事前视角“假设性地描述”未来的违约行为与损害之间的事实因果关系,并无规范意义。易言之,即使是异常的损害,由于从事前视角观察并未实际发生,仍属于“可能”造成的损失。即便基于风险分配的法政策立场,欲将赔偿责任限制于在违约方看来一旦违约有“极大可能”会发生的范围,也可以借助对“应当预见到”作偏严格的解释来实现,即在违约方看来发生概率仅具一般可能性的损害,属于不应当预见到的范围。

50 若赔偿责任的范围存在规范性文件的对应或相关规定,该规定会被认为是违约方订立合同时已经知道的,进而形成其对赔偿责任的可预见范围。比如,旅行社违反旅游合同义务,导致旅客伤残,有的法院即认定按照《人身损害赔偿解释》(法释〔2003〕20 号)原第 21 条(2020 年修正后为第 8 条)关于护理费的赔偿标准处理,并未超出旅行社可预见的范围。[129] 但是,若相关规范性文件效力仅及于守约方所在地域,则不一定能构成评价违约方可预见性的因素。比如,合同因违约而解除后,守约方无法根据其所在的浙江省鼓励出口创汇的政策获得贴息,但法院以该政策“对外不具有普遍约束力”为由,否决了贴息损失的赔偿请求。[130]

(四)典型问题

51 裁判实践中,无论是涉及履行利益的违约损害,抑或不涉及履行利益的违约损害(主要表现为实际损失),其赔偿责任的可预见性限制都存在不同层面的争议。涉及履行利益的违约损害赔偿,典型者如不动产买卖或租赁合同违约致合同解除情形下增值利益、转售(租)差价、经营利润损失的赔偿问题,也包括费用支出

---

〔127〕 参见江苏省徐州市中级人民法院(2005)徐民二终字第 285 号民事判决书。

〔128〕 参见朱广新:《合同法总则研究(下册)》,中国人民大学出版社 2018 年版,第 717—718 页。

〔129〕 参见最高人民法院(2015)民申字第 2966 号民事裁定书。

〔130〕 参见浙江纺织公司诉台湾立荣公司海上货物运输合同无单放货纠纷案,上海市高级人民法院(2003)沪高民四(海)终字第 39 号民事判决书,载《最高人民法院公报》2005 年第 12 期。

目的落空损失赔偿争议。不涉及履行利益的违约损害赔偿,典型者如违约导致守约方寻求法律救济的律师费支出。

1. **增值利益、转售(租)差价、经营利润**

以房屋等不动产的买卖或租赁合同违约致合同解除为例,涉及履行利益的损害赔偿大体可区分为三个层次。 52

第一个层次是"增值损失"。交易所处的房价上涨的背景,一般意味着最终违约的出卖人对买受人的差价损失是可预见的。[131] 在不涉及转租或转售的情形下,适合以合同解除时的市场价格与原合同约定价格的差值计算增值损失。[132] 53

第二个层次是"转售或转租差价损失"。个案中若涉及高价转售或转租,则应考虑违约方是否应当知道守约方以转售或转租获利。在买卖合同场合,若是转售合同的买受人违约,通常其应当知道转卖人为了向上家备置货物会支出成本,转售合同约定的价格即包含了转卖人的差价利润,应予赔偿,但须扣除转卖人在转售环节实际节省的交易税费。[133] 若是第一出卖人违约,须个案认定其应否知道买受人会转售之事实,比如买受人的部分价款是由转售合同的买受人直接支付给出卖人的,则出卖人对于转售获利的损失具备可预见性。[134] 对于转租获利,即使原租赁合同约定允许承租人部分转租,有的法院仍然认为原租赁合同的目的在于使用而非转租获利,[135] 似有未妥。相比之下,有的法院认为转租获利损失是违约的出租人应当预见的,但由于无法预见承租人"与次承租人之间关于租期、租金标准等约定",故不能按照前后两个租赁合同实际约定的租金标准计算差价,"而应当同时考虑当时的租赁市场平均合理的租金标准",[136] 值得赞同。 54

第三个层次是"经营利润损失"。买受人或承租人可能会使用标的物开展经营以获取利润,但裁判实践对经营利润损失的事实因果关系和可预见性检验时常不作区分,法院经常会以不具有确定性否定或部分否定此类赔偿请求(边码 36)。鉴于经营利润损失本身的特殊性,即使对其事实因果关系和可预见性作整体把 55

---

〔131〕 参见重庆市第一中级人民法院(2017)渝 01 民终 7697 号民事判决书;江苏省徐州市中级人民法院(2018)苏 03 民终 4513 号民事判决书。当然,守约方解除合同的时点亦涉及其是否尽到减损义务。参见李丹、张荣华:《无权处分共有房产致买卖合同解除时的损害赔偿》,载《人民司法 · 案例》2017 年第 20 期,第 56 页。

〔132〕 参见郭泽喆:《房屋买卖违约中增值损失赔偿的司法认定》,载《山东法官培训学院学报》2018 年第 3 期,第 15、18 页。

〔133〕 参见西藏自治区高级人民法院(2015)藏法民二终字第 9 号民事判决书。

〔134〕 参见云南省高级人民法院(2007)云高民二终字第 218 号民事判决书。

〔135〕 参见广东省高级人民法院(2009)粤高法审监民提字第 78 号民事判决书。

〔136〕 北京市高级人民法院(2018)京民终 520 号民事判决书。

握,有观点也认为以具备“合理确定性”为已足。[137] 此外,结合剩余合同期的长度,亦应考虑守约方在合理期间内转移投资的减损义务。[138]

2. 费用支出目的落空损失

56 实际损失亦须适用可预见性限制规则(边码3)。基于信赖合同成立有效且会顺利履行而作信赖费用支出,且期待获得履行利益以弥补之,若该“期待目的”因违约而落空,则与违约之间具备事实因果关系(边码38、39)。在此基础上,违约方的赔偿范围还需要考虑其对此类费用支出的可预见性,[139] 主要评价的是理性人视角下信赖的合理性和数额的合理性。[140]

比如,违约方根据专利许可使用合同向守约方提供技术及设备,后因技术不过关合同被协议解除,守约方要求赔偿为使用该技术经营甲醇加注站而投入的场地租赁费、安全培训费、加油设备和消防设备的购置费用等;但法院认为,合同中对于“拟投资建立的甲醇加注站的数量、规模、场地面积、设备装备、从业人员等并未有明确的约定”,违约方在订立合同时无从预见上述投入,亦即此支出项目的信赖合理性不足,也就不符合本条但书的可预见性标准。[141] 若是守约方为了接收该设备而以高价承租了仓库,租金支出具备信赖合理性,但其数额不具备合理性,亦属突破了违约方的可预见范围。

57 综上,违约损害赔偿中的费用支出目的落空损失赔偿,遵循的规范思路是:“若无信赖,则无支出”(确定费用支出之目的落空足以认定为损害)+“若无违约,即无目的落空”(确定损害与违约之间的事实因果关系)+“信赖与数额的合理性”(可预见性限制)。

3. 律师费

58 虽然各地方普遍确立了律师费的政府指导价格标准,也不乏法院认可实际支出

---

〔137〕 参见刘承韪:《违约可得利益损失的确定规则》,载《法学研究》2013年第2期,第91页。

〔138〕 参见北京市高级人民法院(2018)京民终520号民事判决书。

〔139〕 参见许德风:《论合同法上信赖利益的概念及对成本费用的损害赔偿》,载《北大法律评论》(第6卷·第2辑),北京大学出版社2005年版,第704—706页。

〔140〕 《德国民法典》第284条规定的“无益费用偿还请求权”其中一个要件是该费用属于“合理”,考察的就是债务人的可预见性。Emmerich, *Das Recht der Leistungsstörungen*, 6. Auflage, München: C. H. Beck, 2005, S. 218, Rn. 58. 对此,亦有观点认为“合理性”问题实质上是不真正义务违反的问题,主张通过认定守约方与有过失来限制不合理费用支出的赔偿(参见徐建刚:《违约中落空费用的性质及赔偿》,载《法学》2020年第2期,第64页以下)。笔者认为,支出依通常标准属于过度投资的费用,确实可能构成不真正义务的违反;但对于依通常标准并非过度的支出,如果相关信息不可期待违约方了解,此时欲限制赔偿还是离不开可预见性的评价,而守约方在“自主决定”为合理支出的行为当时,似难谓违反了不真正义务。

〔141〕 参见最高人民法院(2014)民申字第2086号民事裁定书。

的律师费属于违约造成的“损失”,[142]但有的裁判亦认为应考虑案件是否疑难、守约方诉请的支持程度等因素,限制赔偿范围。[143] 甚至在合同明确约定了律师费由违约方承担的情况下,有的法院认为该约定并未细化至具体费用类型或计算标准,若完全由违约方承担,守约方可能不顾“合理性、必要性”地扩大律师费支出;故即使未超出政府指导价格标准,还应结合“案件争议金额、案件难易、庭审次数和时长以及当地法官、检察官、律师的年平均收入情况”限制律师费赔偿的范围。[144]

对于这种限制律师费赔偿的实践现状,学理上有观点认为,在没有特别约定的情况下,律师费属于“法治国家中任何人均必须面对的一般生活风险”,[145]不能转嫁给违约方。笔者认为,因被违约而内心愤懑,可以认定为一般生活风险,进而排除违约方对此类“精神损害”的赔偿责任;[146]但因被违约而寻求专业法律服务,不仅涉及双方当事人的利益平衡,亦关乎司法互动和司法效率,后者之维护与促进亦属法治国家的必要职责,故在制度供给的理念方面,不宜将律师费归为一般生活风险进而绝对地排除违约方的赔偿责任。

在规范适用层面,律师费的“可赔偿性”判断亦应区分事实因果关系和可预见性限制。首先,须有律师费的实际支出或较高的支出确定性,并评估其与违约行为的事实因果关系。[147] 其次,在事实因果关系成立的前提下(边码34),就可预见性限制而言,若合同明确约定了律师费的赔偿标准,则属于就律师费损失的赔偿范围之特别约定,只要未违反强制性规范,应优先于本条但书之适用。除此以外,由于可预见性的基准时点是订立合同时,无论是合同仅模糊约定了律师费赔偿责任的承担,还是完全未作约定,都需要结合可预见性规则的作用范围区分情况处理。若合同架构新颖、合作安排复杂,就可能的律师费赔偿责任,违约方在订立合同时可预见的范围相对较大;若合同架构相对简单,在订立合同时违约方可预见的范围则较小,甚至低于政府指导价格标准。此为可预见性规则发挥作用的空间。但是对于订立合同时无从预见的因素(如嗣后违约带动的实际涉案金额、具体的案 59

[142] 参见最高人民法院(2020)最高法民终684号民事判决书;最高人民法院(2018)最高法民终1214号民事判决书;北京市高级人民法院(2011)高民终字第1851号民事判决书。

[143] 参见最高人民法院(2017)最高法民终311号民事判决书。

[144] 参见最高人民法院(2017)最高法民终907号民事判决书(一审部分)。

[145] 参见徐建刚:《规范保护目的理论下的统一损害赔偿》,载《政法论坛》2019年第4期,第87页。

[146] 参见谢鸿飞:《违约责任与侵权责任竞合理论的再构成》,载《环球法律评论》2014年第6期,第16—17页。

[147] 若律师费系基于“风险代理”而附有条件“需要根据实际回收的为现金或非现金以及金额、价值按照不同的标准计算”,则最终债权实现与否、实现多少等情况尚不够确定时,则难谓存在律师费损失。此种情况下,最高人民法院认为“可待确定会发生或者实际发生后另行主张”。参见最高人民法院(2020)最高法民终118号民事判决书。

件难度),[148]宜纳入守约方减损义务考量限制赔偿的幅度。但无论如何,不应仅以未作约定为由,完全排除律师费赔偿责任。

六、证明责任

60 就相关损害赔偿请求权基础之"构成要件"所涉事实,应由请求权人即守约方承担举证责任。其中,就可得利益损失,《民商事合同指导意见》第11条特别规定应由守约方举证证明其遭受的可得利益损失总额和必要的交易成本。可得利益损失的存在,由于同时涉及事实因果关系的证明,在确定性要求方面不应过高(边码36)。对于必要的交易成本,则应区分情况处理:若守约方已经实际支出此类成本,并主张以此作为赔偿范围,则应由守约方举证;若守约方未实际支出此类成本,同时主张以转售差价等形式计算履行利益的赔偿范围,则节省的必要交易成本属于损益相抵的范畴,违约方可举证并主张扣除(边码26、54)。

61 本条(包括可预见性限制规则)是违约损害赔偿责任请求权基础中"法律效果"的辅助规范(边码8),其正面满足所应具备的事实事项,亦应由主张赔偿责任的请求权人,即守约方承担证明责任。[149] 易言之,本条但书的表述并无证明责任分配功能。唯依《民商事合同指导意见》第11条,"对于可以预见的损失,既可以由非违约方举证,也可以由人民法院根据具体情况予以裁量",需进一步细化分析。

关于可预见范围的证明责任分配,需要先明确可预见范围的认定是法律适用问题抑或事实认定问题。就本条但书"实际预见到"的情形,其范围认定属于事实认定问题,但除非违约方自认或守约方明确告知具体的责任风险范围,否则其实很难证明(边码41)。就"应当预见到"的情形,基于可预见性规则分配责任风险的规范功能(边码7),可预见范围的认定并非事实认定问题,而属于法律适用和规范评价的问题。[150] 故具体的证明对象,不在于可预见的损失,而在于与可预见性评价有关的事实,主要是个案中的违约方是否具有超出一般理性人的预见能力、其是否知道有关的事实信息等事项。若无法举证证明,则法院可将相关损害评价为不应当预见到的损失。比如,在内河运输合同中,关于承运人是否须赔偿毁损的货物从国外进口入境所支出的进口增值税、运费、代理费等进口费用,法院即认为

---

〔148〕 比较法上的类似限制因素,参见刘瑛:《国际货物买卖中的损害赔偿制度实证研究》,中国人民大学出版社2013年版,第170页。

〔149〕 参见郝丽燕:《违约可得利益损失赔偿的确定标准》,载《环球法律评论》2016年第2期,第58页;Schlechtriem/Schwenzer/Schwenzer, *Kommentar zum Einheitlichen UN – Kaufrecht (CISG)*, München: C. H. Beck, 2013, Art. 74, Rn. 25.

〔150〕 参见崔建远:《合同法》(第3版),北京大学出版社2016年版,第376页。

托运人在订立该内河运输合同时,仅告知承运人与运输有关的事项,未告知货物的进口货性质,亦未有证据证明承运人有能力预见,则承运人的责任范围仅及于同类货物内河运输的损害程度,不包括进口费用。[151]

可得利益可预见性评价所涉事实的证明责任,原则上应由守约方承担。[152] 62
在此之外,《民商事合同指导意见》第11条所称"也可以由人民法院根据具体情况予以裁量",并不包括将举证责任分配给违约方,因为实体法上可预见性规则采"理性第三人+具体违约方"的"就高不就低"标准,即使违约方能够证明自己的预见能力低于理性第三人的一般水准,亦无从推翻相关损害的可预见性评价。故此具体裁量的意义,主要是授权法院根据众所周知的事实(如房价持续上涨的交易背景),[153]或者以既有事实结合日常生活经验法则(如违约方作为房产开发企业的信息优势、[154]守约方以营利为目的的商业常理、[155]融资难的背景下民间借贷借款人应当知道出借人收回款项若再行出借至少会保持现合同利率的水准[156]),认定基本事实进而评估酌定违约方可预见的可得利益损失。[157]

附:案例索引

1. 北京市高级人民法院(2011)高民终字第1851号民事判决书:北京吉诺思科贸有限公司与株式会社GINO国际货物买卖合同纠纷案【边码24、58】

2. 北京市高级人民法院(2018)京民终520号民事判决书:北京嘉泰风尚投资有限责任公司与北京市昌平区霍营街道霍家营社区居民委员会房屋租赁合同纠纷案【边码24、26、37、41、47、54、55】

3. 重庆市第一中级人民法院(2017)渝01民终7697号民事判决书:黄某与蒋某等房屋买卖合同纠纷案【边码53、62】

4. 重庆市高级人民法院(2013)渝高法民提字第00202号民事判决书:重庆华夏建工集

---

〔151〕 参见上海市高级人民法院(2013)沪高民四(海)终字第94号民事判决书。

〔152〕 参见最高人民法院(2020)最高法民申5973号民事裁定书。

〔153〕 参见重庆市第一中级人民法院(2017)渝01民终7697号民事判决书。

〔154〕 参见重庆市高级人民法院(2015)渝高法民提字第00163号民事判决书。

〔155〕 参见最高人民法院(2013)民二终字第76号民事判决书。

〔156〕 参见最高人民法院(2014)民一终字第85号民事判决书。

〔157〕 有观点进一步指出,对于故意违约,应适当降低守约方的证明标准。Schlechtriem/Schwenzer/Schwenzer, *Kommentar zum Einheitlichen UN-Kaufrecht (CISG)*, München: C. H. Beck, 2013, Art. 74, Rn. 65. 比较法上多见以明文授权法官依心证酌定赔偿额从而降低损害证明标准,相关整理可参见闫仁河:《违约可得利益赔偿研究》,对外经济贸易大学出版社2008年版,第164页以下;谷佳杰:《民事诉讼损害赔偿数额确定制度研究》,西南政法大学2015年博士学位论文,第69页以下。鉴于现行法并无关于损害证明标准降低的明确规范,虽然《民商事合同指导意见》第11条的裁量规定针对的并非损害的证明问题(而是可预见性评价之相关事项的证明和认定问题),但事实上可以发挥类似的实体酌定、程序减负的效果。

团混凝土有限公司与湖南高岭建设集团股份有限公司买卖合同纠纷案【边码 29】

5. 重庆市高级人民法院(2015)渝高法民提字第 00163 号民事判决书:兰某华与重庆市名爵实业有限公司商品房销售合同纠纷案【边码 41、62】

6. 重庆市高级人民法院(2015)渝高法民提字第 00206 号民事判决书:重庆大川集团房地产开发有限公司与龚某奎租赁合同纠纷案【边码 36】

7. 福建省高级人民法院(2005)闽民终字第 166 号民事判决书:福建省漳州市九龙天实业有限公司与双菱网络科技(漳州)有限公司委托合同及侵权纠纷案【边码 31】

8. 广东省高级人民法院(2009)粤高法审监民提字第 78 号民事判决书:龚某东与魏某邦等房屋租赁合同纠纷案【边码 54】

9. 广东省高级人民法院(2017)粤民再 278 号民事判决书:深圳市利保义实业发展有限公司与施某兰房屋买卖合同纠纷案【边码 26】

10. 广东省深圳市中级人民法院(2011)深中法民二终字第 1812 号民事判决书:深圳市博××颜料科技有限公司与广州百×化工有限公司买卖合同纠纷案【边码 36】

11. 广西壮族自治区玉林市中级人民法院(2018)桂 09 民终 1607 号民事判决书:曾某武与钟某艺承揽合同纠纷案【边码 12】

12. 河北省高级人民法院(2013)冀民一终字第 301 号民事判决书:秦皇岛煜明房地产集团有限公司与张某欣房屋买卖合同纠纷案【边码 26】

13. 河南省三门峡市中级人民法院(2018)豫 12 民终 789 号民事判决书:三门峡隆茂养殖有限公司与高某峡不当得利纠纷案【边码 20】

14. 湖南省高级人民法院(2015)湘高法民一终字第 92 号民事判决书:湖南金丹科技投资有限公司与刘某商品房销售合同纠纷案【边码 15】

15. 湖南省永州市中级人民法院(2016)湘 11 民终 1724 号民事判决书:邓某麟与蓝山县世纪皇廷大酒店服务合同纠纷案【边码 28】

16. 吉林省高级人民法院(2015)吉民提字第 58 号民事判决书:吉林省百年六福堂药业有限公司与吉林省裕康医药有限公司买卖合同纠纷案【边码 37】

17. 江苏省高级人民法院(2015)苏民终 633 号民事判决书:蔡某庆与苏州万亚置业发展有限公司房屋租赁合同纠纷案【边码 37】

18. 江苏省高级人民法院(2016)苏民终 479 号民事判决书:姚某渊与倪某华加工合同纠纷案【边码 36】

19. 江苏省徐州市中级人民法院(2005)徐民二终字第 285 号民事判决书:方某与张某民等运输合同纠纷案【边码 48】

20. 江苏省徐州市中级人民法院(2018)苏 03 民终 4513 号民事判决书:吴某松与张某富等房屋买卖合同纠纷案【边码 26、47、53】

21. 山东省高级人民法院(2015)鲁民一终字第 503 号民事判决书:临沂新程金锣肉制品集团有限公司与山东融商食品有限公司租赁合同纠纷案【边码 12、24】

22. 山东省青岛市中级人民法院(2014)青民二商终字第 389 号民事判决书:青岛公交集团有限责任公司与房某运输合同纠纷案【边码 28】

23. 上海盘起贸易有限公司与盘起工业(大连)有限公司委托合同纠纷案,最高人民法院(2005)民二终字第 143 号民事判决书,载《最高人民法院公报》2006 年第 4 期【边码 36】

24. 上海市第一中级人民法院(2016)沪 01 民终 5149 号民事判决书:厦门豪嘉利商贸发展有限公司与洋马发动机(上海)有限公司联营合同纠纷案【边码 12】

25. 上海市高级人民法院(2013)沪高民四(海)终字第 94 号民事判决书:上海欣辰货物运输有限公司与李某等通海水域货物运输合同纠纷案【边码 61】

26. 上海市浦东新区人民法院(2015)浦民二(商)初字第 5277 号民事判决书:上海恒博拆房工程有限公司与上海培君房地产开发有限公司承揽合同纠纷案【边码 16】

27. 深圳市标榜投资发展有限公司与鞍山市财政局股权转让纠纷案,最高人民法院(2016)最高法民终 802 号民事判决书,载《最高人民法院公报》2017 年第 12 期【边码 32、36】

28. 四川省成都市高新区人民法院(2010)高新民初字第 355 号民事判决书:成都银行股份有限公司高新支行与肖某云等排除妨害纠纷案【边码 21】

29. 四川省高级人民法院(2016)川民再 371 号民事判决书:四川石油管理局南充公共事务管理中心与四川东信电子有限公司房屋租赁合同纠纷案【边码 29、30】

30. 四川省高级人民法院(2016)川民终 941 号民事判决书:荆州市泛亚石油化工有限公司与成都赛普瑞兴科技有限公司承揽合同纠纷案【边码 16】

31. 西藏自治区高级人民法院(2015)藏法民二终字第 9 号民事判决书:西藏兴安商贸有限公司与中交物产集团有限公司买卖合同纠纷案【边码 26、54】

32. 新疆亚坤商贸有限公司与新疆精河县康瑞棉花加工有限公司买卖合同纠纷案,最高人民法院(2016)民二终字第 111 号民事判决书,载《最高人民法院公报》2006 年第 11 期【边码 33】

33. 云南省高级人民法院(2007)云高民二终字第 218 号民事判决书:盈江县新鑫经贸有限责任公司与永平云森木业有限公司买卖合同纠纷案【边码 54】

34. 浙江纺织公司诉台湾立荣公司海上货物运输合同无单放货纠纷案,上海市高级人民法院(2003)沪高民四(海)终字第 39 号民事判决书,载《最高人民法院公报》2005 年第 12 期【边码 42、50】

35. 浙江省高级人民法院(2018)浙民终 417 号民事判决书:浙江华顺海运有限公司与庄某良船舶买卖合同纠纷案【边码 24】

36. 最高人民法院(2014)民一终字第 198 号民事判决书:郑某安与青海万通物业发展有限公司商品房买卖合同纠纷案【边码 6、24】

37. 最高人民法院(2002)民一终字第 4 号民事判决书:兰州红丽园商贸有限责任公司与甘肃诚信电线电缆有限责任公司房屋租赁合同纠纷案【边码 26】

38. 最高人民法院(2011)民二终字第 55 号民事判决书:上海同在国际贸易有限公司与远东电缆有限公司买卖合同纠纷案【边码 48】

39. 最高人民法院(2012)民二终字第 13 号民事判决书:东莞市恒锋实业有限公司与东莞市华源集团有限公司等委托收购股权合同赔偿纠纷案【边码 16、24、37】

40. 最高人民法院(2012)民一终字第 67 号民事判决书:山西数源华石化工能源有限公司与山西三维集团股份有限公司租赁合同纠纷案【边码 36】

41. 最高人民法院(2013)民二终字第 76 号民事判决书:上海浙东铝业有限公司与常州世方国际贸易有限公司买卖合同纠纷案【边码 36、62】

42. 最高人民法院(2013)民抗字第 15 号民事判决书:深圳市兴耀达电子有限公司与深圳市三诺电子有限公司买卖合同纠纷案【边码 31、41】

43. 最高人民法院(2013)民申字第 1609 号民事裁定书:文昌海石投资有限公司与海南臻美地产顾问有限公司商品房委托代理销售合同纠纷案【边码 16】

44. 最高人民法院(2014)民申字第 2086 号民事裁定书:王某航与武汉中醇化汽车新能源有限公司债权人撤销权纠纷案【边码 29、56】

45. 最高人民法院(2014)民申字第 321 号民事裁定书:巴桑潘多等与拉萨市八一农场土地租赁合同纠纷案【边码 32、40】

46. 最高人民法院(2014)民申字第 34 号民事裁定书:海南泰龙房地产有限公司与海口海日晖房地产开发有限公司房屋租赁合同纠纷案【边码 35、36、37】

47. 最高人民法院(2014)民一终字第 85 号民事判决书:宁夏北方明珠房地产开发有限公司与陈某清等民间借贷纠纷案【边码 11、62】

48. 最高人民法院(2015)民二终字第 88 号民事判决书:华锐风电科技(集团)股份有限公司与肇源新龙顺德风力发电有限公司买卖合同纠纷案【边码 7】

49. 最高人民法院(2015)民申字第 2966 号民事裁定书:新疆华侨国际旅行社(有限公司)与章某武等旅游合同纠纷案【边码 50】

50. 最高人民法院(2015)民申字第 3298 号民事裁定书:湖南恒盛畅达贸易有限公司与山西太阳石煤炭储运有限公司买卖合同纠纷案【边码 26、47】

51. 最高人民法院(2015)民申字第 990 号民事裁定书:湖南康帅房地产开发有限公司与深圳天骜投资策划有限公司委托合同纠纷案【边码 16】

52. 最高人民法院(2015)民一终字第 72 号民事判决书:山西华晋纺织印染有限公司等与戴某合资、合作开发房地产合同纠纷案【边码 10】

53. 最高人民法院(2016)最高法民申 1020 号民事裁定书:上海诚华机械有限公司与合肥熔安动力机械有限公司承揽合同纠纷案【边码 26】

54. 最高人民法院(2016)最高法民申 1669 号民事裁定书:项城市人民政府水寨办事处与李某民等合同纠纷案【边码 30】

55. 最高人民法院(2016)最高法民再 351 号民事判决书:哈尔滨振国房地产开发有限公司与哈尔滨报达展览策划有限公司等租赁合同纠纷案【边码 24、41、42、43】

56. 最高人民法院(2016)最高法民终 550 号民事判决书:沈阳市土地交易中心等与南华资产控股有限公司等土地出让合同纠纷案【边码 36、38】

57. 最高人民法院(2016)最高法民终 59 号民事判决书:江西省鹤群房地产开发有限责任公司与武宁县国土资源局建设用地使用权出让合同纠纷案【边码 38】

58. 最高人民法院(2017)最高法民申 1872 号民事判决书:贵州省正安县恒兴香辣食品有限责任公司与正安供电局等供用电合同纠纷案【边码 38】

59. 最高人民法院(2017)最高法民终 306 号民事判决书:吉林炭素有限公司与交通银行

股份有限公司北京海淀支行等金融借款合同纠纷案【边码 17】

60. 最高人民法院(2017)最高法民终 311 号民事判决书:潘某相与安徽泗县农村商业银行股份有限公司储蓄存款合同纠纷案【边码 24、58】

61. 最高人民法院(2017)最高法民终 340 号民事判决书:北京中科拜克生物技术有限公司等与辽宁东戴河新区管理委员会等建设用地使用权出让合同纠纷案【边码 32】

62. 最高人民法院(2017)最高法民终 387 号民事判决书:中国人寿保险股份有限公司甘肃省分公司与甘肃兰东房地产开发有限责任公司等合同纠纷案【边码 47】

63. 最高人民法院(2017)最高法民终 701 号民事判决书:浙江丰元医药股份有限公司与海南全星制药有限公司买卖合同纠纷案【边码 39】

64. 最高人民法院(2017)最高法民终 718 号民事判决书:现代(邯郸)物流港开发有限公司等与中国建筑第七工程局有限公司等票据追索权及合同纠纷案【边码 6】

65. 最高人民法院(2017)最高法民终 818 号民事判决书:中国第一重型机械股份公司与赣州铝业股份有限公司定作合同纠纷案【边码 16】

66. 最高人民法院(2017)最高法民终 907 号民事判决书:北京天悦投资发展有限公司与安信信托股份有限公司等合同纠纷案【边码 43、58】

67. 最高人民法院(2017)最高法民终 934 号民事判决书:中国长城资产管理股份有限公司重庆市分公司与重庆合成化工厂有限公司等欠款纠纷案【边码 6、40】

68. 最高人民法院(2018)最高法民终 1214 号民事判决书:四川汉能光伏有限公司与成都西航港工业发展投资有限公司等企业借贷纠纷案【边码 58】

69. 最高人民法院(2018)最高法民终 355 号民事判决书:中国信达资产管理股份有限公司甘肃省分公司与庆阳市智霖房地产开发有限公司等债权债务概括转移合同纠纷案【边码 22】

70. 最高人民法院(2019)最高法民终 2025 号民事判决书:云南省能源投资集团有限公司等与大大置业(上海)有限公司等企业借贷纠纷案【边码 24】

71. 最高人民法院(2020)最高法民申 5973 号民事裁定书:乐山通贸营销有限公司城东蔬菜市场等与乐山市富侨建材有限公司买卖合同纠纷案【边码 62】

72. 最高人民法院(2020)最高法民再 230 号民事判决书:怀化市神龙房地产开发有限公司与湖南省芷江侗族自治县自然资源局等建设用地使用权出让合同纠纷案【边码 32】

73. 最高人民法院(2020)最高法民终 118 号民事判决书:云南鹏龙坤佳物流有限责任公司与中国华融资产管理股份有限公司云南省分公司等金融借款合同纠纷案【边码 59】

74. 最高人民法院(2020)最高法民终 15 号民事判决书:四川纵横航空有限公司与国家开发银行等金融借款合同纠纷案【边码 17】

75. 最高人民法院(2020)最高法民终 684 号民事判决书:重庆申基实业(集团)有限公司与恒丰银行股份有限公司重庆解放碑支行等借款合同纠纷案【边码 58】

76. 最高人民法院(2020)最高法知民终 220 号民事判决书:朱某颂等与上海宏威知识产权代理有限公司专利代理合同纠纷案【边码 8】

77. 最高人民法院(2020)最高法知民终 223 号民事判决书:高某清与中技国际工程有限公司专利实施许可合同纠纷案【边码 34】

第585条

约定违约金*

第585条　当事人可以约定一方违约时应当根据违约情况向对方支付一定数额的违约金，也可以约定因违约产生的损失赔偿额的计算方法。

约定的违约金低于造成的损失的，人民法院或者仲裁机构可以根据当事人的请求予以增加；约定的违约金过分高于造成的损失的，人民法院或者仲裁机构可以根据当事人的请求予以适当减少。

当事人就迟延履行约定违约金的，违约方支付违约金后，还应当履行债务。

简　目

* 本文系基于《〈合同法〉第114条（约定违约金）评注》（载《法学家》2017年第5期，第154—174页）一文修订而成。

一、规范定位

(一)条文构造

1 本条位于《民法典》“合同编”之第一分编“通则”的第八章“违约责任”,依之,违约金属于民事责任中违约责任的一种承担方式。[1] 但不应据此认为违约金不能适用于法定之债,针对缔约过失、无权代理人责任、无因管理、不当得利、侵权损害赔偿等法定债务,亦不妨约定违约金(《民法典》第468条)(边码17、19c)。[2] 违约责任之定位,只是凸显了违约金的核心适用领域。

2 本条的结构承袭了《合同法》第114条,分三款:

第1款维持了《民法通则》第112条第2款、《合同法》第114条第1款的立场,确认了当事人可约定违约金,同时又涉及“损失赔偿额的计算方法”,此区分曾经引发后者是否亦属违约金的疑义(边码4)。

第2款规定了违约金的司法调整规则,相比《合同法》第114条第2款,作了具有重要规范意义的行文调整(边码65a、78)。2009年《合同法解释二》第27至29条曾对《合同法》第114条第2款的规范内容作了针对性补充。2021年《民法典》施行后,相关内容经修订通过《民法典纪要》发布(第11条),亦应纳入本评注研讨范围。

第3款规定了迟延履行违约金与继续履行之间的适用关系,属于违约金的给付效力内容,其中还隐含着不同违约事由下违约金与强制履行、损害赔偿等法定违约责任之关系的规制态度。

唯规范逻辑上,先有给付效力发生,后有司法调整问题,故下文以第3款为先(边码14—52),以第2款为后(边码53—86)。

(二)概念界定

3 本条第1款的文义表明,违约金是违约前预先约定的,针对嗣后违约情事的

〔1〕 这一体系定位呼应了1982年施行的《经济合同法》第33至45条(位于第四章“违反经济合同的责任”)、1985年施行的《涉外经济合同法》第20条(位于第三章“合同的履行和违反合同的责任”)、1986年施行的《民法通则》第112条第2款、第134条第1款第8项(位于第六章“民事责任”,包括第二节“违反合同的民事责任”)、1999年施行的《合同法》第114条(位于第七章“违约责任”)。依2017年施行的《民法总则》第179条第1款第9项,“支付违约金”属于“承担民事责任的方式”之一。

〔2〕 参见张企泰:《约定违约金之比较研究》,载何勤华、李秀清主编:《民国法学论文精萃(第三卷)》,法律出版社2004年版,第282页;类似见解,参见黄薇主编:《中华人民共和国民法典合同编释义》,法律出版社2020年版,第288页。

违约责任,兼具预定性和约定性。“预定性”意味着,违约之后再就违约责任之范围、承担方式等作意定安排,并非违约金,而是对已成立的法定违约责任的意定变更(边码17)。“约定性”意味着,由法律法规事先确定其具体内容的违约责任,[3]并非基于约定而生,不属于本条的违约金。[4]

4 文义上,第1款还区分了“一定数额的违约金”和“因违约产生的损失赔偿额的计算方法”。对此,曾有观点针对《合同法》第114条第1款,认为二者为不同的制度,“因违约产生的损失赔偿额的计算方法”属于约定损害赔偿,并非违约金,欲适用第114条第2款作司法调整,也只能是“类推适用”[5]或“参照”适用,[6]也有观点认为二者均属违约金,只是表现形式不同。[7] 实践中交易主体在诸如迟延履行等场合多会倾向约定损失赔偿额的计算方法,但并不影响其违约金定性并适用司法调整。[8]《买卖合同解释》(2020年修正)第18条第4款“买卖合同没有约定逾期付款违约金或者该违约金的计算方法”之措辞,显然亦持同一对待之立场。[9]

如果将损失赔偿额的计算方法界定为“约定损害赔偿”,则其性质仅为违约损害赔偿的特殊形态,应直接求助可预见性规则、与有过失、减损规则、损益相抵等损害赔偿的一般规则对其范围作刚性限制;[10]考虑到司法调整尤其是司法酌减时不仅仅考虑违约损害之大小(《民法典纪要》第11条)(边码65—72),即使是类推适用,正当性亦值怀疑。但是,若由此而放弃对损失赔偿额的计算方法作司法调整,则为交易实践规避司法调整规则提供了便利,难谓妥当。观察《合同法》第114条第1款的早期草案会发现,二者虽曾分立于两个条文,但在可以作

---

〔3〕 比如《民间借贷规定》(2020年第二次修正)第28条第2款第1项针对无息民间借贷合同迟延履行所规定之“参照当时一年期贷款市场报价利率标准计算的利息”的法定迟延罚息。

〔4〕 参见黄薇主编:《中华人民共和国民法典合同编释义》,法律出版社2020年版,第288页。

〔5〕 参见王利明:《合同法研究(第二卷)》(第3版),中国人民大学出版社2015年版,第662—664页;王利明:《违约责任的新发展》,载中国民商法律网,http://www.civillaw.com.cn/zt/t/?id=28531,2021年5月1日访问。

〔6〕 参见李玉林:《约定损失赔偿金的调整应区分不同情形》,载《人民司法·案例》2014年第10期,第64页。

〔7〕 参见罗昆:《违约金的性质反思与类型重构》,载《法商研究》2015年第5期,第109页。

〔8〕 比如河南省焦作市中级人民法院(2010)焦民二终字第43号民事判决书中,二审法院指出,“合同约定‘甲方……承担每天所欠货款3‰的违约金’,该约定体现当事人意思自治原则,其约定的是一种计算方法(违约金的不特定性),而非违约金数额(特定性),一审确认的违约金数额……已明显超过所欠货款,应认为约定的违约金过高,应予适当调整”。

〔9〕 另可参见最高人民法院(2015)民提字第209号民事判决书。

〔10〕 参见王洪亮:《违约金功能定位的反思》,载《法律科学》2014年第2期,第116页。

司法调整方面并无实质差异。[11] 1999 年《合同法》将二者统合在同一条文里，既未针对损失赔偿额的计算方法设置特别规范，与其并列的“违约金”又附有“一定数额”之定语，应可确认二者均属违约金，均可直接适用包括司法调整在内的违约金规则。

当然，即使是约定了损失赔偿额的计算方法，其构成因素至少要包含某种确定的基数和比例（如按日万分之五），以确保违约金的数额至少是可确定的。否则，违约责任之大小只能在实际违约后根据法定损害赔偿规则解决。 5

（三）内部类型

在违约金内部，学说存在所谓的“惩罚性违约金”与“赔偿性违约金”的区分。早期观点一度根据违约金与实际违约损害的大小关系来判断违约金的惩罚性与赔偿性，[12] 但后续学说更多地是以违约金是否排斥强制履行或损害赔偿等法定责任为区分基础，并行于法定责任的属于惩罚性违约金，反之则是赔偿性违约金；具体类型为何取决于当事人约定，约定不明时就推定为赔偿性违约金。[13] 依之， 6

---

〔11〕 1995 年 10 月 16 日的《中华人民共和国合同法（试拟稿）》第 66 条：“当事人可以约定违约金。当事人违约后，应当按照约定支付违约金。（第 1 款）违约金视为因违约造成损失的赔偿金。约定的违约金过分高于或者低于因违约造成损失的，当事人可以请求人民法院或者仲裁委员会适当减少或者增加。（第 2 款）”第 67 条：“当事人可以约定赔偿损失额或者赔偿损失额的计算方法。（第 1 款）约定的赔偿损失额过分高于或者低于因违约造成损失的，当事人可以请求人民法院或者仲裁委员会适当减少或者增加。（第 2 款）”1996 年 5 月《中华人民共和国合同法（试拟稿）》第 69 条：“当事人可以约定违约金。当事人违约后，应当按照约定支付违约金。（第 1 款）违约金视为因违约造成损失的赔偿金。约定的违约金过分高于或者低于因违约造成损失的，当事人可以请求人民法院或者仲裁委员会适当减少或者增加。（第 2 款）”第 70 条：“当事人可以约定赔偿损失额或者赔偿损失额的计算方法。约定的赔偿损失额过分高于或者低于因违约造成损失的，当事人可以请求人民法院或者仲裁委员会适当减少或者增加。”1997 年 5 月 14 日的《中华人民共和国合同法（征求意见稿）》第 77 条：“当事人可以约定违约金。当事人违约后，应当按照约定支付违约金。（第 1 款）违约金视为因违约造成损失的赔偿金。约定的违约金过分高于或者低于因违约造成损失的，当事人可以请求人民法院或者仲裁委员会适当减少或者增加。违约没有造成损失的，但按照约定支付违约金明显不合理的，当事人可以请求人民法院或者仲裁委员会适当减少。（第 2 款）”第 78 条：“当事人可以约定赔偿损失额或者赔偿损失额的计算方法。约定的赔偿损失额或者按照计算方法得出的赔偿损失额过分高于或者低于因违约造成的损失的，当事人可以请求人民法院或者仲裁委员会适当减少或者增加。”参见何勤华、李秀清、陈颐编：《新中国民法典草案总览（下卷）》（增订本），北京大学出版社 2017 年版，第 1925、1969、2007 页。

〔12〕 参见王作堂、魏振瀛、李志敏、朱启超：《民法教程》，北京大学出版社 1983 年版，第 235 页。

〔13〕 参见韩世远：《合同法总论》（第 4 版），法律出版社 2018 年版，第 825 页；王家福主编：《民法债权》，中国社会科学出版社 2015 年版，第 227 页；崔建远：《合同法》（第 3 版），北京大学出版社 2016 年版，第 392 页。

违约金的惩罚性，体现在债务人须于法定违约责任外承受附加的负担，〔14〕而赔偿性违约金则仅使债务人在法定违约责任的幅度内承担责任。

7 但实务中更受青睐的，反倒是早期学说聚焦“损失比较”的思路。依之，只要违约金不高于违约损害，即体现补偿性，若高于违约损害，则高出的部分体现惩罚性。〔15〕故与前述学理分类不同，最高人民法院持续确认的立场是：违约金兼具补偿性和惩罚性之双重属性，而《合同法》对违约金的规制态度应理解为“补偿为主，惩罚为辅”。〔16〕

8 违约金具有双重属性或功能，确实契合违约金功能的历史演进，并为当代比较法所确认。〔17〕只不过，双重功能并非取决于事后与实际违约损害的大小关系，毋宁须衡诸当事人事先的约定意图。交易实践中，约定违约金一方面固然是为了事先确定违约后的赔偿数额以省却损害举证成本，但另一方面，交易主体亦不同程度地意图借约定违约金向对方施加履约压力，督促其依约行事，形成与违约金的补偿功能相对的“压力担保功能”。〔18〕不同个案中当事人的不同意图，在规范适用尤其是司法调整时，必须得到认真对待，此乃约定违约金作为合同内容形成自由的应有之义。〔19〕近几年的学理已开始尝试重新挖掘违约金压力担保功能的

〔14〕就“双方如有一方违约，则违约方支付守约方 500 万元违约金，同时守约方有权要求违约方赔偿合同应得利益的全部损失”之约定，最高人民法院认为，“上述约定表明该违约金性质为惩罚性违约金，可以与损害赔偿责任同时主张”。参见最高人民法院（2019）最高法民终 1564 号民事判决书。

〔15〕典型如湖北省武汉市武昌区人民法院（2015）鄂武昌民初字第 01536 号民事判决书中，法院认为“赔偿性违约金应相当于当事人的实际损失，而惩罚性违约金不超过实际损失的百分之三十”。

〔16〕参见沈德咏主编：《最高人民法院关于合同法司法解释（二）理解与适用》（第 2 版），人民法院出版社 2015 年版，第 256 页；史文培与甘肃皇台酿造（集团）有限责任公司、北京皇台商贸有限责任公司互易合同纠纷案，最高人民法院（2007）民二终字第 139 号民事判决书，载《最高人民法院公报》2008 年第 7 期；韶关市汇丰华南创展企业有限公司与广东省环境工程装备总公司、广东省环境保护工程研究设计院合同纠纷案，最高人民法院（2011）民再申字第 84 号民事裁定书，载《最高人民法院公报》2011 年第 9 期。新近的确认态度，可参见最高人民法院（2015）民二终字第 204 号民事判决书、最高人民法院（2015）民一终字第 340 号民事判决书、最高人民法院（2016）最高法民终 18 号民事判决书、最高人民法院（2016）最高法民终 82 号民事判决书、最高人民法院（2018）最高法民终 1153 号民事判决书、最高人民法院（2019）最高法民终 1622 号民事判决书、最高人民法院（2020）最高法民申 1483 号民事裁定书。

〔17〕参见姚明斌：《违约金双重功能论》，载《清华法学》2016 年第 5 期，第 136—140、142—145 页。

〔18〕参见王泽鉴：《债法原理》，作者 2021 年增订新版，第 456 页。鉴于《民法典》第 388 条规定了“具有担保功能的合同”，为示区别，本评注指称违约金施压督促、确保履行的功能为“压力担保功能”。

〔19〕Vgl. *Schlechtriem*, Richterliche Kontrolle von Schadensersatzpauschalierungen und Vertragsstrafen, in: Das Haager Einheitliche Kaufgesetz und das Deutsche Schuldrecht, Karlsruhe: C. F. Müller, 1973, S. 51.

正当性,并提出新的类型区分构想。[20] 最高人民法院的判决对此亦有所确认。[21]

为了尊重自治,违约金的功能定位确实须着眼于约定意图中不同的功能取向,基于违约金和实际违约损害的大小关系作事后的"惩罚性"认定,充其量只是一种事实描述。但是,承认违约金可基于交易目的而兼具双重功能,不意味着就可以且必须依不同功能而作泾渭分明的区分,因为交易主体完全可以根据实际需要,通过违约金条款的设计对双重功能作权重各异的配置,其间的形态并不是概念之间的非此即彼,而是类型之间的流动过渡。[22] 尤其考虑到《民法典》合一规制民商关系,动辄"以赔偿性为原则"并挂靠实际违约损害来控制违约金,或有无视商事活动中督促履约的交易需求之嫌,施压担保的自治意图也很容易遭受剪裁甚至扭曲。[23]

但是,承认违约金可基于自治意图而兼具不同比重的双重功能,也会引发两方面追问:其一,若不采"以赔偿性为原则"之推定,约定不明时如何确定违约金的效力内容?其二,违约金领域的私法自治若被滥用,又当如何规制?就前一问题,本条第3款作为任意规范,可从中提炼出"法定模范类型"供约定不明时适用。只是在确定其各类型要素时,须为双重功能的并存留下空间(边码29);当事人若作明确的另行约定,则可能形成功能上偏向补偿或偏向担保的"意定类型"。就后一问题,司法调整恰堪其任,且会受到前一问题的影响,即在司法调整时需要兼顾合理性控制与尊重当事人真意。

---

〔20〕 三种不同的构造思路,可分别参见王洪亮:《违约金功能定位的反思》,载《法律科学》2014年第2期,第118—123页;罗昆:《违约金的性质反思与类型重构》,载《法商研究》2015年第5期,第106—107页;韩强:《违约金担保功能的异化与回归》,载《法学研究》2015年第3期,第57—61页。

〔21〕 在北京朗坤生物科技有限公司与北京汇朗生物科技有限公司专利权转让合同纠纷案中,最高人民法院认为,"(违约金)约定系双方当事人在签订专利转让合同时对各自权利义务作出的明确约定,不仅是对损害赔偿的事先约定,还具有担保涉案合同正常签订以及履行的功能。……这种利益不仅包括专利权人对合同正常履行而产生的信赖利益、履行利益,也包括对(违约方)擅自违约而进行的惩戒。该违约金约定与专利权本身的价值并不具有直接对应性,而是为了约束当事人的行为,确保当事人严格按照合同约定履行各自的义务"。参见最高人民法院(2019)最高法知民终394号民事判决书,载《最高人民法院公报》2021年第1期。另可参见最高人民法院(2017)最高法民终455号民事判决书:"《补充协议(四)》约定违约金数额为'不少于所欠款项20%',这种明确约定一方面固然是为了事先确定违约后的赔偿数额以省却损害举证成本,另一方面显然含有借约定违约金向对方施加履行压力的意图,即本案违约金具有履约担保功能的配置意旨,若不存在私法自治被滥用的情形,当事人的真意应当得到尊重。"

〔22〕 参见姚明斌:《违约金的类型构造》,载《法学研究》2015年第4期,第153页以下;更进一步的论证,可参见姚明斌:《违约金论》,中国法制出版社2018年版,第117页以下。

〔23〕 最高人民法院新近对于高额违约金中预防违约意图的确认,参见最高人民法院(2016)最高法民终106号民事判决书。

(四)外部区界

1. **失权约款**

9 失权约款约定的是债务人一旦违约即丧失某项权利或利益(比如丧失预付款或其他请求权的提前届期)。[24] 不同于违约金债务在违约时才产生,失权约款并不产生新的给付义务,而是在违约时引发既有权利的消灭,其功能在于以丧失权利作为不利益,担保义务之履行。[25] 而且,失权约款的担保功能相比违约金甚至要大一些,因为约定违约金只是使债权人在相对方违约时取得违约金债权,但其尚未实际取得违约金;而失权约款则会导致违约债务人的权利自动丧失,施压效应更为直接。[26] 与这种功能亲缘性相比,产生新的给付义务和自动丧失既有权利之间的差异,只是一种表达上的不同,在实践中有时还很难区分。[27] 故失权约款应准用违约金规则,[28] 尤其是失权幅度较大的失权约款,不仅在负担程度上与过高的违约金无异,在技术构造上更比违约金来得直接,自债务人保护的必要性观之,亦应接受司法酌减规则的规制(边码 58)。

2. **违约定金**

10 违约定金依《民法典》第 586 条兼具违约责任和债权担保的双重属性。违约金虽亦有担保功能,但由于并非事先支付,该担保仅在行为控制层面有意义。[29] 相比之下,违约定金系通过一方事先给付定金,而使定金收受方在遭遇违约时可以该金额获得结果上的清偿保障。但是,这种结果保障仅对定金收受方有意义,对于定金给付方而言,若其遭遇违约并无清偿保障,就额外请求返还的一倍定金纯与违约金无异。法技术上,现行法的违约定金,实为以实际给付之金额为额度的失权约款和违约金的组合(边码 59)。

11 为了避免赔偿责任过重,《合同法》第 116 条曾明定违约定金和违约金只能择

---

〔24〕 Vgl. *Gottwald*, Münchener Kommentar zum BGB, Vorbemerkung § § 339 – 345 Rn. 36.

〔25〕 如果买卖合同中约定若一方违约,对方即有权没收已付款项作为"违约金",亦非典型的违约金,而为失权约款。强以典型违约金的模型解释该条款,需认为其中蕴含有双方当事人将清偿买卖价款债务之给付目的变更为清偿违约金债务之给付的附条件合意(参见王千维:《违约金之酌减与给付目的之变更》,载《月旦裁判时报》2017 年 10 月总第 64 期,第 43 页以下),并无必要。

〔26〕 这种自动失权特征,在罗马法曾被视为很危险的机制,失权约款也曾一度被禁止。*Knütel*, Stipulatio poenae, 1976, S. 14.

〔27〕 Vgl. *Hermann*, Historisch – kritischer Kommentar zum BGB, Band II Schuldrecht: Allgemeiner Teil, 2005, § § 336 – 345 Rn. 14. 最高人民法院(2013)民提字第 133 号民事判决书。

〔28〕 Vgl. *Grüneberg*, Palandt Bürgerliches Gesetzbuch, 2012, § 339 Rn. 4; *Stadler*, Jauernig Bürgerliches Gesetzbuch Kommentar, 2009, § 339 Rn. 7.

〔29〕 *Steltmann*, Die Vertragsstrafe in einem Europäischen Privatrecht, 2000, S. 64.

一适用，《民法典》第588条第1款肯认该规范目的并予以承继。[30]《合同法》时代的司法实践普遍遵循违约定金与违约金择一适用的立场，[31]对二者并用之特约持谨慎态度。[32] 倒是学理上有观点以第116条为任意规范为据而主张肯认并用特约之效力。[33]

由于违约定金在无特别约定时构成违约损害赔偿最低额预定（《民法典》第585条第2款），故在当事人特约并行适用场合，可通过意思表示解释将并用特约中的违约金解释为对超出定金部分之损害的预估，二者并用即无超额赔偿的问题。个案中违约金若过分高于超出定金的部分损害，可求诸司法酌减解决，如此亦可兼而尊重并用特约之自治安排。[34]

3. **解约金**

解约金，是当事人约定一方支付一定金额即可解除合同的条款，其功能不在于担保既有合同义务的履行，而是以解除合同关系为目标，赋予当事人摆脱合同关系的可能性。[35] 相应地，违约金和解约金在利益衡量的配置上也有所不同。在违约金场合，只要履行尚属可能，债权人一般可在强制履行和违约金之间作选择；但在解约金场合，是依约履行还是"交钱赎身"则取决于债务人（边码42）。故解约金条款中的债务人地位更为有利，没有必要准用违约金规则对其作特别保护。 12

4. **责任限制条款**

责任限制条款也属于当事人对违约后果的规划。但与违约金不同，责任限制条款一般未预定给付条件和给付形式，而是就给付的大小设置最高限额：若损害低于预定额度，债权人只能就实际损害主张赔偿；若损害高于预定额度，债务人则仅以预定额度为限承担责任。上述两种情况下，债权人均须就损害的发生及大小承担举证责任，因此，责任限制条款只是一种搭载在法定损害赔偿规则上有利于债务人的责任"阀门"，并无施加履约压力和补偿损害的功能，相应地也不适用违 13

〔30〕参见黄薇主编：《中华人民共和国民法典合同编释义》，法律出版社2020年版，第297页。

〔31〕参见最高人民法院（2016）最高法民申3378号民事裁定书。

〔32〕个案中，有的法院将"除定金归甲方所有外，乙方还应向甲方支付总价款10%的赔偿金"之并用特约解释为"实际是约定违约金数额为定金与10%赔偿金的总和，并不属于当事人既有约定违约金、又有约定定金的情形，因此不应根据《中华人民共和国合同法》……第一百一十六条的规定"，即"违约金 = 定金 + 赔偿金"并允许一并主张。最高人民法院在再审中予以否定，认为10%赔偿金实质为"违约金"，在没收定金和10%赔偿金之间只能择一主张。参见最高人民法院（2015）民提字第209号民事判决书。

〔33〕参见王利明：《合同法研究（第二卷）》（第3版），中国人民大学出版社2015年版，第742页。

〔34〕参见姚明斌：《论定金与违约金的适用关系》，载《法学》2015年第10期，第40页以下。

〔35〕*Schulze*, BGB Handkommentar, 2012, § 339 Rn. 1.

约金规则。[36]

交易实践中，约定的违约金可能低于之后实际发生的违约损害，确实可能在事实上限制了债务人承担的责任，但若债权人能举证超出部分的损害，其尚可能申请司法增额（边码 77 以下），或依特别约定要求补充赔偿。这种补足机会在责任限制条款场合则不被允许，故不能认为违约金同时亦是责任限制条款。

二、给付效力

（一）发生要件

14 本条第 3 款规定针对迟延履行所约定的违约金，可与继续履行并行主张。主张违约金，须先满足违约金给付效力之发生要件，包括违约金约定和违约情事，另须讨论的是违约损害和可归责性的要件地位。

1. 违约金约定

（1）违约金约定成立

15 违约金以双方约定为常见，违约金给付内容须具备可确定性，方足以认定为达成合意。比如，合同约定“本协议期间，乙方如单方面要求提前终止协议的，需先得到甲方的书面认可，并需向甲方支付乙方在此期间所获得的全部收益 10 倍或 100 万元违约金，以金额高者作为违约金”，倘经意思表示解释难以认定当事人就“在此期间”及“全部收益”之所指达成合意，则该部分约定不成立，但不妨碍认定就其余部分内容达成了定额违约金的合意。[37]

违约金亦可经单方行为而设。[38] 较具实践意义的是商店、超市等场所张贴的“假一罚十”或“偷一罚十”告示，是否构成商家或窃贼给付违约金之基础。“假一罚十”属于商家就商品货真价实以十倍价款之给付义务作为担保，可依意思表示解释，认定为单方允诺或要约。“偷一罚十”则是私法主体单方面对他人施加义务的行为，未经相对方同意不应发生法律效力。[39]

16 违约金约定的主体，通常是违约金所担保之主债务关系的当事人，也可以约定违约金债务人向第三人（比如慈善机构）给付违约金。但在违约金发生给付效力前，不得约定由第三人承担未来的违约金债务，在债务承担中约定仅承担主债

〔36〕 Vgl. *Schlechtriem*, Richterliche Kontrolle von Schadensersatzpauschalierungen und Vertragsstrafen, in: Das Haager Einheitliche Kaufgesetz und das Deutsche Schuldrecht, 1973, S. 51 f.

〔37〕 参见浙江省温州市中级人民法院（2020）浙 03 民终 4649 号民事判决书。

〔38〕 参见史尚宽：《债法总论》，中国政法大学出版社 2000 年版，第 517 页。

〔39〕 Vgl. *Janoschek*, Bamberger/Roth Kommentar zum Bürgerlichen Gesetzbuch, Band 1, 2007, § 339 Rn. 5.

务而不负担未来的违约金债务,也是无效的。[40] 否则,违约金将丧失行为控制和违约预防之功效。另外,在保证场合,基于违约金的补偿功能,若保证人清偿了主债务人违约所触发的违约金,可向主债务人追偿(《民法典》第 691 条、第 700 条)。[41]

17 违约金约定可与主债务关系同时成立,亦可在主债务关系成立后另行缔结,但必须在所针对之违约情事发生之前成立,[42] 否则难谓对主债务的履行有何压力担保作用。在违约引发法定违约责任后再作类似约定,依意思表示解释,可能构成对法定违约责任内容的意定变更(边码 3),也可能构成担保法定违约责任履行的违约金。就后者,违约金指向的已非原有合同之主债务,而是以法定的第二性义务为主债务(边码 1)。

(2)违约金约定无效力障碍

18 及至违约情事发生时,若违约金约定本身仍为无效或效力待定或已被撤销,无以引发违约金请求权。[43] 比如,当事人约定了非金钱形式的给付作为违约金的内容(边码 31、56),若该给付违法或悖俗,则违约金约定本身无效。

19 违约金约定的效力瑕疵,还可源于主债务关系的效力瑕疵。学说上有的观点认为违约金与主债务之间存在从属关系,将违约金概括为从属于主债务的从债务,[44] 有的观点则以违约金作为合同条款的一部分因合同无效而无效为根据。[45]《民法典》第 588 条第 1 款"违约金或者定金条款"之行文确实是从"合同中的条款"之角度定位违约金约定,但从规范层面看,违约金约定仍是具有独立内容的法律行为,承载主债务之合同若为无效,如何影响违约金约定之效力,仍应辨明。

19a 在主债务合同因行为能力不适格、意思表示瑕疵方面的障碍而无效的场合,违约金约定作为独立法律行为,通常亦因存在同一瑕疵事由而无效。比较特别的情况是,在违约金约定的债权人为限制行为能力人,或主债务合同和违约金约定均可撤销但仅主债务合同被撤销的情形,虽然主债务合同囿于行为能力障碍而无效或因被撤销而无效,但违约金约定本身因对债权人构成纯获法律利益,或因本

---

〔40〕 MüKoBGB/Gottwald, 2007, § 339 Rn. 1, 9; *Rieble*, Staudinger BGB, Neubearbeitung, 2009, § 339 Rn. 409, 410.

〔41〕 Staudinger BGB/Rieble, 2009, § 339 Rn. 436.

〔42〕 Vgl. MüKoBGB/Gottwald, 2007, § 339 Rn. 17; Staudinger BGB/Rieble, 2009, § 339 Rn. 3. 王利明:《违约责任论》(修订版),中国政法大学出版社 2003 年版,第 613 页。

〔43〕 Vgl. MüKoBGB/Gottwald, 2007, § 339 Rn. 17; Staudinger BGB/Rieble, 2009, § 339 Rn. 236.

〔44〕 参见史尚宽:《债法总论》,中国政法大学出版社 2000 年版,第 519 页。Fikentscher/Heinemann, *Schuldrecht*, 10. Aufl., 2006, S. 87. 于此应注意区分主债务(Primärpflicht)和主给付义务(Hauptleistung),被违约金这一从债务担保的主债务,可以是合同中的主给付义务,也可以是从给付义务或附随义务。

〔45〕 参见崔建远:《合同责任研究》,吉林大学出版社 1992 年版,第 246 页。

身未被撤销而并未随同无效。此类情况下，最终违约金请求权之所以不产生，并非因违约金约定存在同一瑕疵而无效，而系其所附条件为不能条件（边码 23）。

19b 在主债务合同因违反强制性规定或违背公序良俗而无效的场合（《民法典》第 153 条），当事人所追求之给付行为的正当性已被法秩序所否定，此时若允许以督促该给付行为为目的的违约金约定独立有效，违法悖俗无效的主债务会借违约金获得间接实现，显然会引发评价矛盾。[46] 此种情形下，违约金的压力担保功能被用于督促违法悖俗行为之实施，违约金约定系因自身内容违法或悖俗而无效。[47]

19c 违约金所担保的主债务不一定系基于合同的债务，也可能是法定义务（边码 1、17），若以“合同中的条款”定位违约金约定，解释力有所不足。因为此时虽有主债务，却不存在承载“违约金条款”的所谓“主合同”。法定义务依法而生，仅有“有无与否”问题，并无“有效与否”问题。依《合同法解释二》第 8 条，待批准合同中一方当事人的申请批准义务属于法定的先合同义务，当事人若特约违约金以促之，属于以法定债务为主债务。而依《民法典》第 502 条第 2 款，报批义务属于先行生效的合同义务，担保报批义务之违约金约定的效力，即有可能受报批义务条款效力障碍事由的影响。

20 依《民法典担保制度解释》第 3 条第 1 款、第 2 款第 2 分句之推论，专为保证责任而设的违约金约定无效。[48] 此种情形下，违约金担保的是有效保证合同所生之保证责任。既然《民法典担保制度解释》第 3 条第 2 款第 1 分句已经否定该违约金责任之追偿权，再以保证责任范围相对于其主债务范围的从属性为由，而认定保证人与主债权人之间针对保证责任的违约金约定无效，[49] 不但对于主债务人而言并无必要，而且对于主债权人来说亦有损自治。[50]

21 当然，从属性逻辑以违约金未发生给付效力为限。债务人违约而引发的违约金请求权，与原主债务彼此独立，此时可以独立转让。[51]

---

〔46〕 Vgl. HKK/Hermann, 2005, § § 336 – 345 Rn. 14.

〔47〕 参见姚明斌：《〈民法典〉违约金规范的体系性发展》，载《比较法研究》2021 年第 1 期，第 99 页。

〔48〕 另可参见中国建设银行股份有限公司广州荔湾支行与广东蓝粤能源发展有限公司等信用证开证纠纷案，最高人民法院（2015）民提字第 126 号民事判决书，载《最高人民法院公报》2016 年第 5 期。

〔49〕 参见莫爱萍、常黎阳：《保证合同中的违约金条款可否得到支持》，载《人民法院报》2020 年 12 月 3 日，第 7 版。

〔50〕 参见崔建远：《论保证规则的变化》，载《中州学刊》2021 年第 1 期，第 66 页。

〔51〕 参见史尚宽：《债法总论》，中国政法大学出版社 2000 年版，第 519 页。

2. 违约

(1)违约作为生效条件之成就

违约金是附有生效条件的债务,违约作为生效条件之成就,引发违约金请求权。[52] 在现行法框架下,此附条件之机理被理解为是违约金约定这一法律行为附生效条件,债务人尚未违约则条件尚未成就,违约金约定未生效,违约金请求权未产生。但条件成就前,已成立的违约金约定已具有《民法典》第 136 条第 2 款所规定之形式拘束力,任何一方“不得擅自变更或者解除”。[53] 22

(2)主债权已产生、未消灭、可实行

“在违约金约定有效的情况下,只有当主合同义务在违约金发生给付效力那逻辑上的一秒钟还是存在且可实行的,违约金才能发生给付效力。”[54] 通行的裁判见解认为,自始无效或被撤销的主债务合同无违约问题。[55] 自原理观之,其内部存在两种不同的情形。其一,主债务合同无效时,若违约金约定亦有相应的效力障碍事由,则违约金约定也无效,不存在进一步评估生效条件成就与否的问题(边码 19a)。其二,若主债务合同自始无效或被撤销但违约金约定不存在自身的效力障碍事由(边码 19a),由于违约金约定所附生效条件系债务人未依约履行其合同义务,而合同义务客观上因主债务合同无效而自始未发生,则该生效条件实为不能条件,违约金责任确定不发生。 23

在主债务合同和违约金约定均为效力待定且均被追认的场合,虽然《合同法解释二》第 11 条规定追认具有溯及效力,但于此应作限制。若债务人系限制行为能力人的相对人或无权代理之相对人,其在主债务合同被追认前所“违反”的只是效力待定的“债务”,倘因嗣后他人的追认而陷于违约金责任中,此效果已然逾越 23a

---

〔52〕 Vgl. *Medicus/Lorenz*, Schuldrecht I: Allgemeiner Teil, 18. Aufl., 2008, Rn. 544; Staudinger BGB/Rieble, 2009, § 339 Rn. 230.

〔53〕 参见黄薇主编:《中华人民共和国民法典合同编释义》,法律出版社 2020 年版,第 289 页。另一种理解是,于此涉及的并非违约金约定本身的有效性问题,而是基于该约定产生的违约金请求权,故并非“法律行为附了条件,而是违约金请求权作为法律行为的结果附了条件”。Staudinger BGB/Rieble, 2009, § 339 Rn. 230.

〔54〕 Staudinger BGB/Rieble, 2009, § 339 Rn. 25.

〔55〕 参见广东黄河实业集团有限公司与北京然自中医药科技发展中心一般股权转让侵权纠纷案,最高人民法院(2008)民二终字第 62 号民事判决书,载《最高人民法院公报》2009 年第 1 期;王云飞诉施耐德电气(中国)投资有限公司上海分公司劳动争议纠纷案,载《最高人民法院公报》2009 年第 11 期。

理性人所应注意之范围，故追认对违约金原则上只应产生向将来有效的影响。[56] 在狭义无权代理场合，善意相对人有权请求无权代理人履行债务（《民法典》第171 条第 3 款第 1 句），并可能触发无权代理人的“违约金责任”。[57]

24 主债务存在过但已消灭者，亦排除违约金请求权的发生。若违约金担保的是先合同义务，于合同因一方违反先合同义务而被撤销时，合同溯及无效不影响违约金请求权，但担保这类法定的附随义务应限于明确约定。[58]

25 主债权必须是可实行的，亦即其并未附有相对人的抗辩权。比如双务合同中享有履行抗辩权的一方不因未按时履行而构成迟延，自然无以触发违约金请求权。[59] 主债权罹于诉讼时效的情形亦同。但罹于诉讼时效的主债权在时效完成前之迟延阶段，仍可引发违约金请求权，唯该违约金本身又可能受制于诉讼时效。故须辨明：主债权罹于诉讼时效，决定的是之后迟延违约金是否继续产生的问题；违约金之诉讼时效，涉及的是已产生的迟延违约金请求权是否承受时效抗辩的问题（边码 49）。

（3）违约的判断

26 何种违约情事得引发违约金的给付效力，取决于违约金约定的所针对的义务。[60] 比如，专为迟延出资而约定的违约金，不适用于根本违约场合。[61] 无特别约定时，是否构成违约依法定违约责任的构成规则判断。

---

〔56〕 Vgl. Staudinger BGB/Rieble, 2009, § 339 Rn. 234. 另可参见纪海龙：《〈合同法〉第 48 条（无权代理规则）评注》，载《法学家》2017 年第 4 期，第 166 页，段码 32。其具体机理可以是限制关于违约金约定之追认的溯及力（作用于“违约金约定无效力障碍”的认定环节，即经过追认的违约金约定仅自追认时起有效），也可以是限制关于主债务合同之追认的溯及力（作用于“违约”的认定环节，即经过追认的主债务合同仅自追认时起有效，此前不存在合同义务，即无所谓违约）。

〔57〕 Vgl. Staudinger BGB/Rieble, 2009, § 339 Rn. 236. 其中的实质，是因为主债务合同和违约金约定均构成狭义无权代理，善意相对人可主张两项法定担保履行责任：第 1 项为与主债务内容相同的履行责任，第 2 项为以第 1 项履行责任之违反为条件的“违约金责任”。此第 2 项责任亦有别于针对法定义务特别约定的约定违约金责任，而是基于无权代理订立违约金约定而生的法定责任。

〔58〕 Vgl. MüKoBGB/Gottwald, 2007, § 340 Rn. 8. 参见崔建远：《合同法》（第 3 版），北京大学出版社 2016 年版，第 403 页。

〔59〕 在广东省肇庆市中级人民法院（2015）肇中法民二终字第 177 号民事判决书中，一审法院即基于物业公司履行义务存在瑕疵，而“酌定”业主免于对未按时支付的物业费承担逾期违约金责任，二审予以维持。从法理上看，体现的正是履行抗辩权阻却迟延之效力。

〔60〕 参见广东达宝物业管理有限公司与广东中岱企业集团有限公司、广东中岱电讯产业有限公司、广州市中珊实业有限公司股权转让合作纠纷案，最高人民法院（2010）民提字第 153 号民事判决书，载《最高人民法院公报》2012 年第 5 期。

〔61〕 参见香港锦程投资有限公司与山西省心血管疾病医院、第三人山西寰能科贸有限公司中外合资经营企业合同纠纷案，最高人民法院（2010）民四终字第 3 号民事判决书，载《最高人民法院公报》2010 年第 12 期。

若以违约金担保不作为的主债务，债务人作出违反行为时即触发违约金。[62] 多次违反不作为之主债务，是否会多次引发违约金的给付效力，取决于对违约金约定的解释，关键在于当事人所关切的具体利益为何（边码 8），[63] 可侧重考虑的是违约金额度与通常可能损害的关系。[64] 27

与重复违约不同的是违反前义务必然“违反”后义务的情形，比如房屋买卖合同就房屋所有权初始登记义务和转移登记义务分别独立约定违约金，法院认为两项义务的迟延系“同一违约行为所致”，“不宜重复评价”，驳回了针对前一项义务的迟延违约金。[65] 准此，针对后义务的违约金应解释为限于已履行前义务但违反后义务的场合发生给付效力。然即便如此，直接驳回针对前义务的违约金也值得商榷，符合逻辑的处理应该是：前义务履行完毕前的迟延期间，按照针对前义务的约定计算违约金；从前义务履行完毕后到后义务履行完毕前的迟延期间，按照针对后义务的约定计算违约金；两项相加即为违约金之总额。 28

3. 是否要求违约造成损害

虽有学者认为损害的实际发生并非违约金责任的成立要件，[66] 但主流学说基于赔偿性违约金与惩罚性违约金的二分，认为前者作为损害赔偿额预定，逻辑上当然要求损害发生，只是无须证明；[67] 反过来看，当事人约定了违约金即推定损害发生，未造成损害的债务人可经证明而免责。[68] 29

首先应明确，违约金责任的成立是否以损害发生为必要前提，其次才须考虑应否由债权人证明。基于双重功能立场，未作特别约定时所适用的法定模范类型在规范构成上应兼顾损害补偿和督促履约（边码 8）。《民法典纪要》第 11 条延续《合同法解释二》第 29 条第 1 款的立场，在责任效果环节较为凸显损害补偿功能，那么在前端的责任成立环节，应对督促履约功能预留一定的规范空间，将规制重点更多地聚焦于债务人的行为，不必强以损害发生为必要。故无特别说明时，即使违约未造成损害，亦不影响成立违约金责任，但无违约损害可构成司法酌减时

---

〔62〕 Staudinger BGB/Rieble, 2009, § 339 Rn. 283.

〔63〕 Vgl. *Schaub*, Erman Bürgerliches Gesetzbuch Handkommentar, Band I, 2008, § 339 Rn. 8; Bamberger/Roth Kommentar/Janoschek, 2007, § 339 Rn. 8.

〔64〕 Vgl. *Köhler*, Vereinbarung und Verwirkung der Vertragsstrafe, in: Festschrift für Joachim Gernhuber zum 70. Geburtstag, 1993, S. 218.

〔65〕 参见北京市高级人民法院(2015)高民申字第 1772 号民事裁定书。

〔66〕 参见朱广新:《合同法总则研究(下册)》,中国人民大学出版社 2018 年版,第 735 页。

〔67〕 参见韩世远:《合同法总论》(第 4 版),法律出版社 2018 年版,第 827 页。

〔68〕 参见崔建远:《合同法》(第 3 版),北京大学出版社 2016 年版,第 404 页。

综合衡量的重要因素(边码66以下)。[69]

4. 是否要求可归责性

30 就违约金给付效力之发生是否要求可归责性,应遵循以下三个层次递进判断:其一,当事人针对可归责性要件有所明确约定者,依约定处理;此类情形下,债务人举证自己无可归责性即可阻却违约金的给付效力。其二,虽无明确约定者,但《民法典》合同编典型合同分编或其他特别法中典型合同的违约责任若对过错要件有特别要求(如《民法典》第897条、第929条第1款),则应适用于违约金。[70] 此亦包括非典型合同根据《民法典》第467条第1款参照典型合同规定的情况。有疑义的是第三个层次,无特别约定且无特别规定时,债务人的可归责性是否为违约金给付效力的发生要件。

虽然《民法典》第577条作为违约责任的统领性规范,并未明确将债务人的可归责性设置为违约责任尤其是违约损害赔偿责任的构成要件,但该"严格责任"立场从《合同法》施行以来一直备受争议,较为有力的"修正"思路是区分结果性义务和方式性义务,违反前者之责任的成立不问可归责性,违反后者之责任的成立则须考察债务人是否存在过错。[71] 但是,即便认为方式性义务场合应重视注意义务之违反,也不见得必须独立出一个过错要件,易言之,结果性义务和方式性义务的区分,其实可以作用于"违约"要件的认定上。故而,与法定损害赔偿责任的成立判断类似,在无特别约定或规定时,违约金责任之成立并不以过错为必要,但在责任成立后的司法酌减阶段须考虑当事人的过错程度(边码69)。

(二)效力内容

1. 违约金给付义务

31 违约金给付义务通常为金钱债务,故本条第1款谓之"支付"违约金。唯当事人不妨自治约定非金钱形式的违约金(边码18、56),并可能发生履行不能而转化为金钱违约金。

32 并非所有事先约定的"担保"既有债务的非金钱给付义务,都可归为违约金。比如,当事人在借款合同之外订立房屋买卖合同,并约定若到期不能还款,则通过

---

〔69〕 此一思路在《合同法》立法过程中亦有草案涉及。比如,1997年5月14日的《中华人民共和国合同法(征求意见稿)》第77条第2款第2句曾规定:"违约没有造成损失的,但按照约定支付违约金明显不合理的,当事人可以请求人民法院或者仲裁委员会适当减少。"参见何勤华、李秀清、陈颐编:《新中国民法典草案总览(下卷)》(增订本),北京大学出版社2017年版,第2007页。

〔70〕 参见韩世远:《合同法总论》(第4版),法律出版社2018年版,第826页。

〔71〕 参见朱广新:《合同法总则研究(下册)》,中国人民大学出版社2018年版,第669—670页。

履行买卖合同来抵偿借款债务。[72] 于此，履行房屋买卖合同的义务扣除借款本金及期内利息后的部分，是否构成非金钱形式的违约金，攸关可否对该部分义务作违约金司法调整。但合同解释的结论表明，若到期不能还款，则还款债务转为履行房屋买卖合同的债务，亦即还款债务已然消灭；而在违约金场合，由于金钱债务原则上并无履行不能，违约金指向的是履行迟延，一旦迟延还款触发违约金给付义务，并不会同时消灭既有的主债务。故此类约定并不构成非金钱违约金，其间“担保”利益之兑现应交由清算规则处理。

2. 违约金与法定违约责任

（1）基本思路

《民法典》第 577 条以下配置的法定违约责任，主要系强制履行和损害赔偿，其中强制履行包括迟延履行场合的继续履行和瑕疵履行场合采取修理、更换、重作等补救措施。就瑕疵履行，另有减价和退货之规定。 33

违约金与上述法定违约责任的适用关系，应恪守以下基本思路：其一，需要讨论的是同一违约情事同时触发的违约金和法定违约责任之间的关系，若是不同违约情事引发各自的违约金与法定违约责任，参照不同违约情事所引发的诸项法定违约责任之间的关系处理。其二，以本条第 3 款为核心的给付效力内容规则，属于任意规范，故就违约金与法定违约责任的关系，应先考虑当事人之特别约定；无特别约定时，就各违约情事下违约金与法定违约责任的关系可根据本条第 3 款所确立的基本立场，即“法定模范类型”处理。其三，就该法定模范类型中违约金与违约损害赔偿的关系，应认为违约金构成损害赔偿总额之预定（边码 77、77a）；同时，为恪守违约金之压力担保功能，无特别约定时，应肯认债权人可在违约金和其所预定之损害的法定赔偿之间择一主张。 34

（2）迟延履行

就迟延履行，债权人可要求继续履行（《民法典》第 577 条），并主张迟延损害赔偿（《民法典》第 583 条）；若继续履行已无意义，债权人可拒绝继续履行，要求替代给付赔偿；若迟延后履行陷于不能，债权人也可要求替代给付赔偿。该两种情形下替代给付赔偿可与迟延损害赔偿并行主张。 35

若针对迟延履行约定了违约金，且未作其他特别说明，本条第 3 款规定“违约方支付违约金后，还应当履行债务”，应是针对迟延后履行尚属可能且对债权人有意义的情形。加之此时违约金可与继续履行并行主张，说明第 3 款的立场下，针对迟延履行约定的违约金所预定的，仅系迟延损害赔偿之总额。倘若继续履行因 36

〔72〕 参见朱俊芳与山西嘉和泰房地产开发有限公司商品房买卖合同纠纷案，最高人民法院（2011）民提字第 344 号民事判决书，载《最高人民法院公报》2014 年第 12 期。

对债权人无意义而被拒绝或在迟延后陷于不能，债权人可转而要求替代给付赔偿，该请求权作为继续履行之转化形态，在本条第 3 款之立场下，亦可与迟延违约金并行主张。〔73〕 所以，本条第 3 款的法律评价可总结为：若针对迟延履行约定了违约金，无其他特别说明时，预定的仅为迟延损害赔偿之总额，而非所有违约损害之总额。

37 需要说明的是，不应拘泥于本条第 3 款“先支付违约金，后继续履行”之文义表象，而作反对解释认为若债权人先主张继续履行或先行受领了继续履行，即不得请求迟延违约金或视为放弃迟延违约金。对此，《买卖合同解释》(2020 年修正)第 18 条第 2 款“买受人以出卖人接受价款时未主张逾期付款违约金为由拒绝支付该违约金的，人民法院不予支持”之规定可资佐证。故债权人受领了债务人迟延后的继续履行，仍可并行主张迟延违约金，此并行主张不以受领给付时作特别保留为必要(边码 72)。〔74〕

(3)瑕疵履行

38 瑕疵履行场合，若瑕疵可得补正，债权人可要求主张修理、更换、重作等补救措施，以及补救期间的迟延损害赔偿。若瑕疵不可补正或补正已无意义，债权人可接受有瑕疵之给付同时主张减价或针对瑕疵部分的损害赔偿，也可以拒绝有瑕疵之给付而主张退货并要求替代整个给付之赔偿。在加害给付场合，另可主张涉及固有利益的损害赔偿。

39 针对瑕疵履行约定的违约金，与上述法定责任关系如何，端视如何解释本条第 3 款的未尽之言。违约金的压力担保功能集中体现在违约阶段，违约后则落实其损害补偿功能，当事人就某类违约事由约定违约金，无特别约定时原则上应推定为对该类违约事由所引发之所有损害赔偿总额的预定，第 3 款将迟延履行违约金推定为仅预定了迟延损害赔偿而非预定了包括迟延损害、替代给付损害在内的全部损害之赔偿总额，属于例外性的特别规定。反过来，未为第 3 款列明的瑕疵履行、拒绝履行、履行不能等违约情形，其相应的违约金应推定为预定了相应情形下产生的所有损害之赔偿总额。

准此，针对瑕疵履行的违约金，沿着后续责任关系的发展，原则上不得与各类损害赔偿并行主张，但作为各类损害赔偿总额之预定，违约金不仅可与采取补救

---

〔73〕 类似见解，参见黄薇主编：《中华人民共和国民法典合同编释义》，法律出版社 2020 年版，第 293 页。

〔74〕 《德国民法典》第 341 条第 3 款采相反的立场，明确规定若债权人接受不适当履行，其主张违约金的权利以接受履行时作出保留为限。我国亦有学者主张采此立场(参见王洪亮：《违约金请求权与损害赔偿请求权的关系》，载《法学》2013 年第 5 期，第 117 页)。德国法采以特别保留为限的立场，与其立法时违约金请求权适用 30 年之较长时效有关。我国法并无此体系制约因素，亦无规定保留负担之明文，似无必要因循之。参见姚明斌：《违约金论》，中国法制出版社 2018 年版，第 216—218 页。

措施并行主张(参照《民法典》第583条),也可与减价、[75]退货[76]等其他救济方式并行主张。只是后续责任关系发展的不同情境下,各类损害赔偿大小有别,预定其总额的违约金却自始确定,若违约金相形畸高或过低,可诉诸司法调整。具体而言,瑕疵履行被补正者,可结合实际发生的迟延损害及固有利益损害调整违约金;[77]瑕疵履行被接受但债权人未主张减价者,可结合实际发生的瑕疵部分之损害及固有利益损害调整违约金,若已主张减价,则结合固有利益损害调整违约金;债权人主张退货者,可结合实际发生的整个履行利益损害及固有利益损害调整违约金。[78]

在瑕疵履行被补正场合,债权人固然可主张迟延损害赔偿或约定的瑕疵履行违约金,但若双方约定的是迟延履行违约金,债权人不得主张该迟延违约金,理由在于当事人预设的作为生效条件的违约情事(迟延履行)并未成就。但若债务人不仅迟延履行,迟延后还提供了瑕疵履行,则迟延违约金与瑕疵履行的法律效果并行不悖。[79] 40

(4)拒绝履行

若针对拒绝履行约定了违约金,应推定为预定了拒绝履行所引发之损害总额,故不得与期前拒绝之替代给付赔偿(《民法典》第588条)并行主张,只能择一行使。 41

若拒绝状态延续至履行期届满进入迟延履行状态,债权人则可在继续履行、替代给付赔偿和针对拒绝履行的违约金之间作选择。该“三选一”状态涉及不同内容之请求权的选择,属于选择性竞合而非选择之债,[80]选择权属于债权人。无特别约定时,债务人并无选择主动支付违约金而逃避继续履行的权利,否则违约金将沦为解约金(边码12)。若债权人选择主张拒绝履行之违约金,则其他两项请求权消灭;但若债权人选择主张继续履行,拒绝履行之违约金请求权仍存续至债权人受领继续履行时才消灭,[81]此乃违约金施压担保债务履行功能的应有之义。 42

---

〔75〕 参见湖南省高级人民法院(2015)湘高法民再一终字第14号民事判决书。

〔76〕 参见上海市第一中级人民法院(2015)沪一中民四(商)终字第1269号民事判决书。

〔77〕 最高人民法院在(2015)民一终字第340号民事判决书中认为“除了迟延履行违约金外,违约方在支付违约金后,可以不再履行债务”,显系误解。瑕疵履行违约金在瑕疵可补正场合,可以与采取补救措施并行主张。

〔78〕 亦有观点认为,当事人缔约时不易预见瑕疵结果损害,故未作特别说明时,固有利益赔偿不宜纳入针对瑕疵履行的违约金所涵盖之范围。参见陈自强:《违约责任与契约解消》,台湾地区元照出版公司2016年版,第207页。

〔79〕 参见最高人民法院(2015)民提字第143号民事判决书;黑龙江省哈尔滨市中级人民法院(2015)哈民三商再终字第3号民事判决书。

〔80〕 Vgl. Erman Kommentar/Schaub, 2008, § 341 Rn. 3.

〔81〕 此所以德国学说称该选择性竞合状态中债权人选择权仅具半面(halbseitig)的形成效力。Staudinger BGB/Rieble, 2009, § 340 Rn. 26.

由于针对拒绝履行之违约金预定了全部损害，故不得与迟延损害赔偿并行，亦不得与迟延违约金并行（边码 36）。

（5）履行不能

43 无免责事由的情况下，履行不能构成违约，排除债权人的强制履行请求权，仅须考虑针对履行不能的违约金与替代给付赔偿之间的适用关系。类似于期前拒绝履行情形，二者只能择一适用。

44 部分履行不能场合，如果债务人就履行可能部分已为履行，针对履行不能的违约金存在请求司法酌减的可能（边码 68）；就履行可能部分，债务人虽履行却有所迟延者，相应的迟延损害赔偿和针对履行不能之违约金（有酌减可能）并行不悖；若部分履行因对债权人无意义而被拒绝，债权人可要求全部针对履行不能的违约金，此时不能同时要求履行可能的部分债务的迟延赔偿，因为针对履行不能的违约金所预估的利益范围，系以自债务届期时全部不能为基准，已包含迟延损害。

3. 违约金与合同解除

45 依《民法典》第 566 条第 2 款，若无特约，基于对方违约而解除合同（违约解除）原则上并不影响已经成立的违约责任，故违约解除与已经成立的违约金责任〔82〕之间构成并行关系。此一立场亦为近年裁判〔83〕及学说〔84〕之共识。但就具体的规范依据，《民法典》施行前有的观点认为违约金系《合同法》第 98 条（《民法典》第 567 条）的“结算和清理条款”，不受合同解除之波及；〔85〕有的观点则基于《合同法》第 97 条（《民法典》第 566 条第 1 款）合同解除与违约损害赔偿的关系作出并行之推论。〔86〕

---

〔82〕 就担保合同未履行部分之违约金，由于解除使未履行部分之债务消灭，不存在履行问题，亦无从引发违约金，故违约金与合同解除关系主要涉及合同解除对已发生之违约金请求权的影响问题。Vgl. MüKoBGB/Gottwald，2007，§ 339 Rn. 19.

〔83〕 最高人民法院的裁判立场虽有过变化，但目前基本肯认了合同解除与违约金的并行关系。否定并行者参见广西桂冠电力股份有限公司与广西泳臣房地产开发有限公司房屋买卖合同纠纷案，最高人民法院（2009）民一终字第 23 号民事判决书，载《最高人民法院公报》2010 年第 5 期。支持并行之公报案例整理，可参见王成：《合同解除与违约金》，载《政治与法律》2014 年第 7 期。另可参见《买卖合同解释》原第 26 条第 1 分句、《买卖合同解释》（2020 年修正）第 20 条第 1 分句。

〔84〕 学说也普遍持并行关系之立场，唯基于对合同解除是否应具溯及力持不同理解，支持并行关系的理由亦有所不同。分别参见崔建远：《合同法》（第 3 版），北京大学出版社 2016 年版，第 415 页；韩世远：《合同法总论》（第 4 版），法律出版社 2018 年版，第 841—842 页。

〔85〕 参见韩世远：《合同法总论》（第 4 版），法律出版社 2018 年版，第 689、842 页；崔建远：《合同法》（第 3 版），北京大学出版社 2016 年版，第 415 页。

〔86〕 参见王洪亮：《违约金请求权与损害赔偿请求权的关系》，载《法学》2013 年第 5 期，第 119 页以下。

46 法政策上，并行关系值得赞同。当合同解除系基于非违约事由时，比如一方违约程度未达到成立法定或约定的违约解除权的程度，但已经触发违约金请求权，且违约方或守约方握有其他解除权（比如解约定金），若是违约方解除，不遵采并行关系会使该非违约解除权变成违约方逃避违约责任的暗门；若是守约方解除，不遵采并行关系无异于将守约方解除合同的行为拟制为放弃违约金之表示。当合同解除系基于违约时，一方违约既成立相对方的法定或约定的违约解除权，同时也触发了违约金请求权，当守约方解除合同时，若不遵采并行关系，则等于迫使守约方以放弃违约金为代价摆脱自己的给付义务。[87]

47 法技术上，《民法典》第566条第2款已经为违约解除与违约金责任的并行关系特设规范依据，由之可见，解除前的违约评价不会因合同解除而被“平反”，违约金责任成立的“违约”要件不因违约解除而受动摇。至于违约金责任成立的另一要件“有效的违约金约定”是否受违约解除之波及，形式上虽可以《民法典》第567条为依据而认定违约金约定是可继续有效的“清理和结算条款”，[88]但究其实质基础，还是在于违约金约定的意思表示解释，即若无特约，应该推定当事人约定违约金之合意中并不包括该约定随违约解除而失效的意思，则在合同解除场合应维持违约金约定的有效性。

47a 《民法典》第566条第2款仅涉及基于违约而解除合同并不影响违约金责任，但不能据此作反对解释，认为在非因违约而解除合同的场合，违约金责任随之消灭。如前所述（边码46），即使一方行使的是非违约解除权，也不能推定该解除机制具有豁免已成立之违约金责任的功能，交易中债权人若有免责之意，大可另表示抛弃。在合意解除场合，原则上仍应维持已成立的违约金责任。[89] 在《民法典》第533条、第580条第2款等经仲裁或裁判解除合同或终止合同关系的场合，已成立之违约金责任的命运取决于具体的规范目的。[90]

47b 依《民法典》第566条第1款第1分句，合同解除后尚未履行的义务终止履行，则对应的违约金责任亦随着所担保主债务的消灭而确定不产生。唯应注意的

〔87〕 参见邱聪智：《新订民法债编通则（下册）》，中国人民大学出版社2004年版，第351页。Vgl. *Emmerich*, Das Recht der Leistungsstörungen, 6. Aufl., 2005, S. 199, Rn. 14.

〔88〕《民法典》施行前即有观点认为并行关系的规范依据应为《合同法》第98条结合第97条。参见王成：《合同解除与违约金》，载《政治与法律》2014年第7期，第8页。另可参见最高人民法院（2015）民提字第209号民事判决书：最高人民法院认为，“违约责任条款是当事人对可能出现的违约事项对应的补偿方式作出的约定，其作用在于当违约事实发生后对各方当事人的损失进行清理和结算，属于合同法第九十八条规定的清理和结算条款”。

〔89〕 参见姚明斌：《基于合意解除合同的规范构造》，载《法学研究》2021年第1期，第80—81页。

〔90〕 在《民法典》第533条的框架下，基于合同基础丧失而解除合同，违约金责任的存续取决于解除效果之溯及力问题。在《民法典》第580条第2款的框架下，即使合同权利义务关系最终被终止，已经成立的违约金责任不受影响。

是，在持续性合同关系场合，该规定并不适用于某些解除前已经届期但尚未履行的债务。比如租赁合同因承租人拖欠租金而被出租人解除，则就出租人已履行部分尚未支付的租金，不因解除而受影响，[91]那么担保该义务的违约金责任亦不受影响。

47c 依《民法典》第 566 条第 1 款第 2 分句，合同解除后，双方当事人之间还可能存在恢复原状的清算关系，原合同关系中所约定的违约金是否适用于清算义务的履行，现行法并未明确，对此应以当事人的意思为断。比如，买卖合同中针对卖方迟延交付标的物而约定的违约金，并不适用于合同解除后卖方迟延退还买卖价款的情形。但是，若解除的是附有迟延还款违约金的借款合同，借款人退还本金的义务虽属清算关系的内容，但若当事人未明确排除，应认为清算环节的迟延退还仍可适用约定的迟延违约金。理由在于，本金的返还究竟是基于有效合同的义务还是基于合同解除后的清算，经济意义上并无区别，继续适用原先约定的违约金无悖于当事人之意思。[92]

4. 违约金与诉讼时效

(1)适用资格

48 违约金请求权属于债权请求权，可适用诉讼时效。但其担保功能决定了，若主债权属于《诉讼时效规定》(2020 年修正)第 1 条但书所规定不适用诉讼时效之类型，则相应的违约金请求权亦不应受诉讼时效限制。理由在于，将此类主债权排除适用诉讼时效，系基于社会公共利益、资本充足原则等各类法政策理由而决定侧重保护债权人，[93]若相应的违约金适用诉讼时效，则债权人就主债权并无中断时效之负担，但为确保取得完整的违约金又负有中断时效之负担，则主债权时效方面的优待会被架空。

(2)时效期间

49 违约金请求权原则上适用三年的一般诉讼时效期间(《民法典》第 188 条第 1 款第 1 句)，对罹于时效之违约金请求权，债务人享有时效抗辩权(《民法典》第 192 条第 1 款、第 193 条)(边码 25)。

---

〔91〕 参见海南省高级人民法院(2016)琼民终 200 号民事判决书。

〔92〕 故即使将违约金约定认定为《民法典》第 567 条的“结算和清理条款”，其所谓“合同的权利义务关系终止，不影响合同中结算和清理条款的效力”，应根据当事人合意的安排，有时仅限于保留已经成立的违约金责任效果，有时则包括违约金条款继续适用于清算阶段的义务违反。参见姚明斌：《〈民法典〉违约金规范的体系性发展》，载《比较法研究》2021 年第 1 期，第 98 页。

〔93〕 参见宋晓明、刘竹梅、张雪楳：《〈关于审理民事案件适用诉讼时效制度若干问题的规定〉的理解与适用》，载《人民司法·应用》2008 年第 21 期，第 18 页。

(3)起算规则

交易实践中通常不会专门就违约金给付义务本身约定履行期限,违约金发生给付效力后,似乎形成了一个未定履行期的违约金债务。《诉讼时效规定》(2020年修正)第4条明定对于未定履行期的债务,除非经首次主张被债务人明确拒绝履行,否则应以债权人要求债务人履行的宽限期届满之日为诉讼时效起算点。但是该规则不应适用于违约金债务,理由在于,已成立但未定履行期的违约金债务,本身就是源于主债务之违反,若要求债权人再作请求并给予宽限期方能起算时效,此时效所保护的"民事权利"已经变成此前产生的违约金请求权,而非诉讼中所聚焦的主债权。既然违约金因违约而生,诉请违约金就属于向法院请求保护未获履行或未获完全履行之主债权,诉讼时效应从权利人知道或者应当知道权利被损害以及义务人时(《民法典》第188条第2款第1句),即自违约发生时起算。 50

若针对迟延履行的违约金呈按日累计、持续递增之形态,如何确定其起算点,最高人民法院的判决一度存在不同立场,大体对应学理上的"单个不定期债权说"[94]和"多个单日定期债权说"。[95]"单个不定期债权说"主张对迟延违约金适用前述未定期债务的时效起算规则,时效起算以债权人主张违约金为前提。如此一来,若债权人一直不主张违约金,从违约时已经开始累计的违约金并不起算时效,也就不受时效抗辩,这显然不符诉讼时效敦促权利行使之规范目的。依"多个单日定期债权说",每迟延一日成立一个违约金债权,各违约金债权独立起算诉讼时效;不存在其他中断事由的情况下,债权人首次主张违约金时不受时效抗辩的违约金债权,为从主张时倒计至多三年的部分——债权人的利益地位与其在时效期间内是否积极行使权利呈正相关关系,符合诉讼时效之规范本旨。[96] 51

"多个单日定期债权说"在实务中曾遭遇质疑,因为当事人的本意是将按日累计违约金作为"一个整体的合同权利,而不是按照违约的天数具体分割为若干分别计算诉讼时效的独立的权利"并作"累加计算"。[97]其实,按日累计迟延违约金

---

〔94〕参见韩世远:《商品房买卖中的迟延损害、违约金与时效》,载《法律适用》2010年第11期;泛华工程有限公司西南公司与中国人寿保险(集团)公司商品房预售合同纠纷案,最高人民法院(2005)民一终字第85号民事判决书,载《最高人民法院公报》2008年第2期。

〔95〕参见崔建远:《继续性债权与诉讼时效》,载《人民法院报》2003年6月27日;陈嘉贤:《按日累计的违约金请求权诉讼时效何时起算》,载《人民司法·案例》2011年第22期;程晓东、邢江孟:《持续增长迟延履行违约金诉讼时效的起算》,载《人民法院报》2012年6月28日,第7版;最高人民法院(2015)民申字第3030号民事裁定书。

〔96〕参见上海市第一中级人民法院(2019)沪01民终8344号民事判决书。

〔97〕参见泛华工程有限公司与中国人寿保险(集团)公司西南公司商品房预售合同纠纷案,最高人民法院(2005)民一终字第85号民事判决书,载《最高人民法院公报》2008年第2期。重庆高院在该案一审中持此立场。

本身具有明显的施压担保功能，债务一日不履行，违约金的计算就增加一日，逐日形成对债务人的警示负担，促使其尽快结束迟延状态。当事人意思中的这种逐日施压以促使早日履约的意图，反而可以推论出对违约金应按日把握、个别看待的正当性。故而“多个单日定期债权说”所秉持的分别处理、逐一考量的方式，不见得完全有悖于当事人可能的自治意旨。

52 另须指出的是，“多个单日定期债权说”类比租金债务等继续性债务关系的时效起算规则证成其结论，但二者存在细微的区别：租金债权时效起算涉及的是租金债务本身逾期（即租金债权被侵害）的问题，而迟延违约金时效起算涉及的不是违约金本身逾期，而是其担保的主债务逾期（即主债权被侵害）的问题。法律效果的差异表现在，租金债务时效起算于租金债务到期日之次日，而每日的违约金债务则应从其产生当日（即主债务逾期之次日）即起算时效。

三、司法调整

（一）司法酌减

1. 规范性质

53 约定违约金彰显合同自由，但债务人在约定时通常自信能依约行事，预定性本身蕴含有诱发不公平结果的基因，提出了限制违约金的需求。司法酌减规则是在意思自治、形式自由基础上协调实质正义、个案公平的法技术，属于诚实信用原则的具体化。[98] 此一价值基础决定了，司法酌减不仅须严格把握，是否介入、如何介入、介入多少均应兼顾当事人自治的意旨。

54 比较法上通常认为司法酌减属于不允许意定排除适用的强制规范。[99] 此涉及司法酌减规则能否为当事人事先特约排除。新近的学理意见正反各异。[100] 从裁判实践的发展看，虽然少数案件中法院认为从尊重自治出发，应肯认事先排除

〔98〕 Vgl. *Bötticher*, Wesen und Arten der Vertragsstrafe und deren Kontrolle, Zeitschrift für Arbeitsrecht, Heft 1, 1970, S. 24 ff.

〔99〕 参见《法国民法典》（2016）第 1231－5 条第 4 款、《荷兰民法典》第 6:94 条第 3 款、《欧洲共同参考框架草案》第 III.－3:712 条第 2 款、《国际商事合同通则》（2016）第 7.4.13 条第 2 款。德国法虽未予明文确认，但通说认为《德国民法典》第 343 条属于强制规范。Staudinger BGB/Rieble, 2009, § 343 Rn. 23.

〔100〕 主张该特约有效者，参见石冠彬：《民法典合同编违约金调减制度的立法完善》，载《法学论坛》2019 年第 6 期，第 60 页；主张该特约无效者，参见叶名怡：《论事前弃权的效力》，载《中外法学》2018 年第 2 期，第 344 页。

特约的效力,[101]但主流的立场仍然倾向于否定其效力,[102]即便缔约时债务人允诺了放弃申请酌减,亦不妨碍其嗣后申请启动酌减,至于是否酌减、酌减多少仍由法院裁量决定。

裁判实践中,有法院对否定事先排除酌减特约的效力提供了两方面的理由:其一为,《合同法解释二》第27条"明确调整违约金以反诉或抗辩的形式提出。反诉、抗辩均属民事诉讼权利的范畴,诉讼权利不得由当事人以约定的方式任意处分,否则难以保障诉讼程序的安定性和严肃性";其二为,"合同自由和合同严守是合同法的基本原则,但是过度的合同自由可能导致最终结果的显失公平。在约定的违约金低于或过分高于损失,导致结果显失公平的情形下,赋予当事人请求进行调整的权利,正是体现了合同正义的精神,这也是合同法第一百一十四条第二款的立法本意。如果允许当事人以预先约定的方式放弃请求调整的权利,显然违背合同法的立法本意"。[103] 54a

上述第一个理由,[104]只是看到司法酌减在形式上通常需经诉讼,而以程序性权利展开分析,忽视了司法酌减权同时也是债务人私法上的实体性权利。司法酌减权虽为形成诉权,但这并不妨碍认定其私权属性,因为形成诉权实质上只是须经诉讼方式行使的私法上的形成权。另外,我国法的司法酌减除了经诉讼程序,亦可在仲裁程序中主张,单纯以程序性权利为理由,不见得就能证成此项权利的"公法"属性。[105] 若仅以司法酌减权是法定为由而认定事先排除特约无效,[106]则更为有失偏颇,因为判断法定的权利可否放弃,不在于抽象的法定性质,而在于法律规定该权利的具体目的为何。

---

[101] 参见广西壮族自治区南宁市青秀区人民法院(2014)青民一初字第1784号民事判决书。有的个案中,涉及一方主张事先排除违约金调整特约无效而申请增加而非酌减违约金,法院认定包括排除酌减在内的排除特约有效。参见江西省高级人民法院(2018)赣民终579号民事判决书[同案再审裁定为最高人民法院(2019)最高法民申3344号民事裁定书];山东省烟台市中级人民法院(2017)鲁06民终579号民事判决书。

[102] 较为详细的整理,可参见曹明哲:《当事人放弃违约金调整申请权约定的司法效力与应对》,载《中国案例法评论》2017年第2期。

[103] 上海市浦东新区人民法院(2016)沪0115民初23156号民事判决书。

[104] 持类似理由者,参见重庆市第五中级人民法院(2015)渝五中法民终字第08283号民事判决书(一审部分)。

[105] 持公法权利说的观点,参见朱新林:《放弃违约金调整请求权约定之效力》,载《人民法院报》2014年3月5日,第7版。

[106] 江苏省高级人民法院(2013)苏民终字第0315号民事判决书;江苏省常州市天宁区人民法院(2019)苏0402民初6401号民事判决书。

值得赞同的是第二个理由。[107] 司法酌减规则是借助诚信原则矫正滥用自治的机制，故在法政策上，司法酌减所贯彻的债务人保护机能并不在当事人自愿处分的范围。自交易实践的逻辑观察，若个案中债权人有能力促使债务人允诺高额的违约金，通常也不难让其多作一个允诺，事先排除司法酌减规则的适用。倘以允许事先特约排除酌减为原则，个案中处于优势地位的债权人只要在高额违约金条款之外多加一个排除条款，即可轻松架空本条第 2 款第 2 分句对约定违约金所量身定制的控制机制。原则上不应允许双方事先特约排除酌减，此乃约定违约金的司法酌减规则之制度目的使然。

54b 唯应注意的是，《民法典》形式上采“民商合一”的立法模式，意味着本条第 2 款第 2 分句及相应的事先特约排除问题所涉及的，不仅包括普通民事交易，也包括商事交易。在商事主体经过充分磋商、博弈并达成违约金合意和排除酌减合意后，履行环节仍然允许违约方诉诸司法酌减，是否正当，不无可疑。同样从交易逻辑观察，商事交易中约定的违约金，形式上固然是为确保主债务履行、预估违约损害而设，但不可否认的是，一方当事人所允诺的违约金作为其交易成本也已被纳入对价的决策之中。亦即，违约金的金额和合同价格本身具有交易决策上的实质联动关系。类似地，一方当事人若在高额违约金之外还另行允诺提前放弃酌减保护，只要该约定是充分磋商的结果，亦应认为事先卸除酌减保护与合同价格之间存在实质联动关系。[108] 甚至在竞争性缔约场合，债务人很可能恰恰是通过主动允诺提前放弃酌减，赢得了缔约机会，若允许其在违约后反悔而申请启动酌减，反而有害于正当的市场竞争秩序，不利于稳定的交易预期和交易效率。

对此，学说上有观点主张商人所负担的违约金原则上不得酌减，[109] 但此缺少现行法依据。[110] 另一种方案可以是，在商事交易领域，若事先排除特约是充分磋商而形成，特别是明确约定双方均事先放弃申请酌减的场合，[111] 不妨考虑承认其效力，以维护合同机会利益、合同对价利益的实质安排。易言之，当事人便可以通

---

〔107〕 持类似理由者，另可参见最高人民法院（2015）民二终字第 310 号民事判决书（一审部分）；江苏省南通市中级人民法院（2017）苏 06 民终 1008 号民事判决书；四川省内江市中级人民法院（2014）内民初字第 28 号民事判决书。

〔108〕 比如，基于买受人允诺违约金并事先放弃酌减，出卖人才同意自行垫资向买受人供货，法院正确地认定了这种联动关系。参见江苏省高级人民法院（2012）苏商终字第 0182 号民事判决书（二审部分）。

〔109〕 参见罗昆：《我国违约金司法酌减的限制与排除》，载《法律科学》2016 年第 2 期，第 123—124 页。

〔110〕 采民商分立的德国法，即以《德国商法典》第 348 条明定商人允诺的违约金不可申请酌减，理由在于商人能够充分评估高额违约金的意义。*Joost*, Ebenroth/Boujong/Joost/Strohn Handelsgesetzbuch, 2015, § 348 Rn. 1; MüKoHGB/Karsten Schmidt, 2018, § 348 Rn. 2.

〔111〕 参见最高人民法院（2015）民一终字第 340 号民事判决书。

过特约的“私人立法”，在特定情形下有效地限制司法酌减规则的适用。准此，对商事交易而言，若无事先排除酌减之特约，在后续酌减环节，债务人的商事主体属性还应作为节制酌减幅度的一个理由（边码71）；若有事先排除酌减之特约，可承认其有效，在此意义上，司法酌减规则属于主体性的半强制规范。

当然，即使允许商事交易的特定情形事先特约排除司法酌减，个案中的违约金约定仍非毫无限制。乘人之危导致显失公平（《民法典》第151条）、悖俗无效（《民法典》第153条第2款）、格式条款订入控制和内容控制（《民法典》第496条、第497条）、诚实信用原则（《民法典》第7条）等规范仍可发挥一般的限制作用，只是适用时应恪守此类一般规范自身的门槛。[112] 54c

2. **适用对象**

基于赔偿性和惩罚性之类型二分及不同的区分标准，学说有观点认为前者不适用酌减，[113]有观点认为后者不适用酌减，[114]但实务中鲜见纯粹以分类排除酌减的做法，即使是合同明确约定了并行于法定责任的“惩罚性违约金”亦会被酌减。[115] 若以前述给付效力内容为任意规范，则除非存在有效的事先排除特约，实践中宽严各异的违约金条款均应受到司法酌减的规制，只不过是否酌减及酌减多少，须就个案作具体判断。 55

非金钱违约金亦可酌减（边码18、31）。若给付不可分，可考虑酌减后形成债权人与债务人的共有关系，或由债权人取得整个给付并返还被酌减部分之补偿金额，或允许债权人放弃非金钱违约金转而依酌减结果主张补偿金额，[116]但以经合同的补充解释不为当事人可能的意思所排斥为限。[117] 56

法定违约金并非本条意义上的违约金，作为立法者衡诸相关交易形态和各类情事所预设的违约救济方案，其合理性问题或者债务人负担过重问题应视为在立 57

---

〔112〕 参见姚明斌：《〈民法典〉违约金规范的体系性发展》，载《比较法研究》2021年第1期，第102—103页。

〔113〕 参见王洪亮：《违约金酌减规则论》，载《法学家》2015年第3期，第139页以下。

〔114〕 参见韩世远：《合同法总论》（第4版），法律出版社2018年版，第825、834页；朱广新、谢鸿飞主编：《民法典评注·合同编·通则（2）》，中国法制出版社2020年版，第416—417页（郝丽燕执笔）。

〔115〕 参见江苏省南京市中级人民法院（2015）宁商终字第536号民事判决书。

〔116〕 MüKoBGB/Gottwald, 2007, § 343 Rn. 6. Vgl. auch Bamberger/Roth Kommentar/Janoschek, 2007, § 343 Rn. 9. 孙森焱：《民法债编总论（下册）》，法律出版社2006年版，第608页；黄立：《民法债编总论》，中国政法大学出版社2002年版，第515页。

〔117〕 Staudinger BGB/Rieble, 2009, § 343 Rn. 21.

法时已有所考量,不能酌减。[118]

58 若债务人已给付违约金后再申请酌减,似有前后矛盾之嫌,以诚实信用原则衡之难谓妥当。[119] 给付违约金非出于自愿者,如有欺诈、胁迫、重大误解等情事,应由其他机制解决。与之不同的是违约前已有所给付、根据约定于违约后被没收的失权约款,基于功能上的亲缘性,可适用司法酌减(边码 9)。

59 违约定金的酌减在实务中存在正反两方面立场,[120] 作为失权约款和违约金的组合,不宜排除其类推酌减的空间。唯《民法典》第 586 条第 2 款对违约定金另有主合同标的额 20% 的直接限制规则,故违约定金类推司法酌减应限于极端情形(边码 68a)。

60 此外,借款合同的期内利息法定限额规则[比如依《民间借贷规定》(2020 年第二次修正)第 25 条第 1 款,期内利息以"合同成立时一年期贷款市场报价利率四倍"为限],基于禁止法律规避之思想,亦应延伸适用于针对迟延还款所约定的违约金[《民间借贷规定》(2020 年第二次修正)第 29 条]。故就民间借贷迟延还款违约金,并行有利息法定限额与司法酌减两项特别控制规则,应认为前者构成后者之特别法,司法酌减限于利息法定限额范围内依个案情事适用之。对于非借款合同而生之金钱债务,其违约金适用司法酌减规则则不受该利息法定限额的影响(《九民纪要》第 50 条)。

3. **申请启动**

61 依本条第 2 款第 2 分句,司法酌减以申请为必要。基于司法酌减规则保护债务人的规范目的,申请启动的主体为债务人。

61a 本条第 2 款第 2 分句修订了《合同法》第 114 条第 2 款第 2 分句的对应表述,未采"当事人可以……"之表述,明确了"过分高于造成的损失"并非债务人申请酌减的前提。理由在于,是否过高属于规范判断,当事人在申请酌减前对此是无

---

[118] 参见上海市虹口区人民法院(2011)虹民三(民)初字第 792 号民事判决书。另可参见姚明斌:《法定违约金制度新观察》,载陈小君主编:《私法研究》(第 18 卷),法律出版社 2015 年版,第 47 页以下。类似见解,参见黄薇主编:《中华人民共和国民法典合同编释义》,法律出版社 2020 年版,第 288 页。值得注意的是,《国务院办公厅关于规范国有土地使用权出让收支管理的通知》(国办发〔2006〕100 号)、《国有土地使用权出让收支管理办法》(财综〔2006〕68 号)第 34 条均规定,国有土地使用权人未按时缴纳土地出让金者,应按日加收 1‰的违约金;就该违约金可否适用《合同法》第 114 条第 2 款后段申请司法酌减,最高人民法院在 2017 年两则终审判决中的意见正反各异[肯定性立场,参见最高人民法院(2017)最高法民终 308 号民事判决书;否定性立场,参见最高人民法院(2017)最高法民终 561 号民事判决书],在 2018 年的一则再审判决中则态度模糊[参见最高人民法院(2018)最高法民再 422 号民事判决书]。

[119] 这方面的地方性探索如《浙江省高级人民法院关于审理民间借贷纠纷案件若干问题的指导意见》(浙高法〔2009〕297 号)第 26 条。

[120] 肯定者参见河南省三门峡市湖滨区人民法院(2009)湖民二初字第 234 号民事判决书,否定者参见新疆维吾尔自治区乌鲁木齐市中级人民法院(2010)乌中民四终字第 231 号民事判决书。

法确定的,故不能囿于该行文表述而作上述误解,不合理的违约金只是司法裁量决定是否酌减的前提,而非债务人申请酌减的前提。

需要说明的是,本条第 2 款第 2 分句经修订表述为“人民法院或者仲裁机构可以根据当事人的请求予以适当减少”,其中“可以”指向的是“予以适当减少”(边码 65a),而非指向“根据当事人的请求”。故不能由该修订而认为,法院也可以在没有债务人申请的情况下依职权启动司法酌减。[121] 否则,本条第 2 款第 1 分句关于司法增额的类似修订,也将被解释为法院可依职权增加违约金,显然不妥。 61b

债务人以外的担保人虽非本条第 2 款第 2 分句可申请酌减的主体,但其承担的担保责任无特别约定时涵盖了主债务人所应承担的违约金(《民法典》第 389 条、第 691 条),故应承认担保人可类推适用抗辩援用规则(《民法典》第 701 条、《民法典担保制度解释》第 20 条),申请司法酌减。[122] 62

本条第 2 款第 2 分句称“请求”,并不意味着申请酌减系债务人的请求权,实为债务人的形成诉权。[123] 该形成诉权具有高度人身属性,且不可脱离于违约金请求权,故不能单独处分。[124] 酌减后作出的给付判决中,其实带有隐性的形成效果。[125] 63

对此形成诉权,现行法并未设置时间限制规则。当事人可补充约定申请酌减的时间限制条款。[126] 若无特别约定,可结合违约金请求权的诉讼时效判断(边码 72),债务人的酌减权于债权人的违约金请求权罹于诉讼时效时消灭。理由在于,债权人的违约金请求权罹于诉讼时效后,若债务人尚未给付违约金,可以通过行使诉讼时效抗辩权拒绝给付部分或全部违约金,与行使酌减权可能达到的最佳效果无异;若债务人给付了违约金,依前述即使有酌减权亦不得行使(边码 58)。综合而言,在违约金请求权罹于诉讼时效后,并无必要继续赋予债务人酌减权。 63a

《民法典》施行前,依《合同法解释二》第 27 条,申请酌减的方式可以是在债权 64

---

〔121〕 持此种见解者,参见睢晓鹏:《违约金调整释明制度之探讨》,载《人民法院报》2020 年 11 月 19 日,第 7 版;孙良国:《论法院依职权调整违约金》,载《北方法学》2020 年第 5 期,第 47—48 页。

〔122〕 Vgl. Staudinger BGB/Rieble, 2009, § 339 Rn. 435. 类似见解,黄薇主编:《中华人民共和国民法典合同编释义》,法律出版社 2020 年版,第 291 页。

〔123〕 唯此形成诉权在内容和运行方面,有别于法律行为撤销权等形成诉权。具体参见姚明斌:《〈民法典〉违约金规范的体系性发展》,载《比较法研究》2021 年第 1 期,第 92 页。

〔124〕 Staudinger BGB/Rieble, 2009, § 343 Rn. 50 f., Rn. 61; MüKoBGB/Gottwald, 2007, § 343 Rn. 2.

〔125〕 Staudinger BGB/Rieble, 2009, § 343 Rn. 53. 德国法另承认提起独立的违约金酌减之诉,由法院作出酌减之形成判决。MüKoBGB/Gottwald, 2007, § 343 Rn. 1.

〔126〕 MüKoBGB/Gottwald, 2007, § 343 Rn. 2.

人的给付之诉中提出抗辩[127]或另行提出反诉,[128]实践中甚至是单纯的否认亦可。[129] 申请时不要求债务人提出具体的金额,因为约定的金额已经限制了法官的裁量范围。[130] 当违约方仅作免责抗辩而未申请酌减时,依《民商事合同指导意见》“人民法院可以就当事人是否需要主张违约金过高问题进行释明”,而依《买卖合同解释》原第 27 条第 1 款则是“应当”释明。对此,有学者认为从“可以”到“应当”的变化,有悖处分主义立场,[131]亦有论者主张将释明作为谨慎的例外。[132] 实践中的做法较为丰富,主动释明者有之,[133]未经申请直接酌减者亦有之,[134]甚至在债务人无正当理由未到庭应诉的情况下,法院在作缺席判决时自行减少了违约金。[135]

当然,实务界也并非没有反思。最高人民法院即曾在一则二审判决中,对一审法院未经债务人申请主动调整违约金表明了反对立场。[136] 此外,对债务人缺席情形,地方高院不乏作针对性规制的尝试。[137] 笔者认为,法院是否主动介入酌

〔127〕 参见中国建设银行股份有限公司广州荔湾支行与广东蓝粤能源发展有限公司等信用证开证纠纷案,最高人民法院(2015)民提字第 126 号民事判决书,载《最高人民法院公报》2016 年第 5 期。该案中,债务人抗辩其独立承担的违约金超出了作为担保人所应担保的主债务范围,一、二审法院将其“视为提出了违约金过高的抗辩”,最高人民法院肯认了这一“举重明轻”的认定。

〔128〕 参见广东省广州市中级人民法院(2010)穗中法民二终字第 2287 号民事判决书。

〔129〕 参见广东省广州市中级人民法院(2010)穗中法民二终字第 1082 号民事判决书。

〔130〕 Staudinger BGB/Rieble, 2009, § 343 Rn. 87; MüKoBGB/Gottwald, 2007, § 343 Rn. 12.

〔131〕 参见梁慧星:《违约金调整,应否“释明”?》,载中国法学网,http://iolaw.cssn.cn/bwsf/201211/t20121119_4619039.shtml,2021 年 5 月 18 日访问;睢晓鹏:《违约金调整释明制度之探讨》,载《人民法院报》2020 年 11 月 19 日,第 7 版。

〔132〕 参见靳学军、李颖:《违约金调整的司法难题及解决》,载《人民司法·应用》2008 年第 19 期,第 49—50 页。

〔133〕 予以释明后当事人一般都会请求酌减,鲜见的经法官释明债务人仍不要求酌减的情形,参见北京市第一中级人民法院(2010)一中民终字第 12578 号民事判决书、北京市朝阳区人民法院(2010)朝民初字第 34903 号民事判决书。

〔134〕 参见广西壮族自治区忻城县人民法院(2013)忻民初字第 86 号民事判决书。

〔135〕 参见浙江省杭州市萧山区人民法院(2011)杭萧商初字第 519 号民事判决书;河南省漯河市源汇区人民法院(2009)源民初字第 321 号民事判决书;湖南省株洲市渌口区人民法院(原湖南省株洲县人民法院)(2012)株县法民二初字第 214 号民事判决书。

〔136〕 参见山西嘉和泰房地产开发有限公司与太原重型机械(集团)有限公司土地使用权转让合同纠纷案,最高人民法院(2007)民一终字第 62 号民事判决书,载《最高人民法院公报》2008 年第 3 期。类似反对一审依职权酌减违约金并改判的二审判决,可参见湖南省长沙市中级人民法院(2009)长中民二终字第 1980 号民事判决书。另可参见《上海市高级人民法院关于商事审判中规范违约金调整问题的意见》(沪高法民二〔2009〕13 号)第 1 条(违约金调整程序的启动原则):“对于合同约定的违约金,未经当事人明确请求,法院不主动依职权进行审查和作出是否调整的裁判。”

〔137〕 参见《上海市高级人民法院关于商事审判中规范违约金调整问题的意见》(沪高法民二〔2009〕13 号)第 4 条(当事人提出调整违约金请求的程序阶段)第 3 款:“当事人无正当理由拒不到庭参加庭审,在二审期间提出违约金数额过高的,法院不予支持。”

减虽属程序问题，但未经申请径直酌减，显有架空违约金自治安排之虞，进而波及实体利益关系的处理。

64a 对于债务人一审中未申请酌减，后又在二审中申请启动酌减的情形，地方高院曾有过否定性意见。[138] 最高人民法院新近似认为应区分对待：若一审法院已经释明但债务人未申请酌减，则不应支持其二审中申请酌减；若一审法院未作释明，则债务人在二审中的申请可启动酌减规则的适用。[139]

4. 综合衡量

65 《合同法解释二》第29条对司法酌减的考量因素特设明文，其第1款认为“应当以实际损失为基础，兼顾合同的履行情况、当事人的过错程度以及预期利益等综合因素，根据公平原则和诚实信用原则予以衡量，并作出裁决”，第2款则明确“当事人约定的违约金超过造成损失的百分之三十的，一般可以认定为合同法第一百一十四条第二款规定的‘过分高于造成的损失’”。可以发现，虽同属一个条文，但两款规定对于酌减中的法官自由裁量其实隐含了正反相对的不同立场，进而引发了该两款规定如何协调的问题。

违约金本属自治范畴，司法权即使依法介入，也须留有应对多样利益情境的空间，不宜拘泥于“数字型”的确定标准。逻辑上，先有判断违约金是否过高进而是否酌减的问题，后有结合各种因素决定酌减多少的问题。鉴于《合同法解释二》第29条以综合衡量思路为先、判断过高的标准为后，应认为其第1款中的“作出裁决”不仅涉及酌减多少，也包括是否酌减的判断。准此，则判断应否酌减以及决定酌减多少，均须结合第1款诸因素，第2款只是对该过程中应否酌减问题的一个具体化的指引。最高人民法院的后续表态是以第1款为重，[140] 值得赞同。

65a 随着本条第2款第2分句将《合同法》第114条第2款第2分句之“当事人可以请求人民法院或者仲裁机构予以适当减少”修订为“人民法院或者仲裁机构可以根据当事人的请求予以适当减少”，意味着法院可以结合个案情况酌减很小的比例，甚至是“可以”不予酌减，司法酌减的裁量特征在《民法典》层面得以明

---

〔138〕 参见《上海市高级人民法院关于商事审判中规范违约金调整问题的意见》（沪高法民二〔2009〕13号）第4条（当事人提出调整违约金请求的程序阶段）第2款：“当事人一审到庭但未提出违约金金额过高的调整请求，而在二审期间提出的，法院不予审查，但是当事人提出新的证据的除外。”

〔139〕 参见最高人民法院民法典贯彻实施工作领导小组主编：《中华人民共和国民法典合同编理解与适用（二）》，人民法院出版社2020年版，第783页。另可参见北京市第二中级人民法院（2015）二中民终字第08833号民事判决书。

〔140〕 参见韶关市汇丰华南创展企业有限公司与广东省环境工程装备总公司、广东省环境保护工程研究设计院合同纠纷案，最高人民法院（2011）民再申字第84号民事裁定书，载《最高人民法院公报》2011年第9期。

确。[141] 而《合同法解释二》第29条的上述规范安排,经过修订后为《民法典纪要》第11条所维持,即"当事人请求人民法院减少违约金的,人民法院应当以民法典第五百八十四条规定的损失为基础,兼顾合同的履行情况、当事人的过错程度等综合因素,根据公平原则和诚信原则予以衡量,并作出裁判。约定的违约金超过根据民法典第五百八十四条规定确定的损失的百分之三十的,一般可以认定为民法典第五百八十五条第二款规定的'过分高于造成的损失'。……"从中可以总结的总体思路是:未超过造成的损失30%的违约金原则上不予酌减,除非依综合衡量应予酌减;高于造成的损失30%的违约金原则上应予酌减,除非依综合衡量不应酌减;应予酌减者,幅度控制也应经过综合衡量决定,衡量因素包括《民法典》第584条所规定之违约损害、履行情况与过错程度、公平原则与诚实信用原则。

(1)违约损害作为综合衡量的基础

66 《合同法解释二》第29条第1款涉及"实际损失"和"预期利益",有观点认为,实际损失应理解为信赖利益损失,预期利益则指可得利益损失。[142] 但是,第29条第1款中"实际损失"被赋予"预期利益"所没有的权衡基础的地位,若将其定位在信赖利益,无异于认为针对违约金这种预定违约后果、关切履行利益的工具,应以信赖利益为导向予以控制,与当事人的交易预设显有差距。[143]

67 《合同法解释二》第29条第2款涉及《合同法》第114条第2款第2分句之违约"造成的损失",其是否仅指经《合同法》第113条第1款可预见性规则检验的违约损害,学说和实务均有持否定意见者。[144] 但结合《合同法》第114条第2款第2分句"过分高于"之限制,以及《合同法解释二》第29条第2款"造成的损失"上浮30%的立场,笔者则主张似无必要对"造成的损失"豁免可预见性规则的检验。[145]

67a 《合同法解释二》第29条在一个条文之内出现"实际损失"、"预期利益"、违约"造成的损失"三个不同的措辞,引发了裁判实践的多样理解,最高人民法院新近开始通过判决阐明立场。在(2018)最高法民终355号民事判决书中,最高人民法院不仅认为"根据体系解释的原理,从《合同法》第一百一十三条第一款和第一

---

[141] 参见姚明斌:《〈民法典〉违约金规范的体系性发展》,载《比较法研究》2021年第1期,第92页。

[142] 参见雷继平:《违约金司法调整的标准和相关因素》,载《法律适用》2009年第11期,第25页。

[143] 事实上,最高人民法院在其他场合也认为违约金酌减应"以违约造成的损失为基准",只是"在计算实际损失数额时,应当……将合同以外的其他损失排除在外",显然并未限于信赖利益。参见韶关市汇丰华南创展企业有限公司与广东省环境工程装备总公司、广东省环境保护工程研究设计院合同纠纷案,最高人民法院(2011)民再申字第84号民事裁定书,载《最高人民法院公报》2011年第9期。最高人民法院在司法酌减中计算调整基础时亦详细考虑可得利益损失的做法,还可见于最高人民法院(2004)民一终字第112号民事判决书。

[144] 参见韩世远:《违约金的理论争议与实践问题》,载《北京仲裁》2009年第1期,第34页;最高人民法院(2004)民一终字第112号民事判决书。

[145] 参见姚明斌:《违约金论》,中国法制出版社2018年版,第315—317页。

百一十四条第二款的规定来看,‘造成损失’和‘造成的损失’中的‘损失’,不仅仅是指实际损失,还应包括合同履行后可以获得的利益。……一审法院仅仅考虑了实际损失,即资金占用费,而根本没有考虑合同约定的合同履行后……可以获得的利益,(属于)适用法律错误,应予改判”,而且进一步指出,“鉴于不少人对《合同法解释二》第二十九条第二款规定的当事人约定的违约金超过造成损失的百分之三十的,一般可以认定为《合同法》第一百一十四条第二款规定的‘过分高于造成的损失’中的‘损失’仅理解为实际损失,该理解不正确,本院在此强调,该损失不仅仅指实际损失,还包括合同履行后可以获得的利益”。该立场的核心,是将违约金司法酌减的综合衡量基础指向法定违约损害赔偿规则中的可赔损害,即包括实际损失和可得利益,但以符合可预见性为限。

《民法典纪要》第 11 条根据上述立场,对《合同法解释二》第 29 条作了修订: 67b
一方面,增设明文认定本条第 2 款第 2 分句之“过分高于造成的损失”的“损失”指向的是《民法典》第 584 条所规定的法定违约损害赔偿的范围;另一方面,作为综合衡量之基础的,不再是《合同法解释二》第 29 条第 1 款所称的“实际损失”,而是《民法典》第 584 条所规定的赔偿范围,后者包括了可得利益,故在《合同法解释二》第 29 条第 1 款中被作为其他综合衡量因素的“预期利益”也就没有必要再作列举。

从违约金的功能着眼,最高人民法院所确立的这一立场是妥当的,意义有二: 67c
其一,明确综合衡量的基础不限于实际损失,避免了司法酌减时因衡量基础过低,约定的违约金过于轻易地被认定为过高;其二,明确作为综合衡量基础的违约损害,系经过可预见性规则检验的损害范围,这也意味着酌减的结果“原则上”可在该范围的 100%—130% 之间确定。[146]

唯应指出的是,个案中若约定的违约金相较法定违约损害赔偿的范围过高, 67d
此过高关系有可能蕴含着当事人对违约金配置履约担保功能的意旨,故不应对法定违约损害赔偿范围之 130% 标准作机械把握,仍须结合合同性质与目的观照当事人约定违约金的意图,并在酌减时予以兼顾。[147]

---

〔146〕 但由此也可以看出,可预见性规则针对的是法定损害赔偿,而非约定的违约金,不能因为当事人约定了违约金,即认为违约方对于违约后须承担约定的违约金责任是“可以预见到的”,否则违约金酌减制度将彻底丧失正当性。参见姚明斌:《〈合同法〉第 113 条第 1 款(违约损害的赔偿范围)评注》,载《法学家》2020 年第 3 期,第 174 页,段码 10。

〔147〕 这种回溯考量当事人意旨的衡量思路,可参见浙江省宁波市中级人民法院(2009)浙甬商终字第 948 号民事判决书。对应的评述,参见姚明斌:《违反竞业禁止、保密义务与违约金酌减》,载周江洪、陆青、章程主编:《民法判例百选》,法律出版社 2020 年版,第 366 页以下。

(2)履行情况与过错程度

68 司法酌减规则未就过高酌减和部分履行酌减作区别规制,[148] 实践中亦不乏统一处理者;[149] 若部分履行对债权人意义甚微,则应依综合衡量审慎酌减违约金,甚至不予酌减;[150] 在金钱债务部分履行场合,最高人民法院认为违约金的计算基数仅能是未付款项而非总价款。[151]

反过来,债权人未积极履约,不应作为在酌减时遭受亏待的理由。一方面,债权人可能基于债务人的违约而享有履行抗辩权,其拒绝履行或未积极履行于法有据;[152] 另一方面,无履行抗辩权的债权人未依约行事可能构成违约,形成双方违约,也应交由债务人反诉处理。[153]

68a 违约定金虽可类推适用司法酌减(边码 59),但由于《民法典》第 587 条以“不能实现合同目的”为适用定金罚则的原则性要件,故在部分履行触发定金罚则的场合,通常已构成根本违约,即使涉及类推司法酌减,亦无再考量部分履行情事的正当性。例外情况下,若定金合同明确约定排除了根本违约要件,[154] 涉及类推司法酌减时,方可能考量部分履行情事。

69 债务人过错程度的意义,源于违约金本身的履约担保功能,过错情节可以折射债务人对履约压力的态度,此在当事人追求履约担保功能的违约金类型中尤值重视。过错程度在决定是否酌减和酌减幅度时均有其作用。涉及故意违约时,违约方已意识到约定的违约金负担,故不应满足其获得宽待的愿望。[155] 特别是自

---

[148] 在司法酌减外另设部分履行场合违约金酌减规则者,如《法国民法典》(2016)第 1231-5 条第 3 款、我国台湾地区“民法”第 251 条。1995 年 1 月的《中华人民共和国合同法(试拟稿)》第 148 条曾作出规定:“已经履行部分合同债务的,应相应减少违约金。”参见何勤华、李秀清、陈颐编:《新中国民法典草案总览(下卷)》(增订本),北京大学出版社 2017 年版,第 1869 页。

[149] 参见浙江省台州市中级人民法院(2009)浙台商终字第 505 号民事判决书;甘肃省天水市中级人民法院(2012)天民二终字第 00015 号民事判决书。

[150] 参见重庆市高级人民法院(2010)渝高法民终字第 150 号民事判决书。

[151] 参见最高人民法院(2016)最高法民终 51 号民事判决书。

[152] 参见最高人民法院(2013)民申字第 431 号民事裁定书。

[153] Vgl. Jauernig/Stadler, 2009, § 339 Rn. 23; Bamberger/Roth Kommentar/Janoschek, 2007, § 339 Rn. 6.

[154] 认为根本违约要件可被特约排除的观点,参见最高人民法院民法典贯彻实施工作领导小组主编:《中华人民共和国民法典合同编理解与适用(二)》,人民法院出版社 2020 年版,第 800 页。

[155] 参见史文培与甘肃皇台酿造(集团)有限责任公司、北京皇台商贸有限责任公司互易合同纠纷案,最高人民法院(2007)民二终字第 139 号民事判决书,载《最高人民法院公报》2008 年第 7 期;广州市仙源房地产股份有限公司与广东中大中鑫投资策划有限公司、广州远兴房产有限公司、中国投资集团国际理财有限公司股权转让纠纷案,最高人民法院(2009)民申字第 1068 号民事裁定书,载《最高人民法院公报》2010 年第 8 期。在《合同法解释二》第 29 条的制定过程中,曾有过以下方案:“对于故意违约,违约方请求减少违约金的,人民法院不予支持。”参见雷继平:《违约金司法调整的标准和相关因素》,载《法律适用》2009 年第 11 期,第 27 页。

义务产生时即从未履行,[156]或违约持续时间长,[157]原则上不应酌减或者应审慎酌减。相反,若违约时间很短,说明债务人可归责性较小,酌减正当性则较高。[158]

债权人方面的过错,如债权人在违约情事上负有一定过失,涉及与有过失法理的运用,应在司法酌减环节通过类推《民法典》第592条第2款予以综合考虑。[159] 实践中,双方对合同未完全履行均有过错时,法院有时会直接否定一方违约金诉请而判决双方继续履行合同。[160] 然而,即便是判决继续履行,旨在填补迟延损害的违约金本身仍有酌减并参考双方过错程度的余地,完全否定之则有失粗糙。此外,与有过失与双方违约应有所区别,有的法院错将前者认定为后者且以双方违约为由直接酌减违约金的做法,[161]值得商榷。

(3)公平原则与诚实信用

过高的违约金约定不尽然都是显失公平的法律行为。法政策上,显失公平规则依托于公序良俗原则,聚焦合同订立时的相关情事;司法酌减则系基于诚实信用原则,关注合同整个履行过程的发展及至违约责任之形成。[162] 70

结合公平原则,酌减时须考虑两个方向的特殊性。应节制酌减的,是商事主体所负担的违约金,因为商事交易主体通常具备"评估其违约金负担的能力",[163]"合同中对于违约条款之约定,是交易各方事先一致约定维护特定商事交易得以正常进行的基础保障所在,且各方在签订合同时即对此了解并接受",[164]"应对自身的履约能力和违约风险具有合理预期",[165]"应当承担与其预期收益相对应的、谨慎的、合理的注意义务。应有深入的市场参与度、敏锐的市场洞察力、充分的风险预估能力,双方对违约金的约定应当予以尊重并适用"[166](边码54)。 71

应重视酌减的,如经营者和消费者之间以格式合同为载体的交易关系最为典型。依《民商事合同指导意见》,"当事人缔约地位强弱、是否适用格式合同或条

[156] 参见江苏省高级人民法院(2009)苏民三终字第0079号民事判决书。

[157] 参见河南省焦作市中级人民法院(2010)焦民二终字第43号民事判决书。

[158] 参见河南省商丘市中级人民法院(2009)商民终字第827号民事判决书。

[159] 在违反诚实信用原则的极端情形下,若债权人故意创造条件诱使债务人违约者,属于"不正当地促成条件成就"(类推《民法典》第159条第2分句),应视为生效条件未成就,不成立违约金责任,亦无司法酌减的问题。

[160] 参见于存库诉董成斌、董成珍房屋买卖纠纷案,载《最高人民法院公报》2001年第4期。

[161] 参见海南省海口市中级人民法院(2011)海中法民二终字第156号民事判决书。

[162] 关于《民法典》第151条与本条第2款第2分句之间的适用关系,可参见姚明斌:《〈民法典〉违约金规范的体系性发展》,载《比较法研究》2021年第1期,第99—100页。

[163] 最高人民法院(2017)最高法民终455号民事判决书。

[164] 最高人民法院(2018)最高法民再82号民事判决书。

[165] 最高人民法院(2020)最高法民终937号民事判决书。另可参见广东省东莞市中级人民法院(2012)东中法民二终字第603号民事判决书。

[166] 最高人民法院(2017)最高法民再333号民事判决书。

款"亦属参酌因素。[167] 至于债务人经济状况的意义,应限于可能严重影响债务人生存的程度,另外应结合个案中其他情事作综合衡量,不能作为扩大酌减幅度的主要原因。[168] 反过来,若债务人因违约而获利,亦应纳入考量,方不至于产生评价矛盾。[169]

72 在综合衡量时考虑诚实信用,有助于接引其他具体规则,比如《民法典》第 591 条的减损义务规则。[170] 司法酌减既然属于诚实信用原则的具体化,债务人缔结违约金约定,嗣后又申请酌减,并不构成对诚实信用原则的违反。[171] 反过来,现行法并未规定违约金保留义务(边码 37),债权人未作保留嗣后又提出违约金主张,也不构成违反诚实信用的"矛盾行为",除非债权人的行为足以引发债务人相信其不会再主张违约金的信赖。另外,债务人申请酌减的时间限制,无特别约定时依违约金诉讼时效规则处理(边码 63a),亦无长时间不申请而遭债权人援用诚实信用原则之虞。

(4)衡量因素的判断时点

73 在法无明文的情况下,衡量因素判断时点的前后选择,仍应以司法酌减的规范目的为出发点。司法酌减规制的是合同成立生效后履行的发展及相关效果的演进问题,所以不应以缔约时、违约时为准或以债权人主张违约金时为准,否则违约情节、损失确定以及其他后续进程中的评价因素,无法被正当地纳入考量。故直至法庭辩论终结前的所有相关情事,均应考虑。

5. 证明责任

74 申请司法酌减属于有利于债务人的主张,证明责任自应由债务人承担。[172] 对此,《民法典纪要》第 11 条提出:"当事人主张约定的违约金过高请求予以适当

---

〔167〕 参见《上海市高级人民法院关于商事审判中规范违约金调整问题的意见》(沪高法民二〔2009〕13 号)第 8 条(认定违约金"过高"时的考量因素)第 4 项、第 5 项:"法院依据《关于适用〈中华人民共和国合同法〉若干问题的解释(二)》第二十九条第一款判断违约金是否过高时,要避免简单采用固定比例的'一刀切'的认定方式,应当依照公平原则和诚实信用原则,根据案件的具体情形,以违约造成的损失为基准,综合考量以下因素:……(4)当事人缔约地位的强弱;(5)是否适用格式合同或条款;……"

〔168〕 Vgl. Erman Kommentar/Schaub, 2008, § 343 Rn. 3.

〔169〕 参见上海市第一中级人民法院(2005)沪一中民二(民)终字第 2194 号民事判决书。

〔170〕 参见最高人民法院(2015)民一终字第 342 号民事判决书。唯体系上,减损义务规则亦可融合于债权人之过错因素中作综合衡量。

〔171〕 实践中有法院即以此为由认为债务人违反诚实信用原则。参见广东省广州市中级人民法院(2010)穗中法民五终字第 1147 号民事判决书。

〔172〕 参见最高人民法院(2014)民二终字第 135 号民事判决书。另可参见《上海市高级人民法院关于商事审判中规范违约金调整问题的意见》(沪高法民二〔2009〕13 号)第 6 条(主张调整违约金一方当事人的举证要求):"当事人主张约定的违约金过高的,应当提供违约金约定缺乏公平性的相应证据。"

减少的,应当承担举证责任;相对人主张违约金约定合理的,也应提供相应的证据。”债务人应证明的,是与确认违约金不合理之权衡有关的事实;权衡过程中有助于证成较高金额之事实(比如损害程度特别巨大),则应由债权人提出并证明;[173]唯事实真伪不明之败诉风险,仍由债务人承担。

问题的关键在于如何确定债务人的证明对象。本条第2款第2分句规定“过分高于造成的损失”是法院决定酌减的前提,其中约定金额“高于造成的损失”显然属于数额比较的事实问题,但“过分”的程度并非事实问题,因为从《民法典纪要》第11条“一般可以认定为”之措辞意味着很有可能存在约定金额超过造成的损失达30%以上,却基于个案情事不认定为“过分高于造成的损失”的情况,故“过分”程度的判断应属综合衡量中的法律评价问题。 75

是以,债务人首先应证明约定金额高于违约造成的损失,比较的前提是约定金额和造成的损失两项。债务人应提供计算违约损害的计算基础及有关的个案情况(比如债权人购买标的物系为自用而非转卖获利[174]),债权人则可提出反驳或反证。其次,一旦确定约定金额高于造成的损失,则进入是否“过分高于”的衡量阶段。债务人可基于之前的举证主张已达到30%标准,债权人则可提出其他情事并证明,以佐证即使达到30%标准,于本案亦不属“过分高于”从而不应酌减。[175] 最后,经综合衡量认定违约金确属“过分高于造成的损失”,就如何确定符合个案正义的违约金额度,双方也可各自提出有关事实并证明,并向对方提出反驳或反证。

但在金钱债务迟延履行违约金场合,虽然不乏坚持以债务人先行举证损失为原则者,[176]但更为普遍的做法,似乎是要求债权人就迟延还款所造成的实际损失提供证据,否则就以各种利率限制规则作为资金占用损失的计算依据,对违约金作出调整。金钱债务迟延履行违约金有其特殊性,但是这种做法其实降低了司法酌减的门槛,反过来则有可能限制当事人的自治意思,因而在酌减幅度的控制上,仍应尽可能考量当事人对于双重功能尤其是担保功能的配置意旨。 76

---

〔173〕 Staudinger BGB/Rieble, 2009, § 343 Rn. 125, 127.

〔174〕 参见广东省广州市中级人民法院(2010)穗中法民五终字第1527号民事判决书。

〔175〕 参见《上海市高级人民法院关于商事审判中规范违约金调整问题的意见》(沪高法民二〔2009〕13号)第7条(被主张调整违约金一方当事人的举证要求):“被主张调整违约金一方当事人否认约定的违约金过高,认为约定公平合理的,在主张调整违约金一方当事人提供相应证据后,也应当举证证明违约金约定的合理性。”

〔176〕 参见史文培与甘肃皇台酿造(集团)有限责任公司、北京皇台商贸有限责任公司互易合同纠纷案,最高人民法院(2007)民二终字第139号民事判决书,载《最高人民法院公报》2008年第7期;另可参见广东省东莞市中级人民法院(2012)东中法民二终字第603号民事判决书。

(二)司法增额

1. 体系意义

77 本条第 2 款既允许司法酌减又允许司法增额的规范配置,基本承继了《涉外经济合同法》第 20 条第 2 款第 2 句的方案,[177] 并未采取《经济合同法》(1993 年修正)第 31 条将违约金预设为违约损害赔偿最低额的思路,若个案中违约金低于实际的违约损害,可诉诸司法增额。反过来,司法增额规则的体系意义在于,明确了违约金与损害赔偿之间总额预定的基本关系(边码 34),在当事人无特别约定时,不允许债权人就超出违约金的部分损害要求补充的法定损害赔偿。

77a 对此,《民法典》第 588 条的规范整合可提供解释论层面的新依据。其第 1 款规定:"当事人既约定违约金,又约定定金的,一方违约时,对方可以选择适用违约金或者定金条款。"第 2 款进一步规定:"定金不足以弥补一方违约造成的损失的,对方可以请求赔偿超过定金数额的损失。"以第 1 款的选择性竞合关系作为背景,对第 2 款作反对解释,意味着若债权人选择主张违约金但不足以弥补违约损害,也不能要求补充的法定损害赔偿,只能求助于司法增额。[178]

2. 规范性质

78 司法增额和违约损害赔偿最低额预定均有填补债权人超出违约金之部分损害的功能,但法技术方面,二者实则有别。设置司法增额规则,意味着司法裁量因素介入修正自治方案,必须具备充分的必要性,这一点在违约金对接补充赔偿模式是无须考虑的。尽管本条第 2 款第 1 分句并未如第 2 分句般对司法增额的前提设置"过分"之限定,但并非所有违约金低于实际违约损害的情形均可予以增额。[179] 本条第 2 款第 1 分句将《合同法》第 114 条第 2 款第 1 分句之"当事人可以请求人民法院或者仲裁机构予以增加"修订为"人民法院或者仲裁机构可以根据当事人的请求予以增加",同样具有凸显司法增额之裁量特征的意义。故司法增额亦应限于违约金引发显非合理的责任限制时方可适用。

准此,司法增额规则至少应具备一定的强制规范属性。唯若债权人属于商事主体,则无必要予以特别保护(边码 54 以下),应承认其事先放弃申请增额之特约的

---

〔177〕 比较法上以单独规定司法酌减为常见,并配司法增额则仅见于如《法国民法典》(2016)第 1231－5 条第 2 款(原第 1152 条第 2 款)等少数立法例。

〔178〕 参见姚明斌:《〈民法典〉违约金规范的体系性发展》,载《比较法研究》2021 年第 1 期,第 93—94 页。

〔179〕 参见韩世远:《合同法总论》(第 4 版),法律出版社 2018 年版,第 830 页;崔建远:《合同法》(第 3 版),北京大学出版社 2016 年版,第 405 页。类似见解,另可参见黄薇主编:《中华人民共和国民法典合同编释义》,法律出版社 2020 年版,第 290 页。

效力。故司法增额规则亦可定位为主体性的半强制规范，只是强制方向与司法酌减规则相反。[180]

3. **申请启动**

司法增额须由债权人提出申请，该权利亦属于形成诉权。若合同约定违约金向第三人给付，只要未明确第三人享有独立的违约金请求权，第三人无权申请启动增额。 79

《合同法解释二》第27条规定当事人的反诉或抗辩也属于“请求人民法院依照合同法第一百一十四条第二款的规定调整违约金……”，表面上未区分《合同法》第114条第2款的第1分句和第2分句，似亦适用于第1分句之司法增额。但是，债权人本身即为主张违约金的主体，既无抗辩之必要，即使其作为本诉债务人在诉讼中提出反诉，该反诉亦仅是对违约金之主张，尚不应直接认定为申请司法增额。相应地，《合同法解释二》第27条仅于司法酌减场合有意义。若法院根据《民法典纪要》第12条参考上述规定的精神，应注意此适用范围的限制。 80

4. **增额前提**

“低于造成的损失”是司法增额的实质前提，而非申请启动的前提。 81

“造成的损失”的内涵，指向债权人因债务人之违约行为而遭受的损失，包括可得利益的损失，[181]但以经过可预见性规则检验为限。 82

约定金额“低于”造成的损失，如前所述，必须达到一定的失衡程度（边码78）。另外，本条第2款在司法增额的措辞上，一如《合同法》第114条第2款，未使用司法酌减中的“过分”作程度上限定，加之相比《涉外经济合同法》第20条第2款第2句，本条第2款有意将增额和酌减分为独立的两个分句予以规定，应认为其中蕴含了立法者区别对待的意旨。故在过低不公平程度的把握上，至少不能严于司法酌减中的判断基础，尤其是《民法典纪要》第11条的30%标准。故而，一旦约定金额低于造成的损失达30%，应认为符合予以增额的实质前提。[182] 83

5. **增额幅度**

在增额幅度方面，《合同法解释二》第28条第1句曾规定“增加后的违约金数额以不超过实际损失额为限”，文义上似乎不包括可得利益。相比之下，《商品房 84

---

〔180〕 参见江西省高级人民法院（2018）赣民终579号民事判决书：认定当事人事先排除违约金调整的特约有效，驳回了守约方增加违约金的主张，该立场后为最高人民法院（2019）最高法民申3344号民事裁定书所支持。另可参见山东省烟台市中级人民法院（2017）鲁06民终579号民事判决书。

〔181〕 参见雷继平：《违约金司法调整的标准和相关因素》，载《法律适用》2009年第11期，第25页。

〔182〕 实务界亦有观点建议以低于实际损失达20%为标准。参见靳学军、李颖：《违约金调整的司法难题及解决》，载《人民司法·应用》2008年第19期，第53页。

买卖合同解释》原第 16 条规定当事人以约定的违约金过低为由请求增加的，应当以“违约造成的损失”确定违约金数额，在措辞上更为可取。

84a 实践中，通过司法增额所填补之利益形态，有可能是实际损失，[183] 也有可能是可得利益。[184] 对于《合同法解释二》第 28 条第 1 句的文义缺陷，有的法院并未消极盲从，而是积极地借助体系解释和目的解释予以消解：“（违约方）的抗辩实质上是认为可得利益损失不属于……第二十八条规定的‘实际损失’范围。但根据《中华人民共和国合同法》第一百一十三条的规定，违约方应当赔偿守约方直接损失和可得利益损失。而当事人对违约金进行约定主要是基于减轻守约方举证责任、方便定损进而促进快速解决纠纷等方面的考虑，将可得利益损失排除于实际损失范围与《中华人民共和国合同法》第一百一十三条体现的完全赔偿原则以及违约金应有的补偿性相悖，是对‘实际损失’的误解。”[185]

84b 《民法典纪要》第 11 条修正了《合同法解释二》第 28 条第 1 句的前述文义缺陷，明确“当事人请求人民法院增加违约金的，增加后的违约金数额以不超过民法典第五百八十四条规定的损失为限”，即违约金增额幅度的上限以法定违约损害赔偿的范围为准，包括可得利益，但须符合可预见性限制。此一修正是妥当的，因为若不包括可得利益，无法填补全部“造成的损失”；若不以经可预见性规则的检验为限，司法增额的结果可能会纳入不可赔损害。

85 但《民法典纪要》第 11 条只是明确了违约损害构成司法增额的上限，可否确定一个高于约定金额却低于违约损害的金额，则尚未明确。一方面，与司法酌减不同，《民法典纪要》第 11 条未对司法增额设置丰富的综合衡量因素，说明司法增额场合的裁量空间小于司法酌减；另一方面，诸如与有过失、损益相抵、减损义务等与法定损害赔偿范围密切相关的规则，于司法增额时仍应有所考量，从而会对赔偿范围构成限制。相应地，在判断时点上应与司法酌减类似，直至法庭辩论终结前的相关情事，均应纳入考量（边码 73）。

6. 证明责任

86 申请司法增额，应由债权人就违约金低于造成的损失承担证明责任。[186] 实践中，债权人无法证明，有的法院会直接否决其增额请求，[187] 但存在其他参考标

---

〔183〕 参见广州海事法院（2011）广海法初字第 451 号民事判决书（租赁和运输替代标的的费用）；江苏省苏州市吴江区人民法院（2015）吴江开民初字第 1531 号民事判决书（迟延交房期间的租金）。

〔184〕 参见天津市第二中级人民法院（2015）二中民二终字第 394 号民事判决书（迟延付款期间利息）。

〔185〕 参见浙江省高级人民法院（2015）浙商外终字第 64 号民事判决书（一审部分）。

〔186〕 参见吉林省集安市人民法院（2015）集民一初字第 86 号民事判决书。

〔187〕 参见广东省广州市中级人民法院（2010）穗中法民五终字第 3259 号民事判决书；广西壮族自治区南宁市中级人民法院（2012）南市民一终字第 1534 号民事判决书；浙江省温州市中级人民法院（2020）浙 03 民终 4649 号民事判决书。

准时,亦不乏予以援用参考的处理。[188]

附:案例索引

1. 北京朗坤生物科技有限公司与北京汇朗生物科技有限公司专利权转让合同纠纷案,最高人民法院(2019)最高法知民终 394 号民事判决书,载《最高人民法院公报》2021 年第 1 期【边码 8】

2. 北京市朝阳区人民法院(2010)朝民初字第 34903 号民事判决书:北京市东方爱婴咨询有限公司与郑州东方爱婴咨询有限公司等特许经营合同纠纷案【边码 64】

3. 北京市第二中级人民法院(2015)二中民终字第 08833 号民事判决书:紫衡阳光低碳技术(北京)有限公司与北京利多亚科技有限公司建设工程合同纠纷案【边码 64a】

4. 北京市第一中级人民法院(2010)一中民终字第 12578 号民事判决书:俞某利与胡某伟委托创作合同纠纷案【边码 64】

5. 北京市高级人民法院(2015)高民申字第 1772 号民事裁定书:张某远与北京罗顿沙河建设发展有限公司商品房预售合同纠纷案【边码 28】

6. 重庆市第五中级人民法院(2015)渝五中法民终字第 08283 号民事判决书:重庆强捷钢结构有限公司等与重庆展志实业有限公司买卖合同纠纷案【边码 54a】

7. 重庆市高级人民法院(2010)渝高法民终字第 150 号民事判决书:彭水县茂田能源开发有限公司与重庆茧丝绸集团有限公司买卖合同纠纷案【边码 68】

8. 泛华工程有限公司西南公司与中国人寿保险(集团)公司商品房预售合同纠纷案,最高人民法院(2005)民一终字第 85 号民事判决书,载《最高人民法院公报》2008 年第 2 期【边码 51】

9. 甘肃省天水市中级人民法院(2012)天民二终字第 00015 号民事判决书:天水嘉和商贸有限责任公司等与汪某宝项目转让合同纠纷案【边码 68】

10. 广东达宝物业管理有限公司与广东中岱企业集团有限公司、广东中岱电讯产业有限公司、广州市中珊实业有限公司股权转让合作纠纷案,最高人民法院(2010)民提字第 153 号民事判决书,载《最高人民法院公报》2012 年第 5 期【边码 26】

11. 广东黄河实业集团有限公司与北京然自中医药科技发展中心一般股权转让侵权纠纷案,最高人民法院(2008)民二终字第 62 号民事判决书,载《最高人民法院公报》2009 年第 1 期【边码 23】

12. 广东省东莞市中级人民法院(2012)东中法民二终字第 603 号民事判决书:深圳市辰合投资控股有限公司等与张某高等股权转让纠纷案【边码 71、76】

13. 广东省广州市中级人民法院(2010)穗中法民二终字第 1082 号民事判决书:深圳天狮电气有限公司与广东信源物流设备有限公司承揽合同纠纷案【边码 64】

14. 广东省广州市中级人民法院(2010)穗中法民二终字第 2287 号民事判决书:朱某与

---

[188] 参见广州海事法院(2011)广海法初字第 451 号民事判决书:在双方没有证据支持的情况下,法院以保险人的评估结论作为违约金是否低于损失的参考依据。

林某股权转让合同纠纷案【边码 64】

15. 广东省广州市中级人民法院(2010)穗中法民五终字第 1147 号民事判决书:广州市番禺区绿庭雅苑房地产有限公司与杨某等商品房预售合同纠纷案【边码 72】

16. 广东省广州市中级人民法院(2010)穗中法民五终字第 1527 号民事判决书:广州市番禺区绿庭雅苑房地产有限公司与罗某仔商品房预售合同纠纷案【边码 75】

17. 广东省广州市中级人民法院(2010)穗中法民五终字第 3259 号民事判决书:广州光明房产建设有限公司与管某娣商品房预售合同纠纷案【边码 86】

18. 广东省肇庆市中级人民法院(2015)肇中法民二终字第 177 号民事判决书:黎某芳与广宁百盈花园物业服务有限公司物业服务合同纠纷案【边码 25】

19. 广西桂冠电力股份有限公司与广西泳臣房地产开发有限公司房屋买卖合同纠纷案,最高人民法院(2009)民一终字第 23 号民事判决书,载《最高人民法院公报》2010 年第 5 期【边码 45】

20. 广西壮族自治区南宁市中级人民法院(2012)南市民一终字第 1534 号民事判决书:向某琪与广西丰华房地产开发有限公司商品房预售合同纠纷案【边码 86】

21. 广西壮族自治区南宁市青秀区人民法院(2014)青民一初字第 1784 号民事判决书:张某水与张某琴等民间借贷纠纷案【边码 54】

22. 广西壮族自治区忻城县人民法院(2013)忻民初字第 86 号民事判决书:广州 × ×物业酒店管理有限公司 × ×分公司与韦 × ×物业服务合同纠纷案【边码 64】

23. 广州海事法院(2011)广海法初字第 451 号民事判决书:大庆 × ×(深圳)有限公司与深圳市 × × ×海运有限公司航次租船合同纠纷案【边码 84a、86】

24. 广州市仙源房地产股份有限公司与广东中大中鑫投资策划有限公司、广州远兴房产有限公司、中国投资集团国际理财有限公司股权转让纠纷案,最高人民法院(2009)民申字第 1068 号民事裁定书,载《最高人民法院公报》2010 年第 8 期【边码 69】

25. 海南省高级人民法院(2016)琼民终 200 号民事判决书:陈某与应某富租赁合同纠纷案【边码 47b】

26. 海南省海口市中级人民法院(2011)海中法民二终字第 156 号民事判决书:海口赛强发展公司与海南好莲广告有限公司广告合同纠纷案【边码 69】

27. 河南省焦作市中级人民法院(2010)焦民二终字第 43 号民事判决书:焦作市东桂基金房地产开发有限公司与焦作电力集团预拌商品混凝土有限公司买卖合同纠纷案【边码 4、69】

28. 河南省漯河市源汇区人民法院(2009)源民初字第 321 号民事判决书:漯河市永冠物业管理有限公司与马某军物业服务合同纠纷案【边码 64】

29. 河南省三门峡市湖滨区人民法院(2009)湖民二初字第 234 号民事判决书:张某闯与三门峡市正信置业经纪有限公司房屋买卖纠纷案【边码 59】

30. 河南省商丘市中级人民法院(2009)商民终字第 827 号民事判决书:刘某礼与安徽省天能电源有限公司买卖合同纠纷案【边码 69】

31. 黑龙江省哈尔滨市中级人民法院(2015)哈民三商再终字第 3 号民事判决书:哈尔滨

富华铸造材料有限公司与大连国丰机床有限公司等买卖合同纠纷案【边码40】

32. 湖北省武汉市武昌区人民法院(2015)鄂武昌民初字第01536号民事判决书:武汉市荣钢市政工程有限公司与武汉辉腾达建筑工程有限公司建设工程合同纠纷案【边码7】

33. 湖南省高级人民法院(2015)湘高法民再一终字第14号民事判决书:常德市科农农业物资有限公司与桂林井田生化有限公司买卖合同纠纷案【边码39】

34. 湖南省长沙市中级人民法院(2009)长中民二终字第1980号民事判决书:上海晨丰物流有限公司与湖南经阁投资控股集团有限公司公路货物运输合同纠纷案【边码64】

35. 湖南省株洲市渌口区人民法院(原湖南省株洲县人民法院)(2012)株县法民二初字第214号民事判决书:株洲湘佳农林科技发展有限责任公司与陈某华等租赁合同纠纷案【边码64】

36. 吉林省集安市人民法院(2015)集民一初字第86号民事判决书:李某峰与陈某峰等合伙协议纠纷案【边码86】

37. 江苏省常州市天宁区人民法院(2019)苏0402民初6401号民事判决书:陈某浓与邱某云等股权转让纠纷案【边码54a】

38. 江苏省高级人民法院(2009)苏民三终字第0079号民事判决书:南京紫金山影业有限公司与北京市润亚影视传播有限公司著作权许可使用合同纠纷案【边码69】

39. 江苏省高级人民法院(2012)苏商终字第0182号民事判决书:吴某丹与万通建设集团有限公司济宁分公司等买卖合同纠纷案【边码54b】

40. 江苏省高级人民法院(2013)苏民终字第0315号民事判决书:江苏展旺管业有限公司与中钜建设集团有限公司建设工程施工合同纠纷案【边码54a】

41. 江苏省南京市中级人民法院(2015)宁商终字第536号民事判决书:南京钰仕泉服饰贸易有限公司与南通市华荣制衣有限责任公司承揽合同纠纷案【边码55】

42. 江苏省南通市中级人民法院(2017)苏06民终1008号民事判决书:季某与刘某平等合同纠纷案【边码54a】

43. 江苏省苏州市吴江区人民法院(2015)吴江开民初字第1531号民事判决书:严某平等与苏州金球地产有限公司商品房预售合同纠纷案【边码84a】

44. 江西省高级人民法院(2018)赣民终579号民事判决书:洪客隆百货投资(景德镇)有限公司与乐平华润置业有限公司租赁合同纠纷案【边码54、78】

45. 山东省烟台市中级人民法院(2017)鲁06民终579号民事判决书:宋某萍与烟台银丰投资开发有限公司商品房预售合同纠纷案【边码54、78】

46. 上海市第一中级人民法院(2005)沪一中民二(民)终字第2194号民事判决书:农工商超市(集团)有限公司与上海伊塔纳旅游用品有限公司房屋租赁合同纠纷案【边码71】

47. 上海市第一中级人民法院(2015)沪一中民四(商)终字第1269号民事判决书:上海泽胜复合材料有限公司与上海康弘环保科技有限公司加工合同纠纷案【边码39】

48. 上海市第一中级人民法院(2019)沪01民终8344号民事判决书:周某炜与上海佳信物业管理有限公司物业服务合同纠纷案【边码51】

49. 上海市虹口区人民法院(2011)虹民三(民)初字第792号民事判决书:朱某与上海金

轩大邸房地产项目开发有限公司商品房预售合同纠纷案【边码 57】

50. 上海市浦东新区人民法院(2016)沪 0115 民初 23156 号民事判决书:张某海与徐某萍等房屋买卖合同纠纷案【边码 54a】

51. 韶关市汇丰华南创展企业有限公司与广东省环境工程装备总公司、广东省环境保护工程研究设计院合同纠纷案,最高人民法院(2011)民再申字第 84 号民事裁定书,载《最高人民法院公报》2011 年第 9 期【边码 7、65、66】

52. 史文培与甘肃皇台酿造(集团)有限责任公司、北京皇台商贸有限责任公司互易合同纠纷案,最高人民法院(2007)民二终字第 139 号民事判决书,载《最高人民法院公报》2008 年第 7 期【边码 7、69、76】

53. 四川省内江市中级人民法院(2014)内民初字第 28 号民事判决书:四川东进节能玻璃有限公司与浙江亚厦装饰股份有限公司等买卖合同纠纷案【边码 54a】

54. 山西嘉和泰房地产开发有限公司与太原重型机械(集团)有限公司土地使用权转让合同纠纷案,最高人民法院(2007)民一终字第 62 号民事判决书,载《最高人民法院公报》2008 年第 3 期【边码 64】

55. 天津市第二中级人民法院(2015)二中民二终字第 394 号民事判决书:中国建筑第八工程局有限公司与天津市永利鉴元混凝土有限公司买卖合同纠纷案【边码 84a】

56. 王云飞诉施耐德电气(中国)投资有限公司上海分公司劳动争议纠纷案,载《最高人民法院公报》2009 年第 11 期【边码 23】

57. 香港锦程投资有限公司与山西省心血管疾病医院、第三人山西寰能科贸有限公司中外合资经营企业合同纠纷案,最高人民法院(2010)民四终字第 3 号民事判决书,载《最高人民法院公报》2010 年第 12 期【边码 26】

58. 新疆维吾尔自治区乌鲁木齐市中级人民法院(2010)乌中民四终字第 231 号民事判决书:唐某贵与乌鲁木齐市米东区长新煤矿经营合同纠纷案【边码 59】

59. 于存库诉董成斌、董成珍房屋买卖纠纷案,载《最高人民法院公报》2001 年第 4 期【边码 69】

60. 浙江省高级人民法院(2015)浙商外终字第 64 号民事判决书:成都欣华欣化工材料有限公司与科固集团有限公司买卖合同纠纷案【边码 84a】

61. 浙江省杭州市萧山区人民法院(2011)杭萧商初字第 519 号民事判决书:李某某与曹某某保证合同纠纷案【边码 64】

62. 浙江省宁波市中级人民法院(2009)浙甬商终字第 948 号民事判决书:马某力等与楼某良等股权转让纠纷案【边码 67d】

63. 浙江省台州市中级人民法院(2009)浙台商终字第 505 号民事判决书:何某飞与朱某娄企业租赁经营合同纠纷案【边码 68】

64. 浙江省温州市中级人民法院(2020)浙 03 民终 4649 号民事判决书:浙江星慕文化传媒有限公司与陈某秀合同纠纷案【边码 15、86】

65. 中国建设银行股份有限公司广州荔湾支行与广东蓝粤能源发展有限公司等信用证开证纠纷案,最高人民法院(2015)民提字第 126 号民事判决书,载《最高人民法院公报》2016

年第 5 期【边码 20、64】

66. 朱俊芳与山西嘉和泰房地产开发有限公司商品房买卖合同纠纷案，最高人民法院(2011)民提字第 344 号民事判决书，载《最高人民法院公报》2014 年第 12 期【边码 32】

67. 最高人民法院(2004)民一终字第 112 号民事判决书：武汉建工第三建筑有限公司与武汉天恒置业有限责任公司建筑安装工程施工合同纠纷案【边码 66、67】

68. 最高人民法院(2013)民申字第 431 号民事裁定书：中建集团有限公司与湖北省和济投资有限公司等股权转让纠纷案【边码 68】

69. 最高人民法院(2013)民提字第 133 号民事判决书：湖北汇通工贸集团有限公司与长江润发集团有限公司等买卖合同纠纷案【边码 9】

70. 最高人民法院(2014)民二终字第 135 号民事判决书：佳木斯市惠农谷物专业合作社与曹县谷丰粮食购销有限公司合同纠纷案【边码 74】

71. 最高人民法院(2015)民二终字第 204 号民事判决书：中静汽车投资有限公司与上海铭源实业集团有限公司股权转让纠纷案【边码 7】

72. 最高人民法院(2015)民二终字第 310 号民事判决书：甘某海等与刘某田等股权转让纠纷案【边码 54a】

73. 最高人民法院(2015)民申字第 3030 号民事裁定书：重庆渝西半岛实业有限公司与四川蜀天建设工程总承包有限公司建设工程施工合同纠纷案【边码 51】

74. 最高人民法院(2015)民提字第 143 号民事判决书：南宁广发重工集团有限公司等与湖南新华晒北滩水电开发有限公司买卖合同纠纷案【边码 40】

75. 最高人民法院(2015)民提字第 209 号民事判决书：惠阳惠兴实业有限公司与润杨集团(深圳)有限公司等股权转让合同纠纷案【边码 4、11、47】

76. 最高人民法院(2015)民一终字第 340 号民事判决书：大同市天力房地产开发有限责任公司与山西同至人商业管理有限公司等房屋租赁合同纠纷案【边码 7、39、54b】

77. 最高人民法院(2015)民一终字第 342 号民事判决书：重庆苯特钢结构有限公司与重庆百花生物医药股份有限公司等建设工程施工合同纠纷案【边码 72】

78. 最高人民法院(2016)最高法民申 3378 号民事裁定书：孙某良与东莞市明政塑胶五金制品有限公司等股权转让合同纠纷案【边码 11】

79. 最高人民法院(2016)最高法民终 106 号民事判决书：普定县鑫臻房地产开发有限责任公司与黑龙江省建工集团有限责任公司等建设工程合同纠纷案【边码 8】

80. 最高人民法院(2016)最高法民终 18 号民事判决书：焦某成等与毛某随等股权转让合同纠纷案【边码 7】

81. 最高人民法院(2016)最高法民终 51 号民事判决书：吴某媚等与梁某业等股权转让合同纠纷案【边码 68】

82. 最高人民法院(2016)最高法民终 82 号民事判决书：北京东方大地地基基础技术开发有限公司与巴州俊发房地产开发有限责任公司合资、合作开发房地产合同纠纷案【边码 7】

83. 最高人民法院(2017)最高法民再 333 号民事判决书：黑龙江省庆达水利水电工程有限公司与大庆油田牡丹江新能源有限责任公司建设工程施工合同纠纷案【边码 71】

84. 最高人民法院(2017)最高法民终 308 号民事判决书:霍邱县人民政府国土资源局与安徽文峰置业有限公司建设用地使用权出让合同纠纷案【边码 57】

85. 最高人民法院(2017)最高法民终 455 号民事判决书:北京华普产业集团有限公司等与李某阳等股权转让纠纷案【边码 8、71】

86. 最高人民法院(2017)最高法民终 561 号民事判决书:昆明市国土资源局与云南仁泽房地产开发有限公司等建设用地使用权出让合同纠纷案【边码 57】

87. 最高人民法院(2018)最高法民再 422 号民事判决书:西安市国土资源局与西安晟森房地产开发有限公司建设用地使用权出让合同纠纷案【边码 57】

88. 最高人民法院(2018)最高法民再 82 号民事判决书:上海飞蕾科技有限公司与富士医疗器材(上海)有限公司等合同纠纷案【边码 71】

89. 最高人民法院(2018)最高法民终 1153 号民事判决书:南充市华盛建筑工程有限公司与云南云投生态环境科技股份有限公司等建设工程施工合同纠纷案【边码 7】

90. 最高人民法院(2018)最高法民终 355 号民事判决书:中国信达资产管理股份有限公司甘肃省分公司与庆阳市智霖房地产开发有限公司等债权债务概括转移合同纠纷案【边码 67a】

91. 最高人民法院(2019)最高法民申 3344 号民事裁定书:乐平华润置业有限公司与洪客隆百货投资(景德镇)有限公司租赁合同纠纷案【边码 54、78】

92. 最高人民法院(2019)最高法民终 1564 号民事判决书:镇远百龙旅游营销有限责任公司等与镇远县名城旅游开发经营有限责任公司等合同纠纷案【边码 6】

93. 最高人民法院(2019)最高法民终 1622 号民事判决书:浙江省东阳第三建筑工程有限公司与青海泰阳房地产开发有限公司建设工程施工合同纠纷案【边码 7】

94. 最高人民法院(2020)最高法民申 1483 号民事裁定书:重庆市涪陵区涪洪船务有限公司与况某国船舶租用合同纠纷案【边码 7】

95. 最高人民法院(2020)最高法民终 937 号民事判决书:科瑞天诚投资控股有限公司与招商证券资产管理有限公司等借款合同纠纷案【边码 71】

第 598 条

出卖人主给付义务*

第 598 条　出卖人应当履行向买受人交付标的物或者交付提取标的物的单证，并转移标的物所有权的义务。

简　目

---

* 本文系基于《〈民法典〉第 598 条（出卖人主给付义务）评注》（载《法学家》2020 年第 4 期）一文修订而成。

一、规范定位

(一)规范要旨

1 本条系出卖人主给付义务规范,包含两项主给付义务:交付标的物(或提取标的物的单证)与移转所有权。所有权移转义务旨在使买受人取得标的物之法律归属,交付义务的意义则是让买受人取得标的物之经济归属。[1]

2 出卖人的两项义务中,与买受人价金支付义务相结合,确定买卖合同类型的,是所有权移转义务。交付不局限于买卖,租赁、承揽等有偿合同亦有此义务,加之买卖合同的交付义务可被合意排除(边码46),交付义务并不足以界定买卖合同类型。与之对照,所有权移转义务则不仅呼应当事人最核心的交易目的,而且一旦被排除,合同类型即不再是买卖。不过,买卖合同的类型界定条款是《民法典》第595条而非本条。本条的基本意旨在于确立出卖人主给付义务体系,因此,交付与所有权移转两项义务在本条并无主次之分。

3 出卖人另有一项主给付义务本条未予规定,即由瑕疵担保发展而来的瑕疵义务。瑕疵规范可细分为品质瑕疵规则(《民法典》第610条、第615—618条)与权利瑕疵规则(《民法典》第612—614条)。瑕疵义务虽在体例位置上远离本条,但因其涉及本条两项主给付义务的界定及其履行判断,本文亦将其适度纳入(边码6—18)。

4 "转移标的物所有权"的表述显示,本条以有体物买卖为规范对象,不过,权利(包含占有权能者)买卖、其他标的(如无体财产)买卖(《民法典》第646条)与互易合同(《民法典》第647条)得参照适用。

[1] 所有权的经济价值由占有决定,如耶林所言:"有所有权而无占有,就像有宝藏却没有钥匙,有果树却没有采摘梯。"Rudolf von Jhering, Der Besitz, in: Jhering's Jahrbücher für die Dogmatik des heutigen römischen und deutschen Privatrechts, Bd. 32, Jena: Verlag von Gustav Fischer, 1893, S. 43.

(二)规范属性

在出卖人,本条系主给付义务条款。但在买受人,本条则是请求权基础规范,买受人据此享有请求出卖人交付与移转所有权的原合同请求权。 5

规范体系上,以两项请求权为核心,有多项辅助规范环绕其间。交付请求权(交付义务)的辅助规范主要包括单证与资料的交付、包装义务、交付时间、交付地点、无重大品质瑕疵(边码 14)、无权利瑕疵(边码 15)(《民法典》第 599 条、第 601—603 条、第 610 条、第 612 条、第 615 条、第 619 条)等。所有权移转请求权(所有权移转义务)的辅助规范,则主要是物权编中依法律行为变动所有权的相应规则(《民法典》第 209 条、第 224—228 条、第 311 条)。此外,多重买卖的履行顺序,同样是本条的辅助规范。

二、本条与瑕疵义务

本条确立交付与移转所有权两项主给付义务,而《德国民法典》中与本条对应的请求权基础规范(《德国民法典》第 433 条第 1 款)尚有第 3 项出卖人主给付义务,即"无物上瑕疵且无权利瑕疵",此称瑕疵(担保)义务。我国《民法典》则在《民法典》第 615 条与第 612 条分别规定品质瑕疵与权利瑕疵。这一比较法差异所提示的问题是,瑕疵所涉究系担保责任还是另一项主给付义务?与本条两项义务之间有何关联? 6

鉴于瑕疵义务的定位将影响交付与所有权移转义务的界定及其履行判断,本节先就此问题略作前置讨论。

(一)从瑕疵担保到瑕疵义务

品质瑕疵与权利瑕疵作为"担保",是历史的偶然。与当代买卖以所有权移转为中心不同,罗马法的合意买卖以占有让与为核心,出卖人仅负担交付义务,既无所有权移转义务,也无瑕疵义务(边码 8—9)。德国债改(债法现代化改革)以"交付义务 + 所有权移转义务 + 瑕疵义务"的三分架构所追求的经济效果,即,令买受人取得标的物之占有与所有权,且标的物无品质瑕疵或权利瑕疵,在罗马法上系通过"交付义务 + 品质担保约定 + 追夺担保责任"的构造实现。其中,品质担保约定(发展为后世的品质瑕疵担保)与追夺担保责任(演化出后世的所有权移转义务 + 权利瑕疵担保)均系买卖合同之外的独立担保(边码 8—9)。 7

品质瑕疵担保的肇始是独立于买卖的担保约定。罗马法奉行买者当心原则,买受人须在缔约前仔细检查标的物,并承受其品质不符合期待的风险,出卖人交 8

付买受人选定的物即履行完毕。但出卖人得以独立于买卖的要式口约向买受人"担保"标的物不存在特定瑕疵。此后,为了避免奴隶与驮畜的出卖人欺诈,市政官发布敕令要求出卖人对特定瑕疵(疾病、身体缺陷等)负担信息提供义务,因这些瑕疵常无法除去,不能以履行请求权救济,发展出瑕疵解除与减价制度,〔2〕此亦后世品质瑕疵担保的来源。在此意义上,品质瑕疵曾是"真正的"或"原生的"担保,而非出卖人原给付义务。

9　权利瑕疵担保则与所有权移转义务同源,均源自追夺担保责任。罗马法上,出卖人仅有交付义务而无所有权移转义务。〔3〕买受人若希望免受第三人追夺,就须与出卖人达成独立于买卖的追夺担保约定(要式口约)。〔4〕后世从追夺担保中发展出所有权移转义务,〔5〕与权利瑕疵担保(追夺担保的现代表达)并列。以债改之前的德国旧法为例:因标的物为第三人所有导致买受人无法取得所有权的,出卖人违反所有权移转义务;而若存在所有权之外的其他第三人权利,则成立权利瑕疵担保责任(边码 16)。

10　德国债改的方向是将瑕疵担保责任并入给付义务。此前,出卖人主给付义务限于(依标的物现状)交付与移转所有权,品质瑕疵是独立的法定担保,典型法效是解约与减价,出卖人无义务改变瑕疵状态。此后,使标的物处于特定状态(符合约定)成为义务内容,另行给付无瑕疵物、〔6〕补正瑕疵或除去瑕疵等作为瑕疵救济,均是原给付义务的继续,〔7〕不以可归责为前提。与品质瑕疵不同,债改前的权利瑕疵就适用给付障碍规则。债改进一步消弭了权利瑕疵与品质瑕疵的效果差异,将二者一并归入给付障碍,〔8〕并将"无品质瑕疵与无权利瑕疵"确立为第三项出卖人主给付义务。

11　追溯历史意在解释当下。虽然在规范体例上,《民法典》未将瑕疵义务纳入本条,但实质内容却更接近债改后的德国法。法律效果方面,我国奉行违约责任的"单轨制",〔9〕无论品质瑕疵还是权利瑕疵,救济途径均与给付义务违反并无不

---

〔2〕 Vgl. Wolfgang Ernst, Kommentar zum § §434 – 445, in: Historische – kritische Kommentar zum BGB, Band III, Tübingen: Mohr Siebeck, 2013, Rn. 4.

〔3〕 参见[意]彼德罗·彭梵得:《罗马法教科书》,黄风译,中国政法大学出版社 2005 年版,第 285 页。

〔4〕 参见刘家安:《买卖的法律结构》,中国政法大学出版社 2003 年版,第 50—51 页。

〔5〕 Vgl. Wolfgang Ernst, Kommentar zum § §434 – 445, in: Historische – kritische Kommentar zum BGB, Band III, Tübingen: Mohr Siebeck, 2013, Rn. 29.

〔6〕 另行给付无瑕疵物在德国债改之前即是种类买卖瑕疵的救济方式(旧法第 480 条),但由于瑕疵阻却特定化(第 243 条第 1 款),严格而言另行给付实为原给付义务的履行而非担保责任。

〔7〕 Vgl. Lars Ferenc Freytag, Grundstrukturen des Kaufrechts, Tübingen: Mohr Siebeck, 2007, S. 102.

〔8〕 Vgl. Wolfgang Ernst, Kommentar zum § §434 – 445, in: Historische – kritische Kommentar zum BGB, Band III, Tübingen: Mohr Siebeck, 2013, Rn. 38.

〔9〕 参见韩世远:《合同法总论》(第 4 版),法律出版社 2018 年版,第 555 页。

同。因此,瑕疵担保名为"担保",实为出卖人原给付义务。判断出卖人是否依债的本旨履行义务时,须同时结合本条与瑕疵规范一体观察。

(二)交付义务与瑕疵义务

就交付而言,瑕疵作为担保与作为给付义务的不同在于:若为担保,即使有瑕疵,也不影响交付义务之履行,买受人不得拒绝受领,只能诉诸瑕疵救济;若为给付义务,则买受人可能有拒收权,得阻却出卖人交付义务的履行。《民法典》中的瑕疵并非独立担保,由此产生的问题是,标的物无瑕疵是否构成履行交付义务的前提? 12

1. 交付义务与品质瑕疵

无品质瑕疵是否为履行交付义务的条件,可区分种类买卖与特定买卖分别观察。学理上,种类买卖的交付以特定化为前提,而特定化须给付"中等品质"之物(《德国民法典》第243条第1款),这通常意味着无瑕疵。[10] 换言之,瑕疵不生特定化效力,种类之债继续存在,[11]给付风险不移转,[12]买受人得拒绝受领,并请求交付适格物。[13] 买受人不知瑕疵而受领的不生特定化效力。反之,买受人明知瑕疵仍然受领,可解释为双方合意变更特定化要求。 13

《民法典》虽规定出卖人应依约定的质量要求交付(《民法典》第615条),但仅在瑕疵影响合同目的时,买受人才有拒收权(《民法典》第610条)。反面解释,瑕疵轻微时买受人无权拒收。由此推论,轻微瑕疵也无从阻却种类买卖的特定化,既不影响交付义务的履行,也不影响给付风险与价金风险的移转,只能引发瑕疵救济。于特定买卖,实务中常发生的争议是房屋质量瑕疵是否阻却交付。[14] 本文认为,《民法典》规则下,特定买卖同样仅在重大瑕疵时买受人才有拒收权。 14

据此,无重大品质瑕疵为履行交付义务的前提。若买受人明知或应知重大瑕疵仍然受领,则构成清偿(或代物清偿),但不影响请求另行给付无瑕疵物(更换)之外的瑕疵救济(修理、减价等)。

---

〔10〕 Vgl. Dietrich Reinicke/Klaus Tiedtke, Kaufrecht, 7. Aufl., München: Luchterhand Verlag, 2004, Rn. 207.

〔11〕 参见陈自强:《契约违反与履行请求》,台湾地区元照出版有限公司2015年版,第177页。

〔12〕 Vgl. Lars Ferenc Freytag, Grundstrukturen des Kaufrechts, Tübingen: Mohr Siebeck, 2007, S. 115.

〔13〕 参见史尚宽:《债法各论》,中国政法大学出版社2000年版,第41页。

〔14〕 实务中有不同立场:其一,不具备交付条件,买受人即有权拒收,如广东省广州市中级人民法院(2014)穗中法民五终字第3861号民事判决书,参见国家法官学院案例开发研究中心编:《中国法院2016年度案例:房屋买卖合同纠纷》,中国法制出版社2016年版,第1—3页。其二,房屋主体结构不合格或严重影响正常居住的质量瑕疵,买受人有权拒收,轻微瑕疵则不产生拒收权,参见广西壮族自治区高级人民法院(2013)桂民提字第190号民事判决书。其三,未经验收合格即交房为瑕疵交付而非未交付,如广西壮族自治区来宾市中级人民法院(2015)来民终字第203号民事判决书,参见国家法官学院案例开发研究中心编:《中国法院2017年度案例:房屋买卖合同纠纷》,中国法制出版社2017年版,第1—5页。

2. **交付义务与权利瑕疵**

15 就权利瑕疵,《民法典》只规定了买受人的不安抗辩权(《民法典》第 614 条),能否拒收并无明文。但因买受人的收取义务以出卖人依约提出给付为前提(边码 26),可认为买受人有权拒收,且权利瑕疵也阻却种类买卖的特定化。因而,无权利瑕疵也是履行交付义务的前提。

(三)所有权移转义务与瑕疵义务

于此涉及的问题有二:其一,因标的物为第三人所有导致买受人无法取得所有权,究系所有权移转义务的违反还是权利瑕疵?其二,品质瑕疵是否构成所有权移转的阻却事由?

1. **所有权移转义务与权利瑕疵**

16 所有权移转义务由追夺担保发展而来(边码 9),自该义务从担保提升为出卖人主给付义务后,因第三人所有权而使买受人无法取得所有权的(如《民法典》第 312 条[15]),即不再是权利瑕疵,而是所有权移转义务的违反。据此,权利瑕疵中的"权利"系所有权以外的权利。[16] 但反对观点认为,若所有权之外的权利构成权利瑕疵,举轻以明重,第三人所有权更应成立权利瑕疵。[17]

17 本文认为,反对观点之"举轻明重"推理未必成立。与违反所有权移转义务带来的违约救济相比,权利瑕疵规范并未为买受人提供更为有力的保护,反而附加了权利限制,即买受人明知或应知权利瑕疵的,排除出卖人责任(《民法典》第 613 条)。若第三人所有权为权利瑕疵,即意味着,买受人缔约时若明知或应知出卖人非所有权人,嗣后即使无法取得所有权,出卖人也不必承担违约责任。如此解释,不仅与出卖他人之物产生违约责任的规则不符(《民法典》第 597 条第 1 款),也对买受人过苛。此亦表明,所有权瑕疵固然较之其他权利瑕疵为"重",但恰恰如此,有必要为之提供更"重"的保护,瑕疵救济难堪此任。因而,第三人所有权不宜认定为权利瑕疵,应纳入违反所有权移转义务的救济轨道。

2. **所有权移转义务与品质瑕疵**

18 存在影响合同目的之重大品质瑕疵时,买受人有拒收权(《民法典》第 610

---

〔15〕 以认为两年内所有权仍归属于原所有权人为前提,若认为两年内原所有权人虽得请求返还,但所有权已归属于买受人,则成立权利瑕疵。

〔16〕 Vgl. Hans-Werner Eckert/Jan Maifeld/Michael Matthiessen, Handbuch des Kaufrechts, 2. Aufl., München: C. H. Beck, 2014, Rn. 429.

〔17〕 参见黄立主编:《民法债编各论(上)》,中国政法大学出版社 2003 年版,第 25 页(杨芳贤执笔)。

条)。给付时拒收,即拒绝物权要约,所有权无从移转。[18] 有疑问的是,买受人接收后在检验期内提出拒收的,所有权是否移转?就此,有未移转、附解除条件移转、已移转等不同观点。[19] 本文认为,有疑义时解释为所有权已移转对买受人更有利,因买受人不仅享有瑕疵救济,而且不必受出卖人之债权人的追索,可担保已支付价金的返还。

三、标的物交付义务

19 交付义务是法史长河中最先被确立的出卖人主给付义务(边码7),旨在使买受人取得标的物之占有与经济用益。交付义务不仅独立于所有权移转义务,也有别于移转价金风险的交付与公示物权变动的交付。

(一)交付的要件

1. 交付义务与买受人占有取得

20 交付义务有行为义务说与结果义务说之争,其间分歧在于:交付义务的履行是否以买受人(或其指定的第三人)取得占有为要。前者以《联合国国际货物销售合同公约》(以下简称《公约》)为代表,[20] 后者则以德国法为典型。[21]

21 本条的交付义务原则上为结果义务,以移转占有为要。[22] 从《电子商务法》第51条第1款第1句(《民法典》第512条第1款第1句)的措辞分析,交付也以"签收"为前提,须买受人取得占有。[23] 交付作为结果义务意味着,即使出卖人尽到交付标的物所需要的一切努力,也会因买受人未收取而无法完成交付,虽然买受人须因此承担受领迟延的不利后果,但出卖人原则上仍须再为给付。交付以买受人收取为前提还意味着,此交付不同于作为买受人检验义务之前提的交货。虽

[18] Vgl. Arne Oeckinghaus, Kaufvertrag und Übereignung beim Kauf beweglicher Sachen im deutschen und französischen Recht, Berlin: Duncker & Humblot, 1973, S. 63.

[19] 争议梳理参见 Arne Oeckinghaus, Kaufvertrag und Übereignung beim Kauf beweglicher Sachen im deutschen und französischen Recht, Berlin: Duncker & Humblot, 1973, S. 81 ff.

[20] 依《公约》规则,交货仅指给付行为而不涉及给付效果,买受人取得占有并非交货义务的内容(第31条)。Vgl. Schlechtriem/Schwenzer/Schroeter/Widmer Lüchinger, Kommentar zum UN – Kaufrecht (CISG), 7. Aufl., München: C. H. Beck, 2019, Art. 31, Rn. 2.

[21] Vgl. Karl Larenz, Lehrbuch des Schuldrechts, 2. Band, 1. Halbband, München: C. H. Beck, 1986, S. 22. 也有观点认为,发送买卖货交第一承运人交付义务即履行完毕,参见 Peter Schlechtriem, Schuldrecht Besonderer Teil, 6. Aufl., Tübingen: Mohr Siebeck, 2003, Rn. 17.

[22] 参见黄薇主编:《中华人民共和国民法典合同编释义》,法律出版社2020年版,第327页。

[23] 参见北京市第二中级人民法院(2011)二中民终字第12047号民事判决书。

然二者常同步，但为检验的交货仅是出卖人的单方行为，并非交付义务的履行，[24] 不以买受人（以受领清偿的意思）受领为前提。[25]

例外情形是，《民法典》中送付买卖的交付义务并非结果义务，不以买受人取得占有为要，出卖人将标的物交付第一承运人以运交买受人即可。

2. **送付买卖之交付义务的履行**

22 关于送付买卖的交付义务，主要有两种不同观点：[26] 结果义务说认为，交付第一承运人尚有未足，须待买受人取得占有；[27] 行为义务说则认为，交付第一承运人以运交买受人即完成交付。[28] 两说之不同，在于运输风险分配：结果义务说之下，给付行为在货交第一承运人时即已完成，唯给付效果尚未实现，若买受人未取得占有，出卖人有义务再为给付，不过，双方也不妨约定货交第一承运人即为交付，买受人在货交承运人的同时或此前因观念交付取得货物所有权的，通常可推定双方有此默示合意；[29] 行为义务说之下，若出卖人作出正确指示，即使承运人将货物送至错误地点，交付义务仍然履行完毕，但出卖人有义务将对承运人的损害赔偿请求权让与买受人。[30]

23 行为义务说并不改变交付使买受人取得经济用益之要旨，唯不以之实现作为交付义务履行的前提而已。《民法典》似采行为义务说（《民法典》第 603 条第 2 款第 1 项），[31] 货交第一承运人以运交买受人即为已足。[32] 详言之，于出卖人，与承运人订立的运输合同须以运交买受人为内容，货交承运人但未指定收货人并非交付义务的履行，仅为暂存货交承运人或交付后又通知承运人改变收货人亦非交付义务的履行；于承运人，须以运输目的取得货物占有，此占有为直接占有，仅间接

---

〔24〕 Vgl. Harm Peter Westermann, Kommentar zum §433, in: Münchener Kommentar zum Bürgerlichen Gesetzbuch, 8. Aufl., München: C. H. Beck, 2019, Rn. 43.

〔25〕 参见金晶：《〈合同法〉第 158 条（买受人的通知义务）评注》，载《法学家》2020 年第 1 期，第 178 页。

〔26〕 新近《欧洲示范民法典草案》提供了第三种观点，依其第 IV. A－2:201 条第 2 款规定，出卖人须将标的物交付第一承运人，并交付提取标的物的单证。参见［德］克里斯蒂安・冯・巴尔、［英］埃里克・克莱夫主编：《欧洲私法的原则、定义与示范规则：欧洲示范民法典草案（全译本）：第 4 卷》，于庆生等译，法律出版社 2014 年版，第 46 页。

〔27〕 参见王洪亮：《债法总论》，北京大学出版社 2016 年版，第 107 页。

〔28〕 参见王利明：《合同法研究（第三卷）》（第 2 版），中国人民大学出版社 2015 年版，第 63 页。

〔29〕 Vgl. Roland Michael Beckmann, Kommentar zu §433, in: J. von Staudingers Kommentar zum Bürgerlichen Gesetzbuch, Berlin: Sellier－de Gruyter, 2013, Rn. 114.

〔30〕 Vgl. Schlechtriem/Schwenzer/Schroeter/Widmer Lüchinger, Kommentar zum UN－Kaufrecht (CISG), 7. Aufl., München: C. H. Beck, 2019, Art. 31, Rn. 36.

〔31〕 参见黄薇主编：《中华人民共和国民法典合同编释义》，法律出版社 2020 年版，第 335 页。

〔32〕 参见江苏省无锡市新吴区人民法院（2017）苏 0214 民初 4244 号民事判决书。

占有或仅取得提取标的物的单证尚有未足。[33]

24 路货买卖是特殊的送付买卖，交付提取标的物之单证，交付义务即履行；无此类单证的，出卖人作出向买受人交货的指示到达承运人时，交付义务即完成。[34]

3. 交付义务与买受人收取义务

25 买受人有收取标的物的义务（由《民法典》第608条推知）。该义务系从给付义务，包括物理接收与协助所有权的移转，[35]得单独诉请履行。但诉请收取的意义有限，更重要的是受领迟延规则。收取义务并非买卖的必要之点，可合意排除，[36]如出卖人指示第三人为买受人媒介占有，并以此履行交付义务的，买受人不必收取，第三人遵从出卖人指示即可。[37]

26 收取的前提是出卖人依约提出给付，使标的物处于可随时受领的状态。[38]标的物有重大瑕疵的，买受人无收取义务（边码14），但这并不意味着收取即认可标的物无瑕疵，或认可收取的标的物具有清偿效力。[39] 买受人收取后仍有权请求违约救济。收取须具备收取意思（持续占有的意思），以暂时检验或保管为目的领取标的物并非收取义务的履行。

4. 交付义务履行中的意思要素

27 交付须具备占有移转合意。买受人自行取走并非交付而系侵占。[40] 关于此合意的性质，有法律行为说，[41]也有事实行为说、准法律行为说。[42] 事实行为说之下，欺诈或胁迫均不影响交付的效力，但胁迫达到与物理强制相当的程度，则构

---

〔33〕 Vgl. Hans－Werner Eckert/Jan Maifeld/Michael Matthiessen, Handbuch des Kaufrechts, 2. Aufl., München: C. H. Beck, 2014, Rn. 529.

〔34〕 Vgl. Schlechtriem/Schwenzer/Schroeter/Widmer Lüchinger, Kommentar zum UN－Kaufrecht (CISG), 7. Aufl., München: C. H. Beck, 2019, Art. 31, Rn. 75.

〔35〕 Vgl. Dietrich Reinicke/Klaus Tiedtke, Kaufrecht, 7. Aufl., München: Luchterhand Verlag, 2004, Rn. 176.

〔36〕 Vgl. Roland Michael Beckmann, Kommentar zu §433, in: J. von Staudingers Kommentar zum Bürgerlichen Gesetzbuch, Berlin: Sellier－de Gruyter, 2013, Rn. 212.

〔37〕 Vgl. Schlechtriem/Schwenzer/Schroeter/Mohs, Kommentar zum UN－Kaufrecht (CISG), 7. Aufl., München: C. H. Beck, 2019, Art. 60, Rn. 3.

〔38〕 参见史尚宽：《债法各论》，中国政法大学出版社2000年版，第58页。

〔39〕 Vgl. Karl Larenz, Lehrbuch des Schuldrechts, 2. Band, 1. Halbband, München: C. H. Beck, 1986, S. 94.

〔40〕 参见黄薇主编：《中华人民共和国民法典合同编释义》，法律出版社2020年版，第327页。

〔41〕 参见史尚宽：《物权法论》，中国政法大学出版社2000年版，第548页；谢在全：《民法物权论（下册）》（第5版），中国政法大学出版社2011年版，第1167—1168页。

〔42〕 事实行为说，参见田士永：《物权行为理论研究》，中国政法大学出版社2002年版，第187页。准法律行为说，参见 Fabian Klinck, Stellvertretung im Besitzerwerb, Archiv für die civilistische Praxis 205 (2005), S. 494.

成占有侵夺。开放占有之物(如堆放在森林的木材)的交付,双方合意时占有即移转,此合意为法律行为。[43] 占有主人与占有辅助人间的买卖合同,交付以合意为之即可,标的物不必发生物理移动,此合意也是法律行为。[44]

28 交付须基于清偿原因,具备履行买卖合同的意思。出卖人须以履行给付义务的意思交出,买受人则须以履行收取义务的意思领取。若买受人因重大瑕疵而有权拒收,只是基于诚信为出卖人暂时保管的,则因买受人仅有保管意思,出卖人交付义务未完成。

5. 交付义务的履行与用益移转

29 履行给付义务之交付不同于变动物权之交付,前者使买受人取得“经济上的所有权”,后者则公示动产物权移转。就此而言,交付义务的履行似应以“占有移转 + 用益移转”为前提,从而,《商品房买卖合同解释》第 8 条所称“交付使用”较之“交付”更贴切。[45] 不过,在买卖双方内部,收益权随交付移转(《民法典》第 630 条),与用益移转作为交付义务履行前提实质效果相同。送付买卖属于例外。货交第一承运人虽满足交付义务,但因采行为义务说,给付效果尚未实现,尚不足以移转用益(除非特约)。

6. 交付义务与移转风险之交付

30 《民法典》中交付义务的履行与移转价金风险的交付适用同一标准,送付买卖亦是如此,均以货交第一承运人为断。但这并不意味着二者必然合一,原因有三:

其一,交付义务与移转风险之交付均与经济用益移转有关,但二者仍有差异。交付义务虽以用益移转为目的,目的实现本身却并不必然构成交付义务的内容,此因行为义务说或结果义务说而不同,前者不以买受人取得占有为要,后者则须买受人取得占有。而价金风险移转的正当性则在经济用益随交付移转,风险利益一致,原则上以买受人取得占有为要。[46] 《公约》即分别处理交货(行为义务说)

---

〔43〕 Vgl. Dietrich Reinicke/Klaus Tiedtke, Kaufrecht, 7. Aufl., München: Luchterhand Verlag, 2004, Rn. 194.

〔44〕 参见庄加园:《动产所有权变动中的交付》,载《环球法律评论》2014 年第 3 期,第 63 页。

〔45〕 2020 年《商品房买卖合同解释》第 8 条(修正前为第 11 条,内容无变化)以“交付使用”作为房屋买卖价金风险移转的判断时点,体系解释之下,出卖人交付义务也应理解为“交付使用”。之所以使用“交付使用”表示房屋的占有移转,而未直接使用“交付”,似乎是因为编写者认为,不动产的交付仅指登记。参见最高人民法院民事审判第一庭编著:《最高人民法院关于审理商品房买卖合同纠纷案件司法解释的理解与适用》(第 2 版),人民法院出版社 2015 年版,第 141—143 页。由此观之,如果不是误将不动产交付等同于登记,本不必绕道借用“交付使用”表述占有移转。但自交付义务的视角考量,“交付使用”的措辞恰可同时包含“占有移转 + 用益移转”的含义,歪打正着。

〔46〕 参见吴香香:《〈合同法〉第 142 条(交付移转风险)评注》,载《法学家》2019 年第 3 期,第 177—180 页。

与风险，交货不以买受人取得占有为前提（第31条），但风险移转原则上以买受人接受货物为必要（第69条）。

其二，于送付买卖，即使以货交第一承运人同时作为给付义务与风险移转的判准，[47]背后的理由也并不相通。送付买卖价金风险移转的判准并非用益移转（不以买受人取得占有为要），而是货交第一承运人，因为出卖人不负担运输义务，因运输而增高的风险由买受人承担。因而，制度设计层面二者不必挂钩，如德国法中的发送买卖（特殊的送付买卖）以买受人取得占有为交付义务履行的前提（边码20之注21），但价金风险移转却以货交第一承运人为准（《民法典》第447条第1款）。

其三，买卖双方可就二者分别约定不同的时点。

（二）交付的形式

1. 本义交付

本义交付的典型是移转直接占有于买受人，[48]但交付亦可借助第三人完成。31
第三人可为出卖人或买受人的占有辅助人或占有媒介人，计有三种情形：一是出卖人指示占有辅助人或占有媒介人向买受人交付；二是买受人指示占有辅助人或占有媒介人受领交付，如买受人直接要求将房屋交给其承租人占有；[49]三是出卖人指示其占有辅助人或占有媒介人，向买受人指示的占有辅助人或占有媒介人交付。[50]

借助第三人完成时，第三人也可能与出卖人或买受人间不存在占有辅助或占有媒介关系。32
如连锁买卖中，出卖人指示前手向买受人交付，此时，前手为履行辅助人而非占有辅助人；[51]或者，买受人指示出卖人向其后手交付；[52]或两种形式组合，出卖人指示前手直接向买受人的后手交付。连锁买卖中各出卖人的交付义务均得到履行（缩短给付），连锁出卖人与买受人均不必成为间接占有人，只要直

---

〔47〕《公约》中送付买卖的交货义务（第31条第a项）与风险移转（第67条）均以货交第一承运人为断，此与《民法典》相同。

〔48〕北京市第一中级人民法院（2011）一中民终字第17033号民事判决书认为，房屋交付的实质判准是事实管领的移转，交钥匙不必然等于交房，参见国家法官学院案例开发研究中心编：《中国法院2014年度案例：房屋买卖合同纠纷》，中国法制出版社2014年版，第17—19页。

〔49〕遵义市红花岗区长征镇沙坝村纪念街村民组诉遵义明顺房地产开发有限责任公司等商品房买卖合同纠纷案，贵州省高级人民法院（2016）黔民终206号，载《最高人民法院公报》2018年第12期。

〔50〕参见王泽鉴：《民法物权》（第2版），北京大学出版社2010年版，第96页。

〔51〕Vgl. Schlechtriem/Schwenzer/Schroeter/Widmer Lüchinger, Kommentar zum UN – Kaufrecht（CISG），7. Aufl.，München：C. H. Beck，2019，Art. 31，Rn. 20.

〔52〕参见最高人民法院（2014）民提字第7号民事判决书。

接占有人遵照指示即可。[53]

33 此亦表明,本义交付中,出卖人不必是占有人,只要在出卖人的促成下,买受人或其指定的第三人至少取得间接占有即可。如出卖人甲指示其生产商乙将货物直接交给买受人丙的下游经销商丁指定的仓储人戊,出卖人甲并非占有人,买受人丙也未取得占有,但在出卖人甲的促成下,生产商乙将直接占有移转于仓储人戊,使买受人丙指定的下游经销商丁取得货物的间接占有,出卖人甲即履行了对买受人丙的交付义务。

2. **交付替代**

34 有特约时(可默示为之),观念交付也可满足出卖人交付义务。[54] 以观念交付替代交付义务者,须具备两项合意:一是观念交付合意,二是以观念交付代替交付义务的合意(清偿合意)。唯应注意,观念交付替代的是交付义务,而非所有权移转义务,因而,观念交付合意并不必然同时负载所有权移转合意,此在不动产尤其明显,例如,房屋间接占有的移转亦可满足出卖人交付义务,[55] 但若未登记,房屋所有权即不移转。

观念交付有简易交付、占有改定及返还请求权让与三种形式。[56]

(1)简易交付

35 缔约前买受人已经占有标的物的,可合意以简易交付代替有形交付。缔约前买受人虽为占有人,但其占有并非出卖人基于履行买卖合同的意思所让与,不意味着出卖人已履行交付义务,双方须达成简易交付合意以及代替交付义务之合意(清偿合意)。

36 简易交付合意不同于买卖合意。《合同法》第140条(已被《民法典》删除)曾规定,买受人在缔约前已占有标的物的,买卖合同生效时间即交付时间,似乎买卖合意即包含简易交付合意。[57] 但二者内容并不相同:买卖合意的内容是双方互负给付义务,简易交付的合意内容则是出卖人将(自主)间接占有让与买受人,并被后者的直接占有吸收。

---

〔53〕 Vgl. Kurt Schellhammer, Sachenrecht nach Anspruchsgrundlagen, 3. Aufl., Heidelberg: C. F. Müller, 2009, Rn. 1114.

〔54〕 参见陈自强:《契约之内容与消灭》(增订4版),台湾地区元照出版有限公司2018年版,第122页。

〔55〕 参见最高人民法院民事审判第一庭编著:《最高人民法院关于审理商品房买卖合同纠纷案件司法解释的理解与适用》(第2版),人民法院出版社2015年版,第144页。

〔56〕 “指示交付”的表述不够精确,易与借助第三人完成的本义交付(边码31—33)相混淆,本文采更严谨的“返还请求权让与以代交付”之表述。

〔57〕 混淆了简易交付时间与合同生效时间,参见庄加园:《动产所有权变动中的交付》,载《环球法律评论》2014年第3期,第61页。

换言之,无特约时虽不妨推定买卖合意与默示简易交付合意同时达成,但因二者内容迥异,也可分别为之。如甲将机械出租于乙,租期届满前双方签订买卖合同,但约定甲保留所有权直至乙付清价款。由此产生的疑问是,双方何时完成简易交付?若认为买卖合同订立时完成简易交付,则甲无权继续收取租金,因交付移转用益;若认为租期届满时完成简易交付,则甲仍有权在租期内收取租金。该问题的本质是意思表示解释,即探究双方何时达成默示简易交付合意。就此而言,仅在有疑义时可解释为当事人在缔结合同的同时默示达成简易交付合意与清偿合意。 37

(2)占有改定

缔约后出卖人基于与买受人的占有媒介关系(保管、借用或租赁等)继续占有标的物的,双方得合意以占有改定代替交付义务的履行。买卖合意、占有媒介关系约定与占有改定替代交付义务的合意(清偿合意),内容各不相同。如甲将某批货物出卖于乙,但因乙尚未租到仓库,双方约定由甲保管一个月,并由乙向甲支付保管费,保管系占有媒介关系,法效是甲为乙创设间接占有;而占有改定代替交付义务须以履行买卖合同的意思为之,[58]不必然包含于占有媒介关系约定中。占有媒介关系约定是否与占有改定代替交付义务的合意(清偿合意)并存,仍是意思表示解释问题,无特约排除时,得认定有此默示合意。 38

(3)返还请求权让与

标的物被第三人占有的,双方得合意让与出卖人对第三人的返还请求权,以代替交付义务的履行。达成返还请求权让与合意的同时,将标的物用益移转于买受人的(如同时让与对承租人的返还请求权与租金债权),可解释为亦默示达成代替交付义务履行之合意。[59] 39

具体而言,返还请求权让与涉及两种情形:其一,出卖人为间接占有人时,让与基于占有媒介关系的返还请求权代替交付;其二,出卖人既非直接占有人亦非间接占有人时,出卖人与占有人间虽无占有媒介关系,但仍可能享有侵权、不当得利等性质的返还请求权,可让与此类返还请求权代替交付。 40

① 出卖人为间接占有人

以房屋买卖为例,出卖人将对承租人的返还请求权让与买受人以代替交付义务的履行时,所让与的是基于租赁合同的返还请求权,此系债权让与,而非物权请 41

---

〔58〕 参见黄茂荣:《买卖法》(增订版),中国政法大学出版社2002年版,第169—170页。

〔59〕 黄茂荣认为,出卖人应就其移转的返还请求权的实现负担保责任。参见黄茂荣:《买卖法》(增订版),中国政法大学出版社2002年版,第280页。

求权让与。[60] 即使买受人因未完成登记而未取得所有权，也可于租期届满时基于此债权请求承租人返还。又因债务人得向新债权人主张对原债权人的抗辩（《民法典》第 548 条），租期届满前承租人有权拒绝向买受人返还占有。

42 由此引申，买卖不破租赁（《民法典》第 725 条）虽然产生法定契约承受，[61] 买受人承受出租人地位，取得对承租人的返还请求权，但这并不意味着出卖人的交付义务已被该返还请求权替代。因买受人取得返还请求权并非双方合意的结果，而是基于法定。只要双方未达成以此代替交付义务的合意，出卖人的交付义务即继续存在，仍有义务使买受人取得房屋的直接占有。

② 出卖人非占有人

43 标的物被第三人占有而出卖人并非间接占有人的，出卖人与第三人间无占有媒介关系，如物被侵夺或盗窃。有争议的是，此时出卖人得让与的是物权请求权，还是其他性质的返还请求权？若采前者，则此之返还请求权让与以代交付，就只能是物权请求权随所有权同时让与（因无法脱离所有权单独移转）。[62] 而所有权移转必然同时包含所有物返还请求权的让与，与其说此时交付义务被代替，不如说是被合意放弃。若采后者，则出卖人虽非间接占有人，但对占有人仍可能享有其他返还请求权（侵权、不当得利等），可让与此类请求权代替交付，[63] 而不必诉诸物权请求权的移转。本文从后者。

44 值得注意的是，依《物权法》第 26 条的表述，仅在第三人“依法”占有动产时，负有交付义务之人才可通过返还请求权让与代替交付。但全国人大常委会法工委的释义不仅未将盗窃物排除在外，反而明确举例称盗窃者也属于此处的第三人。[64] 自规范目的而言，确无禁止所有权人让与被盗物之必要。《物权法》第 26 条所称“依法”无实际意义，《民法典》第 227 条已予以删除。

3. **单证交付**

45 交付义务亦可通过交付提单、仓单等提取标的物的单证履行。[65] 有争议的

---

〔60〕 参见刘家安：《论通过返还请求权让与方式实现动产所有权移转》，载《比较法研究》2017 年第 4 期，第 148 页。

〔61〕 参见朱庆育：《“买卖不破租赁”的正当性》，载王洪亮等主编：《中德私法研究（1）》，北京大学出版社 2006 年版，第 42 页。

〔62〕 参见［德］鲍尔/施蒂尔纳：《德国物权法（下册）》，申卫星、王洪亮译，法律出版社 2006 年版，第 382—383 页。

〔63〕 Vgl. Wolfgang Wiegand, Kommentar zu §931, in: J. von Staudingers Kommentar zum Bürgerlichen Gesetzbuch, Berlin: Sellier - de Gruyter, 2017, Rn. 12.

〔64〕 参见全国人大常委会法制工作委员会民法室编：《中华人民共和国物权法：条文说明、立法理由及相关规定》，北京大学出版社 2007 年版，第 40 页。

〔65〕 最高人民法院（2013）民提字第 138 号民事判决书认为，不能现实提取标的物的《货权转移证明》并非提取标的物的单证。

是，交付提取标的物的单证，是本义交付还是交付替代。有观点认为，单证交付实质是本义交付，第三人为占有辅助人。[66] 也有观点认为，提单（《海商法》第71条）、仓单（《民法典》第910条）等本质是债权债务关系，[67] 单证交付是返还请求权让与，签发提单或仓单的承运人或仓储人是占有媒介人。[68] 还有观点认为，单证交付虽然移转的是返还请求权（买受人取得间接占有），但不应因此被认定为交付替代，而是与货物交付具有同一效力（本义交付），以排除承运人或仓储人基于原因关系提起抗辩的可能，便于发挥单证的流通功能。[69] 本文赞同此说。

4. **交付义务的任意性**

交付义务虽是出卖人主给付义务，却并非界定买卖合同类型的典型给付义务。虽然本条使用了“应当……交付”的表述，但自规范目的而言，交付义务规则仍为任意性规范，可依当事人特约而为行为义务或结果义务，也可被合意排除。由此亦可解释沉船等所有权犹在而无人占有之物的买卖及履行：此类标的物不处于任何人的占有之下，无交付的可能，双方仍愿买卖并履行的，可视为默示合意排除交付义务。[70] 46

（三）交付的时间、地点与费用

1. **交付时间**

交付时间无约定或约定不明的，依合同解释或交易习惯确定（《民法典》第510条），仍不能确定的，出卖人可随时履行，买受人也可随时要求履行，但应给出卖人必要的准备时间（《民法典》第511条第4项）。期前交付，买受人可拒绝受领，但不损害买受人利益的除外，由此增加的费用由出卖人承担（《民法典》第530条）。买受人受领期前交付的，在履行期届满前，以不为买受人造成不便或额外支出为前提，出卖人应有权补救标的物或单证与合同的任何不符（参考《公约》第34条、第37条）。迟延交付的，除非买受人得解除合同，否则无权拒绝受领，但不影响迟延救济。 47

---

〔66〕 参见杨震：《观念交付制度基础理论问题研究》，载《中国法学》2008年第6期，第77页。

〔67〕 指导案例111号似认为，所有权人持有提单时，提单具有债权凭证与所有权凭证双重属性。中国建设银行股份有限公司广州荔湾支行与广东蓝粤能源发展有限公司等信用证开证纠纷案，最高人民法院（2015）民提字第126号民事判决书，载《最高人民法院公报》2016年第5期。

〔68〕 Vgl. Peter Schlechtriem, Schuldrecht Besonderer Teil, 6. Aufl., Tübingen: Mohr Siebeck, 2003, Rn. 16.

〔69〕 参见庄加园：《基于指示交付的动产所有权移转》，载《法学研究》2014年第3期，第184—185页。

〔70〕 于此可认为单纯物权合意即移转所有权，参见［德］鲍尔/施蒂尔纳：《德国物权法（下册）》，申卫星、王洪亮译，法律出版社2006年版，第382—383页，注55。

2. **交付地点**

48 交付地点因买卖为赴偿、往取或送付而有不同。赴偿的交付地点为买受人住所地,往取的交付地点为出卖人住所地。送付则因货交第一承运人交付义务即履行完毕,以交付承运人的地点为交付地点。依《民法典》第 603 条,有疑义时,涉及运输的买卖认定为送付,不涉及运输的认定为往取。

3. **交付费用**

49 交付费用的承担仅指买卖内部,外部关系上费用的承担以外部关系为断。买卖双方内部,交付为出卖人义务,费用由出卖人承担。但应区分交付费用与收取标的物的费用,后者由买受人承担(因收取义务)。往取买卖的运输费用为收取标的物的费用;赴偿买卖的运输费用则为交付费用;送付买卖的出卖人虽须组织运输,但在双方内部仅负担发货义务,无特约时运输费用由买受人承担。

(四)少交、多交与交付他物

1. **少交**

50 此处争议在于,少交是瑕疵履行还是部分履行。前者认为少交为数量瑕疵,适用瑕疵规则。[71] 后者认为少交是部分履行,适用债法一般规则。[72] 还有观点认为,少交既可适用瑕疵规则,也可适用部分履行规则。[73] 本文认为,因《民法典》中买受人的检验通知义务及于数量不符合约定(《民法典》第 621 条),少交为数量瑕疵,适用瑕疵救济,但同时也可适用部分履行规则。不过,少交作为给付的前提是出卖人具备清偿意思,否则为债务不履行。清偿意思至少是准法律行为,自买受人(受领人)视角解释,[74] 得类推意思表示错误撤销等规则。

2. **多交**

51 此处的问题是,多交是瑕疵履行还是无法律原因的给付。若采前者,则适用

---

〔71〕 参见[德]彼得·施莱希特里姆:《〈联合国国际货物销售合同公约〉评释》(第 3 版),李慧妮译,北京大学出版社 2006 年版,边码 192a。

〔72〕 Vgl. Bettina Heiderhoff/Frank Skamel, Teilleistung im Kaufrecht, Juristische Zeitung 8 (2006), S. 388.

〔73〕 Vgl. Bettina Heiderhoff/Frank Skamel, Teilleistung im Kaufrecht, Juristische Zeitung 8 (2006), S. 389.

〔74〕 Vgl. Andreas Thier, Aliud – und Minus – Lieferung im neuen Kaufrecht des Bürgerlichen Gesetzbuches, Archiv für die civilistische Praxis 203 (2003), S. 415.

瑕疵规则。[75] 若采后者,则多交构成不当得利,出卖人有权请求返还。[76] 本文认为,《民法典》中多交适用瑕疵规则,理由有二:其一,多交时买受人可选择接收或拒绝,接收按合同价款支付,拒绝则应及时通知出卖人(《民法典》第 629 条)。[77] 该规则的实质是将多交视同瑕疵,因为仅瑕疵情形买受人才有权选择是否受领。其二,多交时买受人负担检验通知义务(《民法典》第 621 条),而检验通知是典型的瑕疵规则。实务中,多交也适用瑕疵规则,买受人合理期间内未作出拒绝接受通知的,推定接受多交的标的物。[78] 唯应注意,出卖人非以清偿意思多交的并非履行,买受人应予不当得利返还。

3. **交付他物**

此处争议在于,交付他物是瑕疵履行(视同瑕疵)还是不履行(视同未交 52
付)。[79] 若采前者,[80] 买受人不仅有权受领他物作为清偿,还有权请求除去瑕疵(修理),只要除去瑕疵是可能的。[81] 若采后者,则买受人无权受领,构成不当得利。本文认为,应区分特定买卖与种类买卖:于特定买卖,交付他物为债务不履行;于种类买卖,交付他物视同瑕疵。但交付他物视同瑕疵的前提是出卖人有清偿意思,否则仍为不当得利。

四、所有权移转义务

出卖人所有权移转义务的产生虽较为晚近(边码 9),但在当代买卖法中,所有 53
权移转不仅是出卖人主给付义务,而且是据以确定买卖合同类型的典型给付义务,一旦被合意排除,双方合意即不再是买卖。就此而言,使买受人取得所有权是现代买卖的终局目的。但讨论所有权移转义务之前,首先需要回答的先决问题

〔75〕 参见[德]彼得·施莱希特里姆:《〈联合国国际货物销售合同公约〉评释》(第 3 版),李慧妮译,北京大学出版社 2006 年版,边码 134。

〔76〕 Vgl. Hans - Werner Eckert/Jan Maifeld/Michael Matthiessen, Handbuch des Kaufrechts, 2. Aufl., München: C. H. Beck, 2014, Rn. 402.

〔77〕 参见广东省深圳市中级人民法院(2011)深中法民二终字第 498 号民事判决书。

〔78〕 参见最高人民法院民事审判第二庭编著:《最高人民法院关于买卖合同司法解释理解与适用》(第 2 版),人民法院出版社 2016 年版,第 121—122 页。

〔79〕 相关争议参见[德]克里斯蒂安·冯·巴尔、[英]埃里克·克莱夫主编:《欧洲私法的原则、定义与示范规则:欧洲示范民法典草案(全译本):第 4 卷》,于庆生等译,法律出版社 2014 年版,第 64—65 页。

〔80〕《公约》与《欧洲示范民法典草案》均不区分交付瑕疵物与交付他物,交付他物也是瑕疵履行。参见[德]彼得·施莱希特里姆:《〈联合国国际货物销售合同公约〉评释》(第 3 版),李慧妮译,北京大学出版社 2006 年版,边码 134;[德]克里斯蒂安·冯·巴尔、[英]埃里克·克莱夫主编:《欧洲私法的原则、定义与示范规则:欧洲示范民法典草案(全译本):第 4 卷》,于庆生等译,法律出版社 2014 年版,第 60 页。

〔81〕 Vgl. Lars Ferenc Freytag, Grundstrukturen des Kaufrechts, Tübingen: Mohr Siebeck, 2007, S. 119.

是:所有权变动是买卖合同的固有效力,还是独立于买卖合同的物权处分行为的结果?

(一)买卖合同与物权处分

1. 本条显示的基本立场

54 买卖合同与物权变动的关系涉及物权行为理论,此系我国民法学争议最多的问题之一。[82] 若撇开理论之争,直面实证法,可清楚看到买卖合同与物权变动的分离。本条将所有权移转规定为出卖人主给付义务,而给付义务须待履行始生义务所指向的后果,这意味着,买卖合同本身并不产生处分效力,所有权变动并非买卖合同固有效力所致。

55 该立场亦可通过体系解释得到印证。例如,多重买卖中,未取得所有权的买受人均得向出卖人主张违约责任(《合同法解释二》第 15 条),也说明买卖合同不能变动物权。《民法典》删除标的物应当属于出卖人所有或出卖人有权处分的规则(《合同法》第 132 条第 1 款),并代之以《民法典》第 597 条第 1 款(买受人因出卖人无处分权而无法取得所有权的,可解除合同并主张违约救济),将处分权作为物权变动而非买卖合同的要件,同样体现负担与处分的分离。

56 另依《九民纪要》第 124 条第 1 款,买卖合同仅产生债权请求权,仅具负担效力。但该条第 2 款称"(如买卖合同)无效或应当解除",出卖人"享有的是物权性质的返还请求权"又令人费解。对此,最高人民法院的解释是,此请求权并非物权请求权,而仅指标的物原来的所有权属于案外人,但因标的物的权属已经移转需要返还。[83] 换言之,已履行的买卖合同无效或解除后,因所有权已移转于买受人,出卖人享有的实为债权请求权,这同样符合负担与处分区分的逻辑。

2. 无处分权与买卖合同

57 买卖合同与物权变动的关系,可从一个特别情形中得到验证:若出卖人无法

〔82〕 赞同物权行为理论者,如朱庆育:《物权行为的规范结构与我国之所有权变动》,载《法学家》2013 年第 6 期,第 62—80 页;田士永:《〈物权法〉中物权行为理论之辨析》,载《法学》2008 年第 12 期,第 93—102 页;葛云松:《物权行为:传说中的不死鸟》,载《华东政法大学学报》2007 年第 6 期,第 102—118 页;孙宪忠:《中国物权法总论》(第 4 版),法律出版社 2018 年版,第 313 页。反对观点参见梁慧星:《我国民法是否承认物权行为》,载《法学研究》1989 年第 6 期,第 56—62 页;王利明:《物权行为若干问题探讨》,载《中国法学》1997 年第 3 期,第 58—70 页;崔建远:《从立法论看物权行为与中国民法》,载《政治与法律》2004 年第 2 期,第 43—50 页;崔建远:《从解释论看物权行为与中国民法》,载《比较法研究》2004 年第 2 期,第 60—76 页。

〔83〕 参见最高人民法院民事审判第二庭编著:《〈全国法院民商事审判工作会议纪要〉理解与适用》,人民法院出版社 2019 年版,第 626 页。

向买受人移转所有权，是否影响买卖合同的有效性？最典型的是出卖人无处分权，尤其是出卖他人之物。迄至20世纪90年代，出卖他人之物无效之认识，一直是无可置疑的通说。《最高人民法院华东分院关于解答房屋纠纷及诉讼程序等问题的批复》(1951)、《最高人民法院关于贯彻执行民事政策法律的意见》(1979)以及《最高人民法院关于贯彻执行民事政策法律若干问题的意见》(1984)第55条均规定，非所有权人出卖他人房屋，应废除其买卖关系。

风平浪静的局面为1999年《合同法》第51条所打破。在对该条的解释中，效力待定说[84]与有效说[85]各执一词，相持不下。不过，在体系上若认可负担与处分的分离，买卖合同的有效性即不应受制于处分权，在此意义上，将《合同法》第51条所称“合同”解释为处分合同而非作为负担行为的买卖合同，似更具体系融贯性。如此，亦可理解2012年《买卖合同解释》第3条(无处分权不影响买卖合同有效性)的规范逻辑。《民法典》第597条第1款将2012年《买卖合同解释》第3条固定为制定法，同时又将《合同法》第51条删除，也许可以认为，实证法在分离原则的道路上往前迈进了一步。 58

既然处分权或所有权并非买卖合同生效的前提，所有权移转义务的更严谨表述即应是“使买受人取得所有权的义务”(《德国民法典》第433条第1款)，如此即可兼容出卖他人之物的情形：出卖他人之物的，出卖人应尽一切努力以取得所有权人的处分同意，使买受人取得所有权；即使出卖人最终未能取得处分同意，买受人符合善意取得要件的，该义务仍履行完毕。[86] 59

有疑问的是，买受人善意取得时，若原所有权人向买受人主张权利，买受人得否抛弃善意取得之保护，将标的物返还原所有权人，并请求出卖人承担违约责任。德国主流观点采否定说，[87]并认为出卖人也没有义务向买受人提示自己无处分权(以破除买受人的善意)。[88] 反对观点则认为，因标的物来历不明，买受人即使善意也会卷入出卖人与原权利人的纷争之中，为避免买受人遭受不利，应允许其抛弃善意取得保护。[89] 本文认为，前说似较可采，因后说无异于认为，只要第三 60

[84] 参见崔建远：《无权处分辨》，载《法学研究》2003年第1期，第3—24页。

[85] 参见田士永：《出卖人处分权问题研究》，载《政法论坛》2003年第6期，第93—100页。

[86] Vgl. Hans－Werner Eckert/Jan Maifeld/Michael Matthiessen, Handbuch des Kaufrechts, 2. Aufl., München: C. H. Beck, 2014, Rn. 253.

[87] Vgl. Roland Michael Beckmann, Kommentar zu §433, in: J. von Staudingers Kommentar zum Bürgerlichen Gesetzbuch, Berlin: Sellier － de Gruyter, 2013, Rn. 120.

[88] Vgl. Hans－Werner Eckert/Jan Maifeld/Michael Matthiessen, Handbuch des Kaufrechts, 2. Aufl., München: C. H. Beck, 2014, Rn. 253.

[89] 参见黄茂荣：《买卖法》(增订版)，中国政法大学出版社2002年版，第192页。

人提出权利主张即构成权利瑕疵,无论其主张是否成立,〔90〕而《民法典》第 613 条明确要求第三人权利真实存在。

（二）所有权移转义务的履行

61　所有权移转系独立于买卖合同的物权行为的结果,故移转所有权时,须具备物权让与合意,并满足所有权变动的公示要件。例外情况下,买受人非依法律行为(如添附)取得所有权的,若出卖人同意,可成立代物清偿。

62　有疑问的是,在物权合意之外,是否还须独立的清偿合意？这涉及清偿行为的性质。对此,有契约说、实在履行给付说(现实的给付实现说)、目的履行给付说、限制的契约说与准法律行为说等不同观点。〔91〕本文认为,给付是有意识、有目的增益他人财产的行为,给付目的亦属给付要素,〔92〕欠缺“清偿目的”之给付成立不当得利。因此,欲产生清偿效果,给付即须具备出卖人的清偿意思。另外,买受人受领意思亦不可或缺,例如,向无行为能力人给付,因买受人无法作出有效的受领意思,不生清偿效力。这意味着,清偿合意至少是准法律行为,得准用法律行为规则。

63　所有权移转义务也可借助第三人(如履行辅助人)完成或向第三人给付。例如,第三人依出卖人的指示直接向买受人移转所有权(不必经出卖人的过渡取得),买受人指示出卖人直接向第三人移转所有权,以及连锁买卖中受指令人介入的连续所有权移转(中间买受人均过渡取得)。在不动产物权让与合意链条中,几手买受人均未进行移转登记、但均与各自出卖人达成物权让与合意,仅最后一手买受人载入登记簿,第一手让与合意负载的是第一手出卖人对后手出卖人的处分授权。〔93〕

〔90〕《公约》采宽泛的权利瑕疵标准,只要第三人提出权利主张(即使欠缺证据支持)就成立。据此,即使买受人已经善意取得,原所有权人提出权利主张的,同样构成权利瑕疵。同时,出卖人免除权利瑕疵责任的要求也更严格,买受人明知尚有未足,还须同意受领有权利瑕疵的标的物。参见[德]彼得·施莱希特里姆:《〈联合国国际货物销售合同公约〉评释》(第 3 版),李慧妮译,北京大学出版社 2006 年版,边码 163。

〔91〕争议梳理参见陈自强:《契约之内容与消灭》(增订 4 版),台湾地区元照出版有限公司 2018 年版,第 303—307 页。

〔92〕参见陈自强:《契约之内容与消灭》(增订 4 版),台湾地区元照出版有限公司 2018 年版,第 306 页。

〔93〕不同观点参见戴孟勇:《不动产链条式交易中的中间省略登记》,载《交大法学》2018 年第 1 期,第 154—166 页。

（三）交付义务与所有权移转义务

1. 交付义务独立于所有权移转义务

交付义务不必依附于所有权移转义务，二者亦不必同时履行完毕。一方面，即使买受人已取得所有权，若未取得占有，出卖人仍负担交付义务，如已过户登记未交房；另一方面，即使在动产，交付义务的履行也不必然同时伴随所有权的移转，如所有权保留。不过，交付义务与所有权移转义务之一陷于不能者，即为全部不能，而非部分不能。 64

2. 作为给付的交付与公示物权的交付

不动产买卖中，交付义务与物权变动的分离清晰可辨，所有权让与不以交付为法定公示方式。特殊动产买卖之所有权移转是否以交付为要虽容有争议（边码 86），但无论如何，买卖合同的履行均要求出卖人负担交付义务，除非双方合意排除。 65

较易混淆的是动产买卖。交付可为出卖人之主给付义务，亦可为动产所有权移转的公示方式，但二者功能有所不同。与之相应，买卖合同的交付意思与物权变动的交付意思也不相同。交付作为履行行为，须具备清偿意思，以履行买卖合同的意思为之（边码 28）；而作为动产物权变动公示的交付，与清偿意思无关。因此，《民法典》第 601—603 条规定的交付时间、交付地点，仅对交付义务有意义，不必然是动产物权变动的时间或地点。虽然作为给付的交付与公示物权变动的交付常同时发生，但二者仍应分别观察。对此，实务中亦有所意识。[94] 66

就动产买卖，因“所有权移转义务”体现为“物权合意 + 交付公示”，“交付公示”实为“所有权移转义务”的内容。同时，动产出卖人又负担独立于“所有权移转义务”的“交付义务”。两相结合，动产出卖人须履行“交付义务 + 所有权移转义务（物权合意 + 交付公示）”。由此推论，动产买卖须有两项交付，一是交付义务的履行，二是物权变动的交付公示（所有权移转义务的内容）。二者虽常以同一现实行为负载，但在规范层面并不重叠。 67

一方面，履行交付义务未必满足物权让与的交付要件。例如，送付买卖的出卖人货交第一承运人交付义务即履行完毕，但货物所有权未必同时移转，可能与货交承运人同时发生，也可能分离。另一方面，满足物权变动的交付要件未必即履行交付义务。例如，甲将遗失的手表出卖于乙，并通过让与对拾得人丙的返还

---

〔94〕 参见最高人民法院民事审判第二庭编著：《最高人民法院关于买卖合同司法解释理解与适用》（第 2 版），人民法院出版社 2016 年版，第 114 页。不同观点参见贺剑：《民法的法条病理学》，载《法学》2019 年第 8 期，第 83 页，注 37。

请求权，将所有权移转于乙，但双方约定甲仍有义务敦促丙交出手表。于此，虽然物权让与的交付已被返还请求权让与替代，但交付义务仍未履行。

(四)交付与所有权移转的时间差

既然交付义务独立于所有权移转义务，二者即可能存在时间差，由此所生的不同法效，可区分已交付未移转所有权与已移转所有权未交付两种情形分别检视。

1. 已交付未移转所有权

(1)买受人为有权占有人

68 交付后，买受人即使尚未取得所有权，相对于出卖人也为有权占有人，并取得对物用益。[95] 出卖人对买受人不享有物权请求权，即便移转所有权的请求权罹于时效，[96] 买受人也无返还义务。[97]

69 占有连锁情形，自买受人处取得占有的第三人同属有权占有，可对抗出卖人的物权请求权。例如，买受人受领交付后，因取得对物用益，有权出租标的物(用益)，此时，承租人取得的占有即为占有连锁，得对抗出卖人。但若尚未取得所有权的买受人将标的物出卖于第三人并移转占有，则因买受人无权移转直接占有于后手，并非占有连锁，出卖人得对买受人后手主张物权请求权。[98]

(2)房屋买受人的期待权?

70 实务中，与出卖人的其他债权人相比，已交付未登记的房屋买受人受特别保护，具体而言：其一，出卖人被执行时，买受人已支付全部价款并取得占有，且未登记没有过错的，不得查封该房屋(2020 年《查封扣押规定》第 15 条第 2 分句，修正前为第 15 条第 2 分句，内容无变化)。其二，出卖人因金钱债务被执行时，买受人已支付全部价款(或支付部分价款但将剩余价款交付执行)，查封前买卖合同生效且买受人取得占有，未登记非因买受人自身原因的，买受人可提出异议排除执行[《执行异议复议规定》第 28 条(2020 年修正前后无变化)、《九民纪要》第 127 条]。其三，出卖人破产时，已向买受人交付但未登记的房屋不属于破产财产(《破

---

〔95〕 应注意的是，送付买卖情形，货交第一承运人即为交付义务的履行，不以买受人取得占有为要，也就不存在买受人是否有权占有的问题。

〔96〕 北京市第一中级人民法院(2015)一中民终字第 09710 号民事判决书、广东省高级人民法院(2007)粤高法民一终字第 278 号民事判决书认为，已实际占有房屋的买受人要求出卖人办理房屋所有权移转登记的请求权不适用诉讼时效。

〔97〕 Vgl. Dietrich Reinicke/Klaus Tiedtke, Kaufrecht, 7. Aufl., München: Luchterhand Verlag, 2004, Rn. 197.

〔98〕 参见陈自强:《契约之内容与消灭》(增订 4 版)，台湾地区元照出版有限公司 2018 年版，第 124—125 页。

产案件规定》第71条第6项)。

71 上述规范的适用要件虽宽严不一,但目的相同,均是为已受领交付但尚未登记的房屋买受人提供特殊保护,以对抗出卖人的其他债权人。以《执行异议复议规定》第28条为例,最高人民法院认为,房屋是基本生活资料,应予优先保护,买受人已履行一定义务且通过占有公示权利(虽然比登记的公示效力弱),即享有物权期待权。[99]

72 "物权期待权说"以德国期待权理论为学术资源。然而,德国法上,并非处于任何权利取得阶段的期待都可称为期待权。成立所有权期待权的要求是:所有权取得必须如此确定,以至于仅让与人自身已无从阻止其产生。[100] 不动产所有权的期待权,则要求达成不动产让与合意之后,买受人已为登记申请或为预告登记。[101] 甚至有观点认为,即使预告登记的确定性也未达到物权期待权的要求,权利人获得的只是效力加强的债权。[102] 可见,期待权的成立有严格的确定性要求。在买受人付款且占有情形,因出卖人仍可不配合登记以阻止买受人取得权利,后者的权利远未确定到"仅让与人(出卖人)自身已无从阻止所有权产生"的程度,尚不足以成立物权期待权。

73 "中间物权说"提供了另一种解释。该观点认为,物权取得是个动态过程,需经历"债权、中间型权利、物权"三个阶段,中间型权利的效力强于债权但弱于完全物权,已占有并付款的买受人即处于中间权利状态,其地位因占有(自然公示)而强化。又因房屋买受人的生存利益比承租人更值得保护,得类推承租人占有的物权化。因而,此类买受人的中间物权具有实质的物权属性,可对抗出卖人的债权人。[103] 反对观点则认为,该理论只具有修辞学效果。承租人保护是基于政策考虑的弱者保护,而房屋买受人未必是弱者,不存在类推的正当性。付款则是买受人的给付义务,与房屋所有权的取得无关。而占有并非房屋所有权的公示方式,若承认其公示效力,难免架空登记公信力,得不偿失。[104]

74 本文认为,"遗留问题策略说"似较为可采。该观点认为,上述规则赋予买受

---

〔99〕 参见江必新、刘贵祥主编:《最高人民法院关于人民法院办理执行异议和复议案件若干问题规定理解与适用》,人民法院出版社2015年版,第421—424页。

〔100〕 Vgl. Kurt Schellhammer, Sachenrecht nach Anspruchsgrundlagen, 3. Aufl., Heidelberg: C. F. Müller, 2009, Rn. 113.

〔101〕 Vgl. Kurt Schellhammer, Sachenrecht nach Anspruchsgrundlagen, 3. Aufl., Heidelberg: C. F. Müller, 2009, Rn. 284.

〔102〕 参见庄加园:《不动产买受人的实体法地位辨析》,载《法治研究》2018年第5期,第135页。

〔103〕 参见陈永强:《物权变动三阶段论》,载《法商研究》2013年第4期,第127—135页;陈永强:《未登记已占有的房屋买受人的权利保护》,载《环球法律评论》2013年第3期,第59—72页。

〔104〕 参见庄加园:《不动产买受人的实体法地位辨析》,载《法治研究》2018年第5期,第130页。

人未经登记公示的优先权，而登记所要防范的恰是此类隐蔽优先权，为了不挫败第三人对登记的信赖、维护交易安全，避免引发倒签等道德危险行为，不宜一般性地赋予上述买受人优先保护，而只能以其为解决历史遗留问题的权宜之策。[105]我国大概 2007—2008 年才正式确立房屋登记制度。此前因登记制度不完善，适用的实为交付移转房屋所有权。[106]《最高人民法院关于贯彻执行民事政策法律若干问题的意见》(1984)第 56 条强调“实际使用和管理房屋”，《城镇房屋所有权登记暂行办法》(1987)第 9 条与《城市房屋权属登记管理办法》(1997)第 17 条也未将转移登记作为房屋所有权让与的生效前提。由于登记公信力仅适用于有效初始登记的房屋，《物权法》之前已经完成所有权移转的房屋，即使未经登记，效力也不应被任意否定。

75 查《执行异议复议规定》(2015)第 28 条，系源自《查封扣押规定》(2004)第 17 条，后者与《破产案件规定》(2002)均制定于《物权法》颁布之前，当时登记制度尚不完善，上述规则有其合理性。但在登记制度已经确立的当下，预告登记已为买受人提供充分的风险规避手段，为维护登记的公信力，未登记的交易风险应由买受人承担。因而，上述司法对策所提供的优先保护，应仅具过渡意义。

(3)房屋买受人期待权的扩张：商品房消费者的特殊保护？

76 与交付未登记的房屋买受人相比，司法实务为商品房消费者提供的优待犹有过之。开发商被执行时，只要商品房消费者的买卖合同生效于查封之前、已支付超过 50% 价款、无其他住房且购房用于居住目的，就可提出异议以排除执行[《执行异议复议规定》第 29 条(2020 年修正前后无变化)、《九民纪要》第 125 条]。不仅如此，支付全款的商品房消费者权利甚至优先于建设工程价款优先权(《建设工程价款优先受偿权批复》第 2 条、《九民纪要》第 126 条)，[107]且该优先权的享有不以受领交付为前提。对此，最高人民法院的解释是，为保护消费者生存权而赋予其物权期待权。[108]

77 然而，如上文所述，期待权有严格的确定性要求(边码 72)。此处的优待，与其归因为商品房消费者的物权期待权，不如说是纯粹的政策考量。最高人民法院显然对这种优待带来的反体系效应有所认识，因而强调，缺乏公示的特殊保护突破

---

〔105〕 参见许德风：《不动产一物二卖问题研究》，载《法学研究》2012 年第 3 期，第 94 页；庄加园：《不动产买受人的实体法地位辨析》，载《法治研究》2018 年第 5 期，第 137 页。

〔106〕 参见最高人民法院(2010)民再申字第 163 号裁定。

〔107〕 房屋未建成时买受人的购房款返还请求权也优先于工程价款优先权，参见最高人民法院民事审判第二庭编著：《〈全国法院民商事审判工作会议纪要〉理解与适用》，人民法院出版社 2019 年版，第 638 页。

〔108〕 参见江必新、刘贵祥主编：《最高人民法院关于人民法院办理执行异议和复议案件若干问题规定理解与适用》，人民法院出版社 2015 年版，第 431 页。

了债的平等性与相对性,不仅对出卖人的其他债权人不公,也增加了通谋风险,应从严审查其适用条件。[109]

2. **已移转所有权未交付**

(1)出卖人为有权占有人?

就已移转所有权未交付情形(如已过户登记未交房),争议焦点之一是,出卖 78
人的占有是否存在本权,能否对抗买受人的物权请求权?对此,我国台湾地区学理与实务认为,交付是用益移转的时点,交付前出卖人有用益权,可作为占有本权对抗买受人的所有权,即使出卖人的交付义务已陷于迟延也无妨,承担违约责任与价金风险并不影响其有权占有。[110] 本文认为,交付义务未届期时,出卖人有权占有应无疑问。但在交付义务陷于迟延时,即使出卖人收取用益,也应在交付时一同让与买受人,相对于买受人似不应成立有权占有。

(2)已登记未交付房屋买受人不得对抗仍占有的原权利人?

于此涉及的问题是,出卖人无处分权但买受人已登记为所有权人的,能否请 79
求仍占有房屋的原所有权人迁出?曾引发广泛讨论的"臧树林与连成贤排除妨害纠纷上诉案"系典型案例。该案裁判要旨为,买受人虽登记但未取得占有,无权请求仍占有房屋的原所有权人迁出,仅得请求出卖人承担违约责任。[111] 问题的实质是,原所有权人的占有能否击破买受人的善意,或者说,买受人是否有义务调查房屋的占有状态。肯定说认为,应类推买卖不破租赁保护原所有权人的占有,买受人有义务调查房屋的占有状况,[112]否则无从善意取得。否定说则指出,该判决将占有作为不动产物权的公示手段,有损登记的公信力。[113] 本文认为,该判决与上文"已交付未登记"情形买受人的特殊保护(物权期待权说、中间物权说)有其共性,均系房屋占有人的优待规则,但在房屋所有权移转登记生效的公示要求之下,买受人不应负担调查房屋占有状况的义务。

---

〔109〕 参见最高人民法院民事审判第二庭编著:《〈全国法院民商事审判工作会议纪要〉理解与适用》,人民法院出版社2019年版,第632页。

〔110〕 参见黄茂荣:《买卖法》(增订版),中国政法大学出版社2002年版,第274页。

〔111〕 参见上海市第一中级人民法院(2014)沪一中民二(民)终字第433号民事判决书,该案被收录于《最高人民法院公报》2015年第10期。

〔112〕 参见董学立:《论不动产的善意取得与无权占有》,载《法学论坛》2016年第6期,第82页。

〔113〕 参见张静:《不动产占有公示效力否定论》,载《苏州大学学报(法学版)》2017年第3期,第67—79页。

五、多重买卖的履行

(一)实务中的优先序列

80 买卖合同与物权变动分离立场下,一物数卖原则上不影响买卖合同的有效性。由此产生的问题是,若数买受人均请求实际履行,是否存在优先序列?司法实务依交付、登记、付款、合同成立先后等因素确定履行顺序,理由是,多重出卖有违诚信,在标的物价格上涨时,还可能导致出卖人与出价高的买受人恶意串通。[114]

81 就表面文义而言,履行顺位规则对债权平等原理的违反显而易见,亦对所有权人的处分自由构成不当限制。因而,学界对此类规范多有质疑并倾向于限制其适用。[115] 但与之形成鲜明对照的是,实务中对此类规则的适用不仅不予克制,反而大肆扩张,甚至溢出买卖之外,将其类推适用于各类其他标的(如股权、知识产权、企业整体)之多重转让(边码 82 之注 116),大有无边漫延之势,对债权平等的侵蚀令人担忧。

本文认为,主张废止这些规则固然可以一劳永逸,不过,既定规则下,如果能够通过解释手段,令其重回债权平等与处分自由的轨道,或许也不失为一条可行路径。

(二)普通动产多重买卖

82 就普通动产多重买卖的履行,2020 年《买卖合同解释》第 6 条(修正前为第 9 条,内容无变化)的规则是“交付 > 付款 > 合同先后”。实务中,该条还被类推适用于房屋多重买卖、权利(如股权、知识产权)与企业多重转让等情形的履行顺序认定。[116]

---

〔114〕 参见最高人民法院民事审判第二庭编著:《最高人民法院关于买卖合同司法解释理解与适用》(第 2 版),人民法院出版社 2016 年版,第 162—163 页。

〔115〕 参见程啸:《论动产多重买卖中标的物所有权归属的确定标准》,载《清华法学》2012 年第 6 期,第 61 页;周江洪:《特殊动产多重买卖之法理》,载《苏州大学学报》2013 年第 4 期,第 72 页;刘保玉:《论多重买卖的法律规制》,载《法学论坛》2013 年第 6 期,第 22 页;戴永盛:《论特殊动产的物权变动与对抗(下)》,载《东方法学》2014 年第 6 期,第 38—43 页;孙毅:《我国多重买卖规则的检讨与重构》,载《法学家》2014 年第 6 期,第 114 页;李锡鹤:《多重买卖效力探讨》,载《东方法学》2015 年第 6 期,第 2 页;冉克平:《论机动车等特殊动产物权的变动》,载《法学评论》2015 年第 4 期,第 153 页。

〔116〕 动产多重买卖受领交付优先的,如最高人民法院(2016)最高法民申 1514 号民事裁定书(返还请求权让与以代交付)。将受领交付优先规则类推适用于房屋多重买卖的,如黑龙江省牡丹江市中级人民法院(2019)黑 10 民终 1554 号民事判决书。将付款优先规则类推适用于股权多重转让的,如福建省泉州市中级人民法院(2014)泉民终字第 1375 号民事判决书;类推适用于商标专用权多重转让的,如河南省高级人民法院(2018)豫民终 972 号民事判决书。将合同在先者优先规则类推适用于企业整体多重转让的,如山东省济南市中级人民法院(2017)鲁 01 民终 8656 号民事判决书(存疑)。

1. 交付优先

结合条文表述，此处的交付是公示所有权变动的交付。意思表示解释层面，交付可推定为同时负载物权合意与履行意思，因而，该规则所表达的其实是："通过受领交付已取得所有权者，法院将保护其所取得的所有权"，是对出卖人履行结果的描述。又由于谁可成为"先受领交付的买受人"未有限制，出卖人尽可依其意志自由选择。如此，该规则可解释为出卖人处分自由的曲折表达。 83

2. 付款、合同在先优先

付款、合同订立在先者优先规则，同样可作为意思表示解释规则予以限缩解释。出卖人接受付款，可视作选定该买受人为履行对方。当然，仅此尚不足以拘束出卖人，还须同时具备一定的履行行为。因而，仅在付款同时负载履行意思与占有改定合意（以移转所有权或代替交付义务）时，该规则方可适用。合同订立在先作为优先因素，同样仅在得以意思表示解释认定，出卖人与先买受人缔约时一并达成占有改定合意（以移转所有权或代替交付义务）与履行合意时，始得适用。 84

（三）特殊动产多重买卖

依 2020 年《买卖合同解释》第 7 条（修正前为第 10 条，内容无变化），特殊动产数买受人均请求实际履行的，履行顺序为"交付 > 登记 > 合同先后"；若出卖人交付一买受人后，又为另一买受人登记的，则受领交付的买受人优先。 85

特殊动产的所有权移转，以登记为对抗要件（《民法典》第 225 条）。就其生效要件，有交付生效说、[117]合意生效说[118]等不同立场。本文认为，为避免交付与登记的公示冲突，合意生效说或更可采。在此模式下，特殊动产多重买卖的履行顺序，同样可借助意思表示解释作限缩解释：交付与登记作为优先因素的前提是，可推定双方以交付或登记表达所有权让与合意，且交付或登记同时负载履行合意；付款虽未被明定为优先因素，但仍不妨与动产多重买卖作相同解释；合同订立在先作为优先因素的前提也与动产多重买卖相同。 86

至于交付与登记的冲突（一买受人受领交付后，另一买受人办理登记的，受领交付的先买受人优先），限缩解释的作业稍为复杂。由于受领交付的买受人不能对抗登记的买受人，除非后者为恶意，该项规则的适用范围或可限缩为，仅在登记的买受人明知或应知受领交付买受人的权利时始得适用。 87

---

〔117〕 参见黄薇主编：《中华人民共和国民法典物权编释义》，法律出版社 2020 年版，第 35 页。也有较缓和的交付生效说认为，在交付与登记冲突时，仍以登记的效力为先，参见程啸：《论动产多重买卖中标的物所有权归属的确定标准》，载《清华法学》2012 年第 6 期，第 68—69 页。

〔118〕 参见张双根：《物权公示原则的理论构成》，载《法学》2019 年第 1 期，第 59 页。

（四）不动产的多重买卖

88 就不动产多重买卖，《物权法解释一》讨论稿第 2 条（未见于正式稿，但在实务中得到遵循）、[119] 2020 年《国有土地使用权合同解释》第 9 条（修正前为第 10 条，内容无变化）、《北京市高级人民法院关于审理房屋买卖合同纠纷案件适用法律若干问题的指导意见（试行）》第 13 条第 1 款，均确立了大致相同的履行顺序，即“登记 > 交付 > 付款/网签/合同先后”，也有法院将动产多重买卖履行规则类推适用于房屋（边码 82 之注 116）。本文认为，不动产多重买卖同样适用出卖人自由履行原则，因而，仍采限缩解释将上述规范视作意思表示解释规范，此处不赘。

89 有争议的是，房屋先买受人受领交付而后买受人完成登记的，后买受人的履行顺序应否优先？对此，实务中有不同立场。[120] 本文认为，房屋买受人不必负担占有调查义务，否则不仅徒增交易成本、影响交易安全，调查义务本身亦将陷入两难：买受人询问时，占有人是否有义务告知？[121] 若有此义务，正当性何在？未尽告知义务是否须承受不利后果？若无此义务，调查应如何进行？

90 另依 2020 年《商品房买卖合同解释》第 7 条（修正前为第 10 条，内容无变化），若出卖人与第三人恶意串通另行订立买卖合同并交付使用，买受人得主张前述买卖合同无效。但实务中，后买受人仅明知出卖人一房二卖，即可能直接被认定为恶意串通。[122] 最高人民法院对此的解释是，2003 年该司法解释最初出台时尚无《物权法》，更无预告登记制度，先买受人无从规避风险。[123] 若以此为由，在《物权法》颁布且确立预告登记制度后，仍采如此宽松的恶意串通标准即丧失正当性。

六、举证分配

91 本条系请求权基础规范，规范内容是买受人的原合同请求权，对应出卖人的

---

〔119〕 参见韩松：《同一房屋多重买卖情况下买受人取得房屋所有权的顺序确定》，载《政法学刊》2012 年第 6 期，第 5 页。

〔120〕 肯定者如，辽宁省沈阳市中级人民法院（2007）沈民（2）房终字第 725 号民事判决书；否定者如，江苏省高级人民法院（2017）苏民申 2983 号民事裁定书。

〔121〕 有观点认为，占有对抗登记，以占有人的告知义务为前提，参见张静：《不动产占有公示效力否定论》，载《苏州大学学报（法学版）》2017 年第 3 期，第 73 页。

〔122〕 参见江苏省高级人民法院（2014）苏审二民申字第 1477 号民事裁定书。还有学者主张，后买受人对前合同的单纯知情即相当于先买受人的权利被公示，产生类似预告登记的效力，参见吴一鸣：《论“单纯知情”对双重买卖效力之影响》，载《法律科学》2010 年第 2 期，第 107—116 页。

〔123〕 参见最高人民法院民事审判第一庭编著：《最高人民法院关于审理商品房买卖合同纠纷案件司法解释的理解与适用》（第 2 版），人民法院出版社 2015 年版，第 129—130 页。

交付与所有权移转两项主给付义务。买受人主张请求权,即应证明请求权的成立要件具备(买卖合同成立)。请求权未发生(买卖合同效力瑕疵)、已消灭或受障碍的抗辩或抗辩权,则应由出卖人主张并举证。

(一)标的物交付义务的举证

92 出卖人主张交付义务已履行的,须证明交付义务的履行要件已满足,如买受人取得占有(赴偿、往取)、货交第一承运人以运交买受人(送付)等,交付推定具备履行意思。仅以发票作为交付证据,买受人不认可的,出卖人应另行举证(《买卖合同解释》第5条第1款),其他证据包括但不限于送货单、接收单、入库单、进仓单、交易习惯等。[124] 买受人拒绝受领的,有义务证明拒收权的要件实现,如标的物存在重大品质瑕疵或权利瑕疵(边码14—15)。

93 合意以观念交付代替交付义务的履行,要件有二:其一,观念交付合意,其二,以观念交付代替交付义务的合意(边码34)。其中,观念交付合意的存在由出卖人举证。若举证成功,得推定双方同时默示达成以观念交付代替交付义务的合意(清偿合意)。买受人主张双方未达成此合意的有反证义务。如可反证证明双方虽合意以返还请求权让与代替动产所有权移转的交付要件,令买受人取得所有权,但仍约定出卖人有义务取得标的物占有并移转于买受人。[125]

94 交付义务具有任意性,出卖人若主张双方合意改变(如特约为行为义务)或排除交付义务,须举证证明。但在无人占有之物的买卖,得推定双方有排除交付义务的合意,买受人可反证推翻。

(二)所有权移转义务的举证

95 出卖人主张所有权移转义务已履行的,须证明所有权移转的要件已满足。若举证成功,则推定双方同时达成默示履行合意。买受人主张双方不存在履行合意,或因欠缺行为能力等无法产生清偿效力的,有举证义务。已交付未移转所有权情形,房屋买受人主张执行或破产程序中的特别保护时(限历史遗留问题)(边码74),须证明相应要件的具备,如价款支付、取得占有、非因自身原因未登记等(边码70)。

---

〔124〕 参见最高人民法院民事审判第二庭编著:《最高人民法院关于买卖合同司法解释理解与适用》(第2版),人民法院出版社2016年版,第154页。以交易习惯认定交付的,如福建省厦门市湖里区人民法院(2015)湖民初字第3403号民事判决书。

〔125〕 黄茂荣认为,以观念交付代替交付义务的合意,也应由出卖人积极证明,或者至少允许买受人单方保留权利,于无法借助返还请求权取得直接占有时,认定出卖人未履行交付义务。参见黄茂荣:《买卖法》(增订版),中国政法大学出版社2002年版,第171页。

（三）多重买卖履行顺序举证

96 为避免背离债权平等原则，多重买卖履行顺序规则应作限缩解释，可被定性为确定出卖人履行意思（选定履行对方）的意思表示解释规则。但单纯的履行意思尚不足以拘束出卖人，还须同时具备一定的履行行为。“登记、交付、付款、合同在先”等因素由主张“优先”履行的买受人举证。其中，“登记、交付”常同时负载物权合意，举证成功即可推定出卖人选定该买受人为履行对方。〔126〕“付款、合同在先”则与所有权让与意思、交付义务无必然关联，应由主张“优先”履行的买受人证明，双方同时达成占有改定合意（以移转所有权或代替交付义务），由此合意可进一步推定履行意思的存在。出卖人或其他买受人对相反事实有主张与举证义务。

附：案例索引

1. 北京市第二中级人民法院（2011）二中民终字第 12047 号民事判决书：聂某富与代某珊买卖合同纠纷案【边码 21】

2. 北京市第一中级人民法院（2011）一中民终字第 17033 号民事判决书：苏某与北京达华庄园房地产开发有限公司房屋买卖纠纷案【边码 31】

3. 北京市第一中级人民法院（2015）一中民终字第 09710 号民事判决书：李某超与刘某堂等房屋买卖合同纠纷案【边码 68】

4. 福建省泉州市中级人民法院（2014）泉民终字第 1375 号民事判决书：黄某征与王某碰等股权转让纠纷案【边码 82】

5. 福建省厦门市湖里区人民法院（2015）湖民初字第 3403 号民事判决书：厦门市开源顺贸易有限公司与厦门市中靖建设工程有限公司买卖合同纠纷案【边码 92】

6. 广东省高级人民法院（2007）粤高法民一终字第 278 号民事判决书：深圳发展银行股份有限公司与深圳市国泰联合广场投资有限公司房屋买卖合同纠纷案【边码 68】

7. 广东省深圳市中级人民法院（2011）深中法民二终字第 498 号民事判决书：深圳市富×混凝土有限公司与珠海市昌×××工程有限公司等买卖合同纠纷案【边码 51】

8. 广东省广州市中级人民法院（2014）穗中法民五终字 3861 号民事判决书：广州市南大房地产开发有限公司与黎某霞商品房销售合同纠纷案【边码 14】

9. 广西壮族自治区高级人民法院（2013）桂民提字第 190 号民事判决书：林某明等与广西梧州粤成房地产开发有限公司房屋销售合同纠纷案【边码 14】

10. 广西壮族自治区来宾市中级人民法院（2015）来民终字第 203 号民事判决书：韦某等

---

〔126〕有观点认为，登记、交付等可拟制为出卖人的意思表示，自动证明出卖人表达了选择向该买受人实际履行的意思，参见孙毅：《我国多重买卖规则的检讨与重构》，载《法学家》2014 年第 6 期，第 127—128 页。

与广西凯丰房地产开发有限公司武宣分公司商品房预售合同纠纷案【边码 14】

11. 河南省高级人民法院(2018)豫民终 972 号民事判决书:郑州安必信知识产权代理有限公司与郑州亚丁文化传播有限公司等商标权转让合同纠纷案【边码 82】

12. 黑龙江省牡丹江市中级人民法院(2019)黑 10 民终 1554 号民事判决书:韩某香与韩某等房屋买卖合同纠纷案【边码 82】

13. 江苏省高级人民法院(2014)苏审二民申字第 1477 号民事裁定书:戴某海等与倪某富等房屋买卖合同纠纷案【边码 90】

14. 江苏省高级人民法院(2017)苏民申 2983 号民事裁定书:范某侠与周某保等排除妨害纠纷案【边码 89】

15. 江苏省无锡市新吴区人民法院(2017)苏 0214 民初 4244 号民事判决书:无锡大中旭装饰配套有限公司与临沂东泰建筑陶瓷有限公司买卖合同纠纷案【边码 23】

16. 辽宁省沈阳市中级人民法院(2007)沈民(2)房终字第 725 号民事判决书:贺某武与邴某等房屋买卖合同纠纷案【边码 89】

17. 山东省济南市中级人民法院(2017)鲁 01 民终 8656 号民事判决书:山东和顺达机器有限公司等与梁某禄企业出售合同纠纷案【边码 82】

18. 上海市第一中级人民法院(2014)沪一中民二(民)终字第 433 号民事判决书:臧某林与连某贤排除妨害纠纷案【边码 79】

19. 张致清与冯照霞、崔枫、新乡市新华综合服务有限责任公司侵权纠纷案,最高人民法院(2010)民再申字第 163 号裁定,载《最高人民法院公报》2011 年第 7 期【边码 74】

20. 中国建设银行股份有限公司广州荔湾支行与广东蓝粤能源发展有限公司等信用证开证纠纷案,最高人民法院(2015)民提字第 126 号民事判决书,载《最高人民法院公报》2016 年第 5 期【边码 45】

21. 最高人民法院(2013)民提字第 138 号民事判决书:中商华联科贸有限公司与昌邑琨福纺织有限公司买卖合同纠纷【边码 45】

22. 最高人民法院(2014)民提字第 7 号民事判决书:淄博齐林傅山钢铁有限公司与物产中拓股份有限公司等买卖合同纠纷案【边码 32】

23. 最高人民法院(2016)最高法民申 1514 号民事裁定书:中农集团控股股份有限公司与中丝辽宁化工物流有限公司等所有权确认纠纷案【边码 82】

24. 遵义市红花岗区长征镇沙坝村纪念街村民组诉遵义明顺房地产开发有限责任公司等商品房买卖合同纠纷案,贵州省高级人民法院(2016)黔民终 206 号,载《最高人民法院公报》2018 年第 12 期【边码 31】

第604条

交付移转风险*

第604条　标的物毁损、灭失的风险，在标的物交付之前由出卖人承担，交付之后由买受人承担，但是法律另有规定或者当事人另有约定的除外。

简　目

---

* 本文系基于《〈合同法〉第142条(交付移转风险)评注》(载《法学家》2019年第3期，第168—189页)一文修订而成。

一、规范定位

(一)规范意旨

1 标的物意外毁损灭失,既可能引发物法层面的物权灭失风险,也可能引发债法层面的给付风险与对待给付风险。物法领域,物之意外不利益由所有权人自担。物权风险无涉给付与对待给付关系,不在本条的射程之内(边码 9—11)。债法领域,标的物意外毁损灭失,债务人不必再为给付(《民法典》第 580 条)。给付风险的移转,并非本条的问题,而系本条的前提(边码 12—21)。

2 本条意在规范的,实为出卖人的对待给付风险,即“价金风险”。所处理的问题是,标的物意外毁损灭失,致出卖人不必再为给付,买受人是否仍须支付价金。对此,《合同法》所参照的《联合国国际货物销售合同公约》(以下简称《公约》)表达更直观:第 66 条风险移转后果是,“买受人支付价款的义务并不因此免除”,显然以价金风险为规范对象。[1]

3 价金风险,若由出卖人承担,则买受人不必支付价金,若由买受人承担,则买受人仍受价金义务约束。依本条,价金风险原则上自“交付”时起移转于买受人。比较法上,类似的规范有《公约》第 69 条第 1 款第 1 种情形、《德国民法典》第 446 条、我国台湾地区“民法”第 373 条等。

(二)规范属性

1. 抗辩排除规范

4 基于双务合同的牵连性,给付义务消灭,对待给付义务也消灭。依此原则,买卖标的物意外毁损灭失,致出卖人不必再为给付的,买受人不再受价金义务约束,即使已经支付,也可以请求返还。这意味着,价金风险不应移转,买受人处应产生拒绝支付的抗辩可能(边码 17)。

5 本条规则却是,交付前出卖人承担价金风险,交付后买受人承担价金风险。“交付前”仍在牵连性的框架之内,即使无此规定,也可由双务合同的特性推导得出。“交付后”才是本条的规范重心,因其突破了双务合同的牵连性。由此亦可解释,比较法上的类似规范(如《德国民法典》第 446 条、我国台湾地区“民法”第 373 条),何以仅规定“交付时”风险移转于买受人,而不就“交付前”特设规范。

6 本条所设规范,可浓缩表述为“交付移转价金风险”。交付后虽出卖人不必再

〔1〕 参见[德]彼得·施莱希特里姆:《〈联合国国际货物销售合同公约〉评释》(第 3 版),李慧妮译,北京大学出版社 2006 年版,边码 222。

为给付，买受人却仍须全额支付价金（边码 18）。尤其是，即使出卖人尚未让与所有权，买受人也丧失拒绝支付的抗辩。在“请求—抗辩—抗辩排除”的视角下，本条实为一项“抗辩排除”规范。因而，为了准确适用本条，需要解释，排除抗辩的正当性何在，即交付为何可移转价金风险（边码 47—57）。

2. 任意一般规范

7 本条是处理买卖价金风险移转的任意性一般规范。所谓任意性，系指当事人特约可排除本条适用。当事人特约，于涉外买卖常体现为合同中所采纳的国际贸易术语。所谓一般性，则指若无特别规范即应适用本条。[2] 在赴偿之债、往取之债与送付之债的区分下，代送买卖的价金风险有其特则（《民法典》第 607 条、第 606 条）。影响合同目的实现的给付障碍（《民法典》第 610 条）与买受人迟延（《民法典》第 605 条、第 608 条）情形，价金风险也有其特则。

二、标的物毁损、灭失的风险

8 《合同法》买卖合同章所称“标的物毁损、灭失的风险”，文义上可包含给付风险与对待给付风险，甚至还可包含物权风险。但根据规范体系，应限缩解释为仅指对待给付风险，即“价金风险”。

（一）本条风险非物权风险

9 标的物毁损灭失引发的风险，不限于债法层面，还可能发生于物法层面，二者应予区分。物法领域，标的物意外毁损灭失，由其法律上的归属者承担权利丧失的风险。物权风险，是所有权对世效力的体现，[3] 处理物权人与第三人的关系，为合同之外的现象，仅以所有权状况为断。因而，该风险在所有权让与之前由出卖人承受，让与之后由买受人承受。

10 合同风险，则是典型的债法风险，处理合同内部关系，包括给付风险与对待给付风险。针对的问题是，风险事件发生后，债务人的给付义务与债权人的对待给付义务是否仍存在。合同风险必以合同有效且未履行完毕为前提。缔约前，标的物意外毁损灭失，“天灾归所有权人负担”，所涉仅为物权风险。同理，清偿后，因债权实现而不存在给付障碍，也就不生合同风险。此后标的物毁损灭失，买受人作为所有权人负担的实为物权风险。

---

〔2〕 可再探讨的是，习惯作为被《民法典》第 10 条认可的法源，应否纳入考量。关于习惯的法源地位，可参见朱庆育：《民法总论》（第 2 版），北京大学出版社 2016 年版，第 40—42 页。

〔3〕 参见陈自强：《契约法讲义 III：契约违反与履行请求》，台湾地区元照出版社 2015 年版，第 227—228 页。

实务中,最高人民法院已认识到物权风险与合同风险的区别,指出合同风险负担实质是合同当事人间的损失分配,而因标的物毁损灭失丧失所有权则属于物权范畴,不应混淆物权关系和债权关系。[4] 但仍有不少法院误判二者,最典型的表现是,于出卖人已交付并移转所有权,嗣后标的物毁损灭失情形,以本条为依据判令买受人支付价款。[5] 但此时出卖人义务已履行完毕,买受人债权完全实现,不生给付障碍,更谈不上合同风险,买受人支付价金是正常的债务履行。 11

(二)本条风险非给付风险

双务合同风险本有四项,即双方各自的给付风险与对待给付风险,但金钱债务无给付不能,买卖合同的给付风险仅限出卖人,其对待给付风险即价金风险,故买卖合同中,仅需讨论围绕标的物而产生的给付风险与围绕价金而产生的价金风险。给付风险与价金风险处理的问题不同、风险移转的缘由不同、移转时点也不同。 12

1. 买卖合同的给付风险

给付风险处理的问题是,首次给付尝试失败后,债务人是否仍需再为给付,直至达到清偿效果。该问题并非买卖所独有,而存在于所有的债务关系中,体系上属于债法总则。买卖合同的给付风险并无特别之处,即特定之债自合同生效时移转,[6] 种类之债自特定化时移转。特定化要求债务人完成为给付而必要的一切行为,所以特定化后标的物意外毁损灭失的,不应令债务人再行给付。 13

债务人是否满足特定化的行为要求,取决于不同的债务类型。以给付行为地与结果地为标准,耶林首倡赴偿之债、往取之债与送付之债的区分,[7] 并为后世所接受。赴偿之债,给付行为地与结果地均在债权人处,债务人将适格标的物送至债权人住所地,使债权人处于随时可受领状态,即完成特定化。往取之债,给付行为地与结果地均在债务人处,债务人将适格标的物从种类中分离并通知债权人提取,即完成特定化。送付之债,给付行为地在债务人处,结果地在债权人处,债 14

---

[4] 参见最高人民法院民事审判第二庭编著:《最高人民法院关于买卖合同司法解释理解与适用》(第2版),人民法院出版社2016年,第190页。

[5] 如辽宁省大连市中级人民法院(2014)大民三终字第411号民事判决书;陕西省清涧县人民法院(2017)陕0830民初569号民事判决书;江苏省盐城市中级人民法院(2017)苏09民终1890号民事判决书。

[6] 也有观点认为,给付风险产生的前提是给付的可替代性,特定之债无给付风险,如[德]迪特尔·梅迪库斯:《德国债法总论》,杜景林、卢谌译,法律出版社2004年版,第133页。但两种观点只是观察角度不同,法律效果并无差异。

[7] Vgl. Rudolf von Jhering, Beiträge zur Lehre von der Gefahr beim Kaufcontracte, zweiter Beitrag, in: Jahrbücher für die Dogmatik des heutigen römischen und deutschen Privatrechts, 4 Band, 1861, S. 366 ff.

务人并无运输义务，将适格标的物发送给第一承运人以运交债权人，特定化行为即完成。[8]

15 《民法典》未就给付风险单设规则，《买卖合同解释》第 11 条（2020 年修正，修正前为第 14 条，内容无变化）虽将特定化作为种类物买卖（价金）风险移转的前提，但也未能清楚揭示特定化与给付风险的关联。不过，给付风险仍不妨依《民法典》第 580 条第 1 款第 1 项推知。依该条规定，非金钱债务给付不能，原给付义务消灭，是否产生派生给付义务（如损害赔偿），则取决于可归责性。进而言之，非金钱债务一旦出现不可归责的给付不能，债务人给付义务即终局消灭：特定之债，合同生效后履行前，若标的物意外灭失，债务人原给付义务消灭；种类之债，特定化前不生给付不能，特定化后即转变为特定之债，此后奉行特定之债风险转移规则。

2. 给付风险与价金风险

（1）价金风险的产生以给付风险移转且现实发生为前提

16 与给付风险不同，价金风险处理的问题是，标的物意外毁损灭失，致出卖人不必再为给付，买受人是否仍须支付价金。给付风险移转之前，价金风险无从谈起。[9] 移转之前，出卖人给付义务不消灭，买受人债权仍可能完满实现，自然仍须负担对待给付义务。即便给付风险移转，若风险事件未现实发生，也不生价金风险问题，原因很简单，风险事件既未现实发生，出卖人自须继续负担给付义务，买受人当然也须为对待给付。既然价金风险移转前给付风险必然已移转，前者就构成后者的可能最迟时点。

（2）给付风险非买卖独有，而本条价金风险仅限买卖合同

17 双务合同之对待给付风险针对的问题是，如果债务人不再承担给付风险，债权人是否仍有义务为对待给付。[10] 一般规则是，风险事件发生，债务人不必再为给付（给付风险已移转且实现），债权人也不必为对待给付（对待给付风险不再转移于债权人，终局停留在债务人处）。其实质在于，不会令债权人既承担给付风险（无从获得对方给付），又承担对待给付风险（必须向对方为给付），债权人取得拒绝对待给付的抗辩可能。

18 买卖价金风险，突破了双务合同“无给付即无对待给付”的一般原则，系对待给付风险负担的例外。依本条，买卖价金风险因交付而移转于买受人，此后标的

〔8〕 参见王洪亮：《债法总论》，北京大学出版社 2016 年版，第 94—95、107 页。

〔9〕 参见朱晓喆：《寄送买卖的风险转移与损害赔偿》，载《比较法研究》2015 年第 2 期，第 32 页。

〔10〕 梅迪库斯则认为，对待给付风险指双务合同一方虽未获得对待给付，但仍须履行己方给付的风险，参见 Medicus/Petersen, Bürgerliches Recht, 22. Aufl. , Köln: Carl Heymanns Verlag, 2009, Rn. 272，该见解较德国通说狭窄。对梅迪库斯观点的评析可参见 Dagmar Coester – Waltjen, Die Gegenleistungsgefahr, Jura 2007(2), S. 110 ff.

物意外毁损灭失,出卖人因给付风险已移转而不必再为给付,买受人的价金义务却并不消灭,拒绝对待给付的抗辩被排除。据此,给付风险与对待给付风险均由买受人承担。[11] 其实质在于,因标的物交付,而例外地移转了原则上应终局停留于债务人(出卖人)处的对待给付风险。[12]

(3)给付风险与价金风险不应也无法采用相同判准

可区分特定物与种类物分别观察:在特定物买卖,能因交付移转的,只能是价金风险,不可能是给付风险,因为特定物买卖的给付风险,自合同生效时起即由买受人承担,与交付与否无关。但本条并未区分特定物与种类物设定不同规则,所涉风险并非给付风险。 19

在种类物买卖,同样不宜将交付作为给付风险的移转时点。种类物买卖的给付风险,在经济层面体现为,出卖人是否应继续采购种类物,并承担其价格上涨的风险。[13] 换言之,出卖人承担给付风险背后体现的是置办风险以及与其相关的额外代价。一旦出卖人已经完成为给付而必要的一切行为(特定化),就不应再令其承受上述额外代价。特定化是债务人单方的债务履行,交付则需要双方合意,二者之间可能存在时间差。特定化后交付之前,标的物毁损灭失的,出卖人已为给付作出最大努力,若仍令其承担给付风险,有失公允。 20

实务中,最高人民法院明确指出买卖合同章的风险仅指价金风险,并进一步探讨了价金风险与继续履行的关系:若标的物是种类物且未经特定化,毁损灭失并不免除出卖人给付义务;而若标的物是特定物或经特定化的种类物,毁损灭失即免除出卖人再为给付的义务;至于买受人得否免为对待给付,则是价金风险问题。[14] 该观点的实质,即区分给付风险与价金风险,并以特定化作为种类物买卖给付风险移转的时点。 21

(三)风险事件的范围

“不可归责”事件引发的标的物意外毁损灭失,才可称为风险。可归责于出卖人的毁损灭失,属于违约而非风险范畴。[15] 可归责于买受人的,则视同标的物不 22

---

〔11〕 Vgl. Fikentscher/ Heinemann, Schuldrecht, 10. Aufl., Berlin: De Gruyter, 2006, S. 399.

〔12〕 也有观点认为,交付移转买卖价金风险,是对待给付风险的“提前”移转,参见刘洋:《对待给付风险负担的基本原则及其突破》,载《法学研究》2018年第5期,第102页。

〔13〕 参见朱晓喆:《我国买卖合同风险负担规则的比较法困境》,载《苏州大学学报》2013年第4期,第85页。

〔14〕 参见最高人民法院民事审判第二庭编著:《最高人民法院关于买卖合同司法解释理解与适用》(第2版),人民法院出版社2016年版,第190—191页。

〔15〕 出卖人也应为履行辅助人的行为负责,参见最高人民法院(2017)最高法民申2339号民事裁定书。

曾毁损灭失(视同出卖人义务已经履行),也与风险无关。先前违约行为在风险移转后才显现后果的,也属于可归责事由,如隐蔽瑕疵、包装不当导致风险移转后标的物受损等。

23 何谓可归责?此涉及违约责任的归责原则。以归责原则为分界点,违约责任与风险负担呈此消彼长关系。[16] 具体而言,若采过错归责,过错之外皆风险;若采严格责任,则可归责范围扩张,风险范围缩减。关于我国违约归责原则的争论,主要围绕过错的意义展开,有严格责任说、[17]缓和的严格责任说、[18]过错责任说、[19]过错推定说、[20]义务性质区分说[21]等不同观点,以严格责任与过错责任为对立两极。不过,与其说归责立场决定了风险负担的范围,不如说前者为后者提供了讨论的起点。

24 若采过错归责,不可抗力与通常事变属风险分配领域理所应当。严格责任立场下,不可抗力亦是当然的风险事件。至于通常事变,因可预见性原则(《民法典》第584条但书)将不可预见事件排除在违约责任之外,亦应纳入风险范畴。争议在于所谓第三人原因违约规则。《合同法》第121条第1句曾规定,因第三人原因造成违约的,应向对方承担违约责任,但"第三人的原因"文义涵盖范围甚广,为避免滥用,学理上有力主废除该条者,[22]也有从不同角度对其进行限缩解释者,[23]还有主张其仅确认合同相对性原则者。[24]《民法典》第593条第1句则将表述改为"……因第三人的原因造成违约的,应当依法向对方承担违约责任","依法"二字明确其并非独立的请求权基础,仅系参引性规范。本文认为,该规范只意味着,

〔16〕 参见易军:《违约责任与风险负担》,载《法律科学》2004年第3期,第52页。

〔17〕 参见王利明:《合同法研究(第三卷)》(第2版),中国人民大学出版社2015年版,第89页;韩世远:《合同法总论》(第4版),法律出版社2018年版,第754页。

〔18〕 主张弹性解释不可抗力之三个"不能",扩张债务人免责机会,如戴孟勇:《违约责任归责原则的解释论》,载王洪亮等主编:《中德私法研究(8)》,北京大学出版社2012年版,第38—39页。

〔19〕 参见易军:《慎思我国合同法上违约损害赔偿责任的归责原则》,载王洪亮等主编:《中德私法研究(8)》,北京大学出版社2012年版,第24页。

〔20〕 参见李永军:《合同法》(第3版),法律出版社2010年版,第505页;王洪亮:《债法总论》,北京大学出版社2016年版,第240页。

〔21〕 该观点主张,关于违约的归责原则,应通过解释方法确立如下标准:违反方式性义务承担过错责任;违反结果性义务承担严格责任。参见朱广新:《违约责任的归责原则探究》,载《政法论坛》2008年第4期,第76—89页。

〔22〕 参见解亘:《论〈合同法〉第121条的存废》,载《清华法学》2012年第5期,第143—152页。

〔23〕 参见李永军、李伟平:《因第三人原因造成的违约与责任承担》,载《山东大学学报(哲学社会科学版)》2017年第5期,第29页;周江洪:《〈合同法〉第121条的理解与适用》,载《清华法学》2012年第5期,第153—166页;耿卓:《〈合同法〉第121条中"第三人"的理解与适用》,载《贵州警官职业学院学报》2009年第3期,第64—67页;王洪亮:《债法总论》,北京大学出版社2016年版,第236页。

〔24〕 参见纪海龙:《买卖合同中的风险负担》,载王洪亮等主编:《中德私法研究(11)》,北京大学出版社2015年版,第305页。

即使因第三人原因造成给付障碍，违约责任的承担主体也只是合同债务人而非第三人。至于债务人在具体个案中是否承担违约责任，仍取决于可归责性。据此，第三人原因引发的通常事变并非违约事由，而系风险事件。

可见，借助规范解释，过错归责与严格责任两种方案下风险事件的范围大致相当，均包括不可抗力与通常事变。实务中最高人民法院认为，可排除风险的“可归责性”与“过失”意义相同，“不可归责”就是非因双方当事人过失或者故意造成的毁损灭失，风险事件可能是行为也可能是事件，如火山爆发、地震、海啸、第三人纵火、故意侵权等。[25] 也有法院明确指出，“风险发生的事由一般包括不可抗力、意外事件和当事人不能预见的第三人原因”。[26] 25

（四）毁损灭失与风险

风险事件导致标的物毁损灭失，才产生价金风险问题。“灭失”包括全部灭失与部分灭失，如数量减少。物理上未灭失但当事人丧失占有者（如丢失、[27]被扣押），[28]或当事人因法律障碍丧失权利者（如被征收[29]），也视同灭失。[30] “毁损”则指任何与合同约定品质不符的情形（如变质、[31]自然属性受损、[32]重量改变），通常会导致物之瑕疵。[33] 因法律障碍丧失使用可能（如标的物不符合买受人所在国的公法要求），或因政府禁令而无法使用（如被认为危害健康），也视同 26

---

〔25〕 参见最高人民法院民事审判第一庭编著：《最高人民法院关于审理商品房买卖合同纠纷案件司法解释的理解与适用》，人民法院出版社2015年版，第145、148页。

〔26〕 参见北京市第一中级人民法院（2013）一中民终字第11308号民事判决书；第三方原因导致火灾事故，标的物被烧毁，因买卖双方均无过错被认定为风险，甘肃省武威市中级人民法院（2014）武中民终字第153号民事判决书；车辆被第三人开走为风险，湖南省株洲市石峰区人民法院（2017）湘0204民初2480号民事判决书、江苏省宿迁市宿城区人民法院（2017）苏1302民初1282号民事判决书。

〔27〕 参见河南省驻马店市驿城区人民法院（2009）驿民初字第842号民事判决书。

〔28〕 参见黄立主编：《民法债编各论（上）》，中国政法大学出版社2003年版，第105页（杨芳贤执笔）。

〔29〕 买卖房屋被纳入拆迁范围视同灭失，参见浙江省金华市中级人民法院（2003）金中民一终字第180号民事判决书；因政府实行粘土窑关闭政策，导致买受人窑厂关闭，购买的煤无法使用，视同灭失，参见安徽省枞县人民法院（2017）皖0722民初2586号民事判决书。

〔30〕 参见余延满：《货物所有权的移转与风险负担的比较法研究》，武汉大学出版社2002年版，第246页。

〔31〕 如苹果冻伤，参见陕西省清涧县人民法院（2017）陕0830民初569号民事判决书。

〔32〕 如雨淋致化肥失效，参见湖北省鄂州市梁子湖区人民法院（2018）鄂0702民初120号民事判决书。

〔33〕 Vgl. Harm Peter Westermann, Kommentar zum § 446, in: Münchener Kommentar zum Bürgerlichen Gesetzbuch, 8. Aufl., München: C. H. Beck, 2019, Rn. 11.

毁损。[34]

27 争议在于,意外毁损是风险抑或瑕疵。有观点认为,风险仅限给付不能,[35]不及于物之瑕疵,瑕疵救济与风险负担互不相关。也有观点认为,风险移转前的意外毁损为瑕疵,买受人享有瑕疵救济;风险移转后的意外毁损为风险,适用风险规则。[36] 还有观点认为,意外毁损在风险移转前既是瑕疵也是风险,在风险移转后则仅是风险,不构成瑕疵。[37]

28 本文认为,给付无瑕疵之标的物乃出卖人的原给付义务(《民法典》第 615 条),是否存在物之瑕疵,以价金风险移转时为断。风险移转后的意外毁损仅涉风险,价金风险移转前的意外毁损则仍为瑕疵,可适用瑕疵补正、减价或解除等瑕疵救济(边码 113)。

三、交付作为风险移转的时点

(一)适用范围

29 赴偿之债、往取之债与送付之债的区分,揭示了本条最重要的适用领域。赴偿买卖与往取买卖的价金风险适用本条,自交付时起移转。代送买卖的价金风险却有其特则:典型的代送买卖,价金风险自交付第一承运人时移转(《民法典》第 607 条第 2 款);出卖人有义务在特定地点将标的物交给承运人的代送买卖,价金风险自标的物于该地点交付承运人时移转(《民法典》第 607 条第 1 款)。于后者,出卖人也可能委托承运人将标的物运送至特定地点,在此距离区间,承运人是出卖人的履行辅助人,价金风险并非自货交"第一"承运人,而是货交"第一独立"承运人时移转。再者,路货买卖为代送买卖的特例,出卖人不承担运输义务,价金风险于合同成立时移转(《民法典》第 606 条)。

30 《民法典》虽未直接使用赴偿、往取、送付的措辞,但以标的物是否"需要运输"为标准判断出卖人的给付行为地(《民法典》第 603 条第 2 款),隐含了上述区分。"需要运输"仅指"标的物由出卖人负责办理托运,承运人系独立于买卖合同当事人之外的运输业者的情形"(2020 年《买卖合同解释》第 8 条,修正前为第 11 条,内容无变化),即仅限代送买卖,排除赴偿与往取。实务中,同样区分赴偿、往

---

〔34〕 Vgl. Heinrich Honsell (hrsg.): Kommentar zum UN - Kaufrecht, 2. Aufl., Berlin Heidelberg: Springer, 2010, Art. 66 (Schönle/Th. Koller), Rn. 21.

〔35〕 参见邱聪智:《新订债法各论(上)》,中国人民大学出版社 2006 年版,第 122 页。

〔36〕 参见余延满:《货物所有权的移转与风险负担的比较法研究》,武汉大学出版社 2002 年版,第 247 页。

〔37〕 参见黄茂荣:《买卖法》(增订版),中国政法大学出版社 2002 年版,第 492 页。

取与送付，常用的表述是送货、自提或代办运输。

唯应注意，代送买卖的核心并不在于“需要运输”。赴偿、往取同样可能需要运输。代送买卖的特征是，出卖人仅负责发送，而无运输义务，承运人并非出卖人的履行辅助人。与之相对，赴偿买卖之承运人是出卖人的履行辅助人，往取买卖之承运人是买受人的履行（受领）辅助人。据此，是否需要运输，是否委托承运人，由谁签订运输合同，〔38〕由谁承担运费等，〔39〕均非区分三者的关键。判断的核心毋宁在于，在买卖双方内部运输义务由谁承担。 31

有争议的是，出卖人虽无义务仍自行运输情形，适用赴偿抑或代送的风险规则。支持赴偿者认为，于此相当于出卖人与买受人间增加了同向混合之运送契约，风险由出卖人负担。〔40〕支持代送者则认为，出卖人的地位不应低于委托第三人运输时，仍应适用代送买卖规则，同时，买受人地位也不应降低，对独立承运人享有的权利也均得对出卖人主张。〔41〕本文从后者，既然出卖人不承担运输义务，风险负担就不应因其自行运输而有所不同。 32

问题还在于，无法根据合同约定或交易习惯（《民法典》第 510 条）认定债的类型时，如何确定其风险规则。《民法典》第 511 条第 3 项提供的原则性方案是推定为往取。《民法典》第 603 条提供的方案则是，需要运输的推定为代送，不需要运输的原则上推定为往取。〔42〕立法机关和司法机关的释义书均认为，《民法典》第 603 条作为买卖合同的特殊规定优先于《民法典》第 511 条第 3 项。〔43〕据此，涉及运输的，有疑义时推定为代送；其他情形，有疑义时推定为往取。 33

消费者买卖的价金风险有其特殊之处。首先，买受人为消费者的远程交易虽涉及运输，但得否径行推定为代送仍可争议。依《电子商务法》第 20 条，消费者与 34

---

〔38〕 Vgl. Heinrich Honsell (hrsg.): Kommentar zum UN – Kaufrecht, 2. Aufl., Berlin Heidelberg: Springer, 2010, Art. 31 (Ernst/Lauko), Rn. 12.

〔39〕 参见最高人民法院民事审判第二庭编著：《最高人民法院关于买卖合同司法解释理解与适用》（第 2 版），人民法院出版社 2016 年版，第 225 页；双方约定出卖人代办运输，不因买受人承担运费转变为往取之债，上海市第一中级人民法院（2009）沪一中民四（商）终字第 197 号民事判决书；出卖人委托物流公司，即使买受人承担运费，仍为赴偿之债，浙江省宁波市镇海区人民法院（2016）浙 0211 民初 1195 号民事判决书。

〔40〕 参见黄茂荣：《买卖法》（增订版），中国政法大学出版社 2002 年版，第 452 页。

〔41〕 参见朱晓喆：《我国买卖合同风险负担规则的比较法困境》，载《苏州大学学报》2013 年第 4 期，第 89 页。

〔42〕 《民法典》第 603 条第 2 款第 2 项前半句之“出卖人和买受人订立合同时知道标的物在某一地点的，出卖人应当在该地点交付标的物”，可能是单纯的往取买卖，也可能是赴偿与往取的混合。

〔43〕 参见黄薇主编：《中华人民共和国民法典合同编释义》，法律出版社 2020 年版，第 334 页；最高人民法院民法典贯彻实施工作领导小组主编：《中华人民共和国民法典合同编理解与适用（二）》，人民法院出版社 2020 年版，第 877 页。反对观点可参见徐建刚：《发送买卖的认定》，载《研究生法学》2015 年第 6 期，第 78 页。

网络经营者订立合同,经营者委托物流公司,原则上似应被认定为赴偿,除非消费者另行选择快递物流服务提供者。其次,比较法上,即使消费者买卖为送付之债,也不意味着货交第一承运人即移转风险。《德国民法典》第 475 条第 2 款规定,消费者合同即使为送付之债,也自交付时移转风险,除非买受人委托(经营者未曾向其指定的)其他人运送,风险才自货交第一承运人时移转。〔44〕 最后,《消费者权益保护法》第 25 条还规定了 7 日无理由退货期,可解释为消费者的任意撤回权,买受人行使该权利但退货途中标的物毁损灭失的,风险由经营者承担。

35 此外,影响合同目实现的给付障碍或买受人迟延时,价金风险的移转也有其特则(边码 85)。

(二)交付移转风险的正当性

36 关于买卖合同价金风险移转的时点,有合同缔结说、所有权移转说与标的物交付说之别。交付移转价金风险的正当性在于,交付后在买卖双方内部关系中,即以买受人为标的物经济利益之归属主体。

1. 价金风险移转的观点之争

37 罗马法上,买卖合同的风险自合同缔结时移转,而所有权让与以交付为前提。瑞士法继受了罗马法规则。自 17 世纪起,受胡果·格劳秀斯的影响,诸多法域以所有权移转作为买卖合同风险移转的时点,如法、英。而在 19 世纪商法法典化的潮流中,风险随所有权移转在商法领域被放弃,交付移转风险逐渐成为主流,德、美、《公约》均采此模式。〔45〕

(1)合同缔结说

38 罗马法上,买卖合同风险自合同缔结时移转。但古典时期,罗马法将事变分为不可抗力与通常事变(如盗窃)。买受人于合同缔结时承担的风险仅限前者。对后者出卖人则有担保义务。至优士丁尼时期,过错责任替代了出卖人担保义

〔44〕 但需注意,当事人约定为送付之债的消费者合同,并不会因交付移转风险即转变为赴偿之债,因为特定化的时间点仍以货交第一承运人为断,给付风险在此时移转。Vgl. Roland Michael Beckmann, Kommentar zum §447, in: Staudinger Kommentar zum Bürgerlichen Gesetzbuch, Berlin: Sellier – de Gruyter, 2013, Rn. 72.

〔45〕 Vgl. Schlechtriem & Schwenzer, Commentary on the UN convention on the international Sale of Goods (CISG), 4. Edn. ,New York: Oxford University Press,2016,pp. 951 – 954. 关于风险移转规则的历史演变,可参见 Günter Hager, Die Gefahrtragung beim Kauf, Frankfurt am Main: Alfred Metzner Verlag,1982, S. 38 ff; Wolfgang Ernst, Kommentar zum §446, in: Historische – kritische Kommentar zum BGB, Band III, Tübingen: Mohr Siebeck, 2013, Rn. 2 ff.

务,买受人应承担的风险范围得以扩张,不再限于不可抗力。[46]

39 瑞士法将罗马法的原则明文化,《瑞士债务法》第185条规定,除有特定情况或契约另有约定外,买卖物的用益与风险,于合同缔结时移转。但种类物买卖的风险移转以特定化为前提。不过瑞士法上,合同缔结时并非物权变动时,动产所有权移转以交付为前提(《瑞士民法典》第714条第1款),不动产所有权取得须经登记(《瑞士民法典》第656条第1款)。因而,瑞士的买卖风险规则既未与交付挂钩,也未与所有权移转挂钩。然而在实务中,《瑞士债务法》第185条广受质疑,该条对瑞士最高法院的影响更是微乎其微。该条款的"原则—例外"设置在司法实践中被反转,法院通过扩张解释"特定情况或契约约定",通常以标的物交付买受人或承运人(代送买卖)作为风险移转的时点。[47]

(2)所有权移转说

40 风险随所有权移转的立法例,如2016年《法国民法典》第1196条、《意大利民法典》第1465条、旧《日本民法典》第534条(2020年施行的新法已删除该条)、英国《1979年货物买卖法》第20条第1款等,多区分特定物买卖与种类物买卖,前者的所有权与风险均自合同缔结时移转,后者的所有权与风险均自特定化时移转。[48] 但因这些立法例以特定物买卖为原型、种类物买卖为例外,也有将其归入合同缔结说者。[49] 不过就其本质而言,仍是将风险移转与所有权变动挂钩。在此模式之下,买卖风险规则仍是"事变由所有权人负担"的体现,合同法领域的风险负担并无独立意义。[50] 物权风险与合同风险、给付风险与价金风险的精细区分于此丧失用武之地。

41 主张风险随所有权移转的理由在于,风险应与利益一致。所有权是最完整的物权,买卖又以所有权让与为主要特征,仅在所有权让与后,始得由买受人承担价

〔46〕 Wolfgang Ernst, Kommentar zum §446, in: Historische - kritische Kommentar zum BGB, Band III, Tübingen: Mohr Siebeck, 2013, Rn. 2.

〔47〕 Schlechtriem & Schwenzer, Commentary on the UN convention on the international Sale of Goods (CISG), 4. Edn., New York: Oxford University Press, 2016, p. 952.

〔48〕 风险随所有权移转的个别立法例中,所有权移转时点并非合同缔结时而是交付时,如捷克共和国与斯洛伐克民法典第133(1)条与第590条,参见[德]克里斯蒂安·冯·巴尔、[英]埃里克·克莱夫主编:《欧洲私法的原则、定义与示范规则:欧洲示范民法典草案(全译本):第4卷》,于庆生等译,法律出版社2014年版,第148页。

〔49〕 参见史尚宽:《债法各论》,中国政法大学出版社2000年版,第61页。

〔50〕 参见陈自强:《契约法讲义III:契约违反与履行请求》,台湾地区元照出版社2015年版,第230页。

金风险。[51] 我国也有主张复活所有权主义者。[52] 但反对观点指出,风险与利益一致,并不等于风险与所有权一致,标的物在流通中产生的价值不次于其本身的价值。而且,所有权仅涉物权归属,合同风险则是标的物意外损失在双方内部的分配,物权归属并不能决定债之关系。[53] 更何况,所有权移转涉及第三方利益,而价金风险仅与合同双方有关。[54]

(3)标的物交付说

42 标的物交付说之下,风险移转与所有权移转无关,仅以占有变动为断。比较法上的立法例有《德国民法典》第446条,《奥地利民法典》第1064条、第1051条,我国台湾地区"民法"第373条,《美国统一商法典》第2-509条,[55]《公约》第69条等。[56] 值得关注的是,《日本民法典》(2017年6月2日公布,2020年4月1日施行)新规删除了第534条,从而放弃了所有权移转说,并于第567条明确采纳交付说。[57]

风险移转的具体规则,因交付与所有权让与的时间先后不同而需分别观察:

① 交付的同时让与所有权

43 于此情形,出卖人已完全履行,不生合同风险负担问题。因为,出卖人完全履行后,标的物毁损灭失与出卖人无关,价金请求权不再可能丧失,[58] 价金风险规则于此丧失意义。出卖人履约后,标的物毁损灭失涉及的风险,只可能是物权风险,而不会是合同风险。

② 已让与所有权但未交付

44 有观点认为,买受人既已取得所有权,"天灾归所有权人负担",理应由买受人

---

〔51〕 参见余延满:《货物所有权的移转与风险负担的比较法研究》,武汉大学出版社2002年版,第323页。

〔52〕 参见王轶:《论买卖合同标的物毁损、灭失的风险负担》,载《北京科技大学学报(社会科学版)》1999年第4期,第65页;王雪琴:《风险负担规则中的"交付主义"模式之质疑》,载《法商研究》2009年第4期,第107—112页。

〔53〕 参见最高人民法院民事审判第二庭编著:《最高人民法院关于买卖合同司法解释理解与适用》(第2版),人民法院出版社2016年版,第193—194页。

〔54〕 参见袁治杰:《〈联合国国际货物销售合同公约〉中的风险转移》,载《研究生法学》2004年第4期,第62页。

〔55〕 也有学者认为,美国实质仍是所有权主义,因为交付也是所有权转移的绝对界限,参见余延满:《货物所有权的移转与风险负担的比较法研究》,武汉大学出版社2002年版,第318页。

〔56〕《公约》拒绝把风险移转与合同缔结、所有权移转、运输成本的支付等相联系,参见李巍:《〈联合国国际货物销售合同公约〉评释》(第2版),法律出版社2009年版,第291页。

〔57〕 但不区分给付风险与价金风险,统一以交付作为移转时点。

〔58〕 Vgl. Karl Larenz, Lehrbuch des Schuldrechts, Bd. 2. Besonderer Teil, Halb. 1, 13. Aufl., München: C. H. Beck, 1986, S. 97.

负担风险。而且,"举轻以明重",占有让与可移转风险,所有权让与更不待言。[59] 本文认为,风险与所有权让与无关,未交付者,价金风险不移转。此处并不适用"举轻以明重"规则,因为在买卖双方内部,经济地位的优劣并非以所有权外壳为断,享有对物用益的占有人经济地位可能更优(边码52)。

③已交付但未让与所有权

这是价金风险移转的典型适用情形,如出卖人已交付但尚未让与所有权,利益与风险均归买受人。德国早期曾有观点将交付移转风险视为所有权让与移转风险的体现,并认为移转风险的交付须以所有权让与为目的,出卖人须完全履行己方义务,在买受人取得所有权之前风险不移转。[60] 当前的通说则认为,交付仅指占有移转,与所有权让与无关。在我国,依《民法典》第598条之规定,出卖人负有两项义务,交付与所有权让与。本文认为,移转风险的交付应与出卖人的交付义务相关联,而该交付义务独立于所有权让与。[61] 45

唯应注意,无人占有之物,如沉船、无人占有的遗失物等,同样可作为买卖标的物,只是双方以明示或默示的合意,排除了出卖人的交付(占有让与)义务,通常合同成立时双方即合意移转所有权。[62] 出卖人的合同义务履行完毕,买受人应依约支付价款,不生价金风险问题。 46

2. 交付移转价金风险的理由

价金风险的移转,以所有权移转说与标的物交付说为两极。交付移转风险的正当性论证,也多借助与所有权移转说的对比展开,有管领便利、交易安全、风险利益一致、经济利益归属、核心义务履行等各种论点,也有综合运用其中两种或三种理由者。[63] 47

(1)管领便利

该论点认为,管领物的一方通常处于保护标的物免于受损的最有利地位。[64] 48

---

〔59〕 相关争议可参见黄茂荣:《买卖法》(增订版),中国政法大学出版社2002年版,第444页。

〔60〕 相关争议可参见 Ernst Hellhammer, Die Bedeutung der "Übergabe" im §446 BGB, Robert Noske, Borna - Leipzig Großbetrieb für Dissertationsdruck, 1915, S. 11ff. 类似观点可参见江海、石冠彬:《论买卖合同风险负担规则》,载《现代法学》2013年第5期,第57页。

〔61〕 Vgl. Franz Vollmer, Die Bedeutung der "Übergabe" im §446 BGB, Buchdruckrei Max Danielewski Düren - Rhld., 1932, S. 40.

〔62〕 无人占有之动产,单纯物权合意即可移转所有权(不必交付),可参见[德]鲍尔/施蒂尔纳:《德国物权法(下册)》,申卫星、王洪亮译,法律出版社2006年版,第382—383页。

〔63〕 综合说如,宁红丽、耿艺:《合同法分则中的风险负担制度研究》,载吴汉东主编:《私法研究》(第3卷),中国政法大学出版社2003年版,第465页。

〔64〕 Schlechtriem & Schwenzer, Commentary on the UN convention on the international Sale of Goods (CISG), 4. Edn., New York: Oxford University Press, 2016, p. 988.

买受人因受领交付而使标的物处于自己的管领之下,〔65〕从而更有能力采取必要的保护措施,避免风险的发生。〔66〕 而且,管领物的一方在处理保险方面也常处于更有利的地位。〔67〕 据此,交付移转风险的理由在于,交付导致占有移转,而占有人更便于管领标的物。

49 但问题在于,风险要求"不可归责",首先即包括不可抗力,既然非人力可控,就不得以便于管领为理由,令占有人承受根本不可控的风险。否则,风险以不可控为前提,风险负担又以谁更能控制标的物为标准,不免自相矛盾。〔68〕 而以管领物的一方更便于处理保险事宜,作为占有人承担价金风险的理由,则无法解释当事人未投保或意外事件不可保险时,为何仍以占有人为风险承担主体。〔69〕

(2)交易安全

50 该论点认为,以所有权让与作为风险移转的判准,必须首先确定所有权移转的时间,但所有权移转的判断难以把握且易生纠纷。为了维护交易安全,风险负担的标准应清楚明确。交付的判断则更为直观,更容易满足交易安全的需要。〔70〕国际贸易领域尤其如此,各国的所有权变动规则千差万别,所有权移转说将导致极大的法律不确定性。〔71〕

51 国际贸易中,交付说确实比所有权说更有利于法律的确定性。但在内国法,交易安全固然可辅助论证交付说的正当,但尚无法构成突破双务合同牵连性的决定性理由,尤其不足以论证,交付后标的物意外灭失时,出卖人的所有权让与义务因给付不能被排除,买受人的价金义务作为对待给付为何不同时归于消灭。

---

〔65〕 Fikentscher/ Heinemann, Schuldrecht, 10. Aufl. , Berlin: De Gruyter, 2006, S. 400.

〔66〕 参见最高人民法院民事审判第二庭编著:《最高人民法院关于买卖合同司法解释理解与适用》(第2版),人民法院出版社2016年版,第195页。

〔67〕 参见李巍:《〈联合国国际货物销售合同公约〉评释》(第2版),法律出版社2009年版,第303页。

〔68〕 Vgl. Wilhelm Reinhardt, Gefahrtragungsregeln beim Kauf unter besonderer Berücksichtigung des Schuldrechtsmodernisierungsgesetzes, in: Holger Sutschet (hrsg.), Tradtion und Moderne – Schuldrecht und Arbeitsrecht nach der Schuldrechtsreform, Festschrift für Horst Ehmann zum 70. Geburtstag, Berlin: Duncker & Humblot, 2005, S. 137.

〔69〕 也有观点将不可保险事件排除在风险事件之外,如认为国家主权性质的干涉原则上不适用该风险移转规则,因其一般不可保险。但反对观点指出,是否可保险与风险移转规则无关,风险范围不应取决于保险行业承担风险的意愿。Schlechtriem & Schwenzer, Commentary on the UN convention on the international Sale of Goods (CISG), 4. Edn. ,New York: Oxford University Press,2016, p. 959.

〔70〕 参见最高人民法院民事审判第二庭编著:《最高人民法院关于买卖合同司法解释理解与适用》(第2版),人民法院出版社2016年版,第195页。

〔71〕 Schlechtriem & Schwenzer, Commentary on the UN convention on the international Sale of Goods (CISG), 4. Edn. ,New York: Oxford University Press,2016, p. 952.

(3)风险利益一致

该论点认为,买卖合同中,风险负担与利益承受互为对应,同时随交付移转。[72] 随着占有的移转,合同追求的经济效果在本质上得以实现,买受人得对标的物为使用收益,且可对抗出卖人,出卖人的所有权只剩空壳。[73] 与之相应,买受人也应承受标的物的意外损失。交付后标的物意外灭失,即使出卖人尚未履行移转所有权义务(该义务也陷于不能),也不应再令其承受标的物的意外损失,因自交付时标的物即已不再处于他在经济上的处分领域。[74] 52

唯应注意,所有权移转说同样诉诸风险与利益一致解释其正当性,只不过在此观点看来,标的物利益的最终享有者是所有权人。而立基于风险利益一致论证交付移转风险者则认为,风险移转仅涉买卖双方的内部关系,与第三人无关。在合同内部,物之用益权随交付移转于买受人(《民法典》第 630 条、我国台湾地区“民法”第 373 条、《德国民法典》第 446 条),风险应随用益权一同移转。 53

(4)经济利益归属

该论点并不支持以“利益之所在即风险之所在”正当化交付移转风险,而是以“物主承担风险”解释交付说,只不过认为“物主”并不等于所有权人,而是物之(经济)交换价值的归属主体。[75] 在区分物之客观价值与经济价值(交换价值)的基础上,该观点指出:物之灭失导致的客观价值损害,由所有权人承受;但物之灭失导致的交换价值损失,则应由享受其经济价值者负担,该主体未必是所有权人。交付后买受人即取得了类似物权人的法律地位,该地位既可针对出卖人也可针对第三人。出卖人不仅丧失物之用益可能,不得向买受人主张所有物返还,且有义务不再处分标的物。此后出卖人的所有权仅具有保障价金请求权的功能。若标的物灭失,出卖人在经济层面所遭受的损失以价金数额为限,买受人的损失则是标的物在市场上可能具有的价值增值。据此,交付标明了买卖之经济效果在本质上得以实现的时间点,既然物在经济上归属于买受人,买受人就应承受标的物的 54

[72] 参见朱晓喆:《我国买卖合同风险负担规则的比较法困境》,载《苏州大学学报》2013 年第 4 期,第 83 页;最高人民法院民事审判第二庭编著:《最高人民法院关于买卖合同司法解释理解与适用》(第 2 版),人民法院出版社 2016 年版,第 196 页;黄茂荣:《买卖法》(增订版),中国政法大学出版社 2002 年版,第 442 页;田朗亮:《买卖合同纠纷裁判规则与案例适用》,中国法制出版社 2013 年版,第 15 页。

[73] Roland Michael Beckmann, Kommentar zum §446, in: Staudinger Kommentar zum Bürgerlichen Gesetzbuch, Berlin: Sellier - de Gruyter, 2013, Rn. 9.

[74] Karl Larenz, Lehrbuch des Schuldrechts, Bd. 2. Besonderer Teil, Halb. 1, 13. Aufl., München: C. H. Beck, 1986, S. 97.

[75] Vgl. Wilhelm Reinhart, Die Gefahrtragung beim Kauf, Berlin: Duncker & Humblot, 1998, S. 65 ff.

意外经济损失,即仍应向出卖人支付价金。[76]

55 本文认为,该观点虽明确与风险利益一致理论撇清关联,但二者的论点内核并无本质差异,只是观察角度不同。该观点虽从"物主"概念入手,但以经济利益归属主体作为"物主",就仍然是以利益归属作为风险负担的判准。

(5)核心义务履行

56 该观点认为,交付是买卖的核心给付行为,[77]交付使标的物处于买受人保护之下,并同时进入其支配的危险范围。[78] 基于交付对出卖人义务履行的影响,该观点进而认为,买卖价金风险规则实为双务合同牵连性的推衍,而非牵连性的例外。理由在于,一经交付出卖人即完成核心给付义务,基于双务合同功能上的牵连性,买受人也应履行相应的价金义务。[79] 本文认为,该观点隐含的前提同样是,交付后买受人即取得标的物之经济利益归属,从而仍不妨将其视为风险利益一致理论的侧面论证。

57 综上,以管领便利立论可能导致悖论,而交易安全仅可作为交付移转风险的辅助理由。经济利益归属与核心义务履行两论点,实质是对风险利益一致的变相论证。据此,价金风险的移转同样奉行"利益之所在风险之所在"原则。在这一点上,所有权移转说与标的物交付说并无区别,只是二者对"利益享有者"的判断不同。所有权移转说以物法上的所有权作为合同关系中利益归属的判断标准,混淆了物权风险与合同风险。

3. 不动产买卖的价金风险

58 有观点认为,不动产买卖的价金风险应与动产区别对待,权利移转说较之交付说更可采,因为移转权利后即使尚未交付,不动产买卖的目的也已实现。[80]《德国民法典》旧法第446条第2款也曾就不动产买卖设置特别规范,以交付与所有权二者发生在先者,为价金风险移转的时点,2002年债法改革时该条文被删除。

59 本文认为,占有物从而使用收益,与标的物为动产或不动产无关。不动产买

〔76〕 Wilhelm Reinhardt, Gefahrtragungsregeln beim Kauf unter besonderer Berücksichtigung des Schuldrechtsmodernisierungsgesetzes, in: Holger Sutschet (hrsg.), Tradtion und Moderne – Schuldrecht und Arbeitsrecht nach der Schuldrechtsreform, Festschrift für Horst Ehmann zum 70. Geburtstag, Berlin: Duncker & Humblot, 2005, S. 138 ff.

〔77〕 Wolfgang Ernst, Kommentar zum §446, in: Historische – kritische Kommentar zum BGB, Band III, Tübingen: Mohr Siebeck, 2013, Rn. 6.

〔78〕 参见史尚宽:《债法各论》,中国政法大学出版社2000年版,第62页。

〔79〕 Günter Hager, Die Gefahrtragung beim Kauf, Frankfurt am Main: Alfred Metzner Verlag, 1982, S. 69.

〔80〕 参见邱聪智:《新订债法各论(上)》,中国人民大学出版社2006年版,第121、125页。

卖同样以交付为用益权行使要件，[81]所有权已移转但未交付时，出卖人仍得行使其用益权，买受人尚未取得标的物之用益权，也无法为事实上的使用收益，风险尚不应移转于买受人，除非当事人有特约。不动产买卖有如动产，亦应以交付为价金风险移转准据。[82]

依 2020 年《商品房买卖合同解释》第 8 条（修正前为第 11 条，内容无变化），房屋毁损灭失的风险，自“交付使用”时移转。[83] 汶川地震曾引发大量房屋风险负担诉讼，《最高人民法院关于处理涉及汶川地震相关案件适用法律问题的意见（二）》第 3 条又重申了上述规范。实务中，不动产的“交付使用”仅指占有移转，[84]并不当然含有办理登记手续等因素。[85] 60

（三）现实交付与观念交付

交付在物权法与合同法中的意义并不相同。物权法中，交付是动产物权变动的公示方式；合同法中，交付则是合同的履行行为。公示的侧重点在于可识别的权利外观，履行行为关注的则是合同双方的内部关系。[86] 交付是出卖人主给付义务之一，独立于所有权让与义务，同时也是价金风险移转的标志，不因标的物系动产或不动产而不同。 61

有疑问的是，移转风险之交付以现实交付为限，抑或涵括观念交付。对此问题的回答，又取决于如何解读交付移转风险的正当性。若以管领便利立论，合乎逻辑的立场是，将交付限于直接占有移转，而不包括间接占有让与。反之，若以风险利益一致立论，问题的关键即在于，观念交付是否满足用益移转的要求。 62

---

〔81〕 有法院基于风险利益一致，以受领房屋交付的买受人已承担风险，即应享受利益为由，支持其执行异议，参见新疆维吾尔自治区高级人民法院（2017）新民终 63 号民事判决书。

〔82〕 参见崔建远：《合同法》（第 6 版），法律出版社 2016 年版，第 312 页。

〔83〕 2020 年《商品房买卖合同解释》第 8 条（修正前为第 11 条，内容无变化）之所以使用“交付使用”的措辞而未直接使用“交付”，是因为编写者似乎认为，交付之于动产、不动产的表现方式不同。不动产方面，交付仅仅体现为登记，但房屋买卖的风险移转应取决于“占有移转”，遂使用了“交付使用”表示房屋的占有移转，请参见最高人民法院民事审判第一庭编著：《最高人民法院关于审理商品房买卖合同纠纷案件司法解释的理解与适用》，人民法院出版社 2015 年版，第 141—143 页。由此观之，如果不是误将不动产交付等同于登记，那么，本不必绕道借用“交付使用”的表述，直接使用“交付”即可。

〔84〕 参见浙江省金华市中级人民法院（2003）金中民一终字第 180 号民事判决书。

〔85〕 参见高圣平：《地震所引发的按揭房贷问题之研究》，载《社会科学战线》2008 年第 9 期，第 199—204 页；最高人民法院（2017）最高法民申第 339 号民事裁定书；四川省高级人民法院（2016）川民终 887 号民事判决书；福建省高级人民法院（2016）闽民再 301 号民事判决书。

〔86〕 参见李先波、陈思：《履约中的风险负担》，载《时代法学》2009 年第 6 期，第 64 页。

1. **现实交付**

63 现实交付可移转价金风险并无争议。交付不必以让与所有权的意思为之，但须以履行买卖合同交付义务的意思为之。依其他原因的交付，如基于附从契约为一时之使用，或仅为检查而交付者，尚有未足。〔87〕此外，交付应在约定的时间地点为之，但期限届至之前买受人受领的，风险同样移转。

64 现实交付的形态有：出卖人亲自将直接占有让与买受人，出卖人通过占有辅助人或占有媒介人向买受人（或其辅助人〔88〕）移转直接占有，出卖人（非占有人）指示其供应商（直接占有人）向买受人交货，出卖人依约向买受人指定的第三人（如连锁买卖的后手）移转直接占有等。〔89〕开放占有的标的物（如森林里的木材），买受人可自行行使对物支配的，双方达成占有让与合意即可。须自土地分离的标的物，分离时完成交付。〔90〕房屋买卖，交付必要的钥匙即可，但交付备用钥匙尚有未足。〔91〕实务中，出卖人向买受人发出书面交房通知、买受人在交房通知上签字等形式，也构成不动产的现实交付。〔92〕

2. **观念交付**

65 动产买卖中，以观念交付代替现实交付，常同时伴随所有权的让与。于此，出卖人两项主义务均履行完毕，买受人必须支付价款，不生合同风险问题。〔93〕因此，仅在买受人尚未因观念交付成为所有权人时，才有必要讨论价金风险。〔94〕

（1）简易交付

66 合同订立前买受人已占有标的物者，除非另为约定，合同订立时即可认为已有交付，此即简易交付。简易交付可替代现实交付，并据此移转价金风险，因为买受人已经取得直接占有。替代现实交付须具备合意，当事人一方（特别是买受人）

---

〔87〕参见史尚宽：《债法各论》，中国政法大学出版社 2000 年版，第 63 页。

〔88〕参见北京市西城区人民法院（2017）京 0102 民初 19879 号民事判决书。

〔89〕Harm Peter Westermann, Kommentar zum §446, in: Münchener Kommentar zum Bürgerlichen Gesetzbuch, 8. Aufl., München: C. H. Beck, 2019, Rn. 7.

〔90〕Wolfgang Ernst, Kommentar zum §446, in: Historische – kritische Kommentar zum BGB, Band III, Tübingen: Mohr Siebeck, 2013, Rn. 21.

〔91〕Wolfgang Ernst, Kommentar zum §446, in: Historische – kritische Kommentar zum BGB, Band III, Tübingen: Mohr Siebeck, 2013, Rn. 20.

〔92〕参见最高人民法院民事审判第一庭编著：《最高人民法院关于审理商品房买卖合同纠纷案件司法解释的理解与适用》，人民法院出版社 2015 年版，第 140 页。

〔93〕Harm Peter Westermann, Kommentar zum §446, in: Münchener Kommentar zum Bürgerlichen Gesetzbuch, 8. Aufl., München: C. H. Beck, 2019, Rn. 7.

〔94〕Vgl. Hans Brox, Die Gefahrtragung bei Untergang oder Verschlechterung der Kaufsache, Juristische Schulung 1975(1), S. 1 ff.

的意思尚有未足。[95] 不过该合意不妨默示为之，有疑义时推定有此合意。

代替现实交付之简易交付，同样须以履行合同交付义务的意思为之，但不以负载所有权让与意思为要。例如，甲将机械出租于乙，租期届满，双方签订买卖合同并合意以简易交付代替现实交付，但约定乙付清价款后再让与所有权。此例中，合同缔结的同时完成简易交付，买受人乙取得收益权，但尚未取得所有权，价金风险自简易交付时起移转。[96] 67

(2)占有改定

反对价金风险随占有改定移转的理由在于，买受人并未取得直接占有。[97] 本文认为，占有改定与现实交付时立即租回的情形并无本质区别，既然后者的风险自现实交付时移转，就没有理由否认前者的风险自占有改定时移转。更重要的是，占有改定之后的有形交付，并非基于买卖的交付，而是基于占有媒介关系的占有返还，如出卖人租回标的物情形，租期届满后出卖人所为的"现实交付"是基于租赁而非买卖。若以嗣后的现实交付判断价金风险，则无法回答，基于其他法律关系的交付，为何可作为买卖价金风险移转的判准。[98] 68

自风险利益一致的角度考量，占有改定得否移转价金风险，关键应在于买受人是否取得标的物之经济上的收益权：若是，则由买受人承受价金风险，即使买受人未行使该权利也不生影响，因为他有权用益，物在经济上归属于他；若否，则即使所有权已随占有改定让与，出卖人仍有义务使买受人取得直接占有，在此之前风险不得移转，如出卖人继续为买受人保管标的物仅是出于修改标的物的需要。[99] 69

(3)返还请求权让与以代交付

反对占有改定移转价金风险者，也反对返还请求权让与代替交付，[100] 面临的质疑也类似：返还请求权让与以代交付的合意达成，出卖人的交付义务就履行完毕，嗣后第三人向买受人移转直接占有，依据并不在买卖合同，而在买受人对第三人的返还请求权。[101] 若以买受人取得直接占有作为买卖价金风险移转的判准， 70

---

〔95〕 参见黄茂荣：《买卖法》(增订版)，中国政法大学出版社2002年版，第446页。

〔96〕 《合同法》第140条(《民法典》删除)曾规定"标的物在订立合同之前已经为买受人占有的，合同生效的时间为交付时间"，该条为"填补性任意规范"，即仅在当事人无特约时才适用。

〔97〕 参见王利明：《合同法研究(第三卷)》(第2版)，中国人民大学出版社2015年版，第95页。

〔98〕 Franz Vollmer, Die Bedeutung der "Übergabe" im §446 BGB, Buchdruckrei Max Danielewski Düren - Rhld., 1932, S. 63.

〔99〕 参见黄立主编：《民法债编各论(上)》，中国政法大学出版社2003年版，第105页(杨芳贤执笔)。

〔100〕 参见王利明：《合同法研究(第三卷)》(第2版)，中国人民大学出版社2015年版，第95页。

〔101〕 Franz Vollmer, Die Bedeutung der "Übergabe" im §446 BGB, Buchdruckrei Max Danielewski Düren - Rhld., 1932, S. 63.

同样无法回答,基于其他法律关系的直接占有让与,为何可移转买卖合同的价金风险。

71 得否以返还请求权让与的方式代替交付,在无明示合意时,应诉诸合同解释,买受人是否已取得标的物经济上的收益为关键因素。若是,如出卖人同时将与第三人的租赁合同转让于买受人,就应认为随着“经济上的让与”风险也移转。若否,则即使所有权随返还请求权让与而移转,价金风险也因尚未发生“经济上的让与”而不移转,需待买受人取得直接占有。[102]

72 “提取标的物的单证”之交付(《民法典》第 598 条),性质上多属于返还请求权让与以代交付,是出卖人将向第三人请求提取标的物的债权让与买受人,以代替现实交付,最常见是仓单和提单。[103] 其他单证和资料的交付,如商业发票、产品合格证、质量保证书、使用说明书、产品检疫书、产地证明、保修单、装箱单等,则无法产生代替交付的效力。[104] 出卖人通过保留单证保留所有权,或不交付其他单证和资料,[105] 不影响价金风险的移转(《民法典》第 609 条)。

73 综上,移转价金风险的交付,原则上指直接占有让与,买受人仅取得间接占有时,须考察经济用益是否移转,还应斟酌双方是否具备以观念交付“代替”现实交付之合意,是否以履行买卖合同交付义务的意思为之。实务中,最高人民法院也认为观念交付可移转风险。[106]

四、风险移转效力的体系辐射

74 在合同法的整体框架中,价金风险移转还可能产生更广泛的体系效应:首先,风险以合同有效为前提,在合同无效或被撤销、附条件或待追认等情形,就需探讨本可移转风险的“交付”,会产生怎样的体系影响。其次,给付障碍有可归责与不可归责之分,可能与标的物毁损灭失有关,也可能是其他给付障碍,风险负担与给付障碍的适用关系仍可深掘。最后,买卖作为有偿合同的典型,对其他合同有参

---

〔102〕 Vgl. Karl Larenz, Lehrbuch des Schuldrechts, Bd. 2. Besonderer Teil, Halb. 1, 13. Aufl., München: C. H. Beck, 1986, S. 98.

〔103〕 出卖人交付出库单,即完成交付义务,参见辽宁省大连市中级人民法院(2014)大民三终字第 411 号民事判决书。

〔104〕 《货权转移证明》不能使买受人取得提取货物的权利,参见最高人民法院(2013)民提字第 138 号民事判决书。

〔105〕 未交付合格证、使用说明书等产品技术资料及设计文件、监督检验证明等文件,不影响风险移转,参见广东省云浮市中级人民法院(2014)云中法民二终字第 123 号民事判决书;未交付车辆相关单证,不影响风险移转,参见重庆市第五中级人民法院(2016)渝 05 民终 7976 号民事判决书。

〔106〕 参见最高人民法院民事审判第一庭编著:《最高人民法院关于审理商品房买卖合同纠纷案件司法解释的理解与适用》,人民法院出版社 2015 年版,第 144 页。

照价值,但买卖价金风险有其特殊之处,多大程度上可适用于其他合同也值得探讨。

(一)合同效力与风险移转

1. **无效与风险移转**

交付后买卖合同被确认无效或被撤销,应适用不当得利规则,买受人有义务返还标的物,出卖人有义务返还已收取的价金。争议在于,返还前标的物意外毁损灭失,返还不能风险由谁承担。善意买受人是否有权主张得利不存在的抗辩,从而不必为价值补偿,仅在现存利益范围内负返还义务。 75

有观点主张,标的物意外灭失致返还不能,买受人可主张得利不存在的抗辩,但出卖人仅有义务返还价金与标的物价值的差额。若买受人尚未支付价金,则出卖人不得请求买受人再为支付,也不得请求买受人补偿价值,[107] 即先给付者自担风险。该观点的实质是,买受人已支付价金的,由买受人承担返还不能风险,买受人未支付价金的,则由出卖人承担该风险。 76

反对观点则认为,得利不存在的抗辩,仅限单方具有给付义务的情形。双务合同即使无效,也应将其风险规则纳入考量。[108] 据此,返还前标的物意外灭失,即使买受人尚未支付价金,也应类推风险移转规则,由已经取得占有的买受人负担返还不能风险,不得主张得利不存在的抗辩。 77

本文认为,即使是善意买受人也应承担返还不能风险。于此情形应类推交付移转风险规则,由买受人承受返还不能风险。但买受人欠缺行为能力的,不在此限。 78

2. **附条件与风险移转**

(1)附延缓条件

有疑问的是,附延缓条件的买卖,标的物交付且意外灭失后条件成就的,价金风险是否以及何时移转。于此,出卖人的给付义务尚未产生标的物即已灭失,出卖人陷于给付不能。本文认为,该情形构成交付义务的提前履行,风险亦在交付时随占有与用益权同时移转,条件一旦成就,买受人即负担价金义务。[109] 又因交 79

---

[107] 参见黄立主编:《民法债编各论(上)》,中国政法大学出版社2003年版,第102页(杨芳贤执笔)。

[108] Günter Hager, Die Gefahrtragung beim Kauf, Frankfurt am Main: Alfred Metzner Verlag, 1982, S. 198 f.

[109] Karl Larenz, Lehrbuch des Schuldrechts, Bd. 2. Besonderer Teil, Halb. 1, 13. Aufl., München: C. H. Beck, 1986, S. 99.

付时双方明知条件成就与否不确定，可推定双方（默示）约定条件成就具有溯及力。[110]

80 若条件确定不能成就，则买受人不必支付价金，因该义务不曾产生，返还义务也因客观不能被排除，[111]但买受人不得主张得利不存在的抗辩。[112] 附延缓条件的买受人受领交付时明知对物用益权可能自始消灭（权利不确定仍对物进行使用收益），应负担返还不能风险。

81 另外，待追认买卖与附延缓条件类似，可做相同处理。若被追认，追认前的交付即已产生风险移转的效力（追认的溯及力）。若未被追认，则因无效而不生合同风险问题。[113]

（2）附解除条件

82 附解除条件的买卖，条件终局不能成就，价金风险自交付时移转。有疑问的是，标的物交付且意外灭失后解除条件成就，出卖人是否负担价金返还义务，买受人是否有义务为价值补偿。有观点认为，交付移转价金风险溯及既往地不适用，出卖人有义务返还价金，买受人不必进行价值补偿。[114] 反对观点则认为，买受人虽不必为价值补偿，但已因交付而取得用益权，风险应随交付移转，出卖人不必返还价金；但买受人尚未支付价金的，出卖人无权请求支付。[115]

83 本文认为，解除条件成就，合同关系消灭，价金义务也消灭，出卖人有义务返还价金，未收取的无权再请求支付。但在买受人是否负担价值补偿义务这一问题上，得类推交付移转风险规则，因买受人有权收取并保有条件成就之前的物之用益，基于风险利益一致原理，买受人也应承担返还不能风险。于此，行使任意解除权可与解除条件成就相同对待。

（3）试用买卖

84 试用买卖虽可解释为附延缓条件，以买受人认可为支付价金的前提，但仍与典型的延缓条件不同。试用买卖与风险负担的交叉问题是，在买受人认可或拒绝

---

〔110〕 Harm Peter Westermann, Kommentar zum §446, in: Münchener Kommentar zum Bürgerlichen Gesetzbuch, 8. Aufl., München: C. H. Beck, 2019, Rn. 5 – 6. 关于条件成就的溯及力，可参见翟远见：《〈合同法〉第 45 条（附条件合同）评注》，载《法学家》2018 年第 5 期，第 189—190 页。

〔111〕 Karl Larenz, Lehrbuch des Schuldrechts, Bd. 2. Besonderer Teil, Halb. 1, 13. Aufl., München: C. H. Beck, 1986, S. 99.

〔112〕 Wilhelm Reinhart, Die Gefahrtragung beim Kauf, Berlin: Duncker & Humblot, 1998, S. 128.

〔113〕 Roland Michael Beckmann, Kommentar zum §446, in: Staudinger Kommentar zum Bürgerlichen Gesetzbuch, Berlin: Sellier – de Gruyter, 2013, Rn. 18.

〔114〕 Harm Peter Westermann, Kommentar zum §446, in: Münchener Kommentar zum Bürgerlichen Gesetzbuch, 8. Aufl., München: C. H. Beck, 2019, Rn. 6.

〔115〕 Karl Larenz, Lehrbuch des Schuldrechts, Bd. 2. Besonderer Teil, Halb. 1, 13. Aufl., München: C. H. Beck, 1986, S. 100.

前,标的物意外毁损灭失,买受人是否仍有权拒绝购买?若是,买受人是否负担价值补偿义务?试用买卖纯粹为买受人利益考量,条件成就与否完全取决于买受人意愿。因而,即使标的物意外灭失,买受人仍有权拒绝购买。而且,试用买卖的交付仅是暂时的占有移转,买受人拒绝后返还不能的风险也应由出卖人承担。[116]

(二)给付障碍与风险移转

给付障碍可能体现为物之毁损灭失,不可归责的为风险,可归责的为违约。但不可抗力致标的物灭失,既是风险问题,也产生法定解除权,二者发生效力重叠。给付障碍还可能体现为毁损灭失之外的其他障碍,如权利瑕疵、物之其他瑕疵、给付迟延等。于此,(毁损灭失的)风险负担与(其他给付障碍的)违约责任并行。风险负担不影响违约救济(《民法典》第611条)。但违约救济的行使可能对风险移转产生影响,尤其是给付障碍影响合同目的实现时,买受人一旦行使解除权,(经济)风险即跳回出卖人(如《民法典》第610条)(边码94—96)。买受人给付迟延或受领迟延的,即使标的物尚未交付,风险也移转(《民法典》第605条、第608条)。 85

1. 给付不能与风险移转

(1)可归责的给付不能

依是否与标的物毁损灭失有关,可分为两类:其一,可归责的导致标的物灭失的给付不能;其二,可归责的与标的物毁损灭失无关的给付不能。第一种情形不属于风险,为违约问题。第二种情形,即使标的物本身尚存,但所有权让与不再可能的,同样构成出卖人主给付义务的给付不能,唯因给付不能与标的物毁损灭失无关,故不影响价金风险的移转。另外,风险移转不影响违约救济(《民法典》第611条)。 86

以不动产双重买卖为例,出卖人先向第一买受人移转占有,再向第二买受人让与所有权,嗣后标的物意外灭失的,第一买受人因受领交付承担价金风险,但违约救济不受影响,如解除权、损害赔偿请求权。若行使解除权,则价金义务被排除,[117]返还不能风险由出卖人承担。若请求代偿让与或损害赔偿,则代替原定给付,相当于出卖人并未给付不能,排除风险规则。第二买受人则因未受领交付而不承受价金风险,且同时享有违约救济。 87

(2)不可归责的给付不能(意外灭失)

不可归责的给付不能,以不可抗力为典型。不可抗力致标的物灭失,一方面 88

---

〔116〕 Wilhelm Reinhart, Die Gefahrtragung beim Kauf, Berlin: Duncker & Humblot, 1998, S. 46.

〔117〕 买卖标的物有权利瑕疵,交付后标的物灭失(被第三人拖走),买受人解除合同的,排除价金义务,参见河南省禹州市人民法院(2017)豫1081民初字第6650号民事判决书。

适用风险规则,另一方面又产生法定解除权(《民法典》第 563 条第 1 款第 1 项)。关于二者关系,有一元论与并存论之争。一元论者或主张合同解除排除风险负担,[118]或主张风险负担排除合同解除[119]。并存论则主张二者得相竞合。[120]

89 本文认为,二者关系应区分风险移转前后分别探讨。风险移转前,出卖人因给付不能不必再为给付(《民法典》第 580 条),买受人也不必支付价金。此时,仅主给付义务消灭,抑或合同整体消灭,容有讨论空间。[121] 双方也可行使解除权,但解除的是主给付义务之外的其他义务,因主给付义务在解除时已消灭。风险移转后,风险规则排除不可抗力解除权,买受人仍有义务支付价金。[122] 原因在于,若风险移转后买受人仍享有解除权,就可借此逃避价款义务,规避风险负担。对此,实务中也有相应判例支持。[123] 但若认为解除后买受人仍有价值补偿义务,则与价金风险移转的实质效果类似(返还不能风险移转),二者也不妨并行。

(3)代偿请求权的影响

90 标的物灭失后有可能产生原物代偿,即在经济上代替给付标的之任何财产利益,可能体现为物(如保险金),也可能体现为权利(如保险金请求权)。我国实务认可代偿请求权,如房屋因地震灭失后的政府安置利益(政府补偿金),买受人可请求出卖人让与。[124] 标的物意外灭失但有原物代偿的,无论风险是否移转,买受人均有代偿请求权。

91 若买受人主张代偿请求权,因为原物代偿代替了原定给付,出卖人主张代偿让与,即相当于未发生给付不能,应负担相应的价金义务。[125] 有观点进一步认为,若买受人放弃代偿请求权,则适用一般规则。故而,存在原物代偿的,须待买受人决定是否行使代偿请求权后,才能确定买受人的价金义务是否因风险移转而消灭。[126]

---

[118] 参见崔建远:《风险负担规则之完善》,载《中州学刊》2018 年第 3 期,第 58 页。

[119] 参见韩世远:《合同法总论》(第 4 版),法律出版社 2018 年版,第 649 页;谢鸿飞:《合同法学的新发展》,中国社会科学出版社 2014 年版,第 433 页。

[120] 参见周江洪:《风险负担规则与合同解除》,载《法学研究》2010 年第 1 期,第 77—80 页。

[121] 参见陈自强:《契约法讲义 III:契约违反与履行请求》,台湾地区元照出版社 2015 年版,第 224 页。

[122] 参见纪海龙:《买卖合同中的风险负担》,载王洪亮等主编:《中德私法研究(11)》,北京大学出版社 2015 年版,第 309 页。

[123] 房屋交付后纳入拆迁范围的为风险问题,买受人解除权被排除,参见浙江省金华市中级人民法院(2003)金中民一终字第 180 号民事判决书。

[124] 参见四川省都江堰市人民法院(2009)都江民初字第 851 号民事判决书,载最高人民法院中国应用法学研究所编著:《人民法院案例选》(2009 年第 10 辑),中国法制出版社 2010 年版,第 41—47 页。

[125] 参见朱晓喆:《买卖之房屋因地震灭失的政府补偿金归属》,载《交大法学》2013 年第 2 期,第 171 页。

[126] Dagmar Coester – Waltjen, Die Gegenleistungsgefahr, Jura 2007(2), S. 110 ff.

91a 本文认为,代偿与风险的关系可区分三个阶段考量:其一,给付风险尚未移转时,因原给付无从陷于不能,不生代偿问题;其二,给付风险移转后价金风险移转前,买受人可主张代偿请求权,但代偿利益低于对待给付的,对待给付应按比例减少;其三,价金风险移转后,买受人可主张代偿请求权,但无论代偿利益大小,买受人均须全额支付价款。

2. 瑕疵给付与风险移转

92 瑕疵有物之瑕疵与权利瑕疵之分,权利瑕疵得阻却种类之债的特定化,买受人有权拒收,买受人若未拒收则不影响风险移转。同时,权利瑕疵救济也不因风险移转而丧失。物是否具有瑕疵,则以价金风险移转时为断。下文所涉为物之瑕疵与风险移转的关系,区分交付前或交付后分别予以探讨。

(1)交付(价金风险移转)前产生的瑕疵

93 物是否具有瑕疵,以价金风险移转时为断,即出卖人对交付前产生的瑕疵负责,即使该瑕疵在交付后才显现。交付前瑕疵标的物因其他原因意外毁损灭失的,因价金风险尚未移转于买受人,瑕疵责任与风险负担的关系隐而未现。有疑问的是,物之瑕疵产生于交付前,但交付后标的物因其他原因意外毁损灭失的,瑕疵责任与风险负担的关系如何:买受人是否仍应支付价款?是否应补偿瑕疵标的物价值?是否仍享有因之前瑕疵所生的救济?意外毁损灭失"之前"已经存在的物之瑕疵对风险负担的影响,因瑕疵是否影响合同目的而不同。

① 影响合同目的之重大瑕疵

94 依《民法典》第 610 条之规定,物之瑕疵影响合同目的的,买受人可拒绝接受标的物或解除合同,买受人行使拒收权或解除权的,标的物毁损灭失的风险由出卖人承担。据此,重大瑕疵情形,价金风险仍随交付移转。但即使受领交付,买受人也享有拒收权或解除权。[127] 而买受人一旦拒收标的物或者解除合同,即产生风险回转的法律效果,且具有溯及力。因为标的物有重大瑕疵的,买受人即使受领交付也无法使用收益,从而也不应承受因物之瑕疵引发的不利益。

但回转至出卖人的"风险"因买受人行使解除权或拒收权而不同:

95 买受人行使解除权时,"风险由出卖人承担"意味着:首先,买受人不必再负担价金义务,形象的说法是风险"跳回"出卖人。但在法理层面,合同解除后价金义务即消灭,无所谓价金风险,更谈不上"跳回"。只是在经济效果上,相当于价金风险回转至出卖人。其次,返还不能风险也由出卖人承担。[128] 买受人虽有返还瑕

[127] 参见吴志忠:《试论国际货物买卖中的风险转移》,载《中南财经政法大学学报》2002 年第 6 期,第 68 页。

[128] 参见刘洋:《根本违约对风险负担的影响》,载《华东政法大学学报》2016 年第 6 期,第 179—181 页。

疵标的物的义务,但返还前标的物意外毁损灭失的,不必为价值补偿。此外,买受人请求返还价金与损害赔偿的请求权也不受影响(《民法典》第 566 条)。

96 买受人行使拒收权时,“风险由出卖人承担”首先可区分特定买卖与种类买卖分别观察:于特定买卖,价金风险自始回转至出卖人,不因交付而移转,嗣后标的物意外毁损灭失的,出卖人无权请求买受人支付价款。于种类买卖,买受人因重大瑕疵而行使拒收权,给付风险不移转于买受人,也就不生价金风险问题。但无论特定买卖还是种类买卖,买受人请求补正瑕疵(《民法典》第 582 条)或损害赔偿的,即应履行相应的价金义务,此与风险无关,是合同履行问题。其次,“风险由出卖人承担”还意味着返还不能风险由出卖人承担,〔129〕买受人不必为价值补偿。

97 买受人认可瑕疵标的物的,则视同放弃拒收权与解除权,〔130〕自交付时终局承担价金风险。即使嗣后标的物因其他原因意外毁损灭失,买受人也应全额支付价款,但瑕疵救济不受影响(《民法典》第 611 条)。〔131〕补正履行期间出现新的瑕疵,则风险“跳回”出卖人,〔132〕即使该物仍在买受人处,或出卖人可证明无此瑕疵仍会毁损灭失的也不例外。瑕疵被补正后又在补正期间因其他原因意外毁损灭失的,价金风险仍由买受人承担,即使物在出卖人处。〔133〕

② 不影响合同目的的轻微瑕疵

98 物之瑕疵不影响合同目的实现的,不妨碍风险规则的适用,依《民法典》第 610 条之反面解释,买受人无权拒收或解除。〔134〕价金风险随交付移转,嗣后标的物意外毁损灭失的,买受人仍应支付价金,但因之前瑕疵所生的救济不受影响。〔135〕实务中最高人民法院也认为,物之瑕疵不影响合同目的实现的,不影响价

---

〔129〕 参见王利明:《合同法研究(第三卷)》(第 2 版),中国人民大学出版社 2015 年版,第 103 页。

〔130〕 买受人提货前已发现严重质量问题仍然提货,不得主张解除,参见浙江省台州市中级人民法院(2013)浙台商终字第 512 号民事判决书。买受人接受超过保质期的饲料即承受价金风险,但仍可请求出卖人赔偿饲料瑕疵损害,参见湖南省怀化市中级人民法院(2015)怀中民二终字第 110 号民事判决书。

〔131〕 仅限修理(之前的瑕疵)、减少价款(因之前瑕疵而产生的价值减损)或赔偿(之前瑕疵所生损害),第 582 条之更换、重作、退货等权利因与拒收、解除效果重叠,买受人同意受领后即不得再行使。若嗣后意外灭失的,则瑕疵补正(修理)也不再可能,从而只能请求减少价款或进行赔偿。

〔132〕 就种类买卖而言,“跳回”的是给付风险,因瑕疵阻却特定化。

〔133〕 Vgl. Heinrich Honsell (hrsg.): Kommentar zum UN – Kaufrecht, 2. Aufl., Berlin Heidelberg: Springer, 2010, Art. 66 (Schönle/Th. Koller), Rn. 19 f.

〔134〕 房屋排水管漏水、窗口边渗水、伸缩缝有砖墙未拆等问题,并非房屋主体结构质量不合格或因质量问题严重影响正常居住的情况,仅属于房屋质量保修范围内的瑕疵,买受人无权因上述理由拒收房屋,参见广西壮族自治区高级人民法院(2013)桂民提字第 190 号民事判决书。

〔135〕 仅限修理(之前的瑕疵)、减少价款(因之前瑕疵而产生的价值减损)或赔偿(之前瑕疵所生损害)。若嗣后意外灭失的,则瑕疵补正(修理)也不再可能,只能请求减少价款或进行赔偿。

金风险的移转,但买受人仍可要求出卖人承担违约责任。[136]

(2)交付(价金风险移转)后产生的毁损

物是否具有瑕疵以交付时为断,由此引发的问题是,交付后产生的可归责于出卖人的物之毁损,其法律后果如何?交付前可归责于出卖人的物之瑕疵,违反的是交付无瑕疵标的物之义务。交付后可归责于出卖人的物之毁损,违反的则是附随义务,常同时构成侵权,似应适用违约责任的一般规则(《民法典》第577条)或侵权责任规则。 99

但本文认为,交付后的物之毁损与交付前的物之瑕疵,在物理样态上并无区别。所以,对交付后物之毁损的"补救措施"之解释(《民法典》第577条),可参照《民法典》第582条。若交付后产生的可归责毁损足以影响合同目的,也可类推适用《民法典》第610条之拒收权或解除权。据此,二者的法律效果不妨同等对待,对风险负担的影响亦同。 100

3. **给付迟延与风险移转**

(1)出卖人迟延

给付迟延中发生的不可抗力不能免责(《民法典》第590条第2款),债务人须对迟延中的意外负责。具体到买卖合同,出卖人迟延交付,迟延期间标的物意外毁损灭失,成立违约责任,不适用风险规则。不过,《德国民法典》第287条第2句但书规定,即使及时履行也不能避免的除外,于此特殊情形回归风险规则。 101

出卖人虽迟延但仍交付的,嗣后标的物意外毁损灭失,不影响价金风险的移转。[137] 出卖人按时交付,但迟延履行其他义务(如所有权让与义务),迟延期间标的物意外毁损灭失的,同样不影响价金风险的移转。[138] 价金风险也不影响迟延救济。给付迟延致合同目的无法实现的,买受人可解除合同(《民法典》第563条第1款第4项)。买受人一旦行使解除权,价金义务即消灭,且返还不能风险由出卖人承担。 102

(2)买受人迟延

买受人迟延包括给付迟延(价金义务)与受领迟延。买受人受领迟延的,价金风险自此时移转(《民法典》第605条、第608条,2020年《商品房买卖合同解释》 103

---

[136] 参见最高人民法院民事审判第二庭编著:《最高人民法院关于买卖合同司法解释理解与适用》(第2版),人民法院出版社2016年版,第224页。

[137] 虽然出卖人迟延交货,但风险仍自实际交付时移转,参见山西省长治市中级人民法院(2014)长民终字第01396号民事判决书。

[138] 买受人已取得房屋占有,但出卖人未及时履行过户登记手续,其间发生汶川地震,迟延履行过户登记不影响价金风险的移转,参见最高人民法院(2017)最高法民申339号民事裁定书、四川省高级人民法院(2016)川民终887号民事判决书。

第 8 条第 2 款后半句)。因买受人受领障碍出卖人提存标的物的,自提存时价金风险移转(《民法典》第 573 条)。买受人迟延支付价金,出卖人享有先履行抗辩权或同时履行抗辩权的,也属于“因买受人的原因致使标的物不能按照约定的期限交付”(《民法典》第 605 条),自买受人迟延时价金风险移转。[139] 此外,买受人迟延支付价款,经催告后在合理期间内仍未履行的,出卖人有权解除合同(《民法典》第 563 条第 1 款第 3 项),若解除前标的物已经交付,返还不能风险由买受人承担。[140]

104 以上情形价金风险移转的正当性在于,若非买受人迟延或受领障碍,出卖人已为获得价金而履行了己方义务,因而应使出卖人处于如同买受人未曾迟延或发生受领障碍的地位。此外,因价金风险以给付风险的移转为前提,所以,买受人迟延或受领障碍也导致给付风险的移转。不过,风险移转仍以标的物特定化为前提。

105 唯应注意,依《德国民法典》第 300 条第 1 款,债权人迟延期间,债务人仅对故意或重大过失负责,即债务人轻过失导致的毁损灭失也属风险范畴。我国无此规则,且规定了守约方的减损义务(《民法典》第 591 条)。若借鉴德国规则,此处的减损义务或可限缩解释为以“故意或重大过失”为要。[141]

4. 情事变更与风险负担

106 战争、灾害、暴动、罢工、征用、政府行为等,被视为无争议的情事变更事由,而这些事件也可能构成风险。虽然情事变更也具有风险分配的功能,但在规范适用上,风险规则排除情事变更。原因在于,情事变更系合同与任意规范均未为安排时,借助法官自由裁量进行的风险分配,目的在于填补规范漏洞,[142] 而风险规则是确定的权利义务规则。

(三)有偿合同的参照适用

107 买卖是双务合同的典型,在其他合同无特别规定之处,应参照买卖规则(《民法典》第 646 条)。由此观之,买卖风险规则似应类推适用于其他双务合同。但本条实为买卖所独有,系为买卖量身打造,是对待给付风险移转的例外规范(边码

---

〔139〕 买受人拒不支付剩余货款,致使提货不成,因长期存放导致羽绒服霉烂、蓬松度下降的风险,自该日起由买受人承担,参见浙江省台州市中级人民法院(2013)浙台商终字第 512 号民事判决书。

〔140〕 参见黄立主编:《民法债编各论(上)》,中国政法大学出版社 2003 年版,第 102 页(杨芳贤执笔)。

〔141〕 有法院认为,定作人(债权人)逾期提货,并不能减轻承揽人(债务人)的妥善保管义务,参见浙江省湖州市中级人民法院(2015)浙湖商终字第 10 号民事判决书。

〔142〕 参见陈自强:《契约法讲义 III:契约违反与履行请求》,台湾地区元照出版社 2015 年版,第 342 页。

18)，参照适用须谨慎为之。[143] 实务中，也有法院明确指出，买卖风险规则并非有偿合同的普适规范。[144]

108 本条无法一般性地适用于其他有偿合同，[145]而仅对与买卖有实质相似性的合同具有参照价值，可纳入考量的为互易、权利买卖与承揽。[146] 互易合同，双方的主给付义务与出卖人相同，应参照买卖规则（《民法典》第647条），包括风险移转。互易常体现为特定物交换特定物，双方的给付风险均在合同成立时移转，对待给付风险则自交付时移转。

109 权利买卖（《民法典》未特别规定）作为有偿合同之一种，得否参照买卖风险规则，取决于作为买卖标的之权利有无占有权能。以具占有权能的权利为标的者，出卖人负担标的物交付义务，风险负担应与买卖相同，如停车位使用权之买卖。其他标的之买卖，在得依类似交付的行为取得处分权的限度内，也可准用本条，如完全有价证券。[147] 无体权利之买卖则与物之买卖不同，让与合意达成权利即移转，利益及风险也同时归权利人享有负担。[148]

110 承揽风险负担的一般规则是，承揽人承担价金风险，直至工作被验收之时（定作人受领并承认标的物符合约定）。但若承揽以交付待制作或待生产的动产为内容，则更接近买卖，可参照买卖规则，[149]价金风险自交付（占有移转）时移转。[150] 不过，定作人同时负担安装调试义务的，自安装调试完成并经定作人验收后，价金风险始移转。[151] 至于定作人提供的材料意外毁损灭失的，则并非价金风险，而是物权风险，应由所有权人（定作人）承担。

---

〔143〕 参见谢鸿飞：《合同法学的新发展》，中国社会科学出版社2014年版，第431页。

〔144〕 参见江苏省苏州市中级人民法院（2015）苏中民终字第01274号民事判决书。

〔145〕 如不适用于车辆租赁合同，参见北京市第一中级人民法院（2018）京01民终3037号民事判决书、北京市门头沟区人民法院（2016）京0109民初5026号民事判决书；不适用于经销合同，参见陕西省榆林市中级人民法院（2018）陕08民终124号民事判决书。

〔146〕 有法院认为，进出口代理合同风险负担也应参照买卖规则，参见山东省高级人民法院（2016）鲁民终2385号民事判决书。

〔147〕 参见黄立主编：《民法债编各论（上）》，中国政法大学出版社2003年版，第101、115页（杨芳贤执笔）。

〔148〕 参见邱聪智：《新订债法各论（上）》，中国人民大学出版社2006年版，第119页。

〔149〕 建设菜棚之承揽合同的价金风险参照适用本条，参见甘肃省崇信县人民法院（2017）甘0823民初417号民事判决书。

〔150〕 Dagmar Coester – Waltjen, Die Gegenleistungsgefahr, Jura 2007(2), S. 110 ff.

〔151〕 买卖合同中，出卖人有安装义务的，安装完毕之前风险同样不移转，参见杭州市杭余区人民法院（2014）杭余塘商初字第472号民事判决书、甘肃省武威市中级人民法院（2014）武中民终字第153号民事判决书（电梯购销）。

五、举证分配

(一)一般规则

111 首先应明确,买卖纠纷中,风险移转时标的物存在且符合约定,恒由出卖人举证。[152] 具体而言,出卖人主张价款支付请求权时,由出卖人承担标的物符合约定之举证负担。买受人主张标的物与约定不符时,则仅需证明合理检验期内检验时(《民法典》第 620 条)存在不符,[153] 即推定交付时瑕疵已存在,除非出卖人可反证推翻,即仍应由出卖人证明标的物具备约定的品质。[154] 同理,标的物灭失情形,若买受人未收到标的物,即推定出卖人未交付。

当事人对义务履行时间与顺序无特约时,涉及风险时的举证分配规则如下:

1. 标的物意外灭失

112 买受人请求出卖人交付标的物,证明合同有效成立即可。出卖人拒绝交付的,则需证明标的物已交付(义务已经履行),或给付风险已移转(如标的物已特定化,且灭失不可归责于己方)。出卖人请求买受人支付价金,需证明合同有效成立,且标的物已交付,[155] 从而说明交付时标的物尚存在,灭失发生在价金风险移转之后。若为观念交付,出卖人还需证明双方存在以观念交付替代现实交付的合意,以及买受人因观念交付而取得用益权。

2. 标的物意外毁损

113 买受人请求出卖人补正履行或减少价款,需证明合同有效成立,检验之时标的物品质与约定不符。若举证成功,即推定交付(价金风险移转)时不符即存在。出卖人拒绝的,则需证明交付时标的物品质符合约定(价金风险移转后的毁损推定不可归责于出卖人)。若出卖人证明价金风险移转时标的物品质符合约定,则可拒绝补正履行或减少价款。若买受人证明标的物毁损可归责于出卖人,则排除

---

〔152〕 Vgl. Heinrich Honsell (hrsg.): Kommentar zum UN – Kaufrecht, 2. Aufl., Berlin Heidelberg: Springer, 2010, Art. 66 (Schönle/Th. Koller), Rn. 36, 40.

〔153〕 买受人未在合理检验期内提出异议的,标的物在交付前即存在瑕疵的举证负担由买受人承担,参见山东省潍坊市中级人民法院(2012)潍商终字第 470 号民事判决书;要求买受人举证证明交付前瑕疵即存在的判决,可参见天津市第一中级人民法院(2018)津 01 民终 2493 号民事判决书。

〔154〕 买受人春耕时发现购买的种苗腐烂,请求出卖人承担瑕疵责任,出卖人未能反证证明销售时种苗检验合格,即应承担瑕疵责任,参见甘肃省定西市中级人民法院(2015)定中民三终字第 110 号民事判决书;保修期内出现质量瑕疵,汽车产品质量是否合格的证据应由销售方承担举证责任,参见重庆市第二中级人民法院(2010)渝二中法民终字第 405 号民事判决书。

〔155〕 出卖人未能证明标的物已交付的,风险移转的主张不被支持,参见四川省德阳市中级人民法院(2014)德民三终字第 92 号民事判决书。

风险规则的适用。

出卖人请求买受人支付价款，需证明合同有效成立，标的物已交付（观念交付的举证分配与灭失情形相同）。买受人拒绝全额支付，只需证明检验之时标的物已毁损（即推定交付时毁损已存在）。出卖人反证证明交付时标的物品质符合约定的，则买受人仍须全额支付价款。 114

（二）特别规则

1. **适用范围特则**

本条为买卖价金风险负担的一般规则，适用于赴偿买卖与往取买卖，代送买卖有其特则。影响合同目的实现的给付障碍与买受人迟延也有其特则。主张适用例外规则者，需证明例外情形的存在。此外，本条为任意规范，主张双方另有明示或默示特约者，承担举证义务。互易合同得参照本条，举证分配亦然。其他双务合同的对待给付风险，则不可一般性地参照本条（边码 107），除非主张方可举证证明该合同与买卖在风险负担方面具有实质相似性。 115

2. **合同效力特则**

买卖合同被确认无效或被撤销时，标的物已交付的，返还不能风险由买受人承担。出卖人请求返还标的物或补偿价值的，需证明合同无效，标的物已交付。买受人拒绝补偿价值的，则需证明标的物毁损灭失可归责于出卖人。 116

附延缓条件的买卖，交付后条件成就的，价金风险溯及至交付时移转。其间标的物意外毁损灭失，买受人仍应支付价款。出卖人请求支付价金，需证明标的物已提前交付，条件已成就。条件确定不能成就的，返还不能风险由买受人承担。出卖人请求返还标的物或补偿价值，需证明条件确定不能成就，标的物已交付。待追认买卖与附延缓条件之举证分配类似。 117

附解除条件的买卖，标的物交付后条件成就的，买受人有义务返还标的物。其间标的物意外毁损灭失，返还不能风险由买受人承担。出卖人请求返还标的物或补偿价值，需证明标的物已交付，解除条件成就。条件确定不能成就的，与正常的买卖无异。 118

试用买卖，在买受人表示认可或拒绝前，标的物意外毁损灭失，买受人仍有权拒绝购买，返还不能风险由出卖人承担。出卖人请求买受人返还，需证明已交付且买受人拒绝购买。买受人拒绝返还，只需证明标的物毁损或灭失（推定不可归责于买受人）。出卖人进而请求价值补偿的，则须证明标的物毁损或灭失可归责于买受人。 119

3. **给付障碍特则**

标的物意外毁损灭失导致的给付障碍为风险。不可抗力致标的物灭失，既适 120

用风险规则,也产生法定解除权。但交付后价金风险移转,即使不可抗力致标的物灭失,也是买受人应承受的风险,排除买受人解除权。出卖人请求买受人支付价金的,证明合同有效成立,标的物已交付即可。

121　意外毁损灭失之外的其他给付障碍,如权利瑕疵、给付迟延、物之其他瑕疵等,风险规则与违约责任并行。价金风险移转不影响违约救济。若其他给付障碍未达影响合同目的实现之程度,违约救济也不影响价金风险。出卖人依风险移转规则请求买受人支付价款的,举证负担与一般规则无异。买受人主张违约救济的,需证明相应要件的具备。

122　其他给付障碍影响合同目的实现,买受人行使解除权的,“(经济)风险”回转至出卖人。解除后返还前标的物意外毁损灭失,价金义务因解除而消灭,返还不能风险由出卖人承担。买受人行使拒收权的,返还不能风险由出卖人承担,且特定买卖的“价金风险”自始回溯至出卖人,种类买卖的给付风险不移转。出卖人请求支付价款,需证明合同有效成立,标的物已交付。买受人拒绝支付,需证明检验时标的物有重大瑕疵(从而推定交付时即具有该瑕疵,除非出卖人可反证交付时标的物品质符合约定),且已行使解除权或拒收权。出卖人进而请求买受人返还标的物或补偿价值的,买受人只需证明标的物毁损或灭失(推定不可归责于买受人)即可抗辩。

附:案例索引

1. 安徽省枞县人民法院(2017)皖 0722 民初 2586 号民事判决书:张某玉与查某勤买卖合同纠纷案【边码 26】

2. 北京市第一中级人民法院(2013)一中民终字第 11308 号民事判决书:天津益丰港国际贸易有限公司与中钢炉料有限公司买卖合同纠纷案【边码 25】

3. 北京市第一中级人民法院(2018)京 01 民终 3037 号民事判决书:北京通达无限科技有限公司与广裕达(天津)国际贸易有限公司车辆租赁合同纠纷案【边码 108】

4. 北京市门头沟区人民法院(2016)京 0109 民初 5026 号民事判决书:广裕达(天津)国际贸易有限公司与北京通达无限科技有限公司车辆租赁合同纠纷案【边码 108】

5. 北京市西城区人民法院(2017)京 0102 民初 19879 号民事判决书:陈某与未某卿网络购物合同纠纷案【64】

6. 福建省高级人民法院(2016)闽民再 301 号民事判决书:郭某华与东山益泰房地产开发有限公司商品房预售合同纠纷案【60】

7. 甘肃省崇信县人民法院(2017)甘 0823 民初 417 号民事判决书:梁某 1 与崇信县锦屏镇于家湾村村民委员会等承揽合同纠纷案【边码 110】

8. 甘肃省定西市中级人民法院(2015)定中民三终字第 110 号民事判决书:杨某荣等与张某福等买卖合同纠纷案【边码 111】

9. 甘肃省武威市中级人民法院(2014)武中民终字第 153 号民事判决书:北京航天金羊

电梯有限公司与武威市军颖商贸有限责任公司分期付款买卖合同纠纷案【边码 25、110】

10. 广东省云浮市中级人民法院(2014)云中法民二终字第 123 号民事判决书:广东广云铝板带有限公司与东莞市冠华起重机有限公司买卖合同纠纷案【72】

11. 广西壮族自治区高级人民法院(2013)桂民提字第 190 号民事判决书:林某明等与广西梧州粤成房地产开发有限公司房屋销售合同纠纷案【边码 98】

12. 杭州市杭余区人民法院(2014)杭余塘商初字第 472 号民事判决书:黄石科盛环保工程设备制造有限公司与杭州宏基光大重工设备有限公司买卖合同纠纷案【110】

13. 河南省禹州市人民法院(2017)豫 1081 民初字第 6650 号民事判决书:季某与董某阳等买卖合同纠纷案【边码 87】

14. 河南省驻马店市驿城区人民法院(2009)驿民初字第 842 号民事判决书:李某与河南百氏康实业有限公司买卖合同纠纷案【边码 26】

15. 湖北省鄂州市梁子湖区人民法院(2018)鄂 0702 民初 120 号民事判决书:李某华与周某国、王某香买卖合同纠纷案【边码 26】

16. 湖南省怀化市中级人民法院(2015)怀中民二终字第 110 号民事判决书:唐某与四川省自贡倍乐饲料有限公司买卖合同纠纷案【边码 97】

17. 湖南省株洲市石峰区人民法院(2017)湘 0204 民初 2480 号民事判决书:罗某与谭某买卖合同纠纷案【边码 25】

18. 江苏省苏州市中级人民法院(2015)苏中民终字第 01274 号民事判决书:陈某涌等与谢某等房屋租赁合同纠纷案【边码 107】

19. 江苏省宿迁市宿城区人民法院(2017)苏 1302 民初 1282 号民事判决书:宿迁百视车汽车租赁有限公司与严某涛买卖合同纠纷案【边码 25】

20. 江苏省盐城市中级人民法院(2017)苏 09 民终 1890 号民事判决书:朱某新与戴某林买卖合同纠纷案【边码 11】

21. 辽宁省大连市中级人民法院(2014)大民三终字第 411 号民事判决书:王某连与辽宁锦禾农资有限责任公司庄河销售处买卖合同纠纷案【边码 11、72】

22. 山东省高级人民法院(2016)鲁民终 2385 号民事判决书:青岛华林兴业国际贸易有限公司与山东海化进出口有限公司进出口代理合同纠纷案【边码 108】

23. 山东省潍坊市中级人民法院(2012)潍商终字第 470 号民事判决书:宫某群与朱某文买卖合同纠纷案【边码 111】

24. 山西省长治市中级人民法院(2014)长民终字第 01396 号民事判决书:北京市捷瑞特弹性阻尼体技术研究中心与山西常平钢铁轧钢有限公司买卖合同纠纷案【边码 102】

25. 陕西省清涧县人民法院(2017)陕 0830 民初 569 号民事判决书:李某某与刘某某买卖合同纠纷案【边码 11、26】

26. 陕西省榆林市中级人民法院(2018)陕 08 民终 124 号民事判决书:西安新青年汽车销售有限公司与子洲县伟岗汽车维修服务有限公司合同纠纷案【边码 108】

27. 上海市第一中级人民法院(2009)沪一中民四(商)终字第 197 号民事判决书:李某文与上海鸿邦实业有限公司买卖合同纠纷案【边码 31】

28. 四川省德阳市中级人民法院(2014)德民三终字第 92 号民事判决书:中江县金顺达车业有限公司与王某容买卖合同纠纷案【边码 112】

29. 四川省都江堰市人民法院(2009)都江民初字第 851 号民事判决书:刘某秀与杨某群房屋买卖合同纠纷案【边码 90】

30. 四川省高级人民法院(2016)川民终 887 号民事判决书:阿坝州桃关工业园区供电有限公司与理县星河电力有限责任公司等合同纠纷案【边码 60、102】

31. 天津市第一中级人民法院(2018)津 01 民终 2493 号民事判决书:刘某来与北京京东世纪信息技术有限公司等网络购物合同纠纷案【边码 111】

32. 新疆维吾尔自治区高级人民法院(2017)新民终 63 号民事判决书:刘某宏与林某奕等执行异议之诉案【边码 59】

33. 浙江省湖州市中级人民法院(2015)浙湖商终字第 10 号民事判决书:郭某安、安徽省桐城市天翔包装有限公司与夏某生加工合同纠纷案【边码 105】

34. 浙江省金华市中级人民法院(2003)金中民一终字第 180 号民事判决书:人磐安县粮食局与羊兴新等房屋买卖合同纠纷案【边码 26、60、89】

35. 浙江省宁波市镇海区人民法院(2016)浙 0211 民初 1195 号民事判决书:杭州永专包装材料有限公司等与宁波亿隆包装材料有限公司买卖合同纠纷案【边码 31】

36. 浙江省台州市中级人民法院(2013)浙台商终字第 512 号民事判决书:陈某仙与施某琴等买卖合同纠纷案【边码 97、102】

37. 重庆市第二中级人民法院(2010)渝二中法民终字第 405 号民事判决书:重庆市万州区华泰汽车销售有限公司与东风汽车有限公司买卖合同纠纷案【边码 111】

38. 重庆市第五中级人民法院(2016)渝 05 民终 7976 号民事判决书:张某与重庆市创悦汽车销售有限公司买卖合同纠纷案【边码 72】

39. 最高人民法院(2013)民提字第 138 号民事判决书:中商华联科贸有限公司与昌邑琨福纺织有限公司买卖合同纠纷案【72】

40. 最高人民法院(2017)最高法民申 339 号民事裁定书:理县星河电力有限责任公司与阿坝州汶川桃关工业园区供电有限公司等合同纠纷案【边码 60、102】

41. 最高人民法院(2017)最高法民申 2339 号民事裁定书:山东齐鲁增塑剂股份有限公司与东营天元塑业有限公司产品责任纠纷案【边码 22】

第621条

买受人的通知义务*

第621条　当事人约定检验期限的，买受人应当在检验期限内将标的物的数量或者质量不符合约定的情形通知出卖人。买受人怠于通知的，视为标的物的数量或者质量符合约定。

当事人没有约定检验期限的，买受人应当在发现或者应当发现标的物的数量或者质量不符合约定的合理期限内通知出卖人。买受人在合理期限内未通知或者自收到标的物之日起二年内未通知出卖人的，视为标的物的数量或者质量符合约定；但是，对标的物有质量保证期的，适用质量保证期，不适用该二年的规定。

出卖人知道或者应当知道提供的标的物不符合约定的，买受人不受前两款规定的通知时间的限制。

简　目

---

* 本文系基于《〈合同法〉第158条评注(买受人的通知义务)》(载《法学家》2020年第1期，第173—190页)一文修订而成。

一、规范定位

（一）规范意旨

1　本条所涉论题为“买受人的通知义务”，系买受人就标的物数量或质量不符之情事，负有在特定时间内向出卖人为通知之义务。就制度归属，本条构成买卖法上瑕疵担保责任的特别制度构造。就体系定位，本条位列《民法典》合同编买卖合同一章，所涉制度常称买受人的通知义务、[1]责问义务、[2]瑕疵通知义务、[3]检验通知负担、[4]质量异议、[5]异议（通知）义务。[6] 就周边规则，《民法典》第 620 条与本条分别规定买受人的检验义务和通知义务，合称买受人的检验通知义

〔1〕 称“通知义务”者，参见韩世远：《合同法总论》（第 4 版），法律出版社 2018 年版，第 855 页；崔建远：《合同法》（第 2 版），北京大学出版社 2013 年版，第 451 页；王利明：《合同法研究（第三卷）》（第 2 版），中国人民大学出版社 2012 年版，第 82 页；谢鸿飞：《合同法学的新发展》，中国社会科学出版社 2014 年版，第 550 页；黄茂荣：《买卖法》（增订版），台湾地区植根法学丛书 2004 年版，第 637 页。

〔2〕 称“责问义务”者，参见郑玉波：《民法债编各论（上册）》，台湾地区三民书局 1981 年版，第 47 页；韩世远：《合同法总论》（第 4 版），法律出版社 2018 年版，第 351、426 页。

〔3〕 称“瑕疵通知义务”者，参见史尚宽：《债法各论（上）》，中国政法大学出版社 2000 年版，第 29 页；崔建远：《合同法》（第 2 版），北京大学出版社 2013 年版，第 446 页；冯珏：《或有期间概念之质疑》，载《法商研究》2017 年第 3 期，第 145 页。

〔4〕 称“检验通知负担”者，参见江平主编：《中华人民共和国合同法精解》，中国政法大学出版社 1999 年版，第 92 页。

〔5〕 称“质量异议”者，参见梁慧星：《论出卖人的瑕疵担保责任》，载《比较法研究》1991 年第 3 期。

〔6〕 称“异议（通知）义务”者，参见王洪亮：《债法总论》，北京大学出版社 2016 年版，第 291 页；［德］C. W. 卡纳里斯：《德国商法》，杨继译，法律出版社 2006 年版，第 688 页；胡康生主编：《中华人民共和国合同法释义》（第 3 版），法律出版社 2013 年版，第 266 页。

务或检查通知义务，相应期间称检验期间、瑕疵发现期间、质量异议期间、异议期间。[7]《买卖合同解释》(2020年修正)第12条至第14条，构成本条特别规定。[8]

本条共三款，第1款针对约定检验期间时的通知义务；第2款指向未约定检验期间时的通知义务；第3款构成前两款之例外，排除出卖人恶意情形，即当出卖人明知或应知标的物不符合约定时，买受人不负通知义务(边码29)。 2

信赖保护和效率促进，构成本条核心意旨。本条旨在于买卖法瑕疵担保体系内部，嵌入通知义务的特别制度，保护出卖人合理信赖，促进效率实现，平衡买卖两造利益，最终呈现为出卖人利益保护之结果。(1)信赖保护。于买卖两造，出卖人的合理信赖亦值保护。其一，若出卖人不知或不应知晓数量或质量不符，在善意出卖人交货完毕之后，即产生履约完毕之信赖，若很长时间经过后，买受人忽而要求出卖人承担不完全履行的违约责任，于出卖人而言，并非妥当，故本条设定通知期间，期间经过后，法律上事实推定为符合约定(边码39)，此种买受人无法主张违约责任的"不利后果"，实为赋予出卖人抗辩权的额外自治空间(边码36—40)。其二，本条第3款之例外，亦贯彻上述精神，出卖人恶意时，不得适用通知期间(边码29)。(2)促进效率。本条兼具促进交易效率(加速清算)和程序效率(便利举证)功能。[9] 其一，买受人怠于拒绝受领，出卖人利害关系不明，若此时买受人已逾通知期间，事实上受领，视为法律上受领，产生债务清偿效果。故本条能够督促买受人及时通知，阻却买受人的拒绝受领权长期存续，促进交易流转，加速清算。[10] 其二，通知之后，出卖人可保全证据并搜集反证，避免双方就瑕疵之有无、如何归责等问题出现举证困难或争议。[11] 3

---

〔7〕 有关"检验期间""瑕疵发现期间""质量异议期间""异议期间"之称谓，参见郑玉波：《民法债编各论(上册)》，台湾地区三民书局1981年版，第47页；黄茂荣：《买卖法》(增订版)，台湾地区植根法学丛书2004年版，第637页；韩世远：《合同法总论》(第4版)，法律出版社2018年版，第855页；王轶：《民法总则之期间立法研究》，载《法学家》2016年第5期，第158页；冯珏：《或有期间概念之质疑》，载《法商研究》2017年第3期，第145页；崔建远：《论检验期间》，载《现代法学》2018年第4期，第83页。

〔8〕 期货合同的通知义务，参见《最高人民法院关于审理期货纠纷案件若干问题的规定》(法释〔2003〕10号)第46条；亦参见《最高人民法院关于审理期货纠纷案件座谈会纪要》(法〔1995〕140号)第5条第7项。

〔9〕 判决例明确提及明确责任、及时解决纠纷、加速商品流转者，参见江苏省无锡市中级人民法院(2017)苏02民终1842号判决书。

〔10〕 就本条与买受人拒绝受领权的对抗关系，参见韩世远：《合同法总论》(第4版)，法律出版社2018年版，第425、426页。

〔11〕 参见韩世远：《租赁标的瑕疵与合同救济》，载《中国法学》2011年第5期，第65页。

（二）规范类型：抗辩规范

4 本条为任意性规范，当事人得依合意排除或限制适用（边码 18、27、30、51）。本条为不完全规范，规范类型颇复杂，但绝非请求权基础（边码 5）。就本条规范属性，辅助规范和抗辩规范均可成立（边码 34、35），司法实践亦无共识。[12] 从本条规范意旨出发，本文采实体抗辩权路径，旨在排除买受人违约救济权利之行使（边码 3、34—40）。在"请求—抗辩—抗辩排除"视角下，本条包括抗辩规范的辅助规范、抗辩规范、抗辩排除规范三种类型。第 1 款第 1 句与第 2 款第 1 句均为抗辩规范的辅助规范，其确立了通知的不真正义务。第 1 款第 2 句与第 2 款第 2 句均为抗辩规范，若买受人基于标的物数量或质量不符主张违约责任，出卖人可依本条第 1 款第 2 句提出抗辩，即买受人怠于通知，标的物视为符合约定。本条第 3 款为抗辩排除规范，买受人若基于瑕疵主张违约责任，且出卖人以期间经过，视为符合约定为由提出抗辩，买受人可依本款继续抗辩，即出卖人明知或应知质量或数量不符之情事，买受人不因通知期间经过而丧失违约救济权利。[13]

（三）适用范围

5 本条以违约救济权利（包括但不限于请求权）已产生为前提（边码 4），适用应限于特定合同类型。通知义务系买卖法瑕疵担保制度之一部分，并非债总一般制度，不适用于债务不履行所有样态，出卖人全未履行时，买受人无须通知。本条仅

---

〔12〕 实践中，本条作为辅助规范或抗辩规范的判决例并存。将本条视为辅助规范，旨在确定标的物是否符合约定之判决例，参见北京市第二中级人民法院（2017）京 02 民终 10138 号判决书；上海市第二中级人民法院（2017）沪 02 民终 2044 号判决书；江苏省高级人民法院（2016）苏民申 1874 号裁定书；江苏省无锡市中级人民法院（2017）苏 02 民终 3260 号判决书；江苏省盐城市中级人民法院（2017）苏 09 民终 2268 号判决书；福建省泉州市中级人民法院（2017）闽 05 民终 2283 号判决书；山东省临沂市中级人民法院（2016）鲁 13 民终 3110 号判决书。将本条视为抗辩规范，旨在排除适用买受人违约救济权利的判决例亦存，例如吉林省长春市中级人民法院（2017）吉 01 民终 5186 号判决书；浙江省嘉兴市中级人民法院（2016）浙 04 民终 1389 号判决书；陕西省高级人民法院（2014）陕民二申字第 00141 号判决书。但在实务中，多见买受人拒付价款抗辩、买受人先履行抗辩、出卖人拒付质保金抗辩。买受人多以质量问题为由，提出价款抗辩，判决例包括江苏省徐州市中级人民法院（2017）苏 03 民终 4572 号判决书；江苏省徐州市中级人民法院（2017）苏 03 民终 4886 号判决书；江苏省苏州市中级人民法院（2017）苏 05 民终 175 号判决书；浙江省温州市中级人民法院（2017）浙 03 民终 2526 号判决书。明确使用"（买受人）质量抗辩"表述之判决例，包括上海市第二中级人民法院（2017）沪 02 民终 2044 号判决书；安徽省亳州市中级人民法院（2016）皖 16 民终 1605 号判决书。检验通知期、质量保证期经过后，买受人以质量问题为由，主张先履行抗辩权的，法院不予支持，例如福建省南平市中级人民法院（2016）闽 07 民终 1309 号判决书。买受人怠于通知，出卖人拒付质保金抗辩亦不成立，例如浙江省杭州市中级人民法院（2016）浙 01 民终 3108 号判决书。学理讨论参见谢鸿飞：《合同法学的新发展》，中国社会科学出版社 2014 年版，第 550 页。

〔13〕 参见江苏省苏州市中级人民法院（2017）苏 05 民终 2079 号判决书。

适用于质量或数量不符,并非适用于所有合同类型。就本条适用范围,如下问题值得关注:(1)在买卖合同的类型之内,能否一体适用于民商事买卖(边码6),可否适用于所有瑕疵(边码7),有无排除适用情形(边码7);(2)在买卖合同的类型之外,何种有名合同与无名合同可准用本条(边码8),承揽准用本条之广泛实践,是否妥当(边码8)。

1. 买卖合同之适用空间

民商事买卖一体适用原则上,本条及周边规范以买卖合同为适用对象。〔14〕 6
通知义务的适用范围,因法典体例而异。在民商分立国家,通知义务多见于商法,适用限于商事合同(《德国商法典》第377条、《日本商法典》第526条);在民商合一国家,通知义务见于民法,民商事合同一体适用(《瑞士债务法》第201条、《荷兰民法典》第7:23条)。此种差异,实为立法政策与立法技术之异。比较法上,立法和学理就适用范围扩张或限缩之问题,多有讨论。〔15〕 本条位列《合同法》买卖合同一章,原则上一体适用于民商事买卖。有观点认为,本条未排除消费者买卖,实践中引发通知期间与三包期间的复杂关系,从规范目的考量,宜作限缩解释,主要适用于商事买卖。〔16〕 立法史上,以《合同法》为分界点,通知义务的适用范围突变。《合同法》出台前,区分经济合同与非经济合同,《工矿产品购销合同条例》(国发〔1984〕15号)的质量异议限于经济合同。但本条并未延续上述传统,转而一体适用于民商事合同,适用范围扩至民事合同,其理由在立法材料中付之阙如。此种转变,恐系立法继受CISG第39条时有所忽略,未顾及此特别问题之缘故。文义上,本条未明文限制民商事合同类型。实践中,商事合同构成本条适用之大部分,民事合同亦有适用本条之判决例。〔17〕 以北大法宝司法案例库数据为例,截至2019年11月6日,本条再审案件共114例,二审案件共1897例,再审案件中,

---

〔14〕 参见北京市第二中级人民法院(2017)京02民终9263号判决书。

〔15〕 适用范围限缩之讨论,例如《瑞士债务法修订草案》建议将第201条的通知义务限于商事交易,草案最后未获通过。适用范围扩张之讨论,例如《德意志普通商法典》第347条的通知义务涵盖民事合同,未限于商事合同,就《德国商法典》第377条的适用范围是否应从双方商行为扩张到民事合同(尤其是消费者合同),曾长期讨论。参见Honsell/Vogt/Wiegand(Hrsg.),Basler Kommentar, Obligationenrecht I – Heinrich Honsell, Art. 201 Rn. 1, Helbing Lichtenhahn Verlag, 6. Aufl., S. 1174;[德]C. W. 卡纳里斯:《德国商法》,杨继译,法律出版社2006年版,第690页。

〔16〕 参见冯珏:《或有期间概念之质疑》,载《法商研究》2017年第3期,第147页。

〔17〕 商事合同适用本条之判决例,例如最高人民法院(2016)最高法民终36号判决书;江苏省高级人民法院(2015)苏审二商申字第00391号裁定书;北京市第一中级人民法院(2017)京01民终218号判决书;北京市第一中级人民法院(2017)京01民终6102号判决书;北京市第二中级人民法院(2017)京02民终8220号判决书;北京市第二中级人民法院(2017)京02民终10138号判决书;北京市第二中级人民法院(2017)京02民终2001号判决书。民事合同适用本条之判决例,参见北京市第二中级人民法院(2017)京02民终3154号判决书。

B2B合同80例,B2C合同18例,C2C合同16例。C2C合同的典型案型为民间借贷和民事承揽纠纷,且前者多为以物抵债纠纷。[18] B2C合同的典型案型为商品房、汽车和家具买卖合同纠纷。[19]

7 瑕疵类型之限定适用。本条适用于原给付义务与次给付义务的物之瑕疵,不得准用于权利瑕疵,视情形准用于单证不符。(1)质量不符。本条适用于物之瑕疵,不区分种类物与特定物买卖。质量不符,有质量超过和交付异种物两种情形。对于交付异种物问题,司法实践立场多元:江苏高院认为,交付的标的物为原产地不同的物或异种物的,视为质量不符;[20] 有判决认为,交付异种物构成出卖人明知情形的,属于本条第3款的例外情形;[21] 另偶见判决将异种物(型号不同)归入外观瑕疵。[22] 本文认为,交付异种物是否构成质量不符,须依个案具体判定,涉及合同解释(边码43)。(2)数量不符。数量不符,包括数量不足和数量超过两种情形。[23] 实践中,存在将本条数量不符限于少交标的物情形。[24] 本文认为,本条适用应涵盖数量不足和数量超过(边码43),在数量超过时,应结合适用《民法典》第629条加以判定。(3)权利瑕疵。本条不适用于权利瑕疵。其一,在物之瑕疵,若不及时主张,难以证明事后出现的瑕疵是否为风险移转时就已存在的瑕疵,权利瑕疵通常并无此类问题。其二,就规范文义,本条之通知,限于数量或质量不符,

---

〔18〕 C2C合同适用本条之判决例,例如江苏省高级人民法院(2015)苏审二民申字第02119号裁定书;浙江省宁波市中级人民法院(2011)浙甬商提字第7号判决书。二审案件中,C2C合同的典型案型如民事承揽纠纷,例如陕西省榆林市中级人民法院(2017)陕08民终2886号判决书;广东省梅州市中级人民法院(2017)粤14民终962号判决书。

〔19〕 B2C合同适用本条之判决例,例如江苏省南京市中级人民法院(2017)苏01民终9480号判决书;广东省清远市中级人民法院(2017)粤18民终3318号判决书;江苏省苏州市中级人民法院(2017)苏05民终7039号判决书;广西壮族自治区南宁市中级人民法院(2017)桂01民终3151号判决书;福建省福州市中级人民法院(2017)闽01民终4415号判决书。

〔20〕 参见《江苏省高级人民法院关于适用〈中华人民共和国合同法〉若干问题的讨论纪要(一)》(苏高发审委〔2005〕16号)第12条。

〔21〕 就交付异种物的司法实践,有判决认为,交付异种物(例如不同品牌冰箱)时,出卖人应明知,构成恶意,有违诚信原则,属于免于异议通知的例外情形,参见江苏省苏州市中级人民法院(2017)苏05民终2079号判决书。配套使用的产品中,例如心轴(10000只)与环心块(6000只)在送货单上明确标注,出卖人应对配件数量不足的事实明知,构成恶意,属于免于异议通知的例外情形,参见江苏省常州市中级人民法院(2017)苏04民终4233号判决书。

〔22〕 有判决认为,产品型号差异,属于验收可发现的外观瑕疵,参见江苏省南京市中级人民法院(2017)苏01民终8384号判决书。

〔23〕 数量不足之判决例,例如黑龙江省伊春市中级人民法院(2017)黑07民申15号裁定书;黑龙江省伊春市中级人民法院(2016)黑07民终407号判决书;江苏省南通市中级人民法院(2016)苏06民终4846号判决书。

〔24〕 参见《江苏省高级人民法院关于适用〈中华人民共和国合同法〉若干问题的讨论纪要(一)》(苏高发审委〔2005〕16号)第12条。

此为物之瑕疵形态,权利瑕疵很难构成数量或质量不符。其三,瑕疵之发现,有赖于买受人,但在权利瑕疵情形,若第三人提出权利主张,其须自负证明责任,若权利瑕疵可得适用本条,无疑加重买受人证明负担。因此,权利瑕疵应适用违约救济一般规则。[25] 就权利买卖,司法解释虽明文"法律或者行政法规对债权转让、股权转让等权利转让合同……没有规定的,人民法院可以根据民法典第四百六十七条和第六百四十六条规定,参照适用买卖合同的有关规定"[《买卖合同解释》(2020年修正)第32条],但本文认为,就权利买卖中的权利瑕疵这一情形,不应参照适用本条及周边规范。(4)单证不符。在单证不符之偶发情形,应依单证本身是否属于合同主给付义务,具体判定本条适用空间。若单证欠缺仅构成附随义务或从给付义务违反(例如设备技术资料、检验检疫证、产地标签、增值税发票、报关单等进关单证),不影响标的物正常使用与合同目的实现,无须通知。[26] 若出卖人移交单证与合同不符,且单证构成合同主给付义务之一部分(例如设备技术资料、提单、汇票、发票、检验证明),[27] 可准用本条。[28] (5)次给付义务之物之瑕疵。本条能否适用于履行次给付义务所交付之标的物?例如,能否适用于《民法典》第582条补正履行交付之标的物?补正履行系原给付义务之延伸,仍属履行利益范畴,法效果上,买受人若就补正履行之不符,怠于通知,视为补正履行符合约定。[29]

---

〔25〕 权利瑕疵不适用本条之立场,参见韩世远:《租赁标的瑕疵与合同救济》,载《中国法学》2011年第5期,第63页。类似地,CISG第39条的通知义务对象也不包括权利瑕疵,而于CISG第43条单独规定买受人的权利瑕疵通知义务。但有观点认为,权利瑕疵可以适用本条立法精神,但在股权转让合同,仅能适用合理期间,无法适用检验期间、质量保证期与两年期间,参见安晋城:《论股权转让瑕疵担保责任的认定——以仲裁实践为中心》,载《北京仲裁》2015年第1辑,第132、133页。

〔26〕 单证不符构成附随义务违反,不适用本条之判决例,参见江苏省高级人民法院(2017)苏民申1048号裁定书;北京市朝阳区人民法院(2008)朝民再初字第22933号判决书。交付技术资料属于合同从给付义务之定性,参见湖南省长沙市中级人民法院(2017)湘01民终3659号判决书。

〔27〕 单证不符构成主给付义务违反,适用本条之判决例,例如江苏省盐城市中级人民法院(2017)苏09民终2268号判决书。

〔28〕 就单证不符,比较法上有类似见解。例如,CISG第39条规定,买受人通知义务适用于单证不符情形,理由在于,通知义务适用于第35条规定的所有违约情形,包括质量不符和交付异种物,权利瑕疵和第三方权利负担属于第43条的权利瑕疵异议。但第43条未规定检验义务,导致与约定不符之单证,在法律上既无检验义务,也无通知义务。CISG第34条允许出卖人补正不适约的单证,但若买受人发现单证不符却未通知,将会削弱CISG第34条的功能。故在单证不符情形,应准用第38条和第39条。另,国际货物买卖中,交付货物通常以移交单证体现,移交适格单证本身就构成出卖人交货义务不可分割的一部分。参见 Schlechtriem/Schwenzer/Schwenzer, Kommentar zum Einheitlichen UN – Kaufrecht, 6. Aufl., 2013, Art. 38, Rn. 7.

〔29〕 就次给付义务瑕疵适用通知义务,比较法上存在类似见解,CISG第38条至第39条的检验通知义务,亦适用于补正履行中的替代给付或修理。参见 Schlechtriem/Schwenzer/Schwenzer, Kommentar zum Einheitlichen UN – Kaufrecht, 6. Aufl., 2013, Art. 38, Rn. 9.

2. 准用类型

8 买卖以外的合同类型，应经由《民法典》第 646 条，准用本条。互易可依《民法典》第 647 条，参照本条处理。实践中，有偿合同准用本条之判决例，不乏其数。(1)有名合同准用类型。准用本条的有名合同中，以承揽合同[30]最为常见，例如，定作合同[31]与加工合同纠纷[32]常经由《民法典》第 646 条，准用本条。租赁合同、融资租赁合同、建筑工程合同、运输合同纠纷，亦偶见准用本条之判决例。[33] (2)无名合同准用类型。在无名合同，广告合同中，偶见准用本条之判决例，连环买卖、多批次买卖、软件买卖等混合合同，亦见准用本条之情形。[34] 实践中，无体物买卖亦得准用本条。[35] (3)建设工程合同准用本条之批评。实践中，承揽合同准用本条，似已蔚然成风，但其是否妥当，殊值怀疑。依规范文义，《民法典》第 780 条仅设定作人的验收义务，无通知义务。法效果上，定作人的验收义务与报酬

---

〔30〕 承揽合同准用本条之判决例数量众多，例如上海市第一中级人民法院（2017）沪 01 民终 3370 号判决书；河北省石家庄市中级人民法院（2017）冀 01 民申 111 号判决书；辽宁省丹东市中级人民法院（2017）辽 06 民终 726 号判决书；吉林省吉林市中级人民法院（2017）吉 02 民终 3752 号判决书；黑龙江省绥化市中级人民法院（2017）黑 12 民终 1420 号判决书；江苏省苏州市中级人民法院（2017）苏 05 民终 6087 号判决书；江西省宜春市中级人民法院（2017）赣 09 民终 63 号判决书；山东省淄博市中级人民法院（2017）鲁 03 民终 227 号判决书；北京市第二中级人民法院（2016）京 02 民终 9735 号判决书。有学者明确指出，定作人及时为检验通知，系承揽人承担违约责任的构成要件之一。参见宁红丽：《论承揽人瑕疵责任的构成》，载《法学》2013 年第 9 期，第 137 页。

〔31〕 定作合同准用本条之判决例，例如北京市第二中级人民法院（2017）京 02 民终 3154 号判决书；吉林省长春市中级人民法院（2017）吉 01 民终 5973 号判决书；江苏省高级人民法院（2017）苏民申 1400 号裁定书；上海市第二中级人民法院（2016）沪 02 民终 10340 号判决书；浙江省嘉兴市中级人民法院（2016）浙 04 民终 1690 号判决书。

〔32〕 加工合同准用本条之判决例，例如最高人民法院（2017）最高法民申 3514 号裁定书；重庆市高级人民法院（2017）渝民终 252 号判决书；江苏省苏州市中级人民法院（2017）苏 05 民终 7772 号判决书。

〔33〕 其他有名合同准用本条之判决例，多集中在租赁、融资租赁、建设工程、运输合同。租赁合同判决例，参见吉林省高级人民法院（2017）吉民申 901 号裁定书；浙江省绍兴市中级人民法院（2017）浙 06 民终 3433 号判决书；江苏省镇江市中级人民法院（2016）苏 11 民终 636 号判决书。融资租赁合同判决例，参见上海市第一中级人民法院（2017）沪 01 民终 8299 号判决书；内蒙古自治区通辽市中级人民法院（2016）内 05 民终 1668 号判决书。建筑工程合同判决例，参见浙江省杭州市中级人民法院（2017）浙 01 民终 966 号判决书。运输合同判决例，参见山东省淄博市中级人民法院（2017）鲁 03 民终 889 号判决书。

〔34〕 无名合同准用本条之判决例，多与混合合同下买卖的延伸类型相关。广告合同，参见辽宁省大连市中级人民法院（2017）辽 02 民终 7395 号判决书；连环买卖，例如山西省高级人民法院（2017）晋民再 68 号判决书；多批次买卖，例如江苏省高级人民法院（2016）苏民再 77 号判决书；软件买卖，参见江苏省南京市中级人民法院（2017）苏 01 民终 10415 号判决书。

〔35〕 就无体物适用本条之判决例，软件真伪、视频播放是否清晰、是否具有 3D 效果，买受人可依本条提出质量抗辩。例如软件权利证书一年有效期经过后，实际买受人无法正常激活、升级，发现软件为虚假产品。参见江苏省南京市中级人民法院（2017）苏 01 民终 10415 号判决书；北京市朝阳区人民法院（2015）朝民（商）初字第 4566 号判决书。

请求权相关(《民法典》第782条),与其他违约救济权利无直接关联。本文认为,验收义务不涵盖通知义务,定作人怠于通知时能否准用本条,应视工作成果性质具体判定。在建设工程合同,《建设工程施工合同解释一》第14条确立了"建设工程未经竣工验收,发包人擅自使用后,又以使用部分质量不符合约定为由主张权利的,人民法院不予支持"规则。较之一般承揽,建设工程更复杂,质量瑕疵多具隐蔽性,但建设工程瑕疵若涉及工程安全质量等根本事项时,对公共安全等公共利益威胁尤甚。此时,国家强制性标准和规范虽在一定程度上限制了当事人的瑕疵担保自治空间,但此种干预殊为正当。故就建设工程质量之法律上推定,应较一般买卖或一般承揽更谨慎严格。若径行准用本条,无疑为承包人提供了违约责任的豁免空间。有偿合同准用本条,尚不轻易使当事人免除违约责任,举轻明重,基于不动产质量的公共利益特性,更不应为不动产承揽人轻易提供免责出口。本文认为,在建设工程承揽合同,应否定本条之准用,在一般承揽合同,能否准用,须依工作性质等具体情事而定,于人身安全健康及第三人或社会公共利益无涉之承揽,不妨准用,否则应予限制。

二、前置要件:收到标的物

收到标的物(《民法典》第620条)构成本条前置性事实要件。收到标的物,旨在为买受人提供检验通知的事实可能。一般情形下,收到标的物的核心意义,在于标的物在空间上落入买受人控制范畴。但事实上,收到标的物与空间关系并无必然联系。货物暂存于出卖人处且约定买受人可以委托第三方随时检验时,亦构成收到标的物。实践中,收条签字确认、交付收货凭证构成收到标的物。[36] 9

收到标的物与受领、移转所有权之交付、移转风险之交付皆有不同。(1)收到标的物与受领。有别于受领,收到标的物是出卖人的事实行为,货交买受人,不以买受人有受领意思为必要。(2)收到标的物与移转所有权之交付。不同于交付,收到标的物,使物落入买受人控制范围,但在占有改定情形,买受人未收到标的物。交付和本条意义上的收到标的物大多同时发生。若检验所需单证尚未齐全,会推迟交货时间。分期交货时,仅在买受人收到所有给付时,收到标的物才实际完成。(3)收到标的物与移转风险之交付。给付风险移转时,买受人不一定具有检验所需的实际物理控制。在寄送之债,物交承运人时,给付风险移转,但并不等于收到标的物。收到标的物亦区别于价金风险移转。买卖价金风险系对待给付 10

---

〔36〕 参见辽宁省沈阳市中级人民法院(2017)辽01民终7598号判决书;辽宁省沈阳市中级人民法院(2016)辽01民终13377号判决书。

风险负担之例外，因交付而移转于买受人，此后标的物意外毁损灭失，出卖人因给付风险已移转而不必再为给付，买受人的价金义务仍然存在。[37] 移转价金风险的交付，以是否移转用益为判断标准，在收到标的物与移转价金风险的交付之间，两者关系须依规范目的具体判定。

三、构成要件：怠于通知

11　怠于通知，为本条唯一构成要件，包含通知不适格或期间经过两种情形。前者指买受人在通知期间内通知，但通知本身不适格（边码12—14），后者指买受人未及时通知（边码15—28），两者满足其一，即构成怠于通知。本条文义所含其他要素，例如检验期间、质量或数量不符合约定，皆为辅助内容。以"怠于通知"之消极事实作为唯一构成要件，概因法定不真正义务之本质所致：买受人适格履行通知义务，法效果上并无"积极增益"，买受人仅继续保有违约救济权利；买受人怠于履行义务，法效果上确有"损失"，买受人遭受法律上不利益，标的物视为符合约定，买受人无法主张违约救济权利。

（一）通知不适格

1. 性质：观念通知

12　通知，指买受人将标的物与合同不符之情事，以具体指明不符所在之方式，告知出卖人。买受人有无行使违约救济权利之意思，在所不问。通知系准法律行为，为观念通知，系须受领的表示，到达生效。[38] 通知灭失、迟延时，通知未到达，通知不适格，买受人承担通知的传递风险。文义上，本条将通知的相对人限于出卖人。实践中，通知的对象不限于合同相对人，以向出卖人的有权受领人进行通知为已足。关键在于，第三人是否具有受领通知之权限。出卖人、出卖人的法定代理人和授权的第三人，为有受领权限者，向无受领权限的第三人为瑕疵通知，构

---

〔37〕 参见吴香香：《〈合同法〉第142条（交付移转风险）评注》，载《法学家》2019年第3期，第171页。

〔38〕 就通知性质，学理见解不一，以观念通知为多数说，意思通知为少数说。两者区分标准在于，法定效果的发生前提，是告知主观认知之事实，抑或传递主观意愿。通知，既告知存在数量或质量不符之事实，亦有表达异议之意愿，但后者并非通知产生法定效果的必要条件，买受人未明确表达异议之意，亦不妨碍法定效果发生，故观念通知更为妥适。持"观念通知"者，例如刘春堂：《民法债编各论（上）》，台湾地区三民书局2014年版，第60页；郑玉波：《民法债编各论（上册）》，台湾地区三民书局1981年版，第48页；吴志正：《债编各论逐条解释》，台湾地区元照出版公司2018年版，第37页。持"意思通知"者，例如梅仲协：《民法要义》，中国政法大学出版社2004年版，第338页；［德］C. W. 卡纳里斯：《德国商法》，杨继译，法律出版社2006年版，第693页。

成通知未到达。[39]

2. **通知内容不适格**

13 通知内容适格，指通知须具体指明瑕疵所在及情形，保证能够充分识别瑕疵。通知内容须具体明确，旨在识别瑕疵的性质和程度，故内容上须包含对瑕疵种类、范围的描述，不同瑕疵须单独列明。[40] 就某一瑕疵发出通知后，买受人仍可就嗣后发现的瑕疵或就其他瑕疵，另行通知。在连续交货合同，买受人未就部分交货的瑕疵进行通知，则仅就该部分标的物产生法律推定效果。但瑕疵通知无须明确买受人欲主张之救济权利，仅事实上发挥违约救济预警功能。瑕疵通知无须提供瑕疵理由或原因。未满足上述内容要求，为通知内容不适格。实践中，仅通知存在瑕疵或作宽泛描述，笼统称质量不合格需返修、欠佳、不良、不满意、工艺粗制滥造，皆为内容不适格。[41] 唯须注意，通知内容是否适格，是否具体明确，并非绝对刚性，通知内容之解释，应保持弹性。

3. **通知方法不适格**

14 原则上，通知形式自由，口头书面均可。买受人仅需具体指明质量或数量不符之所在，无须践行特别方法。电话、电邮等电子通信方式，为适格通知，但为证明之便，以书面形式更佳。通知方法不适格，指买受人之通知未恪守诚实信用原则，方法失当。例如，运送易腐标的物、邮政不便远途地区、跨境交易中，以常规邮政进行通知，为方法不适格。

（二）期间经过

1. **通知期间起算点**

15 原则上，通知期间自买受人确定或应确定违约之时起算（本条第2款）。[42] 买受人若能即时了解违约事实，通知期间之起算，不考虑检验期间经过与否。例如，即便尚未开始或尚未完成检验，买受人须就交货时业已确定的不符情事，进行通知。

16 通知期间起算之具体判断，因瑕疵性质与交货样态而异。（1）外观瑕疵。外

〔39〕 向代理人进行通知的判决例，参见河北省石家庄市中级人民法院（2017）冀01民终5019号裁定书；内蒙古自治区呼和浩特市中级人民法院（2017）内01民再31号判决书。

〔40〕 判决例表明，买受人在通知期间内就设备加热管长度过短、浓缩器工作量不达标提出两项异议，未对设备是否符合约定技术参数提出异议，未提出异议部分视为符合约定，参见江苏省南京市中级人民法院（2017）苏01民终11171号判决书。

〔41〕 通知须明确具体之判决例，参见上海市第二中级人民法院（2016）沪02民终7033号判决书。

〔42〕 不同观点认为，通知期间自标的物交付之日起算。参见梁慧星：《论出卖人的瑕疵担保责任》，载《比较法研究》1991年第3期。

观瑕疵的通知期间,原则上自通常的检验期间经过之时起算(《民法典》第620条)。约定检验期间时,通知期间与检验期间重合,起算点同一。外观瑕疵包括"显而易见的瑕疵"与"可得而知的瑕疵"两种类型。[43] 显而易见的瑕疵,指无须细查即可发现的瑕疵,仅肉眼感官检视可知晓,例如规格、型号、花色、品种、数量,此种瑕疵只需通知,无须检验,无论是否约定检验期间,通知期间自交货之时起算。可得而知的瑕疵,指通过适当检验可得发现或应发现的瑕疵,有别于显而易见的瑕疵,此种瑕疵应以标的物检验作为瑕疵认定前提。[44] 在可得而知的瑕疵,若约定检验期间,检验期间与通知期间起算点同一;若未约定检验期间,适用总期间,检验期间和通知期间相继计算,总期间自检验期间开始起算,通常,检验期间结束之时开始起算通知期间,若检验期间中即发现瑕疵,则自发现之时起算。[45] 检验通知期间相继计算的制度安排,为买受人提供了在检验逾期时通过较快的通知期间加以弥补的空间。(2)隐蔽瑕疵。隐蔽瑕疵,指无法通过适当检验发现且买受人并不知晓的瑕疵。买受人只有在发现后,方能通知。[46] 隐蔽瑕疵的通知期间,原则上自发现瑕疵之时起算。(3)提前交货。出卖人在约定交货期前交货,买受人即便接受标的物,也无法期待其能在约定交货期之前检验,因此,即使买受人在约定交货期前已确定瑕疵,通知期间不应先于约定交货日起算。(4)部分交货。部分交货时,应取决于各部分交货时点,若所涉标的为一整体,仅在末批标的到达后,方能确定其是否违约。实践中,多以末次供货时间或全部到货时间作为

---

〔43〕 就外观瑕疵,判决例肯认者,例如电子镇流器表面的CCC认证标识,产品裂纹内壁粗糙,产品型号不符,手机数量及是否粘贴入网标志,色差,包装标识不全,图书纸张以次充好,缠绕膜卷芯厚度不同。参见江苏省南京市中级人民法院(2017)苏01民终8384号判决书;江苏省常州市中级人民法院(2017)苏04民终1465号判决书;北京市第一中级人民法院(2016)京01民终2972号判决书;北京市第二中级人民法院(2016)京02民终8552号判决书;北京市第三中级人民法院(2016)京03民终12223号判决书;江苏省苏州市中级人民法院(2016)苏05民终6783号判决书;江苏省苏州市中级人民法院(2016)苏05民终5182号判决书;辽宁省沈阳市中级人民法院(2016)辽01民终13377号判决书;内蒙古自治区高级人民法院(2016)内民再88号判决书。

〔44〕 参见陈自强:《从法律继受观点看承揽瑕疵规定:承揽瑕疵担保之现代化》,载《台大法学论丛》2013年第42卷,第731页。

〔45〕 比较法上,类似观点参见 Schlechtriem/Schwenzer/Schwenzer, Kommentar zum Einheitlichen UN-Kaufrecht, 6. Aufl., 2013, Art. 38, Rn. 19-21.

〔46〕 判决例表明,隐蔽瑕疵既包括仅在安装、使用后方能发现的瑕疵(彩钢聚氨酯夹芯板的表观总密度、吸水率,铝单板掉漆,设备产能不足等),也包括需经专业检测方能确定内在性能的瑕疵(非晶硅薄膜组件不合格,农药复合肥浓度不合格),参见北京市第一中级人民法院(2017)京01民终2072号判决书;吉林省长春市中级人民法院(2017)吉01民终2552号判决书;内蒙古自治区高级人民法院(2016)内民再88号判决书;河北省石家庄市中级人民法院(2017)冀01民终5876号判决书;江苏省南通市中级人民法院(2017)苏06民终1937号判决书。

通知期间起算点。[47] 然而，全部到货未必即能发现瑕疵，此时，仍应以及时检验，在发现瑕疵后进行通知之时点，作为通知期间起算点。

瑕疵性质	是否约定检验期间	通知期间起算点
显而易见的外观瑕疵	不区分	★交货之时
可得而知的外观瑕疵	约定检验期间	★交货之时[检验期间与通知期间重合]
	未约定检验期间	★检验期间结束之时[检验通知期间相继计算]
隐蔽瑕疵	不区分	★发现或应当发现识别瑕疵之时

2. **合理期间之认定**

合理期间，构成通知期间经过与否的核心标准之一（本条第 2 款第 1 句）。合 17
理期间概念，系国际商事示范法之典型术语，应承继于 CISG 第 39 条。[48] 本条以灵活的合理期间作为期间经过的衡量要素，与《德国商法典》、《美国统一商法典》和 CISG 同属一支。[49] 合理期间之规则配置，旨在解决隐蔽瑕疵问题。隐蔽瑕疵显露时点难以预测，此时质量被视为符合约定的法律上不利益，不应转嫁于买受人，借助合理期间规则，一则提供可预期的（相对明确）期间，二则为法院就隐蔽瑕疵的合理期间的判定，提供自由裁量空间。合理期间为不确定概念，系事实认定范畴，其认定构成法官自由裁量领域。合理期间之认定，“应当综合当事人之间的交易性质、交易目的、交易方式、交易习惯、标的物种类、数量、性质、安装和使用情况、瑕疵的性质、买受人应尽的合理注意义务、检验方法和难易程度、买受人或者

〔47〕 相关判决例，参见江苏省无锡市中级人民法院（2017）苏 02 民终 2123 号判决书；江苏省无锡市中级人民法院（2017）苏 02 民终 1917 号判决书；江苏省南京市中级人民法院（2016）苏 01 民终 2620 号判决书。

〔48〕 合理期间概念的承继路径，有《工矿产品购销合同条例》和 CISG 两种见解。有观点认为，本条合理吸收《工矿产品购销合同条例》第 14 条和第 15 条。参见梁慧星：《论出卖人的瑕疵担保责任》，载《比较法研究》1991 年第 3 期。但本文认为，《工矿产品购销合同条例》与本条适用范围不同，内容亦相去甚远，恐非可靠继受来源。立法过程中，我国确曾考虑借鉴《工矿产品购销合同条例》，区分数量和质量瑕疵，区分不同种类标的物，直接确定相应时长，但鉴于实践中简单规定 10 天或 6 个月的期间失之合理，故未从之。类似观点参见最高人民法院民事审判第二庭编著：《最高人民法院关于买卖合同司法解释理解与适用》（第 2 版），人民法院出版社 2016 年版，第 317 页；江平主编：《中华人民共和国合同法精解》，中国政法大学出版社 1999 年版，第 129 页。就 CISG 上“合理期间”的术语形成过程，CISG 第 39 条的前身为 ULIS 第 39 条。为保护买受人，《国际商事合同通则》在咨询阶段将 ULIS 的通知短期期间改为合理期间，CISG 承继 ULIS 通知义务基本理念时，调整表达，采合理期间术语。参见 YB III (1972), S. 87, Nr. 74ff. ; YB IV (1973), S. 48, Nr. 85.

〔49〕 “明示规定检验通知义务 + 灵活的合理期间”方案，构成现代商法主流方案。依规定灵活与否、期间固定与否、有无最长期间，该方案衍化为三种模式：(1) 仅设固定的最长检验期间，例如《欧洲共同买卖法草案》(CESL) 第 121(1) 条；(2) 设固定的最长检验通知期间，例如《西班牙商法典》第 336 条第 2 款；(3) 设灵活的检验通知期间，例如本条，《德国商法典》第 377 条，CISG 第 39 条。

检验人所处的具体环境、自身技能以及其他合理因素,依据诚实信用原则进行判断"[《买卖合同解释》(2020年修正)第12条第1款]。[50]

18 实践中,合理期间之判定,有一年[51]或三月[52]的不同操作。合理性之判定,因外观瑕疵和隐蔽瑕疵而异,于隐蔽瑕疵尤具实益。(1)外观瑕疵。依标的物性质和交易习惯,买受人无法在约定检验期间完成全面检验,应认定该期间为外观瑕疵的通知期间(《民法典》第622条第1款)。外观瑕疵通知期间合理性之判断,应就具体事实依交易观念确定,同时应考虑检验本身的时间损耗,并与通知期间起算点一体相承(边码16)。若可立即检验,应在交货后检验,合理期间相应略短。若仅在初步检验后方能识别瑕疵,通知期间应略长。在显而易见的瑕疵,买受人无须检验即可发现,应在交货后立即通知,合理期间通常为一至二日(边码16)。(2)隐蔽瑕疵。意思表示解释,是判断隐蔽瑕疵合理期间时应遵循的基本准则。若隐蔽瑕疵约定期间过短,应依意思表示解释判定。具体而言,若约定期间过短,应依利益状态认定当事人未顾及隐蔽瑕疵之可能,判断是否存在合同漏洞,进而判断当事人之间的期间约定是否仅适用于外观瑕疵。此为补充性解释的结果,而非对意思表示效力的干预(边码27)。通常,应考虑缩短期间是否会剥夺隐蔽瑕疵下买受人主张权利的可能性,但若证据表明,当事人预见到了隐蔽瑕疵之可能,仍约定过短期间,法院并无任何理由加以干预。疑点在于,隐蔽瑕疵是否适用约定检验期间,是否适用法定通知期间,即隐蔽瑕疵是否存在合理期间、约定检验期间、法定通知期间交叠情形。对此,法无明文,实务见解不一。见解一认为,约定检验期间时,应涵盖隐蔽瑕疵,依诚实信用原则确定合理期间;[53]见解二认为,应将约定检验期间限于外观瑕疵的检验期间,排除隐蔽瑕疵;[54]见解三认为,约定

---

〔50〕《北京市高级人民法院审理买卖合同纠纷案件若干问题的指导意见(试行)》(京高法发〔2009〕43号)第16条:"……'合理期间',应当根据标的物瑕疵的性质、买受人应尽的合理注意义务、当事人之间交易方式、交易性质、交易目的、交易习惯、标的物的安装使用情况、买受人或者检验人所处的具体环境、自身技能以及其他合理因素进行判断……"

〔51〕合理期间为一年之判决例,参见最高人民法院(2013)民抗字第15号判决书;北京市第一中级人民法院(2016)京01民终3897号判决书;广东省深圳市中级人民法院(2015)深中法商终字第1683号判决书;上海市第一中级人民法院(2015)沪一中民四(商)终字第1745号判决书。

〔52〕合理期间为三个月之判决例,参见上海市第二中级人民法院(2017)沪02民终2044号判决书;江苏省高级人民法院(2016)苏民申1408号裁定书。

〔53〕参见最高人民法院(2015)民申字第2183号裁定书。

〔54〕例如,法院认为,显示屏元件因非显露在外,无法从外观直接检验,因此法院认定约定的七天合理期间不适用于隐蔽瑕疵的检验,参见吉林省长春市中级人民法院(2017)吉01民终5973号判决书。再如,法院认为,当事人约定检验期为正式运行168小时,但由于大型工程设备无法在此时间完成实际检验,故此约定检验期间应为外观瑕疵检验期间,参见吉林省长春市中级人民法院(2017)吉01民终5827号判决书。

期间短于两年时,隐蔽瑕疵的通知期间应适用两年最长期间。[55] 本文认为,上述见解均有不足。就规范文义,本条第2款第1句限于未约定检验期间情形,“合理期间”自应立足此前提,不得随意扩张适用。依标的物性质和交易习惯,买受人无法在约定的检验期间完成全面检验的,应认定该期间为外观瑕疵的通知期间,但依此并不能反向推出约定期间仅适用于隐蔽瑕疵之结果。见解三虽将隐蔽瑕疵的通知期间延至最长,看似符合瑕疵特性,但法院有无权限干预意思自治,颇值怀疑。约定检验期间能否涵盖隐蔽瑕疵,须基于意思表示解释的基本思路。原则上,约定检验期间时,其检验应仅限于外观瑕疵,不应适用合理期间,不涵盖隐蔽瑕疵。例外情形下,若有相应证据、基于合同情事可以证明,当事人的期间约定已纳入隐蔽瑕疵,此时应允许当事人自主分配交易风险,可涵盖隐蔽瑕疵。

3. **最长两年期间**

本条规定买受人通知的最长两年期间,自货交买受人时起算,该期间为不变期间,不适用诉讼时效中止、中断或延长的规定[本条第2款,《买卖合同解释》(2020年修正)第12条第2款]。[56] 判决例亦明确,此最长合理期间为通知期间,而非针对买卖合同纠纷的诉讼时效。[57] 适用两年最长期间的通常情形,是买受人适当检验未能发现瑕疵,嗣后亦未发现或应当发现瑕疵,两年期间经过后,买受人无法主张违约救济权利。出卖人恶意时,不适用两年期间(边码29)。 19

4. **质保期与质保金的独立功能**

质量保证期,是出卖人向买受人承诺标的物符合质量要求或使用性能的期间,即标的物的正常使用寿命,于此期间发现瑕疵,出卖人不得以交货时无瑕疵为由免责。[58] 质量保证包括法定质量保证和约定质量保证,前者系立法者依出卖人行为和交易习惯所设的符合买受人合理期待的一种保护措施,后者是双方分配交易风险的合同安排。 20

(真正的)质保期,应具品质保证期间的独立功能。质保期的原本内涵,应立足于担保使用中不新产生瑕疵,系当事人或法律依据标的种类、交易类型特别确 21

---

〔55〕《北京市高级人民法院审理买卖合同纠纷案件若干问题的指导意见(试行)》(京高法发〔2009〕43号)第16条。

〔56〕江平主编:《中华人民共和国合同法精解》,中国政法大学出版社1999年版,第129页;胡康生主编:《中华人民共和国合同法释义》(第3版),法律出版社2013年版,第267页。

〔57〕参见辽宁省辽阳市中级人民法院(2018)辽10民终75号判决书。

〔58〕最高人民法院民事审判第二庭编著:《最高人民法院关于买卖合同司法解释理解与适用》(第2版),人民法院出版社2016年版,第329页。

定的品质保证时间。通知期间指向瑕疵给付本身，解决交货时标的物有无瑕疵问题。〔59〕判决例明示，质保期并非当事人约定的检验期间，超过检验期间，仅视为标的物在交付时无瑕疵，不妨碍买受人针对使用中出现的质量问题在质保期间内要求出卖人承担责任。〔60〕质保期经过后方显现之瑕疵，若买受人能证明交货时已存瑕疵且已适时通知，其仍能主张瑕疵给付的违约责任。

22 在承认（真正的）质保期独立功能的前提下，本条所谓“质量保证期”，实为不真正质保期，即约定的最长客观检验期间。换言之，当事人既约定检验期间，又约定质保期时，前者旨在代替法定的“及时检验＋通知的合理期间”，〔61〕后者的目的，则在于代替法定的最长两年期间，两者起算点不同。例如，在特殊交易类型，法定最长两年通知期间无法符合实践需求，大型设备本身运输、安装、调试程序复杂，调试可能已逾两年，故双方可以约定质量保证期，以“减损”或“改变”最长两年的通知期间。〔62〕

23 质保金受质保期的时间限定，质保期届满，买受人应退还质保金。〔63〕但是，质保金并非单纯有关期限的约定，亦是对支付条件的约定：质保金以标的质量合格作为支付条件，期限经过并不直接满足质保金支付条件。换言之，支付质保金，不仅存在时间条件，还应满足质保期间无质量问题；或有质量问题但出卖人及时解决的实质条件。〔64〕买受人依约保留部分价款作为质保金的，出卖人在质保期内未及时解决质量问题，进而影响标的物价值或者使用效果，出卖人无权主张该部分价款［《买卖合同解释》（2020 年修正）第 15 条］。〔65〕

24 疑点在于，本条同时规定约定检验期间、质保期与最长两年期间，质保期包括法定质保期（例如《建设工程质量管理条例》第 40 条）与约定质保期，此背景下，约定检验期间或约定质保期短于法定检验期或法定质保期的，应以法定期间为准

---

〔59〕司法实践中，明确区分质保期和检验通知期，认为检验期系判断标的物交付时是否存在质量瑕疵，质保期为确保标的物质量性能符合约定且在一定时间内不发生合理减损的独立功能，判决例参见最高人民法院（2019）最高法民终 38 号判决书；天津市第二中级人民法院（2017）津 02 民终 1918 号判决书。

〔60〕参见上海市第二中级人民法院（2016）沪 02 民终 7033 号判决书；北京市第三中级人民法院（2016）京 03 民终 12223 号判决书。

〔61〕相关判决例，参见最高人民法院（2014）民二终字第 27 号判决书。

〔62〕判决例认为，当事人未约定检验期间但约定质量保证期的，检验的合理期间不能超过质量保证期。参见最高人民法院（2016）最高法民申 1205 号裁定书。

〔63〕参见北京市第三中级人民法院（2017）京 03 民终 13956 号判决书。反之，质保期尚未届满，出卖人无权要求买受人退还质保金，相关判决例参见江苏省连云港市中级人民法院（2017）苏 07 民终 3925 号判决书。

〔64〕相关判决例参见江苏省南京市中级人民法院（2016）苏 01 民终 10158 号判决书。

〔65〕参见江苏省南通市中级人民法院（2017）苏 06 民终 3248 号判决书；江苏省南京市中级人民法院（2017）苏 01 民终 8644 号判决书；山西省太原市中级人民法院（2017）晋 01 民终 3810 号判决书。

(《民法典》第622条第2款),例如,质保期短于两年时,应采两年期间。若约定检验期间或约定质保期长于法定质保期时,超过部分期间效力如何?学理实务均有见解认为,应依标的物性质认定:标的物性质因时间推移而变者,超过部分期间无效;标的物性质不因时间推移而变化,视为出卖人自愿加重自身义务,约定有效。[66]

5. 通知期间和检验期间的关系

25 检验和通知的关系,一体影响期间关系。(1)检验无独立价值。检验的真正功能,在于辅助通知义务实现,即通知内容应具体明确,内容精确性的要求,是检验所应当实现的目标,检验期间并无独立价值。(2)虚置检验义务之批评。检验通知义务重通知,而非检验。仅适格通知,方能对出卖人产生法律后果,而检验充分与否、进行与否,并非必须,买受人纵未检验,但凭经验、臆测或其他信息能知晓瑕疵存在,径行通知出卖人的,应认为买受人已践行检验通知义务。[67] 就检验义务与通知义务的关系,《民法典》第620条明文引入检验义务,但违反此种义务并不会发生任何效果,恐有虚置之嫌。采意大利"无检验义务 + 有通知义务"的立法模式,或更符合私法自治精神。[68]

26 检验期间与通知期间的关系,难点在起算点。通常,检验是通知的前提,买受人检验并发现瑕疵后,方能通知。逻辑上,提出瑕疵通知所需时间,应是正常交易中正常检验所需时间。[69] 若无约定检验期间,默认及时检验并在发现瑕疵后的合理期间内进行通知,此时,通常检验确定的时间,应是能够通知的最早时点。此种时点,是买受人有无"及时"通知的判断基准点。检验期间和通知期间的起算点分裂:约定检验期间时,从交货时起算,依本条并结合常理,应理解为,自确定或应当确定违约之时起算,约定检验期间的起算点,须对意思表示内容进行解释和补充,确定对方具有检验可能性的时点。未约定检验期间时,为合理期间,合理期间的起算点,自知道或应当知道起算,不涉及意思表示的解释补充。买受人若能即

〔66〕 参见宁红丽:《试论出卖人物之瑕疵责任的构成——以〈买卖合同司法解释〉为主要分析对象》,载《社会科学家》2013年第9期;谢鸿飞:《合同法学的新发展》,中国社会科学出版社2014年版,第551页。

〔67〕 参见王洪亮:《债法总论》,北京大学出版社2016年版,第292页;刘春堂:《民法债编各论(上)》,台湾地区三民书局2014年版,第60页;郑玉波:《民法债编各论(上册)》,台湾地区三民书局1981年版,第48页。

〔68〕 比较法上,依是否规定检验义务与通知义务、采明示抑或默示方式,通知义务的规范配置可分四种方案:(1)无检验义务 + 无通知义务,例如《法国民法典》第1648条;(2)无检验义务 + 有通知义务,例如《意大利民法典》第1495条;(3)默示检验义务 + 明示通知义务,例如《荷兰民法典》第7:23(1)条;(4)明示检验义务 + 明示通知义务,例如本条,《德国商法典》第377条,CISG第39条。

〔69〕 参见王洪亮:《债法总论》,北京大学出版社2016年版,第292页。

时了解违约情事,通知期间之起算不考虑检验期间经过与否。例如,即便检验尚未开始或尚未完成,买受人须就交货时已确定的瑕疵进行通知。

27 本条第1款一体规定检验期间和通知期间,学界存在不同评价。有见解认为,一体模式有所不足,检验期间吸收了通知期间,致检验重及时,忽略了具体环境因素,约定期间过短时,易滋生法院干预约定检验期的自由裁量权,削弱了期间的不变性。[70] 本文认为,检验通知期间一体规定,亦为可取,单纯的检验期间并无实际意义:其一,检验通知重通知,买受人未检查而能获悉瑕疵所在,可径行通知(边码25)。其二,约定检验通知期应尊重私法自治,约定期间过短,系当事人自主分配交易风险之结果,原则上应予认可,法院应谨慎干预,法院干预期间的自由裁量权,应限于未约定期间时的隐蔽瑕疵(《民法典》第621条第2款、第622条),不应盲目扩至所有瑕疵类型(边码18)。其三,"及时"一词多义,可理解为立即,亦可理解为适时,采适时检验进路,仍有纳入具体环境因素考量的解释空间。其四,如前文所述,第620条的检验期间自"买受人收到标的物"时起算,而"收到"既不同于受领,也不同于交付,其应根据买受人检验可能性来判断(边码10),就此而言,也考虑了具体的环境因素。

6. 通知期间和诉讼时效的关系

28 通知期间与诉讼时效的关系,存在争议。争点在于,两者接力适用,抑或并行适用。若为接力适用,通知期间为连接履行期间与诉讼时效期间之期间;[71] 若为并行适用,则作为除斥期间的通知期间限制权利本身消灭,诉讼时效限制权利行使行为而非权利本身,作用对象不同。[72] 《买卖合同解释》(2020年修正)第12条第2款对此稍有涉及,但无明确回应。有判决例认为,期间届满后,诉讼时效开始计算。[73] 本文认为,买受人怠于通知,则不能行使请求权,此时并无适用诉讼时效的可能性;买受人适格通知,则能行使请求权,此时方有适用诉讼时效之可能。处理通知期间与诉讼时效的关系时,以允许并行适用为宜。

---

〔70〕 参见武腾:《合同法上难以承受之乱:围绕检验期间》,载《法律科学》2013年第5期,第86页;武腾:《买卖标的物不适约研究》,中国政法大学出版社2017年版,第251页以下。

〔71〕 例如,有观点认为,瑕疵通知期间为连接履行期间与诉讼时效期间、除斥期间的期间,由于瑕疵通知期间针对不真正义务,该期间不同于诉讼时效、除斥期间和权利失效,是民法的独立时间制度。参见崔建远:《论检验期间》,载《现代法学》2018年第4期,第83页以下。

〔72〕 例如,有观点认为,瑕疵通知期间为除斥期间,除斥期间限制权利本身的消灭,诉讼时效限制权利的行使行为而非权利本身。参见耿林:《论除斥期间》,载《中外法学》2016年第3期,第627页。

〔73〕 吉林省延吉市人民法院(2016)吉2401民再98号判决书。

（三）排除通知义务的例外情形

1. 出卖人明知或应知

29 出卖人明知或应知瑕疵，尤其是出卖人恶意隐瞒瑕疵或恶意歪曲标的物性质时，买受人不负通知义务，此时适用诉讼时效，即自买受人知道或应当知道标的物不符合约定之日起三年。[74] (1)判断时点。明知或应知瑕疵的时点，应是出卖人交货时，而非交货后的认知状态，即出卖人具有向相对方提供质量或数量不符标的物的故意或过失。[75] (2)违反强制性规定。标的物（机器设备）存在固有设计缺陷，存在严重安全隐患，且违反国家强制性标准，而出卖人作为制造商应熟知国家标准与技术参数，此时既可能为出卖人恶意，也可能是生产过程存在重大过失，视为出卖人明知或应知。[76]

2. 出卖人放弃

30 出卖人可就通知不适格之抗辩，作出放弃。时间上，出卖人放弃可分两类：其一，买受人通知前，出卖人已放弃抗辩；其二，买受人逾期通知，出卖人声明接受通知。前者涉及通知义务之免除，后者为责任承担之允诺。买受人适时通知时，出卖人本应承担违约责任，无所谓放弃。出卖人放弃之作成，包括单方放弃与合意放弃。(1)单方放弃。买受人通知前或逾期通知时，出卖人无条件承认违约、收回标的物并表示修理、更换或无保留同意对瑕疵标的进行检查的，构成出卖人放弃。[77] 出卖人仅愿就通知所涉标的物进行谈判，不构成放弃。法院无须依职权审查是否存在放弃情形，但当事人须在法庭主张存在放弃情形。出卖人自愿承担违约责任，又以本条规定的期间经过为理由反悔的，法院不予支持[《买卖合同解释》（2020年修正）第14条第2款]。(2)合意放弃。当事人可就出卖人放弃达成合意。若为格式条款，应依《民法典》第496条以下判定条款效力。[78]

---

〔74〕 因出卖人恶意而排除适用本条之判决例，参见最高人民法院（2014）民申字第948号裁定书；江苏省苏州市中级人民法院（2017）苏05民终2079号判决书。

〔75〕 以供货之时作为出卖人恶意的判断时点，判决例参见上海市第一中级人民法院（2016）沪01民终8654号判决书。

〔76〕 判决例参见山东省青岛市中级人民法院（2016）鲁02民终10387号判决书。

〔77〕 CISG也认可单方放弃，参见Schlechtriem/Schwenzer/Schwenzer, Kommentar zum Einheitlichen UN-Kaufrecht, 6. Aufl., 2013, Art. 38, Rn. 33.

〔78〕 类似地，德国法上，通过格式条款对买受人通知义务进行的约定，若被认为与《德国商法典》第377条规则的主要理念相悖离时，可依据《德国民法典》第307条第1-2款判定无效。参见Hans Brox, Martin Henssler, Handelsrecht mit Grundzügen des Wertpapierrechts, 22. Aufl., C. H. Beck, Rn. 406.

四、法律效果

(一)法律效果之重构:从抗辩出发

1. 我国学说梳理

31 本条法效之确定,至关重要,直接影响通知期间性质定位。买受人怠于通知之法效,究竟是违约救济权利未产生,尚未成立物的瑕疵担保责任;还是违约救济权利虽已产生,但又嗣后消灭?对此,学理见解不一,可分两种立场。[79] 持"违约救济权利已产生,但又嗣后消灭"立场者,为除斥期间说。[80] 持"违约救济权利未产生"立场者,如独立期间说(新说)[81]与或有期间说[82]。独立期间说与或有期间说均认为,买受人怠于通知,物的瑕疵担保权利未产生。两者核心区别在于,其一,观察除斥期间的视角不同,独立期间说(新说)强调其与除斥期间的差异,即除斥期间为法定期间,通知期间约定优先;[83] 或有期间则强调,通知期间直接决定买受人能否取得解除权,除斥期间届满,解除权消灭。[84] 其二,或有期间是决定

---

〔79〕 在两种立场之外,认为违约责任源于违约事实,由此判断检验通知期间的,参见冯珏:《或有期间概念之质疑》,载《法商研究》2017年第3期,第143页以下。

〔80〕 采"除斥期间说"者,包括耿林教授、韩世远教授、王洪亮教授。耿林教授认为,通知义务是一种法律地位,是广义上的权利,构成买受人的异议权,该程序性权利属于除斥期间所调整的类似权利的法律地位情形,故其存在期间(通知期间)属于除斥期间。就除斥期间与失权期间的关系,耿林教授认为,除斥期间经过后,权利实现已经被阻断,无须再适用失权制度;除斥期间届满前,若具备失权要件,则适用失权制度,无须适用除斥期间。王洪亮教授亦认为,法效果上,若买受人未在两年内进行瑕疵通知,买受人丧失所有基于瑕疵担保的救济权利。参见耿林:《论除斥期间》,载《中外法学》2016年第3期,第624页;耿林:《论民法总则的撤销期间》,载《华东政法大学学报》2018年第5期,第25页;韩世远:《租赁标的瑕疵与合同救济》,载《中国法学》2011年第5期,第57页;王洪亮:《债法总论》,北京大学出版社2016年版,第294页。

〔81〕 独立期间说(新说),之区分"新说"和"旧说",原因在于,该学说主导学者崔建远教授的观点有所变化。崔建远教授早期采失权期间说(旧说),认为瑕疵担保责任的产生受质量异议期间限制,期间届满消灭权利本身。参见崔建远:《合同法》(第2版),北京大学出版社2013年版,第331、332页;崔建远:《物的瑕疵担保责任的定性与定位》,载《中国法学》2006年第6期,第38页。但崔建远教授在2018年《论检验期间》一文中修正"失权期间说",转而将检验期间理解为一个独立的期间制度,有别于除斥期间和诉讼时效,故本文以崔建远教授最新观点为准,称为独立期间说(新说)。参见崔建远:《论检验期间》,载《现代法学》2018年第4期,第89页以下。

〔82〕 采"或有期间说"者,如王轶教授。该说认为,或有期间是决定当事人能否获得特定类型请求权、形成权等权利的期间,将异议期间区分为约定检验期间、标的物质量保证期间、合理期间三种类型。参见王轶:《民法总则之期间立法研究》,载《法学家》2016年第5期,第156页以下;王轶:《诉讼时效制度三论》,载《法律适用》2008年第11期,第16页;王利明:《合同法研究(第三卷)》(第2版),中国人民大学出版社2012年版,第85页。

〔83〕 参见崔建远:《论检验期间》,载《现代法学》2018年第4期,第84、85页。

〔84〕 参见王轶:《民法总则之期间立法研究》,载《法学家》2016年第5期,第158、159页。

当事人能否获得特定类型请求权、形成权等权利的期间，涵盖权利类型更广，期间届满，买受人未取得解除权，不能取得主张违约责任的请求权和解除权，与诉讼时效仅针对既存请求权的限制不同，通知期间最终限制买受人的违约责任承担的债权请求权和解除权。[85]

2. **域外方案归纳**

比较法上，通知义务的法效果构造，英国法和德国法区别显著，德国法及其继受者ULIS、CISG、UCC之间，亦存细微差异。（1）丧失请求权。UCC、ULIS与CISG的共性在于，怠于通知的法效果是失权，但不阻却请求权产生，买受人仅丧失违约救济请求权。[86]（2）概括丧失权利。德国法上，买受人怠于通知，所失权利不仅是解除权，还包括减价等其他权利。德国法更趋近美国法，其与英国法的差异在于，英国法上的通知义务并非独立制度，通知是合同解除权行使要件（《1979英国货物买卖法》第34条）。（3）与诉权关联。《法国民法典》第1648条并无违反通知义务就丧失请求权的规范构造，通知与解除合同的诉权相关。[87] 32

但就“违约救济权利是否产生”这一我国学理争点，上述方案皆未涉及。若仅从丧失权利角度观察，本条法律效果，毋宁是买受人无法主张违约救济权利，包括修理、更换、重作等请求权，也包括减少价金、退货（解除合同）等形成权，故更趋近于德国模式。 33

3. **从规范意旨重构法效果：从抗辩权出发**

在“请求—抗辩—抗辩排除”视角下，上述学说皆具解释空间，本质或在于对本条的规范定位不同。若为辅助规范，则本条经由《民法典》第616条之参照，构成《民法典》第511条的辅助规范，旨在补充《民法典》第616条“标的物不符合约定”的构成要件。有观点认为，本条系买卖合同瑕疵担保责任的构成要件，此系辅助规范的观察进路。[88] 若为抗辩规范，则本条旨在通过“怠于通知”之法律上事 34

---

〔85〕 参见王轶：《民法总则之期间立法研究》，载《法学家》2016年第5期，第158、159页。

〔86〕 G. H. Treitel, Remedies for Breach of Contract, A Comparative Account, Clarendon Press, Oxford, 1988, pp. 141.

〔87〕 问题在于，法国法的方案或与其沿袭罗马法传统的程式诉讼有关。参见巢志雄：《诉讼标的理论的知识史考察——从罗马法到现代法国法》，载《法学论坛》2017年第6期。

〔88〕 崔建远教授与王洪亮教授采辅助规范进路。崔建远教授认为，买受人履行通知义务，是物的瑕疵担保责任的积极要件之一，检验通知期间直接影响物的瑕疵担保责任是否成立。王洪亮教授将瑕疵担保责任的构成要件细化为四项：（1）标的物存有瑕疵；（2）瑕疵在风险移转时已存在；（3）买受人适时检验并提出瑕疵异议；（4）买受人知道或应当知道。参见王洪亮：《债法总论》，北京大学出版社2016年版，第288—295页；崔建远：《合同法》（第2版），北京大学出版社2013年版，第331、446页；崔建远：《论检验期间》，载《现代法学》2018年第4期，第83页。

实推定，排除适用《民法典》第511条“买受人违约责任”。在“违约救济权利未产生”的思路下，独立期间说(新说)与或有期间说应是从构成要件角度观察，认为本条构成《民法典》第511条的辅助规范，即通知期间经过，未满足第616条“不符合约定”的构成要件，进而经由《民法典》第616条参照《民法典》第511条，不成立物的瑕疵担保责任。在“违约救济权利已产生，但嗣后消灭”思路下，除斥期间说应是从法律效果视角观察，认为本条是《民法典》第511条主张违约救济权利之抗辩，此时违约救济权利已产生，但未行使，故该学说强调违约救济权利在产生后因怠于通知而消灭。

35 以上诸种学说，并无实质差异。辅助规范和抗辩规范之不同，在于构成要件或法律后果的观察视角不同。但本条法律效果和规范性质之关联，互为因果：若从构成要件出发，界定为辅助规范，则法效果围绕构成要件是否满足展开；若从法律效果观察，界定为抗辩规范，则法律效果必然围绕抗辩展开。

36 本条究竟是辅助规范，还是抗辩规范，或可基于规范意旨，从举证责任和当事人利益格局视角，重新审视(边码3)。其一，本条规范性质的意义，更多的在于举证责任承担，依据谁主张积极事实谁证明的原则，就买受人怠于通知之事实，应由出卖人证明，故本条性质上应为抗辩规范(边码4、39)。其二，从当事人利益格局观察，若为辅助规范，请求权从未产生，买受人毫无主张违约救济权利之空间。若为抗辩规范，请求权已产生，若买受人主张违约救济权利，则出卖人可依本条提出抗辩。本条究竟是界定为辅助规范，追求整个买卖瑕疵担保体系的确定性，彻底保护出卖人，还是界定为抗辩规范，给出卖人以选择空间，亦须结合本条适用范围加以考虑。在民商事合同一体适用格局下，若彻底保护出卖人，对民事合同买受人似有不公，但若从交易确定性和便捷性角度考虑，采辅助规范，则能从源头截断买受人的权利主张，更有利于确定性之建立。关键在于，本条规范意旨，并非倒果为因，仅为保护出卖人利益并以此进行规范配置，而是从是否给予出卖人更多自治空间的角度，进行利益衡量(边码3)。若界定为辅助规范，出卖人自治空间趋近于无，若界定为抗辩规范，则赋予了出卖人是否抗辩的选择，这意味着，立法者在买卖合同的瑕疵担保体系中，给出卖人提供了额外的自治空间。从这一角度观察，本条更宜理解为抗辩规范，系买卖法上“当事人利益微调”的瑕疵担保特别规则。

37 难点在于，在界定为抗辩规范的前提下，怠于通知之法律效果，究竟是抗辩，抑或抗辩权,学理和实践均无定论。[89] 抗辩与抗辩权的区分实益在于,若为权利消灭的抗辩,法院须依职权审查,如果被告未主张也未举证,但原告的陈述中包含相关事实,法院也需审查;若为实体抗辩权,法官不得主动介入,由当事人自主决定是否行使,法院仅在诉讼主体明确主张之时才须介入。[90] 但在抗辩规范的立场下,无论是权利消灭抗辩,还是抗辩权,买受人的利益状态并无不同。若采抗辩权说,就出卖人而言,构成法律上的选择,取决于其是否行使权利。此情形下,即便买受人丧失违约救济权利,出卖人仍可能为维护商誉选择主动补正。出卖人补正而买受人受领的,类似于时效经过的给付,出卖人有请求权,仍有给付保持力,但没有强制执行力,出卖人补正而买受人拒绝的,构成买受人的放弃。若采权利消灭抗辩,就出卖人而言,构成事实上的选择,出卖人既可积极举证,也可主动提供补正,甚至可以不举证。若出卖人选择不举证,法院认定抗辩不成立,买受人仍保有违约救济权利。此情形下,出卖人仍有可能基于商誉等原因主动补正。换言之,当出卖人不想补正时,无论其行使抗辩权还是自始就无补正义务,结果相同;而在出卖人想要补正时,无论其"是否有义务补正",还是"无义务补正但自愿提供补正",结果仍然相同。

本文认为,采实体抗辩权,或采权利消灭抗辩,对当事人利益格局并无差异, 38
故在实体层面,两者区分的意义并不显著。但抗辩权的构造路径,或在程序法层面更具优势。买受人是否怠于通知,法院并无主动审查之必要,亦无审查之能力,但若是权利消灭抗辩,则在出卖人未举证情形下,就会产生第三人可否举证买受人怠于通知,法院是否须依职权审查的问题,故本文认为,将本条界定为实体抗辩权,在诉讼层面更具实益。但此种抗辩权,所对抗的,是基于数量或质量不符所产生的救济权益,包括但不限于请求权,也可对抗形成权。例如,合同解除权、减价的事实构成因视为符合约定而导致不满足。判决例中,确有法院认为,本条提供了实体抗辩权,买受人怠于通知,发生丧失违约救济权利之效果,买受人主张违约

〔89〕 德国法上,《德国商法典》第377条究竟是抗辩,还是抗辩权,存在争议。多数观点采抗辩规范,少数观点采实体抗辩权。多数观点认为,该条为抗辩规范,买受人怠于通知时,标的物经法律拟制视为符合约定,此为出卖人可主张之抗辩,法院须依职权审查。例如 Baumbach/Hopt, Kommentar zum Handelsgesetzbuch, 38. Aufl., 2018, HGB §377, Rn. 44 – 46; Schwarze/Häublein/Hoffmann – Theinert, BeckOK HGB, 25. Aufl., 2019, HGB §377, Rn. 67; Grunewald, Münchener Kommentar zum Handelsgesetzbuch, 4. Aufl., 2018, HGB §377, Rn. 97; Oetker, Kommentar zum Handelsgesetzbuch, 6. Aufl., 2019, HGB §377, Rn. 116. 少数观点将之界定为抗辩权,认为通知期间经过和瑕疵担保责任的诉讼时效经过一样,构成有利于出卖人的抗辩权,出卖人可以放弃。采此观点者,例如 Ebenroth/Boujong/Joost/Strohn, Handelsgesetzbuch, 3. Aufl., 2015, HGB §377, Rn. 213 – 214; 提到抗辩权的少数观点的,亦参见 Baumbach/Hopt, Kommentar zum Handelsgesetzbuch, 38. Aufl., 2018, HGB §377, Rn. 44 – 46.

〔90〕 Rüthers/Fischer/Birk, Rechtstheorie mit Juristischer Methodenlehre, 10. Aufl., 2018, C. H. Beck, S. 88.

责任的实体权利消灭。[91]

39　疑点在于,本条"视为标的物的数量或者质量符合约定",究竟是法律拟制,抑或为法律上的事实推定?对此立法技术的定位不同,直接影响实体抗辩权或权利消灭抗辩能否成立。法律上的推定,涉及民事诉讼中的证明责任,主要在于通过改变证明命题,降低当事人证明责任的难度。[92] 推定的事实大概率地接近真实,而拟制相反,故而拟制与推定的基础并不相同。若界定为法律上的事实推定,则当买受人主张数量或质量不符合约定时,出卖人需就标的物符合约定进行证明,但经由本条"视为符合约定"的法律上事实推定后,出卖人只需证明买受人怠于通知,法律就推定为标的物数量或质量符合约定得到了证明,即改变了证明命题,降低了当事人的证明责任难度。若界定为法律拟制,则权利已消灭,但抗辩权是阻止权利行使,两者并不匹配。故本文认为,本条"视为标的物的数量或者质量符合约定",是法律上的事实推定,其与抗辩权一体相承。

40　综上,基于抗辩权视角,既能澄清其与违约责任之间的关系,亦能为澄清通知期间性质争议,提供新的解释路径,也符合本条在证明命题上的安排。将本条界定为法律上的事实推定,采实体抗辩权路径,则请求权确实产生,只是无法主张。那么,本条所涉通知期间,就具有了独立功能,其既非除斥期间,亦非失权期间,更非请求权产生要件,从法效果和规范类型的特殊性角度考虑,或可将其视为特别期间,但其无须再作类型化的构造,仅将之视为现有期间类型的一种例外情形即可。

(二)怠于通知之法律效果

41　买受人怠于通知,依法律上的事实推定(边码39),视为标的物符合约定,排除买受人违约救济权利行使空间。不仅如此,买受人亦无权主张不当得利请求权,但买受人仍可主张侵权请求权和出卖人的缔约过失责任(边码45—46)。

1. 排除买受人违约救济权利

42　买受人怠于通知,视为标的物符合约定,买受人不得主张所有违约救济权利。但买受人原来因物之瑕疵而依缔约过失、侵权行为可能取得的损害赔偿请求权,

---

〔91〕 明确提及买受人丧失违约救济权利的判决,参见浙江省嘉兴市中级人民法院(2016)浙04民终1389号判决书;明确提及违约责任实体权利消灭的判决例,参见吉林省长春市中级人民法院(2017)吉01民终5186号判决书;类似的,承揽合同中明确提及定作人丧失法律救济权的判决,参见陕西省高级人民法院(2014)陕民二申字第00141号判决书。

〔92〕 参见庄加园、李昊:《论动产占有的权利推定效力——以〈德国民法典〉第1006条为借鉴》,载《清华法学》2011年第5期,第125页;[德]莱奥·罗森贝克:《证明责任论》(第5版),庄敬华译,中国法制出版社2018年版,第256、257页。

并不因此丧失或排除，此类因物之瑕疵延生的损害，由买受人负担。[93]

2. 买受人之支付价金义务

本条虽未规定法律推定为符合约定，会对对待给付产生何种效果，但可从本条规范目的推导出买受人的付款义务。实践中，怠于通知时，出卖人主张支付余款的条件已成就，买受人应支付剩余价款，买受人迟延付款的，构成违约。[94]（1）物之瑕疵。在物之瑕疵，买受人怠于通知，买受人应支付约定全部价金，无权提出任何抗辩或反诉。非因物之瑕疵，而因出卖人违反其他从给付义务所生结果损害的请求权，不因此受到影响。交货价值高于约定价值时，例如交货质量更佳时，买受人是否应支付额外价款，其处理方法与交付高价值异种物相同。（2）数量不符。数量不足而买受人怠于通知，视为数量符合约定，即出卖人适当履约，买受人应支付约定全部价款，不得主张减价。[95] 数量超过时，对"拒绝接收多交部分的，应当及时通知出卖人"[《民法典》第629条与《买卖合同解释》（2020年修正）第3条]的反面解释，可以得出，在数量超过情形，仅在拒绝接收多交部分时，买受人才负通知义务，若接收多交部分，买受人原则上不负通知义务，其可保有多交部分标的，但应支付额外价金，此时视为默示变更合同。数量超过而买受人拒绝接收多交部分的，若买受人怠于通知，则视为买受人接收多交部分标的物，负有支付价款义务；但若买受人进行了异议通知，买受人应将超额货物退回。[96]（3）交付异种物。交付异种物，买受人应保有受取之标的，并支付约定价金。类型上，依交付异种物价值与约定价值之差异，区分交付低价值异种物和交付高价值异种物。 43

〔93〕 相反，我国台湾地区有观点认为，侵权行为、缔约过失的损害赔偿请求权，因怠于通知一并排除。参见刘春堂：《民法债编各论（上）》，台湾地区三民书局2014年版，第61页；詹森林：《不完全给付——"最高法院"决议与判决之发展》，载《台湾本土法学杂志》2002年第5期，第15页。

〔94〕 相关判决例参见江苏省无锡市中级人民法院（2017）苏02民终3260号判决书；北京市第二中级人民法院（2016）京02民终10240号判决书；北京市第二中级人民法院（2017）京02民终1201号判决书。

〔95〕 通知不适格时，买受人应支付约定价金，此点无争议。但就买受人能否主张继续履行，观点不一：（1）认为买受人可以主张继续履行，参见 Schlechtriem/Schwenzer/Schwenzer, Kommentar zum Einheitlichen UN－Kaufrecht, 6. Aufl., 2013, Art. 38, Rn. 30; Hans Brox, Martin Henssler, Handelsrecht mit Grundzügen des Wertpapierrechts, 22. Aufl., 2016, C. H. Beck, Rn. 418；（2）认为买受人不得请求添补的，参见梅仲协：《民法要义》，中国政法大学出版社2004年版，第338页。

〔96〕 比较法上，数量超过时，买受人是否应就多交部分支付额外价款，存在争议。肯定说认为，应支付额外价款者，参见 Hans Brox, Martin Henssler, Handelsrecht mit Grundzügen des Wertpapierrechts, 22. Aufl., 2016, C. H. Beck, Rn. 418; Schlechtriem/Schwenzer/Schwenzer, Kommentar zum Einheitlichen UN－Kaufrecht, 6. Aufl., 2013, Art. 38, Rn. 30；梅仲协：《民法要义》，中国政法大学出版社2004年版，第339页。但有观点认为，《德国商法典》第378条项下，买受人对较高价金不享有请求权，在明显的数量变更情形下，可以认为，出卖人在放弃对方接受意思表示送达时，对较高价金之表示，提出默示要约，买受人可以通过先占、使用标的物，作出承诺。参见[德]C. W. 卡纳里斯：《德国商法》，杨继译，法律出版社2006年版，第698页。

交付低价值异种物时,买受人须支付约定价金,无权提起抗辩或反诉。交付高价值异种物时,疑点在于,买受人是否应支付额外价金?此点存在争议。[97] 本文认为,出卖人不能向买受人主张额外价金,原因在于,本条法律上事实推定的法效果,旨在让出卖人处于依约履行地位,而非赋予其处于较所订立合同的更优或更劣地位。

3. **其他权利义务**

44 在异地买卖,买受人发出通知时,负有暂为保管标的之义务,买受人未收取标的物,标的物毁损、灭失的风险,自买受人违反约定之日起承担(《民法典》第 608 条)。标的物有腐坏风险,买受人可以紧急出售并将收入交予出卖人。买受人变卖时应通知出卖人,怠于通知的,应承担损害赔偿责任。

(三)竞合

1. **与缔约过失之竞合**

45 在违约责任与缔约过失责任之间,本文采自由竞合说。[98] 本条第 3 款明确排除出卖人明知或应知标的物不符约定情形,故限缩了本条与《民法典》第 500 条自由竞合的空间:仅在出卖人在缔约过程中违反诚实信用原则,非因重大过失未能披露标的物数量或质量不符时,若买受人通知适格,其既可依《民法典》第 616 条及第 511 条主张违约责任,也可依《民法典》第 500 条主张缔约过失责任。

46 若买受人怠于通知,标的物视为符合约定,买受人无权主张违约救济权利,此时,买受人能否依据《民法典》第 500 条,请求信赖利益赔偿?缔约过失损害赔偿请求权诉讼时效,适用三年普通时效期间,自权利人知道或应当知道受到损害及义务人之日起算(《民法典》第 188 条)。期间上,买受人可能因约定检验期间经过,合理期间经过,收到标的物之后两年期间经过,以及质量保证期经过(无论是否超过两年),构成怠于通知。其中,与缔约过失的三年诉讼时效可能发生交叉的,是质保期。若质保期超过两年不到三年,质保期经过后,买受人怠于通知,买

---

〔97〕 此问题于我国鲜少讨论,但比较法上存在争议。否认说认为,出卖人无权向买受人主张额外价金,参见 Hans Brox, Martin Henssler, Handelsrecht mit Grundzügen des Wertpapierrechts, 22. Aufl. , 2016, C. H. Beck, Rn. 417;肯定说认为(肯定说多见于 CISG 相关文献),从体系观察,交付更高价值异种物,应类推适用 CISG 第 52 条第 2 款,否则,出卖人在买卖法之外的救济权利须依据缔约国法律确定,可能与 CISG 出现价值矛盾。故交付更高价值异种物应适用 CISG 第 40 条,出卖人须依原定价格付款。参见 Schlechtriem/Schwenzer/Schwenzer, Kommentar zum Einheitlichen UN - Kaufrecht, 6. Aufl. , 2013, Art. 38, Rn. 30.

〔98〕 有关自由竞合说的相关论证,参见金晶:《〈合同法〉第 111 条(质量不符合约定之违约责任)评注》,载《法学家》2018 年第 3 期,第 172、173 页。

受人不再保有违约救济权利，但其主张缔约过失的诉讼时效尚未经过，仍可主张缔约过失责任；若质保期约定超过三年，质保期经过后，缔约过失的诉讼时效亦经过。

2. **与性质错误之竞合**

在性质错误场合，本条与重大误解之间，存在竞合空间。若标的物瑕疵亦构成交易重大内容，即性质错误时，依重大误解规则，合同可撤销。若依本条，买受人适格通知，其仍保有违约救济权利；怠于通知，标的物视为无瑕疵，其无法主张违约责任。故依重大误解与本条，同一合同在法效果上呈现出可撤销和违约两种走向。 47

就物之瑕疵与性质错误关系，存在竞合说与特别规定说两种见解。前者认为，物的瑕疵担保责任系特殊规定，排除适用重大误解一般规则。[99] 后者主张自由竞合。[100] 本文采竞合说。但是，本条与性质错误，应在竞合的基本立场上，更进一步，构成有限竞合，应区分交易类型，在商事合同，应允许自由竞合，在民事合同，应赋予买受人撤销权。重大误解，旨在保护买受人内心真意（意思形成自由）；通知，旨在赋予出卖人一定自治空间，促进交易快速清算（边码3）。对重大误解（买受人意思形成自由）与通知义务（交易效率/出卖人自治空间）进行价值衡量时，应区分交易类型。商事交易中，瑕疵属于性质错误时，具有交易背景和交易经验的商事买受人，应自负其责；民事交易中，一般民事买受人并无专业知识或交易经验，此时片面追求交易效率和出卖人自治，于民事买受人而言，并不公平，故应赋予买受人以撤销权。故本条与性质错误之间，自由竞合应仅限于民事合同，以平衡民事买受人在重大误解情形下的风险，商事合同不得适用重大误解撤销，以贯彻商事交易之本旨，促进交易安全与交易效率。 48

五、程序法问题

本条“怠于通知，标的物视为符合约定”，系法律上事实推定，与法院是否准许鉴定，存在直接关联（边码39、53）。 49

---

〔99〕 德国采“特别规定说”，认为买卖法的瑕疵担保规则系特别规则，排除适用错误法则。但德国债法改革后，瑕疵担保法和一般给付障碍法的差别渐小，学界对特别规则优先适用的立场亦存怀疑。参见Palandt - Weidenkaff, BGB, 74. Aufl., 2015, § 437 Rn. 53; MüKoBGB/Westermann, 7. Aufl., 2016, BGB § 437 Rn. 53.

〔100〕 采“竞合说”者，参见陈自强：《台湾民法契约错误法则之现代化》，载《月旦法学杂志》2015年第4期，第117页以下；王泽鉴：《民法总则》，北京大学出版社2009年版，第300页；李宇：《民法总则要义：规范释论与判解集注》，法律出版社2017年版，第559页；金晶：《〈合同法〉第111条（质量不符合约定之违约责任）评注》，载《法学家》2018年第3期，第174页。

(一)证明责任

1. 买受人的证明责任

50 本条未见降低证明标准情形,收到标的后,买受人原则上承担适格并及时作出瑕疵通知的证明责任。具体而言,买受人就"数量或质量不符存在",〔101〕"在合理期间内异议",〔102〕"通知到达"承担证明责任。此外,买受人还就本条第 3 款的"出卖人明知或应知存在瑕疵"〔103〕负证明责任。就瑕疵何时存在,买受人不负证明责任。〔104〕

51 负证明义务的买受人,首先应就通知本身作出证明。(1)通知到达之证明。瑕疵通知是否有效到达,适用意思表示规则,在书面通知情形,买受人需证明通知到达。(2)通知及时性之证明。买受人需证明通知的及时性,这与通知期间起算相关。在隐蔽瑕疵,通知期间自瑕疵识别时起算,买受人需证明自己在识别之时就明确、具体地确定了瑕疵。原则上,买受人还需证明隐蔽瑕疵的隐蔽性,即瑕疵无法通过正常检验发现。隐蔽瑕疵的"可识别性"需由法官根据案件情事作出评价。(3)通知期间合理性之证明。买受人还需证明通知期间是合理的。"合理性"属于不确定法律概念,不确定法律概念包含事实要素和规范要素,买受人须确定并证明事实要素,即承担具体情形中合理性的证明责任,规范要素则属于法律问题,须作法律评价。〔105〕(4)合意排除本条适用之证明。本条系任意性规范,当事人可以合意放弃适用本条,而放弃之合意是否有效达成,原则上由主张合意放弃的一方证明,实践中通常为买受人(边码 4)。(5)质保期之证明。原则上,买受人需就质保期承担证明责任,买受人须证明质保期属于合同内容之一部分,本条第 2 款末句质保期与两年期间不同,对此,买受人须证明存在隐蔽瑕疵,并且隐蔽瑕疵属于质保范畴,即买受人仍然需就合同内容承担证明责任。

---

〔101〕 单纯提交检测检验报告,无法证明提供检测标的物为涉案标的物的,不足以证明涉案标的物存在瑕疵,例如江苏省常州市中级人民法院(2017)苏 04 民终 4233 号判决书。

〔102〕 买受人无法证明其在适格期间内异议,视为符合约定,参见江苏省高级人民法院(2017)苏民申 1400 号裁定书;江苏省泰州市中级人民法院(2017)苏 12 民终 2787 号判决书;江苏省南京市中级人民法院(2016)苏 01 民终 8470 号判决书;江苏省无锡市中级人民法院(2016)苏 02 民终 1793 号判决书。单纯提交住宿记录或单方证人证言,无法认定在合理期间内提出异议,参见江苏省高级人民法院(2016)苏民申 1408 号裁定书。

〔103〕 参见江苏省高级人民法院(2017)苏民申 661 号裁定书。

〔104〕 参见吉林省长春市中级人民法院(2017)吉 01 民终 5186 号判决书。

〔105〕 关于不确定法律概念中事实要素和法律要素的证明责任,参见 Baumgärtel/Müller, Beweislast, Bd 2, 4. Aufl., Vor Art. 1, Rn. 35; Art. 39 UNKR, Rn. 11.

2. **出卖人的证明责任**

52 出卖人仅就“事实上交货”和“两年期间经过”承担证明责任。由于买受人承担两年期间起算点的证明责任，出卖人只能证明事实上进行了交货，故需就“事实上交货”之证明，区分两种情形：若出卖人直接将标的物交给买受人，出卖人原则上须证明合同履行的时间点；若出卖人以寄送买卖方式交货，买受人须证明何时交货。出卖人不承担收货后的标的发生变化的风险，例如因买受人不当使用造成瑕疵。出卖人欲作相反主张，例如主张瑕疵在收货之后出现的，须负证明责任。

(二)质量鉴定

53 诉讼中，鉴定构成本条核心争点。(1)鉴定的启动。鉴定程序依当事人申请或法院依职权启动(《民事诉讼法》第76条)，当事人申请鉴定，应在人民法院指定期间内提出[《民事诉讼证据规定》(2019年修正)第31条第1款]，〔106〕符合依职权调查收集证据条件的，法院应依职权委托鉴定，在询问当事人意见后，指定适格的鉴定人(《民事诉讼法解释》第121条第3款)。〔107〕对需要鉴定的待证事实负有举证责任的当事人，在法院指定期限内无正当理由不提出鉴定申请或者不预交鉴定费用，或者拒不提供相关材料，致使对待证事实无法查明的，当事人应对该事实承担举证不能的法律后果[《民事诉讼证据规定》(2019年修正)第31条第2款]。(2)鉴定(重新鉴定)的必要。法院不予准许鉴定申请的常见情形，是买受人怠于通知，再行鉴定并无必要。〔108〕此外，涉案标的(机器设备)被自行拆分，无法确定买受人是否对标的妥善保管且无法与其他标的区分，涉案标的距离收货时间过久致使鉴定无法真实反映交货时质量情况，申请人无法提交符合鉴定条件的样品，标的物(饲料)涉诉时已过保质期，上述诸种情形，因不具备鉴定基础，鉴定申请不予准许。〔109〕当事人对鉴定意见有异议，申请重新鉴定的，应证明存在《民事诉讼证

〔106〕判决例表明，超出举证期限，因时间过久，无法真实反映交货时质量状况，不予准许鉴定申请，例如江苏省南通市中级人民法院(2016)苏06民终3706号判决书。

〔107〕参见江苏省苏州市中级人民法院(2017)苏05民终2079号判决书。

〔108〕参见吉林省长春市中级人民法院(2017)吉01民终5186号判决书；江苏省无锡市中级人民法院(2017)苏02民终1842号判决书；江苏省苏州市中级人民法院(2017)苏05民终6087号判决书；上海市第一中级人民法院(2016)沪01民终8654号判决书；辽宁省大连市中级人民法院(2016)辽02民再80号判决书；江苏省高级人民法院(2016)苏民申1024号裁定书；江苏省南通市中级人民法院(2016)苏06民终1636号判决书；江苏省泰州市中级人民法院(2016)苏12民终2215号判决书。

〔109〕参见最高人民法院(2014)民二终字第27号判决书；北京市第二中级人民法院(2017)京02民终10678号判决书；吉林省长春市中级人民法院(2017)吉01民终3265号判决书；福建省三明市中级人民法院(2017)闽04民终1043号判决书；浙江省高级人民法院(2016)浙民申2568号裁定书；辽宁省大连市中级人民法院(2016)辽02民再80号判决书；山东省烟台市中级人民法院(2016)鲁06民终3832号判决书。

据规定》(2019 年修正)第 40 条法定情形,无法提供有效证据证明涉案鉴定意见存在重新鉴定法定情形,法院不予批准。[110] (3)鉴定意见的证据评价。当事人自行委托鉴定,对送检样品、鉴定标准未经双方确认,证明力不足,法院不予支持。[111] 送检样品并非双方当事人共同封样,未依照法定程序由双方共同选择鉴定机构或由法院指定鉴定机构鉴定,法院不予采信。[112] 涉案标的不适合通过鉴定方式判断产量,鉴定意见无法作为标的物(涉案设备产量)是否符合约定的依据。[113]

附:案例索引

1. 安徽省亳州市中级人民法院(2016)皖 16 民终 1605 号判决书:亳州市鑫齿钻具有限公司与张某尧买卖合同纠纷案【边码 4】

2. 安徽省高级人民法院(2015)皖民二终字第 00859 号判决书:凯斯特(滁州)工程设备有限公司与漳州市九龙沙石有限公司买卖合同纠纷案【边码 53】

3. 北京市朝阳区人民法院(2008)朝民再初字第 22933 号判决书:陈某华与北京智硕科贸集团债务纠纷案【边码 7】

4. 北京市朝阳区人民法院(2015)朝民(商)初字第 4566 号判决书:北京赛斯焦点科技有限公司与金海华(眉县)房地产开发有限公司合同纠纷案【边码 8】

5. 北京市第二中级人民法院(2016)京 02 民终 10240 号判决书:北京中电凯瑞控制技术有限公司与北京中能博瑞控制技术有限公司买卖合同纠纷案【边码 43】

6. 北京市第二中级人民法院(2016)京 02 民终 8552 号判决书:江门市蓬江区金石机电有限公司与北京航天嘉诚精密科技发展有限公司买卖合同纠纷案【边码 16】

7. 北京市第二中级人民法院(2016)京 02 民终 9735 号判决书:北京格瑞炫景照明工程有限公司与北京天宇星斓传媒广告有限公司承揽合同纠纷案【边码 8】

8. 北京市第二中级人民法院(2017)京 02 民终 10138 号判决书:慧格(北京)咨询有限公司与北京通世舟数字科技有限责任公司买卖合同纠纷案【边码 4、6】

9. 北京市第二中级人民法院(2017)京 02 民终 10678 号判决书:百溢(北京)国际投资管理有限公司与深圳市鸿煜电子有限公司买卖合同纠纷案【边码 53】

10. 北京市第二中级人民法院(2017)京 02 民终 1201 号判决书:北京新奥混凝土集团有限公司与北京中交工程仪器研究所买卖合同纠纷案【边码 43】

11. 北京市第二中级人民法院(2017)京 02 民终 2001 号判决书:北京鑫海龙腾电力科技发展中心与北京筑信易通科技发展有限公司买卖合同纠纷案【边码 6】

---

〔110〕 参见浙江省高级人民法院(2016)浙民再 138 号判决书;江苏省连云港市中级人民法院(2015)连商终字第 00278 号判决书。

〔111〕 参见江苏省南通市中级人民法院(2016)苏 06 民终 1636 号判决书;浙江省绍兴市中级人民法院(2017)浙 06 民终 1737 号判决书。

〔112〕 参见江苏省高级人民法院(2016)苏民终 644 号判决书。

〔113〕 参见安徽省高级人民法院(2015)皖民二终字第 00859 号判决书。

12. 北京市第二中级人民法院(2017)京02民终3154号判决书:白某亮与北京东方宏业家具有限公司定作合同纠纷案【边码6、8】

13. 北京市第二中级人民法院(2017)京02民终8220号判决书:山东华屹重工有限公司与德宝晟天国际贸易(北京)有限公司买卖合同纠纷案【边码6】

14. 北京市第二中级人民法院(2017)京02民终9263号判决书:北京中海威环保科技有限公司与北京兴宜世纪科技有限公司买卖合同纠纷案【边码6】

15. 北京市第三中级人民法院(2016)京03民终12223号判决书:北京天超仓储超市有限责任公司与首佳提供照明方案(北京)有限责任公司买卖合同纠纷案【边码16、21】

16. 北京市第三中级人民法院(2017)京03民终13956号判决书:北京天润福源房地产开发有限公司与北京三捷建筑装饰工程有限责任公司买卖合同纠纷案【边码23】

17. 北京市第一中级人民法院(2016)京01民终2972号判决书:北京北方永邦科技股份有限公司与重庆非致科技发展有限公司买卖合同纠纷案【边码16】

18. 北京市第一中级人民法院(2016)京01民终3897号判决书:武汉征原电气有限公司与佩尔优节能科技股份有限公司买卖合同纠纷案【边码18】

19. 北京市第一中级人民法院(2017)京01民终2072号判决书:保定欣达制冷空调工程有限公司与华盛同泰(北京)环境模拟技术有限公司买卖合同纠纷案【边码16】

20. 北京市第一中级人民法院(2017)京01民终218号判决书:首钢京唐钢铁联合有限责任公司与长沙凯瑞重工机械有限公司买卖合同纠纷案【边码6】

21. 北京市第一中级人民法院(2017)京01民终6102号判决书:南京科远自动化集团股份有限公司与北京无锅锅炉销售有限公司买卖合同纠纷案【边码6】

22. 重庆市高级人民法院(2017)渝民终252号判决书:重庆钢铁股份有限公司与重庆伟晋环保科技有限公司加工合同纠纷案【边码8】

23. 福建省福州市中级人民法院(2017)闽01民终4415号判决书:何某秋与福建美特家具有限公司买卖合同纠纷案【边码6】

24. 福建省南平市中级人民法院(2016)闽07民终1309号判决书:福建武夷兴华实业有限公司与福州宇澄环保工程设计有限公司建设工程施工合同纠纷案【边码4】

25. 福建省泉州市中级人民法院(2017)闽05民终2283号判决书:晋江市睿科光电有限公司与南安市恒顺通讯器材有限公司买卖合同纠纷案【边码4】

26. 福建省三明市中级人民法院(2017)闽04民终1043号判决书:淮滨县永丰畜牧有限公司与三明集辰自动化设备有限公司买卖合同纠纷案【边码53】

27. 广东省梅州市中级人民法院(2017)粤14民终962号判决书:曾某与曾某源承揽合同纠纷案【边码6】

28. 广东省清远市中级人民法院(2017)粤18民终3318号判决书:清远市凤迪房地产开发有限公司与邹某健房屋买卖合同纠纷案【边码6】

29. 广东省深圳市中级人民法院(2015)深中法商终字第1683号判决书:湖南方晟电力设备有限公司与伏尔特电气(深圳)有限公司买卖合同纠纷案【边码18】

30. 广西壮族自治区南宁市中级人民法院(2017)桂01民终3151号判决书:王某与南宁

恒信威力汽车销售服务有限公司买卖合同纠纷案【边码6】

31. 河北省石家庄市中级人民法院(2017)冀01民申111号判决书:谢某芳与行唐县前进塑料彩印厂等承揽合同纠纷案【边码8】

32. 河北省石家庄市中级人民法院(2017)冀01民终5019号裁定书:牡丹江北方高压电瓷有限责任公司与石家庄市长安兴隆标准件厂买卖合同纠纷案【边码12】

33. 河北省石家庄市中级人民法院(2017)冀01民终5876号判决书:成都中浦科技有限公司与河北军良新能源科技有限公司产品责任纠纷案【边码16】

34. 河北省石家庄市中级人民法院(2017)冀01民终5876号判决书:江苏海骏阁汽车零配件有限公司等与上海红湖排气系统有限公司买卖合同纠纷案【边码16】

35. 黑龙江省绥化市中级人民法院(2017)黑12民终1420号判决书:黑龙江省鑫顺达粮食经销有限责任公司与青冈县恒泰陈粮砼仓制造有限公司定作合同纠纷案【边码8】

36. 黑龙江省伊春市中级人民法院(2016)黑07民终407号判决书:王某艳与孟某军等买卖合同纠纷案【边码7】

37. 黑龙江省伊春市中级人民法院(2017)黑07民申15号裁定书:王某艳与孟某军等买卖合同纠纷案【边码7】

38. 湖南省长沙市中级人民法院(2017)湘01民终3659号判决书:北方重工集团有限公司与江苏和兴炉料有限公司买卖合同纠纷案【边码7】

39. 吉林省高级人民法院(2017)吉民申901号裁定书:吉林石油集团华侨实业有限公司与邹某臣租赁合同纠纷案【边码8】

40. 吉林省吉林市中级人民法院(2017)吉02民终3752号判决书:吉林市创响网络技术服务有限公司与吉林市蒸笼古文文化传播有限公司承揽合同纠纷案【边码8】

41. 吉林省延吉市人民法院(2016)吉2401民再98号判决书:延吉市宏业锅炉安装(集团)有限公司与延吉三联塑胶有限公司买卖合同纠纷案【边码28】

42. 吉林省长春市中级人民法院(2017)吉01民终2552号判决书:孙某勇等与吉林省新意龙建材有限责任公司定作合同纠纷案【边码16】

43. 吉林省长春市中级人民法院(2017)吉01民终3265号判决书:崔某涛与陈某义买卖合同纠纷案【边码53】

44. 吉林省长春市中级人民法院(2017)吉01民终5186号判决书:德惠市新成供热有限公司与吉林省飞龙环保工程有限公司买卖合同纠纷案【边码4、38、50、53】

45. 吉林省长春市中级人民法院(2017)吉01民终5827号判决书:舒兰市东晟热力有限公司与吉林省诚捷通用机械制造有限公司承揽合同纠纷案【边码18】

46. 吉林省长春市中级人民法院(2017)吉01民终5973号判决书:深圳市锐拓显示技术有限公司与吉林省星文传媒有限公司定作合同纠纷案【边码8、18】

47. 江苏省常州市中级人民法院(2017)苏04民终1465号判决书:江苏才兴机械有限公司与无锡市友利机电设备有限公司买卖合同纠纷案【边码16】

48. 江苏省常州市中级人民法院(2017)苏04民终4233号判决书:常州市金坛德泰机械配件厂与常州市云涛汽车配件制造厂买卖合同纠纷案【边码7、50】

49. 江苏省高级人民法院(2015)苏审二民申字第02119号裁定书:王某与王某梅等民间借贷纠纷案【边码6】

50. 江苏省高级人民法院(2015)苏审二商申字第00391号裁定书:盐城市德凯机械有限公司与江门市伊尔乐厨卫电器有限公司承揽合同纠纷案【边码6】

51. 江苏省高级人民法院(2016)苏民申1024号裁定书:江苏绿盛环境工程有限公司与大连绿诺集团有限公司定作合同纠纷案【边码53】

52. 江苏省高级人民法院(2016)苏民申1408号裁定书:扬州晶时达光伏材料有限公司与兰州赫瑞特投资管理集团有限公司等买卖合同纠纷案【边码18、50】

53. 江苏省高级人民法院(2016)苏民申1874号裁定书:苏州工业园区鑫梅金属物资有限公司与无锡润宝金属材料有限公司买卖合同纠纷案【边码4】

54. 江苏省高级人民法院(2016)苏民再77号判决书:扬州宏远新材料股份有限公司与常州润耀商贸有限公司买卖合同纠纷案【边码8】

55. 江苏省高级人民法院(2016)苏民终644号判决书:泰州日顺电器发展有限公司与扬中欧宝化工有限公司买卖合同纠纷案【边码53】

56. 江苏省高级人民法院(2017)苏民申1048号裁定书:胡某与谈某友买卖合同纠纷案【边码7】

57. 江苏省高级人民法院(2017)苏民申1400号裁定书:常州悦为网络科技有限公司与江阴市正北服装有限公司定作合同纠纷案【边码8、50】

58. 江苏省高级人民法院(2017)苏民申661号裁定书:常州市武进天晟建筑材料有限公司与常州市奇力化工有限公司买卖合同纠纷案【边码50】

59. 江苏省连云港市中级人民法院(2015)连商终字第00278号判决书:元丰机械制造公司与陆某买卖合同标的物质量异议纠纷案【边码53】

60. 江苏省连云港市中级人民法院(2017)苏07民终3925号判决书:辽宁金天马专用车制造有限公司与江苏珀然锻造有限公司买卖合同纠纷案【边码23】

61. 江苏省南京市中级人民法院(2016)苏01民终10158号判决书:江苏安士德环境科技有限公司与浙江金鸟压滤机有限公司买卖合同纠纷案【边码23】

62. 江苏省南京市中级人民法院(2016)苏01民终2620号判决书:成都中浦科技有限公司与河北军良新能源科技有限公司产品责任纠纷案【边码16】

63. 江苏省南京市中级人民法院(2016)苏01民终8470号判决书:吴江微妮丝纺织有限公司与南京派森工艺服饰有限公司买卖合同纠纷案【边码50】

64. 江苏省南京市中级人民法院(2017)苏01民终10415号判决书:杭州泛亚科技有限公司与江苏网联科技有限公司买卖合同纠纷案【边码8】

65. 江苏省南京市中级人民法院(2017)苏01民终11171号判决书:南京泽朗生物科技有限公司与杭州玉派轻工机械有限公司买卖合同纠纷案【边码13】

66. 江苏省南京市中级人民法院(2017)苏01民终8384号判决书:南京普天通信股份有限公司与南京同曦房地产开发有限公司买卖合同纠纷案【边码7、16】

67. 江苏省南京市中级人民法院(2017)苏01民终8644号判决书:佛山市骏诚精细化工

有限公司与江苏嘉泰蒸发设备股份有限公司买卖合同纠纷案【边码 23】

68. 江苏省南京市中级人民法院(2017)苏 01 民终 9480 号判决书:江苏启迪科技园发展有限公司与张某诚商品房预售合同纠纷案【边码 6】

69. 江苏省南通市中级人民法院(2016)苏 06 民终 1636 号判决书:南通怡瑞达纺织服饰有限公司与南通中坚织造有限公司买卖合同纠纷案【边码 53】

70. 江苏省南通市中级人民法院(2016)苏 06 民终 3706 号判决书:中兆培基(北京)电气有限公司与江苏东园电磁线有限公司买卖合同纠纷案【边码 53】

71. 江苏省南通市中级人民法院(2016)苏 06 民终 4846 号判决书:淄博典盛贸易有限公司与绿洲物流股份有限公司买卖合同纠纷案【边码 7】

72. 江苏省南通市中级人民法院(2017)苏 06 民终 1937 号判决书:中农新肥科技股份有限公司与海安县墩头大华农资种业经营部等产品责任纠纷案【边码 16】

73. 江苏省南通市中级人民法院(2017)苏 06 民终 3248 号判决书:厦门维克机械设备有限公司与江苏联安电气科技有限公司买卖合同纠纷案【边码 23】

74. 江苏省苏州市中级人民法院(2016)苏 05 民终 5182 号判决书:苏州迈科电器有限公司与苏州爱得康电子有限公司买卖合同纠纷案【边码 16】

75. 江苏省苏州市中级人民法院(2016)苏 05 民终 6783 号判决书:上海精武体育赛事有限公司与吉林省大众汽车杂志有限公司加工合同纠纷案【边码 16】

76. 江苏省苏州市中级人民法院(2017)苏 05 民终 175 号判决书:苏州坤灿光电有限公司与苏州宝优际科技股份有限公司承揽合同纠纷案【边码 4】

77. 江苏省苏州市中级人民法院(2017)苏 05 民终 2079 号判决书:苏州荣富邦厨具设备有限公司与杨某青买卖合同纠纷案【边码 4、7、29、53】

78. 江苏省苏州市中级人民法院(2017)苏 05 民终 6087 号判决书:张家港市润丰环保科技有限公司与昆山市瑞钢包装模具有限公司承揽合同纠纷案【边码 8、53】

79. 江苏省苏州市中级人民法院(2017)苏 05 民终 7039 号判决书:孔某玲与吴江月亮湾房产有限公司等商品房销售合同纠纷案【边码 6】

80. 江苏省苏州市中级人民法院(2017)苏 05 民终 7772 号判决书:江阴市盛礼铝业有限公司与苏州远锦成模具有限公司加工合同纠纷案【边码 8】

81. 江苏省泰州市中级人民法院(2016)苏 12 民终 2215 号判决书:泰兴市升鹏电力设备厂与泰州市同兴机电设备有限公司定作合同纠纷案【边码 53】

82. 江苏省泰州市中级人民法院(2017)苏 12 民终 2787 号判决书:江苏瑞能防腐设备有限公司与吉世科贸易(上海)有限公司买卖合同纠纷案【边码 50】

83. 江苏省无锡市中级人民法院(2016)苏 02 民终 1793 号判决书:希姆斯电梯(中国)有限公司与王某民买卖合同纠纷案【边码 50】

84. 江苏省无锡市中级人民法院(2017)苏 02 民终 1842 号判决书:江阴市得灵机械有限公司与常州市彪克液压机械有限公司买卖合同纠纷案【边码 3、53】

85. 江苏省无锡市中级人民法院(2017)苏 02 民终 1917 号判决书:国电光伏有限公司与包头市山晟新能源有限责任公司等买卖合同纠纷案【边码 16】

86. 江苏省无锡市中级人民法院(2017)苏02民终2123号判决书:徐州欧姆电子有限公司与无锡明祥电子有限公司等买卖合同纠纷案【边码16】

87. 江苏省无锡市中级人民法院(2017)苏02民终3260号判决书:无锡市天成机电设备厂与酒泉市博世秾种业有限责任公司买卖合同纠纷案【边码4、43】

88. 江苏省徐州市中级人民法院(2017)苏03民终4572号判决书:江苏中机矿山设备有限公司与山东华岳煤矿装备有限公司买卖合同纠纷案【边码4】

89. 江苏省徐州市中级人民法院(2017)苏03民终4886号判决书:徐州徐塔建筑工程机械有限公司与上海强勇伟建筑工程有限公司买卖合同纠纷案【边码4】

90. 江苏省盐城市中级人民法院(2017)苏09民终2268号判决书:北极绒(上海)纺织科技发展有限公司与上海百事好制衣有限公司买卖合同纠纷案【边码4】

91. 江苏省盐城市中级人民法院(2017)苏09民终2268号判决书:江苏宇龙冶金电炉设备有限公司与江苏三得普华智能电力技术有限公司买卖合同纠纷案【边码7】

92. 江苏省镇江市中级人民法院(2016)苏11民终636号判决书:冯某新等与江苏勤和机械有限公司租赁合同纠纷案【边码8】

93. 江西省宜春市中级人民法院(2017)赣09民终63号判决书:游某于与宜春市袁州区城北君康消毒餐具配送中心承揽合同纠纷案【边码8】

94. 辽宁省大连市中级人民法院(2016)辽02民再80号判决书:大连汇博建筑工程有限公司与蒋某玉买卖合同纠纷案【边码53】

95. 辽宁省大连市中级人民法院(2017)辽02民终7395号判决书:大连大瑜互动传媒有限公司与大连新星亿乾房地产开发有限公司广告合同纠纷案【边码8】

96. 辽宁省丹东市中级人民法院(2017)辽06民终726号判决书:李某军与丹东博森机械制造有限公司承揽合同纠纷案【边码8】

97. 辽宁省辽阳市中级人民法院(2018)辽10民终75号判决书:本溪市水泥管实业有限公司与辽阳市文圣区小屯水泥制品厂买卖合同纠纷案【边码19】

98. 辽宁省沈阳市中级人民法院(2016)辽01民终13377号判决书:沈阳中天永悦建材有限责任公司与沈阳市苏家屯区乾元天一石材经销处买卖合同纠纷案【边码9、16】

99. 辽宁省沈阳市中级人民法院(2017)辽01民终7598号判决书:赵某江与沈阳瑞得塑胶制造有限公司买卖合同纠纷案【边码9】

100. 内蒙古自治区呼和浩特市中级人民法院(2017)内01民再31号判决书:乌海九锐汽车销售有限公司与内蒙古皓月汽车销售有限公司买卖合同纠纷案【边码12】

101. 内蒙古自治区通辽市中级人民法院(2016)内05民终1668号判决书:徐某江等与内蒙古诚友重型机械制造有限公司买卖合同纠纷案【边码8】

102. 山东省临沂市中级人民法院(2016)鲁13民终3110号判决书:临沂三精食品有限公司与临沂银河印务有限公司等加工定作合同纠纷案【边码4】

103. 山东省青岛市中级人民法院(2016)鲁02民终10387号判决书:南通久久液压机械制造有限公司与青岛金展机械设备有限公司加工合同纠纷案【边码29】

104. 山东省烟台市中级人民法院(2016)鲁06民终3832号判决书:烟台金阳建筑工程机

械有限公司与张家港市塘桥镇鹿苑机械配件供应站买卖合同纠纷案【边码 53】

105. 山东省淄博市中级人民法院(2017)鲁 03 民终 227 号判决书:山东万鑫轮胎有限公司与扬中市长江电器成套有限公司承揽合同纠纷案【边码 8】

106. 山东省淄博市中级人民法院(2017)鲁 03 民终 889 号判决书:周村鑫开电器厂等与刘某顺等运输合同纠纷案【边码 8】

107. 山西省高级人民法院(2017)晋民再 68 号判决书:山西中圭能源有限公司与山西鼎润煤炭运销有限公司买卖合同纠纷案【边码 8】

108. 山西省太原市中级人民法院(2017)晋 01 民终 3810 号判决书:太原重工股份有限公司与唐山三江化工有限公司买卖合同纠纷案【边码 23】

109. 陕西省高级人民法院(2014)陕民二申字第 00141 号判决书:陕西重业机械制造有限公司与西安俊宏机械成套设备有限公司加工承揽合同纠纷案【边码 4、38】

110. 陕西省榆林市中级人民法院(2017)陕 08 民终 2886 号判决书:胡某明与闫某平等承揽合同纠纷案【边码 6】

111. 上海市第二中级人民法院(2016)沪 02 民终 10340 号判决书:北际医疗科技(上海)有限公司与上海起衡机电制造有限公司定作合同纠纷案【边码 8】

112. 上海市第二中级人民法院(2016)沪 02 民终 7033 号判决书:上海同跃贸易有限公司与嘉兴市天之缘服饰有限公司承揽合同纠纷案【边码 13、21】

113. 上海市第二中级人民法院(2017)沪 02 民终 2044 号判决书:北极绒(上海)纺织科技发展有限公司与上海百事好制衣有限公司买卖合同纠纷案【边码 4、18】

114. 上海市第一中级人民法院(2015)沪一中民四(商)终字第 1745 号判决书:江苏鸿业重工有限公司与上海柘中集团股份有限公司定作合同纠纷案【边码 18】

115. 上海市第一中级人民法院(2016)沪 01 民终 8654 号判决书:天津市鸿雁百大商贸有限公司与惠而浦(中国)投资有限公司买卖合同纠纷案【边码 29、53】

116. 上海市第一中级人民法院(2017)沪 01 民终 3370 号判决书:上海交通大学医学院附属仁济医院与上海闵绿实业有限公司承揽合同纠纷案【边码 8】

117. 上海市第一中级人民法院(2017)沪 01 民终 8299 号判决书:宁晋县宁权备瑜纸箱厂与肇庆市倍孚包装机械科技有限公司等融资租赁合同纠纷案【边码 8】

118. 天津市第二中级人民法院(2017)津 02 民终 1918 号判决书:天津泰环再生资源利用有限公司与天津 ABB 开关有限公司买卖合同纠纷案【边码 21】

119. 浙江省高级人民法院(2016)浙民申 2568 号裁定书:海盐县宝利机械厂与海盐荣华标准件有限公司买卖合同纠纷案【边码 53】

120. 浙江省高级人民法院(2016)浙民再 138 号判决书:浙江中金铝业有限公司与德众通科技发展(北京)有限公司等买卖合同纠纷案【边码 53】

121. 浙江省杭州市中级人民法院(2016)浙 01 民终 3108 号判决书:杭州杭重工程机械有限公司与杭州鸿远化工有限公司(原杭州鸿远测控技术有限公司)承揽合同纠纷案【边码 4】

122. 浙江省杭州市中级人民法院(2017)浙 01 民终 966 号判决书:浙江商博置业有限公司与浙江昆仑建设集团股份有限公司建设工程施工合同纠纷案【边码 8】

123. 浙江省嘉兴市中级人民法院(2016)浙04民终1389号判决书:长治市钜星锻压机械设备制造有限公司与浙江特富锅炉有限公司买卖合同纠纷案【边码4、38】

124. 浙江省嘉兴市中级人民法院(2016)浙04民终1690号判决书:海宁安盛休闲用品有限公司与海宁佳文金属制品有限公司定作合同纠纷案【边码8】

125. 浙江省宁波市中级人民法院(2011)浙甬商提字第7号判决书:石某某等与叶某某等民间借贷纠案【边码6】

126. 浙江省绍兴市中级人民法院(2017)浙06民终1737号判决书:浙江东管管业有限公司与嘉兴市鑫森塑胶有限公司买卖合同纠纷案【边码53】

127. 浙江省绍兴市中级人民法院(2017)浙06民终3433号判决书:浙江中成建工集团有限公司与浙江万林建筑设备租赁有限公司租赁合同纠纷案【边码8】

128. 浙江省温州市中级人民法院(2017)浙03民终2526号判决书:倪某明与黄某仙买卖合同纠纷纠纷案【边码4】

129. 最高人民法院(2013)民抗字第15号判决书:深圳市兴耀达电子有限公司与深圳市三诺电子有限公司买卖合同纠纷案【边码18】

130. 最高人民法院(2014)民二终字第27号判决书:包头海平面高分子工业有限公司与天立环保工程股份有限公司买卖合同纠纷案【边码22、53】

131. 最高人民法院(2014)民申字第948号裁定书:向某等与湖南奥盛特重工科技有限公司买卖合同纠纷案【边码29】

132. 最高人民法院(2015)民申字第2183号裁定书:江门市新会区冠华针织厂有限公司与湖北孝棉实业集团有限责任公司买卖合同纠纷案【边码18】

133. 最高人民法院(2016)最高法民申1205号裁定书:淄博瑞生纤维素有限公司与山东汉通奥特机械有限公司买卖合同纠纷案【边码22】

134. 最高人民法院(2016)最高法民终36号判决书:成都泰和沥青发展有限公司与西藏云天工程建筑有限公司买卖合同纠纷案【边码6】

135. 最高人民法院(2017)最高法民申3514号裁定书:重庆钢铁股份有限公司与重庆伟晋环保科技有限公司加工合同纠纷案【边码8】

136. 最高人民法院(2019)最高法民终38号判决书:青海盐湖海纳化工有限公司与江苏远方电缆厂有限公司买卖合同纠纷案【边码21】

第634条

分期付款买卖*

第634条　分期付款的买受人未支付到期价款的数额达到全部价款的五分之一，经催告后在合理期限内仍未支付到期价款的，出卖人可以请求买受人支付全部价款或者解除合同。

出卖人解除合同的，可以向买受人请求支付该标的物的使用费。

简　目

---

* 本文系基于《〈合同法〉第167条(分期付款买卖)评注》(载《法学家》2019年第5期,第172—190页)一文修订而成。案例说明:本文主要选取北大法宝中援用《合同法》第167条和《民法典》第634条的具有说明意义的终审或再审案例,其他审级有说明意义的案例也作参考。

一、规范定位

1 分期付款自第二次世界大战结束后就成为买卖交易中买受人的重要付款方式,[1]它是信用经济的产物。不少国家颁布了专门的“分期付款法”,[2]《民法典》仅通过第634条对分期付款买卖作出规范,该条主要内容继承自《合同法》第167条。自《合同法》起,为弥补规范上的薄弱,最高人民法院通过《买卖合同解释》[3]对分期付款买卖作出进一步明确。2016年,最高人民法院又试图通过指导案例67号[4]强调分期付款买卖规范的具体适用规则。

2 第634条共两款。第1款在买受人迟延支付价款时赋予出卖人终止分期付款约定或者解除买卖合同的法定权。出卖人选择终止分期付款约定的,第1款是出卖人要求买受人支付全部剩余价款的请求权基础。在出卖人选择解除买卖合同时,第2款是出卖人主张使用费的请求权基础。解除合同的其他法律后果遵循合同解除的一般规定。

(一)规范意旨

3 《合同法》第167条的规范意旨,曾经受到很大置疑。不少观点认为,《合同法》第167条赋予出卖人更宽缓的合同解除权,在结果上保护了出卖人。主要理由是,在买受人迟延支付到期价款达到五分之一时,出卖人根据第167条第1款解除合同既不需要以约定为前提,也不需要经过《合同法》第94条第3项的“催

〔1〕 Vgl. Thomas Raiser, Einwendung aus dem Kaufvertrag gegenüber dem Finanzierungsinstitut beim finanzierten Abzahlungskauf. In Rabels Zeitschrift für ausländisches und internationales Privatrecht,1969, 457.

〔2〕 比如德国早在1804年就颁布了《分期付款法》,自2002年起分期付款买卖被规定在《德国民法典》中;奥地利、法国、西班牙、日本等国家都有专门的《分期付款法》;《瑞士债务法》和台湾地区“民法”对分期付款买卖也有专门规范。

〔3〕 该司法解释经修正后仍然有效,故仍然是本文的重要依据。

〔4〕 最高人民法院(2015)民申字第2532号民事裁定书。

告”程序。[5] 在认为第 167 条保护了出卖人的观点中，部分学者认为，在分期付款买卖中出卖人受到保护具有合理性；[6] 部分学者认为，虽然《合同法》第 167 条本来的规范目的应当是保护买受人，但其条文结构背离了原来的设想，实际保护了出卖人，出现规范宗旨错位，应当予以纠正。[7] 这种置疑在《民法典》生效后应当消除，因为第 634 条第 1 款在原来《合同法》第 167 条第 1 款的基础上增加了催告程序，即买受人迟延支付到期价款达到全部价款的五分之一，经催告后在合理期间内仍未支付的，才产生买卖合同的解除权或者分期付款约定的终止权。

4 《民法典》第 634 条的目的旨在保护处于弱势的买受人，因为该条款限制了出卖人的解除权。[8] 分期付款买卖的主要特点是“标的先交付性”（边码 25），买受人在未支付全部价款的情况下取得标的物的占有甚至所有权，出卖人为了保障自己的价款请求权，通常会在买卖合同中与买受人约定有利于自己的条款。然而，买受人通常处于弱势，其利益容易受到损害。为了平衡买卖双方的利益，应当对出卖人的权利作出限制。[9] 解除合同和要求支付全部价款是分期付款出卖人保障自己权利的最重要的措施，因此立法机关的释义书指出，第 634 条第 1 款对出卖人解除合同或者立即支付全部价款的条件作出“五分之一”的限制，且同时要求经催告后合理期限内仍未支付到期价款，目的在于保护买受人的利益，为了防止出卖人滥用解除权，避免买受人一有迟延支付价款的行为出卖人立即解除合同或者要求支付全部价款。[10]

（二）适用主体

5 立法者没有限制第 634 条适用主体的明确意图。学界部分观点认为，一般民法中关于分期付款买卖的规定适用于各类买卖合同，不专门针对消费者买卖合

---

〔5〕 参见江平：《中华人民共和国合同法精解》，中国政法大学出版社 1999 年版，第 136 页；姚欢庆：《〈合同法〉第 167 条规范宗旨之错位及补救》，载《浙江社会科学》2007 年第 2 期，第 73—75 页；宁红丽：《分期付款买卖法律条款的消费者保护建构》，载《华东政法大学学报》2013 年第 2 期，第 87—88 页；李建星：《法定加速到期的教义学构造》，载《法商研究》2019 年第 1 期，第 106 页。

〔6〕 参见江平：《中华人民共和国合同法精解》，中国政法大学出版社 1999 年版，第 136 页：既然买受人未支付价款金额已经达到全部价款的五分之一，构成了对出卖人利益的极大侵害，法律允许出卖人不经催告而径行解除合同，完全是合情合理的。

〔7〕 参见姚欢庆：《〈合同法〉第 167 条规范宗旨之错位及补救》，载《浙江社会科学》2007 年第 2 期，第 71—73 页。

〔8〕 参见王利明：《合同法研究（第三卷）》，中国人民大学出版社 2012 年版，第 148 页。

〔9〕 参见黄薇主编：《中华人民共和国民法典合同编解读》，中国法制出版社 2020 年版，第 594 页。

〔10〕 参见黄薇主编：《中华人民共和国民法典合同编解读》，中国法制出版社 2020 年版，第 594 页；胡康生主编：《中华人民共和国合同法释义》，法律出版社 2013 年版，第 276 页。

同。[11] 准此,第634条的适用不区别消费者买卖合同和非消费者买卖合同。但也有学者提出,分期付款买卖是典型的消费者买卖。[12] 最高人民法院在解释《合同法》第167条时的观点是,分期付款买卖一般发生在经营者和消费者之间,[13]《合同法》第167条“着重保护消费者”。[14] 指导案例67号的判决理由也表达了这一立场——分期付款买卖多发、常见在经营者和消费者之间,一般是买受人作为消费者为满足生活消费而发生的交易。从文字表达上看,最高人民法院并不认为《合同法》第167条的适用范围应当限定为消费者买卖合同。[15] 无论是指导案例67号公布之前还是之后,法院在审理案件时都没有将《合同法》第167条限制于消费者买卖。[16] 在北大法宝和中国裁判文书网检索到的适用《合同法》第167条的判决中,绝大多数涉及的不是消费者买卖,而是发生在经营者之间的买卖,[17] 也有个别交易发生在个人之间,[18] 真正的消费者买卖占据的比例非常小。最高人民法院虽然强调《买卖合同解释》第38条的目的是着重保护作为消费者的买受人,但同时也指出,不排除对其他类型合同买受人的保护。[19] 指导案例67号仅表示,分期付款买卖“多发、常见”于消费者买卖,其目的不在于限制《合同法》第167条(《民法典》第634条)的适用主体,而是为了说明分期付款买卖的标的是股权的,一般分期付款买卖的规定(《合同法》第167条,《民法典》第634条)不适用,因为最高人民法院认为,股权买卖的目的不是生活消费。[20]

---

〔11〕 参见谢鸿飞:《民法典与特别民法关系的建构》,载《中国社会科学》2013年第2期,第115页。

〔12〕 参见姚欢庆:《〈合同法〉第167条规范宗旨之错位及补救》,载《浙江社会科学》2007年第2期,第71页;宁红丽:《分期付款买卖法律条款的消费者保护建构》,载《华东政法大学学报》2013年第2期,第85—94页。另参见蔡睿:《分期付款买卖中出卖人解除权的制度构造与立法反思》,载《法律科学》2019年第3期,第135页。

〔13〕 参见最高人民法院民事审判第二庭编著:《最高人民法院关于买卖合同司法解释理解与适用》,人民法院出版社2012年版,第576页。

〔14〕 参见最高人民法院民事审判第二庭编著:《最高人民法院关于买卖合同司法解释理解与适用》,人民法院出版社2012年版,第579页。

〔15〕 参见孙新宽:《分期付款买卖合同解除权的立法目的与行使限制》,载《法学》2017年第4期,第162页。

〔16〕 比如上海市第一中级人民法院(2018)沪01民终711号案、湖南省湘西土家族苗族自治州中级人民法院(2017)湘31民终1132号案即是发生在经营者之间,这两个判决发生在指导案例67号公布之后。

〔17〕 参见钱玉林:《分期付款股权转让合同的司法裁判》,载《环球法律评论》2017年第4期,第39页(根据钱玉林教授的统计,中国裁判文书网上适用第167条的案件中超过百分之九十案件并非消费者买卖,在这些裁判中属于真正发生在经营者和消费者之间的消费者买卖少之又少)。

〔18〕 参见新疆维吾尔自治区乌鲁木齐市中级人民法院(2017)新01民终1077号民事判决书。

〔19〕 参见最高人民法院民事审判第二庭编著:《最高人民法院关于买卖合同司法解释理解与适用》,人民法院出版社2012年版,第579页。

〔20〕 该观点是否正确,值得商榷,本文观点见边码31和脚注68。

6 分期付款买卖起源于买受人购买消费品不能一次性支付价款的情况,其目的是缓解买受人的付款压力,促进消费。随着经济的发展,因为资金周转问题,经营者之间的交易也经常采分期付款的支付方式。这一点在实践中得到了很好的印证,如前文,实践中很大比例的分期付款买卖发生在经营者之间。我国《民法典》立法体例采民商合一的模式,在没有特别说明的情况下,《民法典》第 634 条的适用不受交易是否为消费者买卖的限制,这一点与《瑞士债务法》类似。《瑞士债务法》在第 226a 条至第 226m 条对信用性分期付款买卖作出规范。第 226h 条规定了因为买受人迟延支付价款出卖人解除合同或者要求一次性支付全部价款的一般情况。第 226m 条第 4 款对特殊的分期付款买卖作出特别限定,据此,买受人是经营者的,出卖人解除合同或者要求一次性支付全部价款的条件降低,即不需要设置宽限期。在德国,为了在消费者买卖中实现对消费者的特别保护,《德国民法典》在第二编第 8 部分第 3 节对经营者和消费者之间的分期付款买卖作出特别规定。我国《民法典》中没有类似《瑞士债务法》第 226m 条和《德国民法典》消费者保护的特别规范。即使分期付款买卖发生在经营者或者个人之间,出卖人同样授予买受人信用,买受人应当享有期限利益。另外,对解除合同或者要求一次性支付全部价款设置"五分之一"的边界,且必须经过"催告",还有利于维持契约严守原则,而且并没有为出卖人造成不可承受之不利。

(三)小结

7 尽管理论对第 634 条的规范意旨有分歧,但立法机关的释义书的观点很明确,本条款的规范目的在于保护买受人,避免买受人一有迟延即丧失期限利益的情况发生。〔21〕 在适用主体上,虽然《买卖合同解释》和指导案例 67 号强调了分期付款买卖"一般""多发""常见"是消费者买卖,但是并没有将第 634 条的适用范围绝对地限制于消费者买卖,故第 634 条对非消费者与经营者之间的分期付款交易同样适用。

二、与其他相关条款的关系

(一)与《民法典》第 563 条第 1 款的关系

8 从体系上看,第 563 条是合同编总则的规范,第 634 条属于合同编分则的规范。关于这两个条款之间的关系存在不同的观点之争。

---

〔21〕 参见黄薇主编:《中华人民共和国民法典合同编解读》,中国法制出版社 2020 年版,第 594 页;胡康生主编:《中华人民共和国合同法释义》,法律出版社 2013 年版,第 276—277 页。

部分观点认为，第634条是第563条第1款第4项规定的“合同目的难以实现”的具体化，第634条为第563条第1款第4项提供了量化的客观标准。[22] 过往的部分裁判也支持，《民法典》第634条应当是第563条第1款第4项“合同目的难以实现”的具体化。[23] 只要迟延支付的价款达到总价款的五分之一，即可认为违约行为“严重影响订立合同时所期待的经济利益”，[24] 进而导致合同目的不能实现，[25] 或者存在根本违约。[26] 9

本文认为，第634条不应当与第563条第1款第4项有直接关系。原因在于，狭义的迟延履行在具体情况下可以导致合同目的不能实现，但此情况仅发生在“绝对定期交易(absolutes Fixgeschäft)”中，第563条第1款第4项实际规定的是迟延履行定期债务时的合同解除。[27] 在绝对定期交易中，迟延履行导致给付失去了履行适宜性，如某人为结婚纪念日预定蛋糕，迟延交付蛋糕不能达到债权人之目的。[28] 然而价款作为金钱债务，其迟延支付不会导致履行不适宜。[29] 故不应当认为第634条第1款是第563条第1款第4项的具体化。 10

在《合同法》有效期间，部分观点主张，类推适用融资租赁合同的相关规定，填补缺乏“催告”程序的漏洞。[30] 部分观点提出，《合同法》第167条是《合同法》第94条第3项的补充规范，即分期付款买卖合同的解除条件除了要满足《合同法》第167条的“迟延支付的价款达到总价款五分之一”之外，还要满足《合同法》第94条第3项规定的“催告”和“合理期间”。[31] 提出该观点的原因在于，《合同法》 11

---

〔22〕 参见陆青：《论法定解除事由的规范体系》，载《华东政法大学学报》2015年第1期，第66—67页。

〔23〕 四川省高级人民法院在(2014)川民终字第432号“汤某龙诉周某勇股权转让纠纷案”的判决理由中称，“汤某龙明确表示愿意履行付款义务，因此，周某海签订案涉《股权转让资金分期付款协议》的合同目的能够得以实现”，由此可见，四川省高级人民法院认为第167条是第94条第4项的具体化；另参见新疆维吾尔自治区克孜勒苏柯尔克孜自治州人民法院(2017)新30民终96号民事判决书。

〔24〕 参见胡康生主编：《中华人民共和国合同法释义》，法律出版社2013年版，第278页。

〔25〕 参见四川省高级人民法院(2014)川民终字第432号民事判决书。

〔26〕 新疆维吾尔自治区克孜勒苏柯尔克孜自治州人民法院(2017)新30民终96号案中的一审法院认为，其未支付到期价款的金额已超过全部价款的五分之一，导致出卖人获得价款的合同目的无法实现，其行为已构成根本违约。

〔27〕 参见朱广新：《合同法总则》，中国人民大学出版社2012年版，第516页。

〔28〕 相似例子参见杨旭：《〈合同法〉第167条对股权买卖之准用》，载《现代法学》2019年第4期，第198页。

〔29〕 相同观点参见孙新宽：《分期付款买卖合同解除权的立法目的与行使限制》，载《法学》2017年第4期，第171页。

〔30〕 参见杨旭：《〈合同法〉第167条对股权买卖之准用》，载《现代法学》2019年第4期，第206—208页。

〔31〕 参见孙新宽：《分期付款买卖合同解除权的立法目的与行使限制》，载《法学》2017年第4期，第162页；吉林省白城市中级人民法院(2014)白民三终字第25号民事判决书中的一审法院认为两个条款应联合适用。

第 167 条没有将“催告”规定为合同解除或者剩余价款加速到期的前提条件，导致规范目的无法实现。无论是类推适用融资租赁合同的相关规定(《合同法》第 248 条)还是将其与第 94 条第 3 项联合适用，其目的都是填补《合同法》167 条规范上的漏洞，在结果上令人信服，原因如下：

12 依《合同法》立法者之意见，第 167 条为解除合同设置“迟延支付价款达到总价款五分之一”的边界，目的在于防止出卖人滥用解除权，〔32〕保障买受人失去期限利益的条件以及合同被解除的条件不低于法定底线。若《合同法》第 167 条独立适用，在价款分期数低于五期时，买受人只要迟延支付一期价款，即满足“五分之一”阈值，出卖人可以立即解除合同。实践中价款分期数不超过五期的情况经常发生，〔33〕此时独立适用《合同法》第 167 条第 1 款不但无法保障买受人的期限利益，甚至《合同法》第 94 条第 3 项赋予违约方的补救履行机会也被剥夺。因此，《合同法》第 167 条在很多情况下不但没有限制出卖人的解除权，反而为出卖人设置了更宽松的解除权成立条件。〔34〕

13 在分期付款买卖中，出卖人一般掌握主动权，他们可以通过很多方式来保护自己的利益，如约定所有权保留、支付按期付款保证金、设立其他担保等。在此情况下，出卖人的价款利益已得以保障，他解除合同的条件无疑应当比一般合同的解除条件更严格，否则买受人利益被忽视。即使出卖人没有为自己的价款设置担保，分期付款买卖的本质也要求出卖人解除条件比一般合同的解除条件更严格。原因是，分期付款使买受人在没有充足支付能力的情况下也可以购买自己原本无力支付的标的，这导致很多买受人可能错误估计自己的偿还能力，不能及时支付分期价款的情况在实践中会经常发生。如果不设置比一般合同更严格的解除条件，分期付款买卖被解除的情况将急剧增加，这不利于经济发展和交易安定。

14 不可否认，若不约定所有权保留或者设立其他担保，交付标的但未取得价款的出卖人处于劣势地位。然而，出卖人既然授予买受人信用，若他不为价款设定担保，必然要为自己的行为承担一定风险。买受人是消费者时，本条款还要承担保护消费者的任务，若无催告，突然面临必须支付全部价款或者合同被解除的消费者的处境将更加艰难。而增加催告并不会为出卖人带来实质性的不利。买受人未支付到期价款的原因很多，比如资金周转暂时出现困难，这样买受人很可能在催告期间内有能力支付到期价款；即使买受人在催告后仍未支付到期价款，也只是将出卖人解除合同的时间推后。另外，分期付款买卖是继续性合同，双方当

〔32〕 参见胡康生主编：《中华人民共和国合同法释义》，法律出版社 2013 年版，第 276—277 页。

〔33〕 比如在湖南省怀化市中级人民法院(2017)湘 12 民终 1591 号案、注 16 中(2017)湘 31 民终 1132 号案中当事人约定分三期付款。

〔34〕 参见李建星：《法定加速到期的教义学构造》，载《法商研究》2019 年第 1 期，第 107 页。

事人在价款全部支付前,基于交易的善良应当维护对方利益,因此出卖人解除合同前进行催告符合合同的保护义务。实践中,买受人迟延支付价款时,意欲维持合同的出卖人也会进行催告。[35]

价款是买受人主要债务,作为可分之债,迟延支付的价款额度要达到一定的“量”才被认定为迟延履行主要债务,但这个“量”只要求不是“很少”的一部分,[36]并不要求达到五分之一。从该视角看,《合同法》第 167 条规定的合同解除的条件要比第 94 条第 3 项的“迟延履行主要债务”严格。但若分期付款的期数等于或少于“五期”,则买受人只要迟延支付一期价款出卖人就可以解除合同。此时独立适用《合同法》第 167 条第 1 款不能达到保护买受人的效果。 15

《民法典》的立法者也注意到《合同法》第 167 条的规范要件使规范目的在一定程度上落空,因此在《民法典》第 634 条中对《合同法》第 167 条作出修正,补充了“催告”程序。很显然,立法者认识到,没有催告程序仅通过“迟延支付价款达到全部价款五分之一”这一要件无法完成对买受人的保护。这样,独立适用第 634 条完全能达到防止出卖人滥用权利和保护买受人之目的,不必通过重新定位第 634 条第 1 款和第 563 条第 1 款第 3 项之间的关系来达到保护买受人之目的。因此,在《民法典》中,第 634 条是特别法,第 563 条是一般法,对分期付款买卖,在没有约定的情况下,第 634 条排除第 563 条的适用。[37] 16

第 634 条第 1 款中的文字表达是“解除合同”,我国合同法没有区别规范非继续性合同的“解除”和继续性合同的“终止”。要求一次性支付全部剩余价款实际是先行终止分期付款约定(边码 45—46)。第 634 条只规定了迟延支付分期价款时的合同解除,并没有规定其他解除合同的原因。发生其他法定解除原因时,适用《民法典》第 563 条。 17

(二)与《民法典》第 641 条第 1 款的关系

《民法典》第 641 条第 1 款规定所有权保留买卖。在保留所有权买卖中,所有权转让的条件在很多情况下是买卖价款的全部支付。德国部分学者提出,在“分期付款”约定中,只要没有具体依据显示出卖人在取得全部价款之前放弃担保,就 18

---

〔35〕 参见河南省周口市中级人民法院(2018)豫 16 民终 416 号民事判决书;江苏省常州市中级人民法院(2013)常商初字第 342 号民事判决书。

〔36〕 参见韩世远:《合同法总论》,法律出版社 2011 年版,第 516 页。

〔37〕 参见江平:《中华人民共和国合同法精解》,中国政法大学出版社 1999 年版,第 136 页;姚欢庆:《〈合同法〉第 167 条规范宗旨之错位及补救》,载《浙江社会科学》2007 年第 2 期,第 74—75 页;宁红丽:《分期付款买卖法律条款的消费者保护建构》,载《华东政法大学学报》2013 年第 2 期,第 87—88 页(尽管根据姚欢庆和宁红丽的观点,在立法上第 167 条是第 94 条的特别法,但是两位学者对此予以批评,认为应当予以纠正)。

应当认为默示约定保留所有权。[38] 德国的司法裁判同样承认默示的保留所有权，但要求有其他支持所有权保留的依据，比如双方在长期交易关系中一直将未支付全部价款作为保留所有权的条件，或者特定行业中有相应的交易惯例等。[39] 这种情况与所有权保留制度在德国实践中的重要意义相关。

19 然而，所有权保留买卖在我国的实践意义较微弱。为了担保未支付价款，出卖人一般会与买受人约定不同形式的"担保"，比如支付按期付款保证金、[40] 约定解约扣价条款、[41] 第三人提供保证[42] 等。约定保留所有权[43] 的情况虽然存在，但并非普遍。《民法典》第 641 条的条文表达是，双方当事人"可以……约定"未履行支付价款……标的物的所有权属于出卖人，其中的"可以"说明，分期付款买卖与所有权保留买卖没有必然关联。因此，第 641 条和第 634 条可能出现以下关系：

20 在分期付款买卖中没有约定保留所有权的，因迟延支付分期价款导致买卖合同解除的，适用第 634 条第 1 款；因其他原因导致分期付款买卖依法解除的，适用第 563 条；涉及典型合同的，适用相关的合同解除的规定。

21 在分期付款买卖中约定出卖人保留所有权至价款全部支付的，迟延支付分期价款引起合同解除的，适用第 634 条第 1 款以及《买卖合同解释》（2020 年修正）第 26 条；因为其他原因解除合同，适用第 563 条联合《买卖合同解释》（2020 年修正）第 26 条。

---

〔38〕 Vgl. Harm Peter Westermann, Kommentar zum § 449, in: Münchener Kommentar zum BGB, 6. Aufl., München: C. H. Beck, 2012, Rn. 15.

〔39〕 转引自 Vgl. Harm Peter Westermann, Kommentar zum § 449, in: Münchener Kommentar zum BGB, 6. Aufl., München: C. H. Beck, 2012, Rn. 16.

〔40〕 比如在云南省保山市中级人民法院（2016）云 05 民终 200 号案、辽宁省沈阳市中级人民法院（2017）辽 01 民终 5010 号案中，双方当事人提供按期支付价款保证金。

〔41〕 比如吉林省长春市中级人民法院（2018）吉 01 民终 706 号案中双方当事人约定买受人逾期支付价款导致合同解除的，买受人已经支付的分期价款不再返还（该约定是否有效见下文）。

〔42〕 比如在云南省保山市中级人民法院（2016）云 05 民终 200 号案、辽宁省沈阳市中级人民法院（2017）辽 01 民终 5010 号案中，双方约定履约保证金之外，第三人还为价款按期支付提供保证担保。

〔43〕 参见贵州省贵阳市中级人民法院（2018）黔 01 民终 1184 号民事判决书；江西省宜春市中级人民法院（2017）赣 09 民终 585 号民事判决书；贵州省贵阳市中级人民法院（2016）黔 01 民终 2441 号民事判决书；广西壮族自治区南宁市中级人民法院（2017）桂 01 民终 1146 号民事判决书；新疆维吾尔自治区乌鲁木齐市中级人民法院（2017）新 01 民终 3942 号民事判决书。

三、适用要件

(一)分期付款买卖

1. 直接适用:信用性分期付款买卖

分期付款买卖的功能在于使买受人在没有充足资金的情况下可以取得商品或者服务,嗣后支付价款。实践中区分两方关系的分期付款买卖和三方关系的分期付款买卖。三方关系分期付款买卖也被称为融资性分期付款,它涉及出卖人、买受人、金融机构(通常是银行)。出卖人和买受人之间成立买卖合同,金融机构和买受人之间成立借贷合同。而信用性分期付款买卖仅涉及买卖双方,只有一个买卖合同,双方在该买卖合同中约定分期支付价款。在融资性分期付款买卖中,出卖人已经从金融机构取得全部价款,买受人所谓的"分期付款"实际是分期向金融机构支付还款及利息。买受人迟延支付还款不影响买卖合同和出卖人的利益,影响的是借款方融资机构的利益。第634条规定的是,买受人迟延支付价款,出卖人可以要求其支付全部价款或者解除买卖合同,显然,该条款直接适用的是涉及买卖双方的信用性分期付款买卖。 22

在融资性分期付款买卖中,买受人和金融机构之间成立借贷合同,买受人迟延向金融机构支付分期还款,根据《民法典》第646条应当参照适用第634条,但法律后果只能是要求一次性支付剩余借款。 23

2. 分期付款买卖特征

无论是《合同法》还是《民法典》,都没有对分期付款买卖作出定义,因此需要通过具体特征界定第634条意义上的分期付款买卖。 24

(1)标的先给付

《民法典》和《买卖合同解释》没有明确规定,分期付款买卖的标的物是否应当先行交付。实践中常见的一种情况是,当事人约定分期支付买卖价款,但是标的在全部价款支付后才给付。对此,理论和实务均有分歧。个别法院认为,只要买卖价款分三期(或若干期)以上支付,就可适用《民法典》第634条(《合同法》第167条),不要求标的先行给付。[44] 多数观点认为,标的先给付是分期付款买卖的 25

---

〔44〕 参见山西省吕梁市中级人民法院(2017)晋11民终2108号民事判决书。

特点。[45] 不要求标的先给付的观点未揭示分期付款买卖的本质，分期付款买卖是典型的信用交易，在两方关系的分期付款买卖中，由出卖人授予买受人信用，以套取买受人未来收入，[46]而买受人则可以支付少量资金，获得价值数倍或者数十倍于首付价款的标的。[47] 基于信用交易的本质，在分期付款买卖中出卖人必须先行给付，买受人不需要同时给付全部价款，至少要在标的物交付后有部分价款未支付。

（2）价款分期数

26 对于"分期"，有不同理解，争议焦点在两方面：分期付款的"分期数"和首付款是否计入期数中。依《买卖合同解释》（2020年修正）第27条第1款，"分期付款"系指买受人将应付总价款在一定期间内至少分三次向出卖人支付。没有强调首期价款支付是否应当记入分期数，也没有强调在标的给付后应当至少有几期价款未支付。部分理论观点认为，分期付款买卖至少要在标的物交付之后仍有两期以上价款未支付，标的给付之后仅剩一期价款未支付的，不是分期付款买卖，[48]该观点得到了《民法典》立法者的支持。[49] 另有观点提出，"分期"是指在首期付款之外尚需支付两期以上价款，[50]与首期款在标的物交付前支付还是交付后支

---

〔45〕 参见郑玉波：《民法债编各论（上）》，台湾地区三民书局1981年版，第101页；吴志忠：《论我国〈合同法〉有关分期付款买卖规定的不足》，载《武汉大学学报（哲学社会科学版）》2009年第5期，第329页；最高人民法院民事审判第二庭编著：《最高人民法院关于买卖合同司法解释理解与适用》，人民法院出版社2012年版，第572页；钱玉林：《分期付款股权转让合同的司法裁判》，载《环球法律评论》2017年第4期，第42页。另参见天津市滨海商贸大世界有限公司与天津市天益工贸有限公司、王锡锋财产权属纠纷案，最高人民法院(2012)民再申字第310号民事裁定书，载《最高人民法院公报》2013年第10期；四川省高级人民法院(2014)川民提字第554号民事判决书（该判决称：我国法律与司法解释虽然没有明确"交付标的物"为分期付款合同的要件，但从条文中规定的出卖人可以要求买受人支付全部价款、可以向买受人要求支付该标的物的使用费等内容，应该理解为，标的物交付给买受人应是分期付款买卖合同的普遍性隐含性要求，只有在将标的物交付给买受人的情形下，出卖人才面临较大的交易风险，法律才赋予出卖人要求买受人支付全部价款或者解除合同的权利，以保障出卖人利益）。

〔46〕 参见万方：《股权转让合同解除权的司法判断与法理研究》，载《中国法学》2017年第2期，第258页；钱玉林：《分期付款股权转让合同的司法裁判》，载《环球法律评论》2017年第4期，第41页。

〔47〕 参见姚欢庆：《〈合同法〉第167条规范宗旨之错位及补救》，载《浙江社会科学》2007年第2期，第71页。

〔48〕 参见王利明：《合同法研究（第三卷）》，中国人民大学出版社2012年版，第142页；胡康生主编：《中华人民共和国合同法释义》，法律出版社2013年版，第276页；郑玉波：《民法债编各论（上）》，台湾地区三民书局1981年版，第101页。另参见史尚宽：《债法各论》，中国人民大学出版社2000年版，第94页；翟云龄：《分期付款买卖的确定及其基本价值分析》，载《法学论坛》2006年第1期，第69页。

〔49〕 参见黄薇主编：《中华人民共和国民法典合同编解读》，中国法制出版社2020年版，第594页。

〔50〕 参见姚欢庆：《〈合同法〉第167条规范宗旨之错位及补救》，载《浙江社会科学》2007年第2期，第71页。

付无关。个别法院认为,价款分两次付清也是第634条意义上的分期付款买卖;[51]甚至标的物交付后余款一次性付清,也被认为符合分期付款买卖的特征。[52] 此观点显然与司法解释不一致,也不能体现分期付款买卖的本质。

买受人在分期付款买卖中享有的最关键、最重要的利益是期限利益,[53]如果买受人在取得标的物之后一次性支付剩余价款,无异于支付预付款的普通买卖,买受人的期限利益和分期付款买卖的目的根本无法体现。结合《买卖合同解释》,分期付款买卖应当满足以下特点:首先,要求双方约定价款分三次以上支付;其次,基于分期付款买卖的标的先行给付性和买受人的期限利益,标的给付后至少应当还剩两期价款没有支付;最后,首期款计入“期数”。分期付款买卖要与分批交货买卖相区别,价款因为分批交货而分别支付的,不是本条意义上的分期付款买卖。[54] 27

(3)付款期间及每期额度

无论《合同法》还是司法解释,抑或指导案例都没有对分期付款买卖价款如何分期作出规定。依学界早期观点,分期付款的时间应当以月为单位。[55] 西班牙《分期付款法》规定,价款的支付期间为三个月以上,每期支付额度具体由当事人确定。[56] 日本法要求分期付款有两个月以上的期间,对每期的额度不做要求。[57] 我国实践中价款分期的形式非常多,可以是按月等额还款,[58]也可以特别约定每期还款时间和数额。[59] 在法律、司法解释和指导案例都没有对如何分期付款作出规范的情况下,应允许买卖双方依意思自治决定每期付款额度和付款具体时间。 28

(4)约定分期付款的时间

在实践中,双方当事人既可以在买卖合同订立时就约定分期付款,也可以在 29

〔51〕 参见广东省惠州市中级人民法院(2017)粤13民终215号民事判决书;湖南省张家界市中级人民法院(2001)张民终字第155号民事判决书;浙江省宁波市鄞州区人民法院(2010)甬鄞邱商初字第308号民事判决书。

〔52〕 参见天津市滨海商贸大世界有限公司与天津市天益工贸有限公司、王锡锋财产权属纠纷案,最高人民法院(2012)民再申字第310号民事裁定书,载《最高人民法院公报》2013年第10期。

〔53〕 参见谢鸿飞:《合同法学的新发展》,中国社会科学出版社2014年版,第553页。

〔54〕 参见江西省南昌市中级人民法院(2020)赣01民终2915号民事判决书。

〔55〕 转引自翟云龄:《分期付款买卖的确定及其基本价值分析》,载《法学论坛》2006年第1期,第70页。

〔56〕 Vgl. Luis Fernandez de la Gandara, Der Abzahlungskauf nach spanischem Recht. In Rabels Zeitschrift für ausländisches und internationales Privatrecht, 1971, 716.

〔57〕 参见吴志忠:《论我国〈合同法〉有关分期付款买卖规定的不足》,载《武汉大学学报(哲学社会科学版)》2009年第5期,第330页。

〔58〕 参见吉林省长春市中级人民法院(2018)吉01民终706号民事判决书。

〔59〕 参见注45四川省高级人民法院(2014)川民提字第554号民事判决书。

买卖合同订立后补充约定分期付款。对此理论中个别观点认为，事后约定的分期付款不属于分期付款买卖。[60] 然而，分期付款买卖的本质并不取决于约定分期付款的时间，而是取决于出卖人是否授予买受人信用，使买受人在没有全部支付价款的情况下可以取得标的物。嗣后约定分期付款的，只要满足标的先行交付、总价款分三期以上支付、交付标的物之后至少有两期价款未支付，就符合分期付款买卖的本质，此时合同由一般买卖转换成分期付款买卖。

（5）标的范围

30 尽管很多国家的立法对分期付款买卖的标的作出限制，比如在德国民法中，分期付款买卖的标的可以是动产、承揽或者服务，但不能是不动产，因为《德国民法典》第 506 条和第 508 条使用的表达是“送交”（Lieferung），不动产不可能“送交”。[61] 西班牙《分期付款法》将分期付款买卖限定于动产。[62] 我国《合同法》第 167 条、《买卖合同解释》、指导案例 67 号以及《民法典》第 634 条都没有将分期付款买卖的标的物限制为动产。实践中不动产买卖在大多数情况下采分期付款，一种情况是涉及银行的三方融资性分期付款，即按揭贷款买卖，另一种分期付款方式是第 634 条意义上的信用性分期付款。[63] 故第 634 条规定的分期付款买卖的标的既包括动产，也包括不动产。

31 权利是否能成为分期付款买卖的标的，特别是股权，有争议。最高人民法院在指导案例 67 号中否定了股权买卖可适用《合同法》第 167 条（现《民法典》第 634 条）。[64] 对此学界支持和反对者皆众。[65] 实务中很多法院适用《合同法》第 167 条（现《民法典》第 634 条）裁判股权的分期付款买卖，即使在指导案例 67 号发布之后也不乏此类情况。[66] 法院适用《合同法》第 167 条（现《民法典》第 634 条）裁判股权分期付款买卖有法可依。依《买卖合同解释》（2020 年修正）第 32

---

〔60〕 参见史尚宽：《债法各论》，中国人民大学出版社 2000 年版，第 94 页。

〔61〕 已经废止的德国《分期付款法》（Abzahlungsgesetz）直接规定法律适用范围限制于动产。

〔62〕 参见 Vgl. Luis Fernandez de la Gandara，Der Abzahlungskauf nach spanischem Recht. In Rabels Zeitschrift für ausländisches und internationales Privatrecht，1971，710.

〔63〕 参见四川省高级人民法院（2014）川民提字第 554 号民事判决书；四川省高级人民法院（2015）川民提字第 219 号民事判决书。

〔64〕 新疆维吾尔自治区乌鲁木齐市中级人民法院在（2017）新 01 民终 1657 号案中赞同最高人民法院的观点。

〔65〕 反对者如钱玉林（参见钱玉林：《分期付款股权转让合同的司法裁判》，载《环球法律评论》2017 年第 4 期），支持者如万方（参见万方：《股权转让合同解除权的司法判断与法理研究》，载《中国法学》2017 年第 2 期）。

〔66〕 参见浙江省杭州市中级人民法院（2016）浙 01 民初 1206 号民事判决书；广东省惠州市中级人民法院（2016）粤 13 民终 4047 号民事判决书；湖北省武汉市中级人民法院（2017）鄂 01 民终 2258 号民事判决书等。

条,在没有特别法规定的情况下,权利转让参照适用买卖合同的规定。公司法虽然对股权买卖作出规范,但对股权的分期付款买卖没有特别规定,应当参照适用合同法的相关规定。另外,《民法典》第634条规范的分期付款买卖不限于消费者买卖,其标的可以是权利,〔67〕包括股权。〔68〕

32 分期付款合同标的是服务、承揽给付、供水电热或者租赁关系等其他内容的,〔69〕根据《民法典》第646条,参照适用《民法典》第634条。

(二)未支付到期价款达到总价款的五分之一

1. 价款履行迟延

33 虽然本条款的表达是"未支付到期价款",实指第563条的迟延履行。〔70〕故,价款迟延支付应当满足以下条件:

34 (1)出卖人的价款请求权须完全有效。在此,要求买卖合同有效成立,不存在妨碍请求权成立的抗辩和消灭请求权的抗辩。前者如民事行为能力缺失、形式要件不足、没有法定许可等;〔71〕后者如已经履行、合同撤销、合同解除、抵销等。在分期付款买卖中,基于出卖人先交付标的,买受人没有先履行抗辩权、同时履行抗辩权、不安抗辩权。

35 (2)出卖人的价款请求权必须到期。分期付款买卖当事人通常会在合同中约定或补充约定每期价款的具体支付时间。

2. 未支付的到期价款达到全部价款五分之一

36 买受人可以是没有支付某一期或某几期到期价款的全部,也可以是没有支付某一期或几期到期价款的部分。本条款仅要求未支付的价款达到总价款的"五分

---

〔67〕 参见黄立:《民法债编各论(上)》,台湾地区元照出版公司2002年版,第191页。

〔68〕 李建伟教授认为,第167条仅在有限范围内不适用股权转让(参见李建伟:《分期付款的股权转让合同解除权的特殊性》,载《清华法学》2019年第1期,第150页);本文认为,即使是消费者买卖合同,其标的也可以是股权。根据《金融消费者权益保护办法》第2条第2款,购买、使用金融机构提供的金融产品和服务的自然人是金融消费者。个人偶尔通过购买企业股份、营业份额等取得股东地位的,属于为生活管理财产行为,在目前也应当被认定为消费者(参见杨东:《论金融消费者概念界定》,载《法学家》2014年第5期,第64—75页;Vgl. Micklitz, Kommentar zum § 13, in: Münchener Kommentar zum BGB, 6. Aufl., München: C. H. Beck, 2012, Rn. 45)。

〔69〕 参见史尚宽:《债法各论》,中国人民大学出版社2000年版,第93页;另外,江苏省高级人民法院(2017)苏民终2065号案涉及的是建设工程合同;南宁铁路运输中级法院(2017)桂71民终68号案涉及租赁合同。

〔70〕 参见万方:《股权转让合同解除权的司法判断与法理研究》,载《中国法学》2017年第2期,第259页。

〔71〕 Vgl. Reinhard Bork, Allgemeiner Teil des Bürgerlichen Gesetzbuchs. Mohr Siebeck, 2016, Rn. 90; 参见王洪亮:《债法总论》,北京大学出版社2016年版,第257页。

之一”。这里的总价款是指合同约定价格的“面额”(Nennbetrag)。分期付款买受人的对待给付可能不仅是金钱,还包括其他给付,[72]此时存在狭义的交换合同,其他给付的价值也要计入总价款。约定分期付款利息的,总价款包括利息。[73]“五分之一”阈值可以是多期未支付价款的总和,也可以是某一期部分未支付的价款,[74]如约定价款分三期支付,其中一期的部分未支付价款也可能超过总价款的五分之一。

(三)催告程序

1. **催告**

37 出卖人解除合同前须催告。催告是“要求债务人履行义务”,[75]其功能一方面是警告债务人,[76]另一方面为了避免违约方遭受突然的合同解除。催告是单方的、需受领的准法律行为,非意思表示或法律行为,但是部分关于意思表示的规则对“催告”适用,如催告人可以是限制行为能力人,因为催告对催告人不产生法律上之不利,故也可以通过代理人催告。[77]

38 出卖人催告的内容是“要求买受人支付未支付的到期价款”,并且出卖人的要求必须明确且具有强调性。对出卖人而言,催告是其施压的手段。如果出卖人的表达是“他很期待买受人能支付到期价款”等礼貌性地请求支付,或者提示支付,或者仅仅要求买受人明示是否有支付价款的意愿,都不成立催告。这种表达方式不能体现出警告的作用,债务人也不能感受到来自债权人方面的压力。

39 另一个问题是,出卖人是否必须在催告程序中具体表达“如果买受人不及时支付到期价款,将解除合同或者必须支付全部价款”。我国理论对此问题没有进行讨论,德国理论对此有分歧,一种观点认为,出卖人在催告中应当以解除合同或者终止分期付款约定相威胁,甚至要求出卖人在催告中将不利后果具体化,即出卖人要在催告中具体表示“不支付到期价款将解除合同”或者“不支付到期价款则

〔72〕 在陕西省榆林市中级人民法院(2017)陕08民终261号案中,当事人约定的买卖合同的对价是700万元及一套140平方米的住宅房、车位一个的价格。

〔73〕 参见广西壮族自治区南宁市中级人民法院(2017)桂01民终7676号民事判决书;Vgl. Schnürbrand, Kommentar zum §498 in: Münchener Kommentar zum BGB, 6. Aufl., München: C. H. Beck, 2012, Rn. 14.

〔74〕 Vgl. Schnürbrand, Kommentar zum §508, in: Münchener Kommentar zum BGB, 6. Aufl., München: C. H. Beck, 2012, Rn. 25.

〔75〕 参见韩世远:《合同法总论》,法律出版社2011年版,第395、398页;Vgl. Palandt, Bürgerliches Gesetzbuch, München: C. H. Beck, 2015, § 286, Rn. 16.

〔76〕 参见王洪亮:《债法总论》,北京大学出版社2016年版,第313页。

〔77〕 Vgl. Ernst, Kommentar zum §286, in: Münchener Kommentar zum BGB, 6. Aufl., München: C. H. Beck, 2012, Rn. 46.

必须支付全部剩余价款”。[78] 相反观点则认为不必要以不利后果相威胁。[79] 催告的主要目的包括两个方面:一是为了给予买受人第二次机会;二是警告买受人,使其有支付价款的紧迫感。催告的内容必须让买受人能够感受到不支付逾期价款的不利后果,否则很难达到警告的功能。鉴于此,催告宜包含以不利后果相“威胁”,比如表示“不支付到期价款后果自负”等,但是不必在催告中将不利后果具体化,即在催告中就告知买受人不及时支付到期价款将解除买卖合同还是一次性支付剩余价款,因为催告具体化实际是要求出卖人在催告中就作出解除合同抑或终止分期付款约定的决定,这种显然对出卖人过于不利,出卖人只要在发出终止或解除通知时决定行使何种权利即可。[80]

2. 等待期间的合理性

买受人须在合理期间内仍未支付到期价款。出卖人在催告中不必设置支付价款的期间或具体期日,若催告未包含给付期间或期日,则出卖人要等待合理期间。通过催告,买受人明确知道出卖人对支付到期价款的期待,如果买受人对此置之不理,出卖人才可以解除合同。 40

合理期间是为了能使买受人有足够的时间为支付价款做准备。根据《商品房买卖合同解释》(2020 年修正)[81]第 11 条第 1 款,判断期间是否具有“合理性”首先要尊重当事人的意思,买卖双方可以约定支付价款的宽限期。买受人也可以自己建议补救支付的期限或具体时间,但其长度同样要具有合理性。当事人没有约定的,若买卖标的是商品房,根据《商品房买卖合同解释》(2020 年修正)第 11 条的规定,买受人迟延支付购房款的,催告的合理期间是三个月。既无约定,也无具体法律或者司法解释规定时,则要在具体情况中作出判断。如果买卖与商品房买卖具有可比较性,可以考虑类推适用三个月的宽限期。不具有可比较性的,要根据具体情况确定宽限期的合理长度。此时衡量合理期间长度时要考虑双方合同当事人的利益、需要支付的价款的额度、价款到期多久等因素。一般情况下,补救支付期间要比原支付期间短,因为在价款到期之前买受人就应当对支付价款有所准备。如果出卖人在催告中明确要求买受人支付到期价款的期间或具体期日,可能发生的情况是,出卖人设置的宽限期间太短,此时自动延长至合理长度。 41

---

〔78〕 参见 Vgl. Schnürbrand, Kommentar zum § 498 in: Münchener Kommentar zum BGB, 6. Aufl., München: C. H. Beck, 2012, Rn. 13.

〔79〕 转引自 Vgl. Schnürbrand, Kommentar zum § 508, in: Münchener Kommentar zum BGB, 6. Aufl., München: C. H. Beck, 2012, Rn. 25.

〔80〕 参见孙新宽:《分期付款买卖合同解除权的立法目的与行使权限限制》,载《法学》2017 年第 4 期,第 171 页。

〔81〕 该司法解释经修正后仍然有效。

42 发生争议时，合理期限的长度由法院确定。[82]

(四) 催告不必要的情况

43 当出卖人根本无法通过催告达到支付价款这一目的时，出卖人不必催告，可以直接解除合同。[83] 比如在买受人已经严肃且明确拒绝支付到期价款或所欠全部价款的情况下，出卖人的催告无异于浪费时间。

四、法律后果

(一) 第 1 款

44 依法律文本，上述要件成就时，出卖人可以要求支付全部价款或者解除合同。催告无果不会自动产生支付全部价款的请求权，因为支付全部价款的请求权以终止分期付款约定为前提条件(边码 45—46)，而终止分期付款约定须出卖人行使终止权。同样，欲产生解除合同的法律后果，出卖人须行使解除权。

1. 第 1 款第 1 选项：请求支付全部价款

45 在分期付款买卖中，买受人对未支付的价款享有期限利益，第 634 条第 1 款的要件成就时，其后果之一是，买受人丧失期限利益，即出卖人可以要求买受人支付全部价款。买受人的期限利益丧失不以当事人之间的约定为条件，是法定后果。[84] 出卖人支付全部价款请求权的前提条件是剩余价款到期。这意味着，第 634 条第 1 款的条件成就时，出卖人必须先终止分期付款约定，这样才能使剩余价款到期。终止分期付款约定不会触及买卖合同的效力，其后果是剩余未支付的价款立即到期，之后出卖人可以主张支付全部剩余价款。

46 在逻辑上，第 634 条第 1 款第 1 选项规定的法律后果应当如下：买受人迟延支付价款达到五分之一，出卖人催告无果后，出卖人有终止分期付款约定的权利。终止权是形成权，出卖人必须行使终止权，才能终止双方当事人的分期付款约定。参照《民法典》第 565 条第 1 款第 1 句，终止权的行使需要出卖人发出终止通知。

---

〔82〕 最高人民法院在《买卖合同解释》(2020 年修正) 第 12 条中对法院认定标的物检验的“合理期限”作出说明，参照该解释，在确定催告支付价款的合理期限时，法院应当综合考量，根据诚实信用原则确定合理期限的长度。

〔83〕 《德国民法典》第 323 条第 2 款规定了 3 种无须催告即可解除合同的情况：债务人严肃地、最终地拒绝给付；债务人不在合同约定期日或者期间内给付，且债权人已在合同中使其给付利益存续受给付适时性的约束；在双方利益衡量的情况下存在立即解除合同具有合理性的特殊情况。

〔84〕 不少立法例规定，期限利益丧失的条件是双方当事人之间有约定，比如：台湾地区“民法”第 389 条；《瑞士债务法》第 226h 条第 2 款。

出卖人可以明确表示终止分期付款约定,也可以推定发出终止通知。分期付款约定终止后,剩余价款立即到期,出卖人可以要求买受人支付全部剩余价款。实践中出卖人会直接要求支付全部剩余价款,该意思表示既推定行使终止权,同时又主张支付剩余价款。

2. 第1款第2选项:出卖方解除权

47 第634条第1款的条件成就时,另一个法律后果是,产生出卖方解除权。解除权是形成权,须出卖人行使解除权才产生解除合同的效果。解除合同的意思表示可以明确作出,也可以推定作出。对于出卖人取回标的物是否应当视为解除合同,实践中法院的观点不一致,部分法院认为出卖人在买受人连续逾期不支付分期货款的情况下自行收回标的物的行为是行使解除权;[85] 部分法院认为取回标的物是行使"取回权",不是行使解除权。[86] 本文认为,出卖人在买受人迟延支付到期价款达到总价款五分之一时自行取回标的物,是推定行使解除权(边码80—82)。

3. 第1选项和第2选项的关系

(1)出卖人的选择权

48 第634条文本用的是"或者",从文字表达上看,出卖人有选择权,[87] 实践中大多法院支持出卖人的选择权,[88] 不要求出卖人首先主张一次性支付剩余价款。[89] 然而,指导案例67号却提出,出卖人应当首先提出支付全部价款,未果,才能主张解除合同。该观点在实践中未得以彻底贯彻,指导案例67号发布,分期付款买卖的出卖人直接主张解除合同的,并不会因为没有先主张支付全部价款被法院驳回。[90]

49 根据本文观点,催告是要求全部支付价款或者解除合同的必经程序。买受人不支付到期价款时,经催告仍不支付,在很大程度上说明买受人没有支付能力或者不想支付,再强制出卖人必须首先要求支付全部价款,无异于浪费时间。此外,最高人民法院在指导案例67号中要求出卖人首先请求买受人一次性支付剩余价款,这与立法者使用"或者"所传达的立法意图不一致。故出卖人在一次性支付全部价款和解除买卖合同之间有选择权。

---

〔85〕 参见贵州省贵阳市中级人民法院(2016)黔01民终2443号民事判决书;河北省邯郸市中级人民法院(2014)邯市民一终字第18号民事判决书。

〔86〕 广西壮族自治区南宁市中级人民法院(2017)桂01民终1146号民事判决书。

〔87〕 参见《立法技术规范(试行)(一)》第13.3条。

〔88〕 河北省邯郸市中级人民法院在(2014)邯市民一终字第18号案中明确支持出卖人的选择权。

〔89〕 参见山西省运城市中级人民法院(2015)运中民终字第851号民事判决书。

〔90〕 参见陕西省榆林市中级人民法院(2017)陕08民终261号民事判决书。

(2)作出选择后是否可以变更

50 出卖人可以选择要求支付全部价款或者解除合同。须进一步确定的是,出卖人选择权的法律属性。在本条款中,出卖人拥有的"选择权"不是选择之债,因为选择之债涉及的是具体给付内容可选择的一个请求权。出卖人要求一次性支付全部价款是请求权,其前置阶段终止分期付款约定是形成权;解除合同是形成权。在债权人拥有彼此排除的多个债权或(和)形成权时,德国理论和司法裁判提出了"选择性竞合(elektive Konkurrenz)"这一法律概念。在选择性竞合中,债权人作出选择后是否可以任意变更选择取决于债权人所选择的权利的相关规范。[91] 出卖人选择支付全部价款在逻辑上要先终止分期付款约定,无论是终止分期付款约定还是解除买卖合同,在出卖人行使形成权的意思表示到达买受人时,即产生形成效力,不存在出卖人变更选择的可能。

51 若出卖人选择终止分期付款,进而要求支付全部剩余价款,则分期付款买卖转化成一般买卖合同。买受人仍迟延支付剩余价款的,出卖人可以根据《民法典》第563条第1款第3项解除合同,但此时不必再经催告。因为在此前的分期分款买卖中出卖人已经进行催告,并未得到买受人的回应,可以认为存在催告不必要的情况。

4. 终止权或解除权的消灭

52 在分期付款买卖中,当事人之间约定终止权或解除权行使期间的,不会对买受人产生不利,此类约定有效。出卖人在约定的期间内未行使权利的,解除权消灭。法律没有规定或当事人没有约定终止权或解除权行使期间的,依第564条第2款,经对方催告后在合理期间不行使权利的,终止权和解除权也消灭;若相对人不催告解除,自解除权人知道或者应当知道解除事由之日起一年内不行使解除权的,解除权也消灭。

53 若分期付款买卖同时又是《商品房买卖合同解释》(2020年修正)第1条意义上的商品房买卖,根据第11条第2款的规定,出卖人的解除权产生后,买受人催告出卖人解除合同的,解除权消灭期间是3个月;买受人没有催告出卖人解除合同的,出卖人一年没有行使解除权的,解除权消灭。

54 除此之外,解除权还适用权利失效规则(Verwirkung)。解除权人经过一段时间不行使解除权,且有其他引起对方相信其不再行使解除权的情状因素,在对方的信赖值得法律保护时,解除权人不得行使解除权。[92]

---

〔91〕 Pöschke, Moritz, Die elektive Konkurrenz, in Juristischer Zeitschrift, 2010, 349, 352.

〔92〕 解除权失效规则具体参见刘牧晗:《权利失效原则在合同解除权中的适用》,载《法律适用·司法案例》2018年第20期,第27—35页。

(二)第2款

55 根据第2款,出卖人解除合同的,可以向买受人要求支付标的物的使用费。狭义的“使用费”是对使用利益的补偿。[93] 所谓使用利益是指买受人利用标的物而获得的利益。标的物的使用利益一般由物的本质决定,比如使用住宅提供了居住利益,使用机动车提供的是出行方便利益等。买受人补偿出卖人“使用费”并非在任何情况下都以实际使用标的物为条件,补偿使用费的基础也可能建立在买受人随时可以使用标的物的基础之上,因为时间的经过也可能引起标的物价值减少。[94] 但是标的物因为存在质量问题无法使用的,时间的经过不引起使用费补偿。[95]

56 在确定使用费用额度时,遵循以下规则:

1. 约定优先

57 实践中当事人在很多情况下约定使用费的计算方法,法院一般尊重当事人之间的约定。[96] 所用术语不限于“使用费”,可能是“折旧费”等其他术语。[97] 经常发生的情况是,约定的折旧费超过标的物本身的市场价格,[98]或者约定的使用费与标的物剩余价值之和超过标的物未经使用时的市场价格。对此法院意见有分歧,部分法院认为这种约定显失公平,[99]部分法院认为基于意思自治约定有效。[100] 本文认为,使用费是对使用利益的补偿,虽然基于私人自治约定的使用费可以超过实际“折旧费”,但是约定的使用费过高,比如使用费超过标的物未使用时的市场价格,则有违诚实信用原则,法院应当予以调整。

---

〔93〕 江苏省无锡市中级人民法院(2017)苏02民终1859号案中一审法院认为,违约条款中约定的使用费是承担违约责任的一种方式,该观点需要商榷。

〔94〕 参见 Vgl. Schnürbrand, Kommentar zum § 508, in: Münchener Kommentar zum BGB, 6. Aufl., München: C. H. Beck, 2012, Rn. 28.

〔95〕 参见北京市第一中级人民法院(2015)一中民(商)终字第4858号民事判决书。

〔96〕 参见辽宁省沈阳市中级人民法院(2017)辽01民终5010号民事判决书;广西壮族自治区南宁市中级人民法院(2017)桂01民终7676号民事判决书;河北省石家庄市中级人民法院(2016)冀01民再第30号民事判决书。

〔97〕 参见吉林省长春市中级人民法院(2018)吉01民终706号民事判决书。

〔98〕 在贵州省贵阳市中级人民法院(2017)黔01民终2937号案中,当事人约定的计算标准为“……自提货日起至出卖人收回之日止按3000元/天支付使用费”,现原告自行调整为800元/天,按此标准及被告实际使用挖掘机908天计算为726400元,超过标的物单价;江苏省无锡市中级人民法院(2018)苏02民终742号案,当事人之间约定的使用费是1008000元,而标的物的价格是90万元,使用费超过标的物价格。

〔99〕 参见贵州省贵阳市中级人民法院(2017)黔01民终2937号民事判决书。

〔100〕 参见江苏省无锡市中级人民法院(2018)苏02民终742号民事判决书。

2. 一般租金标准

58 在当事人之间没有约定的情况下，根据《买卖合同解释》（2020 年修正）第 28 条第 2 款，使用费根据当地同类标的物的租金标准确定。通过租金确定“使用费”的立法不在少数，比如《瑞士债务法》第 226（I）条第 1 款第 1 选项规定：买受人违约，出卖人在交付标的物后解除合同的，双方应当返还已经取得的对待给付，此外，出卖人有权要求支付合理的租金。《墨西哥民法典》第 2311 条也明确规定，分期付款合同解除后，买受人使用货物按租金计算支付出卖人。这里的租金即是狭义的使用费。[101] 我国学界也有观点支持可出租之物的使用费是其通常租金，但是短期使用不必支付租金。[102]

59 根据一般租金确定使用费的前提条件是，标的物有出租市场，否则无法确定一般租金标准。实践中的情况是，不动产一般根据同地段的不动产租金确定使用费，[103] 动产一般由法院或评估机构根据当地市场租金确定使用费。[104]

3. 通常价值折旧

60 对于不可出租或者没有租赁市场的标的物，应按其通常价值估定折旧价值。[105] 在此情况下，计算使用费的出发点是，物的价值由其可使用的时间长短决定，计算使用费时一般考虑实际使用时间和该物的总使用时间的比例关系。[106] 计算具体使用费的基准是标的物的客观价值，一般与买卖价格一致。分期付款买卖因为授予买受人期限利益，合同约定的价款可能略高于一般市场价格，[107] 此时约定的实际是含利息的价格，计算折旧费时不应按照含利息的价格计算。

61 我国实践中常见的机动车使用利益的计算是以行驶里程和可行驶的总里程

---

〔101〕 参见赵江勇：《分期付款买卖中买受人利益的保护》，载《武汉理工大学学报（社会科学版）》2003 年第 1 卷，第 73 页。

〔102〕 参见史尚宽：《债法各论》，中国人民大学出版社 2000 年版，第 96 页。

〔103〕 参见内蒙古自治区锡林郭勒盟中级人民法院（2017）内 25 民终 1360 号民事判决书、江苏省宿迁市中级人民法院（2017）苏 13 民终 2310 号民事判决书；然而，山西省沁县人民法院在（2021）晋 0430 民初 124 号民事判决书中判决买受人以每月 1000 元的标准向出卖人支付居住费，但是并没有说明确定 1000 元的依据。

〔104〕 参见江苏省无锡市中级人民法院（2017）苏 02 民终 1860 号民事判决书；徐州市云龙区人民法院（2013）云商初字第 1468 号民事判决书。

〔105〕 参见史尚宽：《债法各论》，中国人民大学出版社 2000 年版，第 96 页。

〔106〕 Vgl. Gaier, Kommentar zum § 346, in: Münchener Kommentar zum BGB, 6. Aufl., München: C. H. Beck, 2012, Rn. 26.

〔107〕 参见崔建远：《合同法》，北京大学出版社 2016 年版，第 472 页。

之间的比例关系为基础。[108] 也有法院根据车辆使用时间、行业状况和车辆价值综合衡量使用费。[109] 当然，对机动车而言，如果该车型有租赁市场的，也可以根据当地通常租金计算使用费用。在德国民法中，没有租赁市场的标的物的使用费按照“拟制租金”计算，即综合考量所有的因素计算。[110]

4. 比较法的借鉴

在德国，晚近司法裁判提出，根据一般租金确定使用费的情况对动产不适用。 62
动产的使用费应当依据时间比例引起的价值减少来确定，亦即，以客观价格为基础，根据实际使用时间和可能使用的总时间的比例关系确定使用费。[111] 原因是，购买动产和租赁动产在经济上一般不具有价格相当性，[112]购买动产的价格一般会低于租赁动产的价格，因为出租人要在购买价格之外赚取租金。按一般租金计算使用费对不动产适用，因为不动产一般不会因为时间的经过价值减少，无法按照实际价值减少来确定使用费用。

本文认为，解除的法律后果是合同关系转化成清算关系，并不是转化成租赁 63
关系。清算的后果是法律关系恢复原状，对动产而言，根据租金计算的使用费要比按市场价值计算的使用费高，出卖人实际从中获得利益。故根据使用时间和客观市场价值确定动产使用费有合理性。

5. 其他问题

实践中还会发生出卖人同时主张“使用费”和“折旧费”的情况。对此，法院 64
的观点不一致，有的法院认为使用费和折旧费属于重复计算，[113]也有法院依据《买卖合同解释》(2020年修正)第28条第1款支持出卖人同时主张“使用费”和“折旧费”的情况。[114] “使用费”是对使用损耗的补偿，折旧费也是基于使用或者时间经过引起的价值减少，故本文认为，两者当属同一项费用，不应重复计算。

---

〔108〕 比如德国民法中关于计算机动车使用费的公式为：使用利益 = 市场含税价格 × 使用期间已经行使的里程/预计总行使里程。Vgl. Gaier, Kommentar zum § 346, in: Münchener Kommentar zum BGB, 6. Aufl., München: C. H. Beck, 2012, Rn. 27.

〔109〕 参见湖南省长沙市中级人民法院(2017)湘01民终2537号民事判决书。

〔110〕 Vgl. Schnürbrand, Kommentar zum § 508, in: Münchener Kommentar zum BGB, 6. Aufl., München: C. H. Beck, 2012, Rn. 30.

〔111〕 Vgl. Gaier, Kommentar zum § 346, in: Münchener Kommentar zum BGB, 6. Aufl., München: C. H. Beck, 2012, Rn. 27.

〔112〕 转引自 Stresemann, Kommentar zum § 100, in: Münchener Kommentar zum BGB, 6. Aufl., München: C. H. Beck, 2012, Rn. 10.

〔113〕 参见贵州省贵阳市中级人民法院(2017)黔01民终3153号民事判决书。

〔114〕 参见辽宁省沈阳市中级人民法院(2017)辽01民终5010号民事判决书(该案中使用的是“损害赔偿”这一术语，实际是销售价与解除合同后评估价之差额，即“折旧费”)。

65 根据通常折旧价值和一般租金计算出使用费之后，还要进一步考虑实际价值的减少，要借助实际价值减少调整客观计算得出的使用费。[115] 实际价值减少不是因标的物损毁引起的价值减少，该部分价值减少要通过损害赔偿填补。影响实际价值减少的主要是买受人对标的物状态的保持程度，比如对住宅室内装修的保持、对机动车整体状况的保持等。需注意，实际价值减少只是作为微调使用费的依据。法院可以依当地租金标准和折旧率标准酌情认定使用费。[116] 实践中部分法院认为，买受人除了支付以租金为基础的使用费之外，还要足额支付根据评估得出的价值减少。[117] 本文认为，法院的这种观点是重复计算使用费，因为买受人支付使用费本身就是是对标的物价值折旧的赔偿。

66 要考虑的实际价值减少仅指因为使用标的物引起的价值减少，因经济发展等导致的价值减少一般不予考虑。若在计算标的物损毁的损失赔偿（边码 67）时已考虑价值减少，不得重复计算。

（三）损害赔偿

67 买卖标的是物，并且该物已经返还的情况下，买受人不仅要向出卖人支付狭义的“使用费”，还要承担损害赔偿责任。

68 标的物虽返还，但受到正常使用损耗之外的损坏，1995 年的《中华人民共和国合同法（试拟稿）》第 195 条和 1997 年的《中华人民共和国合同法（征求意见稿）》第 108 条第 3 款均规定了关于标的物受损害时的损害赔偿责任，[118] 之后被删除。因此关于标的物有损坏，出卖人在“使用费”之外是否可以要求损害赔偿，存争议。[119] 然而，立法者删除某个规定并非必然意味着否定该规定，也可能是因为该规定显而易见，无须特别规定。在没有法律特别规定的情况下，出卖人应当根据《民法典》第 566 条主张损害赔偿，[120]《买卖合同解释》（2020 年修正）第 28 条第 1 款支持使用费之外可以要求损害赔偿。须注意，这里的损害赔偿是指对标的物非

---

〔115〕 Vgl. Schnürbrand, Kommentar zum § 508, in: Münchener Kommentar zum BGB, 6. Aufl., München: C. H. Beck, 2012, Rn. 30.

〔116〕 参见青海省西宁市中级人民法院（2017）青 01 民终 1097 号民事判决书。

〔117〕 在辽宁省沈阳市中级人民法院（2017）辽 01 民终 5010 号案中，法院判决买受人除了支付按约定计算的租金使用费之外，还认为标的物出售时的价格和合同解除时估价之间的差额属于买受人的损害赔偿。

〔118〕 参见姚欢庆：《〈合同法〉第 167 条规范宗旨之错位及补救》，载《浙江社会科学》2007 年第 2 期，第 76 页。

〔119〕 姚欢庆教授对立法者删除损害赔偿责任作出相反解释，即出卖人没有损害赔偿请求权，但是他同时指出，出卖人不承担损害赔偿责任不符合公平正义（参见注 118）。

〔120〕 参见宁红丽：《分期付款买卖法律条款的消费者保护建构》，载《华东政法大学学报》2013 年第 2 期，第 89 页。

正常使用引起的损毁的赔偿,不是对正常损耗的补偿。正常损耗引起的价值减少由使用费进行补偿。[121] 如果在计算使用费时已经将损坏赔偿计算在内,则不得重复计算。出卖人也可以在可预见的范围内主张可得利益损害赔偿。[122]

出卖人选择要求一次性支付全部价款的,还可以要求买受人对迟延价款支付迟延利息,因为金钱本身是一种可以带来利息收益的财产,故迟延利息是损害赔偿。参照《民法典》第676条,当事人之间有约定的,依约定计算迟延利息;无约定的,按照国家有关规定支付逾期付款的迟延利息。根据《买卖合同解释》(2020年修正)第18条第4款规定,买卖合同没有约定逾期付款违约金或者该违约金的计算方法,出卖人以买受人违约为由主张赔偿逾期付款损失,违约行为发生在2019年8月19日之前的,[123] 人民法院可以中国人民银行同期同类人民币贷款基准利率为基础,参照逾期罚息利率标准计算;违约行为发生在2019年8月20日之后的,人民法院可以违约行为发生时中国人民银行授权全国银行间同业拆借中心公布的一年期贷款市场报价利率(LPR)标准为基础,加计30%—50%计算逾期付款损失。[124] 即使双方约定迟延利息计算标准的,对约定的利息率并非没有限制,还应参照适用《民间借贷规定》中的限制。 69

实践中,双方当事人在某些情况下会既约定在迟延支付价款时按日支付"违约金",同时也约定支付逾期利息。两者实际所指相同,出卖人可以并行主张,但总额不能超过法定限额。如果当事人在合同中约定了"迟延违约金",出卖人不能在迟延违约金之外主张法定迟延利息,除非当事人之间另有约定。[125] 70

(四)其他法律后果

1. 与分期付款买卖有关的费用支出

我国理论中部分观点认为,出于保护买受人的目的,为订立、实现分期付款买卖必须支付的其他费用应当由出卖人承担。[126] 在德国民法中,因为买受人迟延 71

---

〔121〕 在辽宁省沈阳市中级人民法院(2017)辽01民终5010号案中辽宁省沈阳市中级人民法院和一审法院持相反观点,支持出卖人同时主张挖掘机占有期间减少的价值赔偿和使用费。

〔122〕 参见 Vgl. Schnürbrand, Kommentar zum § 508, in: Münchener Kommentar zum BGB, 6. Aufl., München: C. H. Beck, 2012, Rn. 18.(需要注意,德国民法中的可得利益损害赔偿不以可预见为边界);在注25案中,出卖人主张车辆运营损失是可得利益损失,但是在该案中出卖人没有充分证明可得利益。

〔123〕 参见广东省肇庆市中级人民法院(2020)粤12民终597号民事判决书。

〔124〕 四川省成都市中级人民法院在(2021)川01民终553号民事判决书中认为:"从2020年10月16日起按全国银行间同业拆借中心公布的一年期贷款市场报价利率计算至货款付清为止",未加计。

〔125〕 参见姚明斌:《金钱债务迟延违约金的规范互动》,载《华东政法大学学报》2015年第4期,第89页;关于约定违约金可参见姚明斌:《〈合同法〉第114条(约定违约金)评注》,载《法学家》2017年第5期,第154—174页。

〔126〕 参见翟云岭:《分期付款买卖中的买受人利益保护研究》,法律出版社2007年版,第119页。

支付价款导致出卖人解除合同时，买受人应当赔偿出卖人订立合同、实现分期付款买卖支出的费用。[127] 根据《瑞士债务法》第 227 条和台湾地区“民法”第 390 条，此项费用不应当由买受人承担。第 634 条规定的解除合同的原因由买受人迟延支付到期价款引起，此时还让出卖人承担订立合同、实现分期付款买卖支出的费用，有失公允。故本文认为，基于利益平衡买受人应当承担此项费用。

72 判断此类费用支出的关键是，该费用与订立、实现分期付款买卖之间有直接因果关系，即订立合同和实现合同的必要费用支出，比如电话费、运输费、安装费、包装费等。支出的费用必须具有合理性，多余的、超出比例的费用买受人不必赔偿。

2. **孳息的返还**

73 分期付款买卖合同被解除后，买受人还要将已经收取的孳息返还给出卖人；孳息不能以自然状态返还的，比如被买受人使用，或者因为其他原因消灭的，买受人要赔偿其价值。对于未收取的“孳息”，只有在买受人本可以收取，但是却违反一般经营规则没有收取的情况下才需要赔偿。[128]

（五）出卖人请求权的边界

74 出卖人的上述价值赔偿请求权、损害赔偿请求权、支出费用赔偿请求权、使用费请求权以出卖人的履行利益为边界。亦言之，无论是各个请求权，还是所有的请求权的总和，不能超过合同及时履行时出卖人能取得的利益。[129] 否则其后果是，出卖人解除合同将获得比履行合同更多利益，他会更倾向于解除合同，不利于保护买受人和交易安定。

（六）标的不能返还“原物”时的价值赔偿

75 在标的不可能按原物返还的情况下，比如已经转手，或者完全损毁等，应当赔偿标的物的价值。物的价值是指标的物给付时的客观价值。[130] 确定客观价值的主要依据是合同中约定的对待给付，在买卖合同中主要是现金价格。特殊情况下约定的对待给付可能不是金钱，而是其他给付，这时标的物的客观价值是交付时

[127] Vgl. Schnürbrand, Kommentar zum § 508, in: Münchener Kommentar zum BGB, 6. Aufl., München: C. H. Beck, 2012, Rn. 19 ff.

[128] 《德国民法典》第 347 条第 1 款规定：债务人本可以收取用益，却违反适当经营规则不收取的，有义务向债权人补偿价值。

[129] 《瑞士债务法》第 226(I)条对出卖人请求权的边界作出明确规范：……出卖人有权请求支付合理的租金和对标的物进行损耗补偿。但其请求权不得超过合同及时履行时所能取得的利益……

[130] Vgl. Gaier, Kommentar zum § 346, in: Münchener Kommentar zum BGB, 6. Aufl., München: C. H. Beck, 2012, Rn. 21.

的市场价格。[131] 如果分期付款合同涉及的是服务或者承揽给付等其他不能返还“原物”的，也要按上述规则赔偿其价值。

(七)合同解除后买受人的请求权

1. 分期支付的价款的返还

合同被解除后，出卖人应当向买受人返还已经取得的分期价款。同时还要将已经取得的价款的利息作为孳息返还给买受人，利息的返还以出卖人实际收取或者应当收取利息为条件。若出卖人未对已经收取的买卖价款收取利息，而且不收取利息并不违反适当经营规则，则无须返还利息。 76

2. 维护标的物必要支出的补偿

如果买受人为保存标的物支付了必要费用，出卖人要对该费用赔偿。必要支付费用是指为了保存、恢复或者改善标的物而支出的必要费用。必要性是以维持标的物的正常使用为标准，仅为改变标的物的用途的支出不属于此项费用。[132] 77

五、其他问题

(一)分期付款买卖同时约定所有权保留

标的物是动产的，分期付款买卖双方当事人可能会约定，出卖人在价款全部支付前保留所有权。若动产分期付款买卖同时约定保留所有权，买受人在支付全部价款前取得期待权，该期待权赋予买受人占有标的物的权利。若仅根据《民法典》第634条第1款，买受人支付迟延的价款达到全部价款的五分之一，催告经合理期间无果的，出卖人可以解除买卖合同。合同解除后，买受人的占有权消灭，出卖人有返还原物请求权。 78

然而，《买卖合同解释》(2020年修正)第26条第1款规定，买受人已经支付标的物总价款的百分之七十五以上，出卖人主张取回标的物的，人民法院不予支持。理论中对《民法典》第642条规定的取回权的性质存在争议。解除权效力说认为，取回权的行使，产生解除合同的效力。[133] 附法定期限解除合同说认为，出 79

---

[131] 在陕西省榆林市中级人民法院(2017)陕08民终261号案中，当事人约定的买卖合同的对价是700万元及一套140平方米的住宅房、车位一个的价格，价格是所有的对待给付价值的总和。

[132] Vgl. Gaier, Kommentar zum § 347, in: Münchener Kommentar zum BGB, 6. Aufl., München: C. H. Beck, 2012, Rn. 18 ff.

[133] 转引自王泽鉴:《附条件买卖中买受人之期待权》，载王泽鉴:《民法学说与判例研究(七)》，北京大学出版社2009年版，第218页。

卖人取回标的实际是作出了附法定期限的解除合同的意思表示,该法定期限是"回赎期间",即买受人在回赎期间经过没有回赎标的物,则合同解除。[134] 就物求偿说认为,"取回"标的物是出卖人就标的物实现价款的特别程序。[135]

80 本文赞同附法定期限解除合同效力说。就物求偿说忽视了出卖人取回标的物的前提是买受人没有占有权,只要买受人有占有权,出卖人就不得取回标的物。在所有权保留买卖中,出卖人仍是所有权人,但买受人取得期待权,它赋予买受人占有权。若要使出卖人取回标的物合法化,首先要消灭买受人的占有权。出卖人应当通过解除买卖合同消灭占有权。[136] 解除权的行使是法律行为,虽然具有形成效力的法律行为在很多情况下不得附条件或者期限,这种限制的目的是避免相对人陷入不确定境地。[137] 但在此处,解除合同的法律后果产生的时间是确定的,因为回赎期间由买卖双方约定,或者由出卖人指定回赎期间,买受人在此期间内不回赎标的物,必然会产生解除合同的效力。从担保制度的视角解释取回权也与担保权的实现不一致,因为我国民法并不支持担保权人通过私力实现担保权,即不能通过私自变卖担保物而清偿债务。

81 学界也有观点认为第 35 条的含义是不解除合同即可取回标的物,这与法不合,行使取回权之前必须解除合同,否则买受人有占有权。[138] 该观点显然认为解除合同和取回标的物是完全分开的过程。所有权保留买卖遵循"无解除则不得取回(keine Rücknahme ohne Rücktritt)"原则,其目的是避免买受人既失去标的物占有,又负担支付价款的义务。[139] 在解除权条件成就的情况下,为了保护买受人利益,取回标的物应当理解为推定解除合同。

82 依《民法典》,买受人迟延支付价款超过总价款五分之一,即超过百分之二十的,出卖人催告无果后有解除权。依《买卖合同解释》(2020 年修正)第 26 条第 1 款,买受人已经支付的价款在百分之七十五以上的,出卖人不得取回标的物,即不

---

[134] 王泽鉴:《附条件买卖中买受人之期待权》,载王泽鉴:《民法学说与判例研究(七)》,北京大学出版社 2009 年版,第 219 页。

[135] 参见王泽鉴:《附条件买卖中买受人之期待权》,载王泽鉴:《民法学说与判例研究(七)》,北京大学出版社 2009 年版,第 220—221 页;宋晓明、张勇健、王闯:《〈关于审理买卖合同纠纷案件适用法律问题的解释〉的理解与适用》,载《人民司法 · 应用》2012 年第 15 期,第 39—40 页。

[136] Vgl. Ernst, Kommentar zum § 286, in: Münchener Kommentar zum BGB, 6. Aufl., München: C. H. Beck, 2012, Rn. 26.

[137] Vgl. Harm Peter Westermann, Kommentar zum § 158, in: Münchener Kommentar zum BGB, 6. Aufl., München: C. H. Beck, 2012, Rn. 28 ff.

[138] 参见李永军:《所有权保留制度的比较法研究》,载《法学论坛》2013 年第 6 期,第 14 页;重庆市第二中级人民法院(2017)渝 02 民终 1290 号案的一审法院也认为,解除合同要提前通知。

[139] Vgl. Harm Peter Westermann, Kommentar zum § 449, in: Münchener Kommentar zum BGB, 6. Aufl., München: C. H. Beck, 2012, Rn. 33.

得解除买卖合同。该规定限制了分期付款且保留所有权买卖中出卖人的解除权。须注意,《买卖合同解释》(2020年修正)第26条限制的只是出卖人的解除合同权,不限制终止分期付款约定权。即使买受人支付价款超过百分之七十五,只要延期支付的价款超过总价款五分之一,且经催告在合理期间内无果,出卖人仍可以要求买受人一次性支付全部剩余价款。

(二)与第634条不同的约定

第634条的规范目的在于保护买受人,具有强制性。双方当事人在分期付款 83
买卖中约定了不同于第634条规定的期限利益丧失或者解除买卖合同条件的,若该约定对买受人有利,则有效,如果该约定损害买受人利益的,则无效。[140] 如当事人之间约定解除合同的条件是未支付价款达到总价款四分之一以上,此约定对买受人有利,故有效;约定解除合同的条件是未支付价款达到总价款六分之一以上,此约定对买受人不利,故无效。[141] 实践中,当事人之间经常会约定其他的解除合同的条件,如约定买受人逾期一个月以上支付价款,出卖人可以解除合同;[142]或者约定买受人逾期30天不支付到期价款的,出卖人有权终止合同[143]等。[144] 法院认为此类约定无效。以价款逾期支付时间为解除合同的条件的,排除了逾期支付价款达到总价款五分之一的边界,对买受人不利,法院的观点恰当。

(三)解约扣价约款

实践中,为保证出卖人未收到的价款利益,双方会约定,在买受人不按时支付 84
分期价款而解除合同时,出卖人已经受领的价金不予返还,[145]即约定解约扣价约款或"失权约款"。为了排除对买受人的不利,《买卖合同解释》(2020年修正)第

---

〔140〕 参见黄薇主编:《中华人民共和国民法典合同编解读》,中国法制出版社2020年版,第595页;胡康生主编:《中华人民共和国合同法释义》,法律出版社2013年版,第250—252页;姚欢庆:《〈合同法〉第167条规范宗旨之错位及补救》,载《浙江社会科学》2007年第2期,第72页。最高人民法院在新的司法解释中也规定,"分期付款买卖合同的约定违反民法典第六百三十四条第一款的规定,损害买受人利益,买受人主张该约定无效的,人民法院应予支持"。

〔141〕 不同观点参见崔建远:《合同法》,北京大学出版社2016年版,第472页。

〔142〕 参见广西壮族自治区南宁市中级人民法院(2017)桂01民终1146号民事判决书。

〔143〕 参见湖南省怀化市中级人民法院(2017)湘12民终1591号民事判决书。

〔144〕 北京市第三中级人民法院(2017)京03民终12824号案当事人约定:逾期支付分期价款15日守约方可以解除合同;注73案当事人约定:逾期付款超过15日,出卖人有权单方面收回设备,自收回之日起7日内,买受人应当付清所欠全部款项(含违约金)并消除违约状态,继续履行本合同,否则,出卖人有权解除合同;山西晋中市中级人民法院(2020)晋07民终2066号案中当事人约定:延期支付单期款项超过5天,或者累计分期延付时间超过30天,视为乙方提出解除合同。

〔145〕 参见吉林省长春市中级人民法院(2018)吉01民终706号民事判决书。

28 条第 1 款对解约扣价约款作出限制，即出卖人扣留的金额超过标的物使用费及标的物受损赔偿额，买受人请求返还超过部分的，人民法院应予支持。[146] 此限制无异于将买卖双方金钱请求权相互抵销。合同解除后，即使没有扣价约款，出卖人也可以根据《民法典》第 634 条第 2 款和第 566 条第 1 款主张使用费和因为非正常使用标的物引起的损害赔偿，进而与买受人价款返还请求权相互抵销。故本文认为，在我国解约扣价约款并无必要。

（四）诉讼时效

85 上述请求权适用一般诉讼时效规定。支付全部价款请求权诉讼时效的起算时间是出卖人有效行使终止分期付款约定之时，因为此时全部剩余价款到期，出卖人的请求权产生。这个时间点通常是出卖人主张支付全部价款时，因为出卖人一般不会单独终止分期付款约定，而是直接主张支付全部价款。使用费等因解除合同产生的请求权的诉讼时效自出卖人有效行使解除权时开始起算。

（五）证明责任

86 根据一般证明规则，诉讼中当事人应当对自己的诉讼请求所依据的事实或者反驳对方诉讼请求的事实承担证明责任。[147] 出卖人通过诉讼主张买受人支付全部剩余价款或者解除合同的，需要证明分期付款买卖成立，买受人迟延支付价款达到总价款的五分之一。出卖人主张支付使用费和正常使用损耗之外的标的物损害赔偿的，应当予以证明。买受人反驳出卖人权利不成立的，应当予以证明。

附：案例索引

1. 北京市第三中级人民法院（2017）京 03 民终 12824 号民事判决书：董某与连某、北京麦田房产经纪有限公司房屋买卖合同纠纷案【边码 83】

2. 北京市第一中级人民法院（2015）一中民（商）终字第 4858 号民事判决书：北汽福田汽车股份有限公司北京欧辉客车分公司与李某兰、四川金申汽车贸易有限公司、上海白玉兰高速客车有限公司买卖合同纠纷案【边码 55】

3. 重庆市第二中级人民法院（2017）渝 02 民终 1290 号民事判决书：重庆智邦工程机械（集团）有限公司与袁某、游某松、刘某占有物返还纠纷案【边码 81】

4. 广东省惠州市中级人民法院（2016）粤 13 民终 4047 号民事判决书：郑某林与深圳市新宏建投资发展有限公司、何某强、第三人沈某轩股权转让纠纷案【边码 31】

---

〔146〕 台湾地区“民法”第 390 条有类似规定：扣留的数额不得超过标的物使用之代价和标的物受损害时损害赔偿额。

〔147〕 参见金晶：《〈合同法〉第 111 条（质量不符合约定之违约责任）评注》，载《法学家》2018 年第 3 期，第 190 页，段码 87。

5. 广东省惠州市中级人民法院(2017)粤13民终215号民事判决书:游某安与刘某房屋买卖合同纠纷案【边码26】

6. 广东省肇庆市中级人民法院(2020)粤12民终597号民事判决书:朱某芳、何某文与伍某芳买卖合同纠纷案【边码69】

7. 广西壮族自治区南宁市中级人民法院(2017)桂01民终1146号民事判决书:覃某、兰某超与广西弘升机械设备有限公司分期付款买卖合同纠纷案【边码19】

8. 广西壮族自治区南宁市中级人民法院(2017)桂01民终7676号民事判决书:广西小松工程机械设备有限责任公司与廖某清分期付款买卖合同纠纷案【边码36、57】

9. 贵州省贵阳市中级人民法院(2016)黔01民终2441号民事判决书:陈某某与贵州厦工机械销售服务有限责任公司买卖合同纠纷案【边码19】

10. 贵州省贵阳市中级人民法院(2016)黔01民终2443号民事判决书:黄某与贵州恒坤机械设备有限公司分期付款买卖合同纠纷案【边码47】

11. 贵州省贵阳市中级人民法院(2017)黔01民终2937号民事判决书:贵州茗森机械有限公司与王某江、张某会买卖合同纠纷案【边码57】

12. 贵州省贵阳市中级人民法院(2017)黔01民终3153号民事判决书:赵某琴、彭某与贵州天恒鑫工程机械有限公司分期付款买卖合同纠纷案【边码64】

13. 贵州省贵阳市中级人民法院(2018)黔01民终1184号民事判决书:罗某江、刘某与贵州三龙机电设备有限公司、罗某福分期付款买卖合同纠纷案【边码19】

14. 河北省邯郸市中级人民法院(2014)邯市民一终字第18号民事判决书:邯郸市马头汽车销售有限责任公司与徐某辉、郭某豆等买卖合同纠纷案【边码48】

15. 河北省石家庄市中级人民法院(2016)冀01民再第30号民事判决书:王某强、石某与吉运集团河北汽车运输服务有限公司、王某买卖合同纠纷案【边码57】

16. 河南省周口市中级人民法院(2018)豫16民终416号民事判决书:王某博与许昌万里运输集团股份有限公司买卖合同纠纷案【边码14】

17. 湖北省武汉市中级人民法院(2017)鄂01民终2258号民事判决书:余某与王某萍股权转让纠纷案【边码31】

18. 湖南省怀化市中级人民法院(2017)湘12民终1591号民事判决书:怀化启生房地产开发有限责任公司与王某林确认合同效力纠纷案【边码12、83】

19. 湖南省湘西土家族苗族自治州中级人民法院(2017)湘31民终1132号民事判决书:松桃湘雅医院与湘西红润医药有限公司等买卖合同纠纷案【边码5】

20. 湖南省张家界市中级人民法院(2001)张民终字第155号民事判决书:覃某秀与骆某房屋买卖合同纠纷案【边码26】

21. 湖南省长沙市中级人民法院(2017)湘01民终2537号民事判决书:娄某才与刘某辉买卖合同纠纷案【边码61】

22. 吉林省白城市中级人民法院(2014)白民三终字第25号民事判决书:张某荣与李某海、李某江房屋买卖合同纠纷案【边码11】

23. 吉林省长春市中级人民法院(2018)吉01民终706号民事判决书:罗某明、韩某荣与

吉林省益龙腾重型机械有限公司、罗某芳买卖合同纠纷案【边码 19、28、57、84】

24. 江苏省常州市中级人民法院(2013)常商初字第 342 号民事判决书:福弘(上海)股权投资基金合伙企业(有限合伙)与黄某明股权转让纠纷案【边码 14】

25. 江苏省高级人民法院(2017)苏民终 2065 号民事判决书:常熟宝利置业有限公司与江苏沙家浜建筑有限公司建设工程施工合同纠纷案【边码 32】

26. 江苏省宿迁市中级人民法院(2017)苏 13 民终 2310 号民事判决书:沭阳龙福工贸有限公司与沭阳县茆圩乡人民政府买卖合同纠纷案【边码 59】

27. 江苏省无锡市中级人民法院(2017)苏 02 民终 1859 号民事判决书:无锡龙之宇工程机械有限公司与安徽省舜盛新材料科技有限责任公司、景某、邵某平买卖合同纠纷案【边码 55】

28. 江苏省无锡市中级人民法院(2017)苏 02 民终 1860 号民事判决书:无锡龙之宇工程机械有限公司、蒋某与金某买卖合同纠纷案【边码 59】

29. 江苏省无锡市中级人民法院(2018)苏 02 民终 742 号民事判决书:陈某、史某开、曹某与无锡龙之宇工程机械有限公司买卖合同纠纷案【边码 57】

30. 江西省南昌市中级人民法院(2020)赣 01 民终 2915 号民事判决书:熊某龙与杨某平买卖合同纠纷案【边码 27】

31. 江西省宜春市中级人民法院(2017)赣 09 民终 585 号民事判决书:蒋某义与新余市和顺汽运有限公司分期付款买卖合同纠纷案【边码 19】

32. 辽宁省沈阳市中级人民法院(2017)辽 01 民终 5010 号民事判决书:王某山与辽宁斗山机械有限公司、杜某红、闫某伟分期付款买卖合同纠纷案【边码 19、57、64、65、68】

33. 南宁铁路运输中级法院(2017)桂 71 民终 68 号民事判决书:广西蕴源贸易有限公司、高某、肖某与吴某清、吴某群房屋租赁合同纠纷案【边码 32】

34. 内蒙古自治区锡林郭勒盟中级人民法院(2017)内 25 民终 1360 号民事判决书:许某华与侯某峰、吴某霞、内蒙古金河房地产开发有限责任公司等商品房预售合同纠纷案【边码 59】

35. 青海省西宁市中级人民法院(2017)青 01 民终 1097 号民事判决书:马某与青海晨瑞大力神汽车销售服务有限公司买卖合同纠纷案【边码 65】

36. 山西晋中市中级人民法院(2020)晋 07 民终 2066 号民事判决书:祁县盛世远东贸易有限公司与韩某章、石某风、韩某、张某丽买卖合同纠纷案【边码 83】

37. 山西省吕梁市中级人民法院(2017)晋 11 民终 2108 号民事判决书:山西宁远房地产开发有限公司与康某红商品房预售合同纠纷案【边码 25】

38. 山西省沁县人民法院(2021)晋 0430 民初 124 号民事判决书:王某光、卫某粉与卫某丽、王某云买卖合同纠纷案【边码 59】

39. 山西省运城市中级人民法院(2015)运中民终字第 851 号民事判决书:万荣新恒通运输有限公司与秦某东分期付款买卖合同纠纷案【边码 48】

40. 陕西省榆林市中级人民法院(2017)陕 08 民终 261 号民事判决书:王某锋、李朋某、李林某与神木县慧泽房地产开发有限公司房屋买卖合同纠纷案【边码 36、48、75】

41. 上海市第一中级人民法院(2018)沪 01 民终 711 号民事判决书:上海坚仕箱包有限公司与上海七炫塑胶颜料有限公司买卖合同纠纷案【边码 5】

42. 四川省成都市中级人民法院(2021)川01民终553号民事判决书:四川晟煜建材有限公司与四川京鲁汇鑫金属材料有限公司买卖合同纠纷案【边码69】

43. 四川省高级人民法院(2014)川民提字第554号民事判决书:李某才与巴中市西城市场开发有限责任公司、王某铭商品房买卖合同纠纷案【边码25、30】

44. 四川省高级人民法院(2014)川民终字第432号民事判决书:汤某龙与周某海股权转让纠纷案【边码9】

45. 四川省高级人民法院(2015)川民提字第219号民事判决书:王某、付某蕖与吴某菱房屋买卖合同纠纷案【边码30】

46. 天津市滨海商贸大世界有限公司与天津市天益工贸有限公司、王锡锋财产权属纠纷案,最高人民法院(2012)民再申字第310号民事裁定书,载《最高人民法院公报》2013年第10期【边码25、26】

47. 新疆维吾尔自治区克孜勒苏柯尔克孜自治州人民法院(2017)新30民终96号民事判决书:陈某丽与克热阿尼木沙别克买卖合同纠纷案【边码9】

48. 新疆维吾尔自治区乌鲁木齐市中级人民法院(2017)新01民终1077号民事判决书:刘某华与孙某山、刘某莉确认合同效力纠纷案【边码5】

49. 新疆维吾尔自治区乌鲁木齐市中级人民法院(2017)新01民终1657号民事判决书:王某与帖某建、新疆永峰伟业商品混凝土工程有限公司股权转让纠纷案【边码31】

50. 新疆维吾尔自治区乌鲁木齐市中级人民法院(2017)新01民终3942号民事判决书:付某康、丁某荣与乌鲁木齐基业长青工程机械有限公司分期付款买卖合同纠纷案【边码19】

51. 徐州市云龙区人民法院(2013)云商初字第1468号民事判决书:吉林省益龙腾重型机械有限公司与瞿某华、郑某忠、郑某俊买卖合同纠纷案【边码59】

52. 云南省保山市中级人民法院(2016)云05民终200号民事判决书:云南临沃工程机械有限公司与尹某刚、葛某买卖合同纠纷案【边码19】

53. 浙江省杭州市中级人民法院(2016)浙01民初1206号民事判决书:喻某其、俞某珍、喻某军与浙江春胜控股集团有限公司、俞某胜等股权转让纠纷案【边码31】

54. 浙江省宁波市鄞州区人民法院(2010)甬鄞邱商初字第308号民事判决书:宁波××塑料机械制造有限公司与霸州市××塑料制品厂买卖合同纠纷案【边码26】

55. 最高人民法院(2015)民申字第2532号民事裁定书:周某海与汤某龙股权转让合同纠纷案【边码1】

第641条

所有权保留买卖*

第641条　当事人可以在买卖合同中约定买受人未履行支付价款或者其他义务的，标的物的所有权属于出卖人。

出卖人对标的物保留的所有权，未经登记，不得对抗善意第三人。

简　目

---

* 本文系基于《〈民法典〉第641条（所有权保留买卖）评注》（载《法学家》2021年第3期，第170—189页）一文修订而成。案例检索情况：案例主要源自“中国裁判文书网”和“威科先行”司法案例库，统计时间为《合同法》实施至2020年12月1日。

一、规范定位

（一）规范意旨

1 根据《民法典》第641条，所有权保留买卖是指在转移所有权的交易中，根据买卖双方的约定，出卖人转移标的物的占有给买受人，在买受人履行支付价款或者其他义务之后，标的物的所有权才发生转移的买卖。被保留的所有权具有担保功能。

2 在现代动产交易中，买受人通常希望立即取得标的物的占有并使用或转卖。与此同时，出卖人希望能立即取得价款或者至少要取得有稳妥担保的价款债权。从合同法的角度看，买卖合同是双务合同，买受人支付价款的义务（《民法典》第626条）与出卖人交付标的物并转移所有权的义务（《民法典》第598条）存在牵连关系，原则上应同时履行（《民法典》第628条），故买受人只有支付全款，才可请求出卖人转移所有权，反之亦然。在分期付款买卖中买受人（中间商）欲以转卖所得支付价款等情况下，若买受人暂时无力支付全款又无法提供担保，出卖人若不想放弃交易就只能让买受人先行占有标的物。于是，在买受人未立即付款的情况下，动产之交付与价款之债获得清偿之间就会存在时间差。在这段时间内，如果买受人未提供担保，出卖人的价款债权将有不能实现之虞。允许出卖人在取得全部价款之前保留所有权，可化解上述利益冲突：对于买受人，在完全支付价款之前即可使用标的物或被授权转卖；对于出卖人，虽然不能立即取得价款，其价款债权却有物权性担保。

（二）规范属性

3 本条系强行性规范，尽管买卖双方在合同中可以自由约定所有权保留并选择为被保留的所有权进行登记，但双方无法约定排除保留所有权并登记之后的法律效果。所有权保留以基于法律行为的动产所有权转让规则为基础，通过控制所有权转让的生效时间来实现，但是出卖人由此保留的所有权的法律性质须结合其他规定方能确定。因此，仅依本条既无法完成所有权保留买卖，亦无法全面确定买卖双方的权利义务关系。

(三)第 641 条与其他条文的关系

4 所有权保留买卖涉及《民法典》第 595 条(买卖合同)、第 224—228 条(交付及交付替代)和第 158 条(附条件的法律行为)。通过上述规则保留的所有权不具有对抗善意第三人的效力,出卖人可选择为其登记以取得对抗效力(第 2 款)。因《民法典》第 388 条认可所有权保留买卖合同具有担保功能(边码 46),可直接或类推适用担保物权的相关规定弥补相应的规范缺失。

5 买受人的行为符合第 642 条第 1 款规定的情况时,出卖人可依同条第 2 款行使取回权或参照适用担保物权的规定实现债权。第 643 条规定了买受人的回赎权及其行使程序,以及在买受人不行使回赎权时出卖人的另行出卖权。

6 在实践中,所有权保留常常与分期付款买卖(第 634 条)结合在一起。[1] 但是,分期付款买卖与所有权保留没有必然联系,双方可以约定分期付款而不保留所有权,[2]也可以约定在一次性付清价款之前保留所有权。[3]

二、所有权保留买卖的法律构成(第 641 条第 1 款)

7 所有权保留买卖以基于法律行为的动产所有权转让规则为基础,通过控制所有权转让要件的生效时间来实现。无论何种物权变动模式,所有权之移转皆需具备全部要件,若数个必备要件有先后顺序,应以完成最后一个要件的时间点为所有权变动的时间点。在债权形式主义模式下,所有权变动需要同时具备有效的债权合同、处分权和交付(或交付替代)。若债权合同的生效时间早于交付,则所有权变动的时间应以交付为准;反之,若买受人在缔结买卖合同之前即已先行占有标的物,所有权变动应以合同生效的时间为准(简易交付)。[4] 在德国物权形式主义模式下,若物权合意之生效早于交付,[5]则以交付的时间作为所有权变动的时间,反之则以物权合意的生效时间为准。因此,所有权保留买卖的关键在于,在先行完成交付的情况下,通过为直接导致所有权变动的法律行为附生效条件推迟所有权变动的时间。

---

〔1〕 例如,江西省宜春市中级人民法院(2018)赣 09 民终 1252 号民事判决书;安徽省合肥市中级人民法院(2018)皖 01 民终 5692 号民事判决书。

〔2〕 参见郝丽燕:《〈合同法〉第 167 条(分期付款买卖)评注》,载《法学家》2019 年第 5 期,第 177 页。

〔3〕 例如,浙江省杭州市江干区人民法院(2014)杭江商初字第 1541 号民事判决书。

〔4〕 在债权形式主义下,所有权保留买卖的法律构成面临解释上的困难。详见下文。

〔5〕 德国法上的交付仅指《德国民法典》第 929 条第 1 句的“交付”。简易交付、占有改定和让与返还请求权为交付的替代形式。Vgl. Prütting, *Sachenrecht*, 36. Aufl., München: C. H. Beck, 2017, S. 154 ff.

(一)所有权保留买卖合同

1. 所有权保留买卖合同作为“其他具有担保功能的合同”

8 所有权保留买卖规定在《民法典》买卖合同项下,因此,所有权保留买卖不应脱离买卖的基本框架,双方应当订立买卖合同。合同的成立、生效与履行首先应遵循买卖合同的一般规则。

9 出卖人保留的所有权具有担保功能。在《民法典》实施之前,各级法院在判决书中已普遍认可所有权保留买卖的担保功能。例如,“所有权保留是一种通过延缓所有权转移的方式来担保出卖人货款债权获偿的担保方式”〔6〕;“所有权保留条款是卖方为实现自己的债权而在标的物上设定的担保”〔7〕;“所有权保留的买卖合同交易方式,乃是为出卖人实现其债权而提供的物权保障方式”〔8〕;等等。

10 《民法典》第 388 条从功能主义角度将所有权保留买卖合同纳入担保合同的调整范围,〔9〕《民法典担保制度解释》亦适用于所有权保留买卖涉及担保功能的纠纷,因此,买卖双方的权利义务除可类推或直接适用担保物权的相关规定外,亦可适用《民法典担保制度解释》。

2. 所有权保留买卖合同的形式

11 《民法典》未规定动产买卖合同的形式,故其原则上应为不要式合同(第 135 条)。据此,所有权保留买卖合同亦应为不要式合同。然而,在《民法典》第 388 条第 1 款调整的各类担保合同中,抵押合同(第 400 条第 1 款)、质押合同(第 427 条第 1 款)、融资租赁合同(第 736 条第 2 款)、保理合同(第 762 条第 2 款)皆应采书面形式。故有疑问的是,同属担保合同的所有权保留买卖合同是否亦应采书面形式。本文认为,鉴于所有权保留买卖合同与其他担保合同的类似性,宜对其整体类推适用《民法典》对其他担保合同的形式要求,采用书面形式。

3. 所有权保留买卖合同主要的内容

12 除买卖合同通常具备的一般内容(《民法典》第 596 条)之外,所有权保留买卖合同尚需具备(至少可通过合同解释得出)以下两项核心内容:第一,买受人支付价款的义务以及出卖人“交付标的物”并“转移标的物所有权的义务”(《民法典》

---

〔6〕 山东省高级人民法院(2016)鲁民终 967 号民事判决书。

〔7〕 浙江省高级人民法院(2006)浙民二终字第 32 号民事判决书。

〔8〕 浙江省绍兴市柯桥区人民法院(2015)绍柯商初字 3302 号民事判决书。

〔9〕 参见最高人民法院民法典贯彻实施工作领导小组主编:《中华人民共和国民法典物权编理解与适用(下)》,人民法院出版社 2020 年版,第 995 页;黄薇主编:《中华人民共和国民法典物权编解读》,中国法制出版社 2020 年版,第 610 页;崔建远:《中国民法典释评 · 物权编(下卷)》,中国人民大学出版社 2020 年版,第 321 页。

第 598 条）立即产生；第二，所有权转移的物权效果被推迟至履行完毕支付价款或其他义务之时。分期付款的所有权保留买卖合同应包括付款的期限和次数。采用格式条款订立所有权保留买卖合同的，格式条款的订入合同、效力及解释适用《民法典》第 496—498 条。

（二）所有权保留买卖的标的物

1. 范围

13 有争议的是，不动产能否作为所有权保留买卖的标的物。基于法律行为的不动产所有权转让以登记为生效要件（《民法典》第 209 条第 1 款），买卖双方虽可对买卖合同附生效条件，[10] 却不得在登记之外另行约定所有权变动的时间，否则将损及不动产登记簿的公信力。[11]

14 有观点认为，将不动产所有权保留事宜登入不动产登记簿并不存在技术上的障碍，通过设置相应的登记程序也未必损害登记簿的公信力。[12] 本文认为，即便将不动产所有权保留事宜进行登记，在买受人完成约定的条件后，出卖人若不积极配合涂销登记，仍会给买受人转让或抵押不动产造成不便，妨碍不动产的经济效用。此外，在我国不动产买卖实务中，在买受人支付全部价款或向银行办理按揭贷款之前，出卖人通常不会配合办理过户登记，这大大弱化了出卖人保留不动产所有权的现实需求。[13]

15 另有观点认为，转让农村住宅时可保留所有权。原因在于，我国法奉行房地一体，转让农村集体用地上的住宅时将不可避免地同时转让宅基地使用权，而农村宅基地使用权之转让不以登记为要件，故在转让宅基地使用权及住宅时可保留权利。[14] 在我国完成农村宅基地登记确权工作前，如此操作确实难谓不可。随着登记确权工作的全面推进，[15] 宅基地使用权之转让采登记要件主义的现实条

---

〔10〕 登记机关有义务审查买卖合同是否已届履行期限，参见朱岩、高圣平、陈鑫：《中国物权法评注》，北京大学出版社 2007 年版，第 123 页。

〔11〕 参见最高人民法院民事审判第二庭编著：《最高人民法院关于买卖合同司法解释理解与适用》，人民法院出版社 2012 年版，第 20 页；翟远见：《〈合同法〉第 45 条（附条件合同）评注》，载《法学家》2018 年第 5 期，第 181 页。

〔12〕 参见曲宗洪：《债权与物权的契合：比较法视野中的所有权保留》，法律出版社 2010 年版，第 130 页。

〔13〕 参见最高人民法院民事审判第二庭编著：《最高人民法院关于买卖合同司法解释理解与适用》，人民法院出版社 2012 年版，第 526 页。

〔14〕 参见李永军：《所有权保留制度的比较法研究》，载《法学论坛》2013 年第 6 期，第 15 页。

〔15〕 参见自然资源部 2020 年 7 月 22 日发布的《宅基地和集体建设用地使用权确权登记工作问答》。

件将渐渐成熟。[16] 采登记要件主义后，农村住宅及宅基地使用权将与城市住宅及建设用地使用权一样，转让之时不得保留权利。

16 《买卖合同解释》第34条曾将所有权保留买卖的适用范围限于动产，最高人民法院的相关判决亦明确指出，转让不动产时不得附所有权保留，否则相关约定无效。[17] 立法者虽未将该条司法解释直接整合进《民法典》，[18] 但最高人民法院于修正后的新《买卖合同解释》第25条仍将所有权保留买卖的标的物限于动产。[19]

17 可以合法流通的动产皆可为所有权保留买卖的标的物，包括未来物、有迅速变质之虞的动产如海鲜、新鲜果蔬等，但保留后者所有权的担保效力较弱。有观点认为，消费物无法作为所有权保留买卖的标的物，因为该类动产一经消费即归于消灭，原所有权亦不复存在，无法再以之担保价款债权。[20] 这一观点未充分考虑中间商转卖等情形。如买受人非为自己消费，而是为了转卖或加工，则仍有以所有权保留担保价款债权之必要。[21] 因此，对消费物亦可适用所有权保留。

2.《民法典》第225条的特殊动产

18 根据《民法典》第225条，船舶、航空器和机动车等特殊动产的所有权之转让，未经登记，不得对抗善意第三人。这三类特殊动产的本质为动产，其所有权之变动根据《民法典》第224条仍应以交付为生效要件，经登记取得对抗效力。[22]

19 若所有权保留买卖的标的物为这三类特殊动产，交易的一般流程如下：(1)签订买卖合同并约定保留所有权；(2)为出卖人保留的所有权办理登记；(3)买受人完成转移所有权的条件；(4)办理转移登记。从这一流程可以看出，在完成约定的

---

〔16〕 因宅基地使用权的登记确权尚不完备，《民法典》未对其采登记要件主义。参见黄薇主编：《中华人民共和国民法典物权编解读》，中国法制出版社2020年版，第534页；最高人民法院民法典贯彻实施工作领导小组主编：《中华人民共和国民法典物权编理解与适用(下)》，人民法院出版社2020年版，第857页。有观点认为，《民法典》已就宅基地使用权之转让采登记要件主义，参见孙宪忠、朱广新主编：《民法典评注·物权编(3)》，中国法制出版社2020年版，第228页(冯建生执笔)。

〔17〕 参见最高人民法院(2016)最高法民终715号民事判决书。

〔18〕 有观点认为，可据此得出不动产买卖中亦可约定所有权保留，参见潘静：《民法典时代合同法司法解释的入典、清理与保留》，法律出版社2020年版，第240页。

〔19〕 在修正《买卖合同解释》之前，最高人民法院曾持相反观点，参见最高人民法院民法典贯彻实施工作领导小组主编：《中华人民共和国民法典合同编理解与适用(二)》，人民法院出版社2020年版，第1098页。

〔20〕 参见最高人民法院民事审判第二庭编著：《最高人民法院关于买卖合同司法解释理解与适用》，人民法院出版社2012年版，第527页。

〔21〕 See LoPucki/Warren/Lawless, *Secured Transactions*, 8th Ed., New York: Wolters Kluwer, 2016, pp. 162 – 169.

〔22〕 参见崔建远：《中国民法典释评·物权编(上卷)》，中国人民大学出版社2020年版，第137—140页。

条件之前，出卖人可以不配合办理登记。这也符合实务中的情况。[23] 由此可见，普通动产与特殊动产所有权保留买卖的差别仅在于所有权转移的条件成就之后办理转移登记之前的阶段，在此期间，特殊动产买受人取得的所有权不能对抗善意第三人。由于所有权保留买卖的担保功能体现在条件成就之前，特殊动产所有权变动的登记对抗规则对此几无影响。但是，特殊动产的所有权保留和抵押权登记部门不统一，会对出卖人及第三人的权利顺位产生影响（边码 90）。

（三）所有权保留约款

20 买卖双方通过所有权保留约款实现所有权转移的物权效果之推迟。因此，该约款是所有权保留买卖合同的核心内容之一，它直接针对标的物所有权转移的物权效果。该约款与其他仅具有债权效力的条款存在明显不同，能否将其认定为独立的物权行为，在学理上存在巨大争议。

1. 所有权保留约款的性质：附生效条件的物权合意

21 按照债权形式主义所有权变动模式，在买卖合同中不区分物权合意与债权合意，应将二者"一体把握"，"将处分行为纳入债权行为之中，视标的物所有权变动为买卖合同直接发生的效果"。[24] 对于动产，有效的买卖合同和交付（《民法典》第 224 条）或交付替代（《民法典》第 226—228 条）即足以导致所有权转移。[25]

22 然而，在同采"一体把握说"的学者之间，对所有权保留买卖之法律构成的认识仍有重大分歧。梁慧星教授认为，"'附条件买卖'所附的'条件'仅决定标的物所有权之移转，而不决定法律行为（买卖）效力之发生或消灭，因此与所谓附条件法律行为不同"[26]。从梁教授援引的比较法资料来看，其观点受我国台湾地区学说的影响。然而，台湾学者目前普遍认为，在附条件买卖中，附条件者是法律行为（物权行为）。[27]

23 王轶教授则认为，买卖合同中针对所有权转移的条款附生效条件，其他条款自合同成立时生效；在生效条件成就之前，出卖人虽已向买受人交付标的物，但并非为履行移转所有权的义务，而是为了让买受人提前使用标的物；生效条件成就

---

〔23〕 例如，船舶买卖：广西壮族自治区高级人民法院（2015）桂民四终字第 12 号民事判决书；机动车买卖：江西省南昌市中级人民法院（2019）赣 01 民终 1599 号民事判决书。

〔24〕 梁慧星：《物权变动与无权处分》，载王利明主编：《判解研究》（第 1 辑），人民法院出版社 2000 年版，第 49 页。

〔25〕 参见梁慧星、陈华彬：《物权法》（第 6 版），法律出版社 2016 年版，第 77 页；崔建远：《物权法》（第 4 版），中国人民大学出版社 2017 年版，第 95 页；王利明：《物权法研究（上卷）》（第 4 版），中国人民大学出版社 2016 年版，第 243 页。

〔26〕 梁慧星：《民法总论》（第 5 版），法律出版社 2017 年版，第 189 页。

〔27〕 参见刘春堂：《动产担保交易法研究》，作者自版 2014 年版，第 109 页；王泽鉴：《附条件买卖中买受人之期待权》，载王泽鉴：《民法学说与判例研究（第 7 册）》，北京大学出版社 2009 年版，第 183 页。

之时,买受人基于简易交付取得所有权。[28] 此观点有难以克服的内在矛盾。首先,买受人于受领标的物时将无取得所有权的意思,这与双方履行买卖合同时追求的效果不符;其次,被所有权保留约款抑制而推迟生效者,或为在债权形式主义下的事实行为的一部分,而对事实行为无法附条件,[29] 或为被"一体把握"后的物权行为,为其单独附条件反而更彰显其独立性。

24 在所有权保留买卖中,出卖人需要在不转移所有权的情况下将标的物交付给买受人。为实现这一目的,双方需要对所有权变动的物权效果采取措施以推迟其发生时间。但是,双方不能对整个合同附生效条件,否则出卖人和买受人各自基于买卖合同的请求权将因生效条件之抑制而无法主张。此即以债权形式主义解释所有权保留买卖的最大困难。

25 如果区分债权合意和物权合意,[30] 上述困难可迎刃而解。详言之,在所有权保留买卖合同中,使双方互负给付义务的债权合意未附条件,立即生效;交付属于事实行为,无法附条件;被延缓生效的仅仅是针对动产所有权变动的"意思"。如此,则买卖合同之生效与所有权转移在时间上明确区隔清晰可辨。

26 因此,本文认为,买卖合同中应包含相对独立的转移所有权的"意思",或者至少可以通过意思表示解释得出之,否则将无法为该"意思"单独附生效条件。[31]

---

〔28〕 参见王轶:《论所有权保留的法律构成》,载《当代法学》2010 年第 2 期,第 21 页以下。

〔29〕 参见朱庆育:《民法总论》(第 2 版),北京大学出版社 2016 年版,第 171 页。

〔30〕 持类似立场者,翟云岭:《论分期付款买卖中标的物所有权移转》,载《当代法学》2007 年第 1 期,第 103 页;翟云岭、孙得胜:《论所有权保留》,载《法学家》2010 年第 1 期,第 141 页;余能斌、侯向磊:《保留所有权买卖比较研究》,载《法学研究》2000 年第 5 期,第 79 页。

〔31〕 比较法上看,即便采合意原则(Konsensprinzip)的国家(如法国、意大利等),在构建所有权保留制度时亦不可避免地将原本一体的交易过程拆解为相互独立的两部分:原因行为与转让所有权的行为,对后者的定性存在争议, vgl. Krimphove, *Das Europäische Sachenrecht*, Lohmar - Köln: JOSEF EUL, 2006, S. 116; Stadler, *Gestaltungsfreiheit und Verkehrsschutz durch Abstraktion*, Tübingen: J. C. B. Mohr (Paul Siebeck), 1996, S. 278 ff.《欧洲示范民法典草案》(DCFR)第 9 - 2:201 条第 2 款(所有权保留)在解释上存在类似困境, vgl. Stadler, Die Vorschläge des Gemeinsamen Referenzrahmens für ein europäisches Sachenrecht, in: *JuristenZeitung* 8/2010, S. 387. 瑞士与奥地利现皆采纳有因物权行为理论,在所有权保留买卖中,附生效条件的是物权行为, vgl. Loher, *Der Kauf unter Eigentumsvorbehalt im schweizerischen Recht*, Zürich/St. Gallen: Dike, 2018, S. 27 ff.; Apathy, in: H. Koziol/P. Bydlinski/R. Bollenberger (Hrsg.), *Kommentar zum ABGB*, 3. Aufl., Wien: Springer, 2010, § 1063 Rn. 4 ff. 奥地利学者 Franz Bydlinski 认为,在奥地利法上,不借助物权行为,几无可能顺畅地构建出所有权保留制度,详细分析参见 F. Bydlinski, in *Klang Kommentar zum ABGB* § § 1045 - 1089, 2. Aufl., Wien: Manz, 1978, S. 456. 较新的观点认为,借助奥地利民法继受自罗马法的占有(Besitz)和持有(Innehabung)制度,可以在买卖中通过保留占有(Besitzvorbehalt)实现保留所有权,如此非但不必假道物权行为,也更符合立法者采纳的"名义加形式"(Titulus und Modus)的物权变动模式, vgl. Stagl, *Besitzvorbehalt und Besitzbegriff*, in LA Böhm, Wien: Manz, 2019, S. 257 ff. 须注意的是,Stagl 一文所称之"持有"与被保留的"占有"分别相当于德国法意义上的"直接他主占有"和"间接自主占有"。我国民法并不区分占有与持有,故上述新观点对解释中国法上所有权保留的借鉴意义有限。

在条件成就之前，该“意思”不生效力，买受人完全支付价款之后，才发生所有权变动的物权效果（《民法典》第 158 条）。所有权保留约款在其性质上属于附条件的物权合意。

2. **物权合意之成立与生效**

27 如果买卖合同中已经约定所有权保留，在解释上可以认为，出卖人至迟于交付时，就所有权附生效条件之转移发出缔结物权合同之要约。因买受人已知悉所有权之转移系以付价款为生效条件，故可认为，在受领标的物之时，买受人对出卖人之要约作出承诺。物权合意是一个独立的合同，其成立与生效适用《民法典》有关法律行为和合同的一般规定。

（四）处分权欠缺

28 根据分离原则，买卖合同作为负担行为仅产生债权债务关系，不会直接导致所有权变动。直接导致权利变动的是处分行为，因此，处分权之欠缺将不影响买卖合同（负担行为）的效力。[32] 根据《民法典》第 597 条第 1 款，出卖人因无处分权而无法转移所有权的，买受人可以解除买卖合同并主张违约责任。反推可得，在出卖人无处分权时，买卖合同仍为有效。这符合分离原则的基本逻辑。[33] 因此，在出卖他人之物的所有权保留买卖中，处分权之欠缺不影响买卖合同的效力。

29 问题在于，买受人的法律地位如何以及真正的所有权人应如何救济。首先，在即时转移所有权的买卖中，买受人可借由善意取得制度克服出卖人的处分权欠缺，从而在完成交付[34]时即时取得所有权。将出卖人保留的所有权功能化为担保物权之后，在出卖他人之物的所有权保留买卖中，买受人于交付之时善意取得真正意义上的所有权（边码 55），并无疑问。

30 有疑问的是被保留所有权（担保物权）的归属。由于制度上的明显差异，中国法既无法参照德国法模式，在转移所有权的条件成就前，暂时维持真正所有权人

〔32〕 参见朱庆育：《民法总论》（第 2 版），北京大学出版社 2016 年版，第 159 页。

〔33〕 参见吴香香：《〈民法典〉第 598 条（出卖人主给付义务）评注》，载《法学家》2020 年第 4 期，第 183 页。

〔34〕 解释上，善意取得中“交付”限于现实交付、简易交付和让与返还请求权。参见崔建远：《中国民法典释评 · 物权编（上卷）》，中国人民大学出版社 2020 年版，第 524—526 页。

的地位不变;[35] 亦无法采美国法模式,彻底排除受让人的善意取得,始终维持真正所有权人的地位不变。[36] 我国法处于两者之间,[37] 似乎仅有一种可能性可选:受让人善意取得实质所有权,出卖人因不享有所有权在逻辑上当然也就无法就标的物保留任何权利,即便出卖人不知自己系无权处分亦然,其利益并无保护之必要;被出卖人"保留下"的权益应全部归原所有权人,但这一权益仅具有担保功能,而原所有权人恰恰不享有受担保的债权,这有违担保物权的从属性原则。这是我国继受美国式功能主义担保观又未充分考虑两国善意取得制度之差异而留下的遗憾。在解释上,我们暂时只能接受在极个别情况下,担保物权的从属性原则存在例外。在无权处分人将剩余价金债权转让给原所有权人后,被保留的所有权可以作为债权之担保。

在买受人善意取得标的物后,原所有权人可根据情况向出卖人主张违约责任、侵权责任或不当得利返还。第一,如出卖人系基于合同关系从原所有权人处 31

〔35〕 出卖人转让他人之物并保留"所有权"时,被保留的所有权仍继续由真正的所有权人享有,买受人首先善意取得期待权,条件成就之后,期待权强化为所有权,真正的所有权人亦随之丧失所有权。Vgl. Vieweg/Werner, *Sachenrecht*, 8. Aufl., München: Vahlen, 2018, S. 374. 以 Blomeyer 为代表的少数派观点认为,在该情况下受让人已经取得所有权,被保留的权利应归原权利人,但该权利实为附流质约款的特别质权(Verfallspfandrecht)。此时,担保物权亦不可避免地与价金债权脱钩。至于应赋予该特别质权以何种法律效果,Blomeyer 对此存而不论(Die Frage [⋯] mag hier auf sich beruhen)。Vgl. Blomeyer, Eigentumsvorbehalt und gutgläubiger Erwerb, in: *Archiv für civilistische Praxis* 153 (1954), S. 253 f. 无权处分人转让动产所有权并以权利保留的方式为自己设立用益权的情况与 Blomeyer 文中无权处分人保留特别质权有一定的类似之处。有观点认为无权处分人可取得用益权,其过程如下:受让人善意取得动产所有权后,复以所有权人的身份为无权处分人设立用益权。Vgl. Westermann/Gursky/Eickmann, *Sachenrecht*, 8. Aufl., Heidelberg: C. F. Müller, 2011, S. 1030. 该观点因明显有违善意保护的初衷而未被普遍接受。

〔36〕《美国统一商法典》第2-403条第1款的善意取得系指受让人自可撤销所有权(voidable title)人处取得完好所有权(good title),这与中国法上自非权利人处善意取得所有权大相径庭。尽管第2-403条第1款中"可撤销所有权"的范围并不十分清晰(See Gilmore, The Commercial Doctrine of Good Faith Purchase, Yale Law Journal 63 (1954), p. 1059),但可确定的是,可撤销所有权人在其权利被真正所有权人撤销之前所实施之转让行为,如果以欧陆法为参照,其实是有权处分,受让人的"善意取得"非为欧陆法意义上的善意取得。受让人根据第2-403条第1款取得所有权后,原所有权人将无法再行使撤销权,这使得可撤销所有权人实施的处分行为不会因其权利被撤销而嗣后成为欧陆法意义上的无权处分(Vgl. Pfetsch, Die Ausweitung des Gutglaubensschutzes beim Kauf beweglicher Sachen im amerikanischen Recht durch den Uniform Commercial Code, Berlin: Duncker & Humblot, 1973, S. 33)。中国法上的出卖他人之物,按美国法则属于转让"无效所有权"(void title),受让人不能根据第2-403条第1款善意取得所有权(参见本注 Gilmore 文,p. 1059.)。

〔37〕《欧洲示范民法典草案》亦存在类似问题,其第9-2:201条(所有权保留买卖)要求出卖人享有所有权或处分权,否则将不成立所有权保留买卖;但是,在受让人满足善意取得的要件时可取得所有权,但其条文述评却未交代条件成就之前被保留所有权的归属(以融资租赁为例的"示例1"),参见[德]克里斯蒂安·冯·巴尔、[英]埃里克·克莱夫主编:《欧洲私法的原则、定义与示范规则:欧洲示范民法典草案(全译本):第9卷、第10卷》,徐强胜等译,法律出版社2014年版,第55页。

获得标的物并在未获得授权的情况下转让之，则原所有权人可向出卖人主张违约责任。第二，依《民法典》第 1165 条第 1 款，在出卖人明知或因过失而不知无处分权而转让他人之物，导致原所有权人丧失所有权时，原所有权人可向出卖人主张侵权损害赔偿。第三，相对于原所有权人，出卖人获得价款以及剩余的价款债权欠缺法律上原因，应依不当得利规则将其返还给原所有权人。在出卖人具有过错时，该不当得利返还请求权可与侵权请求权发生竞合。

32 如买受人对出卖人处分权之欠缺为恶意，则无法善意取得，直接导致所有权变动的处分行为效力待定。在此情况下，真正的所有权人可通过追认而消除处分行为的效力瑕疵，使其在买卖双方约定的条件成就时生效。在德国法上，所有权人此时可根据《德国民法典》第 816 条向无权处分人请求返还其自受让人处获得的给付。〔38〕 在解释《合同法》第 51 条的“无权处分”时，有学者认为应区分负担行为与处分行为，该条所称之“无权处分”系针对处分行为而言。在欠缺处分权时，处分行为效力待定，但不影响负担行为的效力。这一解释与《买卖合同解释》第 3 条的内容协调一致。〔39〕 权利人既可选择向买受人主张所有物返还请求权，亦可对无权处分行为进行追认，使受让人在条件成就时取得所有权，从而向无权处分人基于不当得利请求返还价款。〔40〕

33 《民法典》第 597 条第 1 款吸纳了《买卖合同解释》第 3 条内容，并删除《合同法》第 51 条，使分离原则在《民法典》中的脉络更加清晰。〔41〕 因此，在解释上可继续采纳《合同法》时期的观点。对于出卖他人之物的所有权保留买卖，真正的所有权人在对出卖人的处分行为进行追认之后，可向出卖人请求返还买受人已支付的价款并转让剩余的价款债权。此时，出卖人保留的“所有权”作为剩余价款债权之担保应一并转让给原所有权人。

34 在出卖人破产时，债权有无担保对原所有权人利益影响甚巨。若买受人善意取得，无论原所有权人向出卖人主张违约责任、侵权责任抑或不当得利返还，其法律地位皆为无担保的普通债权人；若买受人因权利人追认而取得，则原所有权人取得的剩余价款债权有物上担保。

（五）所有权转移的条件之履行支付价款义务

35 所有权保留买卖的最常见形式是分期付款买卖，双方亦可约定延期支付全部

〔38〕 Vgl. MüKoBGB/Schwab, 8. Aufl., 2020, BGB § 816 Rn. 37.

〔39〕 参见朱广新：《合同法总则研究（上册）》，中国人民大学出版社 2018 年版，第 271 页。

〔40〕 参见李永军、易军：《合同法》，中国法制出版社 2009 年版，第 223 页。

〔41〕 参见吴香香：《〈民法典〉第 598 条（出卖人主给付义务）评注》，载《法学家》2020 年第 4 期，第 183 页。

价款，在买受人一次性支付全部价款后取得所有权。[42] 实践中亦有以支付特定比例的价款作为所有权转移条件的。[43]

(六)所有权转移的条件之履行其他义务

根据《民法典》第641条第1款之规定，除支付价款以外，双方亦约定所有权于买受人履行“其他义务”后转移。此处的“其他义务”承继自《合同法》第134条，针对其范围的研究较少。有学者认为应对“其他义务”的范围做必要限制，但未指明应限制到何种程度。[44] 36

本文认为，在解释上，为避免过度加重买受人的负担，此处的“其他义务”宜限定为与支付价款类似的其他给付义务。例如，双方可将买受人清偿其对出卖人的其他金钱之债纳入所有权转移的条件，或者以买方或第三人为价款债权提供担保作为所有权转移的条件。[45] 实务中，双方约定支付价款以外的条件的情形极为少见。 37

(七)交付或交付替代

按照《民法典》之规定，移转动产所有权需完成交付(第224条)或交付替代(第226—228条)。交付(第224条)和简易交付(第226条)均可实现所有权保留的目的，让买受人在取得所有权之前先行直接占有标的物并使用或转卖之。在让与返还请求权或占有改定情况下，买受人将无法直接占有标的物，有违买受人欲提前占有标的物的初衷。因此，在所有权保留买卖中，以让与返还请求权或占有改定代替交付在理论上固无不可，[46] 但实践意义微乎其微。 38

(八)其他有偿合同的准用

《民法典》第641条第1款规范的是买卖合同，故有疑问的是，在其他合同中是否亦可约定保留所有权。根据《民法典》第646条规定，对于其他有偿合同，若无特殊规定，可参照适用买卖合同的有关规定。因此，在涉及动产所有权转移的其他有偿合同中，双方当事人亦可约定所有权保留，如承揽合同、[47] 互易合同、[48] 39

---

〔42〕 安徽省黄山市屯溪区人民法院(2017)皖1002民初1209号民事判决书；湖南省高级人民法院(2016)湘民再104号民事裁定书；湖南省高级人民法院(2018)湘民初52号民事判决书。

〔43〕 河南省平顶山市中级人民法院(2015)平民三终字第282号民事判决书。

〔44〕 参见翟云岭、郭洁：《新合同法论》，大连海事大学出版社2000年版，第254页。

〔45〕 对“所有权转移”的理解，参见边码55。

〔46〕 参见温世扬、廖焕国：《物权法通论》，人民法院出版社2005年版，第837页。

〔47〕 长春市绿园区人民法院(2018)吉0106民初2358号民事判决书。

〔48〕 大连市普兰店区人民法院(2019)辽0214民初2299号民事判决书。

非典型合同（“投资建设合同”[49]）等。在赠与合同中，由于赠与人在转移所有权之前原则上可随时撤销赠与（第 658 条第 1 款），通常无另行约定所有权保留的必要。

三、条件成就前双方的法律地位

（一）出卖人

1. 担保性所有权人

40 根据《民法典》第 641 条第 1 款，在买受人未履行支付价款或者其他义务之前，“标的物所有权属于出卖人”。该款规则与《合同法》第 134 条内容完全相同，但后者并无类似《民法典》第 641 条第 2 款的登记对抗规则，并且出卖人权利之实现依赖于基于所有权的取回权。在《合同法》时期，即便有学者从功能主义的角度试图将出卖人保留的所有权定性为担保物权，[50]亦因其明显的所有权属性以及担保物权属性规则的缺失，只能从立法论的角度建议引入登记制度及顺位规则，以明确其担保物权的法律定位。[51]

41 在比较法上，以德国法为代表的所有权构造与以美国法为代表的担保权构造存在明显不同。在德国法中，所有权保留在法律构成上以负担行为和处分行为二分为基础，买卖双方为直接导致所有权变动的处分行为附生效条件。对于简单的所有权保留，在条件成就之前，出卖人享有所有权，在买受人未及时支付价款或破产时，出卖人可将标的物取回。对于扩大或延长的所有权保留，出卖人的法律地位与担保物权人无异。[52] 然而，在简单的所有权保留中，所有权转移的生效条件成就前，出卖人仅仅“暂时”享有所有权，能否将这类“所有权”与普通所有权等而视之，亦存在理论争议。

42 在采所有权构造的德国法中，出卖人保留所有权通常只为担保其价款债权，如将其等同于真正所有权，则其实际效果明显超出了必要限度，[53]故德国法限制

〔49〕 最高人民法院（2019）最高法民申 2568 号民事裁定书。

〔50〕 参见董学立：《论“担保物所有权之归属无关紧要”》，载《法治研究》2014 年第 1 期，第 62 页。

〔51〕 参见龙俊：《民法中的意思自治与信赖保护》，中国政法大学出版社 2016 年版，第 91 页；董学立：《担保物权法编纂建议》，载《山东大学学报（哲学社会科学版）》2017 年第 6 期，第 54、59 页。

〔52〕 Vgl. Soergel/Henssler, BGB § 929 Anh. Rn. 177; Hoffmann, Rangordnung und Rechtsfortbildung im Kreditsicherungsrecht, in: *Archiv für civilistische Praxis* 220 (2020), S. 379; 施塔德勒：《德国法上所有权保留的未来》，王洪亮译，载田士永等主编：《中德私法研究（3）》，北京大学出版社 2007 年版，第 159 页。

〔53〕 Vgl. F. Bydlinski, in *Klang Kommentar zum ABGB §§ 1045 – 1089*, 2. Aufl., Wien: Manz, 1978, S. 468.

出卖人在生效条件成就之前的处分权;同时,依德国通说,买受人取得完整的所有权之前,可处分其期待权。[54] 而美国法则认为,附条件买卖中出卖人保留的"所有权"仅为工具意义上的所有权,是一种担保权益,其目的在于担保出卖人的价款债权。[55] 同时,买受人却可以转让标的物,但转让之后,出卖人的担保权益或继续存在于标的上(非正常经营活动中取得),或存在于转让所得上(正常经营活动中取得)。[56] 可见,在不同构造下,均须借助其他机制平衡买卖双方的利益,这导致两种构造在最终的结果上差别不大。

反观我国法,纵使《民法典》近乎重构了所有权保留买卖,使出卖人保留的所有权在功能上与担保物权无异,却仍无法平息有关其性质的争议。全国人大常委会法工委编写的《民法典》释义书虽坦承"被保留的所有权并非一个真正的所有权,在各个属性上与担保物权越来越接近"[57],但对于出卖人保留的所有权的性质仍有三种不同的说法:担保物权、[58] 可以登记的担保权、[59] 有担保功能但非担保物权。[60] 最高人民法院则倾向于认为出卖人保留的所有权属于"非典型担保"。[61] 学界的认知亦未尽一致,有径称其为"非典型担保物权"者,[62] 有以"动 43

---

〔54〕 Vgl. Raiser, Dingliche Anwartschaften, Tübingen: J. C. B. Mohr (Paul Siebeck), 1961, S. 66 – 68. 另有其他学说虽影响较大,但因与《德国民法典》的规定不符而未被普遍接受,例如:(1)买受人在生效条件成就之前即已取得完整的所有权,出卖人保留的仅为附流质约款的特别质权[Vgl. Blomeyer, Die Rechtsstellung des Vorbehaltskäufers, in: *Archiv für civilistische Praxis* 162 (1963), S. 193 ff.];(2)条件之溯及力说则认为,在条件成就后,出卖人被视为自缔结物权行为时丧失所有权[Vgl. Armgardt, Die Pendenztheorie im Vergleich mit dem Anwartschaftsrecht, der Lehre von der Vorausverfügung und der Lehre vom besitzlosen Pfandrecht, in: *Archiv für civilistische Praxis* 206 (2006), S. 654 ff.];等等。

〔55〕 参见董学立:《论"担保物所有权之归属无关紧要"》,载《法治研究》2014年第1期,第60页;董学立:《美国动产担保交易制度研究》,法律出版社2007年版,第10页;LoPucki/Warren/Lawless, *Secured Transactions*, 8th Ed., New York: Wolters Kluwer, 2016, pp. 29.

〔56〕 Vgl. Brinkmann, *Kreditsicherheiten an beweglichen Sachen und Forderungen*, Tübingen: Mohr Siebeck, 2011, S. 402 – 404.

〔57〕 黄薇主编:《中华人民共和国民法典合同编解读(上册)》,中国法制出版社2020年版,第616页。

〔58〕 "在同一标的物上可能同时存在动产抵押、浮动抵押、融资租赁、所有权保留、动产质押等各种竞存的担保物权情形时",参见黄薇主编:《中华人民共和国民法典合同编解读(上册)》,中国法制出版社2020年版,第617页。

〔59〕 "从功能上讲,保留的所有权实质上属于'可以登记的担保权'",参见黄薇主编:《中华人民共和国民法典合同编解读(上册)》,中国法制出版社2020年版,第618页。

〔60〕 "所有权保留……等具有担保功能但不属于担保物权的交易形式",参见黄薇主编:《中华人民共和国民法典物权编解读》,中国法制出版社2020年版,第602页。

〔61〕 在《民法典担保制度解释》中,有关出卖人权利行使的规定(第64条)位于"四、关于非典型担保"。

〔62〕 "我国民法典将担保物权的类型范围扩展到了合同法中规定的所有权保留……等非典型担保物权类型",参见董学立:《〈民法典〉担保物权法的进步与不足》,载《法治研究》2020年第4期,第42页。

产担保权"模糊其性质者,[63] 亦有观点试图搁置相关争议,认为所有权保留买卖兼具买卖与担保属性。[64]

44 从上述法工委自相矛盾的态度以及学者间的认知分歧可知定性之难。究其原因,首当其冲者是《民法典》对所有权保留买卖的暧昧立场:一方面将所有权保留买卖规定在"买卖合同"项下,体现了形式主义的担保观,另一方面又肯定其担保功能,并为所有权保留买卖设置了与其他动产担保大致相同的规则。这种形式主义与功能主义杂糅的模式,导致出卖人保留的所有权不可避免地带有所有权和担保物权的双重面向。其结果是,在学理上无论将出卖人保留的所有权定性为真正的所有权还是担保物权都有顾此失彼之虞。

45 从形式上看,《民法典》未明确将出卖人保留的所有权规定为担保物权,而是将所有权保留买卖的基本规则置入合同编,这使得所有权保留买卖中的所有权转移仍有附条件的所有权转移的外观。

46 从实质内容上看,出卖人保留的所有权却与担保物权极为接近。首先,《民法典》第 388 条第 1 款前两句规定"设立担保物权,应当依照本法和其他法律的规定订立担保合同。担保合同包括抵押合同、质押合同和其他具有担保功能的合同"。此处的"其他具有担保功能的合同"包括所有权保留买卖合同。[65] 立法者引入这一规定,系有意模糊典型担保与非典型担保。[66]

47 其次,《民法典》第 414 条第 2 款规定,"其他可以登记的担保物权,清偿顺序参照适用前款规定"。须注意的是,第 414 条第 2 款在措辞上采纳的是其他可以登记的"担保物权"。据此,如将出卖人保留的"所有权"定性为真正的所有权,那么,除动产抵押权外,动产或权利之上其他可登记的担保物权仅有权利质权,第 414 条第 2 款的意义将大打折扣。因此,在解释上,第 414 条第 2 款中"担保物权"

---

〔63〕"第 641 条第 2 款……中所规定的'所有权'也就不再具有《民法典》物权编所规定的所有权的完整内容,而具有动产担保权的属性",参见高圣平:《民法典动产担保权登记对抗规则的解释论》,载《中外法学》2020 年第 4 期,第 958 页。

〔64〕参见中国审判理论研究会民事审判理论专业委员会编著:《民法典合同编条文理解与司法适用》,法律出版社 2020 年版,第 335 页。

〔65〕参见王晨:《关于〈中华人民共和国民法典(草案)〉的说明》,载《中华人民共和国全国人民代表大会常务委员会公报》2020 年特刊,第 188 页;黄薇主编:《中华人民共和国民法典物权编解读》,中国法制出版社 2020 年版,第 609 页;高圣平:《〈民法典〉视野下所有权保留交易的法律构成》,载《中州学刊》2020 年第 6 期,第 51 页;谢鸿飞:《动产担保物权的规则变革与法律适用》,载《国家检察官学院学报》2020 年第 4 期,第 8 页;张家勇:《体系视角下所有权担保的规范效果》,载《法学》2020 年第 8 期,第 11 页。须予注意的是,第 388 条第 1 款不能完全适用于所有权保留买卖合同,原因在于,所有权保留买卖中通常只存在一个合同,并无主从合同之区分,故在解释上,第 388 条第 1 款第 1 句和第 2 句的两处"担保合同"包括所有权保留买卖合同,但同款第 3 句关于两项具有主从关系的合同效力之规定不能适用于所有权保留买卖,参见李运杨:《担保的移转从属性及其例外》,载《中国海商法研究》2020 年第 2 期,第 19 页。

〔66〕参见谢鸿飞:《〈民法典〉实质担保观的规则适用与冲突化解》,载《法学》2020 年第 5 期,第 5 页。

与第388条的"担保合同"存在内在关联。[67] 详言之,除动产抵押权外,在动产上通过"其他具有担保功能的合同"取得的可登记的担保性权利,包括出卖人保留的所有权在内,皆为第414条第2款所称之"担保物权"。[68] 这一规则将出卖人保留的所有权与担保物权的顺位纳入同一轨道,[69] 使两者进一步趋同。

再次,根据《民法典》第641条第2款的规定,出卖人保留的所有权"未经登记,不得对抗善意第三人",这与第403条为动产抵押权确立的规则几无二致。出卖人依买卖合同及动产所有权转让规则保留的所有权须依第641条第2款进行登记方可取得对抗效力,这已进入担保物权的逻辑,与普通买卖渐行渐远。这一规则的意义重大,它不仅使出卖人保留的所有权与动产抵押权在公示形式上实现统一,更使其明显区别于普通所有权而趋于功能化和形式化。[70] 48

复次,出卖人可以与买受人协商取回标的物并督促买受人在约定或指定的期限内赎回(第642条第2款前段、第643条第1款),买受人未赎回的,出卖人可另行出卖标的物(第643条第2款)。在生效条件成就前的未决期间,出卖人依《民法典》第642条第2款前段与买受人协商取回标的物看似体现出所有权的特征。实际上,在出卖人行使第642条第2款的取回权时,买卖合同仍有效存在,故该取回权与《民法典》第235条的所有物返还请求权性质不同。出卖人取回标的物后,无论依第642条第2款后段("参照适用担保物权的实现程序")还是第643条第2款通过另行出卖实现权利,都绕不开清算程序,故出卖人行使取回权实为行使担保物权的步骤之一。[71] 出卖人的取回权的行使程序及清算义务皆清楚地表明,出卖人只享有担保物权而非真正的所有权。 49

最后,根据第642条第2款后段之规定,在买卖双方无法就取回标的物达成一致时,出卖人可"参照适用担保物权的实现程序"实现其权利,这使得出卖人保留的所有权向担保物权再进一步。从这些规定可以看出,出卖人保留的所有权与真正意义上的所有权相去甚远,其担保物权化的趋势极为明显。 50

由上述比较可知,我国所有权保留买卖的功能主义倾向远胜形式主义。后者主要体现在买卖合同的缔结和所有权转移方面,除此之外,被保留的所有权几乎 51

---

〔67〕 类似观点,参见刘保玉:《民法典担保物权制度新规释评》,载《法商研究》2020年第5期,第10页。

〔68〕 参见高圣平:《〈民法典〉视野下所有权保留交易的法律构成》,载《中州学刊》2020年第6期,第51页。

〔69〕 类似观点,参见孙宪忠、朱广新主编:《民法典评注·物权编(4)》,中国法制出版社2020年版,第224页(董学立执笔)。

〔70〕 参见黄薇主编:《中华人民共和国民法典合同编解读(上册)》,中国法制出版社2020年版,第616页。

〔71〕 参见最高人民法院民法典贯彻实施工作领导小组主编:《中华人民共和国民法典合同编理解与适用(二)》,人民法院出版社2020年版,第1100—1101页。

全方位体现担保物权的特征，实为“担保性所有权”，〔72〕仅具形式意义。

52 然而，“在自己的所有权上享有担保性权利”与传统大陆法将担保物权作为他物权的基本认知存在矛盾。担保物权（例如动产质权、动产抵押权等）系由债务人或第三人为债权人设定，而所有权保留却是以债权人自己所有的动产作为担保物。有学者推测，这或许亦是立法者未将所有权保留买卖规定在物权编的原因。〔73〕由于出卖人享有的形式上的所有权本身并不具备完整的所有权权能，该部分权能已由买受人取得，这使得“在自己的所有权上享有担保性权利”一说似是而非。

53 真正的问题在于，“担保性所有权”并非《民法典》明确认可的物权类型，是否违反物权法定原则。《民法典》第 116 条（“物权的种类和内容，由法律规定”）确立了物权法定原则。据此，未被“法律”明确认可为物权的，不具有物权效力，其具体含义有二：其一，不得创设法律所不承认的物权（类型强制）；其二，不得创设与物权法定内容相异的物权内容。〔74〕根据《民法典》第 641 条第 1 款，出卖人保留的所有权只为一个目的而存在：确保买受人支付价款或履行其他义务。若无特别约定，出卖人完成交付后，其保留的所有权不完全具备《民法典》第 240 条列举的各项权能。就此而言，《民法典》中存在两类“所有权”：完全所有权和担保性所有权。前者为《民法典》正面规定，后者虽“隐藏”在所有权保留买卖之中，却也是客观存在。

54 有疑问的是，实证法中隐藏的“物权”（担保性所有权），是否属于“法定”的物权类型？在支持担保物权自由的学者看来，自属理所当然。〔75〕另有观点则指出，认可其物权效力虽有违类型强制之嫌，但因“法律”已经承认其效果，故与物权法定原则并不存在真正的冲突；再加之，《民法典》第 388 条通过“其他具有担保功能的合同”缓解了物权法定的僵硬性，使出卖人基于买卖合同的权利转换为非典型担保物权。〔76〕后一观点充分考虑了《民法典》新规则的实际效果，本文采之。

55 综上，本文认为，出卖人保留的所有权属于担保性所有权，仅具有功能意义。与此相应，在所有权保留约款约定的条件成就之前，买受人即已取得实质所有权，在履行完毕支付价款或其他义务之后发生的“所有权转移”仅仅意味着出卖人的

---

〔72〕在《合同法》时期即有类似观点，参见邓娟闰：《论所有权保留的性质——担保性所有权》，载《法商研究》2002 年第 3 期，第 100 页。针对《民法典》第 641 条的所有权保留买卖，参见张家勇：《体系视角下所有权担保的规范效果》，载《法学》2020 年第 8 期，第 4 页以下。

〔73〕参见高圣平：《〈民法典〉视野下所有权保留交易的法律构成》，载《中州学刊》2020 年第 6 期，第 47 页。

〔74〕参见崔建远：《物权法》（第 4 版），中国人民大学出版社 2017 年版，第 19 页。

〔75〕参见董学立：《论物权法定：宏观叙事与微观求证》，载《中国海商法研究》2020 年第 2 期，第 17 页。

〔76〕参见张家勇：《体系视角下所有权担保的规范效果》，载《法学》2020 年第 8 期，第 8 页。

担保物权归于消灭。

56 以附生效条件的所有权转移作为分析框架，却得出上述结论，未免出人意料。在采功能主义担保观的立法或草案中，尽管所有权之变动均须遵循各自的所有权变动规则，但被保留的所有权却被统一“降格”为担保物权。在此过程中，鉴于买卖双方的法律地位此消彼长，买受人所有权之取得与出卖人所有权之“降格”实为一体两面：不将出卖人的权利“降格”为担保物权，买受人就无法取得所有权。因此，附生效条件的所有权转移（所有权变动规则）与功能主义担保观（“降格”规则），并无冲突可言。不同模式下的区别仅在于“降格”的方式。美国《统一商法典》第2-401条直接将出卖人保留的名义所有权称为“担保权益”，《欧洲示范民法典草案》第9-1:101条则明确规定对出卖人保留的所有权适用担保物权编的核心规则，[77]是为“明降”；而在我国法中，《民法典》虽未明确将出卖人保留的所有权定性为担保物权，但是综合分析买卖双方的实际地位即可发现，出卖人权利的担保物权属性早已暗藏在具体的制度设计之中，我们可称其为“暗降”。

2. **出卖人的超级优先顺位**

57 《民法典》第416条规定：“动产抵押担保的主债权是抵押物的价款，标的物交付后十日内办理抵押登记的，该抵押权人优先于抵押物买受人的其他担保物权人受偿，但是留置权人除外。”此即所谓价款债权抵押权的超级优先顺位，其适用的主要情形有二：其一，出卖人将动产所有权转让给买受人之后，由买受人在标的物上为出卖人设定动产抵押权以担保价款债权；其二，买受人支付的价款由第三人提供融资，在所有权转移之后，由买受人为第三人设定动产抵押权以担保第三人之债权。[78]

58 价款债权抵押权的超级优先顺位本身即脱胎于所有权保留买卖。[79] 在赊购的情况下，出卖人既可选择先转移标的物所有权然后设定动产抵押权以担保价款债权，亦可选择在买受人支付价款前保留所有权。从出卖人的角度看，两种担保方式在功能上并无本质区别。如前文所述，所有权保留买卖中出卖人保留的所有权其本质不外乎担保物权，仅在形式上属于出卖人。而从买受人的角度看，其已取得实质意义上的所有权，故在此期间买受人在标的物上为第三人设定担保物权

〔77〕 尽管《欧洲示范民法典草案》的起草者试图回避物权行为问题，但学者常以物权行为附生效条件解释所有权保留买卖的法律构成，例如：van Vliet, Acquisition and Loss of Ownership of Goods - Book VIII of the Draft Common Frame of Reference, in: *Zeitschrift für Europäisches Privatrecht* (2011), p. 298; Walczak, *Die Eigentumsübertragung beim Kauf beweglicher Sachen nach dem DCFR*, Tübingen: Mohr Siebeck, 2017, S. 126.

〔78〕 参见谢鸿飞：《价款债权抵押权的运行机理与规则构造》，载《清华法学》2020年第3期，第122页；房绍坤、柳佩莹：《论购买价款担保权的超级优先效力》，载《学习与实践》2020年第4期，第77页。

〔79〕 参见龙俊：《民法中的意思自治与信赖保护》，中国政法大学出版社2016年版，第84页。

的行为非为无权处分,第三人可取得相应的担保物权。[80]

59 有疑问的是,出卖人的权利与第三人的担保物权之间的顺位能否类推适用第 416 条。《民法典各分编(草案)》(征求意见稿)第 185 条第 2 款曾规定:“出卖人将标的物交付给买受人后二十日内完成所有权保留登记的,可以对抗买受人的担保物权人,但留置权人除外。”后续的各草案删除了这一规定。全国人大常委会法工委在解读第 416 条时认为,“所有权保留交易中的出卖人和融资租赁交易中的出租人对标的物的权利为所有权,而不是担保物权,因此不适用本条规定”。[81] 据此推测,删除的原因或许是草案起草人员不欲赋予出卖人以超级优先顺位。然而,如前文已提及,全国人大常委会法工委在其撰写《民法典》释义书的其他段落又将出卖人享有的权利称为“担保物权”或“可以登记的担保权”,这使得上述推测出的原因真伪难辨。

60 根据《民法典担保制度解释》第 57 条第 1 款第 1 项后段,出卖人若于交付标的物后十日内为其保留的所有权办理登记,则出卖人之权利优先于在先设立的浮动抵押权。严格按照该规定,将无法防止买受人“抢跑”,在标的物交付之后立即为非价款债权人设立顺位在先的动产普通抵押权或质权,从而损害出卖人利益。在《民法典担保制度解释》出台之前,已有不少学者正确地指出,由于出卖人实质上的法律地位与动产抵押权人无异,故可类推适用第 416 条,[82] 如此,可防止买受人“抢跑”。具体可分为两种情形:第一,出卖人将动产所有权交付给买受人之后,由买受人在标的物上为第三人设定担保物权以担保非价款债权。在此情形下,如双方在交付标的物后十日内办理所有权保留登记,则出卖人保留的所有权优先于第三人在标的物上担保物权,但留置权人除外。第二,由第三人为买受人的部分款提供贷款,由买受人为第三人在标的物上设定抵押权(该情形亦为《民法典担保制度解释》第 57 条第 1 款第 1 项前段所覆盖)。出卖人与第三人之债权在性质上皆为第 416 条所称之价款债权,皆可类推适用第 416 条,在标的物交付后十日内办理所有权保留登记或抵押权登记的情况下,其顺位皆优于其他非价款债权的担保物权人,但留置权人除外。

61 有疑问的是,两者之间的顺位应如何确定。从比较法上看,美国《统一商法典》第 9 - 324 条规定出卖人的超级优先顺位优于提供价款融资的第三人。该条

〔80〕 参见高圣平:《动产担保交易的功能主义与形式主义》,载《国外社会科学》2020 年第 4 期,第 16 页。

〔81〕 参见黄薇主编:《中华人民共和国民法典物权编解读》,中国法制出版社 2020 年版,第 718 页。

〔82〕 参见高圣平:《〈民法典〉视野下所有权保留交易的法律构成》,载《中州学刊》2020 年第 6 期,第 52 页以下;谢鸿飞:《价款债权抵押权的运行机理与规则构造》,载《清华法学》2020 年第 3 期,第 130 页以下。

文的正式述评以不动产交易为例说明该规则的合理性，其说略谓："说到底，法律对出卖人丧失此前拥有的不动产的危险的同情要胜过对第三人贷款人不能从此前从不属于他的不动产的权利之上收款的风险的同情"。[83] 这一理由过于牵强，以至于有学者批评其"并无多少道理可言"（not much of a rationale）。[84] 从交易过程看，若非第三人为买受人提供融资，出卖人将无法顺利完成交易，第三人融资的作用几乎无可替代，让出卖人的顺位优先已有不妥。[85] 从结果上看，第三人融资的最终受益人为出卖人，其部分价款债权已经由此获得清偿，再让出卖人在此范围内优先受偿，无异于使其该部分债权就同一标的物获得双重保障，这一结果更是难谓妥当。就此而言，让第三人的超级优先顺位优于出卖人将更为合理。根据《民法典担保制度解释》第57条第3款，同一动产之上有多个价款优先权竞存的，应以登记的时间确定清偿顺序。该方案虽难谓理想，但优于美国《统一商法典》第9－324条。

若所有权保留未在标的物交付后十日内办理登记，则出卖人不享有超优先顺位。由于出卖人保留的所有权在功能上与"其他可登记的担保物权"相同，[86] 在与其他担保物权竞存时可适用第414条。 62

3. **出卖人实施的处分行为的效力**

在所有权移转的条件成就之前，出卖人在形式上仍为所有权人，故有疑问的是，出卖人能否再度转让标的或为其设定权利负担。《民法典》未如《德国民法典》第161条限制中间处分。由于出卖人保留的所有权已经功能化为担保物权，将不具备独立的处分权能。在解释上，可类推适用第407条，被保留的所有权不得脱离主债权单独转让。另外，买受人通常实际占有标的物，这导致出卖人难以向第二买受人完成第224条意义上的交付，而只能根据第227条以让与返还请求权代替之。在买受人继续履行买卖合同时，出卖人亦难谓享有返还请求权，更无法将其转让给第二买受人。故在买受人一直实际占有标的物的情况下，第二买受人无法取得所有权。 63

出卖人将其价款债权转让给他人时，被保留的所有权作为从权利，应当根据第547条第1款一并转移，债权的受让人将因此而取得被保留的所有权作为债权 64

---

〔83〕 美国法学会、美国统一州法委员会：《美国〈统一商法典〉及其正式述评（第3卷）》，高圣平译，中国人民大学出版社2005年版，第237页。

〔84〕 参见 LoPucki/Warren/Lawless, *Secured Transactions*, 8th Ed., New York: Wolters Kluwer, 2016, pp. 529.

〔85〕 参见李运杨：《美国〈统一商法典〉中购买价金担保权及其对中国的启示》，山东大学2012年硕士学位论文，第34页以下。

〔86〕 参见高圣平：《〈民法典〉视野下所有权保留交易的法律构成》，载《中州学刊》2020年第6期，第53页。

之担保。[87] 根据第 547 条第 2 款，被保留的所有权作为担保物权，其转移不因未办理转移登记而受影响。

（二）买受人

1. **真正的所有权人**

65 《民法典》对所有权保留买卖进行重大变革之后，出卖人的法律地位下降为担保物权人，而买受人取得对标的物占有、使用和收益的权利，双方就标的物所享有之权利此消彼长。再加之，类推适用第 407 条之后，出卖人再次转让标的物的处分权亦将受到限制，其保留的所谓所有权已经被掏空。这是被保留所有权担保物权化后必然会出现的体系效应之一。

66 问题在于，应如何评价买受人的权利。按照传统大陆法系的所有权观，在所有权保留买卖中，即便买受人已近乎支付全款，所有权仍不移转。若严格贯彻之，买受人将处于非常不利的地位。为平衡双方利益，德国通说认为，买受人在所有权转移的条件成就前即已取得期待权。该权利源于基于附条件法律行为的先行效力，买受人在取得所有权之前即享有值得保护的利益。[88] 将这一利益物权化之后，买受人在取得所有权之前即可交易其期待权，这可满足法律实践对盘活期待权的财产价值的需求。德国通说赋予买受人的期待权已极为接近所有权，买受人可近乎不受限制地转让其期待权或于其上设定担保。

67 具体到中国法，是否应继受德国期待权理论，非无疑问。首先，由于《民法典》中并无类似《德国民法典》第 161 条第 1 款的规定，限制所有权保留出卖人中间处分的效力，即便类推适用《民法典》第 313 条（原《物权法》第 108 条），将善意无负担取得的相关理论引入我国民法，[89] 亦难以因此得出买受人享有德国法意义上的期待权。曾有法院在未经充分论证的情况下认可买受人的期待权，如"被告在未全额支付货款前不能取得空调所有权，但仍然享有对所有权转让的期待权利"。[90] 在《物权法》时期，买受人的期待权因欠缺充分的实证法基础处于学理探讨阶段，[91] 在解释上是否应承认之，亦存在争议。[92]

---

〔87〕 出卖人将价金债权（应收账款）转让给保理人，或者从保理人处回购价金债权时，出卖人保留的所有权作为担保，与价金债权共进退。参见上海金融法院（2019）沪 74 民终 995 号民事判决书。

〔88〕 Vgl. MüKoBGB/Westermann, 8. Aufl., 2018, BGB § 158 Rn. 39.

〔89〕 针对《物权法》第 108 条的分析，参见严欢蕾：《动产无负担取得之研究》，载王洪亮等主编：《中德私法研究（16）》，北京大学出版社 2017 年版，第 161 页以下。

〔90〕 四川省射洪县人民法院（2015）射洪民初字第 1922 号民事判决书。

〔91〕 参见王利明：《所有权保留制度若干问题探讨》，载《法学评论》2014 年第 1 期，第 178 页。

〔92〕 参见最高人民法院民事审判第二庭编著：《最高人民法院关于买卖合同司法解释理解与适用》，人民法院出版社 2012 年版，第 556 页及其所引资料。

其次,从发展过程来看,德国的期待权理论能获得实务之认可,主要是法教义学向实践需要妥协的结果:在取得完整的所有权之前,买受人业已就标的物取得一定的经济价值,有交易及获得保护的现实需要。[93] 赋予买受人期待权之后,从对物的支配、控制与利用关系的角度看,买受人比出卖人更像所有权人。[94] 与此相应,期待权的内容亦是以权利转让、设定担保、诉讼上扣押、是否属于破产财产以及法律保护等为核心,[95] 近乎全方位比附所有权。 68

最后,从外观上看,期待权更像是将权利取得"先期阶段"的各种现象装入同一个壳子,[96] 其理论基础如"附条件之权利""未来之权利"等,亦有违民法的基本理论体系。[97] 有学者指出,若将被保留的"所有权"认定为出卖人的质权,同时将买受人的权利认定为负有出卖人权利负担的所有权,则可消除法教义学上的诸多矛盾与混乱。然而,《德国民法典》第449条的解释规则明确肯定出卖人之所有权人地位,受此之限,在解释上无法采担保权构造说,[98] 但在立法论上有必要将出卖人保留之所有权重构为非占有质权。[99] 69

我国法已将出卖人保留的所有权担保物权化,再假道期待权平衡买卖双方利益,未免叠床架屋。本文认为,可径行肯定买受人在条件成就之前实质上的所有权人地位。申言之,出卖人保留形式意义上的所有权(担保物权),买受人享有实质意义上的所有权,但所有权上附有出买人的担保物权。 70

2. **处分行为的效力**

如果认为所有权保留是附生效条件的所有权转移,在条件成就之前,买受人无法取得所有权。即便买受人已经近乎付全款,仍不能以所有权人的身份在标的物上设定抵押或转让标的物的所有权,否则将构成无权处分,这会导致标的物的经济效用降低。德国法通过赋予买受人期待权,并允许转之或于其上设定担保, 71

---

〔93〕 Vgl. Staudinger/Bork, 2010, Vorbem. zu BGB § § 158 – 163 Rn. 62; Thesen, *Die Rechtsfigur Anwartschaftsrecht*, Frankfurt a. M.: Peter Lang, 2013, S. 21.

〔94〕 参见申卫星:《所有权保留买卖买受人期待权之本质》,载《法学研究》2003年第2期,第56页。

〔95〕 Vgl. Serick, *Eigentumsvorbehalt und Sicherungsübereignung*, Band I, Heidelberg: Verlagsgesellschaft „Recht und Wirtschaft" mbH, 1963, S. 251 – 284.

〔96〕 参见申卫星:《所有权保留买卖买受人期待权之本质》,载《法学研究》2003年第2期,第55页。

〔97〕 参见 Vgl. Staudinger/Bork, 2010, Vorbem. zu BGB § § 158 – 163 Rn. 62; Thesen, *Die Rechtsfigur Anwartschaftsrecht*, Frankfurt a. M.: Peter Lang, 2013, S. 65 ff.

〔98〕 参见 Vgl. Brinkmann, *Kreditsicherheiten an beweglichen Sachen und Forderungen*, Tübingen: Mohr Siebeck, 2011, S. 191.

〔99〕 参见 Vgl. Brinkmann, *Kreditsicherheiten an beweglichen Sachen und Forderungen*, Tübingen: Mohr Siebeck, 2011, S. 192. 我国台湾地区的通说与德国如出一辙,但亦不乏少数说认为买受人于交付时已经取得所有权,出卖人保留的仅为"特别质权",参见邱聪智:《新订债法各论(上)》,姚志明校订,中国人民大学出版社2006年版,第149页。

平衡了买卖方的利益。如果买受人在取得所有权之前,即以所有权人的身份转让之,次买受人是否可以取得标的物所有权,应依善意取得规则判断。若第三人已经善意取得标的物所有权,则出卖人丧失所有权;若第三人无法善意取得所有权,可借由补充性合同解释或无效法律行为之转换,认为“让与所有权的意思”包含“让与期待权的意思”,使买受人取得期待权。[100] 德国法通过上述迂回操作最终解决了买受人已取得的价值的流通问题。

72 在我国法上,如果认为出卖人的地位下降为担保物权人,买受人取得实质意义上的所有权,那么,无论买受人在标的物上设定其他担保物权或转让标的物,都将属于有权处分,从而不受《民法典》第 642 条第 1 款第 3 项约束。出卖人保留的所有权无论从其功能还是从其效力上看,都已非常接近动产抵押权,故在解释上可类推适用动产抵押权的规则。

(1)正常经营活动中的转让

73 动产买卖在日常生活中非常普遍,若强行要求一般买受人查阅登记,以确定标的物的真正权属及权利负担,不仅会引起过高的交易成本,一般交易行为亦会因此而受妨害。

74 为解决这一问题,可选思路有二。其一,若认为出卖人保留的所有权为真正的所有权,买受人未经许可而转让标的物为无权处分,在买受人的正常经营活动中,次买受人仍可因信赖买受人享有处分权[101]而根据第 311 条第 1 款而取得所有权。在此逻辑下,出卖人将丧失所有权。其二,当出卖人保留的所有权功能化为担保物权后,各方利益关系与动产抵押类似,可类推适用第 404 条。申言之,在正常经营活动中,买受人向次买受人(特别是最终的消费者)转让标的物的行为为有权处分,次买受人无查阅登记簿的义务,无论所有权保留是否已经登记,无论次买受人是否为善意,[102]次买受人均可取得无他人权利负担的所有权。

75 两种路径在结果上并无实质区别,从《民法典》将出卖人保留的所有权功能化为担保物权的基本立场来看,后者更为可取。[103] 《民法典担保制度解释》第 56 条第 2 款后句亦采纳后者,明确规定《民法典》第 404 条的正常经营买受人规则适用于所有权保留买受人实施的转让行为。据此,买受人在正常经营活动中的转让行为无须经出卖人同意,亦不属于第 642 条第 1 款第 3 项的“不当处分”。

---

[100] Vgl. MüKoBGB/Westermann, 8. Aufl., 2019, BGB § 449 Rn. 52.

[101] 《民法典》第 311 条保护的是买受人对出卖人之“处分权”的善意信赖。

[102] 参见高圣平:《民法典动产担保权登记对抗规则的解释论》,载《中外法学》2020 年第 4 期,第 969 页。

[103] 参见高圣平:《〈民法典〉视野下所有权保留交易的法律构成》,载《中州学刊》2020 年第 6 期,第 52 页;龙俊:《民法典中的动产和权利担保体系》,载《法学研究》2020 年第 6 期,第 34 页。

76 次买受人取得无权利负担的所有权的基本条件如下：第一，向次买受人出卖标的物的行为须为买受人的正常经营活动。一般认为，买受人须以出售该物品为其常业并依法具有从事相关商业活动的经营资格。[104] 《民法典担保制度解释》第 56 条明确排除了数项明显非正常的转让行为（第 1 款），并将正常经营活动的范围限定为出卖人“营业执照明确记载的经营范围，且出卖人持续销售同类商品”（第 2 款）。第二，次买受人须已经向买受人支付合理对价。第三，买受人须已将标的物交付给次买受人。

（2）正常经营活动外的转让

77 在买受人的正常经营活外，若双方事先“另有约定”（第 642 条第 1 款）或买受人征得出卖人同意后，可转卖所有权保留买卖的标的物，自无疑问。有疑问的是，如果买受人未征得出卖人之同意能否转让标的物。

78 根据第 406 条，动产抵押人在转让抵押物后，抵押权不受影响。在出卖人保留的所有权功能化为担保物权之后，在解释上可采同一解释路径。[105] 具体而言，买受人在正常经营活动之外转让标的物的，如果出卖人已经完成所有权保留登记，则受让人并无保护之必要，故出卖人保留之“所有权”作为价款债权之担保不受影响，但买受人应将转让事宜及时通知出卖人。出卖人能够证明标的物之转让影响其债权之实现的，可以请求买受人将转让所得价款向出卖人提前清偿债务或者提存。如果出卖人保留的所有权未经登记，在次买受人为善意的情况下，出卖人在标的物上的担保应因善意无负担取得而消灭，次买受人取得无负担的所有权。

（三）买卖双方的风险负担

79 根据第 604 条，标的物毁损、灭失的风险，在交付后由买受人承担，但法律另有规定或当事人另有约定的除外。尽管出卖人保留的所有权具有担保功能，所有权保留买卖的基础仍是买卖，标的物风险之转移应适用买卖合同的一般规则。

80 所有权保留买卖的特殊性在于，交付与所有权之转移之间存在时间差，在所有权转移之前，买受人通常即已实际控制标的物，并享有其收益。由买受人承担标的物毁损、灭失的风险，符合“利益之所在风险之所在”原则。[106] 交付与所有权

---

〔104〕 参见董学立：《论“正常经营活动中”的买受人规则》，载《法学论坛》2010 年第 4 期，第 90 页；纪海龙、张玉涛：《〈民法典物权编（草案）〉中的“正常经营买受人”规则》，载《云南社会科学》2019 年第 5 期，第 110 页。

〔105〕 参见孙宪忠、朱广新主编：《民法典评注 · 物权编（4）》，中国法制出版社 2020 年版，第 236 页（董学立执笔）。

〔106〕 参见吴香香：《〈合同法〉第 142 条（交付移转风险）评注》，载《法学家》2019 年第 3 期，第 179 页。

转移之间的时间差不影响买卖双方的风险分配。具体适用规则如下：

首先，风险事件包括不可归责于双方当事人（非因双方当事人故意或过失）的事由导致标的物毁损、灭失，包括不可抗力、意外事件以及当事人不能预见的第三人原因。[107]

其次，在双方未另行约定的情况下，交付之后即由买受人承担标的物毁损、灭失的风险。[108] 所有权保留买卖之标的物因风险事件毁损、灭失的，买受人支付剩余价款的义务不消灭。买受人如因标的物毁损、灭失而取得代位物（例如保险金），在解释上可参照适用《民法典》第 390 条，继续由代位物担保出卖人之剩余价款债权。无代位物时，出卖人的债权将丧失担保。

四、登记及其效力（第 641 条第 2 款）

81 从功能主义的角度看，动产质权、动产抵押权与所有权保留均是在动产上设定物权性担保，形式虽有不同，实质内容却无二致，因此，三种物权性担保之公示在价值取向上不应有本质区别。[109] 然而，根据《合同法》第 134 条，在所有权保留买卖中，出卖人保留的所有权无须对外公示。在所有权转移的条件成就前，出卖人仍为所有权人，如买受人未依约履行义务，出卖人可将标的物取回（《买卖合同解释》第 35 条）。这使得出卖人保留的所有权成为实质上的隐形担保，危害交易安全。[110] 为消灭隐形担保，《民法典》为所有权保留买卖引入登记制度，其第 641 条 2 款将登记作为被保留所有权的对抗要件。

（一）登记机关

82 《合同法》及《买卖合同解释》虽无规定，但中国人民银行征信中心自 2019 年 4 月 28 日起已提供所有权保留登记服务。根据《中国人民银行征信中心动产融资统一登记公示系统操作规则》（2019 年 4 月修订，以下简称"操作规则"）第 15 条，征信中心可受理所有权保留登记，但在《民法典》生效前因法源基础缺失，登记的

---

〔107〕 参见吴香香：《〈合同法〉第 142 条（交付移转风险）评注》，载《法学家》2019 年第 3 期，第 172 页以下。

〔108〕 关于现实交付及替代交付下的转移，参见吴香香：《〈合同法〉第 142 条（交付移转风险）评注》，载《法学家》2019 年第 3 期，第 180 页以下。

〔109〕 参见 Vgl. Brinkmann, *Kreditsicherheiten an beweglichen Sachen und Forderungen*, Tübingen: Mohr Siebeck, 2011, S. 353 ff.

〔110〕 参见黄薇主编：《中华人民共和国民法典合同编解读（上册）》，中国法制出版社 2020 年版，第 617 页；龙俊：《民法中的意思自治与信赖保护》，中国政法大学出版社 2016 年版，第 86 页。

效力不详,[111] 各级法院亦未曾就此问题作出裁判。[112]

83 国务院2019年末颁布的《优化营商环境条例》第47条第2款规定,"国家推动建立统一的动产和权利担保登记公示系统,逐步实现市场主体在一个平台上办理动产和权利担保登记"。与此相应,为日后建立统一的动产抵押和权利质押登记制度,立法者在编纂《民法典》过程中删除了《物权法》中有关动产担保物权登记机构的规定。[113] 根据《国务院关于实施动产和权利担保统一登记的决定》(国发〔2020〕18号),自2021年1月1日起,在全国范围内实施动产和权利担保统一登记(包括所有权保留),登记机关为中国人民银行征信中心动产融资统一登记公示系统。

(二)登记簿采"人的编成"

84 对于统一的动产和权利担保登记,学者普遍建议登记簿以担保人为基础,亦即对登记簿采"人的编成"。[114] 与以标的物为核心的"物的编成"相比,"人的编成"更方便相关权利人及利害关系人通过网络平台查询某人财产的担保情况。"动产融资统一登记公示系统"即是采"人的编成",利害关系人在网络平台的查询入口输入提供担保的"机构名称"或自然人的"证件号码"即可查询他人名下财产是否为所有权保留买卖的标的物。根据"操作规则"第22条,登记系统会为每次合格的登记生成唯一的"登记证明编号"。通过该编号可以在网络平台上查询本次担保的情况。

(三)登记内容

85 根据"操作规则"第16条第1款,登记内容包括担保合同当事人信息、标的物信息、登记期限等。据此,在所有权保留买卖中,应将买卖双方当事人的基本信息登入登记系统。在涉及多个当事人时,可在登记时同时填写多个当事人信息(第2款)。对于买卖的标的物,登记系统允许对其进行具体描述或概括描述,在进行概

〔111〕 针对《合同法》第134条的所有权保留买卖,有观点认为"……对于已经登记的所有权保留具有公示效力,得对抗第三人,几无异议",但未给出任何法律依据或参考文献。参见马燕:《所有权保留制度的法理探析与司法审视》,法律出版社2020年版,第153页。

〔112〕 在"中国裁判文书网",以"所有权保留""征信中心""登记"作关键词检索出的34个结果中,无一例真正涉及了所有权保留登记(最后检索日期:2020年12月10日)。

〔113〕 王晨:《关于〈中华人民共和国民法典(草案)〉的说明》,载《中华人民共和国全国人民代表大会常务委员会公报》2020年特刊,第188页。在民法典草案征求意见阶段亦曾收到建议,希望根据所有权保留买卖的标的物之不同,由不同机构分散登记。参见本书编写组编:《民法典立法背景与观点全集》,法律出版社2020年版,第254页。

〔114〕 参见高圣平:《统一融资登记公示制度的建构》,载《环球法律评论》2017年第6期,第75页。

括描述时,应达到可识别标的物的程度(第 3 款)。[115]

86 在所有权保留买卖中,应根据买方履行支付价款或其他义务的期限合理确定"操作规则"第 16 条第 1 款所称的"登记期限"。买卖双方将其在买卖合同中约定的登记期限登入登记系统,最短期限为 6 个月,超过 6 个月的按年计算,最长不超过 30 年(第 4 款)。

(四)登记程序

87 根据"操作规则"第 13 条,登记由担保权人亲自或委托他人办理。在所有权保留买卖中,应将担保权人理解为出卖人。根据出卖人在申请登记之前,应先依"操作规则"第 9 条注册为"常用户",[116] 并向登记系统提供相应的注册文件。注册完毕并经登记公示系统审查通过后,出卖人即可将所有权保留买卖的内容填入登记系统完成登记。从具体规则来看,"操作规则"为所有权保留登记设置的程序较为粗略,日后有进一步完善的必要。[117]

(五)登记的效力

1. **对抗善意第三人**

88 买卖双方签订的所有权保留买卖合同生效之后,出卖人即可以标的物之所有权作价款债权之担保,登记与否虽不影响双方当事人的权利义务,却会影响善意第三人之利益。《民法典》第 641 条第 2 款规定,出卖人保留的所有权,未经登记不得对抗善意第三人,但未提及善意第三人的范围。《民法典担保制度解释》第 67 条规定,在所有权保留买卖中出卖人的所有权不得对抗的"善意第三人"之范围参照适用同解释的第 54 条。首先须明确的是,在标的物上享有担保物权的第三人与出卖人之间存在权利竞存时,其权利顺位应参照适用第 414 条,不属于第 642 条第 2 款的调整范围。其次,根据《民法典担保制度解释》第 54 条,次买受人(第 1 项)、承租人(第 2 项)、买受人之扣押债权人和强制执行债权人(第 3 项)、破产债权人和参与分配债权人(第 4 项)均在不得对抗的范围之列,这基本涵盖了与标的物有特殊利害关系的第三人,但不包括参照适用第 414 条的情况。

---

〔115〕 2019 年世界银行对中国作营商环境调查时,世行专家根据中国《物权法》及修正前的《动产抵押登记管理办法》误以为,中国法不允许对担保物进行概括性描述。参见罗培新:《世界银行营商环境评估》,译林出版社 2020 年版,第 226 页以下;纪海龙:《世行营商环境调查背景下的中国动产担保交易法》,载《法学杂志》2020 年第 2 期,第 39 页。

〔116〕 根据《中国人民银行征信中心动产融资统一登记公示系统用户服务协议》(2019 年 8 月修订)第 1 条第 4 款,"常用户"可进行登记和查询操作,普通用户只能查询。

〔117〕 立法论角度的探讨,参见高圣平:《〈民法典〉视野下统一动产和权利担保登记制度的构造》,载《浙江工商大学学报》2020 年第 5 期,第 38 页以下。

2. **确定顺位的依据**

根据《民法典》第414条第2款,其他可以登记的担保物权,清偿顺序可参照抵押权的规定。据此,在出卖人保留的所有权与第三人的担保物权竞存时可参照适用第414条第1款。 89

第一,出卖人保留的所有权及其他可登记的担保物权皆已登记的,按照登记的时间先后确定清偿顺序。在第三人由于为买受人提供价款融资,而对标的物享有抵押权时,在符合第416条规定的条件时,其顺位一概优先于出卖人(边码61)。第二,出卖人保留的所有权已经登记的,优先于其他未登记的担保物权。第三,如果皆未登记,则按照债权比例获得清偿。第四,《民法典》第225条的特殊动产的登记机关仍处于分散状态,船舶和民用航空器抵押权亦可由相应的登记机关进行登记。根据特别法的相关规定,这三类特殊动产的登记机关分别为海事管理机构(《船舶登记办法》第4条)、民用航空总局民用航空器权利登记职能部门(《民用航空器权利登记条例实施办法》第2条)、车辆管理所(《机动车登记办法》第4条),前两者亦可受理船舶(《海商法》第13条第1款)和航空器(《民用航空法》第16条)的抵押权登记。担保物权竞存时,登记机关的分散可能会导致难以准确确定权利顺位。为进一步优化营商环境,有必要通过修法全面统一登记机关。 90

五、举证分配

本条提示买卖双方可在交易中约定所有权保留,出卖人如欲使其保留的所有权取得对抗效力则应进行登记,因此,本条无法独立作为请求权基础。双方约定由出卖人保留所有权后,被保留所有权的对抗效力由本条第2款规定,其他法律效果需适用或类推适用其他条款。 91

(一)买卖合同及所有权保留约款

双方对买卖是否为所有权保留买卖有争议时,由出卖人证明买卖合同中存在所有权保留约款。因所有权保留买卖合同应采书面形式,未采书面形式的视为未保留所有权。对所有权保留约款的内容(例如分期支付价款的时间和期数、其他义务的内容等)有争议的,由对约款内容提出异议的一方承担举证责任。 92

(二)约定的条件成就

买受人主张已履行支付价款或其他义务应取得无负担的所有权时,由买受人对此承担举证责任。 93

（三）处分权之欠缺

94　第三人主张出卖人对所有权保留买卖的标的物无处分权的，应证明自己享有处分权。买受人已善意取得时，第三人向出卖人主张违约责任、侵权责任或不当得利返还的，应证明出卖人的违约行为及造成的损失、证明侵权责任成立的要件及损失或出卖人因无权处分而获得的利益。买受人未善意取得时，由第三人证明导致买受人不能善意取得的事实，例如买受人非为善意、未完成交付等。

（四）风险转移

95　标的物毁损、灭失后，出卖人请求买受人继续履行支付价款或其他义务的，由出卖人证明已经完成交付。买受人主张标的物之毁损、灭失系因可归责于出卖人的事由的，由买受人对此承担举证责任。

（五）权利顺位

96　出卖人主张其保留的所有权享有超级优先顺位时，应证明自己已于交付标的物后十日内办理所有权保留登记。为买受人提供价款融资的第三人主张其担保物权亦享有超级优先顺位时，除应证明该权利已于标的物交付后十日内办理登记外，尚需证明其贷款确实被买受人用于购买所有权保留买卖的标的物。[118] 留置权人主张其权利更为优先时，应对留置权成立的事实承担举证责任。

上述情形之外的其他担保物权与出卖人保留的所有权竞存并对清偿顺序发生争议时，主张权利优先者应证明其权利登记时间更早或其他权利未登记。

（六）买受人转让标的物

97　买受人转让标的物的，出卖人向次买受人主张标的物为其价款债权之担保的，应分两种情况。第一，次买受人主张在买受人的正常经营活动中取得标的物并已支付合理对价的，应对此承担举证责任；出卖人否定次买受人之主张，应证明买受人的转让行为不属于其正常经营活动或次买受人未支付合理对价。第二，买受人在其正常经营活动之外转让标的物时，出卖人应证明其保留的所有权已登记，未登记时，应证明次买受人非为善意。

---

〔118〕 参见董学立：《中国动产担保物权法编纂研究》，法律出版社2020年版，第248页。

附:案例索引

1. 安徽省合肥市中级人民法院(2018)皖01民终5692号民事判决书:汪某等与安徽福日达工程机械有限公司买卖合同纠纷案【边码6】

2. 安徽省黄山市屯溪区人民法院(2017)皖1002民初1209号民事判决书:黄山市诚强制冷设备有限公司与黄山市屯溪花旗宾馆等买卖合同纠纷案【边码35】

3. 长春市绿园区人民法院(2018)吉0106民初2358号民事判决书:吉林省天加机电工程有限公司与张某焕等承揽合同纠纷案【边码39】

4. 大连市普兰店区人民法院(2019)辽0214民初2299号民事判决书:程某与崔某运买卖合同纠纷案【边码39】

5. 广西壮族自治区高级人民法院(2015)桂民四终字第12号民事判决书:广西新闽航海运有限责任公司等与吕某等财产损害赔偿纠纷案【边码19】

6. 河南省平顶山市中级人民法院(2015)平民三终字第282号民事判决书:郑州明瑞机械设备有限公司与河南平棉纺织集团股份有限公司买卖合同纠纷案【边码35】

7. 湖南省高级人民法院(2016)湘民再104号民事裁定书:湖南中旺工程机械设备有限公司与周某文等财产损害赔偿纠纷案【边码35】

8. 湖南省高级人民法院(2018)湘民初52号民事判决书:珠海广通汽车有限公司与湖南新干线汽车运输有限公司等所有权确认纠纷案【边码35】

9. 江西省南昌市中级人民法院(2019)赣01民终1599号民事判决书:万载县志辉汽运有限公司与江西金沙包装集团有限公司等公路货物运输合同纠纷案【边码19】

10. 江西省宜春市中级人民法院(2018)赣09民终1252号民事判决书:王某等与上高县恒运汽车销售有限公司分期付款买卖合同纠纷案【边码6】

11. 山东省高级人民法院(2016)鲁民终967号民事判决书:山东省博兴县华鲁钢铁有限公司与东营渤海金属有限责任公司等合同纠纷案【边码9】

12. 上海金融法院(2019)沪74民终995号民事判决书:乌鲁木齐市岩成信贸易有限公司等与拉赫兰顿(中国)商业保理有限公司等合同纠纷案【边码64】

13. 四川省射洪县人民法院(2015)射洪民初字第1922号民事判决书:射洪县康源电器经营部与四川恒峰净化科技有限公司买卖合同纠纷案【边码67】

14. 浙江省高级人民法院(2006)浙民二终字第32号民事判决书:海城市天成物流运输有限公司与浙江青年尼奥普兰汽车集团有限公司买卖合同纠纷案【边码9】

15. 浙江省杭州市江干区人民法院(2014)杭江商初字第1541号民事判决书:浙江建机工程机械股份有限公司与富阳世周工程机械有限公司买卖合同纠纷案【边码6】

16. 浙江省绍兴市柯桥区人民法院(2015)绍柯商初字第3302号民事判决书:三力士股份有限公司与洛阳锦顺商贸有限公司等买卖合同纠纷案【边码9】

17. 最高人民法院(2016)最高法民终715号民事判决书:山西通盛房地产有限公司与山西东民集团有限公司等房屋买卖合同纠纷案【边码13】

18. 最高人民法院(2019)最高法民申2568号民事裁定书:湖南省嘉禾县南岭水泥有限公司与杭州新概念节能科技有限公司所有权确认纠纷案【边码39】

第680条

借款利息规制*

第680条　禁止高利放贷，借款的利率不得违反国家有关规定。

借款合同对支付利息没有约定的，视为没有利息。

借款合同对支付利息约定不明确，当事人不能达成补充协议的，按照当地或者当事人的交易方式、交易习惯、市场利率等因素确定利息；自然人之间借款的，视为没有利息。

简　目

---

* 本文系基于《〈民法典〉第680条评注(借款利息规制)》(载《法学家》2021年第1期，第171—190页)一文修订而成。

一、规范目的与适用范围

(一)规范目的

《民法典》第 680 条的规范目的在于对借款合同中的利息债权进行限制,防止利息暴利的产生。本条第 1 款通过限制利率来避免利息暴利的发生,第 2、3 款以利息债权的存在与否作为限制借款本金收益的手段。 1

所谓利息债权,可以分为"作为基本权的利息债权"与"作为支分权的利息债权"两种类型。"作为基本权的利息债权"与本金债权相互依存,以一定期间内全体利息产生为目的;而"作为支分权的利息债权"以作为"作为基本权的利息债权"为基础,以各期发生的具体利息的支付为目的,在移转、消灭、诉讼时效起算等方面具有一定独立性。[1] 无论何种利息债权,其数额都是以本金与一定利率的乘积作为计算基准的,因此"利率"的数值对于利息债权的数额有着至关重要的影响。 2

(二)适用范围

本条适用于所有类型的借款合同。 3

1.《民法典》生效前的"二元构成"

在《民法典》生效之前,我国法上的借款合同长期区分为金融机构借款和非金融机构借款,在贷款主体方面是二元的。这样的规范模式很大程度上是源于我国特定的金融管制模式。在我国,要从事经营性的借款活动,须以取得特定的"金融机构经营许可证"(以下简称金融牌照)为前提;但未取得金融牌照原则上并不影响借款合同效力。[2] 因此,与市场构造相对应,《合同法》上的借款合同也是"二 4

---

〔1〕 参见奥田昌道编集:《新版注釈民法(10)I——債権(1)債権の目的 · 効力(1)》,有斐閣 2003 年版,第 342 页(山下末人、安井宏执笔)。最高人民法院在裁判文书中指出:"按月给付利息是民间借贷中常见的情形",参见最高人民法院(2018)最高法民终 234 号民事裁定书。另外,本文所引用的判决文书以最高人民法院的裁判例为首选。但由于大多数有关借款合同的诉讼案件是由下级法院审理的,因此在必要的场合,本文也选取了部分下级法院的裁判例。

〔2〕 对于非金融机构的借款活动,尤其是非金融机构的法人出借款项的行为,法院长期认定为无效。但 2015 年《最高人民法院关于审理民间借贷案件适用法律若干问题的规定》(法释〔2015〕18 号)发布之后,贷款人是否持有包含贷款业务内容的金融牌照原则上并不影响借款合同的效力。

元”的。有观点认为,《合同法》借款合同的二元构造是区分商事借款和民事借款的结果;〔3〕而后者一般被称为“民间借贷”。实际上,所谓的民间借贷并不仅仅包括单纯的民事行为,商人作为借贷主体的情形也极为普遍。

对应于上述的二元构造,借款合同的利率规制也是二元的。根据《合同法》第 204 条的规定,金融机构贷款的利率“应当按照中国人民银行规定的贷款利率的上下限确定”。而由于缺乏直接、明确的规范,实务中普遍以《合同法》第 211 条作为规制非金融机构的法人或非法人组织的借款合同利率的实体法依据。

2.《民法典》生效后的“隐蔽二元构成”

5 虽然《民法典》没有继续采取类似《合同法》第 204 条的表达,而是以第 680 条“统一”规定了利率规制,消除了在规范表达层面的“二元构成”。但是,由于金融牌照的特许制继续存在,《民法典》中的借款合同仍然是二元构成的,金融机构借款与非金融机构借款将继续适用不同的规范。

二、“禁止高利放贷”

1.“高利放贷”的意味

6 在《民法典》之前,民事法律规范中并没有“高利放贷”的表达。在《民法典》整体草案 2019 年 12 月公布之前,《民法典》合同编的诸次审议稿中也没有出现过该表达。之前,只有个别涉及刑事犯罪的司法文件使用了“高利放贷”的用语。〔4〕由于“高”或“低”只是相对的概念,因此“高利放贷”的表达本身无法为“何为高利”提供标准。

另外,《民法典》并未采取过往司法文件中更为常见的“高利贷”的用语,〔5〕而是采取了“高利放贷”的表达。从语义上看,第 680 条第 1 款前段是基于贷款人的角度的,因此可以把第 1 款前段视为仅针对贷款人的行为。若贷款人高利出借贷款的行为系基于借款人高利借贷的引诱,则借款人的可责难性会强于贷款人。就

〔3〕 参见王利明:《中国民法典的体系》,载《现代法学》2001 年第 4 期,第 46—47 页;张力、庞伟伟:《“民商相对分立”模式下流担保条款效力规则之重构》,载《河南财经政法大学学报》2016 年第 4 期,第 49 页。

〔4〕 如 2018 年的《最高人民法院、最高人民检察院、公安部、司法部关于办理黑恶势力犯罪案件若干问题的指导意见》(法发〔2018〕1 号)第 1 条。

〔5〕 如《最高人民法院关于为推动经济高质量发展提供司法服务和保障的意见》(法发〔2019〕26 号)等。

此而言,“高利放贷”的表达为借款合同的类型化提供了线索。[6]

2. 宣示性规范

7 从效果层面来分析,本条第 1 款前段规定的“禁止高利放贷”是较为典型的不完全法条,[7]并未具体规定高利的标准以及高利放贷的法律效果;后两者实际上是由第 1 款后段“转介”至“国家有关规定”。就此而言,本条第 1 款是存在双重转介的构造,即前段的要件与效果依后段来确定,而后段的要件与效果则继续转介至其他规范。

8 从立法论上来看,即使删除本条第 1 款前段也不会影响后段的转介,其他部门法对高利放贷行为的规制也在第 1 款后段的射程之内。因此,在解释论上,应当将第 1 款前段视为单纯的“宣示性条款”,仅仅是某种抽象立场的宣告。认为在立法中作出“禁止高利放贷”的表达就可以消灭高利贷的观点,在逻辑和经验上都是无法证明的。

三、借款利率规制

9 《民法典》第 680 条第 1 款后段作为“不完全条款”,并未明确规定利率限制的具体内容,而是以“借款的利率不得违反国家有关规定”的规定将利率规制交由外在于《民法典》的“国家有关规定”;这样的立场延续自《合同法》第 211 条第 2 款。

10 学者指出,利率规制的规范目的就在于防止高利贷。[8]《民法典》第 680 条第 1 款后段为实现金融行政主管机关或司法机构制定的具体利率规制提供了“管道”,因此具有维护金融秩序的侧面。[9]

11 值得注意的是,第 680 条第 1 款所规定的“国家有关规定”的内涵较为丰富。《民法典》中多处出现了“国家有关……的规定”或类似的表达,但多数指向行政机构,[10]而第 680 条中的“国家有关的规定”的范畴则既包括金融主管、监管机关制定的金融政策,也包括司法机关所制定的司法解释,甚至还能被转介至部分行

---

〔6〕 近来的观点认为,市场上的借款行为有多种类型,利率约定作为缔结借款合同的重要动因,在不同类型的借款行为中有着不同的作用,应基于借款的类型作出对应的调整,而非仅仅依赖利率的绝对数额作出判断。参见刘勇:《利率规制:从“法定”到“市场”》,载《内蒙古社会科学》2016 年第 3 期,第 105—106 页。

〔7〕 参见黄茂荣:《法学方法和现代民法》,中国政法大学出版社 2001 年版,第 128 页。

〔8〕 参见王利明:《合同法研究(第三卷)》,中国人民大学出版社 2012 年版,第 271—272 页。

〔9〕 参见刘勇:《超额利息返还的解释论构成》,载《法学》2019 年第 4 期,第 173 页。

〔10〕 不仅是《民法典》,其他法律中的“国家有关……的规定”也可能主要指向行政机构的规定。例如,《招标投标法》第 9 条规定“招标项目按照国家有关规定需要履行项目审批手续的”,其中的“国家有关规定”目前主要就是国家发展和改革委员会 2018 年第 16 号令。

政法规。对此，以下将具体说明。

（一）金融机构贷款的利率规制

1. “金融机构”的范畴

12 根据《贷款通则》[中国人民银行令（1996 年 2 号）]第 21 条的规定，构成第 680 条射程中的金融机构借款合同的，贷款人必须持有金融牌照且许可内容包括贷款业务。目前，业务内容包括贷款的持牌金融机构可以区分为银行类金融机构和非银行类金融机构。按照监管部门的规定，银行类金融机构包括商业银行、农村合作银行、农村信用社等能够经营存款业务的机构，而非银行类金融机构包括证券公司、保险公司、信托公司、财务公司、金融租赁公司、汽车金融公司、货币经纪公司、资产管理公司、基金公司以及其他受金融监管当局监管的机构。〔11〕

13 但是，在司法实务层面，“金融机构”的具体外延并不明确。而且，对于持牌金融机构的出借款项是否当然适用有关金融机构贷款利率的限制，现有的裁判实务并不统一。有法院以“地方法院公报案例”的形式认为消费金融公司是非银行类金融机构，其贷款利率不受民间借贷关于借款利率及逾期年利率的限制。〔12〕 最高人民法院的判决也体现了上述立场。〔13〕 但是，对于与消费金融公司在法律构造上较为类似的小额贷款公司（以下简称小贷公司），由于其是由地方金融监管部门审批的，其发放的贷款被法院认为属于民间借贷的范畴。然而，最高人民法院立案庭负责人在 2018 年就《最高人民法院关于上海金融法院案件管辖的规定》（法释〔2018〕14 号）答记者问的内容中，小贷公司却被明确当作金融机构之一。〔14〕 对于金融机构的范畴，司法实务并没有运用“穿透式思维”去重视“经济实质”，而是困囿于多头监管所造成的条框约束。直至《最高人民法院关于新民间借贷司法解释适用范围问题的批复》（法释〔2020〕27 号）2021 年 1 月 1 日施行，由地方金融监管部门监管的小贷公司等七类地方金融组织才被排除在民间借贷的范畴之外。

---

〔11〕 参见《商业银行资本管理办法（试行）》（中国银行业监督管理委员会令 2012 年第 1 号）附件四之三。

〔12〕 参见中银消费金融有限公司诉高春明等金融借款合同纠纷案，载《江苏省高级人民法院公报》2016 年第 6 期，法律出版社 2017 年版，第 51—54 页。

〔13〕 最高人民法院（2017）最高法民终 408 号民事判决书。

〔14〕 参见人民法院新闻传媒总社：《最高法立案庭负责人就上海金融法院案件管辖司法解释答记者问》，载最高人民法院网站，http://www.court.gov.cn/zixun-xiangqing-111361.html，2020 年 8 月 30 日访问。

2. **金融机构借款的利率限制**

(1)贷款利率

14 根据《人民银行法》的规定,中国人民银行是制定和实施货币政策的法定机关。金融机构贷款的基准利率长期由中国人民银行规定,而各商业银行根据《商业银行法》第38条,只能按照中国人民银行规定的贷款利率的上下限来确定贷款利率。

15 1993年,中国共产党十四届三中全会通过的《中共中央关于建立社会主义市场经济体制若干问题的决定》中提出,允许商业银行存贷款利率在规定幅度内自由浮动。2003年,中国共产党十六届三中全会通过的《中共中央关于完善社会主义市场经济体制若干问题的决定》中进一步明确了"利率市场化"的改革方向。

16 在具体利率政策方面,从2004年元旦起,中国人民银行扩大了商业银行自主定价权,企业贷款利率最高上浮幅度扩大到70%,下浮幅度保持10%不变。2004年10月起,金融机构(城乡信用社除外)贷款利率不再设定上限。2013年7月,中国人民银行取消了金融机构贷款利率浮动的下限。需要说明的是,此后中国人民银行仍然制定金融机构贷款的基准利率,因此金融借款市场上存在贷款基准利率和市场利率并存的"利率双轨制"问题。

而在2019年8月,中国人民银行迈出了"利率市场化"的重要一步,以具有一定市场化程度的"贷款市场报价利率"(Loan Prime Rate,以下简称LPR)来替代贷款基准利率,每月20日发布。中国人民银行意图通过LPR新机制的发布来推动实际利率水平的下降,为实体经济提供更多的助力。由此,"利率双轨制"的问题不复存在。

17 《民法典》的生效并没有改变上述利率规制模式,金融机构贷款的利率仍然是以每月发布的LPR为基准。

(2)复利

18 除了就原本的本金约定的利率之外,借款合同还存在"复利"的问题,即将利息计入本金重复计息。按照中国人民银行《人民币利率管理规定》(银发〔1999〕77号)的规定,金融机构对于逾期贷款是可以"改按罚息利率计收复利"的。而现行的罚息利率,则由《中国人民银行关于人民币贷款利率有关问题的通知》(银发〔2003〕251)号第3条予以规定,即罚息利率"在借款合同载明的贷款利率水平上加收30%—50%"。

19 而对于金融机构收取复利,法院是承认相关约定的有效性的。如《最高人民法院关于审理涉及金融资产管理公司收购、管理、处置国有银行不良贷款形成的资产的案件适用法律若干问题的规定》(法释〔2001〕12号)第7条对此有明确的规定。同时,最高人民法院认为,复利的计算基数是借款期限内的应付利息,并不能就逾期利息计算复利。[15]

但是,最高人民法院在近来的案件中表明,收取复利的主体须具备金融机构的资格。该案中,受让人受让之债权系基于金融借款而产生的,债权包含了复利请求权。但法院认为受让人并非金融机构,对于债权让与时既存的复利和继续产生的复利都无权请求。[16]

(3)循环信用利率

20 信用卡业务是商业银行金融业务的重要组成部分,信用卡持卡人与商业银行订立了允许持卡人在特定周期内连续借款的基础合同(信用卡使用协议)。在持卡人分期支付的情形中,商业银行会因此收取循环信用利息。根据不同的消费情形,商业银行收取的循环信用利息的年化利率在 0%—20% 之间。如中国农业银行的循环信用年化利率最高可达 16.04%,[17] 中国建设银行则可达 18.25%。[18] 需要注意的是,若以 2020 年 8 月 20 日中国人民银行发布的 LPR 为基准,上述利率的最高值已经超过了 LPR 的四倍。

(4)委托贷款利率

21 除了进行存贷款业务,金融机构还有大量的中间业务(通道业务),其中与贷款有关的主要是委托贷款。所谓委托贷款,是指金融机构作为受托人,按照委托人的指示将委托人的资金出借给借款人,并监督使用、协助收回。根据中国银行业监督管理委员会《商业银行委托贷款管理办法》的规定,[19] 受托人只是收取代理手续费,并不承担信用风险。但从外观上看,委托贷款的贷款人仍然是金融机构,由此就产生了如何确定利率标准的问题。

对此,最高人民法院认为虽然委托贷款行为在金融监管的范围之内,[20] 但其实质上是民间借贷合同,应适用民间借贷的利率规制。[21] 依此类推,金融机构通过中间业务形成非利息收入的,即便是以贷款合同为表现形式,其利息(代理手续费或服务费)约定不受中国人民银行公布的利率基准的限制。[22]

---

〔15〕 最高人民法院(2019)最高法民终 1990 号民事判决书。

〔16〕 最高人民法院(2019)最高法民申 2412 号民事裁定书。

〔17〕 参见中国农业银行网站,http://www.abchina.com/cn/CreditCard/xykts/201812/t20181227_1805701.htm,2020 年 8 月 30 日访问。

〔18〕 参见中国建设银行网站,http://creditcard.ccb.com/cn/creditcard/service/card_shoufei.html,2020 年 8 月 30 日访问。

〔19〕 《中国银监会关于印发商业银行委托贷款管理办法的通知》(银监发〔2018〕2 号)。

〔20〕 相关规定可参见《中国人民银行办公厅关于将委托贷款信息全面纳入金融信用信息基础数据库的通知》(银办发〔2014〕153 号)。

〔21〕 参见胡东海:《〈合同法〉第 402 条(隐名代理)评注》,载《法学家》2019 年第 6 期,第 187 页,边码 54。

〔22〕 最高人民法院(2019)最高法民终 1465 号民事判决书。

(二)民间借贷的利率规制

由于借款合同"二元构造"的存在,不适用金融机构借款利率限制的情形,均会被视为"民间借贷",从而适用民间借贷的利率规制。 22

1. 借款期限内的利率

据学者研究,利率规制的历史在我国可以追溯到两千多年前;中华人民共和国成立之后、《民法典》生效之前,司法机构的利率规制大致可以分为三个时期。[23] 23

最初,最高人民法院于1952年11月颁布了《关于城市借贷超过几分为高利贷的解答》(法办字第4095号),原则上以"三分"作为城市借贷利率上限。

在1978年以后,随着私人金融活动的日益活跃,是否需要设置全国统一的"利率红线"成为重要的争议问题。[24] 1991年,最高人民法院颁布了《借贷案件意见》,规定,民间借贷的利率"最高不得超过银行同类贷款利率的四倍(包含利率本数)","四倍银行利率"的"红线"由此形成。

而在2015年,最高人民法院颁布了《民间借贷规定》。该司法解释规定了"三区间"的利率规制模式。即,年利率24%以下的利息债权处于"有效区",年利率超过36%的利息债权处于"无效区",而年利率在24%到36%之间的利息债权则处于"自然债务区"。但裁判实务似乎并不考虑"自然债务区"内当事人自动履行的可能性,会率直地以24%作为借款合同的利率上限。[25] 24

"三区间"的利率规制模式曾被最高人民法院认为是《民间借贷规定》主要亮点之一。[26] 然而,施行未及五年,《最高人民法院关于修改〈关于审理民间借贷案件适用法律若干问题的规定〉的决定》于2020年8月19日公布,并自2020年8月20日起施行,"三区间"的模式戛然而止。根据修改后的《民间借贷规定》(2020年第一次修正)第26条的规定,民间贷款的利率上限为"合同成立时一年期贷款市场报价利率四倍",而"一年期贷款市场报价利率"即为一年期LPR。以《民间借贷规定》(2020年第一次修正)施行当月的LPR为基准,2020年8月20日至2020年9月19日之间的民间借贷的最高利率从之前的年利率36%陡降为

---

〔23〕 较为具体的说明,参见《民间借贷利率的法律规制:比较与借鉴》,载《比较法研究》2015年第4期,第191—192页。

〔24〕 较为详细的说明,参见何小勇:《民间借贷的衍变与法律规制得失探讨》,载《甘肃政法学院学报》2016年第1期,第49—52页。

〔25〕 最高人民法院(2019)最高法民再195号民事判决书。下级法院的立场可参见江苏省高级人民法院网站于2019年11月12日发布的《关于在扫黑除恶专项斗争中打击与防范网络"套路贷"虚假诉讼工作指南》及相关的解读(参见江苏省高级人民法院网站,http://www.jsfy.gov.cn/art/2019/11/12/11_98908.html,http://www.jsfy.gov.cn/art/2019/11/12/11_98910.html,2019年11月26日访问)。

〔26〕 参见李想、葛晓阳:《最高法详解民间借贷规定亮点》,载《法制日报》2015年8月10日,第5版。

15.4%(2020 年 8 月 20 日中国人民银行发布的一年期 LPR 为 3.85%)。

施行四月之后,《民间借贷规定》(2020 年第一次修正)又被《最高人民法院关于修改〈最高人民法院关于在民事审判工作中适用《中华人民共和国工会法》若干问题的解释〉等二十七件民事类司法解释的决定》[《民间借贷规定》(2020 年第二次修正)]所进一步修改,但利率上限得以维持。

2. **逾期利息的利率**

25 1991 年的《借贷案件意见》以任意法规的形式将法定逾期利率规定为"可参照银行同类贷款的利率"。

26 2015 年的《民间借贷规定》第 29 条则规定,约定的逾期利率不得高于年利率 24%;当事人未约定借期内利率及逾期利率的,适用法定逾期利率 6%;当事人仅约定借期内利率而未约定逾期利率的,贷款人可以按借期内利率主张逾期利息。对于按照借期内利率计算逾期利息,《民间借贷规定》的制定者认为这既是借款人逾期还款后的合同继续履行,也可认定为损害赔偿或违约金。[27] 或多或少,前者会给人"事实合同理论"的印象。事实上,在借款人逾期的场合,违约责任之外,还有不当得利的可能;以"事实合同"说明当事人的权利义务只是在说明上较为便利。[28]

27 《民间借贷规定》(2020 年第一次修正)第 29 条第 1 款则将约定逾期利率的上限规定为"合同成立时一年期贷款市场报价利率四倍",与借期内的利率上限保持一致。但是,《民间借贷规定》(2020 年第一次修正)删除了法定逾期利率,第 2 款第 1 项而是规定"既未约定借期内利率,也未约定逾期利率,出借人主张借款人自逾期还款之日起承担逾期还款违约责任的,人民法院应予支持"。逻辑上说,借款合同的利息为法定孳息,逾期利息则属于"损害赔偿"的范畴。将逾期的损害赔偿作为利息来处理,是以"拟制"的手段扩大了利息的概念。[29] 《民间借贷规定》(2020 年第一次修正)将"逾期利息"回归到违约损害赔偿的范畴,在法性质上是正确的。然而,《民间借贷规定》(2020 年第一次修正)第 30 条仍然将"逾期利息、违约金或者其他费用"一并作为"利息规制"的对象,这说明《民间借贷规定》(2020 年第一次修正)第 29 条第 2 款第 1 项的修改实际上并未考虑到逾期利息的法性质与规范之间的逻辑整合。《民间借贷规定》(2020 年第二次修正)第 28 条则进一步将上述规定中"违约责任"明确为"参照当时一年期贷款市场报价利率标

[27] 杜万华主编:《最高人民法院民间借贷司法解释理解与适用》,人民法院出版社 2015 年版,第 515 页。

[28] 参见来栖三郎:《契約法》,有斐阁 1974 年版,第 27—28 页。

[29] 参见奥田昌道編集:《新版注釈民法(10)Ⅰ——債権(1)債権の目的・効力(1)》,有斐閣 2003 年版,第 341 页(山下末人、安井宏执笔)。

准计算的利息”,实际上“倒退”至2015年司法解释的立场,《民间借贷规定》(2020年第一次修正)在逾期利息法性质方面自觉或不自觉的“澄清”消弭无形。

3. **复利的利率**

28 对于复利,1988年的《民通意见》第125条否定了复利的合法性。之后1991年的《借贷案件意见》第7条虽然规定“出借人不得将利息计入本金谋取高利”,但该条后段仍然承认未超出利率红线的复利的合法性。

29 对于《借贷案件意见》第7条的规定,法院认为其“并未禁止双方当事人协商一致将利息计入本金,只是说明禁止以计算复利方式谋取暴利”,从而认为“复利”本身并不为我国法所禁止。[30] 这样的立场在实务中是较为普遍的,与前述认为仅有金融机构才能收取复利的裁判形成鲜明的对比(边码19)。对此,只能认为前述案件涉及金额较高,缩减利息有利于快速解决纠纷。

30 学说上,代表性的学者认为《借贷案件意见》是否定自然人借款合同中的复利的合法性的;[31]但随后也转变了观点,认为复利并未被法律所禁止。[32] 另外,还有认为单独的复利规制没有必要的主张。[33]

4. **利率上限调整期间的规范适用**

31 虽然市场对于最高人民法院降低民间借贷利率上限有一定的预期,相关征求意见工作在2019年底就已经进行,但由于《民间借贷规定》(2020年第一次修正)几乎是颁布即施行,如何处理之前订立的民间借贷(存量民间借贷)就成为问题。

(1)《民间借贷规定》(2020年第一次修正)的规定

32 《民间借贷规定》(2020年第一次修正)第32条规定,法院新受理的一审民间借贷纠纷案件按照修改后的司法解释处理,而“借贷行为发生在2019年8月20日之前的,可参照原告起诉时一年期贷款市场报价利率四倍确定受保护的利率上限”。从字面上看,“可”与“参照”本身都不具有强制意味,下级法院由此可以任意选择裁判依据。从近来的实务状况来看,有法院按原告起诉时LPR的四倍来计算借款利息;[34]也有法院以2020年8月20日为界限,之前的利息以本金为基准、按年利率24%计算,之后的利息以当月LPR的四倍即15.4%来计算。[35] 还有法院在判决中认为,对于2020年8月20日之前受理的案件,借款利息应当按照年利

---

〔30〕 最高人民法院(2016)最高法民终271号民事判决书。

〔31〕 参见王利明:《合同法分则研究(上卷)》,中国人民大学出版社2012年版,第241页。

〔32〕 参见王利明:《合同法研究(第三卷)》,中国人民大学出版社2012年版,第279页。

〔33〕 参见高圣平、申晨:《民间借贷中利率上限规定的司法适用》,载《政治与法律》2013年第12期,第27页。

〔34〕 辽宁省灯塔市人民法院(2020)辽1081民初1919号民事判决书。

〔35〕 湖北省石首市人民法院(2020)鄂1081民初941号民事判决书。

率 24% 计算。[36] 由此,《民间借贷规定》(2020 年第一次修正)第 32 条为债务人提供了采取机会主义行动的契机,即选择 LPR 数值较低的某月就存量民间借贷提起诉讼,这样可以尽可能降低利息总额。

(2)《民间借贷规定》(2020 年第二次修正)的规定

33 面对混杂的实务状况,《民间借贷规定》(2020 年第二次修正)第 31 条就存量民间借贷采取了“二阶段”的利息计算方式,即以 2020 年 8 月 20 日为界,之前的利率以当时的司法解释计算,之后的利率适用《民间借贷规定》(2020 年第二次修正)的规定。

33a 近来有观点指出,司法解释在规则生效时间与溯及力方面的犹疑,根本上是由于法院以司法解释方式管制利率的方式缺乏正当性。[37] 对此,下文也将予以说明(边码 43、44)。

(三)残留的问题

1.“利率”的意味

34 在借款合同中,利息是根据利率来算定的。利率一方面是决定本金与利息比例关系的基准,另一方面在理论上也能划定利息的具体范围。[38] 但是,无论是《民法典》第 680 条还是最高人民法院的司法解释,都没有特别说明“利率”的意味。司法解释所规定的利率是“年利率”,是以利息总额除以实际本金总额所得结果,按照借款期限测算年度利率(利息 ÷ 本金 ÷ 借款天数 ×365)。因此,现行法中的利率应被界定为“年化利率”。

35 然而,年化利率未必能反映真实的借款利率水平。在“息随本清”的场合,利息与本金的比例是固定的。但在本金与利息按照一定周期还款的场合,则利率是处于变动之中的。无论采取等额本金还是等额本息的还款方式,由于利息与本金在还款周期内处于变动状况,实际利率通常都会高于名义利率。如果说从利率上限从“年利率 36%”到“LPR 的四倍”是为了降低实际利率水平,那么年化利率的表达是否足以达成上述目标是需要进一步讨论的。

---

〔36〕 湖北省黄石市下陆区人民法院(2020)鄂 0204 民初 17 号民事判决书。

〔37〕 参见刘哲玮:《论民事司法解释的时间效力规则——从〈民间借贷规定〉的两次修订展开》,载《现代法学》2021 年第 2 期,第 72—73 页。

〔38〕 学说上认为,即使是使用本金的对价,如果并非是依据利率计算的,并不构成利息。参见奥田昌道编集:《新版注釈民法(10)Ⅰ——債権(1)債権の目的・効力(1)》,有斐閣 2003 年版,第 341—342 页(山下末人、安井宏执笔)。但我国的《民间借贷规定》(2020 年第一次修正)将利率规制适用于未必依据利率计算的部分[违约金或者其他费用等,参见《民间借贷规定》(2020 年第一次修正)第 30 条],意图以此来限制出借人的过高收益。实际上,或许完全可以通过“合意瑕疵”来解决相关问题,将不同属性的金钱统一纳入“利息”范畴的话,可能会掩盖真实的问题。

更为重要的是，对于某些短期贷款或者超短期贷款而言，若将利率年化计算，则完全会背离市场规律；较为典型的状况是“过桥借款”。在个案中，贷款人向借款人提供过桥资金借款，合同约定金额1500万元，借期8天，提供借款时借款人向贷款人一次性支付前4天利息18万元（“砍头息”），之后按每天千分之三计。[39] 若以该约定为依据，则该借款的实际年化利率为55.4%［1500×0.003×4÷（1500－18）÷8×365］。但该合同的实际利息为18万元（1500×0.003×4），占本金总额的1.21%，实际占比并不显著。若以当时的年化利率上限24%来限定借期利息的话，则贷款人能请求的借期利息总额仅为7.7957万元［（1500－18）×0.24÷365×8］。在短期内急需大量资金的情况，按照市场供求关系来确定具体利息数额并无不当；若一味以年化利率为指标，则显然会抑制贷款人的出借动机，从而压缩市场货币供应，与降低市场实际利率的初衷背道而驰。 36

可见，以“年化利率”为基准的利率限制模式仅适合于中长期借款，应限缩司法解释的规定，在短期、超短期借款的场合根据市场供求来确定合理的利率水平。

另外，年化利率是以年度为固定周期来计算的，反映的是一年期“抽象利息债权”的利率水平；但“具体利息债权”的实际利率则随分期利率额、分期时间以及本金额的变动而处于不断的变化之中。近来有法院在判决中认为，贷款人应承担向借款人披露“实际利率”的义务，并认为这是保护“金融消费者”的必要手段。[40] 随后，《中国人民银行公告〔2021〕第3号》规定，从事贷款义务的机构原则上须以“内部收益率法”来披露贷款产品的年化利率。需要注意的是，中国人民银行并没有要求贷款机构披露“实际利率”，而是披露“年化利率”，因此司法裁判与“业法”之间实际上并无联系。正如前述，一旦有利息分期或者提前还款可能，实际利率就会处于不断的变动之中。如果要在缔约阶段披露“实际利率”，只能是设定假定的前提，然后以算术（单利计算）或者函数（内部收益法）等给出答案；后者通常将无法对应缔约后的实际情况，徒增纷扰。因此，下级法院的裁判只能解释为对“金融消费者保护”的重视，是立场的“宣示”而不是裁判规范的设定。[41] 36a

2. 金融机构借款利率的法律适用

与此相关的另一个问题是金融机构贷款是否应当适用民间借贷的利率限制。 37

---

〔39〕 最高人民法院（2018）最高法民再190号民事判决书。

〔40〕 上海金融法院（2020）沪74民终1034号民事判决书。

〔41〕 其实，实际利率多数情况下是比较容易获取的，网络上有众多的贷款计算器，涵盖了各种利率计算方法，贷款人获取相关信息而需要付出的“努力”程度是很低的。同时，披露更多内容会导致所有贷款机构的缔约成本普遍提高，全行业的成本自然会转嫁到“消费者”的身上。对于消费者的“家长式”的保护，往往未必是合适的。See Incardona, R., Poncibò, C. “The average consumer, the unfair commercial practices directive, and the cognitive revolution”. *J Consum Policy* 30 (2007), p. 35.

虽然《民间借贷规定》第 1 条明确将“金融机构及其分支机构”规定为非适用主体，但即便是最高人民法院，对该问题的立场也是分裂的。在有的案件中，最高人民法院在承认“非银行业金融机构借贷的利息、复利、罚息、违约金、其他费用等总计融资成本的最高限制并无明确的法律规定”的同时，认为本着为实体经济服务的宗旨，金融机构不应追求过高“剩余价值”，从而“金融借贷利率不应高于民间借贷的利率……”〔42〕2017 年 8 月印发的《最高人民法院关于进一步加强金融审判工作的若干意见》第 2 条可谓该立场的抽象表达。最高人民法院的近来判决也延续了上述立场，仍然将民间借贷的利率上限作为金融机构借款利息范围的界限。〔43〕即便是银行发放的贷款，法院也判决“罚息、复利之和不得超过以贷款本金人民币 3 亿元为基数按年利率 24% 计算的范畴”。〔44〕

38　但是，2019 年 11 月最高人民法院发布的《九民纪要》却指出：“区别对待金融借贷与民间借贷，并适用不同规则与利率标准。”于是，在金融机构借款利率的规则适用方面，“言行不一”成为当下实务立场的特征。

39　金融机构发放的消费金融贷款和小额贷款则通常借款期限短、借款额度低，在结构上与中长期贷款形成互补，同时也是金融机构重要的利润来源。例如，蚂蚁金服旗下的“花呗”是小贷公司，其出借的款项一般是以日利率基准计算利息的，通常的日利率在 0.05% 左右，〔45〕折算成年利率为 18.25%，低于 24%。但若以 2020 年 8 月 20 日 LPR 的四倍为基准，则显然超过了法定限度。目前民间借贷的利率上限近乎“腰斩”，若仍然坚持将该限制适用于金融机构借款，则对金融业的整体影响不容小觑。近来据说出现了对银行存量贷款按照 LPR 四倍计息的判决，〔46〕这对于消费金融和小额贷款不啻于是极为沉重的打击。

39a　在一定时期的混乱之后，《最高人民法院关于新民间借贷司法解释适用范围问题的批复》（法释〔2020〕27 号）否定了民间借贷利率上限适用于金融机构贷款的可能。但是，对于 2021 年 1 月 1 日之前的存量金融机构借款，法院仍然将民间借贷的利率规定作为借款利率的标准。〔47〕

3. 司法解释与行政法规的关系

40　国务院于 2020 年 7 月 1 日通过了《保障中小企业款项支付条例》，自 2020 年 9 月 1 日起施行。该条例针对的是机关、事业单位和大型企业因采购货物、工程、

〔42〕 最高人民法院（2017）最高法民终 927 号民事判决书。
〔43〕 最高人民法院（2019）最高法民终 1971 号民事判决书。
〔44〕 最高人民法院（2019）最高法民终 1880 号民事判决书。
〔45〕 如杭州互联网法院（2019）浙 0192 民初 10032 号民事判决书。
〔46〕 参见张宇哲、胡越：《民间借贷利率“红线”之辩》，载《财新周刊》2020 年第 36 期，第 38—39 页。
〔47〕 如青海省高级人民法院（2021）青民终 5 号民事判决书。

服务而产生的应支付中小企业的款项，意在解决中小企业被拖欠相关款项的问题。从规范的事实对象来看，中小企业的应收账款并非其对机关、事业单位和大型企业的借款，但逻辑上无法完全排除应收账款转换为借款的可能。若某一大型企业与提供货物的下游中小企业就买卖欠款达成还款协议，以借款合同的方式达成展期，则中小企业的应收账款会转换为借款。而《保障中小企业款项支付条例》第15条规定："机关、事业单位和大型企业迟延支付中小企业款项的，应当支付逾期利息。双方对逾期利息的利率有约定的，约定利率不得低于合同订立时1年期贷款市场报价利率；未作约定的，按照每日利率万分之五支付逾期利息。""每日利率万分之五"年化后的利率为18.25%，高于2020年8月20日LPR的四倍。此时，大型企业等能否主张按照《民间借贷规定》或《民间借贷规定》(2020年第二次修正)的规定来划定利率上限？

41 行政法规与司法解释竞合的情形在实务中并不罕见。在有关机动车交通事故责任强制保险的规定存在差异的情况下，法院会按照司法解释而不是行政法规的立场来裁判相关纠纷。[48] 但考虑到上述行政法规的趣旨，与中小企业欠款有关的法律争议应当会被置于该行政法规的射程之内。或者也可以将上述条例的对象严格限定为基于买卖、劳务提供、工程建设等合同产生的债务，排除借款合同的情形，从而避免冲突的产生。但是，在极为接近的时间内颁布规范对象方面可能会有重叠的不同法律文件，该现象本身就是应该要避免的。

(四)小结

42 实际上，在《民法典》的制定过程中，有关借款合同的讨论仍然主要聚焦于"主体规制"或者"类型化"；而且，维持借款合同的"二元构成"也成为当下的共识。[49] 在利率规制模式方面，《民法典》仍然沿袭了既有的立场，本身的条款并没有提供直接的依据。由于第680条的射程覆盖了金融机构借款与民间借贷，因此该条所呈现的利率规制内容在《合同法》第211条的基础上实现了"倍增"。

43 而在具体规范模式方面，以最高人民法院司法解释为主导的控制方式也极具特色。虽然金融机构贷款是以中国人民银行发布的利率为基准，但法院通过裁判实务已经将金融机构贷款的相当部分纳入了民间借贷的范畴。但这样的倾向无

---

〔48〕 参见李祝用、姚兆中：《再论交强险的制度定位——立法的缺陷、行政法规与司法解释的矛盾及其解决》，载《保险研究》2014年第4期，第31页；刘锐：《交强险基本模式问题探析——从最高法院司法解释和国务院行政法规的对抗谈起》，载《保险研究》2013年第11期，第79页。

〔49〕 朱宁宁：《全国人大常委会委员审议民法典合同编草案时建议明确借款类型和利率上限》，载中国人大网，http://www.npc.gov.cn/npc/c35774/201812/c529fe36abc8407a98bd38028c0419f0.shtml，2019年8月18日访问。

论是在《民法典》还是司法解释层面都难以获得直接、明确的正当性。实际上，由法院来主导高利率的标准，从中长期看是缺乏“可持续性”的。中国人民银行改革贷款市场报价利率（LPR）形成机制之后，“利率市场化”改革又推进了一大步。可以想见，在不久的未来，体现即时货币供求关系的“市场利率”会取代“央行基准利率”，此时的高利率标准将主要是由市场决定。最高人民法院是否有能力“及时”“准确”地对货币市场行情作出判断，可能是需要质疑的；有学者就认为，最高人民法院的做法实际上会破坏利率市场化改革的相关努力。[50] 如果法院将来是以市场利率作为裁判的基准，那么只要结合个案情况考虑约定利率与市场利率的背离程度就足够了。与央行基准利率“挂钩”的利率上限除了能够减轻法官在个案中的说理责任，恐怕并无其他明显的增益。[51]

44　在百余天内，《民间借贷规定》（2020 年第一次修正）、《民间借贷规定》（2020 年第二次修正）对《民间借贷规定》的连续修改可谓司法解释历史上“空前”的状况，是否存在两者合并为一次修正、以避免对实务与市场的冲击的可能？《最高人民法院、国家发展和改革委员会关于为新时代加快完善社会主义市场经济体制提供司法服务和保障的意见》（法发〔2020〕25 号）第 13 条将“抓紧修改完善关于审理民间借贷案件适用法律问题的司法解释，大幅度降低民间借贷利率的司法保护上限”作为“促进金融和民间资本为实体经济服务”的具体手段。可见，至少《民间借贷规定》（2020 年第一次修正）的出台很大程度上是基于政策的考虑，并未重点追求法的逻辑性与体系性，也就需要《民间借贷规定》（2020 年第二次修正）来打上“补丁”。如此频繁的规范调整，一方面反映了我国金融市场的活跃程度，另一方面也体现了规范模式的不成熟。

45　从根本上说，高利贷是因市场供求关系而形成的，与金融市场的管制模式也密切相关。我国金融改革的目标是市场化，其法律表达就应当是“尊重市场主体的意思”。无论是现行法还是司法解释可能都倾向于客观的“等价交换”，并未重视合同自由。如果立法论层面的讨论到此为止，解释论的努力方向就值得继续的检讨。

四、“利息没有约定”的情形

46　与《合同法》第 211 条第 1 款不同，《民法典》第 680 条区分了“对支付利息没

---

〔50〕 参见苏盼：《司法对金融监管的介入及其权力边界——以金融贷款利率规范为例》，载《上海财经大学学报》2019 年第 3 期，第 125 页。

〔51〕 德国法上曾经将固定利率与借款合同的终止权相关联，却终究无法适应货币市场的变化。参见陈自强：《德国消费借贷之修正与债法之现代化》，载《台大法学论丛》2008 年第 1 期，第 281 页。

有约定”与“约定不明确”的情形，分别赋予不同的法律效果；其中，第 680 条第 2 款规定了无偿借款的情形。由于金融机构借款都是基于其内部“自上而下”制定的格式合同，合规贷款不存在“没有约定利息”的可能，因此本款主要适用于民间借贷。

（一）规范属性

第 680 条第 2 款规定的要件为：借款合同当事人“对支付利息没有约定”，其表达与《合同法》第 211 条第 1 款前段的内容是一致的，因此有关《合同法》第 211 条相关规定的讨论也适用于民法典第 680 条第 2 款。 47

学说上，关于上述规定的规范属性，存在着不同的理解。一种观点认为，上述规定属于“意思推定规则”，[52] 是意思表示的解释规范，用以确定当事人未明确表达的合同内容。学者认为，该推定规则可以缓解诉讼当事人在举证方面的困难。[53] 同时，该规则对应的是“不可推翻的事实推定”，性质上属于拟制性规定。[54] 该立场可以被概况为“补充解释说”。 48

另一种观点则认为，上述规定与意思表示解释无关。《合同法》制定不久，就有学者指出，《合同法》第 211 条第 1 款的适用以“经补充解释仍无结果”为前提；[55] 就此而言，第 211 条第 1 款的适用应当是补充解释之后的作业——这可以被称为“补充解释优先说”。

还有观点认为第 211 条第 1 款并非是意思推定规则，其目的并非是拟制当事人的合意，而是在效果层面否定利息支付请求权。[56] 同时，上述规定是“一个典型的有制度成分的任意规范”，能够排除补充解释的适用。[57] 这样的立场可以被称为“任意法规适用说”。

关于“补充解释”与“任意法规适用”的关系，当下多数学说的观点是认为应当贯彻“任意法规优先于补充解释”的立场，[58] 少数学说则认为“补充解释优先”。[59] 实际上，“任意法规优先”的观点具有强烈的比较法背景，或许只有在类 49

〔52〕 参见何家弘：《从自然推定到人造推定》，载《法学研究》2008 年第 4 期，第 123 页。

〔53〕 参见肖建国：《论合同法上的证据规范》，载《法学评论》2001 年第 5 期，第 87 页。

〔54〕 王雷：《论合同法中证据规范的配置》，载《法学家》2016 年第 3 期，第 65 页。

〔55〕 参见刘定华、芥民：《借款合同三论》，载《中国法学》2000 年第 6 期，第 109 页。

〔56〕 参见杨代雄：《意思表示理论中的沉默与拟制》，载《比较法研究》2016 年第 6 期，第 159 页。

〔57〕 班天可：《论民法上的法律错误》，载《中外法学》2011 年第 5 期，第 1016 页。

〔58〕 例如王利明：《合同法研究（第一卷）》，中国人民大学出版社 2002 年版，第 430—431 页；崔建远：《合同法》，法律出版社 2010 年版，第 373 页。

〔59〕 参见韩世远：《合同法总论》（第 3 版），法律出版社 2011 年版，第 709 页。

似德国法的语境中才能成立。[60]《民法典》的合同编有数处使用了"没有约定或者约定不明确"的表达,绝大多数的场合都须先经补充解释方能适用任意法规,且几乎都产生积极效果(如《民法典》第 510 条)。《民法典》第 680 条第 2 款则并未强调补充解释,并且直接产生了消极效果——这似乎是立法者有意要排除"补充解释"。但是,是否存在"没有约定或者约定不明确"的情形,仍然是合同解释的结果。如果将补充解释归入合同解释的范畴,[61]则事实上是无法排除补充解释的优先地位的。因此,在本文的立场上,《民法典》第 680 条第 2 款仍然是较为典型的任意法规,根据"意思自治"的原则,应以意思表示解释的结果为其适用前提。

(二)要件:对支付利息没有约定

50 若借款人出具的借条中并未约定利息,当事人对此事实并无争议,则法院会认定借款合同没有约定利息,从而驳回贷款人的利息支付请求权。[62] 对于借款合同是否存在"利息约定",裁判实务也并不限于书面合同,而是重视探究当事人的真实意思。最高人民法院在个案中不仅认定借据中没有利息约定,还基于案件的其他证据以及当事人借款交易的历史认为当事人之间并没有约定利息。[63]

51 而在一些并没有明文利息约定的案件中,法院则认为借款人关于借款合同"没有约定利息"的主张不成立。例如,有判决认定,即便双方当事人虽然对于借款的利息没有明确的书面约定,"但从双方当事人对于合同的履行情况看,借款为有息借款"[64]。而若借款人收到借款后出具的借据上载明的金额高于实际收款金额,虽然合同中并没有利息的约定,法院仍会推定差额部分构成利息。[65] 类似的,在借款合同未约定利息的场合,若借款人收到借款后退还部分给出借人,法院会因此认定这部分金钱就是借款合同的利息。[66]

52 需要说明的是,第 680 条第 2 款规定的"没有约定"的对象是"利息",并非"利率"。《合同法》生效之前,1991 年的《借贷案件意见》第 8 条针对"利率没有约定或者约定不明确"的情形,规定:"借贷双方对有无约定利率发生争议,又不能证明

〔60〕 参见刘勇:《合同补充解释的理论构造与立法选择》,载《浙江社会科学》2017 年第 3 期,第 55—56 页。

〔61〕 代表性的学说认为补充解释在性质上仍然是合同解释。参见王利明:《合同法研究(第一卷)》,中国人民大学出版社 2002 年版,第 410—411 页。

〔62〕 大连倖旗投资管理有限公司与中国外运辽宁储运公司等借款合同纠纷案,最高人民法院(2016)民终 650 号民事判决书,载《最高人民法院公报》2017 年第 7 期;最高人民法院(2016)最高法民申 824 号民事裁定书。

〔63〕 最高人民法院(2016)最高法民申 3404 号民事裁定书。

〔64〕 最高人民法院(2016)最高法民申 2299 号民事裁定书。

〔65〕 最高人民法院(2016)最高法民申 2979 号民事裁定书。

〔66〕 最高人民法院(2018)最高法民申 657 号民事裁定书。

的,可参照银行同类贷款利率计息。借贷双方对约定的利率发生争议,又不能证明的,可参照本意见第6条规定计息。"

由于上述司法解释的存在,在裁判实务中,有下级法院在当事人未约定利息的情形中,依据《借贷案件意见》第8条,判决借款人按照中国人民银行同期贷款利率支付利息。对此,最高人民法院认为:"因借贷双方没有约定利息……(保证人)不应承担利息的上诉主张,具有事实及法律依据,本院予以支持。"〔67〕

53 在有的案例中,借款合同并无明文利息约定,法院会认为:"借款系用于房地产开发的事实,原审对蔡某悦要求利息的主张按照各笔款项实际支付的时间,参照中国人民银行同期同类贷款基准利率予以支持是适当的。"〔68〕此时,法院是通过借款人的"经济目的"补充解释了当事人的意思,实际上会将"职业放贷人"等排除在第680条第2款以及《民间借贷规定》(2020年第一次修正)第25条所规定的"自然人"范围之外。〔69〕这从一个侧面证明了第680条第2款的适用是"劣后"于"补充解释"的。但是,同样是没有明文利息约定的案件,裁判结果的差异说明了法院在运用补充解释方面的"积极性"可能会影响法的安定性。

关于上述案件,另一个值得注意的地方是,法院认为借款人不支付利息是"有违公平原则"的。这大致可以被理解为有关金钱给付中利息请求的"当然返还说"。〔70〕所谓"当然返还说",是认为通常金钱都会产生利息,受益人应当返还受益及其利息,其主观样态则在所不问。〔71〕最高人民法院的其他裁判例也支持了上述立场。〔72〕

(三)效果:视为没有利息

1."视为"的规范意味

54 第680条第2款在法律效果方面使用了"视为"的表达。正如学者所指出的,"视为"是我国法律规范中较为常见的用语。〔73〕对于"视为"的法性质,有认为其属于"一种不容当事人反驳的法律拟制";〔74〕也有观点认为,现行法中的"视为"的

〔67〕 最高人民法院(2013)民一终字第125号民事判决书。

〔68〕 最高人民法院(2017)最高法民申898号民事裁定书。

〔69〕 例如最高人民法院(2017)最高法民申5000号民事裁定书。

〔70〕 对立的学说为"恶意限定说"。可参见刘勇:《溢缴税款的返还——〈税收征收管理法〉第51条的解释论》,载《南京大学法律评论》2017年秋季号,第182页。

〔71〕 参见藤原正则:《不当利得法》,信山社2002年版,第139页。

〔72〕 最高人民法院(2014)民二终字第138号民事判决书。

〔73〕 参见占善刚、王译:《民事法律规范中"视为"的正确表达——兼对〈民法总则〉"视为"表达之初步检讨》,载《河北法学》2018年第12期,第66页。

〔74〕 刘风景:《"视为"的法理与创制》,载《中外法学》2010年第2期,第199页。

法性质是多元的,可能是"推定",有可能为"拟制",或者可能是"注意规范"。[75]

上述观点多是基于"视为"与"推定"、"拟制"在抽象的法学意味方面的异同而展开的。但是,所谓的"视为"恐怕并非严格的法学"术语",具体立法者在条款形成之时是否充分考虑了"视为"的内涵也可能存在疑问。同时,"推定"与"拟制"本身就是多义的,需要在具体场合中予以说明。[76] 因此,法律规范的"表达"只是解释的出发点之一,可能并不具有"终局"的意味。对于"视为"的意味,仍然需要从具体规范的性质与目的中寻找线索。[77]

55 按照本文的立场,第 680 条第 2 款的适用是在补充解释之后的(边码 49)。此时,已经不存在推定"当事人意思"的必要,法院只须以第 680 条第 2 款为依据,直接导出"没有利息"的法律效果。而若当事人证明相反事实,则在补充解释阶段就可以排除该条款的适用。就此而言,第 680 条第 2 款中的"视为"并非表达"事实推定",而是某种拟制。但是,该拟制"能否反证"并非问题所在,事实证明是前置于该条款适用的。

56 之所以拟制"没有利息"的状态,是由于没有约定利息的借款合同被认为是"维护当事人之间的信任,弘扬友好互助精神"的;[78] 最高人民法院的立场也是如此。[79]

也可以认为,立法者区分了两种类型的借款合同,即未附利息的借款与附利息的借款。历史上,前者被认为是基于"恩惠的合意"(conventio benefica),后者则是基于"负担的合意"(conventio onerosa)。[80] 而当下的理论则更多地以"有偿、无偿二元论"来予以说明。[81]

2. "没有利息"的解释路径

57 第 680 条第 2 款在效果方面所使用的表达是"没有利息"。从解释论的角度

---

〔75〕 张海燕:《"推定"和"视为"之语词解读? ——以我国现行民事法律规范为样本》,载《法制与社会发展》2012 年第 3 期,第 107—112 页。

〔76〕 例如,推定可以是诉讼层面的,也可以是实体法层面的。参见森田宏樹:《契約責任の帰責構造》,有斐閣 2002 年版,第 20—21 页。拟制的相关论述,则可参见[德]卡尔·拉伦茨:《法学方法论》,陈爱娥译,商务印书馆 2003 年版,第 142 页。

〔77〕 这方面较为典型的例子是"强行法规"的认定:法规中的"不得""应当"等表达仅仅是初步的证明,最终仍然需要通过规范目的来判断。参见佐久間毅:《民法の基礎 1 総則》,有斐阁 2005 年版,第 182 页。

〔78〕 李国光主编:《中国合同法条文释解》,新华出版社 1999 年版,第 369 页。

〔79〕 杜万华主编:《最高人民法院民间借贷司法解释理解与适用》,人民法院出版社 2015 年版,第 439 页。

〔80〕 参见出雲孝:《近世自然法論における有償・無償契約概念の形成史 : グロチウスからカントまでにおける消費貸借の位置付けを中心に》,《朝日法学論集》50 号(2018 年),第 40 页。

〔81〕 参见山本敬三:《民法講義 IV-1・契約》,有斐閣 2005 年版,第 366 页。

来看,“没有利息”有两种理解进路:一是将其理解为贷款人处并无利息请求权;二是理解为贷款人有利息请求权,但借款人有权提出不支付利息的抗辩。需要注意的是,《民间借贷规定》(2020年第一次修正)第25条并未使用“视为没有利息”的表达,而是规定“出借人主张支付利息的,人民法院不予支持”。“不予支持”的表述在《民间借贷规定》(2020年第一次修正)中被多次使用,有的可以被解释为实体请求权不存在(如第22条),有的情形中则是存在实体请求权的(如第28条)。因此,司法解释并未明确现行法的解释进路。而《民法典》第680条第2款则改变了《合同法》以来的表达,将“没有约定利息”的法律效果规定为“视为没有利息”。这样的否定性表达可以直接理解为贷款人处并未发生利息请求权。

当然,上述理解是遵循文义的解释,在《民法典》体系中或许会存在不同的理 58
解。在本文的立场上,会倾向于“抗辩权发生”的立场。第680条第2款以及《民间借贷规定》(2020年第一次修正)第25条第1款、第2款前段都是“保护借款人”的规定。只要与公序良俗无涉,借款人当然可以放弃保护而支付利息。而且,从尊重当事人自发性的规范目的出发,原则上也无须诉诸意思表示以外的他律因素。因此,第680条第2款以及《民间借贷规定》(2020年第一次修正)第25条第1款、第2款,都是典型的“任意性规定”,并不带有“强行法规”的色彩。借款人自身才是其利益的最佳判断者,自然要尊重其意思。相对于“权利不发生”的立场,“抗辩权发生”能够赋予借款人更大的自治空间,这实际上是提高了借款人的受保护程度。这样解释借用了“时效期间届满”所产生的抗辩权的法律构造,因此在借款人并不主张抗辩的场合,法院不得依职权来援引第680条第2款。

五、“利息约定不明确”的情形

(一)要件:“对支付利息约定不明确”

第680条第3款的规定针对当事人对利息“约定不明确”的情形。《合同法》 59
第211条曾对“没有约定利息”和“利息约定不明”的情形赋予同样的法律效果。学者指出,“约定不明确”意味着当事人之间存在有关利息的约定,只是在计算方面(利率)约定不明确,与“没有约定”并非是同一情形。[82] 从逻辑上说,“没有约定”与“约定不明确”存在事实前提的差异,即前者“无约定”,后者“有约定”。在事实认定方面,“约定不明确”只可能被认定为当事人之间“有约定”或者“无约定”,并无第三种可能。因此,否定说的观点是较为有力的。《民法典》草案合同编

---

〔82〕 参见杨立新:《民间借贷关系法律调整新时期的法律适用尺度——〈最高人民法院关于审理民间借贷案件适用法律若干问题的规定〉解读》,载《法律适用》2015年第11期,第12页。

（二审稿）在“自然人借款”方面仍然延续了《合同法》的立场。但《民法典》最终区分了两者。

60 同时，“约定不明确”的情形被最高人民法院认为是借款合同存在“漏洞”；[83] 其他合同中的“约定不明确”也是如此。[84] 学说上，这样的观点也能获得支持——“当事人约定不明确”被认为“合同漏洞”的表现之一。[85] 但是，所谓的“合同漏洞”并非是任意条款的缺少，而只能是实现合同目的的必要条款的缺失。[86] 如果仅仅从客观角度来理解“合同目的”，则利息条款显然并非借款合同的必要条款——借款合同本身可以是有偿的，也可以是无偿的。如果合同漏洞并不存在，自然也就不需要进行补充解释的作业。此时，要认定合同漏洞的存在，就需要“主观”地去理解合同目的。在扩张“合同目的”内涵的同时，如何避免解释的恣意就将会成为困难的课题。[87]

61 事实上，裁判实务几乎是将“利息约定不明确”等同于“利率约定不明确”的。例如，最高人民法院在解释“利息约定不明”时，将借款合同双方当事人都承认存在利息约定、但就利率发生争议的情形作为例子；而解释的主要内容则在于强调如何确定借款合同的“利率”。[88]

62 从规范史的角度来看，最高人民法院 1988 年颁布的《民通意见》第 124 条规定：“借款双方因利率发生争议，如果约定不明，又不能证明的，可以比照银行同类贷款利率计息。”1991 年的《借贷案件意见》第 8 条规定：“借贷双方对有无约定利率发生争议，又不能证明的，可参照银行同类贷款利率计息。”其中，利率“不能证明”是指“双方经过举证质证，人民法院认为该事实仍处于真伪不明的状态”。[89] 上述《合同法》制定之前的司法解释都是针对“利率不明”的情形作出规定，而非“利息不明”。

因此，在解释论上，应将第 680 条第 3 款所规定的利息“约定不明确”解释为“利率约定不明确”。此时，才存在通过狭义合同解释、补充解释或者任意法规适用来补充当事人意思的可能。

---

〔83〕 杜万华主编：《最高人民法院民间借贷司法解释理解与适用》，人民法院出版社 2015 年版，第 443 页。

〔84〕 甘肃省武威市中级人民法院（2014）武中民终字第 560 号民事判决书。

〔85〕 参见崔建远：《合同解释与法律解释的交织》，载《吉林大学社会科学学报》2013 年第 1 期，第 73 页。

〔86〕 See Nicole Kornet. *Contract interpretation and gap filling: Comparative and theoretical perspectives*. Antwerpen – Oxford: Intersentia, 2006, p. 139.

〔87〕 参见武川幸嗣：《契約目的の意義と機能》，《法学セミナー》2017 年第 4 期，第 86 页。

〔88〕 杜万华主编：《最高人民法院民间借贷司法解释理解与适用》，人民法院出版社 2015 年版，第 441—442 页。

〔89〕 最高人民法院（2013）民申字第 390 号民事裁定书。

（二）效果：原则有偿

63 正如学者所指出的，借款合同的“无偿”实际上是罗马法的历史残留，而当下“无偿”利用他人金钱的情形可能早已不是借贷的典型情形。〔90〕由此，根据第680条第3款的规定，即便利息约定不明确，原则上借款合同仍然是有偿的，只是需要通过“当地或者当事人的交易方式、交易习惯、市场利率等因素”来确定具体的利率标准。

64 与“没有约定利息”的情形不同，在“利息约定不明确”的场合，重要的作业在于对“利息约定”作出合理的解释。由于此时存在当事人之间的约定，具有明确的解释对象，因此上述作业属于合同解释的范畴。当然，若当事人对此达成补充协议，则当事人的意思优先。

问题在于，此时解释的目标是当事人的真意还是合同内容的规范意味？根据《民法典》第142条第1款的规定，有相对人的意思表示并不以追求真意为目标，《民法典》第510条规定的合同解释基准也是以客观为主，同样的判断也适用于第680条第3款。〔91〕

65 在裁判实务中，若借款人仅仅在收据写明“借期一年，按中国人民银行利率计算”，法院认为该利率约定并不明确。〔92〕另外，若当事人在《借款担保合同》中约定“借款利率另商，借款人出具承诺书”，则法院会认为借贷双方并未对利率进行明确的约定，此时“通常的理解和民间借贷的交易习惯”等“客观基准”会被当作补充解释的重要依据。〔93〕

66 重视客观基准对利率进行补充解释在2015年《民间借贷规定》中得到了较为充分的体现。根据《民间借贷规定》（2020年第一次修正）第25条第2款，借款合同利率约定不明的场合，补充解释的基准为“结合民间借贷合同的内容，并根据当地或者当事人的交易方式、交易习惯、市场利率等因素”。很显然，“交易方式、交易习惯、市场利率等因素”均为客观解释基准，“民间借贷合同的内容”则存在主观与客观两种理解路径。

67 《民间借贷规定》发布之后，“合同的履行情况及市场上普遍资金使用成本”等客观因素会被作为法院确定特定利率的正当化依据。〔94〕另外，《民间借贷规

〔90〕参见陈自强：《德国消费借贷之修正与债法之现代化》，载《台大法学论丛》2008年第1期，第279、291页。

〔91〕参见黄薇主编：《中华人民共和国民法典合同编释义》，法律出版社2020年版，第480—481页。

〔92〕最高人民法院（2019）最高法民终46号民事判决书。

〔93〕最高人民法院（2013）民申字第1119号民事裁定书。

〔94〕最高人民法院（2018）最高法民申4453号民事裁定书。

定》(2020 年第一次修正)第 25 条中并未出现的“当事人身份”也可能对法院认定具体利率产生影响。[95] 以上裁判例说明,法院有着区分民事交易与商事交易的“潜意识”,以及对借款合同当事人之间的“实质公平”的较为强烈的追求——这或许也是对上述“当然返还说”的进一步说明。

关于“当事人身份”对借款合同的影响,可能还有另一种解释路径。近来,“套路贷”成为了重要的社会问题,从最高人民法院至下级法院,都制定了相关的政策或规定;[96] 其中,所谓“职业放贷人”也成为了规制的重点之一。[97] 一旦贷款人被认定为“职业放贷人”,当下的司法裁判多会严格审查贷款人主张与证据之间的关联、是否涉嫌犯罪等,但对合同的实体法审查似乎与其他借款合同并无实质差异。[98] 事实上,在 2019 年下半年之前,不管是贷款人自认为是“职业放贷人”。[99] 还是法院认定其为“职业放贷人”,[100] 借款合同的效力并不会因此而受到影响。与普通的自然人贷款人相比,“职业放贷人”身份的不利之处可能只是体现在税收方面。例如,有地方规定,“对涉及职业放贷人名录人员为申请执行人的民间借贷案件,本金与利息已经执行到位的,人民法院执行部门应当向税务机关通报,由税务机关依法征税”。[101] 然而,上述规定并未说明税务机关将以何税种以及税率对职业放贷人的本息收入进行课税。

当然,当事人的主观因素并非全然被抛弃。若当事人未明确约定利率,而债务人自行承认的债务总额超过了本金,法院认为超额部分构成利息。此时,法院进行补充解释的基准就在于“当事人的意思”。[102]

68 但是,在 2019 年 11 月《九民纪要》之前,下级法院出现了因贷款人为“职业放贷人或其关联关系人”而认定借款合同无效的情形。[103] 借款合同被认定无效之

---

〔95〕 最高人民法院(2018)最高法民申 2216 号民事裁定书。

〔96〕 如《最高人民法院关于依法妥善审理民间借贷案件的通知》(法〔2018〕215 号)。

〔97〕 较为典型的如 2019 年江苏省高级人民法院发布的《关于建立疑似职业放贷人名录制度的意见(试行)》。

〔98〕 如《宁波市中级人民法院关于防范和打击虚假诉讼的实施意见(试行)》(甬中法〔2019〕37 号)。典型的裁判例可参见温州市中级人民法院 2018 年 10 月公布的“8 起‘套路贷’典型案例”(法宝引证码 CLI. CR. 45931595)。法院多会强调对涉及职业放贷人的借款纠纷应“严格审查”,但难道还存在“不应严格审查”的情形吗?

〔99〕 安徽省黄山市中级人民法院(2018)皖 10 民终 94 号民事判决书。

〔100〕 浙江省舟山市定海区人民法院(2017)浙 0902 民初 3546 号民事判决书。

〔101〕 浙江省高级人民法院、国家税务总局浙江省税务局印发《关于对职业放贷人征收税费的会议纪要》的通知(浙高法〔2019〕100 号)。

〔102〕 最高人民法院(2018)最高法民申 4659 号民事裁定书。

〔103〕 《江苏省高级人民法院关于在扫黑除恶专项斗争中打击与防范“套路贷”虚假诉讼工作指南》(2019 年 10 月 22 日)第 17 条。

后,本金返还之外,法院认为借款人应按年利率6%向贷款人支付"资金占用费"。〔104〕而这样的立场得到了《九民纪要》的肯定;《九民纪要》第53条规定:"未依法取得放贷资格的以民间借贷为业的法人,以及以民间借贷为业的非法人组织或者自然人从事的民间借贷行为,应当依法认定无效"。

上述短期内的、集中的规范变动,除了"法的安定性"方面的疑虑,对"身份"的重视是否回到了过去"借款主体管制"的规制进路,以及私法裁判在实现特定"政策目的"的过程中的角色都值得进一步的讨论。〔105〕有学者就指出,《民间借贷规定》(2020年第一次修正)第25条的存在将大大降低裁判结果的可预测性。〔106〕 69

(三)效果:例外无偿

例外的,在自然人借款的场合,若当事人对利息约定不明确的,会被"视为没有利息"。由此,无论是"利息没有约定"还是"利息约定不明确",自然人借款都不会生成利息债权。如前所述,"利息没有约定"与"利息约定不明确"的事实对象是不一致的,逻辑上无法做类似的评价(边码59)。但《民法典》延续了《合同法》的立场,表明了立法者对自然人借款合同中的借款人的"偏爱"。 70

之所以出现这样的状况,是因为自《合同法》以来,关于自然人之间的借款,规范的出发点主要基于"尊重善意的自发性"的考虑,认为"在实践中往往是当事人出于互相信任或者善意帮助发生借贷关系,当时没有约定或者约定不明确,为维护当事人之间的信任,弘扬友好互助精神"。〔107〕同时,对"金融秩序影响有限"可能也是立法者将自然人借款作为独立类型的原因——"自然人之间借款的数额一般较小"也是上述立场的理由之一。〔108〕 71

另一种可能的解释在于,立法者有意识地区分了民事借款和商事借款,从而对第680条第3款后段进行了"目的性限缩",即将其中的"自然人"解释为"非商人的自然人"。〔109〕

---

〔104〕 参见赵红旗、陈素娟:《职业放贷人高息放贷被判无效》,载《法制日报》2019年11月6日,第8版。

〔105〕 就借款合同而言,重视"主体"的规制进路在比较法上较为常见,但主要的模式是将借款人纳入"消费者"的范畴,而不是将规制重心置于"贷款人"。

〔106〕 有学者认为,对于第25条所设定的自由裁量空间"应当有所限制"。参见杨立新:《民间借贷关系法律调整新时期的法律适用尺度——〈最高人民法院关于审理民间借贷案件适用法律若干问题的规定〉解读》,载《法律适用》2015年第11期,第16页。

〔107〕 李国光主编:《中国合同法条文释解》,新华出版社1999年版,第369页。

〔108〕 参见魏耀荣等:《中华人民共和国合同法释论》,中国法制出版社2000年版,第196页。

〔109〕 近来有学者主张应在区分民商事借贷的基础上,在商事借贷中进一步区分单方商行为和双方商行为;前者应受到民间借贷利率规制的限制,后者则应尊重当事人的意思。参见王建文:《论我国民间借贷合同法律适用的民商区分》,载《现代法学》2020年第1期,第141—142页。

72 基于上述规范意旨，具有商事或经营特征的借款合同被排除出第 680 条第 3 款后段的射程。余下的问题便是：后段的适用是否以借款合同双方均为自然人为要件？在《合同法》生效期间内，虽然第 211 条规定的也是“自然人之间的借款”，但司法裁判也并未受到“自然人”的文义限制。在自然人向法人出借款项、[110]借款合同的双方当事人均为法人、[111]法人向自然人出借款项等情形，[112]法院都认为应当适用《合同法》第 211 条。这是由于《合同法》在规范表达上采取了明确的“二元构成”，导致法院不得不通过对“自然人之间”的扩张解释来解决具有商事或经营特征的借款合同争议。

随着金融市场的发展，借款合同的主体限制已经逐步成为历史。[113] 正如学者所指出的，“总体而言，历史上借款交易中的借贷主体管制，当前已不复存在”。[114] 因此，无须再从放松管制的视角对相关表达作出解释，第 680 条第 3 款后段的“自然人之间”便意味着借款合同的双方当事人均为“自然人”。

六、超额利息的抵充

73 与利息超过法定限制相关的另一个问题在于：借款人能否主张超额利息抵充借款本金？对此，现行法及司法解释并未提供直接的答案。

《合同法解释二》第 20 条规定了“清偿抵充”的相关规制，但上述条款针对的事实对象是借款人的还款没有明确的清偿对象。而超额利息的抵充要考虑的是：借款人就某一笔借款产生的超额利息能否抵充该笔借款的本金，或者能否抵充同一当事人之间的其他借款的本金？就借款人的清偿而言，超额利息是基于特定清偿对象（特定利息债务）而产生的，即其清偿对象是明确的。因此，司法解释的上述规定并不能直接适用。

（一）“当然抵充”的裁判立场

74 自最高人民法院以下，裁判实务是普遍承认超额利息抵充借款本金的。无论

〔110〕 最高人民法院（2016）最高法民终 271 号民事判决书。有下级法院认为此种情形可直接适用第 211 条第 1 款，参见浙江省临安市人民法院（2009）杭临商初字第 1253 号民事判决书。

〔111〕 最高人民法院（2018）最高法民终 323 号民事判决书。

〔112〕 浙江省桐庐县人民法院（2017）浙 0122 民初 1023 号民事判决书。

〔113〕 关于法院立场的嬗变，可参见江必新、何东宁等：《最高人民法院指导性案例裁判规则理解与适用》，中国法制出版社 2015 年版，第 259—263 页。

〔114〕 许德风：《公司融资语境下股与债的界分》，载《法学研究》2019 年第 2 期，第 97 页。

是民事案件,[115]还是商事案件,[116]在超额利息抵充本金方面法院是相当积极的。

值得注意的是,与一般的民事诉讼不同,似乎不需要借款人的请求或主张,法院就可以直接在借贷案件中"依职权"将超额利息抵充本金。最高人民法院曾在判决中表明,若已支付的利息超过法定限制,则"高额利差应冲抵本金"。[117] 此时,借款人是否有此主张完全不在法院的考虑范畴之内。甚至,最高人民法院认为,在没有借款人请求的情况下,贷款人认为"二审判决将超过利率上限的利息直接在本金中扣减"的做法"严重违反法定程序等申请再审事由没有事实与法律依据,本院不予支持"。[118] 对于这样的立场,学者将其概括为"当然抵充"。[119]

(二)"抵销型抵充"与"当期型抵充"

而关于超额利息如何抵充剩余本金,法院通常会有两种做法,可以分别称为 75
"抵销型抵充"与"当期型抵充"。所谓"抵销型抵充",是指法院在借款到期后,以全部本金和合法利率为基准,计算出合法利息的总额,借款人已经支付的利息若超过该数额,其差额"一次性"地抵充剩余本金。自最高人民法院以下,这样的例子较为普遍;[120]有的裁判文书对此计算方法有较为详细的说明。[121] 之所以这样的抵充方式应当被称为"抵销型",是因为法院以借款人的超额利息返还请求权来"抵销或部分抵销"出借人的本息请求权,从而实现"清算"方面的便利。

也有法院意识到,在存在支分权的利息债权的场合,借款人每一期支付的利息中就可能包括了超额利息,因此应当就每一期的超额利息来判断抵充本金的情况。例如,有法院认为,"对于每一笔还款,应分别根据还款时产生的利息,按照先冲抵利息后冲抵本金原则予以抵扣"。[122] 很显然,这样的抵充方式会使得每一期超额利息发生时,本金数额会有相应的缩减,更有利于保护借款人并限制高利贷。实际上,在《民间借贷规定》制定之前,这样的做法在裁判实务中也并不罕见。有

---

[115] 例如最高人民法院(2014)民一终字第 00104 号民事判决书;最高人民法院(2004)民二终字第 20 号民事判决书;北京市高级人民法院(2008)高民初字第 136 号民事判决书等。

[116] 例如最高人民法院(1998)经终字第 421 号民事判决书;舟山市普陀区人民法院(2010)舟普商破字第 1 号民事裁定书等。

[117] 最高人民法院(2014)民申字第 371 号民事裁定书。

[118] 最高人民法院(2017)最高法民申 490 号民事裁定书。

[119] 刘勇:《超额利息的抵充——以"民间借贷"为对象》,载《法律科学》2019 年第 2 期,第 172 页。

[120] 如最高人民法院(2014)民一终字第 00104 号民事判决书;内蒙古自治区鄂尔多斯市中级人民法院(2014)鄂民终字第 114 号民事判决书;甘肃省庆阳市中级人民法院(2014)庆中民初字第 55 号民事判决书等。

[121] 甘肃省兰州市中级人民法院(2018)甘 01 民初 860 号民事判决书。

[122] 北京市第三中级人民法院(2016)京 03 民终 11237 号民事判决书。

法院就曾指出,“收取的超出银行贷款利率四倍的利息应逐月冲抵本金”。〔123〕最高人民法院在近来的判决中也承认了“当期型抵充”的方式,并在裁判文书中列明了详细的计算过程。〔124〕

(三)法性质的判断

76 对于超额利息的抵充,有法院认为其是“确定本金数额”的作业。例如,浙江省高级人民法院2009年发布的《关于审理民间借贷纠纷案件若干问题的指导意见》第21条规定,“……折算后的实际利率超出四倍利率,超出部分的利息应当从本金中扣减”。该条是关于借款合同本金如何确定的条款。由此可见,这样的思路是将超额利息的抵充当作“合同解释”的问题来看待。〔125〕

也有法院将超额利息的抵充概况视为清偿抵充的。例如,江苏省高级人民法院2013年发布的《关于审理民间借贷纠纷案件的会议纪要》规定,“借款人尚未按约偿还借款本息,在审理过程中请求将已经支付的超过中国人民银行同期同类贷款基准利率四倍的部分冲抵本息的,应予支持”。该规定认为超额利息“冲抵”的对象是本息,实际上是基于“清算”的立场作出的判断。

77 而学说上,有学者在概括承认超额利息抵充本金的可能的同时,认为超额利息抵充本金实现了债务人不当得利返还请求权与债权人的债权的“抵销”。〔126〕

近来的观点则区分了超额利息的抵充对象。〔127〕在抵充同一借款本金的场合,“抵充”的法性质可以解释为“清偿”,也可以解释为“抵销”;只要考虑到“抵销适状”,两者在实际效果上并无差异。而若以同一当事人之间的第一借款合同产生的超额利息“抵充”第二借款合同的本金,则此时的“抵充”是以超额利息返还请求权来“抵销”第二借款合同的本金返还请求权。若超额利息的抵充对象是同一当事人之间“将来”借款的本金,则可以借鉴日本法的立场,〔128〕仅在当事人存在“抵充合意”的场合才承认抵充的可能。至于“抵充合意”的法性质,则应视为当事人之间的“抵销合同”。〔129〕

---

〔123〕甘肃省庆阳市中级人民法院(2014)庆中民初字第62号民事判决书。

〔124〕参见最高人民法院(2017)最高法民再113号民事判决书。

〔125〕对于此类司法文件的解释,未必就是制定者的原意。即便能证明制定者的意图并非如此,可能也无法认为“第三人”的解读就是错误的。法解释本来就是如此的,“历史上的立法者”终究是“历史上”的。

〔126〕参见黄文煌:《清偿抵充探微》,载《中外法学》2015年第4期,第1002页。

〔127〕详细的论述可参见刘勇:《超额利息的抵充——以“民间借贷”为对象》,载《法律科学》2019年第2期,第173—175页。

〔128〕最判平成20·1·18(民集62卷1号页28);最判平成23·7·14。

〔129〕参见森田修:《“過払金充当合意”と“契約のエコノミー”》,金融財政事情研究会:《田原睦夫古稀·最高裁判事退官記念:現代民事法の実務と理論(上)》,金融財政事情研究会2013年版,第443页。

七、证明责任

借款合同中的贷款人请求借款人归还本息的场合,根据"谁主张,谁举证"的原则,贷款人应就借款事实以及当事人之间的利率约定作出证明。由于《民法典》将借款的实际提供作为"自然人借款合同"的成立要件,"借款事实"的证明更多地与第679条有关。因此,以下的讨论将主要关注"利息"及"利率"的证明。另外,按照最高人民法院的立场,"利息有无及明确与否"属于事实认定的问题。〔130〕 78

(一)贷款人的举证

对于借款合同中是否存在关于利息的约定,法院的裁判主要贯彻的是"书证优越主义"的立场——书面的"借款合同"是最为重要的证据,"持有借条主张权利"是原告胜诉的开端。〔131〕只要能表明当事人之间的真实意思,"借据""借条""欠条""借款协议""收据""还款协议""承诺书"等不同名称的书证都会成为法院裁判的主要依据。〔132〕贷款人只要能证明借款合同中存在关于利息的明确约定,其关于"借款存在利息约定"的举证即告完成。〔133〕但若缺乏"借据、收据、欠条等债权凭证",则借款有偿乃至借款成立的主张都得不到法院的支持。〔134〕 79

书面的合同之外,贷款人还可以通过其他证据来证明利息的存在。如借贷双方均为自然人,在贷款人主张存在口头利息约定而借款人否认的场合,若贷款人能够提供借款人签字的"计息凭证",也能证明当事人之间存在关于利息的口头约定。〔135〕若书面借据在利息约定方面存在瑕疵,只要贷款人能证明借款人存在按期、定额支付利息的行为,借款有偿的证明也能成立。〔136〕此时,借据上载明的金额、归还时间与事实还款情况的对应以及当事人之间的"谈话录音"对法官"自由心证"的形成有着重要的作用。〔137〕 80

另外,若作为原告的贷款人能证明借据金额大于实际借款金额,法院也可能 81

---

〔130〕参见杜万华主编:《最高人民法院民间借贷司法解释理解与适用》,人民法院出版社2015年版,第446—447页。

〔131〕最高人民法院(2016)最高法民再244号民事判决书。

〔132〕例如最高人民法院(2016)最高法民终466号民事判决书;湖北省武汉市青山区人民法院(2019)鄂0107民初2070号民事判决书。

〔133〕最高人民法院(2017)最高法民终98号民事判决书。

〔134〕湖北省武汉市青山区人民法院(2019)鄂0107民初2070号民事判决书。

〔135〕最高人民法院(2014)民一终字第109号民事判决书。

〔136〕河南省郑州市中级人民法院(2018)豫01民终6317号民事判决书。

〔137〕吉林省桦甸市人民法院(2018)吉0282民初1242号民事判决书。

因此将差额部分视为当事人关于利息的默示约定。[138] 但这样的情形并非必然，贷款人如果仅举证其部分提供了借据载明的金额，法院仍可能会要求其进一步证明利息约定的存在，否则将对此承担举证不能的后果。[139]

82 至于证明的程度，若已达到“民事诉讼高度盖然性之证明标准”，法院通常就认定借款事实及利息约定的存在。[140]

（二）借款人的抗辩

1. **没有约定利息**

83 由于“没有约定利息”是消极事实，难以直接认定。因此对于贷款人支付利息的请求，借款人可以单纯以“没有约定利息”为抗辩。此时，贷款人将承担证明存在利息约定的责任。此时，若贷款人仅主张存在口头的利息约定而无其他证据证明，则借款人的抗辩成立。[141]

84 在缺乏约定的场合，对于借款提供时即扣除利息、贷款人以此主张利率及利息的情形，借款人可以根据《合同法》第 200 条（《民法典》第 670 条）提出“缩减本金”以及“没有约定利息”的抗辩。[142]

85 在借贷双方均非自然人或仅有一方为自然人时，由于《民间借贷规定》的限缩立场，借款人除非能够提供无利息约定的证据，否则将承担偿还利息的债务。[143]

2. **利率过高**

86 在利息约定被法院认定或者当事人自认的场合，借款人可以提出“利率过高”的抗辩。此时，借款人通常只要对利息与本金的数量关系作出说明（是否超过年利率上限），即可完成针对“利率过高”的证明；法院也会积极对此作出计算。[144]

87 实务中也有贷款人因借款合同约定的利率超限而自愿降低利率的情形，在合同的其他内容及相关事实清楚的前提下，法院会支持贷款人的请求。[145]

---

〔138〕 江西省吉安县人民法院（2017）赣 0821 民初 2180 号民事判决书。

〔139〕 最高人民法院（2017）最高法民终 769 号民事判决书。

〔140〕 上海市第一中级人民法院（2019）沪 01 民终 9730 号民事判决书；吉林省长春市中级人民法院（2018）吉 01 民终 1115 号民事判决书。

〔141〕 吉林省扶余市人民法院（2018）吉 0781 民初 1631 号民事判决书。

〔142〕 湖北省武汉市青山区人民法院（2018）鄂 0107 民初 1099 号民事判决书。

〔143〕 参见杜万华主编：《最高人民法院民间借贷司法解释理解与适用》，人民法院出版社 2015 年版，第 447 页。

〔144〕 湖南省平江县人民法院（2018）湘 0626 民初 180 号民事判决书。

〔145〕 宁夏回族自治区高级人民法院（2019）宁民终 314 号民事判决书。

附:案例索引

1. 安徽省黄山市中级人民法院(2018)皖 10 民终 94 号民事判决书:金某琍与高某兴民间借贷纠纷案【边码 67】

2. 北京市第三中级人民法院(2016)京 03 民终 11237 号民事判决书:蒲某岩与郑某军民间借贷纠纷案【边码 75】

3. 北京市高级人民法院(2008)高民初字第 136 号民事判决书:海安县农村信用合作联社与西北证券有限责任公司北京惠新西街证券营业部等委托理财合同纠纷案【边码 74】

4. 大连倖旗投资管理有限公司与中国外运辽宁储运公司等借款合同纠纷案,最高人民法院(2016)最高法民终 650 号民事判决书,载《最高人民法院公报》2017 年第 7 期【边码 50】

5. 甘肃省兰州市中级人民法院(2018)甘 01 民初 860 号民事判决书:辛某平与李某鹏民间借贷纠纷案【边码 75】

6. 甘肃省庆阳市中级人民法院(2014)庆中民初字第 55 号民事判决书:庆阳市西峰区太一小额贷款有限责任公司与庆阳安泰能源装备有限公司等民间借贷纠纷案【边码 75】

7. 甘肃省庆阳市中级人民法院(2014)庆中民初字第 62 号民事判决书:曹某与李某曼等民间借贷纠纷案【边码 75】

8. 甘肃省武威市中级人民法院(2014)武中民终字第 560 号民事判决书:康某与张某辉房屋租赁合同纠纷案【边码 60】

9. 杭州互联网法院(2019)浙 0192 民初 10032 号民事判决书:重庆市蚂蚁商诚小额贷款有限公司与彭某生小额借款合同纠纷案【边码 39】

10. 河南省郑州市中级人民法院(2018)豫 01 民终 6317 号民事判决书:崔某伟与张某周等民间借贷纠纷案【边码 80】

11. 湖北省黄石市下陆区人民法院(2020)鄂 0204 民初 17 号民事判决书:叶某兰与赤东建设集团有限公司等民间借贷纠纷案【边码 32】

12. 湖北省石首市人民法院(2020)鄂 1081 民初 941 号民事判决书:任某波与刘某发民间借贷纠纷案【边码 32】

13. 湖北省武汉市青山区人民法院(2018)鄂 0107 民初 1099 号民事判决书:陈某与滕王某俊民间借贷纠纷案【边码 84】

14. 湖北省武汉市青山区人民法院(2019)鄂 0107 民初 2070 号民事判决书:吴某与李某民间借贷纠纷案【边码 79】

15. 湖南省平江县人民法院(2018)湘 0626 民初 180 号民事判决书:平江县顺丰寄卖行与易某民等民间借贷纠纷案【边码 86】

16. 吉林省扶余市人民法院(2018)吉 0781 民初 1631 号民事判决书:杨某环与董某青民间借贷纠纷案【边码 83】

17. 吉林省桦甸市人民法院(2018)吉 0282 民初 1242 号民事判决书:杨某与付某等民间借贷纠纷案【边码 80】

18. 吉林省长春市中级人民法院(2018)吉 01 民终 1115 号民事判决书:永吉三元素肥料有限公司等与武汉市金普威企业管理有限公司等借款合同纠纷案【边码 82】

19. 江西省吉安县人民法院(2017)赣 0821 民初 2180 号民事判决书:周某祥与肖某根等民间借贷纠纷案【边码 81】

20. 辽宁省灯塔市人民法院(2020)辽 1081 民初 1919 号民事判决书:于某服与岳某纯民间借贷纠纷案【边码 32】

21. 内蒙古自治区鄂尔多斯市中级人民法院(2014)鄂民终字第 114 号民事判决书:任某东与梁某等民间借贷纠纷案【边码 75】

22. 宁夏回族自治区高级人民法院(2019)宁民终 314 号民事判决书:奥威矿产科技有限公司与宁夏观歌中小企业助贷投资管理中心等借款合同纠纷案【边码 87】

23. 青海省高级人民法院(2021)青民终 5 号民事判决书:青海省青海湖药业有限公司与青海交建小额贷款有限公司等借款合同纠纷案【边码 39a】

24. 上海金融法院(2020)沪 74 民终 1034 号民事判决书:田某等与中原信托有限公司金融借款合同纠纷案【边码 36a】

25. 上海市第一中级人民法院(2019)沪 01 民终 9730 号民事判决书:潘某琦与郭某民间借贷纠纷案【边码 82】

26. 浙江省临安市人民法院(2009)杭临商初字第 1253 号民事判决书:游某华与杭州临安临宝食品有限公司等民间借贷纠纷案【边码 72】

27. 浙江省桐庐县人民法院(2017)浙 0122 民初 1023 号民事判决书:桐庐凌盛家纺有限公司与余某榕民间借贷纠纷案【边码 72】

28. 浙江省舟山市定海区人民法院(2017)浙 0902 民初 3546 号民事判决书:童某巍与钱某等民间借贷纠纷案【边码 67】

29. 中银消费金融有限公司诉高春明等金融借款合同纠纷案,江苏省常州市钟楼区人民法院民事判决书(2016)苏 0404 民初 2825 号,载《江苏省高级人民法院公报》2016 年第 6 期【边码 13】

30. 舟山市普陀区人民法院(2010)舟普商破字第 1 号民事裁定书:舟山市华泰石油有限公司破产重整案【边码 74】

31. 最高人民法院(1998)经终字第 421 号民事判决书:兰州市商业银行兴业支行与中国建设银行兰州广武支行存单纠纷案【边码 74】

32. 最高人民法院(2004)民二终字第 20 号民事判决书:中国石油天然气管道局与中国太平洋人寿保险股份有限公司大连分公司等保险合同纠纷案【边码 74】

33. 最高人民法院(2013)民申字第 1119 号民事裁定书:山东美景集团有限责任公司与丁某鹏等民间借贷纠纷案【边码 65】

34. 最高人民法院(2013)民申字第 390 号民事裁定书:祝某超与珠海市铭豪居房产有限公司借款纠纷案【边码 62】

35. 最高人民法院(2013)民一终字第 125 号民事判决书:陈某强与李某晓峰等借款合同纠纷案【边码 52】

36. 最高人民法院(2014)民二终字第 138 号民事判决书:云南旺立达矿业有限公司等与昌吉市益安煤矿企业借贷纠纷案【边码 53】

37. 最高人民法院(2014)民申字第371号民事裁定书:刘某与中国农业银行股份有限公司岳阳德胜分理处等储蓄存款合同纠纷案【边码74】

38. 最高人民法院(2014)民一终字第00104号民事判决书:张某与宁夏青春房地产开发有限公司民间借贷纠纷案【边码74、75】

39. 最高人民法院(2014)民一终字第109号民事判决书:上海录润置业有限公司与李某福等民间借贷纠纷案【边码80】

40. 最高人民法院(2016)最高法民申2299号民事裁定书:王某佑与李某海民间借贷纠纷案【边码51】

41. 最高人民法院(2016)最高法民申2979号民事裁定书:安徽华域置业有限公司等与沈某芳等民间借贷纠纷案【边码51】

42. 最高人民法院(2016)最高法民申3404号民事裁定书:杨某珍与唐某民等民间借贷合同纠纷案【边码50】

43. 最高人民法院(2016)最高法民申824号民事裁定书:李某良与刘某等民间借贷纠纷案【边码50】

44. 最高人民法院(2016)最高法民再244号民事判决书:朱某等与北城致远集团有限公司三建公司等民间借贷纠纷案【边码79】

45. 最高人民法院(2016)最高法民终271号民事判决书:海南中度旅游产业开发有限公司与李某等借款合同纠纷案【边码29、72】

46. 最高人民法院(2016)最高法民终466号民事判决书:邹某锋与代某胜等借款合同纠纷案【边码79】

47. 最高人民法院(2017)最高法民申490号民事裁定书:陈某君与西双版纳博森旅游房地产开发有限公司民间借贷合同纠纷案【边码74】

48. 最高人民法院(2017)最高法民申5000号民事裁定书:吴某禄与胡某仁等民间借贷纠纷案【边码53】

49. 最高人民法院(2017)最高法民申898号民事裁定书:柴某江与蔡某悦等民间借贷纠纷案【边码53】

50. 最高人民法院(2017)最高法民终408号民事判决书:银川宝塔精细化工有限公司与渤海国际信托股份有限公司等借款合同纠纷案【边码13】

51. 最高人民法院(2017)最高法民终769号民事判决书:海南博海投资咨询有限公司与王某萍等民间借贷纠纷案【边码81】

52. 最高人民法院(2017)最高法民终927号民事判决书:山西柳林宏盛聚德煤业有限公司等与华融国际信托有限责任公司金融借款合同纠纷案【边码37】

53. 最高人民法院(2017)最高法民终98号民事判决书:云南恒誉房地产开发有限公司与高某珍等民间借贷纠纷案【边码79】

54. 最高人民法院(2018)最高法民申2216号民事裁定书:李某亮与郭某等民间借贷纠纷案【边码67】

55. 最高人民法院(2018)最高法民申4453号民事裁定书:安岳渝资工业园投资有限公

司与雷某源民间借贷纠纷案【边码 67】

56. 最高人民法院(2018)最高法民申 4659 号民事裁定书:贵阳青丰房地产开发有限公司等与朱某春民间借贷纠纷案【边码 67】

57. 最高人民法院(2018)最高法民申 657 号民事裁定书:湖北黄鹤影视科技股份有限公司与李某等借款合同纠纷案【边码 51】

58. 最高人民法院(2018)最高法民再 190 号民事判决书:中信银行股份有限公司上海浦电路支行等与易某红等借款合同纠纷案【边码 36】

59. 最高人民法院(2018)最高法民终 234 号民事裁定书:陈某峰等与营口丽湖地产有限公司等民间借贷纠纷案【边码 2】

60. 最高人民法院(2018)最高法民终 323 号民事判决书:恒祥房地产开发有限公司与辽宁石油实业发展公司等借款合同纠纷案【边码 72】

61. 最高人民法院(2019)最高法民申 2412 号民事裁定书:珠海佳利鸿投资有限公司与广西北海海洋渔业总公司企业借贷纠纷、金融借款合同纠纷案【边码 19】

62. 最高人民法院(2019)最高法民终 1465 号民事判决书:吉林翔瑞投资有限公司等与德成实业控股有限公司等借款合同纠纷案【边码 21】

63. 最高人民法院(2019)最高法民终 1880 号民事判决书:深圳市飞马国际供应链股份有限公司等与兴业国际信托有限公司等金融借款合同纠纷案【边码 37】

64. 最高人民法院(2019)最高法民终 1971 号民事判决书:中国华阳经贸集团有限公司与九江银行股份有限公司南昌县支行等金融借款合同纠纷案【边码 37】

65. 最高人民法院(2019)最高法民终 1990 号民事判决书:招商银行股份有限公司天津分行与四川省川威集团有限公司等金融借款合同纠纷案【边码 19】

66. 最高人民法院(2019)最高法民终 46 号民事判决书:北京林河兴业房地产开发有限公司等与西安市灞桥区纺织城街道枣园刘社区居民委员会等合同纠纷案【边码 65】

67. 最高人民法院(2017)最高法民再 113 号民事判决书:山东盛海置业有限公司与烟台智库典当有限公司等借款合同纠纷案【边码 75】

68. 最高人民法院(2019)最高法民再 195 号民事判决书:庆阳勤上光电节能照明工程有限公司与庆阳市西峰区融通投资担保有限公司等借款合同纠纷案【边码 24】

第787条

定作人的任意解除权*

第787条　定作人在承揽人完成工作前可以随时解除合同，造成承揽人损失的，应当赔偿损失。

简　目

* 本文系基于《〈民法典〉中定作人任意解除权的适用要件与法律效果》（载《浙江工商大学学报》2020年第6期，第30—43页）一文修订而成。

一、规范意旨

1 《民法典》第787条规定："定作人在承揽人完成工作前可以随时解除合同，造成承揽人损失的，应当赔偿损失。"本条是关于承揽合同中定作人任意解除权的规定。定作人的任意解除权也是大陆法系各国民法典中普遍规定的一项制度，该制度规范意旨如下：

2 第一，为定作人利益。立法只赋予定作人任意终止合同的权利，而未赋予承揽人相同的权利，其理由在于完成工作仅仅是为了满足定作人的利益，因此不承认承揽人也享有类似的终止权。[1] 由此可见，该制度是将定作人与其所定作的工作紧密联系在一起，即其出发点是"定作人视角"或"为定作人利益"。既然定作物的制作仅服务于定作人的利益，只要定作物尚未完成，则是否继续与承揽人之合同关系，以及是否完全或者部分地放弃承揽给付，定作人均可一已决定。[2] 因此，承揽工作订立后定作人单方面出现情事变更时，定作人可随时终止合同。[3]

3 任意解除权是由承揽合同的性质所决定的，除了一般承揽，《民法典》"典型合同"分编以及其他法律对特种承揽也设定了任意解除权，如旅客的任意终止权（《民法典》第816条）、托运人任意解除权（《民法典》第829条）、旅游者的任意解除权（《旅游法》第65条）等，均属于同类型制度，在适用要件与法律效果的确定上，均可参照《民法典》第787条进行认定。

4 第二，避免社会资源浪费。就定作人任意解除之立法宗旨，《合同法》官方释义书曾指出，"如果定作人于合同成立后由于各种原因不再需要承揽人完成工作，则应当允许定作人解除合同，定作人解除合同的前提是赔偿承揽人的损失，这样处理，既可以避免给定作人造成更大的浪费，也不会给承揽人造成不利"[4]。即认为该制度目的不但在于为定作人利益，也在于避免资源浪费。《民法典》官方释义书主要从任意解除权的行使时间限制角度强调该制度符合《民法典》的"绿色原则"，该释义书认为，"承揽合同往往具有较强的专属性，如允许承揽人在完成工作后还可以解除合同，则很可能由于定作成果的专属性而造成浪费，承揽人很难再将原本为定作人完成的工作成果进行处置，这与民法典所倡导的绿色原则、充分

---

〔1〕 MüKoBGB/Busche, 7. Aufl. 2018, BGB § 648, Rn. 2.
〔2〕 杜景林、卢谌：《德国民法典——全条文注释（上册）》，中国政法大学出版社2015年版，第541页。
〔3〕 陈自强：《民法讲义II：契约之内容与消灭》，法律出版社2004年版，第193页。
〔4〕 胡康生主编：《中华人民共和国合同法释义》，法律出版社1999年版，第401页。

发挥物的效用的理念都不相符"〔5〕。还有学者从社会效率的角度支持这一制度，认为如果由于情事变更等原因使工作对定作人已无意义，即应允许定作人解除合同，否则即造成社会资源浪费；同时应充分赔偿承揽人损失，方公平合理。〔6〕司法实践中，"汤某富与宁波欣联建材有限公司承揽合同纠纷上诉案"〔7〕"宁波菲迩包装有限公司与绍兴市上虞锋利模具厂承揽合同纠纷案"〔8〕等均从此立场支持定作人解除行为的正当性。但需注意的是，第 787 条设定之任意解除权旨在使承揽合同之实施充分尊重定作人之欲求，资源节约是其附带效果，而非制度出发点。否则，可能会出现承揽人主张任意解除若无节约资源之效果，则不能获得支持的错误认识。

二、立法演变

在中国大陆以往的立法资料中，《经济合同法》对定作人任意解除权未作规 5
定，1984 年国务院颁布的《加工承揽合同条例》第 22 条第 2 项是最早关于定作人中途毁约的规定；〔9〕《合同法》立法过程中，《合同法（试拟稿）》中并未对任意解除权作出规定，《合同法（征求意见稿）》第 143 条规定："定作人可以随时解除承揽合同，但应当向承揽人赔偿因此而受到的损失。"《合同法（草案）》第 265 条保留了该制度，规定："定作人可以随时解除承揽合同，但应当向承揽人赔偿损失。"《合同法》第 268 条最终表述为："定作人可以随时解除承揽合同，造成承揽人损失的，应当赔偿损失。"这三个文本在措辞上有着细微差别，与之前两个文本相比，《合同法》第 268 条更强调定作人享有任意解除权，但并不强调赔偿损失的必要性；而前两个文本在表述上似乎更强调损害赔偿与解除权行使的关联性。《民法典》第 787 条在《合同法》第 268 条的基础上，增设了行使时间的限制，使定作人仅能在"完成工作前"任意解除合同。

---

〔5〕 黄薇主编：《中华人民共和国民法典释义（中）》，法律出版社 2020 年版，第 1448 页。

〔6〕 参见［日］星野英一：《日本民法概论Ⅳ契约》，姚荣涛译，台湾地区五南图书出版公司 1998 年版，第 248 页；王泽鉴：《不当得利制度与衡平原则》，载王泽鉴：《民法学说与判例研究》（重排合订本），北京大学出版社 2015 年版，第 880 页；王文军：《论继续性合同的解除》，载《法商研究》2019 年第 2 期。

〔7〕 浙江省宁波市中级人民法院（2013）浙甬商终字第 533 号民事判决书。

〔8〕 浙江省绍兴市上虞区人民法院（2018）浙 0604 民初 10060 号民事判决书。

〔9〕《加工承揽合同条例》第 22 条第 2 项规定："中途废止合同，属承揽方提供原材料的，偿付承揽方的未履行部分价款总值 10%—30% 的违约金；不属承揽方提供原材料的，偿付承揽方以未履行部分酬金总额 20%—60% 的违约金。"

三、规范性质

（一）立法例与学界分歧

6 关于定作人任意解除权的规范性质，立法例与学界有任意性规范与强制性规范两种观点。其中《俄罗斯联邦民法典》第 731 条第 2 款规定，定作人有权在向承揽人交付工作之前随时拒绝履行日常生活承揽合同，“取消定作人上述权利的合同条款自始无效”〔10〕。我国大陆学者谢鸿飞也认为，定作人的单方解除权属于关涉“承揽人和定作人乃至社会”的强制性规定，因此不可排除适用。〔11〕还有学者概括地将典型合同类型中的所有任意解除权都解释为“赋权性规范”，具有强制性，认为“无论是有偿还是无偿，还是其他任何情况，法定任意解除权都不可通过约定抛弃”〔12〕。

7 德国学界通说认为，德国民法第 648 条为任意性规定，定作人可以事先以明示或默示的方法抛弃其终止权。当事人可约定该权利在哪种情形下方得行使，也可以限制该权利在一定期间内不得终止。同理，该条所规定的报酬请求权也可以在一定条件之下予以排除或加以限制。我国台湾地区学者黄茂荣认为，为了稳定当事人间之承揽关系，定作人得在契约中事先约定限制或者抛弃其随意终止权。〔13〕

（二）我国司法实践

8 我国法院多数裁判均将《合同法》第 268 条理解为“任意性规范”，当事人可基于约定排除适用。如“某某摄影制作有限公司诉某某电子商务有限公司承揽合同纠纷案”中，〔14〕法院认为，《合同法》赋予定作人随时可以解除合同的权利，并未禁止定作人对自己权利行使时加以限制约束。“湖南康帅房地产开发有限公司与深圳天骜投资策划有限公司委托合同纠纷案”中，〔15〕明确表明“就案涉有偿合同而言，该条所规定的任意解除权可以基于合同当事人的合意予以排除”；“成都和信致远地产顾问有限责任公司与四川省南部县金利房地产开发有限公司委托合同

〔10〕 黄道秀译：《俄罗斯联邦民法典》，北京大学出版社 2007 年版，第 261 页。

〔11〕 谢鸿飞编著：《承揽合同》，法律出版社 1999 年版，第 166 页。

〔12〕 蔡恒、骆电：《我国〈合同法〉上任意解除权的理解与适用》，载《法律适用》2014 年第 12 期。

〔13〕 MüKoBGB/Busche, 7. Aufl. 2018, BGB § 648, Rn. 2.

〔14〕 上海市嘉定区人民法院（2012）嘉民二（商）初字第 823 号民事判决书。

〔15〕 最高人民法院（2015）民申字第 990 号民事判决书。

纠纷案"[16]"江苏杰富宏泰阀门有限公司与南通天星铸锻有限公司承揽合同纠纷案"[17]"武汉深丝路数码技术有限公司与武汉合富联银置业发展有限公司承揽合同纠纷案"中,[18]法院亦肯定定作人任意解除权属任意性规定,当事人可依特约排除适用。虽有少数判决认为,承揽合同具有较强的人身属性,而任意解除权是法律赋予定作人的法定救济途径,双方合同中的排除任意解除权的条款违反了承揽合同的根本属性,应当认定为无效。[19] 笔者认为,《民法典》第 787 条在规范性质上应属于任意性规范,应肯定排除其适用的约定有效。

四、行使要件

关于定作人任意解除权的行使要件,大陆民法学界曾存在"无条件解除论"的观点,认为定作人行使《合同法》第 268 条所规定的解除权应无条件限制,承揽人订立合同的目的是获取报酬,如果解除合同承揽人能够得到相应的补偿,对其并无损失可言,因此其行使无须限定条件。[20] 笔者认为,"任意解除权"并不意味着定作人解除合同不需要理由,而是使其行使条件区别于《民法典》第 563 条所规定的一般法定解除事由。[21] 具体而言,第 787 条之行使须具备如下条件: 9

(一)须涉案合同为承揽合同

任意解除权是基于承揽合同性质专门授予定作人的权利,如合同当事人一方主张任意解除权,须该合同在性质上为承揽合同。在"西安航天华威化工生物工程有限公司与黄骅市信诺立兴精细化工股份有限公司买卖合同纠纷案"中,[22]法院在将涉案合同性质认定为买卖合同后,排除了《合同法》第 268 条的适用。根据《民法典》第 808 条,"本章(建设工程合同)没有规定的,适用承揽合同的有关规定"。在建设工程合同领域,发包人可否适用定作人的任意解除权? 10

---

〔16〕 最高人民法院(2015)民一终字第 226 号民事判决书。

〔17〕 江苏省海安县人民法院(2015)安曲商初字第 00057 号民事判决书。

〔18〕 湖北省武汉市中级人民法院(2019)鄂 01 民终 2637 号民事判决书。

〔19〕 "成都绿茵之家装饰工程有限公司与杨某苹承揽合同纠纷案",四川省成都市中级人民法院(2019)川 01 民终 15914 号民事判决书。

〔20〕 姚建军:《承揽合同中定作人解约权问题探析》,载《人民法院报》2012 年 5 月 16 日,第 7 版。

〔21〕 《合同法》第 232 条、第 233 条、第 268 条、第 410 条均提到当事人可以"随时解除合同"。但严格来说,第 232 条中属于对租赁合同存续期间确定,第 233 条属于《合同法》第 94 条的具体化,并非真正"任意"解除。因此,真正不能为《合同法》第 94 条前四项所涵盖的任意解除权规定是指第 268 条(定作人随时解除合同)和第 410 条(委托人或受托人可以随时解除合同)。参见陆青:《论法定解除事由的规范体系——以一般规范与特别规范的关系为中心》,载《华东政法大学学报》2015 年第 1 期。

〔22〕 河北省沧州市中级人民法院(2018)冀 09 民终 3916 号民事判决书。

11 建设工程合同包括工程勘察、工程设计和工程施工三种类型，这三类合同中，除工程施工合同外，工程勘察与工程设计合同在债之本质上与承揽合同更具类似性，均可适用定作人的任意解除权，司法实务界也持相同观点。如“中铁工程设计院有限公司四川分公与四川润茂房地产开发有限公司建设工程设计合同纠纷案”[23]“洛阳维达石化工程有限公司与安徽桑铌科技股份有限公司建设工程设计合同纠纷、技术转让合同纠纷案”[24]“昆山万古装饰设计有限公司与繁构建筑装饰设计工程（上海）有限公司建设工程设计合同纠纷案”中，[25]涉案合同均为建设工程设计合同，法院均支持了发包人任意解除权的主张。建设工程施工合同虽为特种承揽，但其不应机械适用承揽合同的有关规定，在任意解除权上亦复如此。因此，从建设工程施工合同的特殊性以及防止社会资源浪费的角度讲，应当尽量维护建设工程施工合同的稳定性，因此工程施工合同不应适用任意解除权的规定。详细理由如下：

12 第一，建设工程施工合同牵涉的利益较为复杂，应当优先考虑维持建工合同稳定性的价值。以在建住宅为例，住宅建设工程合同牵涉规划、批准与预售流转，牵涉政府、开发商、承包人以及商品房预售购买方；如合同不能保持稳定，则相关主体之间的法律关系势必处于紊乱状态，也会造成较大的社会资源浪费。因此，建工合同中不能适用定作人任意解除权。

13 第二，《建设工程施工合同解释》第 8 条已对发包人行使法定解除权的情形作出了明确规定。根据该条，只有在承包人拒绝履行、迟延履行、瑕疵履行，将承包的建设工程非法转包、违法分包的四种情形中，发包人才能请求解除建设工程施工合同。此外，我国法院就建设工程施工合同不得任意解除已形成司法共识。如《福建省高级人民法院关于审理建设工程施工合同纠纷案件疑难问题的解答》（2008）第 9 条、《杭州市中级人民法院民一庭关于审理建设工程及房屋相关纠纷案件若干实务问题的解答》（2010）第 8 条、《广东省高级人民法院关于审理建设工程合同纠纷案件疑难问题的解答》（粤高法发〔2017〕151 号）第 4 条都明确指出，建设工程合同的发包人行使解除权必须符合《建设工程施工合同解释》第 8 条的规定，不应任意扩大解除权的行使范围。

14 第三，例外规定原则上不应类推适用。“契约必须严守”为民法一般原则，合同依法成立后，当事人应严格履行。在此意义上，《民法典》第 787 条具有例外性

---

〔23〕 四川省成都市中级人民法院（2012）成民终字第 6183 号民事判决书。

〔24〕 河南省高级人民法院（2016）豫民终 2 号民事判决书。法院认为：“《设计合同》属于建设工程合同范畴，而建设工程合同的解除则应当适用承揽合同的有关规定，即定作人有权随时解除建设工程合同。涉案的《设计合同》属于建设工程合同，据此，被告有权随时解除《设计合同》。”

〔25〕 上海市浦东新区人民法院（2017）沪 0115 民初 77582 号民事判决书。

质。典型合同的任意终止制度当然属于例外或特别规定,不应包含在类推适用的范围之中。[26]

15 第四,我国民事司法判决也不支持建设工程施工合同适用任意解除制度。如“宁波海川电器有限公司等与宁波翔胜建设有限公司建设工程施工合同纠纷上诉案”中,[27]法院认为,从建设工程施工合同的特殊性及防止社会资源浪费的角度而言,应当维护建设工程施工合同的稳定性,因此“发包人不应享有对建设工程施工合同的任意解除权”。

(二)须在承揽工作完成之前行使

1. 定作人应在承揽人完成工作前行使任意解除权

16 大陆法系民法典中均对解除权施加了行使时间上的限制,如《法国民法典》第1794 条、[28]《德国民法典》第 649 条、[29]《日本民法典》第 641 条[30]均明确将任意解除的行使时间限制在“工作期间”或“完成工作前”。在一些承揽合同中,承揽人除完成工作外,还需交付工作成果,但定作人行使解除权的时间点为工作完成前,而非以交付工作物为准。对此,日本学者我妻荣教授认为,只要完成工作之前都可以解除合同,要求交付标的物的承揽中,若完成了工作,即使没有交付也不能解除。因此从承揽的目的来看,交付属于从债务,为此所需的费用非常少。若承揽的内容是可分的,就未完成部分仍然可以解除。[31]《民法典》第 787 条在《合同法》第 268 条基础上增设“承揽人完成工作前”这一行使条件限制,与大陆法系民法典的普遍做法一致,堪值肯定。

17 定作人的任意解除权仅存于承揽人完成工作之前,在承揽人没着手开始工作以前,定作人自然能解除合同;但如承揽人已完成工作,即使工作成果尚未交付,也不能解除合同,因定作人行使解除权的目的在于使承揽人的工作终止,使其不再继续进行,如承揽人已经完成工作,此时定作人应接受工作成果,而不能再解除合同。在《合同法》施行时代虽然没明确规定这一条件,但在适用上理应如此。[32]如在“邹某非与广州爱厨家居承揽合同纠纷案”中,法院认为,定作人享有合同任

[26] 易军:《原则/例外关系的民法阐释》,载《中国社会科学》2019 年第 9 期。

[27] 浙江省宁波市中级人民法院(2010)浙甬民二终字第 523 号民事判决书。

[28] 《法国民法典》第 1794 条规定:“建筑工程虽已经开始,定作人亦得根据其单方的意思……解除。”

[29] 《德国民法典》第 649 条规定:“到工作完成时为止,定作人可以随时通知终止合同。”

[30] 《日本民法典》第 641 条规定:“于承揽人未完成工作期间,定作人可以随时以赔偿损害而解除合同。”

[31] [日]我妻荣:《债权各论(中卷二)》,周江洪译,中国法制出版社 2008 年版,第 119 页。

[32] 何春晓、刘远志:《承揽合同中定作人的任意解除权并非毫无限制》,载《人民法院报》2013 年 9 月 4 日,第 7 版;姚建军:《承揽合同中定作人解约权问题探析》,载《人民法院报》2012 年 5 月 16 日,第 7 版。

意解除权并不意味着定作人解除合同不受任何限制，“随时”实际是指合同成立生效后，合同履行完毕前的任何时间。根据解除的含义，解除是当事人在合同效力存续期间，提前终止合同效力的行为。如果承揽人已交付工作成果，定作人已支付报酬等费用，合同已终止，定作人此时如果不需要工作成果的，不能提出解除合同。〔33〕实践中还有个案认为，定作人应当在“合同有效期”内行使解除权。〔34〕由于“工作完成前”与“合同有效期”并不重叠，法院这一观点并不妥当。

2. 承揽人完成承揽工作的，定作人不得行使任意解除权

18 《合同法》适用阶段，虽其第 268 条未对任意解除权的行使终期作出规定，但司法实践中多数法官亦能根据合同本旨与制度目的加以限定，认为合同履行完毕或定作物完成后，由于承揽人已经完成约定义务，定作人不再享有任意解除权。结合对相关案例的分析，实务界对此行使限制的理解可分为如下不同路径：

19 （1）工作物完成消灭任意解除权。如“浙江博道设计有限公司与舟山市定海区干览镇人民政府建设工程设计合同纠纷案”中，〔35〕法院认为，承揽人已经完成约定义务且没有设计过错，定作人此时仍单方解除合同属于违约行为。

20 （2）工作物完成后行使任意解除权违反诚信原则。如“陕西蔡家坡城市建设有限公司与陕西经纬纵横文化传播有限公司承揽合同纠纷案”中，〔36〕承揽人已经完成工作并将定作成果安装到位后定作人发出书面解除函，法院认为，该行使解除权的行为有违诚实信用原则，因此不发生合同解除的法律效果。

21 （3）工作物完成后行使任意解除权违反立法意旨。如在“汤某富与宁波欣联建材有限公司承揽合同纠纷上诉案”中，〔37〕法院认为，定作物已经制作完成后，定作人解除合同“不符合合同法的立法本意”。

22 （4）工作物完成后行使任意解除权导致资源浪费。如“南京紫金体育产业股份有限公司与江苏众丰信息科技发展有限公司承揽合同纠纷案”中，〔38〕法院认为，承揽人已经将工作成果交付给定作人按要求安装至相应的地点，解除合同不仅会导致大量财产资源浪费，而且还会导致双方利益严重失衡。

23 （5）工作物完成后行使任意解除权构成权利滥用。如“武汉深丝路数码技术有限公司与武汉合富联银置业发展有限公司承揽合同纠纷案”中，〔39〕法院认为，

---

〔33〕广东省广州市中级人民法院（2019）粤 01 民终 20835 号民事判决书。

〔34〕陈望来：《承揽合同的随时解除权、留置权如何确定》，载《中国审判》2010 年第 4 期。

〔35〕浙江省高级人民法院（2017）浙民申 3286 号民事裁定书。

〔36〕陕西省宝鸡市中级人民法院（2019）陕 03 民终 425 号民事判决书。

〔37〕浙江省宁波市中级人民法院（2013）浙甬商终字第 533 号民事判决书。

〔38〕江苏省常州市中级人民法院（2019）苏 04 民终 1257 号民事判决书。

〔39〕湖北省武汉市中级人民法院（2019）鄂 01 民终 2637 号民事判决书。

定作人在承揽人已经完成最终样片，且在其主张支付制作费时提出解除合同，是“对定作人单方解除权的滥用”等。

24 另虽有个别判决认为，合同履行完毕后，定作人仍享有任意解除权，但应支付全部约定报酬或价款。[40] 如“深圳掌华科技有限公司与惠州英诺达光电科技有限公司买卖合同纠纷案”中，[41] 法院支持了承揽人要求定作人赔偿“全部剩余货款”作为其解除合同所造成的损失的诉讼主张；在“爱思奇奥网络信息技术（北京）有限公司与河南太龙药业股份有限公司技术服务合同纠纷案”中，[42] 法院也支持定作人在合同履行完毕后行使任意解除权，由于该案中承揽人已经完成全部工作，判决其支付全部报酬。这类判决结果虽属于《合同法》第 268 条文义解释范围之中，但从实际效果来看，法院虽支持定作人行使任意解除权，却使其承担违约效果。《民法典》第 787 条增加行使条件的限制，正是对这一实践中存在问题的准确回应。

（三）承揽人违约与任意解除权之行使

25 承揽人的违约状态是否会对定作人行使任意解除权产生影响？对此，世界各国立法例均未作出明确规定，《民法典》第 787 条亦然。此问题颇值研究。如前所述，在双方均无违约情事或仅定作人单方违约时其行使任意解除权均无争议，但在承揽人违约时，是否应当排除定作人任意解除权之行使？理论上一般认为，定作人的赔偿责任是一种法定责任，其行使不以承揽人有过失为前提，无论是否有过失，只要合同解除造成承揽人的损害，定作人都要承担赔偿责任。[43] 而司法实践中，法官面对此种情形时一般会区分当事人的主观状态作出不同结论，计有以下处理方案：

1. 承揽人迟延与任意解除权的行使

26 基于承揽合同的特性，承揽人迟延时，如依《民法典》第 563 条允许定作人解除合同，可能造成社会资源浪费，因此立法例中多不允许定作人直接依债法总则中有关履行迟延的一般规定解除合同，而是对承揽合同的迟延解除作特别规定。

---

〔40〕“北京金华汉新技术有限责任公司与北京东方华艺模塑有限公司承揽合同纠纷上诉案”中，法院二审认为，金华汉公司可以要求解除与东方华艺公司之间的合同，但由于东方华艺公司已经在约定期限内制作出了合格模具，完成了工作成果，因此金华汉公司在解除合同后，应当向东方华艺公司支付剩余的模具加工费；其要求赔偿预计的生产数量和利润计算损失，因缺乏依据，不予支持。北京市第二中级人民法院（2009）二中民终字第 22781 号民事判决书。

〔41〕广东省深圳市中级人民法院（2014）深中法商终字第 1785 号民事判决书。

〔42〕河南省郑州市中级人民法院（2018）豫 01 民终 1009 号民事判决书。

〔43〕王利明：《合同法研究（第三卷）》（第 2 版），中国人民大学出版社 2015 年版，第 439 页；韩世远：《合同法学》，高等教育出版社 2010 年版，第 495 页。

台湾地区“民法”第 502 条即属此类。〔44〕但此种情况下定作人仍可行使任意解除权。我国法院有判决也持此种观点，如“甘肃舍利电气科技有限公司与淄博科汇机床制造有限公司定作合同纠纷案”中，〔45〕法院认为，承揽人科汇公司迟延，不影响定作人行使任意解除权，判决定作人在行使任意解除权后赔偿承揽人已完成工作的报酬及合同履行完毕后可能获得的利益。学者认为，鉴于承揽合同劳务的特殊性，承揽人迟延时，定作人解除合同应受到严格限制。〔46〕除非导致承揽合同目的不能实现的，定作人不得根据《民法典》第 563 条第 1 款第 3 项行使法定解除权，但此际并不影响定作人行使任意解除权。“广东维尔科技股份有限公司与北京星立维科技有限公司定作合同纠纷案”中，〔47〕法院同时根据《合同法》第 268 条与《合同法》第 94 条第 3 项支持了定作人的解除主张，判决承揽人根据《合同法》第 97 条返还依据合同取得的订金及预付金。

2. 承揽人不完全履行与任意解除权的行使

27 以往司法实践中，定作人为实现合同解除的目的，在根据《合同法》第 268 条解除合同时，通常会将承揽人违约作为依据，并将此条与一般法定解除主张相结合而提出“双保险”的主张。这就提出了任意解除权与法定解除权应如何协调的问题，即在承揽人违约时，是排除定作人行使任意解除权？还是法官在此时行使释明权，要求定作人选择解除合同的请求权基础？对此司法实践中分歧很大，司法实践中有如下几种审理思路：

28 第一，承揽人有过错不影响定作人行使任意解除权，但应减轻或免除定作人的损害赔偿责任。如“王某英与邓某莹定作合同纠纷案”中，〔48〕法院认为，承揽人有过错的，不影响定作人行使任意解除权。〔49〕“北京东方宏业家具有限公司与鄂尔多斯市福泰房地产开发有限责任公司定作合同纠纷案”中，〔50〕法院认为，“合同因福泰公司行使任意解除权而解除，对于福泰公司在涉案合同解除后是否应赔偿

〔44〕 我国台湾地区“民法”第 502 条规定：“因可归责于承揽人之事由，致工作逾约定期限始完成，或未定期限而逾相当时期始完成者，定作人得请求减少报酬或请求赔偿因迟延而生之损害。前项情形，如以工作于特定期限完成或交付为契约之要素者，定作人得解除契约，并得请求赔偿因不履行而生之损害。”

〔45〕 甘肃省定西市安定区人民法院（2018）甘 1102 民初 318 号民事判决书。

〔46〕 谢鸿飞编著：《承揽合同》，法律出版社 1999 年版，第 56 页；崔建远：《合同一般法定解除条件探微》，载《法律科学》2011 年第 6 期。

〔47〕 北京市第二中级人民法院（2020）京 02 民终 4964 号民事判决书。

〔48〕 浙江省桐乡市人民法院（2015）嘉桐商初字第 1647 号民事判决书。

〔49〕 该案中法院审理认为：“被告作为承揽人，在合同未对具体工程量及技术细节约定明确的情况下，理应在合同未约定清楚的范围内征求定作人的意见后再行安排自己的承揽工作，但被告未与原告沟通协商便大量订购铝材进行加工，被告的行为客观上对此后原、被告双方履约僵局的形成起到了推动作用，被告存在一定的过错。”

〔50〕 北京市第二中级人民法院（2016）京 02 民终 10573 号民事判决书。

东方宏业公司因合同解除而遭受的损失，应以福泰公司对合同解除存在过错为前提”。“江苏杰富宏泰阀门有限公司与南通天星铸锻有限公司承揽合同纠纷案”中，[51]法院认为，承揽人有过错时，定作人的赔偿责任不包括任何可得利益，而仅限于实际损失。“济南金尚装饰工程有限公司与朱某伟、济南金尚装饰工程有限公司徐州分公司装饰装修合同纠纷案”也采此种思路。[52]

第二，承揽人有过错时排除定作人任意解除权的行使。如在“江苏杰富宏泰阀门有限公司与南通天星铸锻有限公司承揽合同纠纷案”中，[53]法院认为，由于承揽人有明显的过错，因此无任意解除权之适用。“福州浩航船务有限公司与浙江七里港船业有限公司船舶建造合同纠纷再审案”中，[54]再审法院认为，由于承揽人存在根本违约行为，一审、二审和原再审判决均将浩航公司解除合同的依据认定为《合同法》第 268 条存在法律适用错误。“六瞳国际文化传媒（北京）有限公司与北京美思优唐文化传播有限公司承揽合同纠纷案”中，[55]法院二审认为，由于承揽人违约，“一审法院认定六瞳公司系依据任意解除权解除与美思优唐公司签订的《合同书》，适用法律不当”。在“陈某龙与绍兴市鑫宝奥汽车维修有限公司修理合同纠纷案”中，[56]法院认为，定作人行使任意解除权的后果是恢复原状且须赔偿承揽人的损失，与其同时要求损害赔偿的诉请存在矛盾，因此不予支持。“苏州汉宫木业有限公司与黄某梅装饰装修合同纠纷案”中，[57]一审法院依照《合同法》第 268 条判决涉案合同解除。二审则一改一审判决的请求权基础，认为“涉案合同是因汉宫木业公司违约导致解除”，直接排除了第 268 条作为请求权基础。 29

第三，行使任意解除权须以承揽人有过错为前提。如“浙江博道设计有限公司与舟山市定海区干览镇人民政府建设工程设计合同纠纷案”中，[58]法院认为，承揽人已经完成约定义务“且没有过错”，因此定作人不得依照《合同法》第 268 条行使任意解除权。 30

3. **小结**

上述法院判决对定作人任意解除权行使条件的理解分歧彰显了此条在司法适用中的分歧。笔者认为，上述各判决中存在不同程度的误解，应予厘清：首先， 31

---

〔51〕 江苏省海安县人民法院(2015)安曲商初字第 00057 号民事判决书。

〔52〕 江苏省徐州市中级人民法院(2019)苏 03 民终 3910 号民事判决书。

〔53〕 江苏省海安县人民法院(2015)安曲商初字第 00057 号民事判决书。

〔54〕 最高人民法院(2013)民提字第 71 号民事判决书。

〔55〕 北京市第三中级人民法院(2017)京 03 民终 9028 号民事判决书。

〔56〕 浙江省绍兴市中级人民法院(2020)浙 06 民终 1301 号民事判决书。

〔57〕 江苏省苏州市中级人民法院(2019)苏 05 民终 6294 号民事判决书。

〔58〕 浙江省高级人民法院(2017)浙民申 3286 号民事裁定书。

认为行使任意解除权须以承揽人有过错为前提的观点，混淆了任意解除与法定解除在制度目的上的区别和损害赔偿义务人的不同，完全是对任意解除权制度意旨的误解。其次，认为承揽人有过错不影响定作人行使任意解除权，但应减轻或免除定作人的损害赔偿责任的做法，虽把握了任意解除权的行使条件，但对其损害赔偿范围认定方法的认识模糊不清；而认为承揽人有过错时应排除定作人行使任意解除权的观点，虽然认识到了法定解除与任意解除的区别，但遗憾未能给出充分理由与处理方案。具体而言，笔者认为应区分下面两种情况：

32 第一，承揽人迟延履行或瑕疵履行，未达到根本违约的程度，不妨碍定作人行使任意解除权。此际，定作人应依《民法典》第 787 条承担赔偿责任。不过，由于承揽人有迟延履行或瑕疵履行等违约行为，可依过失相抵原则减轻定作人的赔偿责任。

33 第二，承揽人根本违约，定作人仍可行使任意解除权，但可考虑从意思表示解释的角度，认定定作人行使的是法定解除权而非任意解除权。台湾地区“最高法院”2003 年台上字第 211 号判决持此种观点，认为“若定作人系以承揽人有违反契约目的之行为，以之为可归责之重大事由终止契约，即与‘民法’第 511 条之规定有间，自无该条之适用”[59]。该判决之立场实值赞同。笔者认为，若承揽合同符合《民法典》第 563 条所规定的法定解除条件，则定作人不仅不应承担赔偿责任，而且还可根据法定解除的行使与效果提供救济。

五、法律效果

定作人行使任意解除权，发生如下法律效果：

(一) 定作人应当通知承揽人，解除通知达到承揽人时，承揽合同终止

34 《民法典》第 787 条没有就任意解除权的解除通知作特别规定，因此其行使应适用《民法典》第 565 条关于解除通知的规定。即自解除通知到达承揽人时，合同终止；解除权人以诉讼方式提出解除合同，即通过法院向对方送达法律文书特别是起诉状通知对方解除合同，如合同解除最终被认定，则载有解除请求意思表示的起诉状副本送达被告时，也发生解除合同效力。[60] 司法实践中有判决将“承揽人起诉”视为行使任意解除权解除合同。如“浙江瑞芬特纺织服饰有限公司等与

---

〔59〕 参见李淑明：《债法各论》，台湾地区元照出版公司 2018 年版，第 407 页。

〔60〕 李琪：《以起诉方式解除合同解除时间的确定》，载最高人民法院民事审判第一庭编：《民事审判指导与参考》（2017 年第 4 期），人民法院出版社 2018 年版，第 190 页。

浙江绍兴新三江印染有限公司等加工合同纠纷上诉案”中,[61]法院确认“本案所涉加工合同自起诉之日起解除”。笔者认为,如以起诉之日认定为定作人解除通知的时间,则有关赔偿范围的认定也以起诉之日作为计算基准。

承揽人收到解除通知后,应当立即停止工作;承揽人继续从事承揽工作的,构成对减损义务的违反。 35

(二)定作人行使解除权后,应当赔偿承揽人损失

任意解除权与损害赔偿制度相联结,这意味着承揽合同虽在制度设计上“为定作人利益”,并同时也应兼顾承揽人利益,以实现合同双方的利益平衡。定作人赔偿损失的范围应如何界定?立法均语焉不详,下文即结合司法实践进行分析。 36

1. **我国现行司法实践中的分歧**

就定作人行使任意解除权后损害赔偿的范围,《民法典》第 787 条未做明定。关于此点,有以下问题需要厘清:

第一,定作人行使任意解除权后是否可依一般法定解除的规定主张解除效果?

我国学界和司法实践都普遍认为,定作人任意解除权属于《民法典》第 563 条第 1 款第 5 项所定的“法律规定的其他情形”。[62] 据此,当事人依据《合同法》第 268 条解除合同后自然可主张《合同法》第 97 条规定的解除后果。司法实践中很多判决都采纳此种方案,体现为法院支持定作人在任意解除合同后要求返还定作款的诉讼请求。如“贵州航天天马机电科技有限公司与重庆同力重型机器制造有限公司承揽合同纠纷上诉案”中,[63]法院认为,天马科技公司可基于任意解除权解除合同,承揽人重庆同力重型机器制造有限公司返还贵州航天天马机电科技有限公司预付款 444 万元。“上海吾石家居有限公司与陈某等承揽合同纠纷案”中,[64]法院认为,定作人陈某享有任意解除权,且对合同解除无过错,因此其“要求返还定作款的诉讼请求予以支持”。“杨某青等与温州市瓯海新桥小个子美食火锅店承揽合同纠纷案”[65]“六瞳国际文化传媒(北京)有限公司与北京美思优唐 37

〔61〕 浙江省绍兴市中级人民法院(2016)浙 06 民终 254 号民事判决书。

〔62〕 2015 年《北京市高级人民法院民二庭关于当前商事审判中需要注意的几个法律问题》持肯定态度,其“(四)关于请求解除合同的纠纷”中认为,《合同法》第 268 条和《合同法》第 410 条所规定的解除权均属于《合同法》第 94 条第 5 项法律规定的其他情形。http://pkulaw.cn/fulltext_form.aspx?Gid=58d1f59a530838bfe8222b4a633fd5bebdfb,2020 年 6 月 23 日访问。

〔63〕 重庆市高级人民法院(2013)渝高法民终字第 00112 号民事判决书。

〔64〕 上海市第一中级人民法院(2017)沪 01 民终 3720 号民事判决书。

〔65〕 浙江省温州市中级人民法院(2017)浙 03 民终 720 号民事判决书。

文化传播有限公司承揽合同纠纷案”〔66〕等判决中，法院均确认涉案合同基于第268条而解除，在损害赔偿的认定上，则直接适用《合同法》第97条的规定。

38 法院的上述做法混淆了法定解除与任意解除两种制度迥然不同的目的，应予纠正。对此有学者指出，《合同法》第94条前四项并不能涵盖第268条和第410条，原因在于这两项规定“是针对承揽合同和委托合同的特殊性作出的特别规定”。〔67〕但该观点未注意到第268条和第410条能否作为第94条第5项从而也适用第97条的解除后果。鉴于任意解除与法定解除的制度目的迥异，不应将其纳入第94条法定解除的范围之中。因此，当事人行使任意解除权之后不应根据法定解除发生解除效果。总之，定作人行使任意解除权后，无《合同法》第97条的适用余地。此解释同样可扩及于《民法典》第787条与第566条之适用关系。但有一种情形需特别指出，如定作人在承揽人开始履行前即要求解除合同，此时如未造成承揽人任何损失，因此不发生第787条所定的赔偿，直接依照法定解除的效果处理即可。

第二，定作人“赔偿损失”的范围。

关于此“损失”范围的认定，在学界和司法实践中存在“直接损失说”和“履行利益说”两种不同观点，具体如下：

（1）直接损失说

39 此观点认为，定作人行使任意解除权时，只对承揽人已经履行合同的履行利益负赔偿责任，对于承揽人未履行的部分，定作人仅赔偿承揽人的直接经济损失。我国全国人大常委会法工委“合同法释义书”采纳此观点，认为定作人任意解除应当赔偿的损失主要包括“承揽人已完成的工作部分所应当获得的报酬、承揽人为完成这部分工作所支出的材料费以及承揽人因合同解除而受到的其他损失”，同时认为“定作人预先支付报酬的，在扣除已完成部分的报酬外，承揽人也应当将剩余价款返还定作人”。〔68〕

40 司法实践中，多数法官采此立场。如“杨某青等与温州市瓯海新桥小个子美食火锅店承揽合同纠纷案”中，〔69〕定作人行使任意解除权后，法院依照《合同法》第97条、第268条的规定，支持定作人行使单方解除权后应依法赔给承揽人的

〔66〕 北京市第三中级人民法院（2017）京03民终9028号民事判决书。

〔67〕 陆青：《论法定解除事由的规范体系——以一般规范与特别规范的关系为中心》，载《华东政法大学学报》2015年第1期。

〔68〕 胡康生主编：《中华人民共和国合同法释义》，法律出版社1999年版，第439页。

〔69〕 浙江省温州市中级人民法院（2017）浙03民终720号民事判决书。

"直接经济损失"。[70]"聊城市东昌府区昌盛纺织有限公司与青岛三剑线业工贸中心承揽合同纠纷案"[71]"宁波鑫合利斯服饰有限公司与国际环球(哈尔滨)时装有限公司定作合同纠纷案"中,[72]法院支持定作人随时解除合同,对承揽人要求其支付价款的诉讼请求不予支持。"慈溪市范市春杰模具厂与宁波宙诺电子有限公司承揽合同纠纷案"中,[73]法院仅支持赔偿承揽人制作产品的成本费用。"深圳时代首游互动科技有限公司与成都动鱼数码科技有限公司承揽合同纠纷案"中,[74]定作人违约时行使任意解除权获支持,但承揽人要求其支付第一笔定制费和预付款及违约金的请求均遭驳回。"宝高船舶配套技术(上海)有限公司与弗通流体科技(上海)有限公司承揽合同纠纷案"中,[75]法院认为,承揽人必须证明其主张的间接损失是与承揽合同直接相关的合理、必要的支出。"荆州市泛亚石油化工有限公司与成都赛普瑞兴科技有限公司承揽合同纠纷案"中,[76]法院认为,定作人行使任意解除权是"法定权利",因此无须承担违约责任,其不应向承揽人赔偿预期利益损失,仅需赔偿实际利益损失。

(2)履行利益说

此观点认为,定作人行使任意解除权时,对承揽人未履行的部分,也要赔偿其履行利益的损失。如《民法典》出台后,有学者指出,在所有类型的服务合同中,如无特别理由,法律后果应当等同对待。因此,《民法典》第787条中的赔偿损失,都应参照第933条确定委托合同任意解除后的损害赔偿范围。[77]依此观点,承揽合同为有偿合同,应参照适用有偿委托的赔偿范围,即定作人应赔偿承揽人的直接损失与可得利益。 41

在以往的司法实践中,也有不少案例将《合同法》第268条所定的"损失"范围根据《合同法》第113条所定的"违约损害赔偿"计算方法加以确定。如在"宁波戈凌蓝服饰实业有限公司与宁波海曙天诚创易广告传媒有限公司承揽合同纠纷上诉案"中,[78]法院认为,定作人行使任意解除权,对履行合同发生的实际费用无 42

[70] 该案审理法院甚至没有支持承揽人的全部直接损失,杨某青上诉提出的为制作包厢租赁场地支出的场地租赁费15000元,法院认为,加工场地属于承揽人履行加工承揽义务所必须具备的基本物质条件,且杨某青也没有证据证明小个子火锅店曾作出愿意承担场地租金的承诺的事实,故杨某青为履行加工承揽义务所支付的加工场地租金理应由其自行承担。

[71] 山东省青岛市中级人民法院(2016)鲁02民终7146号民事判决书。

[72] 浙江省宁波市中级人民法院(2018)浙02民终1027号民事判决书。

[73] 浙江省宁波市中级人民法院(2017)浙02民终857号民事判决书。

[74] 广东省深圳市中级人民法院(2018)粤03民终5403号民事判决书。

[75] 上海市第一中级人民法院(2014)沪一中民四(商)终字第1774号民事判决书。

[76] 四川省高级人民法院(2016)川民终941号民事判决书。

[77] 朱虎:《分合之间:民法典中的合同任意解除权》,载《中外法学》2020年第4期。

[78] 浙江省宁波市中级人民法院(2011)浙甬商外终字第14号民事判决书。

须返还，应赔偿承揽人履行合同的预期利润。“路桥华南工程有限公司与中铁武桥重工股份有限公司等加工承揽合同纠纷案”中，[79]法院认为，对于未履行的部分，定作人应当赔偿承揽人的“可得利益损失”。“江苏杰富宏泰阀门有限公司与南通天星铸锻有限公司承揽合同纠纷案”[80]“中铁武桥重工股份有限公司与挪威NRS AS公司等加工承揽合同案”[81]等均持此种观点。

（3）小结

43 笔者认为，上述“直接损失说”并未能使承揽人因合同解除而遭致的损失得到完全填补，同时也易引发定作人道德风险和事后机会主义行为；而“履行利益说”采违约损害赔偿的观点，虽对承揽人利益保护较为周到，但其在赔偿范围上等同于定作人根本违约，在定作人出现情事变更不再需要定作物时，此种赔偿方案不能有效激励其及时提早行使合同解除权，从而造成社会资源浪费，与该制度宗旨不符。

2. **比较法参照**

44 立法例中关于定作人任意解除权的赔偿范围有两种做法，分别是德国民法所采纳的“报酬请求权”模式与法国、瑞士、日本、意大利等国民法以及我国台湾地区“民法”采纳的“损害赔偿”模式。下文即对这两种模式展开分别分析。

（1）报酬请求权模式

45 《德国民法典》第 648 条规定了定作人的“通知终止权”（Kündigungsrecht des Bestellers）之规定。[82] 立法者认为，承揽合同往往有较长的履行期限，具有持续性债务的结构特征，因此不将其设计为效力溯及既往的解除权，而是将其设计成效力仅面向将来的任意终止权。

①承揽人请求权的范围

46 根据《德国民法典》第 648 条之规定，定作人行使任意解除权时，赋予承揽人以“报酬请求权”就足以保护其利益。[83] 对此，根据该条第 2 句前段规定，承揽人有权请求“约定的报酬”（vereinbarte Vergütung）。德国学界通说认为，这一请求权的性质并非

---

〔79〕 河南省高级人民法院（2006）豫法民三终字第 00036 号民事判决书。

〔80〕 江苏省海安县人民法院（2015）安曲商初字第 00057 号民事判决书。

〔81〕 河南省高级人民法院（2006）豫法民三终字第 36 号民事判决书。

〔82〕 《德国民法典》第 648 条规定：“到工作完成时为止，定作人可以随时通知终止合同。定作人通知终止合同的，承揽人有权请求所约定的报酬；但承揽人必须容许扣除其因合同的废止而在开支上节省的利益，或因将其劳动力用于他处而取得或恶意怠于取得的利益。推定承揽人此后有权获得与尚未提供的那部分承揽给付相对应的所约定报酬之 5%。”参见陈卫佐译：《德国民法典》（第 4 版），法律出版社 2015 年版，第 257 页。自 2018 年 1 月 1 日起，《德国民法典》原第 649 条变更为第 648 条。

〔83〕 Motive zu dem Entwurfe eines Bürgerlichen Gesetzbuches für das Deutsche Reich, II, 1888, S. 503.

"损害赔偿"请求权,而是一种基于合同的对待给付请求权(Gegenleistungsanspruch)[84]或原始的履行请求权(ursprünglicher Erfüllungsanspruch),[85]其请求的内容是"完整的报酬"(volle Vergütung)。[86] 究其原因,在于德国民法中该制度的目的在于不使承揽人遭受不利益,也不使其因此获益,因此该条第2句后段规定,在计算报酬的数额时,应扣除承揽人因此而在开支上所节省的利益以及他将劳动力用于他途而获得或恶意怠于获得的利益。该条第3句是根据2008年的德国《债权担保法》(Forderungssicherungsgesetz)所新增,目的是运用推定来帮助承揽人计算相应的报酬。

②将定作物区分为"已履行部分"和"未履行部分"

就该报酬请求权,目前德国学界对是否要区分"已提供的给付"(die erbrachte 47
Leistung)和"尚需提供的给付"(die noch zu erbringende Leistung)进行分别评价。其中"区分说"认为,应区分"对已提供的部分工作的报酬"(Vergütung für das bereits erstellte Teilwerk)和"对尚需提供的给付的报酬"(Vergütung für noch zu erbringende Leistungen)这两部分。[87] 少数学者不做区分,可称为"统一说"。[88] "区分说"在当前德国法律评注中占主流地位,其理由主要有以下两点:第一,已完成的这部分工作来说,是以事实上的给付为基础计算报酬的,而尚未完成的那部分则只能通过估算来得出;第二,对尚未给付的报酬无须缴纳营业税(Umsatzsteuer)。基于区分说,德国民法第648条第2句后段的扣除只是对"尚需提供的给付"这部分的报酬而言的,对"已提供给付的报酬"则不发生扣除问题。[89]

③报酬请求权是否足以保护承揽人的利益

赋予承揽人以报酬请求权是否足以保护其利益?德国学界对此也有争议。 48
如Esser教授认为,报酬请求权模式存在不足,关键之处在于,承揽人的正当利益在于该合同依约定得到履行。这一点通常适用于承揽人是艺术家,或承揽人需通过完成工作积累经验,或者这一工作是作为参考或演示样品而被制作的,为的是之后在获得其他顾客的"委托"时能够借此用于展示,或者承揽人将自己全部资源应用于与合同相关的工作物制作的情形,以及在经济萧条时期,承揽人为挽留高素质人员而十分在意合同的执行等情形中。若定作人对此知情,并试图通过自己

---

〔84〕 Medicus/Lorenz, Schuldrecht BT, 18. Aufl. 2018, § 34 Rn. 3, S. 259.

〔85〕 Staudinger/Peters/Jacoby, BGB § 649 Rn. 32.

〔86〕 Looschelders, Schuldrecht BT, 14. Aufl. 2019, § 35 Rn. 2, S. 298.

〔87〕 BeckOK BGB/Voit, 51. Ed. 1. 2. 2019, BGB § 648 Rn. 10 ff.; Palandt/Sprau, § 648 Rn. 6.

〔88〕 MüKoBGB/Busche, 7. Aufl. 2018, BGB § 648, Rn. 18 ff.

〔89〕 Erman/Schwenker/Rodemann, BGB, 15. Aufl., § 648 Rn. 6a - 6d.

的任意终止权使承揽人给予自己价格优惠，那么根据《德国民法典》第 157 条中所包含的思想，在个案中应视为第 648 条所规定的任意终止权已被合同所排除。〔90〕这一观点也得到部分学者的认同。〔91〕

49 另外，还有德国学者指出，采报酬请求权模式对承揽人的保护并不充分。如提前终止合同可能还导致承揽人增加额外费用（如完成到一半的给付会增加工作量、提前将投入的人员撤回会提高价格等）。而这些费用都未被该规定涵盖，它们无疑应该是由定作人承担。〔92〕因此，根据该条第 2 句后段，承揽人在请求报酬时不仅应扣除其在开支上所节省的利益，还应加上因定作人通知终止而给其造成的额外费用。属于这些额外费用的如运输和储存材料的费用、购置成本等。〔93〕

（2）损害赔偿模式

50 根据法国、瑞士、意大利、西班牙、日本等国民法典以及我国台湾地区"民法"的规定，定作人应赔偿对方的履行利益。〔94〕日本学者星野英一认为，定作人行使任意解除权的损害赔偿范围，与"不履行债务场合相同，包括承揽人已支出的费用和可望得到的利益，但要扣除其因解除而得到的利益"。这些利益包括在完工期限之前从其他地方得到或可以得到的利益，承揽人报酬中应扣除这些未支出的费用和上述利益。〔95〕我妻荣教授也指出，该条中损害赔偿的范围是承揽人已支出的费用（包括承揽人为了该工作购入的材料以及已雇用的劳务人等因无法用于该工作所造成的损失），再加上若完成工作可得的利益。〔96〕而山本敬三和大村敦志两位教授则采承揽合同报酬说，认为该条得以赔偿的范围应为"扣除了因任意解

---

〔90〕 Esser/Weyers, Schuldrecht, II, 1, 8. Aufl. 1998, S. 294；黄茂荣：《债法各论（第一册）》，中国政法大学出版社 2004 年版，第 317 页。

〔91〕 Looschelders, Schuldrecht BT, 14. Aufl. 2019, § 35 Rn. 2, S. 299; MüKoBGB/Busche, 7. Aufl. 2018, BGB § 648, Rn. 3.

〔92〕 Staudinger/Peters/Jacoby, BGB § 649 Rn. 7.

〔93〕 Staudinger/Peters/Jacoby, BGB § 649 Rn. 53.

〔94〕《法国民法典》第 1794 条规定："建筑工程虽已经开始，定作人亦得根据其单方的意思，于赔偿承揽人的一切费用，劳动力及此承揽可得利益后解除。"《日本民法典》第 641 条规定："于承揽人未完成工作期间，定作人可以随时以赔偿损害而解除合同。"《瑞士债务法》第 377 条规定："定作人在工作完成前得随时解除契约，但应赔偿承揽人已付出的劳动及因解约而发生的全部损失。"对于此规定，谢鸿飞教授认为，此规定中的"全部损失"为"履行利益扣除因免除给付义务已节省者"。承揽报酬预先确定者，定作人虽有支付上述扣除之后的数额；未确定报酬或仅估算报酬者，按劳力的价值及承揽人的费用确定。参见谢鸿飞编著：《承揽合同》，法律出版社 1999 年版，第 169 页。

〔95〕 转引自［日］星野英一：《日本民法概论 IV 契约》，姚荣涛译，台湾地区五南图书出版公司 1998 年版。

〔96〕［日］我妻荣：《债权各论（中卷二）》，周江洪译，中国法制出版社 2008 版，第 119 页。

除而免予支付的费用后的承揽合同价金”。[97]

51 根据台湾地区“民法”第 511 条,定作人应赔偿承揽人因契约终止而生之“损害”,即承揽人在定作人任意终止合同后所享有的权利,在性质上为“损害赔偿请求权”,但“民法”对“损害”的范围又未能作出明确规定。黄茂荣教授认为,正是这一语焉不详的表述,导致了其文义解释与目的或体系解释结果之间出现冲突。而这种不从契约债务之履行的观点,而以损害赔偿之方法弥补因定作人随意终止对承揽人造成之利益的冲击,在实务上必将耗费相当的心力,才能将合理的规范内容具体化确定下来。[98] 而台湾地区学者与司法判决,也的确对第 511 条“损害”的范围认定上发生了旷日持久的争议。如台湾地区“最高法院”1985 年度台上字第 1769 号判决认为第 511 条之“损害”不包括“已完成工作之报酬”,但 1989 年度台上字第 779 号民事判决和 2015 年度台上字第 818 号判决又认为,该“损害”自应包括“承揽人已完成之工作部分之报酬(积极损害)及所失其就未完成部分应可取得之利益(消极损害)”。[99] 对于承揽人除未完成部分,于工作完成时可得请求之报酬外的其他损害的问题,郑玉波教授认为,此部分赔偿以原定之报酬额为限。[100] 而邱聪智教授则认为,此损害赔偿是指未完成部分的可得利益。[101]

(3)小结

52 如黄茂荣教授所言,《德国民法典》第 648 条所采纳“报酬请求权”属于一种意定请求权,而台湾地区“民法”第 510 条之规定则属于“损害赔偿请求权”。前者与债法通则中关于可归责于债权人之事由致给付不能的法律效力相当。[102] 因此这两种模式存在性质上的区别。就计算方式而言,前者一般是指约定报酬减去承揽人节约的费用;后者作为法定赔偿,须依违约损害赔偿的规则加以计算,承揽人支出的成本加上承揽人的可得利益,但赔偿总额需受违约损害赔偿限制规则的调整。

53 在以往的司法实践中,就《合同法》第 268 条的适用而言,立法虽语焉不详,但法院在计算承揽合同任意解除后承揽人履行利益的损失时,有时“无心插柳”,也会采纳“报酬请求权”模式的计算方法。如“A 公司与 B 公司承揽合同纠纷上诉案”中,[103] 涉案合同为来料加工,法院支持定作人行使任意解除权,认为承揽人遭

---

〔97〕 周江洪:《委托合同任意解除的损害赔偿》,载《法学研究》2017 年第 3 期;[日]大村敦志:《基本民法 II 债权各论》,有斐阁 2003 年版,第 138 页。

〔98〕 黄茂荣:《债法各论(第一册)》,中国政法大学出版社 2004 年版,第 317—321 页。

〔99〕 台湾地区“最高法院”2015 年度台上字第 818 号判决。

〔100〕 黄立:《民法债编各论(上)》,中国政法大学出版社 2003 年版,第 439 页。

〔101〕 邱聪智:《新订债法各论(上)》,中国人民大学出版社 2006 年版,第 134。

〔102〕 黄茂荣:《债法各论(第一册)》,中国政法大学出版社 2004 年版,第 320 页。

〔103〕 上海市第一中级人民法院(2012)沪一中民四(商)终字第 1071 号民事判决书。

受的损失为“全部定作款项”;“江阴东辰机械制造股份有限公司与武汉钢铁集团鄂城钢铁有限责任公司定作合同纠纷案”[104] 中,法院认为,定作人行使任意解除权,应赔偿承揽人损失的实际损失和可得利益损失,其赔偿范围按照“合同总价扣除东辰公司未发生的费用、尚不能确定的费用以及现有设备残值予以确定”,直接将可得利益等同于约定发生减去节约的费用等。而这种方法也恰是上述《德国民法典》第 648 条所定的“报酬请求权说”计算方法。

(4)本文观点

54 《民法典》第 787 条就“损害赔偿”的范围仍语焉不详,可预见仍将导致将来的司法实践在适用该条时无所依从。综上笔者认为,此条应采“报酬请求权说”,理由具体如下:

55 第一,定作人任意解除权本质上是一种可归责于定作人的合同终止。如果定作人解除承揽合同只需赔偿承揽人的直接损失,不但对承揽人不公,而且可能会诱发定作人的道德风险,导致解除权滥用。正因如此,定作人欲解除合同,需付出赔偿承揽人包括履行利益在内的全部损失的代价。但是,将任意解除权的行使等同于违约行为也会引发另一问题,即对于定作人来说,由于其行使任意解除权所承担的法律效果完全等同于违约损害赔偿,无法激励其及时解除合同,与社会效率观念不符。

56 第二,定作人行使任意解除权,不具有溯及力,仅面向将来消灭。因此,任意解除权的行使不应依法定解除的规定发生效果。承揽工作的完成并非一蹴而就,而是经常需持续一段时间,即使不能认定为典型的继续性合同,承揽亦堪称“长期性合同关系”。[105] 因此,在承揽合同解除时,应肯定其向将来消灭,不溯及既往;再者,赋予定作人任意解除权的目的,并非为其免除报酬支付义务,而只是容许其阻止工作物继续给付。[106] 因此,若承揽工作为可分,则该解除仅面对未完成部分。[107] 日本也有判例认为,如果承揽物标的物是可分的,任意解除仅及于尚未完成的部分,已经完成的部分不能解除。[108] 综上,在承揽合同被任意解除后,承揽人受有损失的,不应根据《民法典》第 566 条第 1 款之规定对已经履行的部分进行返还清算。因此,在解释《民法典》第 787 条时应明确其法律效果及赔偿范围。

57 第三,“报酬请求权模式”也是我国现有司法解释中对特种承揽解除权赔偿范

---

[104] 江苏省无锡市中级人民法院(2016)苏 02 民终 2904 号民事判决书。

[105] 陈自强:《民法讲义Ⅱ:契约之内容与消灭》,法律出版社 2004 年版,第 193 页。

[106] 王文军:《论继续性合同的解除》,载《法商研究》2019 年第 2 期。

[107] [日]我妻荣:《债权各论(中卷二)》,周江洪译,中国法制出版社 2008 年版,第 119 页;参见王利明:《合同法研究(第三卷)》,中国人民大学出版社 2012 年版,第 437 页。

[108] [日]星野英一:《日本民法概论Ⅳ契约》,姚荣涛译,台湾地区五南图书出版公司 1998 年版,第 248 页。

围的处理方式。旅游合同作为特种承揽,旅游者也享有任意解除权。针对该解除权的行使后果,《旅游纠纷解释》第 12 条规定,“旅游行程开始前或者进行中,因旅游者单方解除合同,旅游者请求旅游经营者退还尚未实际发生的费用,或者旅游经营者请求旅游者支付合理费用的,人民法院应予支持”。此处“未实际发生的费用”,应指在旅客行使任意解除权时旅游经营者因免于提供服务而节省的费用。而该费用是指旅行社提供各种服务所支出的成本,还是应包括其合理利润在内,即应以旅游服务的市场价格作为扣除标准?一般认为,该费用应限于未提供服务的成本费用,不包括旅行社的合理利润。[109] 即在旅游者在旅游终止前任意解除合同时,允许旅行社获得未履行部分的报酬。

综上,笔者认为,定作人行使任意解除权在本质上是一种须承担对价的单方 58
解除权,对《民法典》第 787 条所规定的损害赔偿范围,应解释为合同约定报酬加上因合同解除而增加的费用,但承揽人因合同解除而节约的成本应予扣除。

六、举证责任

在举证责任分配上,定作人应就系争合同性质为承揽合同、承揽工作尚未完 59
成进行举证;在损失计算上,定作人还应为因合同解除而节约费用举证。承揽人抗辩时应就系争合同性质上非承揽合同,或合同虽有包含承揽内容,但存在混合合同或者联立情形,定作人不能当然行使任意解除权进行举证;如合同性质上虽为承揽合同,承揽人应为工作已完成,或工作虽未完成时但己方受有损失进行举证。

附:案例索引

1. 北京市第二中级人民法院(2009)二中民终字第 22781 号民事判决书:北京金华汉新技术有限责任公司与北京东方华艺模塑有限公司承揽合同纠纷案【边码 24】

2. 北京市第二中级人民法院(2016)京 02 民终 10573 号民事判决书:北京东方宏业家具有限公司与鄂尔多斯市福泰房地产开发有限责任公司定作合同纠纷案【边码 28】

3. 北京市第二中级人民法院(2020)京 02 民终 4964 号民事判决书:广东维尔科技股份有限公司与北京星立维科技有限公司定作合同纠纷案【边码 26】

4. 北京市第三中级人民法院(2017)京 03 民终 9028 号民事判决书:六瞳国际文化传媒(北京)有限公司与北京美思优唐文化传播有限公司承揽合同纠纷案【边码 29、37】

---

〔109〕 申海恩:《旅游合同中尚未实际发生的费用及其计算》,载《法学杂志》2011 年第 6 期。对此,《德国民法典》第 651 – 9 条规定,旅游开始前,旅游者解除合同的,旅游营业人丧失约定旅游费用之请求权。但旅游营业人得请求相当之补偿。补偿之数额,按旅游费用扣除旅游营业人所减省费用之价值,及其就转向他处提供旅游给付所能取得之价值确定。

5. 重庆市高级人民法院(2013)渝高法民终字第 00112 号民事判决书:贵州航天天马机电科技有限公司与重庆同力重型机器制造有限公司承揽合同纠纷案【边码 37】

6. 甘肃省定西市安定区人民法院(2018)甘 1102 民初 318 号民事判决书:甘肃舍利电气科技有限公司与淄博科汇机床制造有限公司定作合同纠纷案【边码 26】

7. 广东省广州市中级人民法院(2019)粤 01 民终 20835 号民事判决书:邹某非与广州爱厨家居承揽合同纠纷案【边码 17】

8. 广东省深圳市中级人民法院(2014)深中法商终字第 1785 号民事判决书:深圳掌华科技有限公司与惠州英诺达光电科技有限公司买卖合同纠纷案【边码 24】

9. 广东省深圳市中级人民法院(2018)粤 03 民终 5403 号民事判决书:深圳时代首游互动科技有限公司与成都动鱼数码科技有限公司承揽合同纠纷案【边码 40】

10. 河北省沧州市中级人民法院(2018)冀 09 民终 3916 号民事判决书:西安航天华威化工生物工程有限公司与黄骅市信诺立兴精细化工股份有限公司买卖合同纠纷案【边码 10】

11. 河南省高级人民法院(2006)豫法民三终字第 00036 号民事判决书:路桥华南工程有限公司与中铁武桥重工股份有限公司等加工承揽合同纠纷纠纷案【边码 42】

12. 河南省高级人民法院(2006)豫法民三终字第 36 号民事判决书:中铁武桥重工股份有限公司与挪威 NRS AS 公司等加工承揽合同纠纷案【边码 42】

13. 河南省高级人民法院(2016)豫民终 2 号民事判决书:洛阳维达石化工程有限公司与安徽桑铌科技股份有限公司建设工程设计合同纠纷、技术转让合同纠纷案【边码 11】

14. 河南省郑州市中级人民法院(2018)豫 01 民终 1009 号民事判决书:爱思奇奥网络信息技术(北京)有限公司与河南太龙药业股份有限公司技术服务合同纠纷案【边码 24】

15. 湖北省武汉市中级人民法院(2019)鄂 01 民终 2637 号民事判决书:武汉深丝路数码技术有限公司与武汉合富联银置业发展有限公司承揽合同纠纷案【边码 8、23】

16. 江苏省常州市中级人民法院(2019)苏 04 民终 1257 号民事判决书:南京紫金体育产业股份有限公司与江苏众丰信息科技发展有限公司承揽合同纠纷案【边码 22】

17. 江苏省海安县人民法院(2015)安曲商初字第 00057 号民事判决书:江苏杰富宏泰阀门有限公司与南通天星铸锻有限公司承揽合同纠纷案【边码 8、28、29】

18. 江苏省苏州市中级人民法院(2019)苏 05 民终 6294 号民事判决书:苏州汉宫木业有限公司与黄某梅装饰装修合同纠纷案【边码 29】

19. 江苏省无锡市中级人民法院(2016)苏 02 民终 2904 号民事判决书:江阴东辰机械制造股份有限公司与武汉钢铁集团鄂城钢铁有限责任公司定作合同纠纷案【边码 53】

20. 江苏省徐州市中级人民法院(2019)苏 03 民终 3910 号民事判决书:济南金尚装饰工程有限公司与朱某伟、济南金尚装饰工程有限公司徐州分公司装饰装修合同纠纷案【边码 28】

21. 山东省青岛市中级人民法院(2016)鲁 02 民终 7146 号民事判决书:聊城市东昌府区昌盛纺织有限公司与青岛三剑线业工贸中心承揽合同纠纷案【边码 40】

22. 陕西省宝鸡市中级人民法院(2019)陕 03 民终 425 号民事判决书:陕西蔡家坡城市建设有限公司与陕西经纬纵横文化传播有限公司承揽合同纠纷案【边码 20】

23. 上海市第一中级人民法院(2012)沪一中民四(商)终字第 1071 号民事判决书:A 公司与 B 公司承揽合同纠纷案【边码 53】

24. 上海市第一中级人民法院(2014)沪一中民四(商)终字第 1774 号民事判决书:宝高船舶配套技术(上海)有限公司与弗通流体科技(上海)有限公司承揽合同纠纷案【边码 40】

25. 上海市第一中级人民法院(2017)沪 01 民终 3720 号民事判决书:上海吾石家居有限公司与陈某等承揽合同纠纷案【边码 37】

26. 上海市嘉定区人民法院(2012)嘉民二(商)初字第 823 号民事判决书:某某摄影制作有限公司与某某电子商务有限公司承揽合同纠纷案【边码 8】

27. 上海市浦东新区人民法院(2017)沪 0115 民初 77582 号民事判决书:昆山万古装饰设计有限公司与繁构建筑装饰设计工程(上海)有限公司建设工程设计合同纠纷案【边码 11】

28. 四川省成都市中级人民法院(2012)成民终字第 6183 号民事判决书:中铁工程设计院有限公司四川分公司与四川润茂房地产开发有限公司建设工程设计合同纠纷案【边码 11】

29. 四川省成都市中级人民法院(2019)川 01 民终 15914 号民事判决书:成都绿茵之家装饰工程有限公司与杨某苹承揽合同纠纷案【边码 8】

30. 四川省高级人民法院(2016)川民终 941 号民事判决书:荆州市泛亚石油化工有限公司与成都赛普瑞兴科技有限公司承揽合同纠纷案【边码 40】

31. 浙江省高级人民法院(2017)浙民申 3286 号民事裁定书:浙江博道设计有限公司与舟山市定海区干览镇人民政府建设工程设计合同纠纷案【边码 19、30】

32. 浙江省宁波市中级人民法院(2010)浙甬民二终字第 523 号民事判决书:宁波海川电器有限公司等与宁波翔胜建设有限公司建设工程施工合同纠纷案【边码 15】

33. 浙江省宁波市中级人民法院(2011)浙甬商外终字第 14 号民事判决书:宁波戈凌蓝服饰实业有限公司与宁波海曙天诚创易广告传媒有限公司承揽合同纠纷案【边码 42】

34. 浙江省宁波市中级人民法院(2013)浙甬商终字第 533 号民事判决书:汤某富与宁波欣联建材有限公司承揽合同纠纷案【边码 4、21】

35. 浙江省宁波市中级人民法院(2017)浙 02 民终 857 号民事判决书:慈溪市范市春杰模具厂与宁波宙诺电子有限公司承揽合同纠纷案【边码 40】

36. 浙江省宁波市中级人民法院(2018)浙 02 民终 1027 号民事判决书:宁波鑫合利斯服饰有限公司与国际环球(哈尔滨)时装有限公司定作合同纠纷案【边码 40】

37. 浙江省绍兴市上虞区人民法院(2018)浙 0604 民初 10060 号民事判决书:宁波菲迩包装有限公司与绍兴市上虞锋利模具厂承揽合同纠纷案【边码 4】

38. 浙江省绍兴市中级人民法院(2016)浙 06 民终 254 号民事判决书:浙江瑞芬特纺织服饰有限公司等与浙江绍兴新三江印染有限公司等加工合同纠纷案【边码 34】

39. 浙江省绍兴市中级人民法院(2020)浙 06 民终 1301 号民事判决书:陈某龙与绍兴市鑫宝奥汽车维修有限公司修理合同纠纷案【边码 29】

40. 浙江省桐乡市人民法院(2015)嘉桐商初字第 1647 号民事判决书:王某英与邓某莹定作合同纠纷案【边码 28】

41. 浙江省温州市中级人民法院(2017)浙 03 民终 720 号民事判决书:杨某青等与温州

市瓯海新桥小个子美食火锅店承揽合同纠纷案【边码 37、40】

42. 最高人民法院(2015)民申字第 990 号民事判决书:湖南康帅房地产开发有限公司与深圳天骜投资策划有限公司委托合同纠纷案【边码 8】

43. 最高人民法院(2015)民一终字第 226 号民事判决书:成都和信致远地产顾问有限责任公司与四川省南部县金利房地产开发有限公司委托合同纠纷案【边码 8】

44. 最高人民法院(2013)民提字第 71 号民事判决书:福州浩航船务有限公司与浙江七里港船业有限公司船舶建造合同纠纷案【边码 29】

第962条

中介人的如实报告义务*

第962条　中介人应当就有关订立合同的事项向委托人如实报告。

中介人故意隐瞒与订立合同有关的重要事实或者提供虚假情况，损害委托人利益的，不得请求支付报酬并应当承担赔偿责任。

简　目

* 本文系基于《〈民法典〉第962条（中介人的如实报告义务）评注》（载《南京大学学报（哲学·人文科学·社会科学）》2021年第2期，第73—87页）一文修订而成。

一、规范意旨

(一)规范史略

1 《合同法》第二十三章标题为“居间合同”,《民法典》第三编“合同”第二十六章改采“中介合同”这一表述。相较于《合同法》第 425 条,除了将“居间”“损害赔偿责任”分别改为“中介”“赔偿责任”之外,《民法典》第 962 条的其他内容仍维持原貌。回顾立法史可以发现,在《合同法(试拟稿)》(1995 年 1 月)中,第 382 条曾规定:“居间人应当向委托人报告相对人的真实情况,并应当保守委托人的商业秘密及约定的其他秘密。”此后,《合同法(征求意见稿)》(1997 年 5 月 14 日)对《合同法(试拟稿)》的内容作了调整,于第 241 条规定:“(1)居间人应当向委托人提供有关贸易媒介服务的真实情况,并应当按照约定保守委托人的秘密。(2)居间人故意提供虚假情况,造成委托人损失的,居间人应当返还所得报酬并赔偿委托人为订立合同而支出的费用。”可见,《合同法(征求意见稿)》特别增加了第 2 款,对居间人“故意”时的责任进行了规定,进而凸显对故意违约的规制。在之后的《合同法(草案)》(1998 年 8 月 20 日)中,形成了《合同法》第 425 条的主体内容,于第 429 条规定:“(1)居间人就有关订立合同的情况应当向委托人如实报告。(2)居间人故意提供虚假情况,损害委托人利益的,不得请求支付报酬并应当承担损害赔偿责任。”〔1〕所不同的是,《合同法》第 425 条及《民法典》第 962 条均增加了“故意隐瞒”这一情形。

2 从比较法上来看,《意大利民法典》第 1759 条第 1 款〔2〕以及我国台湾地区“民法”第 567 条〔3〕对中介人的如实报告义务均有所规定。《德国民法典》第 652 条和第 654 条虽未明确将违反如实报告义务与不得请求支付报酬联系起来,但学理和判例上对此通常予以肯定。〔4〕 根据全国人大常委会法工委的相关资料,立法者重点将《合同法》第 425 条与德国、意大利及我国台湾地区的相关规定进行了

---

〔1〕 参见全国人大常委会法制工作委员会民法室编著:《〈中华人民共和国合同法〉及其重要草稿介绍》,法律出版社 2000 年版,第 77、141、215 页。

〔2〕《意大利民法典》第 1759 条第 1 款规定:“居间人应当将其注意到的可能影响缔约的评价和可靠性的情况,向当事人进行通报。”参见费安玲、丁玫译:《意大利民法典》,中国政法大学出版社 2004 年版,第 420 页。

〔3〕 我国台湾地区“民法”第 567 条规定:“(1)居间人关于订约事项,应就其所知,据实报告于各当事人。对于显无履行能力之人,或知其无订立该约能力之人,不得为其媒介。(2)以居间为营业者,关于订约事项及当事人之履行能力或订立该约之能力,有调查之义务。”

〔4〕 Vgl. Roth, in: *Münchener Kommentar BGB*, München: Verlag C. H. Beck, 8. Aufl. 2020, § 654 Rn. 24; Sprau, in: *Palandt*, München: Verlag C. H. Beck, 79. Aufl., 2020, BGB § 654 Rn. 6.

比较,[5]一定程度上表明我国关于中介合同的立法借鉴了比较法上的立法经验。[6] 不过,立法者在设计条文时,显然有所改良,即明确了故意违反如实告知义务时的法效果,凸显了该条文的特色。

(二)法条功能

中介人的功能在于为要约提出者与要约感兴趣者牵线搭桥,由此足见其重要性。由于委托人利益的实现在相当程度上仰仗于中介人的信息提供,因此对中介人课以如实报告义务,实属必要。在中介合同的履行过程中,中介人必须实事求是地就自己所实际掌握的信息,如实地向委托人提供最方便、最有利、最有价值、最及时的缔约渠道,并保证提供的信息真实可靠。[7] 因此,《民法典》第962条的规范目的在于贯彻诚实信用原则,促使中介人履行如实报告义务,进而实现委托人的信息自决,避免委托人在缔约时处于不利地位。这一规范目的也决定了《民法典》第962条的半强制性规范性质。如果中介人和委托人约定,即使提供信息有误,也可要求支付报酬或者无须承担损害赔偿责任,则该约定无效。不过,如果双方约定,即使中介人因过失提供错误信息,也不得主张报酬,该约定对委托人有利,应为有效。 3

(三)适用范围

对于《民法典》第962条的适用范围,可以从纵向和横向两个维度进行解读。其中,纵向维度涉及的是可否超越该条文的文义,将其适用于中介人的其他忠实义务;横向维度涉及的是该条文所适用于的中介合同类型。学理上有将如实报告义务视为对广义忠实义务的例示,[8]甚至将如实报告义务解释为忠实义务,即中介人应依诚实信用原则履行如实报告义务、勤勉义务。[9] 中介合同是以人格信任关系为基础而订立的合同,因此,中介人应当依据诚信原则对中介活动负有忠实义务。如实报告义务是忠实义务的具体体现。[10] 这一点毋庸置疑。不过,从 4

---

〔5〕 参见全国人大常委会法制工作委员会民法室编:《〈中华人民共和国合同法〉与国内外有关合同规定条文对照》,法律出版社1999版,第232页。

〔6〕 参见朱广新:《民法典之典型合同类型扩增的体系性思考》,载《交大法学》2017年第1期,第108页。

〔7〕 参见黄薇主编:《中华人民共和国民法典合同编解读(下册)》,中国法制出版社2020年版,第1479页。

〔8〕 参见郭泽喆:《居间人损害赔偿责任的司法认定》,载《时代法学》2019年第3期,第75页。

〔9〕 参见谢鸿飞、朱广新主编:《民法典评注·合同编·典型合同与准合同(4)》,中国法制出版社2020年版,第415页(姚佳执笔)。

〔10〕 参见王利明:《合同法研究(第三卷)》(第2版),中国人民大学出版社2015年版,第766页。

法律解释的角度看,《民法典》第 962 条仅针对如实报告义务设定了特定的构成要件和法律效果,对于其他的忠实义务如中介人不得对交易双方订立合同实施不利影响,[11]至多有准用的空间,而非直接适用。

5　在实践中,中介合同常见于房屋买卖、民间借贷、租赁、建设工程等领域。近年来,随着网络信息技术的发展,互联网中介平台日益增多,如网约车平台、网贷中介平台、众筹平台等。《民法典》第 962 条自然可适用于上述各种中介合同。除此之外,针对不同中介人的如实报告义务,往往有更为具体的规定。例如,《房地产经纪管理办法》第 25 条规定中介人不得对交易当事人隐瞒真实的房屋交易信息;《网络借贷信息中介机构业务活动管理暂行办法》第 30 条第 1 款规定网络借贷信息中介机构应当在其官方网站上向出借人充分披露借款人基本信息、融资项目基本信息等有关信息。

(四)体系关联

6　《民法典》第 962 条第 1 款系说明性法条,界定了中介人的如实报告义务;第 2 款规定了委托人的损害赔偿请求权,系完全法条,包括构成要件和法律效果。[12]除了"损害赔偿"之外,《民法典》第 962 条第 2 款还规定了"不得请求支付报酬"。由于"并"字的关联,"不得请求支付报酬"和"损害赔偿"两种效果被叠加在一起。《民法典》第 962 条第 2 款成为一种责任加重规则,体现了对故意违反如实报告义务的中介人的"惩罚"。在此意义上,《民法典》第 962 条第 1 款属于辅助规范,其功能在于确认如实报告义务的射程。对于《民法典》第 962 条第 2 款,应区分不得请求支付报酬报酬和损害赔偿。就不得请求支付报酬而言,第 962 条第 2 款原则上为防御规范。当中介人主张报酬时,委托人可提出权利障碍的抗辩,拒绝支付报酬。不过,如果委托人已经支付报酬,则可基于《民法典》第 985 条向中介人主张返还不当得利。就损害赔偿而言,第 962 条第 2 款存在特殊的构成要件,为独立的请求权基础。

7　对于中介人过失违反报告义务的情形,一种观点认为,如果是中介人疏忽大意没有报告已知的重要事实或者中介人不知道的重要事实,无须承担责任。[13]中介人承担损害赔偿责任的条件是存在故意隐瞒与订立合同有关的重要事实或

〔11〕 参见黄薇主编:《中华人民共和国民法典合同编解读(下册)》,中国法制出版社 2020 年版,第 1480 页。

〔12〕 参见谢鸿飞、朱广新主编:《民法典评注 · 合同编 · 典型合同与准合同(4)》,中国法制出版社 2020 年版,第 414 页。

〔13〕 参见高富平、王连国:《委托合同 · 行纪合同 · 居间合同》,中国法制出版社 1999 年版,第 191 页(高富平执笔)。

者提供虚假情况。[14] 另一种观点则认为，当因过失错误报告致使委托人利益受到损害的，中介人应根据违约责任的一般规定承担损害赔偿责任。[15] 在实践中，也不乏有法院要求中介人承担“过失”责任。[16]

8 相较而言，第二种观点更值得赞同。《民法典》第962条第2款之所以限定在“故意”，是为了输出“不得请求支付报酬”和“损害赔偿”的加重后果。单就损害赔偿而言，并无必要作此限定。虽然有名合同的规则可以对违约责任的一般规定进行修正，但若将中介人的赔偿责任限定在故意情形，对中介人过于优待，并无正当性。立法释义也指出，如果因为中介人的过失给委托人造成损失的，并不适用第962条，中介人是否需要承担责任，可以适用《民法典》合同编通则部分的规定进行判断。[17] 此外，从比较法上来看，也可印证上述判断。[18] 可见，对于中介人过失违反报告义务的情形，不是不承担损害赔偿责任，只是委托人的请求权基础并非《民法典》第962条。但需注意的是，对于过失违反如实报告义务的情形，不应回到《民法典》合同编通则关于违约责任的一般规定，即《民法典》第577条。因为根据《民法典》第966条的规定，对于中介人过失违反如实报告义务，应适用第929条的规定。[19] 申言之，此时委托人的请求权基础应为《民法典》第929条，而《民法典》第962条第1款为辅助规范。

9 此外，有观点指出，中介人故意告知对方虚假情况，或者故意隐瞒真实情况，诱使对方当事人作出错误意思表示的，构成欺诈行为。[20] 因此，需厘清《民法典》第962条与《民法典》第148条及第149条之间的关系。传统意义上的欺诈是针对合同缔结而言，即缔约欺诈。在中介服务场合，存在两个合同，一个是中介合同，另一个是中介人所促成的、在委托人与相对人之间成立的合同，即主合同。[21]

---

〔14〕 参见广东省高级人民法院（2017）粤民申5820号民事裁定书。

〔15〕 参见江平主编：《中华人民共和国合同法精解》，中国政法大学出版社1999年版，第370页。

〔16〕 参见江西省高级人民法院（2019）赣民申366号民事裁定书；湖北省高级人民法院（2019）鄂民申639号民事裁定书。

〔17〕 参见黄薇主编：《中华人民共和国民法典合同编解读（下册）》，中国法制出版社2020年版，第1478页。

〔18〕 在德国，中介人并无从事中介活动的义务，但却负有大量的附随义务如说明义务。当违反说明义务时，委托人可以根据《德国民法典》第280条第1款、第241条第2款、第249条等一般规定主张损害赔偿。Vgl. Looschelders, *Schuldrecht Besonderer Teil*, München: Verlag Franz Vahlen, 2019, S. 326.

〔19〕 当然，存在特别规定的情形除外。《城市房地产中介服务管理规定》（2001年修正）第23条曾规定：“因房地产中介服务人员过失，给当事人造成经济损失的，由所在中介服务机构承担赔偿责任。所在中介服务机构可以对有关人员追偿。”不过，现该规定已经被废止。

〔20〕 参见江平主编：《中华人民共和国合同法精解》，中国政法大学出版社1999年版，第370页；高富平、王连国：《委托合同·行纪合同·居间合同》，中国法制出版社1999年版，第192页。

〔21〕 德国学理上有将中介人所促成的合同称为“主合同”。Vgl. Dieter Reuter, in: *Staudinger*, Berlin: Sellier - de Gruyter, Neubearbeitung 2010, Vorbemerkung zu §§ 652 ff Rn. 9.

就中介合同而言,中介人故意告知虚假信息或者隐瞒真实情况属于履行欺诈;[22]就主合同而言,则为缔约欺诈。如果认为中介人构成缔约欺诈,则该欺诈只能发生在促成委托人与相对人订立合同的过程中。

二、如实报告义务

(一)如实报告义务的性质

10 对于如实报告义务,有观点认为其属于主给付义务,[23]也有观点认为其属于法定的附随义务。[24] 从逻辑上观之,后种判断更为合理。首先,如实报告义务并非主给付义务,因为主给付义务是决定合同类型的基本义务,而如实报告义务普遍存在于有名合同之中,并非标示合同类型的义务。其次,如实报告义务并非从给付义务。从给付义务的存在以主给付义务为前提,而中介人并无主给付义务。通说认为中介合同系单务合同,委托人将来在一定条件下有支付报酬的义务,中介人的报酬请求权不是产生自中介合同,而是产生自"条件成就",即促成交易。中介人没有必须报告或者媒介之义务,委托人对此也没有请求权。[25] 换言之,中介人并非一定要尽力报告或媒介以提供缔约机会,他没有必须为中介行为的义务。[26] 因为就中介法律关系的本质特征而言,中介人并不负有结果义务。[27] 此外,正如无法强制中介人履行中介行为的义务一样,[28]委托人也无法诉请中介人履行如实报告义务。因为委托人往往是在中介人未履行如实报告义务之后才发现自己"上当受骗"。此时,委托人只能寻求"事后救济",拒绝向中介人支付报酬或者主张损害赔偿。因此,如实报告义务在性质上无法作为主给付义务或从给付义务,而应作为附随义务。

(二)如实报告义务的射程

11 无论是报告中介人抑或媒介中介人,均负有如实报告义务。所不同的是,在报告中介中,中介人应当将其了解的订约情况报告给委托人,但不必报告给相对

〔22〕 关于履行欺诈,参见洪国盛:《论消费者保护法上的履行欺诈》,载《南大法学》2020 年第 3 期。

〔23〕 参见林诚二:《民法债编各论(中册)》,中国人民大学出版社 2007 年版,第 213 页。

〔24〕 参见韩世远:《合同法学》,高等教育出版社 2010 年版,第 582 页。

〔25〕 参见张谷:《民法典合同编若干问题漫谈》,载《法治研究》2019 年第 1 期,第 77—78 页。

〔26〕 参见汤文平:《从"跳单"违约到居间报酬》,载《法学家》2012 年第 6 期,第 113 页。

〔27〕 参见谢鸿飞、朱广新主编:《民法典评注 · 合同编 · 典型合同与准合同(4)》,中国法制出版社 2020 年版,第 414 页。

〔28〕 参见韩世远:《合同法学》,高等教育出版社 2010 年版,第 581—582 页。

人。而在媒介中介中,不仅要将订立合同的情况报告给委托人,还要报告给相对人。[29] 根据如实报告义务的要求,中介人应将其所知道的事实或法律情况告知委托人。这种义务的射程原则上应根据个案进行判断。[30] 报告义务的内容通常是"有关订立合同的事项",包括相对人的资信状况、生产能力、产品质量以及履约能力等。[31] 如果中介人要促成的主合同为买卖合同,通常需提供与合同标的物有关的信息。例如,如果房产位于未来机场所在区域,中介人对于机场在建隔音措施的相关情况负有报告义务。[32] 如果主合同为劳动合同,相对人的招聘范围、所提供工作的性质、工资与福利待遇等,则属于中介人应报告的范围。[33]

有争议的问题是,中介人是否负有积极的调查核实义务?[34] 根据立法者对《合同法》第425条的释义,居间人只需就其所知道的情况如实报告委托人,不负有积极的调查义务。[35] 对《民法典》第962条的释义也延续了上述判断。[36] 这一观点得到了司法实践的支持。如有法院认为,原、被告签订的中介服务合同并未对核实、告知义务进行约定,且非被告的法定义务,因而否定了被告的调查义务。[37] 在学理层面,也有观点认为,中介人并不负有积极调查义务,只须就自己所知的情况如实报告。当事人可以约定由中介人调查相对人某方面的内容,中介人调查后向委托人如实汇报。[38] 不过,主流观点则认为,对于以中介为营业者,应肯定其调查义务。[39] 在司法实践中,也有针对典型案例的判决肯定了中介人的积极调查义务,认为房屋中介公司作为专门从事中介活动的单位,在提供专业的房屋中介服务时,应尽到必要的审核和注意义务,如核实房源信息、核实卖房人 12

〔29〕 参见最高人民法院民法典贯彻实施工作领导小组主编:《中华人民共和国民法典合同编理解与适用(四)》,人民法院出版社2020年版,第2712页。

〔30〕 Vgl. Sprau, in: *Palandt*, München: Verlag C. H. Beck, 79. Aufl., 2020, BGB § 652 Rn. 14.

〔31〕 参见黄薇主编:《中华人民共和国民法典合同编解读(下册)》,中国法制出版社2020年版,第1475页。

〔32〕 OLG Brandenburg, NJW – RR 2019, 825.

〔33〕 参见陈甦编著:《委托合同 行纪合同 居间合同》,法律出版社1999年版,第198页。

〔34〕 之所以是"积极"的调查核实义务,主要是区别于中介人为了履行如实报告义务所作的必要调查。中介人履行如实报告义务也是以过往搜集到的信息为基础的。在中介合同订立之前,中介人也会进行相应的调查,这种调查是为了将来履行中介合同所作的预备性工作。

〔35〕 参见胡康生主编:《中华人民共和国合同法释义》(第3版),法律出版社2012年版,第649页。

〔36〕 参见黄薇主编:《中华人民共和国民法典合同编解读(下册)》,中国法制出版社2020年版,第1475—1476页。

〔37〕 参见北京市西城区人民法院(2013)西民初字第02332号民事判决书。

〔38〕 参见高富平、王连国:《委托合同·行纪合同·居间合同》,中国法制出版社1999年版,第189—190页;陈甦编著:《委托合同 行纪合同 居间合同》,法律出版社1999年版,第198页。

〔39〕 参见崔建远:《合同法学》,法律出版社2015年版,第514页;周江洪:《关于〈民法典合同编〉(草案)(二次审议稿)的若干修改建议》,载《法治研究》2019年第2期,第30页。

的身份信息、判断交易过程中的合理性等。[40]

13 即使根据否定说,《民法典》第 962 条未一般性地承认中介人的调查核实义务,也并不排除特别规定的存在。例如,根据《房地产经纪管理办法》第 22 条的规定,房地产经纪机构与委托人签订房屋出售、出租经纪服务合同,应当查看委托出售、出租的房屋及房屋权属证书,委托人的身份证明等有关资料。在此意义上,否定说与肯定说的分歧在于:对于没有特别规定的情形,是否要承认职业中介人的调查核实义务。对此,宜持肯定态度。首先,承认职业中介人的调查核实义务是对信赖原理的贯彻。无论委托人为商事主体或民事主体,通常并不具备特定领域的专业知识。中介人具有高于普通人的专业知识和辨别能力,是特定领域的专家,可以提供真实、准确的信息。正是基于对中介人专业能力的信赖,委托人才与中介人签订中介合同。[41] 在司法实践中,对于委托人的这种信赖通常也予以保护。[42] 其次,基于权利义务相一致原则,职业中介人通常会收取高额的中介费,自应承担较重的法律义务。最后,在法技术层面,承认职业中介人的调查核实义务具有必要性。当特定领域不存在关于中介人如实报告义务的具体规定时,可以回到《民法典》第 962 条。这样可以避免否定说"过于刚性、弹性不足"的问题,使《民法典》第 962 条发挥一般规范和兜底规范的作用。

14 虽然《民法典》第 962 条在文义上未提及调查核实义务,但并不妨碍从如实报告义务中生发出调查核实义务。正如学者所言:"从'调查'这一语词与行为本身来看,实际上其已经包含在中介人的如实报告义务之中,是一种应知的客观情况的呈现与报告。"[43] 申言之,调查核实义务指向的是调查核实的行为,强调的是过程;而如实报告义务指向的是报告内容与真实情况是否相符的结果,系结果导向。中介人为了履行如实报告义务,有可能是将所掌握的既有信息报告给委托人,也有可能是积极搜集信息之后再将信息报告给委托人。在此意义上,如实报告义务已经内含了调查核实义务。此外,从目的解释出发,《民法典》第 962 条旨在实现委托人的信息自决,该目的的实现有赖于中介人提供充分的信息,这就要求中介人除了披露既有信息之外,也要额外地去搜集、调查信息,从而保障委托人的利益。

15 如果自然人提供中介服务,实践中法院会因其并未以提供中介服务为营业,

---

〔40〕 参见李彦东诉上海汉宇房地产顾问有限公司居间合同纠纷案,载《最高人民法院公报》2015 年第 2 期。

〔41〕 参见周晓晨:《论房地产居间的法律规制》,载《中州学刊》2010 年第 3 期,第 100 页。

〔42〕 参见湖北省高级人民法院(2019)鄂民申 639 号民事裁定书。

〔43〕 参见谢鸿飞、朱广新主编:《民法典评注 · 合同编 · 典型合同与准合同(4)》,中国法制出版社 2020 年版,第 418 页。

否定其调查核实义务。[44] 此外，委托人与中介人也可以通过约定扩大报告义务的射程。例如，委托人可以通过约定要求中介人报告特别的事项，例如潜在交易对象的为人、品行或者近期与哪些人订立过合同及其履行情况等。[45]

三、不得请求支付报酬

（一）构成要件

所谓“不得请求支付报酬”，既包括在中介服务成功后委托人支付报酬前，中介人不得再请求报酬，也包括委托人可以向已经取得报酬的中介人追回报酬。[46] 根据《民法典》第 962 条的规定，中介人“不得请求支付报酬”需满足故意违反如实报告义务和损害委托人利益两个要件。 16

1. 故意违反如实报告义务

中介人对如实报告义务的违反体现为“故意隐瞒与订立合同有关的重要事实或者提供虚假情况”。对于是否属于“重要事实”，只能就特定的交易情形，结合具体的合同类型和交易惯例等加以具体判断。[47] 通常而言，“重要事实”包括影响委托人利益的情况，影响委托人对合同订立与否进行判断的情况，与合同主要条款有关的情况等。[48] 在房屋买卖中，中介人应当提供房屋的具体位置、面积大小、户型等基本情况，还应提供房屋是否被抵押、是否被法院查封、是否为凶宅等重要信息。[49] 除了隐瞒事实以外，中介人提供虚假情况亦不鲜见。例如，房屋并非“满五唯一”，中介人为了促成交易，告知委托人该房屋为“满五唯一”。在司法实践中，故意违反如实报告义务可能表现为隐瞒与价格或成本相关的信息、[50] 隐瞒交易条件（如房产交易需补交土地出让费用）、[51] 隐瞒交易风险（如买卖双方不 17

〔44〕 参见最高人民法院（2017）最高法民申 1976 号民事裁定书。

〔45〕 参见黄薇主编：《中华人民共和国民法典合同编解读（下册）》，中国法制出版社 2020 年版，第 1475—1476 页。

〔46〕 参见高富平、王连国：《委托合同 · 行纪合同 · 居间合同》，中国法制出版社 1999 年版，第 190 页。

〔47〕 参见孙维飞：《〈合同法〉第 42 条（缔约过失责任）评注》，载《法学家》2018 年第 1 期，第 188—189 页。

〔48〕 参见关德东主编：《委托合同 · 行纪合同 · 居间合同》，中国民主法制出版社 2003 年版，第 139 页。

〔49〕 参见黄薇主编：《中华人民共和国民法典合同编解读（下册）》，中国法制出版社 2020 年版，第 1476 页。

〔50〕 参见广东省高级人民法院（2017）粤民申 8626 号民事裁定书；郝绍彬、向蕻：《中介公司隐瞒二手房有营业税系重大事项》，载《人民法院报》2015 年 12 月 3 日，第 7 版。

〔51〕 参见云南省高级人民法院（2019）云民申 3134 号民事裁定书。

具有贷款条件、购房资格或交易房屋系违章建筑)[52]或者隐瞒其他信息(如第三人存在更高报价)。[53]

18 有观点指出,若房屋买卖合同因中介机构在履行审查义务过程中存在过失导致订立的买卖合同无法实际履行的,委托人可以拒绝支付报酬。[54] 在实践中,当中介人存在过失时,委托人要求中介人返还报酬的主张也有得到法院的支持。[55] 从《民法典》第 962 条的规范目的来看,立法者显然有对故意与过失进行区分规制的意图。如果中介人因过失未提供信息就不得主张报酬,在法效果配置强度上有失均衡,惩罚过度。

2. **损害委托人利益**

19 从既有的立法解释来看,中介人不得请求支付报酬似以中介人隐瞒重要事实或者提供虚假情况的行为给委托人造成损失为前提。[56] 实际上,对于不得请求支付报酬和损害赔偿的构成要件应分别来看。令中介人承担赔偿责任,其目的在于填补损害;而中介人之所以不得主张报酬,是因为立法者希望通过"惩罚"中介人以实现督促其履行如实报告义务的目的,与委托人是否存在损害并无关联。因此,对"损害委托人利益"可作相对宽松的理解,即中介人故意提供虚假情况,无须委托人的利益受到实际损害,只要足以损害委托人的利益即可。[57]

(二)法律效果

20 从比较法上看,当中介人因故意或重大轻率地违反了对委托人所负的重要合同义务时,则会丧失报酬请求权。[58] 例如,提供错误的信息或者隐瞒信息。[59] 当然,并不是每一个导致损害赔偿的义务违反也同时会导致丧失报酬请求权,而需

---

〔52〕 参见薛峰、李玉斌:《房屋买卖中介服务合同的若干法律问题》,载《苏州大学学报(哲学社会科学版)》2014 年第 6 期,第 83 页。

〔53〕 参见浙江省高级人民法院(2012)浙商提字第 48 号民事判决书。

〔54〕 参见薛峰、李玉斌:《房屋买卖中介服务合同的若干法律问题》,载《苏州大学学报(哲学社会科学版)》2014 年第 6 期,第 83 页。

〔55〕 参见北京市高级人民法院(2019)京民申 404 号民事裁定书。

〔56〕 参见黄薇主编:《中华人民共和国民法典合同编解读(下册)》,中国法制出版社 2020 年版,第 1478—1479 页。

〔57〕 参见江平主编:《中华人民共和国合同法精解》,中国政法大学出版社 1999 年版,第 370 页;谢鸿飞、朱广新主编:《民法典评注·合同编·典型合同与准合同(4)》,中国法制出版社 2020 年版,第 422 页。

〔58〕 Vgl. Roth, in: *Münchener Kommentar BGB*, München: Verlag C. H. Beck, 8. Aufl. 2020, BGB § 652 Rn. 278; Roth, in: *Münchener Kommentar BGB*, München: Verlag C. H. Beck, 8. Aufl. 2020, BGB § 654 Rn. 2.

〔59〕 参见 Vgl. Roth, in: *Münchener Kommentar BGB*, München: Verlag C. H. Beck, 8. Aufl. 2020, BGB § 654 Rn. 24; Sprau, in: *Palandt*, München: Verlag C. H. Beck, 79. Aufl., 2020, BGB § 654 Rn. 6.

要较强的可归责性。[60] 这足以印证《民法典》第962条将“不得请求支付报酬”作为法效果,并非孤例。

21 有观点指出,原则上只有在中介人未促成合同成立,以及在中介人存在故意隐瞒重要事实或提供虚假情况的情形下,才丧失报酬请求权。[61] 从中可见,未促成主合同和故意违反如实报告义务是中介人不得请求支付报酬的两个独立理由。相较于《民法典》第964条,[62]《民法典》第962条为特别规定,其适用应当以中介人促成主合同为前提。申言之,中介人不得请求支付报酬需要具备两个条件:一是中介人促成了主合同;二是中介人故意隐瞒与合同订立有关的重要事实或者提供虚假信息。

22 在中介人已经促成主合同的情况下,之所以不得请求支付报酬,是因为中介人故意违反如实报告义务的行为违反了诚信原则,影响了委托人的信息自决,使得委托人订立了一个违背其意愿的主合同。[63] 如果中介人如实报告,则委托人可能不会订立主合同或者不以相同内容订立主合同。在此意义上,中介人故意违反如实报告义务促使主合同成立,类似于《民法典》第159条所规定的恶意促使条件成就,二者的区别在于:根据《民法典》第159条,恶意促使条件成就的后果是条件不成就,因此合同不成立,请求权无从发生。而在《民法典》第962条中,故意违反如实报告义务并不会影响主合同成立,但在委托人和中介人之间应视为不成立,中介人不得请求支付报酬。[64] 虽然《民法典》第962条和第159条的规范内容和适用场景并不相同,但并不妨碍二者具有相同的法理基础。申言之,剥夺中介人的报酬一方面是对其具有背信性质的故意行为的制裁,另一方面也有助于遏制故意行为,使得委托人的信息自决得到保障,进而有助于实现私法自治。在此意义上,《民法典》第962条第2款关于“不得请求支付报酬”的规定具有惩罚中介人的色彩,其特殊规范目的应予以尊重。

23 申言之,不管委托人与相对人所订立的合同是否无效或被撤销,只要中介人违反了如实报告义务,便不得向委托人请求支付报酬。[65] 这也使得《民法典》第

〔60〕 OLG Hamm MDR 1998, 269.

〔61〕 参见谢鸿飞、朱广新主编:《民法典评注·合同编·典型合同与准合同(4)》,中国法制出版社2020年版,第422页。

〔62〕《民法典》第964条规定:“中介人未促成合同成立的,不得请求支付报酬;但是,可以按照约定请求委托人支付从事中介活动支出的必要费用。”

〔63〕 该主合同有可能给委托人造成了实际损失,也有可能未给委托人造成实际损失。例如,委托人出于风水考虑,想购买朝东的房屋,而中介人所促成合同的标的物为朝南的房屋,此时房屋价值往往更高,对委托人并无损害。

〔64〕 严格来讲,“不得请求支付报酬”是因为报酬请求权未发生,而非嗣后丧失。

〔65〕 参见陈甦编著:《委托合同 行纪合同 居间合同》,法律出版社1999年版,第204页。

962 条成为否定中介人报酬请求权的独立的抗辩规范,委托人无须借助撤销主合同来实现否定报酬请求权的目标,这样处理的实益在于:第一,当相对人对于中介人故意违反如实报告义务不知或不应知时,委托人无法撤销主合同;第二,如果将不得主张报酬与撤销主合同关联起来,当撤销权的行使期间经过,委托人就应当向中介人支付报酬或者不能向中介人要求返还报酬,有违诚信理念。因此,即使委托人不撤销主合同,也可拒绝向中介人支付报酬或者要求中介人返还报酬。当然,委托人也可以选择通过撤销主合同或者解除中介合同,从而否定中介人的报酬请求权。不过,有观点认为中介人隐瞒重要事实或者提供虚假情况既可能构成缔约欺诈,也可能构成根本违约,委托人可以选择撤销或者解除中介合同。无论撤销或解除中介合同,中介人请求报酬已经无依据。〔66〕 需要澄清的是,在《民法典》第 962 条的语境之下,中介人故意违反如实报告义务系针对主合同。就中介合同而言,中介人不构成缔约欺诈,委托人仅可解除中介合同。

24　在否定中介人的报酬请求权之后,仍存疑问的是,中介人是否可以向委托人请求支付从事中介活动所支出的必要费用?根据《民法典》第 964 条,如果中介人和委托人对此作了约定,在未促成交易的情况下,可以请求必要费用。不过,《民法典》第 964 条的规范对象应限于中介人忠实履行义务而未促成交易的情形。如果故意违反如实报告义务的中介人可以请求委托人支付必要费用,相当于令委托人为恶意的中介人"买单",这一安排难谓合理。因此,在中介人促成交易但故意违反如实报告义务的情况下,其不享有必要费用请求权。

25　最后值得注意的是,司法实践中不乏中介人因过失违反如实报告义务的情形。例如,中介机构在促成房屋买卖合同成立前,未向出卖人了解交易房屋的抵押、查封情况,以致于买卖合同无法履行。〔67〕 此时,法院往往会酌减中介人的报酬。在委托人已经支付报酬的情况下,则表现为报酬的返还。通常而言,双方的过错程度会成为酌减的依据。例如,因中介人未尽到审查义务导致其未将房屋有抵押登记的情况告知委托人,可认定中介人提供的服务有瑕疵,应酌减其报酬。如果委托人也知道房屋被抵押,则应根据中介人和委托人双方的过错,依据公平原则,由委托人支付 50% 的报酬。〔68〕 不过,法院在考虑双方过错程度的同时又假借公平原则之名,实无必要。如果双方过错程度相当,由委托人支付 50% 的报酬尚属妥当。在此基础之上又引入公平原则,给人以假借对过错的权衡实现"和稀泥"之感。

---

〔66〕 参见关德东主编:《委托合同·行纪合同·居间合同》,中国民主法制出版社 2003 年版,第 143 页。

〔67〕 参见河南省高级人民法院(2018)豫民申 935 号民事裁定书。

〔68〕 参见广东省高级人民法院(2015)粤高法民二申字第 487 号民事裁定书;广东省江门市中级人民法院(2014)江中法民一终字第 651 号民事判决书。

四、损害赔偿

(一)构成要件

根据《民法典》第962条、第966条、第929条的规定,中介人承担损害赔偿责任的归责原则为过错原则。为了输出"损害赔偿"这一法效果,在逻辑上通常需满足义务违反、损害、因果关系与过错四个要件。由于义务违反的认定应当包含行为人是否应该以及能够尽到必要注意的考量。因此,无须将过错和义务违反分开作为构成要件。[69] 26

1. 违反如实报告义务

对如实报告义务的违反,通常表现为所列举的中介人主观上为故意的情形(边码17)。除此之外,现实中违反调查核实义务的情况亦不鲜见。此时,中介人主观上通常为过失。在司法实践中,对调查核实义务的违反多表现为以下情形:第一,未核实房源信息,交易双方的主体资格以及与交易相关的委托代理手续,税费负担等交易信息;[70]第二,未了解房屋存在的权利瑕疵、质量瑕疵或其他影响交易的重大事项的义务(如抵押、查封等情况);[71]第三,未确认房屋授权信息(如未经房屋共有人授权)。[72] 为了判断中介人是否尽到了调查核实义务,关键在于确立相应的判断标准。对此,理论与实践中存在争议。 27

一种观点认为,中介人尽到形式审核义务即可,即中介人应认真履行职责,尽到最低程度的注意义务。所谓最低程度的注意义务,是指中介人应当主动索取第三人的证件并且进行形式上的审查,否则应当认定其没有履行最低程度的注意义务。例如,中介人促成委托人与第三方签订了货物运输合同,但未对第三方的证件进行任何审查,导致第三方盗窃货物且无从查找。[73] 再如,中介人有义务审查涉案房屋的权属,查看产权证或者其他有效证明资料的原件,并将相关资料提供给委托人核实。[74] 28

---

〔69〕 参见孙维飞:《〈合同法〉第42条(缔约过失责任)评注》,载《法学家》2018年第1期,第187页。

〔70〕 参见四川省高级人民法院(2019)川民再593号民事判决书;北京市高级人民法院(2019)京民申404号民事裁定书。

〔71〕 参见河南省高级人民法院(2018)豫民申935号民事裁定书;江苏省高级人民法院(2017)苏民申2010号民事裁定书;湖北省高级人民法院(2019)鄂民申639号民事裁定书。

〔72〕 参见甘肃省高级人民法院(2018)甘民申1413号民事裁定书。

〔73〕 参见林某义诉甘肃省秦安县货运配载服务站、秦安县货运配载服务站第八分站及任某居间合同纠纷抗诉案,载北大法宝网,【法宝引证码】CLI. C. 423156,2021年6月10日访问。

〔74〕 参见云南省高级人民法院(2019)云民申793号民事裁定书。

29 另一种观点认为,中介人应尽到合理审核义务。例如,中介人虽已对承运人的基本信息尽到了形式上的审查义务,亦未故意提供虚假信息,但其作为专门从事提供货运信息配载的服务机构,依照公平及诚信原则,还应就所提供的货运信息负有较高的谨慎审查义务,对承运人提供的身份及车辆信息进一步谨慎核实。[75] 在个别案件中,合理审查标准可能通过约定方式予以确立。例如,中介人的如实报告义务应该是对第三人提供的信息进行初步审查,完成初步审查的标准是合理审查标准,在该案中应以合同约定的标准衡量。对承运人的身份证、驾驶证、车辆行驶证进行必要的形式审查后,须到相关部门进一步审查证件的真伪。[76] 此外,学理上也指出,如果委托人对于与合同目的相关的特定事项进行询问,而不动产中介人未依善良管理人注意义务加以调查,则构成义务违反。[77]

30 相较而言,第二种观点更为可取。负有调查核实义务的主体是职业中介人,其具有特定领域的专业知识,且收取的报酬较多,因而应承担更重的法律义务。如果仅要求职业中介人承担形式意义上的调查核实义务,相当于降低了其注意义务,与其所享有的高额报酬请求权显不相称。因此,可采取"理性中介人"标准。例如,拍卖人须按照交易中必要的注意标准进行积极调查。所谓拍卖交易中必要的注意标准,是指与拍卖人具有大致相当的交易知识、技能和经验的交易者,所应当达到的注意标准,包括应当发现的信息不全面或不准确情形,以及应当采取的调查手段。[78] 同时,确立"理性中介人"标准时应考虑普通消费者作为客户的认知水平和需求,即融入"相对人的期待"。例如,P2P 网贷平台应向客户披露推销信息、投资收益率等投资回报信息,逾期率、坏账率、违约率等反映借款人履行问题的信息,收费标准、提前清偿限制等客户应当获知的重要信息。[79]

2. 损害

31 学理上指出,委托人的受损利益通常为中介合同以外的其他合同利益损害,即与中介合同目的相关,委托人所欲缔结的合同相关利益。该利益应为履行利益,即中介行为拟(已)促成的合同上的损失。[80] 该损害可能表现为委托人订立了一个不利的主合同,如委托人基于主合同购买了凶宅。此时,委托人的期待落

---

〔75〕 参见新疆维吾尔自治区高级人民法院(2015)新民申字第 457 号民事裁定书。

〔76〕 参见甘肃省高级人民法院(2012)甘民二终字第 153 号民事判决书。

〔77〕 参见谢哲胜:《不动产中介人对于委托人询问事项的调查义务》,载《法令月刊》2018 年第 69 卷第 8 期,第 44 页。

〔78〕 参见武腾:《拍卖人的信息提供义务与担保责任》,载《法律科学》2017 年第 6 期,第 161 页。

〔79〕 参见何颖:《行为金融信息中介的网贷平台信息披露规则》,载《交大法学》2020 年第 2 期,第 128 页。

〔80〕 参见谢鸿飞、朱广新主编:《民法典评注 · 合同编 · 典型合同与准合同(4)》,中国法制出版社 2020 年版,第 421 页。

空,无法获得相应的履行利益。这种履行利益损害具体可体现为凶宅与正常房屋之间的差价。如果主合同未成立或者因被撤销而无效,委托人的损害则表现为订立主合同所支出的费用、丧失的交易机会等。而对于缔结中介合同本身所支出的费用,委托人不得请求赔偿。因为无论中介人是否促成主合同及如实报告,委托人均需支出此费用,此损害与如实报告义务的违反之间不存在因果关系。

在实践中,委托人的损害还可能表现为无法收回的购房款及相应的资金占用费[81]或者定金,即固有利益损害。例如,出卖人明知涉案房屋被司法查封后,仍继续收取买受人的购房款,这一结果的发生,与中介公司的疏忽密不可分,双方的行为共同造成了买受人已付出的110万元购房款无法收回。[82] 再如,在最高人民法院的公报案例中,出卖人实施了合同诈骗的犯罪行为,中介人未履行调查核实义务,给买受人造成20万元的定金损失。[83] 32

此外,损害也可能表现为主合同一方当事人对另一方当事人的违约金。如果中介人在缔结主合同过程中存在欺诈,相对人对此并不知情,则委托人无法撤销主合同。由于该主合同违反了委托人的意愿,当委托人以支付违约金为代价解除该不利合同时,该违约金也属于损害的范畴。 33

3. 因果关系

如实报告义务为附随义务,中介人违反该义务应承担违约责任。在违约损害赔偿领域,可预见性规则发挥着相当因果关系的功能。因此,当中介人违反如实报告义务给委托人造成损害时,需要中介人对此损害具有可预见性。在实践中,有法院认为公证费、律师费并非必需的诉讼成本,不予赔偿。[84] 此观点值得商榷。因为从相当性或可预见性的角度来看,因诉讼请求的提起,委托人将支出律师费,符合“预见性”的要求。[85] 此外,在比较法上,基于贯彻诚实信用原则和遏制违约行为的考虑,可预见性规则的适用应排除故意或重大过失违约以及欺诈的情形。[86] 不过,解释论上无法得出故意违约者不受可预见性规则保护的结论。司法实践中,对于故意违约者,可在适用可预见性规则时,降低对损失预见性程度的要求,来体现对故意违约的负面评价。[87] 34

---

〔81〕 参见湖北省高级人民法院(2019)鄂民申639号民事裁定书。

〔82〕 参见江苏省高级人民法院(2017)苏民申2010号民事裁定书。

〔83〕 参见李彦东诉上海汉宇房地产顾问有限公司居间合同纠纷案,载《最高人民法院公报》2015年第2期。

〔84〕 参见上海市闵行区人民法院(2017)沪0112民初21738号民事判决书。

〔85〕 参见徐建刚:《规范保护目的理论下的统一损害赔偿》,载《政法论坛》2019年第4期,第87页。

〔86〕 参见《欧洲示范民法典草案》第III. -3:703条和《法国民法典》第1231-3条。

〔87〕 参见叶金强:《可预见性之判断标准的具体化》,载《法律科学》2013年第3期,第145页。

（二）法律效果

1. 赔偿范围

35 对于损害赔偿的范围，学理上存在"履行利益说"、"信赖利益说"和"区分说"三种观点。根据"履行利益说"，中介人违反如实报告义务所造成的、委托人于促成交易合同中的损失本质上是中介合同的履行利益损失，中介人应当赔偿。[88] 根据"信赖利益说"，中介合同具有特殊性，中介人并非合同当事人，其承担的赔偿范围仅限于缔约过失的损害范围。[89] 而"区分说"则指出，应根据当事人过错程度异其效果。如果中介人采用欺诈、恶意串通等方式，由于其过错程度较重，所以赔偿范围应予扩大。[90] 申言之，除双方另有约定外，当中介人存在故意时，赔偿范围可包括委托人的履行利益；而在过失的情形下，应将其损害赔偿限定在徒然支出的费用等消极信赖损害。[91]

36 "信赖利益说"可以从《合同法（征求意见稿）》第 241 条得到一定程度的印证，该条规定"居间人应当返还所得报酬并赔偿委托人为订立合同而支出的费用"。但是，在符合可预见性规则的前提下，委托人所遭受的实际损失均因中介人违反如实报告义务所致。如果将损害赔偿范围限定于因缔约过失所遭受的损失，通常表现为委托人为此所支出的交通费、通讯费等费用，剥夺了委托人根据中介合同所追求的履行利益，并非妥当。从历史解释的角度看，《合同法》第 425 条对《合同法（征求意见稿）》第 241 条的表述进行了调整，修改为"不得请求支付报酬并应当承担损害赔偿责任"，《民法典》第 962 条继续使用了该表述，在解释上有承认赔偿履行利益的空间。

37 "区分说"根据中介人的过错程度配置不同的法效果，从逻辑上看似具有合理性。但需注意的是，中介人违反如实报告义务构成违约行为，违约救济的常态是履行利益赔偿。如果仅因中介人主观上为过失就限制其责任范围，并无充分的正当性。而且，中介人故意并非当然意味着"可预见"，而中介人过失也并非当然意味着"不可预见"。此外，对于中介人主观上为故意的情形，既有法体系多配置以惩罚性赔偿作为"额外威慑"。如果将过失情形的损害赔偿限于信赖利益，就会拉大中介人故意和过失两种情形的"效果差"，有失均衡。不过，如果中介人所促成

---

〔88〕 参见郭泽喆：《居间人损害赔偿责任的司法认定》，载《时代法学》2019 年第 3 期，第 76 页。

〔89〕 参见最高人民法院民法典贯彻实施工作领导小组主编：《中华人民共和国民法典合同编理解与适用（四）》，人民法院出版社 2020 年版，第 2713 页。

〔90〕 参见王利明：《合同法研究（第三卷）》（第 2 版），中国人民大学出版社 2015 年版，第 776—777 页。

〔91〕 参见尚连杰：《凶宅买卖的效果构造》，载《南京大学学报（哲学·人文科学·社会科学）》2017 年第 5 期，第 50 页。

的合同已经被撤销,委托人在逻辑上只能主张信赖利益赔偿。[92]

当然,“履行利益说”也并非无可挑剔,因为实践中赔偿范围还有可能及于固有利益。因此,应在承认可赔偿履行利益的前提下,根据个案情况判断是否应赔偿固有利益或者信赖利益。 38

对于损害的计算,需要结合个案进行。在房屋交易中,房屋差价为可能的计算依据。实践中,有法院否定了根据房屋差价进行赔偿,原因在于:委托人曾欲购买的房屋与其实际购买的房屋虽然同在一个公寓,具有一定可比性,但两处房屋的楼层不同,在单价上存在差异,且在买卖房屋的过程中因市场交易本身也存在风险,故对于委托人所主张的损失酌情确定为15万元。[93] 实质上,上述观点只是否定了该案中差价计算方法的合理性,并未否定房屋差价作为一般性的计算依据。当无法根据特定标准计算损害时,也有法院采取了“综合考量”的办法。例如,综合考量委托人对车辆丧失占有的时间及在此期间车辆无法使用的损失,结合一审期间双方认可的租金数额、车辆原值及相应折旧,中介人的违约情形,酌定65000元的赔偿数额。[94] 39

此外,为了清算损害,中介人与委托人当然可以约定违约金。当事人约定的违约金虽然主要是补偿性的,但是违约金条款的适用,并不当然排斥损害赔偿责任的适用。在约定的违约金不足以弥补违约所造成的损失时,当事人仍然可以要求违约方承担损害赔偿责任。[95] 在实践中,当中介人恶意违约时,违约金往往不调整。[96] 40

2. 共同责任

中介合同必然会涉及三方主体,这也就决定了损害赔偿问题的复杂性。在逻辑上可能会出现如下情况:相对人并无缔约过失或违约行为,仅存在中介人对如实报告义务的违反。此时,由中介人单独承担责任即可。不过,在大多数情形下,委托人之所以遭受损害,固然与中介人违反如实报告义务有关,但源头往往在主合同的相对人处。此时,损害赔偿的义务人是中介人和相对人两个主体。就中介人而言,无论其故意或过失违反如实报告义务,均构成违约;就相对人而言,若其隐瞒重要事实或者提供虚假情况,可能构成缔约过失或违约。不过,如果换个角度看,无论是中介人还是相对人均侵犯了委托人的决定自由,此种精神活动自由 41

---

〔92〕 参见许德风:《欺诈的民法规制》,载《政法论坛》2020年第2期,第15—16页。不同的观点,参见尚连杰:《合同撤销与履行利益赔偿》,载《法商研究》2017年第5期。

〔93〕 参见浙江省高级人民法院(2012)浙商提字第48号民事判决书。

〔94〕 参见北京市高级人民法院(2016)京民申4403号民事裁定书。

〔95〕 参见江苏省高级人民法院(2017)苏民申2010号民事裁定书。

〔96〕 参见江苏省高级人民法院(2018)苏民再177号民事判决书。

也是侵权法的保护客体。[97] 因此，委托人在逻辑上也可向中介人或相对人主张侵权责任，因而成立违约责任与侵权责任的竞合。

42 毋庸置疑的是，如果中介人和相对人串通向委托人隐瞒真实情况或提供虚假情况，应由相对人和中介人承担连带责任。[98] 例如，中介人与卖方均知道该房屋已被查封而故意欺骗买方。[99] 此时，中介人与相对人存在共同故意，根据《民法典》第 1168 条，二者构成共同侵权。如果中介人与相对人之间不存在意思联络，二者是否应承担连带责任？中介人因故意违反如实报告义务构成违约，而相对人往往构成缔约欺诈，二者给委托人造成了损失。根据《民法典》第 518 条第 1 款的规定，[100] 委托人可以请求中介人或者相对人赔偿全部损害，符合对连带债务人的界定。从形式上看，当中介人与相对人主观上均为故意但缺乏意思联络时，可纳入《民法典》第 518 条的适用范围。不过根据第 518 条第 2 款规定，连带债务由法律规定或者当事人约定。因此，还需为中介人与相对人承担连带责任寻找具体的依据。当中介人和相对人均为故意但缺乏意思联络时，类似于无意思联络的数人侵权。此时，相对人和中介人的行为均足以造成全部损害，可参照《民法典》第 1171 条的规定，由二者承担连带责任。

43 当中介人过失违反如实报告义务时，主流观点倾向于由中介人承担与过错程度相应的补充责任。[101] 具体而言，应采取比例分担的形式，根据过错程度、行为原因力等因素来确定中介人的赔偿份额，承担相应的补充赔偿责任。[102] 少数说则体现为以下两种观点：第一，由中介人承担全额补充责任。如果无法找到实际侵权人清偿，则由中介人需要承担全部责任。[103] 第二，中介人与相对人承担不真正连带责任。这一观点主要体现在拍卖领域。如果拍卖委托人为出卖人，拍卖人

---

〔97〕 参见陈聪富：《侵权行为法原理》，台湾地区元照出版有限公司 2017 年版，第 70—72 页。

〔98〕 参见高富平、王连国：《委托合同 · 行纪合同 · 居间合同》，中国法制出版社 1999 年版，第 192 页。

〔99〕 参见王娟：《房地产居间人之调查核实义务》，载《人民司法 · 应用》2014 年第 23 期，第 87 页。

〔100〕 《民法典》第 518 条第 1 款规定："……债务人为二人以上，债权人可以请求部分或者全部债务人履行全部债务的，为连带债务。"

〔101〕 参见李彦东诉上海汉宇房地产顾问有限公司居间合同纠纷案，载《最高人民法院公报》2015 年第 2 期；彭辰、周嫣：《房屋居间机构未尽审慎核查义务之责任认定》，载《法律适用》2014 年第 10 期，第 107 页；王明建：《中介公司疏于审核须承担补充赔偿责任》，载《检察日报》2018 年 2 月 3 日，第 3 版。

〔102〕 参见彭辰、周嫣：《房屋居间机构未尽审慎核查义务之责任认定》，载《法律适用》2014 年第 10 期，第 107 页。

〔103〕 参见陕西省高级人民法院(2017)陕民申 42 号民事裁定书。理论上也有观点指出，补充责任究竟应当是全部范围内的补充，还是部分范围内的补充，可以结合案件事实由法官自由裁量。参见王娟：《房地产居间人之调查核实义务》，载《人民司法 · 应用》2014 年第 23 期，第 87 页。

为中介人,两者就买受人因未说明瑕疵而遭受的损害,存在不真正连带债务关系。[104]

区分不真正连带责任和补充责任的关键在于:债权人选择被告是否受到多数债务人在履行债务上的先后顺位的限制。[105] 相较而言,不真正连带责任更有利于委托人,而补充责任更有利于中介人。不过,如果令中介人全额补充责任,也可实现对委托人损失的“全覆盖”。因此,全额补充责任与不真正连带责任对于委托人的保障力度相当。但是,如果由中介人承担全额补充责任,一旦相对人没有赔偿能力或者下落不明,则意味着中介人实际上要替代相对人承担全部赔偿责任。对于仅存在过失的中介人而言,责任过重,有违比例原则。由中介人和相对人承担不真正连带责任的方案也会面临同样的问题。此外,在逻辑上也存在令中介人与相对人承担按份责任的方案,但这种方案存在如下问题:如果卖方自行出售房屋,未告知买方房屋已被查封的事实并接受首付款,那么其应当就全部首付款承担清偿责任。若卖方通过中介人来出售房屋,只需要就首付款承担部分清偿责任,显然是没有道理的。[106] 作为终局责任人,相对人不应当因为中介人的加入而得到优待。考虑到现实中相对人主观上多为故意隐瞒信息或者提供虚假信息,尤应如此。 44

实际上,当中介人过失违反如实报告义务时,其地位接近于其他未尽到合理审查义务的相关机构。从既有的规范体系来看,《最高人民法院关于审理涉及会计师事务所在审计业务活动中民事侵权赔偿案件的若干规定》(法释〔2007〕12号)第 5 条、《最高人民法院关于审理房屋登记案件若干问题的规定》(法释〔2010〕15 号)第 12 条等规范均规定其他未尽到合理审查义务的机构应承担相应的补充责任。因此,从总体上看,主流观点所支持的“由中介人承担相应的补充责任”较为妥当。 45

3. **与有过失**

在实践中,如果中介人未违反如实报告义务,委托人明知主合同的履行存在障碍或者标的物存在瑕疵,法院通常不支持委托人的损害赔偿请求。例如,委托人明知存在限购政策,仍订立房屋买卖合同,致使合同不能履行,[107] 或者委托人 46

---

〔104〕 根据《拍卖法》(2015 年修正)第 61 条第 1 款的规定,拍卖人、委托人违反本法第 18 条第 2 款、第 27 条的规定,未说明拍卖标的的瑕疵,给买受人造成损害的,买受人有权向拍卖人要求赔偿;属于委托人责任的,拍卖人有权向委托人追偿。参见武腾:《拍卖中的合同关系和代理效果》,载《法学家》2015 年第 3 期,第 109 页。

〔105〕 参见李中原:《论违反安全保障义务的补充责任制度》,载《中外法学》2014 年第 3 期,第 691 页。

〔106〕 参见谢鸿飞、朱广新主编:《民法典评注 · 合同编 · 典型合同与准合同(4)》,中国法制出版社 2020 年版,第 87 页。

〔107〕 参见河北省高级人民法院(2018)冀民申 6948 号民事裁定书。

明知房屋实际面积和建筑面积存在误差。[108] 在中介人违反如实报告义务的情况下，即使委托人明知涉案房屋存在违章建筑，法院也会支持其部分损害赔偿请求。[109] 这一处理存在商榷余地。委托人明知中介人所报告的信息有误还“往火坑里跳”，不值得保护，此为自明之理。当然，如果委托人在订立主合同后获知房屋存在抵押等信息，中介人的赔偿责任并不能被免除。[110]

47 相较于明知，委托人更多的属于“应知而未知”，即未尽到交易上必要的注意。例如，委托人作为购房人，在对价值巨大的房产进行交易时应当具有谨慎注意的义务，但却未对房屋权属证书进行核实，导致其对房屋性质未能了解清楚。[111] 再如，虽然中介人在网上发布的房产信息显示房屋建成年份是 1999 年，但在委托人签字的存量房买卖合同中明确载明房屋建成年份是 1992 年。因此，委托人签订正式房屋交易合同时知道或者应当知道案涉房屋的具体建成年份。[112]

48 当委托人应知时，应在何种程度上分担损害？实践中往往根据中介人和委托人的过错程度来决定是由委托人和中介人承担同等责任还是主次责任。前者如，若无特别约定，从风险和收益相一致的原理出发，不应要求中介人对全部损失承担责任。应由委托人和中介人承担同等责任，中介人承担赔偿义务后有向实际侵权人追偿的权利。[113] 后者如，中介人未向买受人如实告知并隐瞒房屋存在两笔抵押的重要事实，存在过错，应对买受人的损失承担主要责任。买受人作为成年人，未见到房产证原件即签订合同，对造成的损失应承担次要责任。[114] 需注意的是，上述案例中的责任分配方案未涉及相对人。更为准确的描述应该是：先在委托人与中介人、相对人这一整体间进行责任初分配，然后在中介人与相对人之间进行责任再分配。

五、举证责任

49 在司法实践中，对于究竟应由中介人证明已履行如实报告义务还是由委托人证明中介人违反了如实告知义务，存有争议。对此，一种观点认为应将举证责任

---

〔108〕 参见广东省高级人民法院(2015)粤高法民二申字第 1160 号民事裁定书。

〔109〕 参见上海市闵行区人民法院(2017)沪 0112 民初 21738 号民事判决书。

〔110〕 参见广东省高级人民法院(2015)粤高法民二申字第 478 号民事裁定书。

〔111〕 参见新疆维吾尔自治区高级人民法院(2017)新民申 1835 号民事裁定书。

〔112〕 参见江苏省高级人民法院(2019)苏民申 349 号民事裁定书。

〔113〕 参见甘肃省高级人民法院(2012)甘民二终字第 153 号民事判决书；新疆维吾尔自治区高级人民法院(2015)新民申字第 457 号民事裁定书。

〔114〕 参见北京市高级人民法院(2015)二中民(商)终字第 07398 号民事判决书。

分配给中介人,[115] 而另一种观点则认为应由委托人承担举证责任。[116] 后种观点更为可取。通常认为,每一方当事人均需主张和证明对自己有利的规范的条件。[117] 如果中介人请求支付报酬,委托人可以中介人故意违反如实报告义务为由,主张"不得请求支付报酬"。此时,委托人提出的是权利障碍的抗辩,应对满足该抗辩的事实加以证明。由于中介人主观上的故意较难证明,可通过违反如实告知义务的客观证据来推定中介人存在故意。[118]

根据《民事诉讼法解释》第90条第1款的规定,当事人对自己提出的诉讼请求所依据的事实或者反驳对方诉讼请求所依据的事实,应当提供证据加以证明,但法律另有规定的除外。因此,当委托人向中介人主张损害赔偿时,应就中介人存有过错、因过错给委托人造成损失以及损失与中介人违反如实报告义务具有因果关系承担举证责任。[119] 50

附:案例索引

1. 北京市高级人民法院(2015)二中民(商)终字第07398号民事判决书:北京汇通百家房地产经纪有限责任公司与高某奎居间合同纠纷案【边码48】

2. 北京市高级人民法院(2016)京民申4403号民事裁定书:宝驾(北京)信息技术有限公司与闫某芳居间合同纠纷案【边码39】

3. 北京市高级人民法院(2019)京民申404号民事裁定书:北京太月房地产经纪有限公司与林某登等居间合同纠纷案【边码18、27】

4. 北京市西城区人民法院(2013)西民初字第02332号民事判决书:许某宁与北京我爱我家房地产经纪有限公司居间合同纠纷案【边码12】

5. 甘肃省高级人民法院(2012)甘民二终字第153号民事判决书:酒泉西部农业科技有限责任公司与段某霞居间合同纠纷案【边码29、48】

6. 甘肃省高级人民法院(2018)甘民申1413号民事裁定书:甘肃中恒房地产经纪服务有限公司与赵某铭等确认合同效力纠纷案【边码27】

7. 广东省高级人民法院(2015)粤高法民二申字第1160号民事裁定书:刘某等与东莞市

---

〔115〕 参见四川省高级人民法院(2019)川民申4668号民事裁定书;陕西省高级人民法院(2017)陕民申42号民事裁定书;江苏省高级人民法院(2018)苏民申4440号民事裁定书。

〔116〕 参见吉林省高级人民法院(2017)吉民申127号民事裁定书;河北省高级人民法院(2016)冀民终176号民事判决书。在德国法上,对于中介人违反忠实义务,委托人也负有举证责任。Vgl. Baumgärtel/Wolfgang Küpper, *Beweislast*, Bd 2, 4. Aufl., Köln: Carl Heymanns Verlag, 2019, BGB § 654 Rn. 1.

〔117〕 参见[德]莱奥·罗森贝克:《证明责任论》(第5版),庄敬华译,中国法制出版社2018年版,第121页。

〔118〕 参见关德东主编:《委托合同·行纪合同·居间合同》,中国民主法制出版社2003年版,第141页。

〔119〕 参见谢鸿飞、朱广新主编:《民法典评注·合同编·典型合同与准合同(4)》,中国法制出版社2020年版,第423页。

鼎业按揭服务有限公司居间合同纠纷案【边码 46】

8. 广东省高级人民法院(2015)粤高法民二申字第 478 号民事裁定书:黄某霞与江门市东骏地产顾问有限公司居间合同纠纷案【边码 46】

9. 广东省高级人民法院(2015)粤高法民二申字第 487 号民事裁定书:陈某强等与余某国民间借贷纠纷案【边码 25】

10. 广东省高级人民法院(2017)粤民申 5820 号民事裁定书:高某英与黄某云等财产损害赔偿纠纷案【边码 7】

11. 广东省高级人民法院(2017)粤民申 8626 号民事裁定书:珠海百佳房地产投资顾问有限公司与哈丽旦 · 卡斯木拜等居间合同纠纷案【边码 17】

12. 广东省江门市中级人民法院(2014)江中法民一终字第 651 号民事判决书:江门市东骏地产顾问有限公司与黄某霞等居间合同纠纷案【边码 25】

13. 河北省高级人民法院(2016)冀民终 176 号民事判决书:阿拉伯技术应用公司与秦皇岛耀华玻璃机械制造有限责任公司居间合同纠纷案【边码 49】

14. 河北省高级人民法院(2018)冀民申 6948 号民事裁定书:王某与田某林等房屋买卖合同纠纷案【边码 46】

15. 河南省高级人民法院(2018)豫民申 935 号民事裁定书:河南建宇房地产营销策划有限公司郑州汝河路分公司与张某居间合同纠纷案【边码 25、27】

16. 湖北省高级人民法院(2019)鄂民申 639 号民事裁定书:崔某与鄂州市葛店万佳房地产中介服务中心等房屋买卖合同纠纷案【边码 7、13、27、32】

17. 吉林省高级人民法院(2017)吉民申 127 号民事裁定书:郎某杰与珲春市圆梦房产经纪有限公司居间合同纠纷案【边码 49】

18. 江苏省高级人民法院(2017)苏民申 2010 号民事裁定书:南京中原房地产中介有限公司与吴某婧等买卖合同纠纷案【边码 27、32、40】

19. 江苏省高级人民法院(2018)苏民申 4440 号民事裁定书:南京壹加贰联合不动产经纪有限公司与李某红居间合同纠纷案【边码 49】

20. 江苏省高级人民法院(2018)苏民再 177 号民事判决书:张某与南京中原房地产中介有限公司居间合同纠纷案【边码 40】

21. 江苏省高级人民法院(2019)苏民申 349 号民事裁定书:郭某与苏州猎房房产经纪有限公司居间合同纠纷案【边码 47】

22. 江西省高级人民法院(2019)赣民申 366 号民事裁定书:吉安市同创房地产置业顾问有限公司与康某红等房屋买卖合同纠纷案【边码 7】

23. 陕西省高级人民法院(2017)陕民申 42 号民事裁定书:傅某清与莒南县亿源瓷业有限公司居间合同纠纷案【边码 43、49】

24. 上海市闵行区人民法院(2017)沪 0112 民初 21738 号民事判决书:上海富顺房地产经纪有限公司与江涛居间合同纠纷案【边码 34、46】

25. 四川省高级人民法院(2019)川民申 4668 号民事裁定书:四川茂华房屋置换有限公司与黄某居间合同纠纷案【边码 49】

26. 四川省高级人民法院(2019)川民再593号民事判决书:丁某洪与成都世纪东成房产经纪有限公司居间合同纠纷案【边码27】

27. 新疆维吾尔自治区高级人民法院(2015)新民申字第457号民事裁定书:昆明尊园房地产经纪有限公司与邹某才居间合同纠纷案【边码29、48】

28. 新疆维吾尔自治区高级人民法院(2017)新民申1835号民事裁定书:陈某宇与乌鲁木齐东华伟业房地产经纪有限公司等居间合同纠纷案【边码47】

29. 云南省高级人民法院(2019)云民申3134号民事裁定书:昆明尊园房地产经纪有限公司与那某英等居间合同纠纷案【边码17】

30. 云南省高级人民法院(2019)云民申793号民事裁定书:昆明尊园房地产经纪有限公司与邹某才居间合同纠纷案【边码28】

31. 浙江省高级人民法院(2012)浙商提字第48号民事判决书:杭州易居臣信房地产经纪有限公司与陈某瑛居间合同纠纷案【边码17、39】

32. 最高人民法院(2017)最高法民申1976号民事裁定书:陈某昌与林某装居间合同纠纷案【边码15】

附录一

本册规范性文件简称[1]

《保险法》=《中华人民共和国保险法》(1995 年颁布;2015 年修正)

《保险法解释二》(2020 年修正)=《最高人民法院关于适用〈中华人民共和国保险法〉若干问题的解释(二)》(法释〔2013〕14 号,2013 年颁布;2020 年修正,2021 年施行)

《不正当竞争解释》=《最高人民法院关于审理不正当竞争民事案件应用法律若干问题的解释》(法释〔2007〕2 号,2007 年颁布;2020 年修正,2021 年施行)

《船舶登记办法》=《中华人民共和国船舶登记办法》(交通运输部令 2016 年第 85 号,2016 年颁布,2017 年施行)

《大气污染防治法》=《中华人民共和国大气污染防治法》(1987 年颁布,1988 年施行;2018 年修正)

《担保法》=《中华人民共和国担保法》(1995 年颁布;2021 年废止)

《担保法解释》=《最高人民法院关于适用〈中华人民共和国担保法〉若干问题的解释》(法释〔2000〕44 号,2000 年颁布;2021 年废止)

《电子商务法》=《中华人民共和国电子商务法》(2018 年颁布,2019 年施行)

《反不正当竞争法》=《中华人民共和国反不正当竞争法》(1993 年颁布;2019 年修正)

《反垄断法》=《中华人民共和国反垄断法》(2007 年颁布,2008 年施行)

《广告法》=《中华人民共和国广告法》(1994 年颁布,1995 年施行;2021 年修正)

《国家赔偿法》=《中华人民共和国国家赔偿法》(1994 年颁布,1995 年施行;2012 年修正,2013 年施行)

《海商法》=《中华人民共和国海商法》(1992 年颁布,1993 年施行)

《合同法》=《中华人民共和国合同法》(1999 年颁布;2021 年废止)

《合同法解释二》=《最高人民法院关于适用〈中华人民共和国合同法〉若干问题的解释(二)》(法释〔2009〕5 号,2009 年颁布;2021 年废止)

---

〔1〕 本册规范性文件的颁布与施行年份,修正或修订与施行年份不一致的,另列施行年份;多次修正或修订的,只列最后一次修正或修订的年份。

《合同法解释一》=《最高人民法院关于适用〈中华人民共和国合同法〉若干问题的解释(一)》(法释〔1999〕19 号,1999 年颁布;2021 年废止)

《机动车登记办法》=《中华人民共和国机动车登记办法》(公安部令第 56 号,2001 年颁布;2004 年废止)

《继承法意见》=《最高人民法院关于贯彻执行〈中华人民共和国继承法〉若干问题的意见》[法(民)发〔1985〕22 号,1985 年颁布;2021 年废止]

《技术合同法》=《中华人民共和国技术合同法》(1987 年颁布;1999 年废止)

《加工承揽合同条例》=《加工承揽合同条例》(国发〔1984〕182 号,1984 年颁布,1985 年施行;2001 年废止)

《建设工程施工合同解释》=《最高人民法院关于审理建设工程施工合同纠纷案件适用法律问题的解释》(法释〔2004〕14 号,2004 年颁布,2005 年施行;2021 年废止)

《建设工程施工合同解释一》=《最高人民法院关于审理建设工程施工合同纠纷案件适用法律问题的解释(一)》(法释〔2020〕25 号,2020 年颁布,2021 年施行)

《戒毒条例》=《戒毒条例》(2011 年颁布;2018 年修订)

《禁毒法》=《中华人民共和国禁毒法》(2007 年颁布,2008 年施行)

《金融消费者权益保护办法》=《中国人民银行金融消费者权益保护实施办法》(中国人民银行令〔2020〕第 5 号,2020 年颁布)

《经济合同法》=《中华人民共和国经济合同法》(1981 年颁布,1982 年施行;1993 年修正;1999 年废止)

《九民纪要》=《全国法院民商事审判工作会议纪要》(法〔2019〕254 号,2019 年颁布)

《矿产资源法》(2009 年修正)=《中华人民共和国矿产资源法》(1986 年颁布;2009 年修正)

《立法技术规范(试行)一》=《全国人民代表大会常务委员会法制工作委员会关于印送〈立法技术规范(试行)(一)〉的函》(法工委发〔2009〕62 号,2009 年颁布)

《旅游法》=《中华人民共和国旅游法》(2013 年颁布;2018 年修正)

《旅游纠纷规定》=《最高人民法院关于审理旅游纠纷案件适用法律若干问题的规定》(法释〔2010〕13 号,2010 年颁布;2020 年修正,2021 年施行)

《买卖合同解释》(2020 年修正)=《最高人民法院关于审理买卖合同纠纷案件适用法律问题的解释》(法释〔2012〕8 号,2012 年颁布;2020 年修正,2021 年施行)

《买卖合同解释》=《最高人民法院关于审理买卖合同纠纷案件适用法律问题的解释》(法释〔2012〕8 号,2012 年颁布)

《民法典》=《中华人民共和国民法典》(2020 年颁布,2021 年施行)

《民法典担保制度解释》=《最高人民法院关于适用〈中华人民共和国民法典〉有关担保制度的解释》(法释〔2020〕28号,2020年颁布,2021年施行)

《民法典婚姻家庭编解释一》=《最高人民法院关于适用〈中华人民共和国民法典〉婚姻家庭编的解释(一)》(法释〔2020〕22号,2020年颁布,2021年施行)

《民法典纪要》=《全国法院贯彻实施民法典工作会议纪要》(法〔2021〕94号,2021年颁布)

《民法典继承编解释一》=《最高人民法院关于适用〈中华人民共和国民法典〉继承编的解释(一)》(法释〔2020〕23号,2020年颁布,2021年施行)

《民法典时间效力规定》=《最高人民法院关于适用〈中华人民共和国民法典〉时间效力的若干规定》(法释〔2020〕15号,2020年颁布,2021年施行)

《民法典物权编解释一》=《最高人民法院关于适用〈中华人民共和国民法典〉物权编的解释(一)》(法释〔2020〕24号,2020年颁布,2021年施行)

《民法通则》=《中华人民共和国民法通则》(1986年颁布,1987年施行;2009年修正;2021年废止)

《民法总则》=《中华人民共和国民法总则》(2017年颁布;2021年废止)

《民法总则诉讼时效解释》=《最高人民法院关于适用〈中华人民共和国民法总则〉诉讼时效制度若干问题的解释》(法释〔2018〕12号,2018年颁布;2021年废止)

《借贷案件意见》=《最高人民法院关于人民法院审理借贷案件的若干意见》[法(民)〔1991〕21号,1991年颁布;2008年修正;2015年废止]

《民间借贷规定》(2020年第二次修正)=《最高人民法院关于审理民间借贷案件适用法律若干问题的规定》(法释〔2015〕18号,2015年颁布;2020年第二次修正,2021年施行)

《民间借贷规定》(2020年第一次修正)=《最高人民法院关于审理民间借贷案件适用法律若干问题的规定》(法释〔2015〕18号,2015年颁布;2020年第一次修正)

《民间借贷规定》=《最高人民法院关于审理民间借贷案件适用法律若干问题的规定》(法释〔2015〕18号,2015年颁布)

《民商事合同指导意见》=《最高人民法院关于当前形势下审理民商事合同纠纷案件若干问题的指导意见》(法发〔2009〕40号,2009年颁布)

《民事诉讼法》=《中华人民共和国民事诉讼法》(1991年颁布;2017年修正)

《民事诉讼法解释》(2015)=《最高人民法院关于适用〈中华人民共和国民事诉讼法〉的解释》(法释〔2015〕5号,2015年颁布)

《民事诉讼法解释》(2020年修正)=《最高人民法院关于适用〈中华人民共和

国民事诉讼法〉的解释》（法释〔2015〕5 号，2015 年颁布；2020 年修正，2021 年施行）

《民事诉讼证据规定》（2019 年修正）=《最高人民法院关于民事诉讼证据的若干规定》（法释〔2019〕19 号，2001 年颁布，2002 年施行；2019 年修正，2020 年施行）

《民通意见》=《最高人民法院关于贯彻执行〈中华人民共和国民法通则〉若干问题的意见（试行）》［法（办）发〔1988〕6 号，1988 年颁布；2021 年废止］

《民用航空法》=《中华人民共和国民用航空法》（1995 年颁布，1996 年施行；2021 年修正）

《民用航空器权利登记条例实施办法》=《中华人民共和国民用航空器权利登记条例实施办法》（民航总局令第 87 号，1999 年颁布）

《拍卖法》=《中华人民共和国拍卖法》（1996 年颁布；2015 年修正）

《拍卖法》（2015 年修正）=《中华人民共和国拍卖法》（2015 年修正）

《票据法》=《中华人民共和国票据法》（1995 年颁布，1996 年施行；2004 年修正）

《人身损害赔偿解释》=《最高人民法院关于审理人身损害赔偿案件适用法律若干问题的解释》（法释〔2003〕20 号，2003 年颁布，2004 年施行）

《人身损害赔偿解释》（2020 年修正）=《最高人民法院关于审理人身损害赔偿案件适用法律若干问题的解释》（法释〔2003〕20 号，2003 年颁布，2004 年施行；2020 年修正，2021 年施行）

《商标法》=《中华人民共和国商标法》（1982 年颁布，1983 年施行；2019 年修正）

《商品房买卖合同解释》（2020 年修正）=《最高人民法院关于审理商品房买卖合同纠纷案件适用法律若干问题的解释》（法释〔2003〕7 号，2003 年颁布；2020 年修正，2021 年施行）

《商品房买卖合同解释》=《最高人民法院关于审理商品房买卖合同纠纷案件适用法律若干问题的解释》（法释〔2003〕7 号，2003 年颁布）

《商业秘密解释》=《最高人民法院关于审理侵犯商业秘密民事案件适用法律若干问题的规定》（法释〔2020〕7 号，2020 年颁布）

《商业银行法》=《中华人民共和国商业银行法》（1995 年颁布；2015 年修正）

《涉外经济合同法》=《中华人民共和国涉外经济合同法》（1985 年颁布；1999 年废止）

《诉讼时效规定》（2020 年修正）=《最高人民法院关于审理民事案件适用诉讼时效制度若干问题的规定》（法释〔2008〕11 号，2008 年颁布；2020 年修正，2021

年施行)

《诉讼时效规定》=《最高人民法院关于审理民事案件适用诉讼时效制度若干问题的规定》(法释〔2008〕11号,2008年颁布)

《突发事件应对法》=《中华人民共和国突发事件应对法》(2007年颁布)

《外商投资企业解释(一)》=《最高人民法院关于审理外商投资企业纠纷案件若干问题的规定(一)》(法释〔2010〕9号,2010年颁布)

《物权法》=《中华人民共和国物权法》(2007年颁布;2021年废止)

《物权法解释一》=《最高人民法院关于适用〈中华人民共和国物权法〉若干问题的解释(一)》(法释〔2016〕5号,2016年颁布;2021年废止)

《物业服务纠纷解释》=《最高人民法院关于审理物业服务纠纷案件适用法律若干问题的解释》(法释〔2009〕8号,2009年颁布;2020年修正,2021年施行)

《消费者权益保护法》(2013年修正)=《中华人民共和国消费者权益保护法》(1993年颁布,1994年施行;2013年修正,2014年施行)

《新冠肺炎疫情执行案件意见》=《最高人民法院关于依法妥善办理涉新冠肺炎疫情执行案件若干问题的指导意见》(法发〔2020〕16号,2020年颁布)

《刑事诉讼法》=《中华人民共和国刑事诉讼法》(1979年颁布,1980年施行;2018年修正)

《邮政法》=《中华人民共和国邮政法》(1986年颁布,1987年施行;2015年修正)

《证券法》(2014年修正)=《中华人民共和国证券法》(1998年颁布,1999年施行;2014年修正)

《执行财产调查规定》=《最高人民法院关于民事执行中财产调查若干问题的规定》(法释〔2017〕8号,2017年颁布;2020年修正,2021年施行)

《执行程序解释》=《最高人民法院关于适用〈中华人民共和国民事诉讼法〉执行程序若干问题的解释》(法释〔2008〕13号,2008年颁布,2009年施行;2020年修正,2021年施行)

《中外合资企业法条例》=《中华人民共和国中外合资经营企业法实施条例》(1983年颁布;2019年修订;2020年废止)

《仲裁法》=《中华人民共和国仲裁法》(1994年颁布,1995年施行;2017年修正,2018年施行)

《著作权法》=《中华人民共和国著作权法》(1990年颁布,1991年施行;2020年修正,2021年施行)

《专利法》=《中华人民共和国专利法》(1984年颁布,1985年施行;2020年修正,2021年施行)

附录二

《中国民法典评注》写作指南

（第 2 版）

执笔：朱庆育

说明：从 2016 年第一篇评注开始，经过数年探索，评注写作已积累相当程度的经验教训。2019 年 7 月 20 日，南京大学法典评注研究中心“天同法典评注工作坊”开坊第一期，以“法典评注是什么？”为主题，讨论评注的缘起、功能、写法等基础问题，形成初步共识。2020 年《民法典》颁布，评注写作亦随之进入第二阶段。为此，评注编委会决定编写评注写作指南，以增进评注写作的规范性与稳定性。指南由朱庆育执笔，经编委会讨论于 2020 年 6 月 17 日修改定稿，并于 2020 年 8 月 25 日在微信公众号“天同诉讼圈”的“法典评注”专栏推送，是为第 1 版。本次纸质出版，在公众号推送版的基础上略作修订，是为第 2 版。

1.【功能定位】

评注以法律适用为中心，旨在追求理性而正当的司法裁判，在此目标下兼及学术讨论并为立法提供可能的参考。为此，评注应致力于：

1.1 解释。评注应对法条作出以适用为导向的正当解释。

1.2 整理。评注应秉持客观立场，整理所涉法条的立法、司法与学术文献，在此基础上揭示通说或推动通说之形成。

1.3 评论。评注应秉持理性态度，对所整理的立法、司法与学术文献作出分析评论。评论应围绕所涉法条的适用展开，并给出作者的明确立场。

1.4 详备。评注应尽可能覆盖所涉法条各种现实及可能适用情形，力求全面回应司法裁判之所需。

1.5 引领。评注应对未来司法适用、学术讨论与立法具有引领意义。

2.【评注对象】

《民法典》条文系直接评注对象，相应司法解释视为条文重要成分。必要时，条文所涉行政法规亦纳入评注内容。

3.【评注方式】

3.1 逐条解释。原则上,评注应逐条作出解释。例外情况下,如果相关法条联系过于紧密,甚至据其本质原本应属同一法条却因为立法技术被不当分割,非合并解释难以清晰展示法条适用状况,则可合并解释。

3.2 不真正法条。缺乏可适用性的不真正法条,若存在与之直接相关的真正法条,可纳入该真正法条合并解释;若无与之直接相关的真正法条,但不真正法条本身有助于理解规范体系,可作单纯论理解释;若不具备任何意义上的法律特质,可作出必要说明简略处理。

3.3 前置导言。原则上,法典各编条文评注展开之前,应前置导言,就本编基本概念、规范内容及体系作简要概述。必要时,章节之前亦可前置导言。

4.【内容结构】

完全法条的评注结构一般分成规范意旨、构成要件、法律效果与举证责任四个部分。不完全法条则视情况参照完全法条作相应取舍。

4.1 规范意旨。规范意旨部分可包括立法原意、法条功能、规范史略、适用范围及体系关联等内容。若属于请求权基础规范范畴,应一并指明属于主要规范、辅助规范抑或防御规范,以明了该规范在法律适用之网中所处坐标位置。

4.2 构成要件。构成要件应直接从法条中提取,不宜简单套用某种理论框架,亦不宜简单套用比较法对应规范或理论。构成要件之提取,应以对适用具有独立意义的最小元素为单元。

4.3 法律效果。法律效果之分析应具体至能够体现为裁判结论的程度,避免止步于"有效""无效""应负赔偿责任"等笼统宽泛的表述。

4.4 举证责任。举证责任分配可结合诉讼法举证责任分配条款一并作出分析。一般情况下,举证责任应置于评注最后一部分,但如果法条涉及较为复杂的适用情形,为行文的整体考虑,亦可在每种适用情形的讨论中分别分析举证责任分配问题。

5.【形式编排】

5.1 每条评注文前设置目录以及每一级目录内容所对应的段码。目录设至三级,依次以"一、""(一)""1."标示。

5.2 评注正文一般设至四级标题,依次为:"一、""(一)""1.""(1)"。特殊情况下需要设置第五级标题时,用"①"标示。尽量避免设置第六级标题。第一级标题全文连续计数,第二级以下各级标题则在上级标题之下重新计数。

5.3 根据意义单元编制段码。

5.3.1 作为段码编制依据的意义单元,其基本功能,一是提示作者行文须言之有物,尽量去除无实质意义的空泛之言,二是便于读者精准查询与援引。为此,单元划分以所讨论问题的相对独立性为标准。每一个意义单元对应一个独立问题，每一个意义单元均具有独立援引价值。

5.3.2 段码以阿拉伯数字从 1 开始全文连续计数,为与第三级标题相区分,用全角中括号括起。示例:[1]。

5.3.3 一般以一个意义单元为一个自然段。若意义单元内容少于 3 行,可以数个意义单元为一个自然段,但一个自然段一般不超过 10 行。若意义单元内容超过 10 行,可分成数个自然段。

5.3.4 无实质意义、仅作起承转合的自然段,不单独编制段码,视情况编入相邻上下单元。

5.3.5 修订时,若有新增意义单元,接上一意义单元段码序号从 a 开始加英文字母。例如,如果段码[3]之后新增 3 个意义单元,则依次标示为“[3a]”“[3b]”“[3c]”。若有删减意义单元,段码编序保留,内容则注明“删”,用小括号括起。例如,如果段码[7]所对应的内容删去,则标示为“[7](删)”。如果新增意义单元正好接续删减意义单元,标示方式为“[7](删)”“[7a]”。

5.3.6 评注作品结集出版时,将段码改为边码。边码直接以阿拉伯数字计序,不加中括号。

5.4 评注作品发表于期刊时,形式编排另须遵从期刊要求。

6.【**解释方法**】

法条解释,应综合运用文义、目的、历史、体系等解释方法,以达到清晰、正当、融贯之解释结果。常规解释路径是:始于文义,终于文义。

6.1 文义是解释的事实始点,而不是具有规范拘束力的应然始点。

6.1.1 探究文义从平义解释开始,以语词通常用法为出发点。

6.1.2 将平义解释的初步结论与规范语境相印证,初步探知语词规范含义。

6.1.3 如果存在数种可能的规范含义,结合规范目的、规范体系与规范历史作进一步解释,选择其中最能融贯各项因素的一种含义。

6.1.4 通常情况下,最终确定的语词含义须在其用法射程之内。但如果既有用法射程无法恰当体现规范目的,亦无法与规范体系相协调,可突破语词通常用法。

6.1.5 语词文义确定,即意味着解释结束。

6.2 规范目的指向规范实质功能,系确定概念与规范含义的实质标准,语词则是规范目的的语言载体。

6.2.1 探寻规范目的时,应关注立法原意与规范客观意旨,但无论立法原意(主观解释)抑或规范客观意旨(客观解释),皆非唯一或决定性标准。解释时,应结合二者作综合考量。

6.2.2 在数个可能的规范目的之间,应选择较具衡平效果的解释。

6.2.3 在数个可能的规范目的之间,应选择较合乎私法自治理念、较少管制的解释。

6.2.4 在数个可能的规范目的之间,应选择与规范体系较融贯协调的解释。

6.2.5 在数个可能的规范目的之间,应选择较顺应规范史变迁的解释。

6.2.6 法条文义所显示的规范目的过宽或过窄时,应作目的论限缩或扩张,俾使法条规范目的得到恰当界定。

6.2.7 法条文义无法指示所欲实现的规范目的时,应比照蕴含相似规范目的之法条作类推解释。

6.2.8 规范目的之确定,应体现于语词文义。

6.3 概念与规范意义应在历史变迁中寻求理解。

6.3.1 对于理解语词概念与规范具有意义的立法、司法与学术变迁均应纳入历史观察视域。

6.3.2 历史视角的解释,应避免泛化。以有助于直接理解现行规范的文义、目的与体系为限,对于规范理解不具有直接意义之历史过往,不必涉及。

6.4 概念与规范意义,应作"通过部分理解整体,通过整体理解部分"之体系解释。

6.4.1 文义、目的与历史相互调适的过程中,应随时检验体系融贯程度,适时作出必要的校准。

6.4.2 体系融贯之检验,不仅应关注技术性外在体系,亦应关注功能性内在体系。若外在体系无法兼顾,应选择对体系冲击最小的解释;若内在体系无法兼顾,应选择更有利于私法自治的解释。外在体系与内在体系无法兼容时,应优先考虑维护私法自治之规范功能。

6.4.3 作体系解释时,应依循波纹原则,以目标法条为中心,从功能最相近法条开始逐步往外验证,直至融贯为止。

6.4.4 经文义、目的、历史、体系综合考量之解释结论,应最终体现于文义。

6.5 原则上,合宪性、比较法解释以及经济学、社会学等社会科学解释不构成独立解释步骤,需要考量时,应视情况分别化入文义、目的、历史与体系解释过程。

6.6 理解法条时,应穷尽所有解释手段以维持法条之意义。非不得已不宜置实证规范于不顾而直接诉诸公平正义等抽象理念,亦不宜简单主张另立新法。

6.7 必要时,可在评注分析的基础上,就如何合理设置或表述相应规范给出作者见解,以便为将来可能的修法提供参考。

7.【行文风格】

7.1 评注须对法律适用作理性分析,不宜仅仅给出简单的结论,更须展示支撑结论的理由,但应避免过于理论化。一般情况下,论证应局限在教义法学范畴内,理论性、哲学性前提不予展开讨论。

7.2 实质性论证与信息应尽可能显示于正文。一般情况下，脚注仅用于显示援引资料信息，不展开实质论证。

7.3 行文应言简意赅，清晰明确，不宜迂回含糊，不作空泛之谈。

8.【文献使用】

文献使用顺序为：立法文献，司法文献，学术文献，比较法文献。

8.1 立法文献可提供规范变迁、立法原意、规范目的等信息，是确定规范含义的重要参考。立法文献包括历次法律草案、立法说明、全国人大常委会法工委编辑的立法资料与法律释义等文献。

8.2 司法文献可反映所涉法条的司法适用状况。

8.2.1 司法文献包括各类非属司法解释的司法政策文件、司法案例、最高人民法院编著的“理解与适用”系列释义书等。

8.2.2 最高人民法院发布的“指导意见”“会议纪要”等司法政策文件非属司法解释，但鉴于其对司法裁判具有权威的指导意义，系司法解释的补充，得到各级法院事实上的遵行，可由此推知统一的司法立场，因此评注应予以关注。司法政策文件若以条文形式表现，解释时比照法条解释方法，但因其不能用作裁判依据，故应将解释结果体现于相应《民法典》条文或司法解释条文；若以叙述文字形式表述，可用以理解、佐证司法解释及《民法典》相关条文。

8.2.3 司法案例的使用顺序为：指导性案例，《最高人民法院公报》案例，最高人民法院裁判案例，高级人民法院裁判案例，《民事审判指导与参考》《人民司法·案例》《人民法院案例选》等最高人民法院机关刊物刊载案例，高级人民法院的公报类机关刊物刊载案例。中级人民法院及基层人民法院案例，纵未入选上述案例系统，但如果(1)所涉法条案例总量较少，或(2)所涉法条适用的法院层级较低，或(3)对于法条适用具有典型或特别意义，亦应纳入搜集与使用范围。

8.2.4 司法案例的整理，应尽可能反映司法适用概貌。为此，评注应在标题注释中说明案例搜集概况。概况应包括案例搜集方法、案例来源、案例构成、案例数量、案例选择依据等内容。

8.2.5《民法典》颁行之前的司法案例不因《民法典》颁行而失去意义。一般情况下，案例搜集回溯至1995年为止，尤其关注近10年案例。经典案例不受时间限制。

8.2.6 对于司法案例，可视需要作类型化整理。所涉法条构成要件缺乏或不明确时，尤应通过类型化案型总结法条适用情形。

8.2.7 使用案例时，同类案型不必全面列举案例，选取代表性案例即可。选取标准除依循8.2.3所示顺序外，裁判理由质量亦系重要考量因素。

8.2.8 下级法院与上级法院裁判冲突时,除非作者认同下级法院裁判并给出理由,否则应仅以上级法院裁判为分析对象。同级法院裁判冲突时,原则上均应列出并分析。

8.2.9 对于司法案例,应重视裁判理由甚于结论。若所涉法条之司法裁判普遍缺乏具有实质意义的裁判理由,应在评注中说明此司法现状,并在必要时根据裁判结论分析可能的裁判理由。

8.2.10 无论是否认同司法裁判,均应显示明确态度及理由。不认同时,应进一步给出作者主张。

8.2.11 最高人民法院编著的“理解与适用”等释义书可用作探知与理解司法立场。

8.3 学术文献反映学者对于所涉条文的理解状况,是司法适用的学理来源。

8.3.1 学术文献使用顺序为:本评注相关内容,其他可使用的评注或类评注作品,教科书,学术论文,专著。

8.3.2 学术观点不必全面列举。若可判断通说,一般援引通说;若存在对通说构成有力挑战的学说,亦应予反映;若难以判断通说,可列举具有代表性的学说。作者可在既有学说之外表达自己的主张,但应附充分且简洁的理由。

8.3.3 评注不承担体系化理论建构之责,且应考虑与其他作者研究进路的协调,因此,不宜在评注中阐述个性过于强烈的理论主张,亦不宜将论述重心置于理论建构而忽略法律适用的现实性。

8.4 作为法律规则与法律知识继受国,比较法文献有助于理解规范来源及其意义。

8.4.1 现阶段下,比较法文献不可避免,但应节制,以必要为原则。尤其是,外文比较法文献不宜单纯用于炫技,亦不宜借此回避我国司法与学术现状。

8.4.2 概念、原理等法律知识即使来自比较法,但若已为中国大陆学术吸收内化,亦应援引中国大陆学者文献,除非为了纠正中国大陆文献存在的错误。

8.4.3 援引内容为外国法或比较法时,文献使用顺序为:汉译外国文献、外文文献、中国大陆学者文献。若汉译外国文献翻译失真或版本较旧,可以外文文献相对照或直接使用外文文献,但须作说明。有关台湾地区法律状况,优先援引台湾地区文献。

8.4.4 解释法条时,如6.5所示,比较法不作为独立解释步骤,因此,原则上不单列“比较法”标题,亦不集中列举立法例等比较法资料。需要使用比较法文献时,应以论证理由的形式用作理解法条文义、目的、历史或体系的辅助因素。

8.4.5 若确有必要整理列举比较法案例、学说及立法资料供参考或对照,一般应置于脚注,以免占用正文篇幅及节外生枝。

8.4.6 使用比较法资源时，应避免主客易位，将比较法当成先在框架套用于我国实证法分析，或将我国实证法处理成印证比较法“定式”的材料。

9.【引注方式】

引注兼采脚注与文内夹注两种方式。

9.1 常规注释采脚注方式。

9.1.1 发表时，注释体例从期刊要求；出版时，并结合出版社特别要求。

9.1.2 如7.2所示，脚注一般不作实质性论证，仅显示文献信息以及8.4.5提及的比较法资料。

9.2 同一篇评注前后内容相互援引时，采文内夹注方式。

9.2.1 文内夹注直接在需要援引的正文用小括号标示所援引段码，不使用“参见”或类似提示语词。示例：（段码[3]）。

9.2.2 原则上，评注前后文内容具有呼应或者参照关系时，应使用文内夹注，以提示评注的体系关联。

10.【知识基础】

评注系集体作品，观点无法强求一致，但若相去太远，又难以形成具有最低限度协调性的体系。为此，评注作者在若干基础问题上应秉持相似立场。例如，应以私法自治作为基石与出发点，解释理论既非固守纯粹的主观解释亦非坚持绝对的客观解释，应根据法律效果区分负担行为与处分行为，等等。

图书在版编目(CIP)数据

中国民法典评注·条文选注. 第2册 / 朱庆育主编.
— 北京 : 中国民主法制出版社, 2021.9
ISBN 978-7-5162-2695-7

Ⅰ. ①中… Ⅱ. ①朱… Ⅲ. ①民法-法典-法律解释-中国
Ⅳ. ①D923.05

中国版本图书馆CIP数据核字(2021)第199381号

图书出品人:刘海涛
出版统筹:乔先彪
图书策划:曾　健　海　伦
责任编辑:陈　曦　谢瑾勋　孙振宇

书名/中国民法典评注·条文选注(第2册)
作者/朱庆育　主编
茅少伟　翟远见　辛正郁　副主编

出版·发行/中国民主法制出版社
地址/北京市丰台区右安门外玉林里7号(100069)
电话/(010)63055259(总编室)　63058068　63057714(营销中心)
传真/(010)63055259
http://www.npcpub.com
E-mail:mzfz@npcpub.com
经销/新华书店
开本/16开　730毫米×1030毫米
印张/36.75　**字数**/704千字
版本/2021年10月第1版　2025年1月第5次印刷
印刷/北京天宇万达印刷有限公司

书号/ISBN 978-7-5162-2695-7
定价/139.00元